《국가 간의 정치》는…

20세기 초반의 두 차례에 걸친 세계대전을 온몸으로 겪[illegible] 평화를 파괴하는 인간 욕망의 본질과 평화를 회복하기 위[illegible] 천착해온 모겐소 교수가 독특하고도 [illegible] 현상을 현실주의 이론으로 정립[illegible] 출간된 이 책은 현대 정치학자 [illegible]을 만큼 전 세계에서 가장 많이[illegible]
인간을 이성적 주체[illegible]적 정치관이 두 번에 걸친 세계대전을 통해 무너지면[illegible] 마키아벨리가 주장했던 ‘힘의 정치’, ‘권력 정치’ 같은 철학적 사조가 미국을 중심으로 새롭게 주목받기 시작했는데, 그 대표적인 정치학자가 바로 한스 모겐소다. 이후 그를 필두로 한 현실주의 정치학은 전후 미국의 외교정책 수립에도 막대한 영향을 미쳤을 뿐만 아니라 지금까지 가장 지배적인 이론으로 자리매김하고 있다.
모겐소 교수의 학문적 정수라 할 수 있는 이 책에서 그는 국제정치를 권력투쟁으로 특징짓고, “모든 정치가들은 국가 이익이라고 정의될 수 있는 권력을 극대화하기 위해 투쟁”하며, 이런 철칙이 국제정치에 존재하고 있다고 주장했다. 또한 국제정치가 권력투쟁의 장인 이유는 국제정치의 내부 논리가 경쟁적일 뿐 아니라 권력을 추구하는 인간의 욕심이 무한하다는 데 기인하다고 말한다. 무엇보다 인간의 권력투쟁적 본성을 정치 현상에 투영하여 국제사회의 현실을 이론적으로 예리하게 분석해내며 급변하는 국제정세와 다양한 안보현안의 실체를 꿰뚫는 탁월한 통찰과 혜안을 제시한다는 측면에서 이 책은 세기를 뛰어넘는 정치학의 명저라 하기에 부족함이 없다.

모던&클래식은
시대와 분야를 초월해 인류 지성사를 빛낸 위대한 저서를 엄선하여
출간하는 김영사의 명품 교양 시리즈입니다.

국가 간의 정치

세계평화의 권력이론적 접근

THE STRUGGLE FOR POWER AND PEACE

국가 간의 정치

1

한스 모겐소

이호재 · 엄태암 옮김

김영사

국가 간의 정치 1

1판 1쇄 발행 2014. 1. 3.
1판 3쇄 발행 2021. 11. 1.

원저 한스 J. 모겐소
개정 케네스 W. 톰슨, W. 데이비드 클린턴
번역 이호재, 엄태암

발행인 고세규
발행처 김영사
등록 1979년 5월 17일(제406-2003-036호)
주소 경기도 파주시 문발로 197(문발동) 우편번호 10881
전화 마케팅부 031)955-3100, 편집부 031)955-3200 | 팩스 031)955-3111

값은 뒤표지에 있습니다.
ISBN 978-89-349-6579-4 04340
ISBN 978-89-349-6578-7 (세트)

홈페이지 www.gimmyoung.com 블로그 blog.naver.com/gybook
인스타그램 instagram.com/gimmyoung 이메일 bestbook@gimmyoung.com

좋은 독자가 좋은 책을 만듭니다.
김영사는 독자 여러분의 의견에 항상 귀 기울이고 있습니다.

이 시대에 새겨야 할 모겐소의 지혜

모겐소 교수의 지혜를 전하며

한스 모겐소Hans J. Morgenthau, 1904.2.17~1980.7.19 교수의 《국가 간의 정치Politics Among Nations: The Struggle for Power and Peace》는 정치학과 국제관계학을 전공하는 학자와 학생은 물론 국제정치 현실에 관심을 가진 이들에게는 굳이 설명이 필요 없는 저서임이 분명하다. 이 책은 20세기 초 두 차례 세계대전을 온몸으로 겪으며 평화를 파괴하는 인간 욕망의 본질과 평화를 회복하기 위한 '멀고도 굽이치는' 길을 주제로 천착穿鑿을 거듭한 모겐소 교수가 독특하고도 명쾌한 필치로 국제사회의 권력정치적 현상을 현실주의 이론으로 정립해낸 이른바 '지성적 명품'이다. 모겐소 교수는 제2차 세계대전이 한창이던 1943년부터 시카고 대학교에서 개설한 국제정치학 과목의 강의안을 정리해 1948년에 이 책의 초판(Knopf 출판사)을 출간했다. 그리고 이 번역판은 모겐소 교수의 제자인 케네스 톰슨Kenneth W. Thompson, 1921.8.29~2013.2.2 교수가 그의 제자인 데이비 클린턴W. David Clinton 교수와 더불어 2006년에 펴낸 제7판을 한글로 옮긴 것이다.

국제정세와 안보환경의 변화무쌍한 모습 때문에 국제정치와 국제관계 관련 전문서적은 본질적으로 생명이 길 수가 없다. 그럼에도 무려 70여 년 세월을 한결같이 사랑받으며 이론적 지지자는 물론 비판적 견해를 가진 학자들에 의해서도 반드시 언급되는 이 책에는 대체 어떤 내용이 담겨 있는 걸까? 두 세대를 뛰어넘어 오늘에 이르기까지 교수와 학생들은 물론 외교와 안보·국방 관련 정책부서 실무진, 그리고 언론인들을 포함한 다양한 직업의 종사자들에게도 지속적으로 권유되는 이 책의 매력은 무엇일까? 저자인 모겐소 교수가 세상을 떠난 후 그의 제자가 26년 동안 두 차례에 걸쳐 수정판을 펴낼 정도로 애정을 쏟은 책이라면 일반 독자들도 분명 읽어볼 가치가 있다고 해야 할 것이다.

이 책의 매력과 권위는 국제정치의 보편적 본질, 즉 국가행위의 진정한 동기를 인간의 본성으로부터 도출해 '권력이라 정의되는 국가이익'이라는 명료한 개념으로 풀어내며 현실주의 국제정치 이론을 정립했고, 국제사회의 정치와 안보 현실을 바라보는 매우 신뢰할 만한 시각과 중요한 개념들을 제공했다는 사실로부터 출발한다. 오늘날 세력균형, 국가이익, 권력, 외교 등의 주제와 개념은 학계는 물론 외교와 안보, 국방을 담당하는 정책 실무진들도 진부하게 여길 만큼 보편적인 것들이다. 스파이크만Nicholas J. Spykman, 니버Reinhold Neibuhr, 카아E.H. Carr 등의 학자들이 제1차 세계대전 이후 20여 년 동안 국제정치학계를 풍미하던 이상주의 철학을 대체할 새로운 이론을 모색하던 시절,

모겐소 교수는 이 책을 통해 현실주의라는 현대적 의미의 국제정치 인식체계를 제시하며 이후 미국의 국제정치학이 글로벌 차원에서 절대적 영향력을 행사하는 계기를 확고히 했다. 전후 미국의 외교정책은 국가 간의 관계를 권력정치, 현상유지, 동맹, 세력균형 등의 현실주의 개념을 통해 인식한 그의 철학을 바탕으로 설계되었고, 지금까지도 그 근간은 흔들리지 않고 있다. 모겐소의 철학이 지성사知性史적 측면에서 미국의 자부심을 크게 높여주었다는 사실에 대해 미국의 정치학계가 자랑스러워하며 세계 사회의 정치학자들도 공감하는 것은 결코 우연이 아니다.

거기에 덧붙여 모겐소 교수 생전에 네 차례(1954년, 1960년, 1967년, 1973년), 1980년 그가 타계한 후 제자인 톰슨 교수에 의해1985년에 6판(McGraw-Hill 출판사)이, 그리고 2006년 4월에 톰슨 교수와 그의 제자인 클린턴 교수에 의해 7판이 발행되는 등 시대의 흐름을 반영하는 적절한 수정 · 보완작업이 지속된 것도 이 저서의 생명력이 변함없이 이어진 중요한 이유가 되었을 것이다.

모겐소 교수의 현실주의 권력정치 이론에 대해서는 늘 많은 오해가 따랐다. 그것은 모겐소 교수의 논지가 지닌 결함보다는 그의 철학을 제대로 이해하지 못한 여러 학자들이 성급하게 이런저런 지적을 쏟아낸 데 기인한 경우가 많았다. 국제정치는 '권력이라 정의되는 국가이익'에 기초한 객관적 법칙에 의해 지배되며, 이는 인류 불변의 법칙이어서 국제정치는 본질적으로 '만인의 만인에 대한 투쟁'과도 같은 권력투쟁일 수밖에 없고, 결국 우리 인간에게 다른 선택이 없다는 그의 주장을 확대 해석한 학자들은 그를 "뉴 마키아벨리"라 부르며 혹평하곤 했다. 즉, 모겐소 철학의 핵심이 "국가의 도덕적 의무는 자기 이익의 극대화이고 국가의 그런 합리적 행위는 설사 인류를 파괴할지라도 거역할 수 없는 정언명령定言命令이 되며, 결국 국제사회의 평화가 국가들 간의 협력으로 달성될 수 없어 국제평화란 원천적으로 불가능하고 기껏해야 패권국가가 부과하는 질서, 즉 전쟁이 없는 일시적이며 소극적인 평화만이 가능할 뿐이라는 것"으로 이해하고 그런 주장이 도덕과 당위의 문제를 지나치게 경시한다고 비판한 것이었다.

그러나 모겐소의 철학에 대한 이같은 비판은 이 책을 제대로 이해하지 못한 데서 비롯된 오해일 뿐이다. 이 책은 전체가 10부, 32장으로 구성되어 있다. 그 방대한 내용을 끝까지 통독하고 모겐소의 혜안과 통찰력을 제대로 이해하기란 쉬운 일이 아니다. 대학이나 대학원의 국제관계론 혹은 국제정치학 강좌에서 교재로 사용되는 경우에도 대개는 현실주의 정치이론의 여섯 가지 원칙과 권력투쟁으로 풀이되는 국제정치의 현실, 그리고 세력 균형론에 이르는 전반부를 간신히 다루는 데에서 그치기 십상이다. 아니 거기까지 만이라도 제대로만 다루어진다면 퍽 성실한 강의라 할 수 있다. 수많은 저서와 교재가 넘쳐나는 상황에서 어느 한 권을 중심으로 한 학기 강의를 끌어간다는 것이 현실적으로 쉽지 않고, 같은 교재를 두 학기에 걸쳐 강의할 수도 없을 테니, 이 책의 후반부 내용이 구체적으로 다뤄질 기회는 드물 수밖에 없다. 이 저서를 교재로 사용하는 강의실에서 국내외 구분 없이 같은 모습이 반복되는 것은 독자나 교수의 나태함 탓이 아니라 이 책의 방대한 분량으로 인한 불가피한 현상일 뿐이다. 모겐소의 철학에 대한 오해는 바로 여기서 자연스럽게 시작된다.

《국가 간의 정치》의 제1편에서부터 3편까지에는 인간 본성에 자리 잡은 권력투쟁적 정치현상이 지배하는 국제사회의 현실이 명쾌하게 설명되어 있다. 그리고 4편부터 9편까지는 권력정치로 인해 파괴된 평화를 회복하려는 혹은 평화의 파괴를 방지하려는 인류의 오랜 노력과 고민이 모겐소 교수 특유의 해박한 외교사적 지식을 통해 분석되고 검증된다. 세력 균형, 세계 여론과 국제 도덕, 국제법, 제한을 통한 평화(군축, 안전보장, 사법적 해결, 국제연맹과 국제연합 등의 세계정부), 변경을 통한 평화(세계국가와 세계공동체) 등이 주된 내용이다. 평화를 향한 이렇듯 다양한 시도가 원천적으로 한계를 가질 수밖에 없다면 인류의 평화란 불가능한 것일까 하는 의문이 드는 순간, 모겐소 교수는 우리가 희망을 가지고 새롭게 인식해야 할 주제를 제시한다. 결론인 제10편에서 분석되는 '외교'이다. 질서와 무정부상태, 평화와 전쟁 등 인류의 당면 문제를 해결하고 싶다면 외교의 의미를 적극적으로 재해석해 압력과 설득, 그리고 협상을 통한 외교절차를 능동적으로 개발하고, 참여하고, 의존해야 하며, 그 과정에서 외교를 아홉 가지 원칙에 따라 현대적으로 재해석하는 노력이 필요하다는 것이다.

모겐소 교수는 제2차 세계대전 이후 미소 대결 시기의 냉전적 사고를 대표하는 매파 학자도 아니요 미국의 군사력을 강화해 소련과 대결하는 것만이 세계 평화를 얻는 길이라고 역설하지도 않았다. 마키아벨리적 권력 투쟁이 난무하는 현실 국제정치 속에서 외교의 의미를 평가절하한 적은 더더욱 없었다. 베트남전을 치르는 미국 정부에 냉철하고도 진정어린 비판을 가한 대표적인 학자가 바로 모겐소 교수였다. 현실주의 국제관계학이 물신화된 국가라는 행위자를 통해서만 국제관계를 관찰하기 때문에, 즉 사회관계에 대한 관점이 부족한 전도된 사고체계이기 때문에 그의 논지에서 역사와 개인, 그리고 사회를 발견하기 어렵다는 비판은 냉혹한 정치현실 속에서 평화의 가능성과 현실에 적용 가능한 규범을 갈망한 모겐소 철학의 본질을 제대로 이해하지 못한 데서 나온다.

모겐소의 권력론적 국제정치 이론은 권력의 비물리적 · 비폭력적 성격을 강조하며 사상과 이념, 그리고 이해를 달리하는 여러 국가들 간의 평화공존론을 주제로 한다. 모겐소는 각국이 자기 국력에 맞는 적절한 역할과 정책을 추구할 때 세계평화가 보장되며 자기 이념과 가치관이 갖는 상대성을 망각하고 보편적 권력투쟁을 진리를 위한 이념투쟁 혹은 성전의 도구로 삼는 것이야말로 세계 평화의 최대 적이라며 경계했다.

이런 까닭에 모겐소 철학을 제대로 이해하기 위해서는 이 책의 후반부까지를 반드시 통독할 필요가 있다. 모겐소 철학의 진수가 바로 후반부에서 펼쳐지기 때문이다. 때때로 '모겐소는 외교가 필요없다고 주장했다'는 식의 터무니없이 과감한 평가와 비판이 나오는 것은 이 저서에 '평화와 권력을 위한 투쟁The Struggle for Power and Peace'이라는 부제가 달려 있다는 사실에 주의를 기울이지 않은 까닭에, 다시 말해 권력Power을 다루는 전반부만 읽다가 뒤에서 전개되는 평화Peace에 대한 모겐소의 열망을 놓친 까닭에 생긴 오해일 뿐이다. 그런 경솔한 지적에 대한 안타까움과 억울한 심정을 모겐소 교수는 1954년에 출간한 제2판 서문에서 토로한 적이 있다. "자기가 가져본 적이 없는 생각들로 인해 비난받는" 저자들의 운명을 탄식하며 몽테스키외가 "읽기에 앞서 말하기를 좋아하고, 알기 이전에 판단하기를 좋아하는 독자들"에게 《법의 정신》 서문을 통해 항변했던 말을 인용하면서 충고한 내용은 다음과 같다.

> 독자들에게 어렵겠지만 한 가지 부탁을 꼭 드리고 싶다. 20여 년간에 걸친 노력을 단 몇 시간의 독서로 쉽사리 판단하지 말아달라는 것과 몇몇 구절이 아니라 책 전체를 보고 칭찬하든지 비판해달라는 것이다. 저자의 의도를 제대로 이해하기 위해서는 책의 구성을 철저히 살펴보는 수밖에 없을 것이다.

국제정치 현실의 이면에 숨은 진정한 동기와 목표를 가감 없이 드러내는 모겐소 교수의 이론화 작업과 때를 같이 해서 시카고 대학의 선후배지간이었던 찰스 메리엄Charles Merriam, 1874~1953과 데이빗 이스턴David Easton 교수는 행태주의Behavioralism 이론과 체계론system theory적 접근법을 발전시켰다. 이후 국제정치학의 발달은 인류 집단 간의 정치를 현실주의라는 철학적 관점에서 관조하는 직관적 시각과, 경험과 실증적 근거를 강조하며 객관성을 중시하는 다른 시각이 전개해온 치열한 경쟁과 보완의 상승작용이었다고 보아도 과언이 아니다. 모겐소의 (고전) 현실주의 정치철학이 신현실주의, 구조적 현실주의, 비구조적 현실주의, 공세적 현실주의 등 다양한 이론화를 통해 계보를 이어온 한편, 국제정치 이론의 과학화를 추구하는 학자들은 기능주의 이론, 연계 이론, 통합 이론, 제도주의, 구조주의 등 다양한 이론화를 시도해온 것이다.

모겐소의 이론을 비판하는 학자들은 모겐소의 이론에서 국가권력이나 국가이익과 같은 주요 개념들 상호 간의 비중이나 역학관계가 제대로 분석되지 않고 있으며, 논지를 뒷받침하기 위해 동원된 수많은 역사적 사례들도 자의적으로 선택되었다는 점 등을 지적한다. 그러나 모겐소 철학의 직관적 지혜를 따르며 이후 국제정치와 안보환경에 대한 보다 설득력 있는 설명을 추구한 현실주의 계파의 후배 학자들은 물론이고, 모겐소 철학의 비과학성을 비판하는 학자들이 이룩한 다양한 업적도 결국 국가권력과 국제정치 현상이 인간 본성에 기인하는 객관적 법칙에 의해 움직인다는 모겐소의 철학을 전제하고 있음은 엄연한 사실이다. 그러기에 모겐소 이후 오늘에 이르는 국제정치학의 발전은 결국 모겐소 학파와 무언가 새로운 것을 추구하는 학자들 간의 대화에 지나지 않는다는 지적도 나오곤 한다.

두 차례에 걸쳐 이 책의 개정판을 만들며 스승의 업적을 기리던 케네스 톰슨 교수가 2013년 2월 2일 아흔한 살의 일기로 세상을 떠났다. 《국가 간의 정치》 초판이 저술되던 당시 스물여섯 살의 대학원생이던 그는 모겐소 교수를 도와 자료를 정리하고 원고를 다듬는 작업에 참여했던 소중한 인연에 대해 남다른 자부심을 가졌던 학자였다. 그는 록펠러 재단에서 오랜 기간 근무한 후 일리노이 대학에서 후학을 가르치던 1978년부터 1998년까지 대통령학과 정부론, 그리고 공공정책학을 강의하며 밀러공공문제연구센터Miller Center of Public Affairs를 굴지의 연구기관으로 발전시킨 공로를 인정받고 있다. 저명학자, 정치가, 공무원, 언론인 등을 초청해 밀러센터에서 보름마다 개설한 정책포럼은 제럴드 포드와 지미 카터 현직 대통령과 빌 클린턴 대통령 당선자가 직접 참석해 연설할 정도로 주목받던 연구기관이었다.

아마도 앞으로는《국가 간의 정치》의 개정판이 나오기 어려울지 모른다는 생각을 해본다. 오늘날의 학자들이 케네스 톰슨 교수와 같은 정성으로 이 책의 개정 작업을 추진해줄 것으로 기대하기는 사실상 어렵기 때문이다. 케네스 톰슨 교수가 이 책의 방대한 내용을 현대적 감각으로 보완하는 결코 만만치 않은 작업을 두 차례나 시도할 수 있었던 것은 스승에 대한 더없는 존경과 이 저서에 대한 애정이 남달랐기 때문이었을 것이다.

또한 이 저서의 개정판을 펴내려는 또 다른 시도보다는 이 저서를 영원한 고전으로 간직하는 것이 더 바람직할지도 모른다는 생각을 해본다. 이 책에 고스란히 담긴 지혜는 아무리 급변하는 국제정세라 할지라도 그것의 핵심을 짚어내고 설명하는 데 조금도 부족함이 없기 때문이다. 우리 주변에서 숨가쁘게 전개되는 다양한 안보 현안들은 결국 모겐소 교수가 지적한 것처럼 인간 본성에 뿌리를 둔 상황극에 지나지 않을지 모른다. 세월을 따라가며 숱한 지식과 데이터를 첨삭한들 모겐소 교수의 지혜와 혜안을 뛰어넘기 어렵다면 그가 마지막으로 펴냈던 제5판을 소중히 간직하는 것이 더 큰 의미를 지니는 일이 아닐까도 생각해 본다.

《국가 간의 정치》의 한국어 번역판은 고려대학교 정치외교학과 이호재 교수에 의해 1987년 9월 법문사法文社에서 제5판을 번역하여 처음 발간되었다. 시카고 대학교 대학원에서 모겐소 교수의 강의를 접한 인연을 소중히 생각하며, 그리고 이 책의 가치를 누구보다 잘 이해했던 이호재 교수는 국제정치론 강좌의 교과서로 이 책을 늘 사용했었다. 나 역시 1978년 이호재 교수의 강의를 수강하며 이 책을 접한 것이 계기가 되어 이후의 인생 행로를 결정하는 데 큰 도움을 받았던 기억이 생생하다. 정치가 극도로 혼란스럽던 1980년 여름, 대학이 폐쇄되어 고향 인근 절에서 기거하며 이 책을 끝까지 정독했고 그때 만든 한글 요약본은 이후 번역작업에 큰 도움이 되었다. 이 책의 번역판이 나와 많은 독자들이 손쉽게 모겐소 교수의 지혜를 이해할 수 있게 하는 것은 정말 의미 있는 일이겠다는 생각으로 언젠가 제대로 번역해보리라 마음먹었던 것도 그때였다. 1983년 고려대학교 대학원 박사과정을 시작하면서 틈틈이 번역 작업에 매달린 지 4년 만에 초고를 완성했고 그것을 토대로 수정작업을 거쳐 법문사판 번역본이 완성된 것이다.

최근 이 책이 절판된 사실을 안타깝게 여긴 여러 학자들의 복간 권유를 진지하게 받아들여 제7판의 한국어 판권을 확보하고 번역작업을 다시 시작할 수 있었다. 직장 일과 병행해 번역하는 일이 쉽지 않았지만 이 책에 대한 나름의 애정이 컸기에 힘든 줄 모르고 무사히 탈고할 수 있었다. 모겐소 교수 타계 이후 두 차례 개정이 이루어지면서 여러 군데 표현이 바뀌었고 새로 들어간 절이 있어 번역 작업은 오롯이 새로 하는 거나 다름이 없었다. 이호재 교수가 2009년 8월 갑자기 타계하지 않았더라면 이 번역판의 완성도가 더 높았을 거라는 아쉬움이 크다. 이 책을 이호재 교수와의 공역共譯으로 발간함으로써 어리숙한 제자에게 많은 가르침을 베푸신 은사에 대한 존경의 표시가 될 수 있기를 빈다. 그럼에도 혹 오역이나 실수가 발견된다면 그것은 오직 이 필자의 탓이므로 많은 질책을 기다리고자 한다.

2013년 겨울
한국국방연구원 연구실에서
엄태암

머리말

제7판에 부쳐

지난 50여 년 동안 《국가 간의 정치》는 수많은 사람에 의해 국제정치학 분야 최고의 교과서로 간주되어왔다. 제7판이 간행되는 오늘날 국가 이익, 권력, 외교 등의 주요 주제는 외교정책 실무진들 사이에 진부하리만치 보편적인 것이 되었다. 동시에 "9·11 테러가 모든 것을 변화시켰다"라는 주장이 들리고 있음을 고려할 때 이 책이 폭넓은 대중에게 제시하는 의미도 감지되기 시작했다. 분명 2001년 이후 상황은 많이 바뀌었다. 특히 1985년 제6판이 출간된 이후를 생각하면 더욱 그러하다. 그러나 빠른 속도로 꼬리를 물고 발생하는 사건들 아래로 국제정치의 어떤 기본적인 특성이 존재하고 있다는 것이 모겐소의 확신이었다. 그리고 그 특성은 오늘날의 국제적 생활의 성쇠를 이해하는 데도 핵심적인 부분이다.

모겐소의 그런 확신에 동의했던 까닭에 이 책을 준비하는 초기 과정에서 우리는 두 가지 보충적인 결심을 하게 되었다. 첫째, 우리는 제6판(모겐소 사후 처음 발간된 개정판)의 본문 내용 전체를 본질적으로 고스란히 보존하고자 했다. 모겐소는 이 고전적인 저서가 자신의 생애 동안 여러 차례 증보판으로 거듭나는 과정에서 국제관계학에 대한 자기 철학의 핵심적인 요소들, 즉 현실주의 이론, 권력 투쟁으로서의 정치, 주요 강대국의 외교정책, 민족주의, 국가 권력, 외교, 그리고 세계 국가의 가능성 등은 변함없이 유지되어야 한다고 생각했다. 제6판은 모겐소 생전에 발간된 제5판에 최소한의 변화만 반영되도록 내용을 의도적으로 보존해 출판했다. 즉 사실 관련 자료를 갱신한다든가 초기 판에 등장했던 국제법 관련 재판 결과 자료를 일부분 삭제하는 등으로 수정 작업이 국한되었다. 제6판 준비 과정에서 톰슨 교수는 제5판 서문을 통해 "유기적으로 연결되면서도 거의 불가피하게 제4판 이전의 책을 준비하던 작업을 그대로 지속했노라"라고 밝혔던 모겐소의 접근 방식을 흉내 내고자 했다. 이 과정에서 톰슨 교수는 피터 겔만Peter Gellman의 탁월한 조력과 더불어 자신의 두 자녀 매튜와 수산나의 도움으로 버지니아 대학교 앨더만 도서관에서 찾아낸 모겐소의 논문들에 의존했다. 같은 정신으로 우리는 제7판 역시 자명한 형태로 출판되도록 결정했다. 하나 밝혀두어야 할 점은 이 책이 처음 출판되던 당시의 관습 그대로 남성 대명사가 압도적으로 많이 사용되고 있다는 점이다. 제6판에서는 이전 판본에서 사용된 원래의 어법을 바꾸지 않고 그대로 사용한다는 결정이 있었다. 그리고 이 제7판에서도 그 결정을 답습하기로 했다. 비록 남성대명사를 사용했다 하더라도 적절하다고 생각되는 모든 곳에서 남성과 여성 모두를 지칭한다고 독자들이 이해해주기를 바란다.

그럼에도 1985년 이후 전개되고 있는 현상을 무시할 수는 없다. 그 때문에 우리가 내린 두 번째 결정이 있다. 모겐소의 생각이 오늘날 국제적 생활의 급격한 환경 변화 속에서도 여전히 적실성이 있다는 점을 보여주기 위해 이 고전적인 저서에 두 가지를 덧붙인 것이다. 첫 번째는 이 책의 첫머리에서 볼 수 있는데 모겐소와 뗄 수 없는 국제정치에 대한 현실주의적 접근법의 영원한 혜안을 강조하고, 《국가 간의 정치》에 나타난 그의 사상이 제대로 평가되지 못한 측면을 지적하면서, 21세기 초에 현재의 몇 가지 문제점에 대해 언급한 서문이 바로 그것이다. 덧붙인 내용 중 두 번째는 이 책의 결론 부분이다. 결론은 국제정치사상의 다양한 전통을 대변하는 저명한 몇몇 학자의 에세이로 구성되어 있다. 그들은 이 에세이들을 통해 모겐소의 현실주의에 대한 각자의 입장을 밝히고 있는데, 현실주의 이외의 여러 국제정치 사상적 입장을 보여주는가 하면, 윌리엄 크로William Crowe의 강연처럼 현실주의 전통을 고수하면서 현실주의를 미국이 오늘날의 세계에서 직면하고 있는 전쟁과 평화의 문제에 적용하기도 한다. 오늘날의 상황에 대한 브렌트 스코크로프트 중장의 강연과 데이비드 뉴섬 대사의 시의성 있는 에세이도 포함되어 있다. 모겐소의 지혜를 새로운 세대의 학생과 시민 들에게 소개할 기회를 이렇게 준비하면서 우리가 생각하는 바는 다음과 같다. 즉 모겐소가 그의 제자 케네스 톰슨과 더불어 저술한 또 하나의 고전 《국제정치의 원리와 문제점Principles and Problems of International Politics: Selected Readings》(New York: Alfred A. Knopf, 1950)의 편집 방식을 충실히 따르고 있다는 것이다.

국제관계학을 접하는 대다수 학생에게 《국가 간의 정치》는 별도 설명이 필요 없다. 그동안 이 책은 교수, 대학원생, 그리고 수많은 학부생에게 지성적 명품이 되어왔다. 이번의 제7판을 통해 독자층이 더욱 확대되고, 새로운 독자가 생겨나고, 새 시대 대학 교육과 공공업무의 변화하는 요구에도 기여할 수 있기를 기대한다.

케네스 W. 톰슨
W. 데이비드 클린턴

차례

2권 차례

POLITICS AMONG NATIONS

서문

《국가 간의 정치》의 여전한 적실성

"우리가 다루는 '국제관계' 학문의 창시자가 있다면 바로 한스 모겐소다." 이렇게 얘기하는 우리 시대의 학자는 모겐소의 현실주의를 처음 접하는 사람도 아니고 타고난 삼류 학자도 아니다.[1] 21세기의 여명을 맞이한 지금 모겐소 혹은 그의 가장 유명한 저서 《국가 간의 정치》에 대한 이런 평가에 반대할 사람이 있을까? 그토록 선구적인 분석서가 등장한 지 50년 이상이 흐른 지금, 추종자들은 그의 통찰력을 조금씩 더 발전시키려 노력하고 있으며, 그를 비판하는 사람조차 자기 얘기를 시작할 때 모겐소의 이론 가운데 부적절한 부분을 지적해야 된다고 생각할 정도다. 《국가 간의 정치》는 여전히 국제관계학의 가장 영향력 있는 교과서로 남아 미국 학생들의 지적 발전에 한 세대

1_ Stanley Hoffmann, *Janus and Minerva: Essays in the Theory and Practice of International Politics* (Boulder, CO: Westview Press, 1987), p. 6.

이상 길잡이가 되고 있다.

그러고 보면 《국가 간의 정치》의 적실성을 얘기하는 것은 어떤 면에서 아주 간단하다. 거의 모든 국제관계학 강의의 첫머리에서 교수들이 모겐소의 학설에 대한 자기 견해를 명시적으로 또는 암시적으로 얘기하는 것만 보더라도 알 수 있기 때문이다. 하지만 좀 다른 각도에서 보자면 저자가 사망한 후 20년 이상 동안이나 이 고전적 저서가 계속 사랑받고 있다는 사실은 이 책이 국제관계학의 주류 속에 완전히 편입되었다는 점을 생각할 때 상당히 놀라운 일이다. 오늘날의 학자들이 동의하는 이 책의 많은 부분은 종종 당연하게 받아들여지는 국제적 생활 이면의 한 가지 조건이라도 되는 듯이 여겨지기도 한다. "모두가 아는 일"이라는 얘기는 사과가 땅에 떨어지는 것을 보면서 굳이 아이작 뉴턴Isaac Newton, 1642~1727을 들먹일 필요가 없듯이 모겐소를 굳이 언급할 필요가 없다는 의미를 나타낼 때 사용된다. (《국가 간의 정치》에서 주장된 내용이 '상식'으로 바뀌어버린 이런 인과 전환에서 간과되는 부분은 이 책이 처음 출간되던 당시 그가 주장한 많은 부분이 논쟁의 여지가 대단히 많았다는 사실이다.) 동시에 모겐소의 주장 가운데 오늘날까지 이견이 있는 부분은 그 주장들이 냉전 시기 동안에는 가치가 있었는지 몰라도 오늘날에는 분명 타당하지 않다고 여겨지고 있으며, 실제로도 그런 경우가 상당히 자주 목격되고 있다.

그래서 《국가 간의 정치》 새 판을 펴내는 우리의 작업은 다음 세 가지 점에서 가치 있고 기여하는 바도 크다. 첫째, 요약문 형태로 서술되는 이 서문에서 우리는 모겐소가 현실주의라 이해하던 국제 사회의 본질적인 모습이 냉전이 끝나고 테러와의 전쟁이 한창인 현재도 여전히 유효하다는 점을 설명할 것이다. 이 내용은 고전 현실주의 세계관과 긴밀하게 연결되어 있으므로 장황하게 다시 논의하지 않아도 좋을 듯하다. 다만 한 가지 지적해두자면 소련이 붕괴했지만 현실주의의 정확성은 결코 사라지지 않았다는 점이다. 둘째, 우리는 국제체제의 도덕적 황폐화에 대한 우려를 생각해볼 수 있는 한 가지 사례를 제시하고자 한다. 이 역시 모겐소에서 비롯되는 관심사다. 상세한 설명이 덧붙여진 까닭은 도덕이 그의 관심사가 아니었다는 가설이 심심찮게 등장하기 때문이다. 셋째, 이 글의 결론 부분에서는 모겐소의 생각을 우리 시대의 여러 사건에 적용해보고자 한다. 모겐소가 살아생전 상상할 순 없었지만 그럼에도 그의 위대한 저서에서 제시된 지적 뼈대를 적용한다면 낱낱이 이해할 수 있었을 모든 요소를 우리 시대 국제무대에 대한 폭넓은 탐구 속에 대입해보고자 하는 것이다. 달리 표현해보자면 낯익은 원칙들에서 벗어나 덜 낯익은 원칙들로 주의를 옮겨간 다음 이 원칙들을 현실에 적용해보자는 것이다.

현실주의와 끊임없이 이어지는 갈등

현실주의자들은 갈등에 늘 혼을 뺏기다시피 몰두해왔다. 갈등을 너그럽게 봐주지도 않았지만 심지어 사악한 갈등일지라도 국제적 생활에서 갈등이 근원적으로 제거될 수 있다는 평화주의자들의 주창을 따르는 법은 결코 없었다. 국제적 갈등이 냉전 이전에도 그랬듯이 냉전 이후에도 줄곧 발생하고 있다고 얘기한다면 판에 박힌 듯 진부한 소리일 뿐이다. 모겐소라면 단지 소련이 사라졌다고 해서 세상이 평화롭고 협력적인 곳으로 변하지 않았다는 사실에 별로 놀라지는 않았을 것이다.

또한 현실주의는 갈등을 국제정치의 일상적인 상호작용 패턴이라 이해한다. 상황과 견해에 대한 차이가 이익 개념의 차이를 초래하고 그 결과 이들 이익이 서로 충돌한다는 것이다. 이익이라는 엔진 혹은 추동력이 발휘하는 에너지에 비해 도덕 혹은 지성이라는 브레이크가 너무 허약해 우리는 경쟁으로 치닫고 만다. 그 결과는 대개 힘의 상대적 차이에 의해 결정되는 수가 많다.

갈등이 도처에 존재한다고 얘기하는 현실주의자들의 특징은 본질을 파헤치려 드는 습성에서 비롯되는 경우가 많다. 조화가 성취되었노라고 혹은 조만간 성취될 것이라고 주장하는 반대파의 논리를 공격할 때 현실주의자들은 이성, 도덕 혹은 제도적 조정과 같은 비교적 단순한 개념을 사용하는 경향이 있기 때문이다. 갈등의 뿌리가 인간 본성에서 유래하는 한 투쟁이 정치적 생활의 불가피한 일부분이라는 신념은 현실주의를 신봉하는 후학들이 겪는 비극적인 삶과 잘 맞아떨어진다. 인간 본성에 대한 자신의 견해가 냉혹한 관점임을 모겐소는 담담히 받아들였다.

현실주의자들이 국가적 이유와 세력 균형과 같은 잣대가 중요하다고 얘기하는 것은 사실 무자비하고도 늘 반복되는 순환 과정에서 탈출하려는 몸부림이요, 정치를 계산 가능한 이기심이라는 좀 더 바람직한 토대 위에 올려놓으려는 시도라 볼 수 있다.[2] 현실주의자라 해도 잘 설득하면 입장을 바꾸리라고 조금은 극단적인 주장을 해볼 수도 있겠지만 갈등을 누그러뜨리고, 제한하고, 다른 곳으로 돌린다는 얘기일 뿐 갈등 그 자체가 사라진다는 말은 아니다. 자기 처방이 받아들여지는 경우라 해도 신중하게 계산하는 현실주의자들은 너무 높은 기대를 품는 것을 허용치 않는다. 조심스럽게 그리고 외교적 문서로 아무리 위장한다 하더라도 행동 기준이 되는 규범은 어디까지나 경쟁, 위협, 반대 위협 등이다. 사자와 양이 한자리에 나란히 누울 수 있기를 기대하는 현실주의자는 없다. 두 사자가 서로 자기가 더 세다고 경쟁하는 일이 멈추기를 바라지도 않는다. 피가 튀는 싸움이 아니라 으르렁거리는 소리와 위협적인 몸짓으로 경쟁이 해결될 수 있으면 좋겠지만 결국에 가서는 어느 한 마리가 나머지를 굴복시키고야 말 것이다. 경쟁이 치열한 그런 환경에서는 어느 정도 공격적으로 행동하지 않으면 남에게 이용만 당할 뿐이다. 다시 말해 신중함이 발휘되어야 국제 사회가 제공하는 진정 효과에 의존하는 것이 과연 얼마나 안전한지 판단할 수 있을 뿐 아니라 권력이라는 도구를 효과적으로 사용하는 기민함을 얻게 된다. 양쪽에 이익이 되는 균형은 중요한 행위자들이 이기심을 좇아 영악하게 행동한다고 가정할 때 이루어진다. 절제된 모습이지만 아주 현실적인 갈등이 존재할 때 전체적인 안정이 유지되는 것이다.

그래서 냉전이 끝나고 공동의 적이 사라지자 극도로 악화되었던 바로 그 분쟁에서 유럽 국가들이 이라크를 상대로 한 무력행사는 꺼렸

2_다음을 참조할 것. Albert O. Hirschman, *The Passions and the Interest: Political Arguments for Capitalism Before Its Triumph* (Princeton, NJ: Princeton University Press, 1977).

던 데 비해 이란이 자국 핵 프로그램에 대한 국제 사찰에 얼마나 협조하느냐에 따라 유럽 시장에 대한 접근 통제에 흔쾌히 응했던(혹은 최소한 말이라도 흔쾌히 응한다고 했던) 사실은 간과되는 수가 많다. 라인홀트 니버Reinhold Niebuhr, 1892~1971가 지적했던 것처럼 강제 조치에는 군사적 공격이나 경제적 제재 조치를 통한 고통이 포함되며, 정치적 생활이란 거의 언제나 어느 정도의 강제 조치와 함께 영위된다. 강제 조치의 의미를 군사적 행동으로 좁게 국한한다 해도 대규모 원유 매장 가능성이 큰 난사군도南沙群島(스프래틀리 군도)에 대한 영유권을 주장하기 위해 중국이 벌이는 무력시위와 같은 좋은 사례가 있다. 베트남, 타이, 말레이시아, 브루나이 혹은 필리핀이 영유권을 주장하고 싶다면 자신의 입장을 뒷받침할 힘 혹은 그들을 지원할 미국과 같은 외부 세력의 힘이 필요할 것이다.[3] 21세기의 갈등이 종교적 근본주의나 자연자원 때문에 발생하는 경우가 많지만 분명한 것은 그 이유가 아니더라도 갈등은 계속해서 발생하리라는 점이다. 그래서 현실주의는 갈등의 본질을 받아들이고 기꺼이 치러내서, 마침내 승리하는 강인한 마음가짐이 필요하다고 강조했다. 교착 상태라는 것도 따지고 보면 상대편이 강제 조치로 대응할까 두려워 어느 한편이 자기주장을 강력히 관철시키지 못하고 주저할 경우에 발생하는 현상이다. 공개적인 갈등을 피하고 싶다면 갈등에 한 발짝 다가서야 한다. 행위자들이 외교를 통한 문제 해결에 기꺼이 동의하는 것은 갈등을 기꺼이 감수할

3_ 다음을 참조할 것. Michael T. Klare, *Resource Wars: The New Landscape of Global Conflict* (New York: Henry Holt, 2001).

태세를 갖추고 있노라 공언하는 상대편 국가와의 갈등이 어떤 대가를 요구하는지 계산을 해봤기 때문이다. 하지만 상대방의 대응을 따져보지 않은 경우라면 분명하지 않은 미래 때문에 현재의 강제적 행동을 억제하는 경우는 없을 것이다. 현실주의는 국제적 생활의 바로 이런 측면에 아주 분명한 통찰력을 제공한다.

갈등이 국제체제의 일부라는 사실을 (경험을 통해 깨닫기보다는 그렇다고 가정하기 때문에) 충격으로 받아들이지 않는다는 점에서 현실주의자들은 갈등에 과민 반응하지 않도록 예방 주사를 맞은 셈이다. 달리 표현하자면 그들은 갈등이라는 현상을 신중하게 대하고자 한다. 심각한 상처를 입은 사람으로 하여금 그의 분노가 정당하다는 이유만으로 어떻게 군사 목표를 달성할 수 있을지 냉정하게 생각해보지도 않고 과격하게 대응하도록 허용하는 것은 별 도움이 되지 않는다. 자원을 무한으로 보유한 국가는 없다. 또한 모든 국가는 여러 위험에 노출될 수 있다. 국가가 눈앞의 갈등에 지나치게 힘을 쏟아붓는 어리석은 일을 자제할 수 있는 것은 또 다른 갈등이 저만치에 잠복해 있다가 가장 절망적인 순간에 나타날 수도 있으라는 자각 때문이다.

냉전 시절 중요한 부분을 차지하던 이념 경쟁은 물론 대체되었다. 국제 사회의 구성원들이 국가와 사회라는 국가 내부 조직의 정당성을 두고 심각하게 분열되어 있지 않은 세계는 전쟁의 심각한 원인 한 가지가 제거된 세계다. 좀 더 일반적으로 얘기해보자면 현실주의 학파는 외형적으로 선전되는 이데올로기 열망의 뒤편에 숨어 있는 권력과 이해관계의 동기를 파악해 권력을 쥔 세력들 간에 벌어지는 충돌의 진정한 원인이라 이해하고자 한다. 또한 현실주의자들은 공산주의의 불명예를 전제정치의 패배임은 물론 자원, 영예, 그리고 지배력과 관련되는 근원적인 의혹을 가리고 있던 무성한 슬로건을 시원하게 걷어버린 바람직한 사건이라 생각한다. 하지만 냉전기의 갈등이 서구 사회와 무슬림 근본주의 간의 새로운 의사擬似 이데올로기 대결로 대체된 것일 뿐일까?

현실주의자들이 갈등을 주의 깊게 다루었던 사실을 곰곰이 생각하노라면 그들이 협력에 대해 그다지 상세히 얘기하지 않았다는 자연스러운 인상을 받게 된다. 공동 목표를 위해 사심 없이 헌신한다는 것은 분명 현실주의자들의 최우선 관심사는 아니었다. 현실주의자들 중 상당수는 체제 붕괴는 아닐지라도 국제적, 국내적 무질서가 만연하던 시절을 살았던 사람들이다. 현실주의자들은 경쟁, 의심, 대결과 같은 관계야말로 국제정치를 가장 잘 설명한다고 보았다. 현실주의자들에게 조절, 우애, 협력 등은 이면의 권력관계를 부드럽게 포장하고 본질을 숨기면서, 그렇다고 없애지도 못하는 일시적이며 덜 근본적인 겉치레였을 뿐이다. 그렇다 해서 외교 시스템과 같은 국제 사회의 모습을 현실주의자들이 전혀 몰랐다는 이야기는 아니다. 다음에서 살펴보겠지만 모겐소만 하더라도 바로 그런 부분에 대해 아주 폭넓게 논의를 진행하고 있다. 하지만 모겐소 저서를 읽은 독자들은 그가 국제 사회의 그러한 관행이 권력 정치를 대신할 만한 것은 아니라는 점을 누누이 강조하고 있음을 발견한다. 오히려 그와 같은 관행은 모든 당사자들이 유용하다고 생각하는 방식으로 권력을 인도하는 한 가지 방식이 되고 있으며, 권력을 향한 경쟁이, 예를 들어 냉전 시절보다는 덜 사나운 모습으로 진행되도록 하는 공인된 규범을 발전시켜가는 한 가지 길이 되고 있기도 하다.

그렇다면 탈냉전기를 맞아 현실주의자들의 가정이 외교적, 경제적 혹은 전략적 관행과 사실상 맞아떨어지지 못하는 국제적 생활의 실질적인 영역이 조성될 만큼 신뢰와 협조가 번성했느냐 하는 의문이 제기된다. 의문의 여지 없이 냉전체제 권력의 중심을 이루었던 두 국가 사이의 관계는 개선되었고, 지역 통합 및 초국가적 기구의 창설이라는 전대미문의 실험이 유럽에서 지속되고 있으며, 세계무역기구WTO와 같은 국제 금융 기구들은 활동 영역과 권위를 확장해가고 있다. 여러 신현실주의자들의 예견처럼 러시아와 중국이 미국을 견제하고자 동맹을 결성하는 일은 아직 일어나지 않았다. 하지만 이런 현상들이 시스템의 핵심에 대한 가설을 뒤엎는 일이냐에 대해서는 확신하기 쉽지 않다. 모스크바가 미국에 대한 적극적인 라이벌이 되지 못하고 있고 심지어 몇몇 유럽 국가들이 러시아의 재집권과 야망을 견제하는 보험 성격의 정책으로 나토NATO가 존속되기를 원한다는 사실을 들어 워싱턴과 모스크바 사이의 적대적 반목이 사라질 정도로 감소했다고 주장할 수는 있다. 세계무역기구의 후원으로 진행된 몇 차례 협상은 행위자들이 각자 자신의 경제적 이익을 보호하고 증진하기 위해 사력을 다한 시합과도 같았다. 미국을 견제하는 중·러 블록이 아직 등장하지 않고 있지만 유럽연합으로 대표되는 새로운 세력 블록의 정상에 위치한 프랑스와 독일 간의 연대는 적어도 상상할 수 있는 정도가 되었다. 여기서 핵심은 상대적 권력에 대한 관심이 탈냉전, 9·11 이후 세계의 국제정치에서도 여전히 활발하게 유지되고 있다는 점이다. 대체로 현실주의자들은 국제적 협력이 불가능하다고 주장하지 않는다.

단지 국제적 협력을 위한 노력이 성공적으로 전개되기 위해서는 권력욕을 억제하려 들거나 현실의 권력 분포 상황을 반영하는 상대적 영향력 패턴을 무시하지 말고 권력의 현실에 순응해야 한다는 점을 주장했을 뿐이다. 현실주의가 다른 학문적 전통의 도움을 받아 쓸모 있게 보충될 경우에는 비교적 시끄럽지도 않고 국제 사회가 강한 힘을 발휘하는 시절에 대해 적절한 설명을 할 수 있을지 모른다. 하지만 이 세계가 실제 그런 시절로 들어가고 있다 하더라도 현실주의가 적실성을 통째로, 혹은 대부분 잃어버렸다는 얘기는 아니다.

현실주의, 그리고 무시할 수 없는 권력

탈냉전시대에 들어 국제체제는 모겐소 생전의 어떤 시점보다 권력의 집중 현상이 현저해지고 있다. 미국은 이 권력을 어떻게 행사해야 할까? 현실주의자들은 하나같이 강력한 권력을 소유한다는 것이 우월한 국가의 지도자들로 하여금 지난날 숱한 국가들을 재앙으로 몰았던 지배욕, 잘못된 확신, 혹은 비이성적인 열망으로부터 자유롭게 하지 않음을 환기시키면서 절제할 것을 강조하는 듯하다. 동시에 어떤 현실주의자도 미국이 수동적인 외교정책을 펼치며 강대국으로서의 책임을 포기하라고 권하지도 않을 것이다. 더러운 손의 위험은 현실주의자들이 강하게 흥미를 느끼는 것과는 다른 것이다.

현실주의자들은 권력에 대한 태도가 실제적으로 복잡하며 최소한 양면적인 성격이 있다고 본다. 인간 본성에 대한 자신들 방식의 이해와 역사에 대한 해석을 토대로 현실주의자들은 권력의 파괴적인 측면에 대한 경외심과 권력이 잘못 사용될 수 있다는 강한 두려움을 가지고 권력은 반드시 통제되어야 한다고 확신한다. 인간이 일반적으로 다른 사람의 이익보다 자신의 이익을 증진시키고자 한다는 점에서 신뢰할 만하다는 점을 어쩔 수 없이 받아들이는 것을 제외하고는 현실주의는 신뢰에 그다지 점수를 주지 않는다. 양심에 의해 발휘되는 내적 통제력이 없을 경우 사람은 외부 통제력의 도움을 받아야 한다. 국제 무대에서 외부 통제력은 세력 균형이라는 잘 알려진 수단으로 연결된다. 권력이 적절히 배분되었을 때 긍정적 효과가 있다는 이런저런 주장이 제기된 적 있지만 사실 '권력 현상'[4]에 대한 주도면밀한 관심이 지속되는 근본적인 이유는 권력이 충분한 반대 세력에 의해 견제되고 저항을 받을 때 권력으로 상대방을 착취하는 오남용의 위험이 최소화될 수 있다는 논리였다. 세력 균형 정책을 세련되게 추진한다 하더라도 평화는 유지되지 못할 수 있다. 하지만 '안전한' 권력 배분을 유지 혹은 복원하기 위한 도구로서 전쟁까지도 불사한다는 적극적인 마음가짐은 현실주의자들이 권력의 평형 상태를 위해 기꺼이 지불하고자 했던 대가(즉 그들이 부여했던 가치)를 잘 나타내고 있다. 권력의 평형 상태는 자기 억제라는 모호한 방법으로 안전을 기대하는 대신 충분한 권력 자원을 보유한 자가 자신의 위협이 허풍이 아님을 보여주기 위해 사용하는 실제적 혹은 잠재적 강제라는 확실한 근거에서 나오게 된다. 어떤 개인이나 집단도 견제되지 않고 통제되지 않는 권

4_ 다음을 참조. Inis Claude, *Power and International Relations* (New York: Random House, 1962).

력을 보유할 수 있을 정도로 신뢰를 확보할 수는 없다. 에드먼드 버크 Edmund Burke, 1729~1797에서 모겐소에 이르는 현실주의자들은 바람직한 목표와 순수한 동기를 가진 사람들이라면 무제한의 권력을 보유해도 좋다고 주장하던 사람들과 오랫동안 논쟁을 벌여왔다. 통제되지 않은 권력이란 위험하고 책임을 질 필요가 없는 권력이며, 그런 불행한 사태가 초래될 수 있었던 까닭은 한 사람 혹은 몇몇 기구들의 불완전 때문이 아니라 모든 인간의 심리 혹은 영혼에 결함이 있어서 인간이 운영하는 모든 기구를 오염시키기 때문이라는 것이다. 따라서 권력이 반드시 통제되어야 한다는 결론은 현실주의자들의 사고 구조 속에서 특별한 위상을 차지하고 있다.

권력에 대한 현실주의자들의 두 번째 태도는, 적어도 표면상으로나마 전적으로 양립하는 듯하지는 않은데, 권력이란 반드시 사용되어야 한다는 점이다. 맞는 얘기다. 권력은 '위험물'이라는 딱지를 요란하게 붙여 내팽개쳐두지 말아야 한다. 다시 말해 견제되지 않은 상태로 내버려두지 말아야 한다. 하지만 그게 바로 권력의 실제 모습이고, 현실주의자들은 바로 그런 삼라만상 생멸의 법칙에 순응하는 것을 아주 중요시한다. 권력 현상은 바란다고 해서 없어지지 않는다. 한 집단이 권력을 내려놓고자 노력한다면 결과는 권력의 공백이 아니라 경쟁관계에 있는 다른 집단의 권력이 견제 없이 남용될 것이다. 권력을 행사하면 불가피하게 나쁜 일을 저지르게 된다는 사실은 권력 게임에 참여하지 않겠다는 이유가 되지 못한다. 왜냐하면 몇몇 행위자들이 자기 국민의 정당한 이익을 보호하는 것보다 자신의 손을 더럽히지 않는 데만 신경을 쓴다면 정의가 손상되기 때문이다. 현실주의는 권력을 두고 경쟁하는 정치를 권력 중립적인 행정으로 대체하려는 시도라든가 평화주의를 달가워하지 않는다. 모겐소라면 그런 근거 없는 희망이 '과학적 인간'이라는 환상의 좋은 사례라고 주장했을지 모른다. 권력은 행사되기를 피할 수 없다고, 즉 누군가 반드시 권력을 행사하고야 만다고 얘기하는 것은 권력이 가능한 한 현명하게 혹은 파괴적이지 않은 방식으로 사용되기를 바라는 관심을 나타낸다. 따라서 권력이 반드시 사용되어야 한다는 조언은 현실주의자들에게는 아주 매력적이다. 그렇다면 권력을 최대한 효과적으로 행사하는 방법은 무엇일까? 반대 의견이 거의 제시되지 않도록 권력을 사용할 수 있는 방법은 무엇일까? 권력을 어느 정도로 사용하면 권력을 가진 자들 사이에 규칙과 규범을 만드는 것과 비슷하게 될까?

탈냉전 세계의 도래와 발전을 계기로 권력의 통제나 행사에 대해 관심을 가지게 된 것은 부질없는 일만은 아닌 듯하다. 권력 집중의 안전성에 대해 단극 체제가 수립된 이 시절만큼 활발한 토의가 이루어진 경우는 없었다. 집중된 권력을 가진 강대국이 존재하는 국제체제가 관념적으로 얼마나 바람직한지 사람들마다 다양한 의견을 가질 수 있지만, 미국의 권력은 엄연히 존재하는 현실이다. 주의 깊게 살펴보고 대응해야 할 대상이다. 미국의 권력이 조금씩 약화될 수도 있겠지만 없어졌으면 좋겠다고 바란다 해서 사라질 대상은 아니다. 미국의 권력이 적절히 행사될 수 있는 방법에 대한 다양한 토의는 어떤 면에서 모겐소가 설파했던 권력의 편재遍在를 되새기게 하는 속편이라 할 수 있다.

현실주의: 진정한 혈청

현실주의는 정치적 생활의 본질을 파헤치는 접근법을 통해 기여한다는 점에서 여전히 적실성을 잃지 않고 있다. 사고방식의 습관이라 할 수 있는 현실주의는 모든 인간의 (따라서 모든 집단적인) 행동 이면에 숨어 있는 이기심과 위선을 특히 날카로운 눈으로 바라본다. 오만과 이기심이 인간 행위로부터 정화된 적은 없었으며, 모겐소의 시대 이후로 정부의 선전 매체가 기능을 멈춘 적도 없었다. 찰스 테일러 Charles Taylor, 1948~ 라이베리아 전 대통령이 기자들에게 자신이 수년 동안 생활을 형편없이 망쳐놓았던 라이베리아 국민들을 향한 지속적인 관심에 대해 얘기하는 모습을 보노라면 이런 회의론이 완전히 정당화되는 듯하다. (예를 들어 유린되는 세계를 보호하는 역할을 자임하던 구소련의 그것과 같은) 몇몇 주장은 탈냉전시대로 접어들면서 사라져버렸는지 모른다. 하지만 오늘날 국제정치의 특이한 상황 때문에 다른 주장들이 위세를 떨치게 되었다. '전적으로 공평무사한 국가' 혹은 '이타주의의 화신으로 이 세상에 반드시 필요한 국가'라는 미국의 자아상, 혹은 회원 국가들 사이 상호작용의 장을 넘어선 어떤 지위, 즉 '세계의 양심'이라는 개념을 유엔에 적용하려는 것이 그런 사례다.

현실주의의 비극적인 부분은 표면적으로 드러나는 호의적인 행동의 이면을 굳이 들춰보고 이기적인 동기를 찾아내려 한다는 점이다. 모겐소는 몇몇 부류들의 '자신이 속한 그룹의 이익을 보호하고 그것이 마치 우주의 도덕률인 것처럼 포장하려는 경향'을 경계했다. 이러한 모겐소의 경고가 자유주의 국가들이 다른 동기를 가진 국가의 존재를 어느 정도까지 인정할지에 대해 진지하게 토론하는 이 시대만큼 적절하게 적용되는 경우는 없을 듯하다.[5] 우리가 다른 이들을 우월하게 지배하거나 그들에게 고통을 안길 때 느끼는 희열은 국제 무대의 많은 부분을 추하게 만드는 숱한 인권 유린을 이해하는 데 도움이 된다. 외부 공격으로 주권이 침해받고, 인도주의적 개입이 추진되는 정치적, 법적, 도덕적 동기를 한 가지 들어보자면 집권자들이 자기 국민을 체계적으로 잘 다스리지 못할 때 외부 간섭이 발생하는 경우가 그 예다.

마찬가지로, 현실주의의 분별 있는 측면은 사물을 자기만족이나 환상에 의해 왜곡된 상태로 보지 않고 있는 그대로 바라보는 이점을 깨닫는 데 있다. 현실주의자들이 주장하는 내용을 보면 하나같이 다음과 같은 확신을 담고 있다. 즉, 세상을 쓸데없이 부정확하게 바라보는 것은 정치권력을 효과적으로 행사하는 데 방해가 되며, 위기 상황에서 자기가 선택한 목표를 쟁취하기 위해 권력을 행사할 수 없는 상황은 잠재적으로 치명적인 장애가 된다는 것이다. 그릇된 생각은 반드시 실체를 파헤쳐야 한다. 사물의 참된 모습을 있는 그대로 아는 것은 그 자체로서 바람직할 뿐만 아니라 상황에 대처하는 정책적 대응에 따라 정권의 안전이 좌우될 수 있기 때문이다.

5_ 다음을 참조할 것. John Rawls, *The Law of Peoples* (Cambridge, MA: Harvard University Press, 1999); Kenneth Minogue, "Religion, Reason and Conflict in the 21st Century," *The National Interest*, Vol. 72 (Summer 2003), pp. 127-137.

도덕적 가치와 국가 이익

국가들로 이루어진 세계에서 도덕적 가치와 국가 이익 간의 관계라는 문제는 정치가와 학자 들이 가장 성가시고도 어려워하는 문제 가운데 하나다. 특히 현실주의 학파에 이 문제가 아주 고통스러운 것임이 증명되었는데 가장 중요한 까닭은 현실주의 학파가 도덕적 원칙과 정치의 실제 책임 사이의 연관성을 부인한다는 오해를 받는 경우가 너무 많았기 때문이다. 그런 비난과 공격을 모겐소만큼 많이 받은 현실주의 학자는 없다. 하지만 모겐소는 자신이 살던 시절에 도덕적 원칙에 대한 관심과 국가 이익에 대한 헌신이 역사적으로 유례없을 정도로 사이가 벌어졌노라고 주장하면서, 역설적으로 그 두 가지가 결합될 가능성에 대해 주목했다. 그 두 가지를 결합하는 방법에 대한 모겐소의 설명은 국제 사회의 본질을 이해하려는 모든 사람에게 통찰력 있고 자극적인 도전이 되고 있다. 그가 이 책 《국가 간의 정치》에서 언급했듯이 "현대전의 특성을 반영하여 국가 이익 개념이 생겨나고 현대적 전쟁 기술에서 볼 수 있듯 그 이익을 충족시킬 가능성이 높아짐으로써 국제정치에 대한 도덕의 규제력은 손상받게 되었다"라는 관찰이 한 가지 접근법이 될 수 있을 것이다.[6]

20세기의 여느 현실주의자들처럼 모겐소 역시 국가 이익과 도덕적 원칙이라는 두 평형추를 현실주의라는 저울에 올려놓고 균형을 잡았다. 이 책과 당시 출간된 다른 여러 저서를 통해 그가 균형을 잡고자 했던 방식은 국가들이 직면한 국제적 환경이 권력의 배분뿐만이 아니라 사고 풍조로 이루어져 있다고 주장하는 것이었다. '온건하고 의지력이 약한' 국가 이익은 (도덕적 가치 등의) 국제적으로 공인된 사고방식에 의해 제약받을 가능성이 크다. 국제 사회의 사고방식이 개별 국가들로 하여금 권력욕을 드러내지 못하도록 제한하기 때문이다.

확실히 1940년대와 1950년대 초의 모겐소는 어느 한편만을 지지한 사람이 아니었다. 국가들이 스스로의 이익을 규정하는 시야가 부분적이고 제한적이라는 이유를 들어 모겐소는 때때로 모든 국가를 비난하는 비극적인 태도를 취하기도 했다. 1952년에 그는 역사적으로 미국의 외교정책이 도덕적 원칙에 기초를 두고 있다는 얘기는 '무자비한' 외교정책이란 표현이 더 적절히 어울리는 '호전적 애국주의를 호도하는 겉치레' 선언이라고 설명하면서 다음과 같이 덧붙였다. "우리 모두는 이익이 걸려 있을 때 모든 국가들이 이렇게 행동한다는 사실을 안다. 즉 아주 잔인하고, 신의라고는 찾아볼 수 없으며, 극히 교활하게 행동하는 것이다."[7] 이렇게 자기 조국이 다른 여느 국가들처럼 대

6_ *Politics Among Nations: The Struggle for Power and Peace* (New York: Alfred A. Knopf, 1948), p. 182. 모겐소의 사상은 오랜 기간에 걸쳐 발전된 것으로 특히 국제 및 국내적 영역의 변화하는 상황에 대한 감응을 담고 있다. [Jaap W. Nobel, "Morgenthau' s Struggle with Power: The Theory of Power Politics and the Cold War," *Review of International Studies*, Vol. 21 (January 1995), pp. 61-85를 참고]. 이 글이 《국가 간의 정치》 신판이 발간될 시점에 맞춰 발표되는 까닭에 우리는 이 절에 대한 주석을 그 책 발간 전후에 등장한 저술들에 국한시키기로 했다. 다시 말해 모겐소가 미국에 도착한 직후인 1930년대부터 발표했던 초기 논문들과 《국가 간의 정치》 (이후 PAN으로 표기) 제2판 출판 시점까지가 될 것이다. 1954년 출판된 2판에서는 처음으로 '정치적 현실주의의 여섯 가지 원칙' 이 포함되었다. 그가 아직 유럽에 머물고 있던 양차 세계대전 사이에 발표되었던 모겐소의 저술들을 그가 미국에 도착한 이후 발표된 것들과 비교하는 자료로는 다음을 참고할 것. Christoph Frei, *Hans J. Morgenthau: An Intellectual Biography* (Baton Rouge; Louisiana State University Press, 2001); Niels Amstrup, "The 'Early' Morgenthau: A Comment on the Intellectual Origins of Realism," *Cooperation and Conflict: Nordic Journal of International Politics*, No. 3 (1978), pp. 163-165; Greg Russell, Hans J. *Morgenthau and the Ethics of American Statecraft* (Baton Rouge: Louisiana State University Press, 1990), esp. Chapters 2 and 3.

단히 사악한 국가가 될 수도 있다는 사실을 깨닫는 것은 저서《과학적 인간과 권력 정치Scientific Man Versus Power Politics》[8]의 결론을 형성하는 '비극적인 생활 감각, 해결될 수 없는 불화에 대한 자각'을 받아들이는 데 필요한 요소였다. 그래서 그는 이렇게 선언했다. "도덕과 지성이라는 개념으로 포장된 흑백 논리가 양측 당사자 모두 선과 악, 지혜와 시행착오로 온통 뒤엉켜 있는 정치적 상황에서 정의로운 일을 해내는 데 사실상 부적합하다는 점은 자명하다."[9]

그는 물질적 풍요가 경제학자들의 관심사이고 합법적 행위가 법률의 관심사인 것과 마찬가지로 정치란 권력을 직접적 목표로 삼는 독자적인 영역이라고 자주 주장했다.[10] 그렇다면 정치의 영역에서는 이런 얘기도 가능하다. "정치적 행위자는 현명하게 행동해야 한다는, 다시 말해 정치적 행동 규칙에 따라 행동해야 한다는 일상의 도덕적 의무를 넘어서는 특별한 도덕적 책임을 진다. 그리고 정치가에게는 편의주의가 바로 도덕적 의무다."[11] 현명치 못한 행동의 결과는 설사 그것이 좋은 의도에서 행해졌다 해도 정치적 의사결정자를 넘어 그의 조국과 동료 시민에게까지 광범위한 영향을 미친다. 그리고 "정치의

7_ "Another 'Great Debate' ; The National Interest of the United States," *American Political Science Review*, Vol. XLVI (December 1952), pp. 970-971.

8_ *Scientific Man Versus Power Politics* (Chicago: University of Chicago Press, 1946; reprint ed. 1974), p. 206.

9_ "The Moral Dilemma in Foreign Policy," in The London Institute of World Affairs, *The Year Book of World Affairs, 1951*, edited by George W. Keeton and Georg Schwarzenberger (London: Stevens and Sons, 1951), p. 13

10_ 다음을 참조할 것. *PAN*, 2nd ed. (New York: Alfred A. Knopf, 1954), pp. 5, 9, 10-11.

11_ *Scientific Man*, p. 186.

법칙을 경멸하는 도덕적 오만으로 자신이 돌봐야 할 국가의 이익을 위험에 빠뜨리는 사람이야말로 진정 비난받아 마땅하다."[12] 그러므로 "신중함이 없는, 즉 도덕적이라 생각되는 행위의 정치적 결과에 대한 고려가 없는 정치 도덕이란 있을 수 없다. 또한 위대한 국가가 의지할 수 있는 행동 및 판단 기준으로는, 그것이 도덕적이건 지성적이건, 국가 이익 이상의 것이 있을 수 없다."[13] "외교정책의 두 개념, 즉 국가 이익과 도덕원칙 사이에 타협이란 있을 수 없다"[14]라고 설파한 모겐소는 마치 도덕하고는 아무런 관련이 없는 냉혹한 사람인 듯 보인다. 모겐소의 이 얘기는 '윤리는 물론 법을 만들어내는 것이 국가이며, 국가 바깥에 윤리와 법은 존재하지 않는다는 홉스Thomas Hobbes, 1588~1679의 극단적 주장 뒤에 숨겨진 심오하고도 간과된 진실'을 간파해낸 말이다.

그럼에도 모겐소는 그 두 가지 사이의 타협을 위해 노력을 아끼지 않았다. 국가 지도자들이 자기의 국가 이익을 식별해내고자 노력할 때 자신들이 몸담고 일하는 국제 사회에서 통용되는 사고방식과 평판에 의해 많은 영향을 받는다고 한 모겐소의 얘기가 바로 그런 노력을 나타낸다. 영국학파가 사용하는 용어로 이른바 '국제 사회'가 행사하는 강력한 영향력은 심지어 가장 세속적인 사고방식을 지닌 정치인에

12_ *In Defense of the National Interest: A Critical Examination of American Foreign Policy* (New York: Alfred A. Knopf, 1951), p. 33.

13_ "Another 'Great Debate'," p. 986; "What Is the National Interest of the United *States?" Annals of the American Academy of Political and Social Science*, Vol. 282 (July 1952), p. 7.

14_ *In Defense of the National Interest*, p. 34; "The Primacy of the National Interest," *The American Scholar*, Vol. 18 (Spring 1949), p. 212. 홉스적인 신중함을 무비판적으로 받아들였다는 비난에 대한 모겐소의 항변에 대해서는 다음 자료를 참고할 것. "Another 'Great Debate'," p. 983.

게까지 파고들었는데 침투성이 워낙 강해 그런 사실을 알아채기가 어려웠기 때문이다. 국가 이익이라는 이름표가 붙을 경우에는 그렇지 않을 때보다 지도자들로 하여금 주장을 자제하도록 만드는 효과가 특히 컸다.

모겐소가 국가 이익의 이런 융통성을 간파할 수 있었던 것은 그의 사고에서 아주 중심적인 위치를 차지하는 이 개념을 두 가지로 정의했기 때문이다. 한 국가의 '더 이상 축소할 수 없는 최소한'의 국가 이익, '다른 집단의 이익과 비교한 자국 이익의 필수요소'를 간단히 얘기하면 생존 그 자체, 다시 말해 국가 영토, 정치제도, 문화적 통일성이라 할 수 있다.[15] 국가 생존처럼 이런 방식으로 이해되는 국가 이익은 어떤 정치적 단위의 지속적인 생존, 즉 '타협하지 말고, 심지어 전쟁을 불사하고서라도 외교적으로 지켜내야 할' 목표를 보장해주는 핵심이었다.[16] 국가가 강하게 주장해주어야 할 필요가 있고 또한 전적으로 정당화될 수 있는 영역을 들자면 바로 이런 것이다. 국가 이외에는 안전을 확실하게 제공해줄 다른 어떤 권위체도 찾기 어렵다는 사실과 국제적으로 진공상태와 같은 상황이 벌어졌을 때 홉스의 규칙을 따라 다른 어떤 가치도 아닌 권력을 최후의 목적으로 삼을 필요가 있다는 사실이 그것이다. 국가라는 사회를 책임진 사람에게 주어진 이해관계의 크기와 동료 시민 모두를 대신해 짊어진 도덕적 의무감 때문에 모겐소가 얘기하던 이른바 무자비한 행동이 요구된다. 나라의 생존이

15_ "Another 'Great Debate'," p. 973.

16_ *PAN*, 1st ed., p. 440.

걸린 시점에 무엇이 국가 이익인지를 생각해보면 될 것이다.

하지만 모겐소는 영토, 제도, 문화의 세 가지 요소를 넘어서서 이기심을 보호하기 위한 좀 더 미묘하고 심지어 사악한 접근법을 모색하게 되었다. 국가 이익의 여러 요소 가운데 고려될 수 있는 목표가 다양하기 때문이었다. "국가들이 외교정책을 통해 추구할 수 있는 목표는 과거 모든 국가들이 추구해왔던 혹은 앞으로 추구할지도 모를 목표의 전 영역을 포함한다."[17] 여기서 우리는 홉스의 필연성 영역을 벗어나 외교적 선택의 영역으로 들어가게 된다.

국가 이익의 여러 부분 가운데 어떤 목표를 추구할지 선택할 때에 정치인들은 자신이 대표하는 국민의 도덕적 가치를 고려하는 경향이 있다. 그렇지 않을 경우 국가 이익의 변치 않는 핵심 가운데서도 핵심이라 할 국가의 정신문명을 손상시킬 것이기 때문이다. 그들은 다른 나라의 이익과 그런 목표를 달성하는 과정에서 갈등이 발생할 가능성을 계산하는 경우가 많다. "신중함, 즉 도덕적이라 생각되는 행위의 정치적 결과에 대한 고려"는 이들 부차적인 목표를 추구할 능력에 어느 정도 대가를 요구할지 계산하도록 요구한다.[18]

의식적으로 고려하지는 않을지 몰라도 그들의 사고를 형성하는 데에 강력한 영향력을 행사하는 것이 바로 국제적 행위 규범이다. 이 국제적 행위 규범은 국가가 추구할 목표와 더불어 그 목표를 추구하기 위해 어느 정도 범위의 수단을 사용할지 결정해준다. 모겐소는 유물

17_ *PAN*, 2nd ed., p. 8.

18_ "Another 'Great Debate'," p. 986.

론자가 아니었다. 이성만으로 안정과 평화를 달성할 수 있다고 믿는 부류가 유토피안, 즉 공상적 사회개혁론자임에 비해(이런 사람이 기여할 수 있는 것이라곤 오로지 그런 확신을 가지고 있다는 사실뿐인 경우가 많다), 권력만으로 안정과 평화를 달성할 수 있다고 믿는 것 역시 유토피안만큼이나 현실적이지 않다는 사실을 그는 아주 분명히 했다.[19] 다시 말해 국제적 도덕원칙의 보이지 않는 영향력은 국가 이익에 뿌리를 두고 추진되는 정책을 규제할 뿐만 아니라 국가 이익 그 자체를 설정하기도 한다.

이런 도덕적 가치들은 아주 근본적인 것이어서 실제로 정치적 행위의 전체적인 모습을 좌우한다. "공동의 도덕 기준은 정부를 형성하거나, 아니 정부의 존립 근거 자체가 되기도 하는 정치적 현실 그 자체의 일부다."[20] 모든 국가가 제각기 국익을 기준으로 정책을 결정했지만 어떤 가치들은 그 국가의 이익을 결정할 정도로 강력한 영향을 미치기도 했던 게 사실이다:

국제 사회에서 행하는 각국의 행위는 자신에게 이익이 되느냐 여부에 따라 달라지고 국제법 또한 자국의 이익에 유리할 때만 준수된다. 그렇기 때문에 국제법은 물론 전반적인 서구문명의 근간이 되는 수많은 도덕원칙도 다른 국가의 기본 권리를 침해하는 행위를 일정 한도 내에서 인정하는 것이 일반적이었다. 어떤 도덕원칙들이 아주 강하게 작용하는 까닭에 정치적 이익의 범주에서 아예 제외될 정도라거나 어

19_ "The Machiavellian Utopia," *Ethics*, Vol. LV (January 1945), p. 145.
20_ Ibid., p. 147.

떤 목표를 달성하자면 기본 권리를 침해하지 않으면 안 된다는 두 가지 설명이 모순적이라 생각한다면 착각일 뿐이다. 도덕원칙은 정치적 이익을 좇는 국제적 행위를 제한하기보다는 정치적 이익 그 자체의 범위에 제약을 가하는 경우가 더 많았다. 그 결과 정치가들은 기본권을 침해해야 달성할 수 있는 것들은 정치적 이익이라고 간주하지도 않았던 것이다.[21]

'국가들의 일치된 혹은 보완적인 이익에 존립 근거를 두고 최후의 수단으로 권력을 행사하는' 국제법도 사정은 마찬가지였다. "이익 공동체도 세력 균형도 없는 곳에 국제법이란 존재하지 않는다."[22] 하지만 국가 이익은 (최소한 생존이라는 핵심 이익을 넘어서는 국가 이익은) '정의와 질서라는 지도 이념이 법 규범에 의해 설명되도록 일체화하는 한 무리의 원칙'으로부터 행동의 지침이 되는 자신의 의미와 힘을 도출해낸다. 모겐소의 주장에 따르면 국제 사회에서 공유되는 규범, 규칙, 관습을 만들어내고 또한 반영하는 다른 관행에서도 사정은 마찬가지였다. '공동체를 건설하는 외교적 과정'에서도 상황은 같았다. 세력 균형도 마찬가지 설명이 가능한데 모겐소의 주장에 따르면 세력 균형은 '그것이 유익한 방향으로 작동할 수 있게 해주는 지성적, 도덕적 통일성에 대한 자각'에 의존한다.[23] 비록 국제 평화가 일시적이고

21_ "The Problem of Neutrality," *University of Kansas City Law Review*, Vol VII (February 1939), pp. 125-126.

22_ "Positivism, Functionalism, and International Law," *American Journal of International Law*, Vol. 34 (April 1940), pp. 275, 268.

불안하더라도 국제 평화를 확보하는 문제의 해법은 다음 세 가지에 달려 있다. 즉 "인간 본성의 이기적 경향을 사회적으로 용인할 수 있는 범위 내로 제한할 수 있는 사회적 압력," 사회적 평형성, 그리고 최소한 정의 비슷한 것이라도 약속해주는 "도덕적 분위기"다.[24]

이런 자료를 통해 우리는 국가 이익을 형성하는 과정에서 도덕적 가치가 담당하는 역할을 살필 수 있다. 가장 실용적인 지도자가 그런 사실을 깨닫지 못했다 하더라도 이익이 과연 어떤 것이어야 하는가에 대한 몇 가지 전제의 영향을 강하게 받았을 가능성은 크다. 그리고 그런 전제의 영향력은 그것들이 늘 공개적으로 거론되는 법이 없었다는 사실에서 잘 알 수 있다. 다시 말해 정책 결정 과정의 한 부분으로 논의되지 않고서도 어떤 결정의 배경으로 작용했던 것이다. 외교를 형성하는 이념은 외교 수행의 물질적 이해관계만큼이나 중요한 셈이었다.

도덕적 가치의 이런 역할은 제약을 가하는 것이기도, 제약을 받는 것이기도 했다. 제약을 가한다는 얘기는 어떤 목표를 테이블에 오르지 못하게 함으로써 잠재적 이익으로 고려될 가능성조차 없애버렸다는 점에서 사용한 표현이다. 도덕 가치는 이해관계를 관리 가능한 규모로 줄여 협상과 타협의 대상으로 만들어버림으로써 국제정치가 관여할 수 있는 부분을 축소시켰다. 도덕 가치는 인간의 물리적 능력 범위 내에 있는 것과 규범적 차원에서 인간이 추구할 수 있다고 생각되

23_ *PAN*, 1st ed., pp. 445, 160.

24_ *Scientific Man*, p. 217.

는 것 사이에 (고마운) 간격을 만든 것이다.

> 정치가와 외교관 들이 조국의 정치적 목표를 증진시키기 위해 할 수 있는 일이 무엇이며 그들이 실제 행하는 바가 무엇인지를 생각본다면 우리는 그들이 자신들이 할 수 있는 일에 훨씬 못 미치는 일만 하고 있고, 역사적으로 다른 시기에 그 집단들이 했던 일보다도 적은 일을 하고 있음을 깨닫게 된다. 그들은 전체적으로나 상황에 따라 어떤 목표를 고려하거나 어떤 수단을 사용하기를 거부하는데 그것이 실용적이지 못하다거나 현명치 못하다는 편의주의 때문이 아니라 어떤 도덕규범이 절대적인 장벽으로 작용하기 때문이다. 도덕규범이 편의주의 관점에서 어떤 정책이 애초 고려되지도 못하게 막아버리는 것이다.[25]

정치 영역의 자율성은 이렇게 침해되고 말았다. 권력이 아니라 목표가 정치적 행위를 계산하는 과정에 개입함으로써 어떤 조치는 권력을 얻는다는 한 가지 목적에서만 보자면 유용한 것임에도 문자 그대로 거의 생각조차 할 수 없게 되어버렸다.

도덕적 가치의 역할이 제약받는다는 얘기는 그것이 갈등과 일방적인 주장을 해결하지 못하고 어느 정도 경감시킬 뿐이라는 점에서다. 자신의 이익뿐만 아니라 다른 국가의 이익에도 관심을 가지는 국가의 국익은 후자 쪽에 초점을 맞춰 정의되어야 한다는 점을 일컬어 모겐소가 '정치적 도덕성의 요구'라 불렀을 때 그는 '모든 국가처럼 모든

25_ *PAN*, 1st ed., pp. 174-175.

개인이 한결같이 분별력 있는 방식으로 이기심을 추구하는 것은 그 자체로서 평화적이고 조화로운 사회를 만드는 데 기여한다고 분별없이 추정하는 것'을 특히 강하게 거부했다. 반대로 그는 '끊임없는 갈등과 전쟁의 위협, 반목하는 이해관계들이 외교를 통해 지속적으로 조절됨으로써 결과적으로 존재감이 극소화되어버릴 수 있음'을 가정했다. 이런 가정이 필요한 이유는 "모든 국가가 자신의 국익을 항상 생존이라는 측면에서만 바라보고 그 결과 생존이라는 이익을 제한적이고 합리적인 것으로 규정한다"라고 가정할 수 없기 때문이다.[26] 외교적 조정이 개입하는 까닭에 권력-정치의 영역은 단순히 정치적인 것에 머물지 않았다. 그리고 "이런 조절이 불편하고 불안정하며 심지어 모순적이기도 한 타협안에 불과하다는 생각은 그럴듯하게 자신을 꾸미고 싶어 하고 그럴듯한 협정 속에 담긴 긍정적인 논리와 인간 실체 사이의 비극적인 모순을 왜곡하려는 사람들을 실망시키기만 할 뿐이다."[27]

'유순한' 국가 이익은 (모겐소는 정치에서 합리성이나 과학이 차지하는 위치에 대해 회의적인 입장이었음에도 때때로 '합리적' 혹은 '과학적'이란 표현을 사용하곤 했다.[28]) 개별 국가의 권력욕이 드러나지 못하도록 가려주는 국제적으로 공인된 일련의 이념에 의해 제약될 수 있다. 이런 선입견은 국가들이 국제 사회라는 직물을 지나치게 밀어붙이거나 잡

26_ "Another 'Great Debate'," pp. 977-978.

27_ *Scientific Man*, p. 203.

28_ Ibid., pp. 172. 213; "The Machiavellian Utopia," p. 145; "Positivism, Functionalism, and International Law," p. 268; "Another 'Great Debate'," p. 973.

아당기지 않도록 막아주었다.

모겐소는 모든 국가가 이익을 증진시키고자 행동해야 한다는 점을 받아들였을 뿐 아니라, 각국이 그런 행동을 하는 것은 다른 누구도 그렇게 해주지 않기 때문이라고 주장했다. 즉 국제정치라는 위험한 상황 속에서 각국은 자신의 행복을 책임져야 할 의무가 있으며 그럴 수밖에 없다는 것이다. 동시에 그는 그의 조국을 비롯해 모든 국가가 국제 문제에서 정당하게 유지했던 제한적이고 부분적인 관점을 인정했다. 나아가 그는 자신의 이익을 좇는 자들이라는 동일한 선상에 그들을 올려놓음으로써 지지를 보냈다. '모든 국가가 인간의 마음으로는 도저히 측량할 길이 없는 신의 심판 아래 서 있다'는 점을 인정하면서 그는 '특정 민족주의와 섭리의 변호인단을 가벼운 마음으로 동일시' 하는 것을 진심으로 경계했다. 도덕적 가치에 대한 무언無言의 합의에 의해 제약되는 국가 이익은 겸양을 행동으로 이끄는 매개체를 가진 셈이다:

> 우리를 도덕적 과잉과 정치적 우매함으로부터 구해주는 것은 바로 권력으로 정의되는 이해관계 개념이다. 우리가 우리 조국을 포함해서 모든 국가들을 권력 개념으로 정의되는 각각의 이익을 좇는 정치적 단위라고 파악할 경우 우리는 모두에게 정의로운 일을 해낼 수 있기 때문이다. 그리고 우리가 그들 모두에게 정의로운 일을 할 수 있다는 얘기는 두 가지 의미에서다. 우리 자신의 국가를 판단하는 것과 마찬가지로 다른 국가를 판단할 수 있고, 그런 판단을 내린 다음 우리 자신의 이익을 보호하고 증진하는 한편 다른 국가의 이익도 존중하는

정책을 추진할 수 있는 것이다. 절제된 정책은 도덕적 심판의 절제를 틀림없이 반영한다.[29]

국가 이익이 주장하는 바를 억누르고 경쟁관계에 있는 국가들의 이익 사이에서 중첩되는 영역과 갈등 요소를 식별함으로써 도덕적 가치는 정치, 외교 및 평화가 조화를 이루는 길을 열 수 있을 것이다.

"중도파가 설 자리는 없다"

자칫 국가 이익이라는 개념이 위험하게 확장될 수도 있는 상황을 통제하는 도덕적 가치의 영향을 다루는 모겐소의 수완이 놀라운 점은 문장을 과거 시제로 적었다는 점이다. 20세기 국제정치에 대해 그가 가장 두려워했던 것은 20세기 국제정치에서 이런 도덕적 가치가 상실되어 국가 이익이 아무런 제약도 받지 않고 타협의 여지도 없이 완고한 모습으로 변해버렸다는 점이었다. 이런 상황은 국가들의 이익이 상호 충돌할 가능성을 키웠다. 모든 국가들이 확보할 수 있는 파괴적 기술을 대량으로, 동시적으로 증강시키는 상황과 위험하게 결합한 정치적 조건이었던 것이다.

29_ *PAN*, 2nd ed., p. 10.

"옛 체제"

모겐소는 그리스도교 가치관에서 더 오랜 이념체계를 발견했다. 즉 정치적 경쟁을 위한 공동의 틀을 제공해주고 "우리로 하여금 서구 세계라는 개념을 단순히 지리적 단위가 아니라 문명적, 도덕적 실체라는 의미로 사용할 수 있게 해준"[30] 도덕적 신념이다. 이들 규범은 "국가 간 권력 투쟁의 목표와 수단을 효과적으로 규제한 공동 신념과 공동 가치라는 틀"[31]을 형성했다. 유럽 국가 체제에 국한된 유산이라는 점에서 보편성은 없었지만 그 규범 속에는 주권 국가 체제와 관련된 모든 강대국이 편입되었다. 그는 '도덕적 분위기의 제약 효과'를 이렇게 표현했다:

"모든 가정마다 말싸움이 있듯 국가들로 이루어진 가족 내부에서도 다툼이 있었다. 하지만 여기에는 모든 분쟁보다 더 강한 무엇인가가 있었다. 즉 국가의 야망과 경쟁을 어떤 범주 내에 묶어두는 무언가가 있었으니 그것은 모든 파탄적인 경향을 압도하는 통일체에 대한 인식이었다. 바로 서구문명 그 자체의 통일성이다. 그 '국가 가족'의 모든 구성원은 가치와 행위에 대한 공동의 틀이 지속적으로 존재하는 것을 당연한 것으로 받아들였다. 서로에 대한 열망과 정책은 그 공동의 틀이 지속적으로 유지될 수 있는 정도까지만 허용될 수 있었다. 외교정책은 제한적인 목표를 위한 제한적인 수단이었다.[32]

30_ *In Defense of the National Interest*, p. 60.

31_ *PAN*, 1st ed., p. 193.

32_ *In Defense of the National Interest*, pp. 60-61.

"이 정치 및 도덕 체제 가운데 오늘날까지 남아 있는 것은 별로 없다."[33] 모겐소의 말이다. 이념의 분위기에 변화가 생겨 그것을 파괴해 버린 것이다. 이 변화들 가운데 하나가 바로 민족주의의 성장이었다. '우리 시대의 국가가 향유하는 거의 신성불가침적인 특권의 일부 결과'다. 종교가 대중의 생각에 미치는 영향이 감소하자, (사실 조직화된 종교가 스스로를 민족국가를 뛰어넘기보다 민족국가와 동일시하는 경향을 보이게 되자) 그리고 국가에 대한 충성이라는 중앙집권적 견인력에 의해 지방이나 시골에 대한 애착이 약해지자 "개인의 충정에 대한 궁극의 평가 기준은 국가가 되었다."[34]

심리적으로 여전히 보편적 신념체계가 필요한 인간은 옛날의 국제사회를 권력 투쟁에만 의존한 채 전개되는 국가 간 경쟁체제로 대체하지 못했는데 권력 투쟁 역시 옛 국제 사회와 유사할 정도로 위험하긴 마찬가지다. 오히려 그들은 훨씬 더 위험한 길을 걸었는데 자기 국가의 이념이나 이데올로기가 전 세계를 지배하는 이념이어야 한다는 생각이었다. 이리하여 "과거 응집력을 보였던 국제 사회가 도덕적으로 자기 충족적인 다양한 국가공동체들로 쪼개진 이런 현상은 최근 보편적 도덕 개념과 특정한 국가 윤리체계 사이의 관계를 변모시켜온 심대한 변화가 외적으로 드러난 증상에 지나지 않는다."[35] 도덕적으로

33_ Ibid., p. 61.
34_ *PAN*, 1st ed., pp. 190-191.
35_ Ibid., p. 191.

자기 충족적인 여러 국가 공동체들은 도덕 개념이라는 공동의 틀 속에서 작동하기를 멈춰버렸다. 개별 국가의 이익은 특권적인 것 혹은 우월한 것이 되었고 국가들의 이익은 더 이상 평등한 가운데 접점을 찾을 수 없게 되었다. "과거 시절 외교의 미덕이었던 타협은 새로운 시대의 반역이 되어간다. 도덕 기준 자체가 갈등의 대상일 경우 대립하는 주장이 상호 조절된다는 것은 상대편에 대한 굴복과도 같기 때문이다. 대립하는 주장의 조절은 도덕 기준이 공동의 틀 속에 있을 때는 가능하거나 합법적인 것이었다."[36] 민족주의적 국가들마다 이데올로기적이고, 타협하지 않고 완고하며, 십자군적인 외교정책이 나타났다. 민족주의는 "중화되지 않을 경우 이전 시절로부터 우리에게 전해 내려온 자제력을 형편없이 약화시켰을 뿐만 아니라 …… 훌륭한 양심을 가졌거나 사이비 종교와도 같은 열정을 지닌 모든 개별 국가에게 권력을 향한 열망을 불어넣었다. ……(그리고) 그들을 자극해 세계를 지배하고픈 갈증과 활력을 가지게 만들었다."[37] 민족주의적 보편주의의 승리는 도덕적 비극이었다. 점점 더 심한 갈등으로 이어져 결국 인간의 희생이 점점 더 늘어난 결과를 봐서도 그렇고, 폭력을 불사하는 지나친 오만을 보더라도 그렇다.

그런 지성적, 도덕적 분위기 속에서는 예전의 국제적 도덕 사회에서 실제로 가능했던 유순하거나 합리적인 국가 이익이 무의미해지고 만다. 낙관주의자들이 국제적 생활에서 생기는 문제에 합리적인 분석

36_ Ibid., p. 193.

37_ Ibid., p. 268. 다음도 참조할 것. *Scientific Man*, pp. 67, 197.

을 적용하자고 전례 없이 주장하는 바로 그 시점에 민족주의적 보편주의는 개별 국가의 권력욕을 이성의 규제로부터 사실상 해방시켜버린 것이다:

> 우리 시대는 결정적인 변화를 겪지 않을 수 없다. 한편으로 이성이 그리고 다른 한편으로 이익과 감정이 사회적 행위의 결정에 어느 정도 영향력을 행사하느냐에 따라 변화의 모습이 결정된다. …… 정치 이데올로기들 사이의 전쟁이라는 형태로 종교 전쟁이 부활해서 고문과 형벌, 그리고 반대하는 자들을 몰살하는 상황이 전개되는 것은 우리 시대에 그런 변화가 어느 정도 진행되고 있는지를 보여준다.[38]

도덕성과 이성이 희미해짐에 따라 권력을 향한 단순하고도 적나라한 경쟁이 더 큰 모습으로 다가왔다. 그런 의미에서 국제관계는 점점 더 과도하게 '정치적'인 것으로 변하고 따라서 점점 더 무자비한 것으로 바뀌었다. 1939년 초 집필을 하고 있던 모겐소는 양차 대전 사이 국제 사회의 트렌드를 요약하고 몇 달 뒤 발생할 새로운 전쟁을 이렇게 예견했다:

> 정치 영역 그 자체에 설정되었던 윤리적 · 법적 한계는 …… 최근의 전체주의 정치 철학과 관행에 의해 씻겨 흔적도 없어지고 말았다. 오늘날 정치 영역은 무제한의 것으로 바뀌었다. 정치적 열망에 굴복할

38_ *Scientific Man*, p. 213. Cf. "Morgenthau' s Struggle with Power," pp. 64-66.

수 없고 장기적으로는 필연적으로 굴복하지 않을 인간의 가치란 더 이상 존재하지 않는다. 보편적 도덕원칙들이 특정한 정치 철학에 의해 대체되어버린 이런 도덕적 혁명은 국제법의 타당성과 효력에 심대한 영향을 미치지 않을 수 없다.

"불개입, 독립, 그리고 평등이라는 윤리적 · 법적 원칙과 평화와 전쟁 사이의 법적 구분이 새로운 정치적 · 도덕적 경향 …… 무제한의 정치적 열망을 지지하기에 더없이 적당한 우월한 정치적 · 군사적 권력과 장거리 전쟁 기계에 의해 대체되었으니, …… 국가들이 느끼는 공포를 이해하기란 어렵지 않을 것이다."[39] 도덕원칙과 선행이 유지되던 국제적 공동체가 이처럼 파괴된 것을 '도덕적 혁명'이라 부르는 것은 어떤 면에서 타당할지 모른다.

되돌아가는 길

《국가 간의 정치》는 미국과 서구 독자에게 그들이 걸어온 어려웠던 역정을 잘 보여준 논증이기도 했던 만큼 20세기의 남은 절반 동안 세계가 당면한 여러 위험을 경감하기 위해 내려야 할 조치들을 잘 설명한 저서이기도 했다. 물론 가장 역점을 두고 강조한 부분은 민족주의적 보편주의의 부정적 영향력을 감소시키고 전통적 국제 사회의 현대판

39_ "The Problem of Neutrality," p. 126.

대응물로 대체해야 한다는 것이었다. 정치적 충격에 위축되지 않고 단호한 진단을 내리면서 모겐소는 저서의 부제 첫 부분(Struggle for Power)을 뒷받침할 충분한 근거를 제시했다. 권력욕을 규제할 수 있는 방법을 제도화해야 한다고 경고하면서 부제 뒷부분(and Peace)의 논리를 입증한다.

관습의 케이크는 부서졌다. 다윈, 니체, 프로이트를 따라 신념의 세계로 되돌아갈 수 없게 되어버린 것이다. 따라서 과거에는 본래 존재했었노라고 얘기할 수도 있는 것들이 이제는 예술을 통해서만 창작될 수 있을 뿐이다. 모겐소가 처방한 것은 국가 간의 주고받기를 배신이나 마찬가지라고 보기는 어렵다는 생각을 확립할 수 있는 솜씨 좋고 인간미 넘치는 외교였다. 사실 핵심 이익이 아닌 부분에 대해 타협하는 행위 그 자체는 본질적으로 좋고도 자연스러운 것이었다. 그것은 타협으로 이끈 마음의 습관, 즉 게임에 참가한 다른 플레이어의 정당성을 받아들이고, 더 중요한 것은 게임이 진행 중이라는 사실을 받아들인 마음의 습관이 있었기 때문이다. 이때 게임이라 함은 쌍방이 잘 이해하는 명확한 법칙과 끝장을 보는 정도까지는 아닌 적절한 판돈이 걸린 제한적인 경쟁이었다. 간단히 얘기해서 외교란 종교와 기사도 정신이 낳은 전통적 규제의 현대적 대용물을 제공하는 것이다.

외교적 접근법은 도덕적 합의의 결핍 자체를 안정과 자제력이라는 장점으로 바꿔놓는다. 사실 민족주의적 보편주의가 파괴적인 행위를 일삼던 150여 년의 세월이 끝나갈 무렵에는 특정 상황에 처한 국가들에 지침을 줄 만큼 충분히 구체화된 초국가적 도덕원칙도, 그런 원칙이 존재했을 경우 위반자들을 처벌하기 위한 강제 집행 기구도 없었다. 국제 사회의 모습이 이처럼 취약하다 보니 국가가 국제 사회 대신 의존해야 할 것은 '상대주의 철학과 다른 도덕원칙을 따르는 다른 정치체제와 정책에 대한 인내였고, 그것은 국가 이익에 기초를 둔 정책에 수반되는 부산물이자 어깨를 부딪치며 살아가는 다수 국가들이 지녀야 할 전제 조건'이었다.[40]

냉전의 위험을 완화하는 방법은 이런 것이었다. 예를 들어 공산주의와 자유주의적 민주주의 둘 중 어느 것이 진실인지 끝장을 보며 가리지 말고, 또한 이성과 선의만으로 갈등이 해결되리라 생각지도 않는 것이다. 반대로 각자의 도덕적 관점을 일상생활의 한 가지 사실이라고 받아들이면서 두 초강대국이 그들의 경쟁관계를 관리하고 누그러뜨릴 수 있는 공통 규칙에 따라 공존의 길을 찾아야 한다는 것이었다. "따라서 기술적 관점에서 우리가 잠재적으로 하나의 세계에 살고 있을지 모르지만 도덕적·정치적으로 보자면 우리는 철의 장막 너머의 다른 세계와 깊고 넓은 심연으로 분리된 이쪽 편의 세계에 살고 있다"라는 모겐소의 주장은 거침이 없다. "그 결과 이런 현상이 발생하게 된다. 즉 이 세상에 일어난 심대한 (기술적) 변화에도 불구하고 언제나 그랬듯이 어떤 국가가 다른 국가의 적대적인 욕심과 맞닥뜨릴 경우에는 한 가지 가장 중요한 의무가, 즉 자신의 이익을 스스로 지켜야 한다는 의무가 생기는 것이다."[41] 하지만 그 이익은 우리가 살펴본 바처럼 그 국가가 그러리라 희망하는 것, 즉 국가 안보라는 핵심 이익을

40_ "The Primacy of the National Interest," p. 211.

41_ "What Is the National Interest of the United States?" p. 4.

뛰어넘는 합리적이고 제한적인 주장으로서 나름의 정당한 이익을 지닌 다른 국가들과의 협상 대상이 될 수 있고 또 그래야 하는 이익이라고 이해되어야 한다.

그러기에 모겐소는 외교의 장에서는 어떤 기회도 놓치지 말 것을 희망했다. (여기에는 유엔도 포함되는데 다만 이 기구가 "선전용 연설이 난무하는 무대, 가정에 앉아 있는 청중들에게 거짓된 언사를 전달하는 장소, 효과도 없이 적을 때리기 위한 일종의 무대 소품"[42]이 아니라 조용한 토론의 장으로 제대로 기능할 경우 그러하다.) 소련을 상대로 영향력 권圈을 구축하고자 하는 의지도 여기에 포함된다. 모겐소는 초강대국들이 "귀국이 만주를 차지하시오, 그럼 우린 중국의 나머지 부분을 차지하리다. 그리고 내친김에 전 세계 나머지 영역까지 말이오"라고 대화할 것[43]이라는 아널드 토인비Arnold Toynbee, 1889~1975의 비유를 인용하면서 자신도 같은 생각이라고 밝혔다. 과거의 도덕적 합의가 퇴조하면서 행위자들이 서로 상대방의 정당성을 인정하고 일정한 한도 내에서 경쟁을 벌였던 전통적 외교는 무의미한 것이 되고 말았다. 그렇다 하더라도 전통적 외교와 비슷한 어떤 것이 이루어진다면 도덕적 합의를 재확립하는 데 도움이 될 수 있다. "협상에 의한 해결이 이루어질 유리한 상황은 갈등 상태에 있으면서도 조정 가능한 이익과 힘의 두 가지로 구성된다"라는 모겐소의 말은 그 두 가지가 필수요소라는 의미였다.[44]

42_ "The Yardstick of National Interest," *The Annals of the American Academy of Political and Social Science* (November 1954), p. 84.

43_ *In Defense of the National Interest*, pp. 155-156. 다음도 참조할 것. "Morgenthau' s Struggle with Power," pp. 67-68.

44_ *In Defense of the National Interest*, p. 149, pp. 133-135.

국가 이익, 특히 생존이라는 핵심 이익에 대한 관심은 필요한 힘을 유지하도록 한다. 그런가 하면 도덕적 가치는 이해관계에 대한 협상과 조정을 가능하게 하는 외교 시스템의 절제와 다원주의적 특성에서 찾아볼 수 있다.

모겐소는 모든 정치가가 다음 사실을 인정하기를 바랐다. 그가 조국의 이익을 추구한다고 할 때 사실은 사욕 없이 청렴한 정의, 혹은 때 묻지 않은 도덕적 이상을 추구하는 것이 아니라 다른 정치가들이 제한적이고 이기주의적인 정책을 비슷하게 추진하는 것과 마찬가지로 실질적이고 자기중심적인 방식으로 권력을 증진하고자 노력하고 있다는 사실 말이다. (그를 지지하는 사람들에 대한 책임이라는 견지에서 필요하고도 당연한 일이긴 하다.) 모겐소가 말하는 정치가는 권력 현실에 대한 날카로운 눈을 가졌으며 경쟁의 규칙 안에 머무를 때조차 조국의 이익을 위해 최선을 다해 협상에 임하는 사람이다. 재창조된 도덕적 합의에 기반을 두지 않는다 할지라도 새로운 국제 사회는 그것이 가져올 결과와 중용의 미덕을 생각할 때 민족주의적 보편주의가 지배하는 세계가 초래할 뻔한 결과에 비해 훨씬 더 도덕적인 결과를 낳을 수 있을 것이다. 나머지는 미지의 미래로 남겨두면 될 일이었다.

시간이 흘러 소련의 체제가 붕괴되고 냉전이 종식되자 바로 그 미지의 미래가 도래했다. 하지만 이런 변화에도 불구하고 국가 이익과 도덕적 가치 사이의 관계에 대한 모겐소의 면밀한 분석은 여전히 적실성이 있고 높은 가치를 유지하고 있다. 그 이유는 그가 스스로 지적했던 것처럼 인간의 지혜를 넘어설 수 있는 도전에 대한 해결책이 될 수 있기 때문이다. "어떤 나라가 국가적 자멸이라는 스킬라Scylla(메시나 해협의 이탈리아 쪽 해안의 큰 바위. 혹은 그리스 신화에 등장하는 니소스 왕의 딸로 머리 여섯 개, 다리 열두 개의 여성 괴물.—옮긴이)에서 도망칠 수 있다 하더라도 십자군 정신이라는 카리브디스Charybdis (시칠리아 섬 앞바다의 위험한 소용돌이 혹은 그 소용돌이를 의인화한 그리스 신화 속 여괴女怪.—옮긴이)에 빠질 가능성이 크다. 스킬라의 위험은 도덕원칙을 강조하면서 국가 이익을 경시하는 모든 행위 속에 존재하며 십자군 정신은 국가들 간의 도덕성을 파괴하는 가장 큰 원인이다."[45] 민족주의적 보편주의에 대한 그의 비판과 대안은 분명 스킬라와 카리브디스를 피할 수 있는 방법을 가르쳐주고 있다. 국가 안보에 진실로 필요한 목표가 무엇인지에 대해 정치가가 합리성과 속박에 의해 국가 이익을 함부로 조작적으로 정의 내리지 못할 경우, 결국 정치적 종교의 십자군적 기질을 회피하고 관용과 타협의 습관을 깨우치는 외교의 길을 열 수 있도록 도움을 받는 결과가 된다. 동시에 동료 시민에 대한 책임, 즉 조국의 생명을 보호하는 임무를 완수하는 데도 도움이 된다. 나아가 오늘날 현실주의의 통찰력과 영국학파를 연결하려는 배리 부잔Barry Buzan, 1946~ 등 여러 학자들의 노력,[46] 그리고 네오리얼리즘의 지배력에 도전장을 내밀었던 성찰주의자들의 노력[47]에 대한 논의는 모두 선구자와 매우 닮은 모습이다. 이 글의 첫 부분에서 언급한 고전

45_ "The Primacy of the National Interest," p. 211.

46_ 다음을 참조할 것. Barry Buzan, Charles Jones, and Richard Little, *The Logic of Anarchy: Neorealism to Structural Realism* (New York: Columbia University Press, 1993).

47_ 다음을 참조할 것. Alexander Wendt, "Anarchy Is What States Make of It: The Social Construction of Power Politics," *International Organization*, Vol. 46 (Spring 1992); Judith Goldstein and Robert Keohane, editors, *Ideas and Foreign Policy: Beliefs, Institutions, and Political Change* (Ithaca, NY: Cornell University Press, 1993).

적 현실주의의 통찰력 역시 여전한 진실이며 선구자적인 모습이라는 점도 비슷하다.

오늘날의 문제들

이 모든 통찰력은 오늘날의 국제정치적 상황에 어떤 식으로 반영되어 있을까? 미국은 2001년의 9·11 테러라는 끔찍한 사건으로 인해 전례 없는 두 가지 도전에 직면했다. 한 가지는 국내외에서 국가 안보를 위협받는 것이며, 또 다른 하나는 민주주의와 열린사회가 위협받고 있는 것이다. 전자가 국토 안보를 위한 새로운 시스템을 요구한다면 다른 하나는 전 세계 차원의 공세적, 방어적 행동을 요구하고 있다. 이 둘은 모두 인권과 기본적 자유가 침해되지 않도록 잠시도 경계를 늦추지 말 것을 요구한다. 이 과업에서 간단한 부분은 명료함과 결단력뿐이다. 그것을 제쳐두면 간단한 일은 없다. 클린턴 행정부 시절까지만 하더라도 테러리즘이란 주제는 국민에게 큰 주목을 받지 못했다. 1995년 세계무역센터에 대한 테러 공격을 《뉴욕타임스》는 부분적인 성공에 그친 일회성 사건이라고 보도한 바 있다. 안보에 대한 이런 그릇된 감각이 점차 사라지면서 타당성 있는 여러 질문이 등장하기 시작했다. 테러리즘이 도덕적으로 정당화될 수 있는 조건이 있는가? 자유의 수호자와 테러리스트를 명확하게 구분할 수 있는가? 테러리즘이 어떤 식으로 오늘날의 미국 정치를 변화시켰기에 테러리즘에 대한 분석이 미국 방송 뉴스의 일상적인 한 부분이 되었을까? 대통령의 개인적 선입견은 공공정책 수립에 어떤 영향을 미치는가? 모든 대통령이 국가 안보라는 이익과 국민의 자유를 두고 양자 간 균형을 잡아야 한다는 말은 사실인가? 미국 애국법USA Patriot Act과 미국의 다른 지역 및 다양한 공동체의 최근 입법 조치들에 대해 나타나는 반응 자료는 무슨 의미를 지니는가? 우리의 가치들 가운데 가장 심각한 위협에 처한 것은 무엇일까? 미국 국민 가운데 과연 얼마나 많은 사람이 "안전 문제 때문에 지나치게 걱정하지 말고 일상생활에 임해달라"라는 대통령의 권유를 따랐을까? 테러와의 전쟁을 위해 국민의 희생이 필요하다면 어떤 부분일까? 부시 행정부가 직설적으로 개인의 희생을 요청한 적이 있었던가?

우리는 모겐소가 대중 담론의 무대로 돌아온다면 아마도 이런 문제들을 두고 얘기하리라 쉽게 추측할 수 있다. 그의 관심이 외교정책에만 있으리라 결론을 내리는 것은 옳지 않다. 왜냐하면 그가 관심을 가지고 저술한 많은 글은 민주주의, 시민권, 그리고 인간의 자유에 대한 위험 등의 주제에 초점을 맞추고 있기 때문이다. 또한 그의 저술들 가운데 많은 부분은 과거와 현재의 대통령들, 그리고 그들의 국내 정책과 외교정책을 다룬 것들이다.[48] 의심의 여지 없이 그가 조지 W. 부시 George W. Bush, 1946~ 대통령과 그의 정책에 대해서도 할 애기는 많을 것이다. 몇몇 부분에 대해서는 칭찬도 할 것이고 다른 것들에 대해서는

48_ 다음을 참조할 것. Hans Morgenthau, *The Purpose of American Politics* (New York: Alfred A. Knopf, 1960); Morgenthau, *Truth and Power: Essays of a Decade, 1960-70* (New York: Praeger, 1970).

비판적인 고찰을 할 것이다.

아마 틀림없이 모겐소는 테러리즘의 역동적인 부분을 검토하는 것으로 얘기를 시작할 것이다. 무엇이 테러리즘을 생기게 했고 잠재적인 원인은 무엇인가? 특정 지역과 개별 국가들 내부의 조건들로부터 힘을 끌어낸다면 테러리즘은 얼마나 세계적인 운동인가? 전 세계의 민족주의나 민족성이 테러리즘을 지원하는 정도는 얼마나 되며 다른 정치적 문화적 요인으로부터 테러리즘이 얻는 힘은 얼마나 될까? 이라크와 아프가니스탄에 대해 우리가 느끼는 이해관계는 어떤 차이가 있는가? 미국 외교정책에서 가장 중요한 관심사는 무엇이라고 봐야 하는가? 9·11 테러 이후 우리의 세계적 임무는 도처의 테러리스트와 테러리즘에 저항하는 것인가? 혹은 "누가 우리의 적인가?"라는 질문에 대한 우리의 대답에 따라 우리 정책이 결정될 것인가? 모겐소라면 알카에다와 오사마 빈 라덴Osama Bin Laden, 1957~2011 때문에 생기는 위협이 어느 정도라고 판단할 것이며 다른 사람들의 행동 때문에 발생한 것이라고 판단할 위협은 어느 정도일까? 만일 이라크가 테러와의 전쟁에서 중심 전선이 되었다면 다른 위협들과 비교해서는 어떤 의미가 있는가? 미국과 세계는 중동 지역 민주주의와 자유의 중요성을 알카에다의 중요성보다 더 높게 평가하고 있는가?

이데올로기와 더불어 리더십으로부터 복잡성이 생긴다. 그리고 모겐소는 저서 《국가 간의 정치》에서 권력의 요소에 대해 논의하면서 이들 두 가지에 대한 통찰력을 제시하고 있다. 명민하거나 심지어 무자비한 개인들이 권력 쟁탈전에서 이익을 확보하기 위해 결정적인 역할을 할 수 있음을 잘 알고 있었기에 그는 리더십의 일반적인 중요성을 상기시키고 있다. 하지만 그가 특별히 강조하는 한 가지는 조직을 뒤흔드는 능력이다. 종종 판박이 박제처럼 되어버렸다가도 혼수상태에서 깨어나 변화하는 조건에 상상력 풍부한 대응을 하기도 하는 그 모든 것이 지도자의 능력에 달린 것이다. 빈 라덴처럼 카리스마 넘치는 인물의 비디오테이프에 자극받은 엉성하게 조직된 테러리스트 집단이 국가 정보 및 안보 기관의 감시망에서 수은처럼 빠져나가는 오늘날의 커다란 위험을 진단하는 내용만큼 좋은 화젯거리는 없을 것이다. 창조적이지 못한 리더십의 표본으로 모겐소가 인용한 '예나 전투 당시의 프로이센군'과 '마지노선 뒤에서의 프랑스군 작전 참모' 얘기에 덧붙여 언젠가는 재빠르게 변신하는 알카에다의 위협에 뒤떨어져 조심스럽기만 했던 FBI와 CIA의 사례도 덧붙여질지 모른다.

우리는 모겐소가 베트남전에 대해 가장 비판적이었던 미국인이었음을 기억한다. 베트남에서 펼친 미국의 정책에 대한 모겐소의 반대와 그 정책이 지속되어 낳은 결과에 대해 역사적 기록이 좀 더 명확히 밝혀진 상황에서 오늘날 우리가 배운 교훈은 무엇인가? 이런 추론을 좀 더 연장해 미국 외교정책에서 베트남전과 이라크전은 어떤 점에서 유사하며 가장 근본적인 차이점은 무엇일까? 장군들이 과거 전쟁의 작전 계획과 전략을 지침으로 삼아 현재의 전쟁을 수행하는 경향이 있다는 얘기가 사실이라면 우리는 과거 베트남에서 사용한 정책을 이라크에서 되풀이하는 것은 아닐까? 아니면 이라크에서의 우리 접근법이 베트남에서 사용된 그것과 전혀 다른가? 베트남전의 교훈이 무엇이든 그것이 지금도 여전히 유효한가, 아니면 그것은 이라크 혹은 아프가니스탄에서의 정책에 얼마나 그릇된 지침이 된 것일까?

민주주의를 보자면 중동 지역의 미래 민주주의에 대한 모겐소의 비전은 무엇이었을까? 이라크 같은 국가가 (혹은 좀 더 이전의 소련과 중국이) 쉽사리 민주주의적인 국가로 변할 수 있다고 그가 기대했을까? 그는 중동 지역의 주요 행위자가 누구라고 생각했을까, 그리고 그들이 남긴 문화적·정치적 유산은 무엇인가? 이라크에서 변화가 일어나 주변 지역 다른 국가들로 확산되리라고 주장한다면 얼마나 합리적인 생각일까? 다른 국가들에 영향을 미칠 가능성이 큰 국가는 어느 국가일까, 그리고 민주주의를 채택할 때 외국 사례를 따르지 않으리라 생각되는 국가는 어느 나라일까? 이라크가 아니라 이스라엘이 이 지역의 대표적 민주주의 국가라 한다면 어느 정도 타당한 주장이며 이런 상황은 변화할 것인가? 우리의 정책을 감안할 때 이라크는 이 지역의 나머지 국가들의 모범이 될 수밖에 없는가? 마지막으로, 중동 지역의 어느 한 사회에서 발생한 변화가 나머지 모든 지역과 여타 개발도상국의 변화를 불러올 수 있으리라 믿는다면 현재의 세계적 위기를 우리가 잘못 짚고 있는 것일까?

여기서 우리는 국가의 특성에 관한 모겐소의 논의를 상기해보는 것이 좋을 듯하다. 조잡하고 상투적인 표현을 피하고 이 개념이 필연적으로 '쉽게 이해하기 힘들다'는 사실을 받아들이면서도 '어떤 국가에서 다른 나라에 비해 차이가 나는 지성적, 기질적 특성이 자주 나타나고 그 나라의 높은 가치로 존중받는 현상을 볼 수 있다'는 사실이 오래 지속되면서 때로는 결정적인 영향을 미치는 경우가 있음을 지적하고 있다. 자유민주주의 정치체제 가동에 필요한 가치를 수출하려는 모든 노력은 그런 복잡한 제도와 관행을 받아들이는 사람들의 사고체계가 제각기 다르다는 사실을 감안해야 한다. 모겐소라면 민주주의가 의도적인 노력을 통해 미국으로부터 이라크처럼 아주 판이하게 다른 사회로 옮아가고, 그러고는 또다시 역사적·문화적·종교적 다양성에도 불구하고 그 지역 다른 국가들로 전파될 수 있을 만큼 본질적으로 전염성이 강한지 의문을 가졌을 것이다.

우리가 오늘날의 위기 상황에 대해 기술한 내용이 모겐소가 봤을 때는 '마차를 말 앞에 다는 격'이라는 생각이 들 수도 있겠다는 점을 먼저 지적해야 할 듯하다. 모겐소는 구체적인 정책보다는 분쟁, 강제, 그리고 정치적 상호 행동의 형태로 발전할 수 있는 체제의 무력을 조절하는 개념과 이론을 중심으로 많은 논의를 했다. 갈등이 진실로 영속적이라면 우리 임무는 제2차 세계대전에서처럼 미국 다음으로 강한 동맹국들과 결합한 뒤 우리의 힘과 영향력을 가장 효율적으로 집중시킬 수 있는 방법을 찾지는 않더라도 스스로의 영향력을 증가시키는 것이 될 것이다. 허약한 의지의 연합에 안주하거나 힘을 쓸 수도, 도움을 받을 수도 없게 지나치게 세계로 발을 넓히는 것은 바람직하지 않을 것이다. 우리가 취하는 조치들과는 상관없이 힘을 제대로 발휘하지 못하게 하는 취약한 부분은 늘 있게 마련이다. 그것은 제아무리 강력한 국가라 하더라도 이상적으로 추구할 수 있는 모든 외교정책의 잠재적 목표들이 한계가 뚜렷한 자원을 늘 넘어서버리기 때문이다. 따라서 선택을 할 필요가 생긴다. 모겐소가 오늘날 우리의 정치 리더십에 바라는 것은 그 선택을 할 때에 합리적으로 계산을 하라는 것이다. 유서 깊은 교훈이 얘기하듯 맨 처음 자국의 이익을 결정하고 그런 다음 그것을 쟁취하고 지킬 힘을 확보하라는 것이다. 분쟁으로

찢긴 지역에서 특히 그러하듯 적대 세력 혹은 적대 국가의 이익과 그 이익을 실현시키고 우리 이익을 좌절시킬 수 있는 그들의 능력을 먼저 평가하는 경우가 있었던가? 오늘날에는 권력이 – 특히 순수하게 물질적 측면에서의 권력이 – 대체 가능한 경우가 거의 없을 뿐 아니라, 종교와 종족으로 분열된 국가들은 근본적인 변화를 이루어낼 어떤 형태의 규범이나 권력도 사실상 보유하기 어려울지 모른다. 특히 단기적 관점에서 더욱 그런데, 사례가 필요하다면 이라크를 보라. 지역 간의 경쟁자, 분파주의, 그리고 깊은 종교적·정치적 반목과 분열이 있을 때 변화는 거기서 저지당하고 만다.

가장 심각한 사례를 들어보자면 판단 기준이 하나뿐인 어떤 계획이 전적으로는 아니더라도 주로 군사 행동을 중요시할 경우 점령과 재건이라는 불가피한 문제점들을 경시하고 간과하게 된다는 점이다. 모겐소가 가장 힘주어 경고한 '유토피아적이고 비정치적인 접근법'의 목소리는 《국가 간의 정치》 초판과 재판 사이 기간인 1951년에 발간된 한 저서에서 들을 수 있다. 그의 저서 《국가 이익의 옹호In Defense of the National Interest》는 국제 무대에서의 경직성을 경고하고 있다. 모겐소는 "국제 문제에 대해 권력 투쟁은 결코 끝나지 않는다는 사실을 부정하고 반대로 권력 투쟁은 상호 연결되지 않은 단순한 '범죄성 교란 행위들'로 이루어져 있다고 주장하는 사고방식"을 공공연히 비난했다. 그런 사고방식은 지나치게 단순하면서도 전통적으로 미국인들이 좋아하던 처방, 즉 '적을 쳐부수고, 무조건 굴복하게 강압하고, 민주적이고 평화 애호 국가의 길로 재교육시키며, 도처에 민주주의를 확립하면 국가 간 평화와 선의는 보장된다'는 사고방식을 낳는 원인이 된다는 것이었다. 제2차 세계대전과 냉전 시기에 그런 행동 지침을 따랐던 것은 실수였다고 비난하면서 모겐소는 좀 더 정치적 사고방식에 입각한 접근법을 제시했다. 즉 "전쟁이라는 사업은 군사적 승리로 끝나지 않으며 오히려 전쟁이 진행 중일 때 기틀을 마련하고 생명력 있는 권력 분포를 마침내 성립시킬 때라야 종식된다"[49]라는 점을 받아들이라는 것이었다. 그로부터 반세기가 흘러 군사 전략과 정치적 목표 사이의 관계를 이처럼 포괄적으로 이해하는 것은 미국의 정책에 대해 진행 중인 토론에 끼어든 것처럼 고상해 보인다. 미국의 정책이 펼쳐지는 이 세상은 무력 분쟁을 철폐하는 것이 슬프게도 아주 먼 나라 이야기처럼 보인다.

이라크와 다른 지역에서 미국이 취한 행동에 대해 역사적 평가가 어떻게 이루어지든 진정한 테스트는 분쟁 중인 지역들이 평화로 향하는 새로운 길을 찾을 것이냐가 될 것이다. 평화는 전쟁을 담당하는 기관들을 보완하는 역할을 한다. 모겐소의 두드러지는 점은 외교를 주제로 한 거의 모든 논문에서 인용되는 아주 익숙한 이름이 되었다는 사실이다. 영국의 베리지G. R. Berridge는 《외교: 이론과 실제Diplomacy: Theory and Practice》에서 모겐소를 인용하고 《마키아벨리에서 키신저까지의 외교 이론Diplomatic Theory from Machiavelli to Kissinger》에서는 이 플로렌스 사람(마키아벨리)도 아마 틀림없이 "20세기가 낳은 그의 추종자 한스 모겐소의 일급 외교란 국가의 물리적 힘을 극대화하는 것이라는 견해"[50]에 동의했을 것이라고 기술하고 있다. 모겐소의 특징에 대해서

49_ *In Defense of the National Interest*, pp. 94-96.

군사력에 기초한 국가 간 충돌이라는 국제정치관을 뛰어넘지 못한 일차원적 사상가라고 잘못 설명하는 경우가 많다. 하지만 모겐소와 미묘한 외교를 주제로 한 논문들 사이의 이런 연관성은 《국가 간의 정치》로 돌아가 프랑스의 리슐리외Armand Jean Richelieu, 1585~1642와 캉봉 형제Pierre Paul Cambon, 1843~1924, Jules Martin Cambon, 1845~1935, 혹은 영국의 캐슬레이Robert Stewart Castleragh, 1769~1882와 캐닝George Canning, 1770~1827, 또는 토머스 제퍼슨Thomas Jefferson, 1743~1826과 존 퀸시 애덤스John Quincy Adams, 1767~1848와 같은 미국인들에 (이들은 모두 외교관들이다) 이르기까지 다양하게 인용되는 인물들을 보노라면 전혀 놀랄 일이 못 된다. 《국가 간의 정치》에서 나타나는 평화로 이르는 길에 대한 모겐소의 생각은 멀고도 굽이치는 길이다. 하지만 그 길은 이곳, 이 시점을 다루는 외교 사이로 나 있다. 궁극적으로 세계 국가가 생길지도 모르지만 그 발단은 외교라는 관행을 거쳐 길러지는 예의, 절제, 그리고 공통의 이익이다. 영구적인 평화를 달성하기 위한 경쟁적인 처방들이 모두 부적절하다는 사실을 보여준 다음 외교가 중심적인 위치를 차지한다는 사실을 지적하면서 모겐소가 자신의 연구를 결론짓고 있음은 우연이 아니다. 그는 맨 먼저 외교의 네 가지 임무와 왜 외교가 오늘날 사양길에 접어들었는지를 진단하고, 마지막 절에서 외교의 미래와 외교를 부흥시킬 수단을 조망하고 있다. 모순적이라 보일지 모르지만

50_ G. R Berridge, *Diplomacy: Theory and Practice*, 2nd ed. (New York: Palgrave, 2002), p. 218; Berridge, Maurice Keens-Soper, and T. G. Otte, editors, *Diplomatic Theory from Machiavelli to Kissinger* (New York: Palgrave, 2001), p. 20.

그의 의도는 분명하다. 외교라는 옛날식 제도의 임시방편적 타협 속에서 극적인(비록 엄청나게 긴 세월이 걸리긴 하겠지만) 정치 변혁의 토대를 찾아보자는 것이다. 즉 독립 주권 국가들의 체제를 글로벌 정치적 권위체로 대체하고, 전쟁이라는 케케묵은 관습을 국제정치의 연화軟化 과정을 거쳐 우리가 국내정치라 알고 있는 것과 비슷한 어떤 것으로 점진적으로 순화해나가자는 것이다.

이 모든 것이 우리에게 설득력 있게 전달하는 것은 모겐소가 권력과 평화 사이 관계가 어떤 특성을 보이느냐를 기준으로 역사의 교훈을 도출해내고 있다는 점이다. 그에게 권력과 평화는 분리될 수 없다. 우리는 이 두 가지를 물 한 방울 새지 않게 분리된 것으로 보는 경향이 너무나 잦다. 그렇지만 이 둘은 동시에 고려되어야 할 것들이다. 권한이 부여된 자리를 차지하고 테러리즘과 여타 세계적 위기 상황을 다루어야 할 모든 사람에게는 특히 그러하다. 세계는 대량 살상 무기 문제, 때로는 '정권 교체'를 필요하게 만드는 여러 조건, 그리고 핵 버섯구름으로 상징되는 몰려오는 폭풍우 등에 맞서야 한다. 예전 방식과 새로운 방식의 외교, 중재와 갈등 해소라는 오늘날의 외교 형태, 그리고 정상회담 등도 무시할 수 없다. 모겐소가 이 두 가지를 그의 저서 《국가 간의 정치》의 부제로 달면서 본문에서도 그랬듯이 똑같은 비중을 부여하고 있기 때문에 오늘날 청문회라도 열어 그의 목소리를 직접 들어봄 직도 하다. 그럴 경우 우리는 정치와 토론을 좀 더 주의 깊게 관찰해야 할 터인데 만일 살아 있다면 책의 저자 역시 그런 작업에 몰두했을 것이다. 그의 전체 학술 논문과 논평을 담은 전집을 통해, 그리고 특히 독창성 있는 이번 작업을 통해 그의 목소리는 우리

곁에서 늘 함께 할 것이다. 그의 저서를 다시 읽으면서 우리는 이 책이 경고하는 바에 주의를 기울이고, 이 책이 주장하는 바를 마주 대하며, 우리 시대와 다가올 세대에게 전달하는 약속을 붙잡을 기회를 가지는 동시에 의무도 지게 된다.

케네스 W. 톰슨
W. 데이비드 클린턴

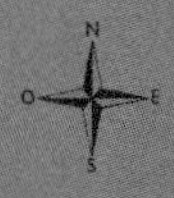

제1부

국제정치의 이론과 실제

Politics Among Nations

제1장

국제정치의 현실주의 이론

이 책은 국제정치를 설명할 하나의 이론 정립을 목적으로 하고 있다. 그런 이론은 선험적이고 추상적인 검증이 아니라 경험적이고 실용적 검증을 받아야 할 것이다. 다시 말해 이론은 선입견에 의한 추상적 원칙이나 현실과 무관한 개념이 아니라 그 이론이 추구하는 목적에 의해 판단되어야 한다. 즉 이론이 없었더라면 상호 연결되지 않고 이해하기도 어려웠을 많은 사건에 체계와 의미를 부여하는 것이다. 이론은 경험적 검증과 논리적 검증 양면 모두 만족스러워야 한다. 즉 현실의 여러 사실이 이론이 제시하는 바로 그 해석과 일치하는가, 그리고 그 이론의 결론이 그 이론의 전제로부터 생기는 논리적인 필연과 일치하는가이다. 간단히 얘기해서 이론이 사실에 부합하며, 그 이론 자체로서 일관성을 가지는가의 문제다.

이론이 제기하는 이런 문제는 모든 정치의 본질과도 관련이 있다. 현대 정치사상사는 인간과 사회, 그리고 정치의 본질에 대한 이해를 근본적으로 달리하는 두 학파 간 대립의 역사다. 한 학파는 보편타당한 추상적 원칙에서 도출된 합리적이고 도덕적인 정치질서가 현재 여기서 당장 수립될 수 있다고 보며, 인간의 본성은 본질적으로 선하며 또 무한히 개선될 수 있다는 가정 아래 사회질서가 합리적 기준에 못 미치는 것은 지식과 이해의 부족, 진부한 사회제도, 또는 몇몇 개인이나 집단의 타락에서 연유한다고 믿는다. 이 학파는 교육, 개혁, 때로는 폭력을 사용함으로써 이런 결함을 고칠 수 있다고 믿는다.

다른 학파는 합리적 기준에서 볼 때 불완전한 이 세상은 결국 인간 본성에 내재한 여러 힘이 작용한 결과로 본다. 이 세계를 개선하기 위해서는 인간 본성에 내재한 이런 힘을 받아들여 대처해야지 저항하는 것은 곤란하다. 대립하는 이해와 갈등이 근원적으로 존재하는 세계이므로, 이 세상에서 도덕원칙이 완전한 형태로 실현될 수는 없으며 기껏해야 이해관계를 잠정적으로 조정하고 불안하게나마 갈등을 타협시켜 좀 낫게 해결해나가야 할 뿐이라고 주장한다. 한편 이 학파는 '견제와 균형의 원리'를 모든 다원주의적 사회에 적용될 수 있는 보편원칙으로 간주한다. 추상적 원칙보다는 역사의 선례를 따르고자 하며, 절대적인 선을 실현하려 하기보다 덜 나쁜 상태의 성취를 목표로 삼는다.

있는 그대로의 인간 본성과 실제 일어난 역사 전개 과정에 대한 이론적 관심으로 인해 여기 소개된 이론은 현실주의realism라는 이름을 얻었다. 그러면 정치적 현실주의의 원칙은 무엇일까? 정치적 현실주의의 철학적 체계를 여기서 논의하기란 어려우므로 흔히 오해받는 여섯 가지 기본 원칙을 하나하나 설명하는 것으로 만족해야 할 듯하다.

정치적 현실주의의 여섯 가지 원칙

1. 정치적 현실주의는 정치가 일반 사회와 마찬가지로 인간 본성에 근거하는 객관적 법칙의 지배를 받는다고 믿는다. 사회를 개선하기 위해 맨 먼저 필요한 것은 그 사회를 지배하는 법칙을 이해하는 것이다. 이 법칙의 작용은 우리의 선호와는 무관하고, 인간이 이들 법칙에 도전해봤자 실패하게 마련이다.

정치 현상을 지배하는 객관적 법칙이 존재한다고 믿는 현실주의는 아무리 불완전하고 일방적일지라도 그 객관적 법칙을 반영하는 합리적 이론을 개발해낼 수 있다는 믿음도 가져야 한다. 또한 정치에서 진실과 의견, 즉 증거에 의해 뒷받침되면서 이성적으로 해명되는 객관적이고 합리적인 '진실'과, 실제 현실과는 거리가 멀고 편견과 희망적 사고에 의한 주관적 판단에 불과한 '의견'을 구별할 수 있다고 믿는다.

정치 법칙의 근거가 되는 인간 본성은 중국, 인도, 그리스의 고대 철학이 이들 법칙을 규명하고자 노력한 이래 여전히 변치 않고 있다. 그러므로 정치이론에서는 새로운 것이 반드시 좋지는 않으며, 마찬가지로 오래된 것이라 해서 흠이 되지 않는다. 여태까지 언급된 적이 없는 정치이론은 설사 그런 것이 존재한다 하더라도 논리적 타당성을 인정받기보다는 의심받는 경향이 있다. 반대로 세력균형 이론처럼 어떤 정치이론이 수백 년 혹은 심지어 수천 년 전에 개발되었다는 사실 때문에 그 이론이 이미 낡았다든가 쓸모없는 것이라고 추정하기는 어렵다. 정치이론은 이성과 경험 양면의 검증을 받아야 한다. 수세기 이전에 전성기를 누렸던 이론이라는 이유로 그것을 무시하는 것은 이성적 논거에 의해서라기보다는 현재가 과거보다 우월하다는 것을 당연시하는 현대적 편견을 나타낼 뿐이다. 그런 이론의 부활을 '패션'이나 '일시적 유행'처럼 처리하는 것은 여러 정치적인 문제에서 우리가 진리가 아니라 의견만을 가질 수 있다는 말과 같다.

현실주의에서 이론이란 사실을 확인하고 이성을 통해 그것에 의미를 부여하는 것이다. 현실주의는, 어떤 외교정책의 성격은 한 나라의 정치적 행위와 그것의 예측 가능한 결과를 검토해봄으로써 비로소 파악될 수 있다고 가정한다. 따라서 우리는 정치가들이 실제 행한 행위와 그 행위의 예측 가능한 결과를 토대로 그들의 목표가 무엇이었을까를 짐작할 수 있다.

그러나 사실을 검증하는 것만으로는 불충분하다. 정리되지 않은 외교정책의 사실 자료에 의미를 부여하기 위해서는 어떤 합리적인 윤곽, 즉 우리에게 외교정책의 의미를 제시해줄 수 있는 지도를 가지고 정치 현실에 접근해야 한다. 바꾸어 말하면, 우리는 우리 자신을 어떤 구체적 상황에서 외교정책 문제를 해결해야 하는 정치가의 입장에 놓고, 이런 상황에서 어떤 구체적 문제를 해결해야 하는 정치가가 (항상 합리적으로 행동한다고 가정하고) 택할 수 있는 합리적 정책 대안은 무엇이 있으며, 또 그런 상황에 처한 특정 정치가는 여러 정책 대안들 가운데 무엇을 선택하려 할지를 스스로에게 물어보아야 한다. 이것이 바로 국제정치의 여러 사실에 이론적 의미를 부여하는 이 합리적 가설을 실제 사실과 그 결과에 적용해 검증하는 방식이다.

2. 정치적 현실주의가 국제정치의 지평을 따라 길을 찾게 해주는

중요한 지표는 권력으로 정의되는 이해관계 개념이다. 이 개념은 국제정치를 이해하려는 이성과 그 대상이 되는 사실들을 연결하는 고리가 된다. 이 개념은 행위와 이해의 독자적 영역으로서의 정치학을 경제학(부로서 정의되는 이해관계라는 관점에서 이해된다), 윤리학, 미학 또는 종교와 같은 타 분야로부터 분리한다. 그런 개념이 없다면 정치이론은 국제정치에서건 국내정치에서건 애당초 불가능해진다. 왜냐하면 그런 개념이 없이는 정치적 사실과 비정치적 사실의 구별이 불가능해질뿐더러 정치 영역에 체계적 질서를 부여할 수도 없기 때문이다.

우리는 정치가들이 권력으로 정의되는 이해관계 개념을 기준으로 생각하고 행동한다고 가정하며, 역사적 증거 또한 이런 가정을 뒷받침하고 있다. 그 가정은 우리들로 하여금 과거, 현재, 미래의 정치가가 정치적으로 취했거나 취할 행위를 점검하고 예측할 수 있도록 해준다. 우리는 그가 쓰는 공문서를 그의 어깨너머로 살펴보기도 하고, 다른 정치가와의 대화를 엿듣기도 하며, 그의 생각이 과연 어떠한지 읽고 예측하기도 한다. 권력으로 정의되는 이해관계 개념을 기준으로 생각함으로써 우리는 그가 행동하는 것처럼 생각도 하고, 사심 없는 관찰자 입장에서 그의 생각과 행동을 정치적 행위자로서의 그 자신보다 더 잘 이해하게 된다.

권력으로 정의되는 이해관계 개념은 관찰자를 지적으로 훈련시키며, 정치에 합리적 질서를 부여하고, 따라서 정치를 이론적으로 이해할 수 있게 해준다. 행위자 측면에서 볼 때, 그것은 행동할 때 지켜야 할 합리적 규범을 제공하고, 외교정책에 놀랄 만한 계속성을 부여한다. 외교정책을 다루는 정치가들마다 동기, 선호, 지적·도덕적 질에서 모두 제각각 특색이 있다 하더라도 미국, 영국, 러시아의 외교정책이 합리적인 연속체로서 내부적으로도 모순 없이 대체로 일관성이 있는 것은 바로 그 때문이다. 따라서 현실주의적 국제정치 이론은 외교정책을 논할 때 흔히 범하기 쉬운 두 가지 실수를 방지해준다. 동기에 대한 관심과 이데올로기적 선호에 대한 관심이 그것이다.

외교정책의 실마리를 전적으로 정치가의 동기에서 찾는 것은 무의미하고 기만적이다. 무의미하다는 얘기는 동기가 행위자나 관찰자 모두의 이해관계와 감정에 의해 더러는 아주 알아볼 수 없을 정도로 왜곡되어 있으므로 심리학적인 데이터 중에서 가장 착각을 잘 일으키기 때문이다. 우리는 자신의 행위가 어떤 동기에서 비롯됐는지 진정 알고 있을까? 그리고 타인의 행위 동기를 얼마나 알고 있을까?

정치가의 진정한 동기에 우리가 접근할 수 있다 하더라도 그런 지식은 외교정책을 이해하는 데 별 도움이 되지 못하며 자칫 오해로 이어질 가능성도 크다. 사실 정치가의 동기를 이해할 경우 그의 외교정책 방향이 어떤 것일까에 대한 많은 실마리 중에서 한 가지를 얻을 수는 있다. 그러나 그것이 그의 외교정책을 예측할 수 있는 중요한 단서를 주지는 못한다. 역사적으로도 동기의 질과 외교정책의 질 사이에 긴밀하고 필연적인 관련성은 찾아볼 수 없다. 도덕적·정치적으로도 이는 사실이다.

한 정치가의 의도가 좋았다고 해서 그의 외교정책이 도덕적으로 칭찬할 만하다든가 정치적 성공이라고 평가할 수는 없다. 동기를 놓고 판단할 때 그가 도덕적으로 옳지 못한 정책을 의도적으로 추구하지 않을 것이라고 얘기할 수는 있지만 그 성공 가능성에 대해서는 함부로 얘기할 수 없다. 그의 행위를 도덕적·정치적으로 평가하고자 할 때에는 그 자체를 알면 될 뿐 굳이 동기를 캘 필요는 없다. 세계를 개선하려는 정치가들의 야심찬 의도 때문에 오히려 사태가 악화된 사례가 얼마나 많았던가? 한 가지 목표를 위해 채택했던 정책이 예상하지도, 바라지도 않았던 결과를 초래한 경우는 또 얼마나 많았던가?

네빌 체임벌린Neville Chamberlain, 1869~1940의 유화정책은 적어도 우리가 판단하기로는 좋은 의도에서 나왔다. 체임벌린은 아마도 영국의 수많은 역대 총리들보다 권력에 대한 개인적 동기가 적었을 테고, 평화를 유지하고 모든 사람의 행복을 보장하고자 노력한 정치가였다. 그러나 그의 정책은 제2차 세계대전을 불가피하게 만들었고 결국 수백만 인류에게 유례없는 재앙을 안겨주었다. 반면에 윈스턴 처칠Winston Churchill, 1874~1965의 동기는 훨씬 보편성 없이 개인과 국가의 권력을 추구한 편협한 것이었지만, 천박한 동기에서 유래한 그의 외교정책은 선임자들의 정책과 비교할 때 도덕적·정치적으로 확실히 나았다. 개인적 동기를 가지고 판단한다면 로베스피에르Maximilien Robespierre, 1758~1794는 누구보다 고결한 사람 중의 하나였다. 하지만 자신보다 덜 고결한 수많은 사람을 사지로 몰아넣고 자신마저 교수대로 끌고 가 마침내 자신이 이끌던 혁명을 실패로 몰아간 것은 바로 그의 유토피아적 급진주의 때문이었다.

선한 동기는 고의적인 나쁜 동기에 의한 정책에 대항하는 신념을 주긴 하지만 그렇다고 그들의 정책이 도덕적 선함과 정치적 성공을 보장하지는 않는다. 외교정책을 이해하고자 할 때에는 정치가의 동기가 아니라 외교정책의 본질을 파악할 수 있는 지적 능력과 그가 파악한 것을 성공적인 정치 행위로 전환시킬 수 있는 정치적 능력을 알아내는 것이 중요하다. 따라서 윤리가 동기의 도덕적 측면을 추상적으로 평가하는 데 비해 정치이론은 지성, 의지, 그리고 행위의 정치적 능력을 판단해야 한다.

국제정치의 현실주의 이론은 정치가의 외교정책과 그의 철학적·정치적 신조를 동일시하고 후자에서 전자를 유추하는 또 다른 흔한 오류를 막아준다. 특히 오늘날과 같은 상황에서 정치가들은 흔히 자신의 외교정책을 자신의 철학적·정치적 신조처럼 제시하면서 대중의 지지를 얻고자 하는 경향이 있다. 하지만 그들은 링컨Abraham Lincoln, 1809~1865처럼 국가 이익의 관점에서 생각하고 행동해야 하는 '공적 의무'와 전 세계적으로 그들 자신의 도덕적 가치와 정치적 원칙이 실현되기를 바라는 '개인적 희망'을 구별하려 들 것이다. 정치적 현실주의는 정치적 이상과 도덕적 원칙에 무관심할 것을 요구하지도 않고, 그것에 무관심한 것을 묵과하지도 않는다. 그러나 현실주의는 바람직한 것과 가능한 것을 엄격히 구별할 것을 분명하게 요구하고 있다. 즉 언제 어디서나 바람직한 것과 특정 시기와 장소라는 상황에서만 가능한 것을 명백히 구별할 것을 요구한다.

여태까지의 모든 외교정책이 합리적이고 객관적으로 또 감정에 이끌리지 않고 결정되었다고는 할 수 없다. 개성, 편견, 주관적 선호, 또는 인간이 가진 지성과 의지의 모든 허점과 같은 부수적인 요인들이 외교정책을 합리적인 경로에서 벗어나게 한다. 특히 외교정책이 민주적 통제라는 조건 아래 수행되는 곳에서는 외교정책을 지지해주도록 대중의 감정을 이끌어야 하기 때문에 외교정책 그 자체의 합리성이 파괴되곤 한다. 그러나 합리성을 추구하는 외교정책 이론은 이런 비합리적 요인들과 일단 격리되어야 하며, 경험적으로 발견할 수 있는 합리적 본질을 제시하는 외교정책을 그리고자 노력해야 한다. 합리성으로부터의 우발적인 이탈이 경험적으로 나타난다 하더라도 외교정책에 반영되는 것은 피해야 한다.

정책결정자 개인의 변덕이나 정신병리학적 결과가 아닌 합리성으로부터의 이탈이 가끔씩 나타나면서 마치 합리성의 이점인 것처럼 보일 수도 있지만, 그 자체는 하나의 일관된 비합리성 체계를 구성하는 요소들일 수 있다. 따라서 비합리적인 정책을 논박하는 이론을 수립할 가능성을 탐구해보는 것도 가치 있는 일이다.

사람들이 외교정책에 대한 미국인들의 생각이 어떻게 발전했는지를 살펴볼 때 지성적인 토론과 정치적 경험을 꿋꿋이 딛고 살아남은 그릇된 태도가 지속되고 있음에 놀라게 된다. 이런 태도는 제아무리 감추려 해도 드러나게 마련이다. 아리스토텔레스적으로 표현해보자면 일단 그런 의문이 합리적으로 이해해보자는 탐구의 단계로 접어들면 위안이 되기도 하고 불안하기도 한 두 가지 결론에 도달하게 된다. 우리는 여러 방식과 다양한 정도로 우리 사이에 공유되고 있는 지적 결함과 직면하게 되는 것이다. 이 두 가지 결론은 국제정치에서 볼 수 있는 일종의 병리현상이라 할 수 있다. 인간의 마음이 행동을 취하려는 목적으로(정치적 충돌이 대표적인 사례) 현실에 접근할 때 다음 네 가지 공통적인 정신 현상들 가운데 하나 때문에 미혹되는 경우가 많다. 즉 한때 적절한 사고와 행동 양식이라 생각되던 것들이 이제는 새로운 사회적 현실로 인해 무용지물이 되어버렸음에도 여전히 잔류해 있는 것, 현실에 대한 귀신론적demonological인 해석을 통해 (외형상 난치성 문제들보다는 사악한 인간들이 득실거리는) 가공의 진실이 실제 진실을 대체해버리는 현상, 당면한 문제가 위협적인 상황인데도 허황된 언사를 통해 부정해버림으로써 상황을 받아들이지 않는 것, 외형상 난폭해 보이는 현실의 무한한 순응성에 의존하는 것이다.

인간은 사회적 상황에 반복적 패턴으로 반응한다. 상황이 같으면 과거에도 그런 상황이 있었다는 생각을 하면서 반응도 이전과 같게 한다. 말하자면 마음속으로 여러 다른 상황에 적절히 대응할 몇 가지 패턴을 준비해두고 있는 것이다. 그런 식으로 인간의 마음은 노력의 경제성 원칙을 따르게 되는데, 이는 각각의 상황과 그에 알맞은 사고 및 행동 패턴이 무엇인지 처음부터 새로 검사하는 과정을 회피하는 것이다. 하지만 격변하는 상황에 처한 문제라면 전통적인 패턴은 더 이상 적절한 대응이 되지 못한다. 그런 변화를 반영하는 새로운 패턴으로 대체되어야 한다. 그렇지 못할 경우 전통적 패턴과 새로운 현실 사이에 간극이 발생함으로써 사고와 행동이 그릇된 쪽으로 흘러가게 된다.

국제적 관점에서 볼 때 정치기구, 외교 절차, 법적 조치 등에 반영된 국제관계의 구조 그 자체가 국제정치의 현실과 모순되고 상당한 경우 무관하게 변화하는 경향이 있다고 말해도 전혀 과장이 아니다. 전자가 모든 국가의 '주권적 평등성'을 전제하고 있음에 비해 후자는 국가 간의 극단적 불평등성에 의해 지배되고 있다. 극단적으로 불평등한 국가들 가운데 두 국가는 다른 국가를 섬멸할 수 있는 유례없이 강력한 힘을 장악하고 있기에 초강대국이라 불린다. 그리고 나머지 많은 국가들은 미니 국가이라 불리는데, 그들의 힘이 전통 민족국가의 그것에 비하더라도 보잘것없기 때문이다. 그동안의 국제정치에 최소한 강대국 이하 수준에서나마 무정부 상태와 경계를 이루는, 도무지 통제하기 어려운 부분이 생겼던 것은 바로 국제정치의 현실과 그것을 이해할 수 있게 해주고 통제하고자 고안된 개념, 기구, 절차들 사이의 현저한 차이와 상반되는 성격 때문이었다. 국제 테러리즘과 그에 대해 국가별로 제각기 다르게 나타난 대응, 레바논 내전에 대한 외국의 개입, 동남아에서의 미국의 군사 작전, 동유럽에 대한 소련의 군사적 개입 등은 전통적인 개념, 기구, 절차들로는 설명할 수도 정당화할 수도 없는 것들이다.

이 모든 상황에 한 가지 공통점이 존재한다. 상호 의존성이라는 개념은 그런 사실을 적절히 고려하는 정치질서를 요구하고 있다. 그런가 하면 현실적으로는 19세기까지로 거슬러 올라가 연원을 찾을 수 있는 법적, 제도적 상부구조가 자족적이고 완고한 주권 민족국가들이 다수 존재한다고 가정한다. 낡아빠진 법적·제도적 질서의 이런 잔류물은 국가 간의 불평등성과 이해관계의 상호 의존성을 고려한 국제관계의 합리적 전환을 방해할 뿐만 아니라 그런 체제의 불완전한 구조 내에서 추진될 수 있는 합리적 정책을 불가능하게는 아니더라도 불안정한 상태로 몰아간다.

사회 문제를 개인화하는 것은 원시적 사고방식의 특징이다. 문제가 합리적으로 이해하고 성공적으로 다루기 어려워 보일수록 그런 경향은 특히 강해진다. 특정 개인이나 집단이 고집불통으로 어려운 대상이라는 평을 받을 경우, 지적으로 접근하기도 어렵고 해결책을 찾기도 어려워질 수 있다. 그래서 악의 근원을 사탄이라고 보는 믿음이 우리로 하여금 악의 근원과 그에 대한 통제력을 현실의 특정한 개인에게 집중함으로써 악의 본성을 '이해'한 것처럼 만든다. 정치적 분쟁은 복잡하기 때문에 그런 간단한 해결이 애초부터 어렵다. 마녀 화형식이 자연의 대재앙을 예방할 수는 없는 노릇이다. 유럽에 대한 지배력을 확보하려는 강대국 독일의 위협은 독일 지도자들의 세습을 막는다고 피할 수 있는 일이 아니다. 그러나 문제를 우리가 통제할 수 있거나 통제하기를 바라는 특정 개인과 동일시할 경우 우리는 지적·실제적 문제를 관리할 수 있는 수준으로 경감시킬 수 있게 된다. 일단 우리가 특정 개인들과 집단이 악의 근원이라고 동일시하고 나면 그들 개인과 사회 문제로 이어지는 인과적 연결 고리를 이해한 것처럼 생각하게 된다. 그런 명료한 이해를 바탕으로 또렷한 해결책이 떠오른다. 즉 그 사태에 '책임'이 있는 개인들을 제거하는 것이다. 그러고 나면 문제는 해결된 셈이다.

우리가 사회적으로 유지하는 관계에서 미신은 여전히 지배력을 발휘하고 있다. 귀신론적인 사고와 행동 패턴은 오늘에 와서 자연과의 관계로부터 미신을 쫓아버린 합리적 탐구와 행동과는 차단된 다른 영역의 인간 행동으로 변화되었다. 윌리엄 섬너William Graham Sumner, 1840~1910가 얘기하듯 "미신의 전체 양은 크게 변하지 않았다. 그러나 오늘날의 미신은 종교가 아니라 정치와 결합하고 있다."[1] 중심이 여럿인 공산주의의 성격을 제대로 인식하고 대처하지 못했던 미국의 수많은 실수가 이런 약점을 가장 잘 보여주고 있다. 공산주의에 대한 무분별한 반대가 낳은 당연한 결과는 반공을 자칭하고 실천하는 정부와 단체들을 무분별하게 지원하는 것이었다. 미국이 아시아와 중남미에서 추진한 정책들은 이런 단순한 입장에서 나온 것이었다. 베트남전과 중국 본토를 제대로 다루지 못한 우리의 무능함은 여기에 기인하는 것이었다. 피닉스계획이란 이름으로 베트남에서 실시된 대규모 암살을 포함하는 대반란 작전의 이론과 실제 집행 그리고 정치가들에 대한 실제적 혹은 기도에 그친 암살 역시 같은 경우다. 비슷한 접근법을 보여주는 사례들이 최근 중미 지역에서 나타나고 있다.

외교정책을 귀신론적으로 접근할 때 또 다른 미신적 경향이 나타나게 된다. 즉 위협적인 현실을 있는 그대로 받아들이고 효과적으로 대응하기를 거부하는 것이다. 귀신론적 접근은 우리의 관심과 주의력을 공산주의 쪽에 집착하도록 만들었다. 국내외의 개인들, 정치 운동, 외국 정부 등 모든 공산주의가 대상이었다. 그리고 귀신론적 접근은 우리로 하여금 공산주의건 아니건 국가의 권력이라는 진정한 위협을 외면하도록 만들었다. 매카시즘은 미국에 만연한 귀신론적 접근법의 대표적인 사례일 뿐만 아니라 다음과 같은 판단 오류를 범한 극단적인 사례이기도 했다. 즉 매카시즘은 러시아 세력이라는 실제 위협을 대부분 허상에 불과한 국내 전복세력의 위협으로 대치했던 것이다.

마지막으로 아무리 희망이 없는 것처럼 보일지라도 선의와 재정 지원, 그리고 충분한 노력만 있다면 진정 풀리지 않을 문제는 없다고 믿는 것은 정치에 대한 이런 접근법의 일부다. 다른 어디선가 나는 이런

1_ "Mores of the Present and Future," in *War and Other Essays* (New Haven, CT: Yale University Press, 1911), p. 159.

믿음의 지적·역사적 근원을 폭로하고자 했던 적이 있었다.[2] 여기서 나는 베트남전과 미국 국력의 전반적인 쇠퇴와 같은 상반되는 많은 경험에도 불구하고 그런 접근법이 지속적으로 버티고 있음을 지적하는 선에서 그치고자 한다. 정치적·군사적 문제들에 대해 경제적 해법을 선호하는 경향은 경제 지원의 잠재적 수혜자들의 이익에 의해 강력하게 보강된다. 그들은 고통스럽고 위험한 외교 협상보다는 유리한 경제적 혜택이 분명하게 전달되는 것을 선호한다.

실제 그대로의 국제정치와 그로부터 생겨난 합리적 이론의 차이는 사진과 초상화의 차이와 비슷하다. 사진은 눈으로 볼 수 있는 모든 것을 보여준다. 그에 비해 초상화는 눈으로 볼 수 있는 모든 것을 보여주지는 못하나 눈으로 볼 수 없는 어떤 것, 즉 대상 인물의 인간적 본질을 보여주거나 최소한 보여주려고 하고 있다.

정치적 현실주의는 이론적 요소뿐만이 아니라 규범적인 요소도 포함한다. 또한 정치적 현실주의는 정치 현실이 우발적인 사건과 체계적 비합리성으로 가득 차 있다는 사실을 인식하고 있으며 그것들이 외교정책에 미치는 전형적인 영향에 주목하고 있다. 그러나 모든 사회이론과 마찬가지로 이론적인 이해를 위해 정치적 현실의 합리적 요소들을 강조할 필요성이 있다고 느낀다. 현실을 이론적으로 이해할 수 있게 하는 것이 바로 이 합리적인 요소들이기 때문이다. 정치적 현실주의는 경험으로는 결코 완전히 달성할 수 없는 합리적인 외교정책을 이론적으로 수립할 수 있게 해준다.

2_ *Scientific Man Versus Power Politics* (Chicago: University of Chicago Press, 1946).

동시에 정치적 현실주의는 합리적 외교정책이 좋은 외교정책이라고 본다. 합리적 외교정책만이 위험을 극소화하고 이익을 극대화하여 신중함이라는 도덕적 교훈과 성공이라는 정치적 요구를 모두 만족시키기 때문이다. 정치적 현실주의는 정치 세계를 찍은 사진과 그것을 그린 초상화가 가능한 한 많이 닮을 것을 원하고 있다. 합리적인 외교정책과 실제 외교정책 사이에 불가피한 격차가 있음을 알고 있는 정치적 현실주의는, 이론이 정치적 현실의 합리적 요소에 초점을 맞추어야 할 뿐 아니라 외교정책이란 그 자신의 도덕적이고 실제적인 목적에서 보아 합리적이어야 한다고 주장한다.

이렇게 볼 때 실제의 외교정책이 여기서 제시한 이론과 일치하지 않는다거나 일치할 수 없다는 주장은 그 이론에 대한 반론이라고 할 수 없을 것이다. 그런 주장은 정치 현실을 마구잡이로 묘사하는 것이 아니라 국제정치에 대한 합리적 이론을 제시해보고자 하는 이 책의 의도를 오해하고 있는 것이다. 정치적 현실주의는, 예를 들어 완벽한 세력 균형 정책이 현실적으로 발견되기 어렵다는 사실 때문에 가치를 잃는 것은 아니며, 또한 현실이 비록 불완전한 것이기는 하나 이상적 세력 균형 체제에 가까운 것으로 이해되고 평가되어야 한다고 주장한다.

3. 현실주의는 권력으로 정의되는 이해관계라는 중심 개념이 보편타당한 객관적인 카테고리라고 가정하지만, 그 개념의 의미가 고정불변적이라고는 보지 않는다. 이해관계라는 관념은 정치의 진정한 본질이며, 시간과 장소의 상황에 영향을 받지 않는다. 고대 그리스에서의 경험을 토대로 "이해관계의 일치야말로 국가든 개인이든 서로를 묶어

주는 가장 확실한 끈"이라고 말한 투키디데스Thucydides, BC 460?~400?의 지적은 19세기에 와서 '국가 간의 연대를 유지해주는 유일한 끈은 이해관계의 충돌이 존재하지 않는 것'이라는 솔즈베리3rd Marquis of Salisbury, 1830~1903의 말로 이어지고 있다. 이 점은 조지 워싱턴George Washington, 1732 ~1799에 의하여 다음과 같이 정부의 일반 원칙으로 확립되었다.

인간 본성에 대해서 조금만 이해한다면 인류의 절대 다수에 있어 이해관계가 행동의 지배 원칙이며 거의 모든 사람은 어느 정도 그 영향을 받고 있다는 사실을 확인할 수 있다. 가끔씩 또 특별한 경우에 따라서는 공적 미덕이라는 동기가 사람들로 하여금 자기와 이해관계가 없는 행위 규범을 준수하도록 할 수 있다. 그러나 그것만으로는 사회적 의무라는 교묘한 명령과 책임에 대해 사람들이 지속적으로 복종하도록 만들 수는 없다. 공익을 위해 개인의 이익이나 혜택을 계속해서 희생할 수 있는 사람은 드물다. 따라서 이런 이유로 인간 본성의 사악함을 소리 높여 규탄하는 것은 헛된 짓이다. 사실이 그렇다. 모든 사람과 국가의 경험이 이를 증명해왔다. 그래서 우리는 다른 결과가 나타나기 전에 상당한 정도까지 인간의 천성을 변화시키려고 노력해야 한다. 이런 금언의 추정적 진리에 근거하지 않은 어떤 제도도 성공할 수 없다.[3]

3_ *The Writings of George Washington*, edited by John C. Fitzpatrick (Washington: United States Printing Office, 1931-1944), Vol. X, p. 363.

이 얘기는 20세기에 와서 베버Max Weber, 1864~1920에 의해 다음과 같이 계승 발전되고 있다.

> 관념이 아니라 (물질적이든 정신적이든) 이해관계가 인간 행동을 직접 지배한다. 하지만 관념에 의해 생겨난 '세계에 대한 이미지'가 자주 역동적인 이해관계가 어떤 경로를 따라 끊임없이 움직일지를 결정하는 스위치 역할을 해왔다.[4]

그렇지만 어떤 특정 시점의 정치적 행동을 결정하는 이해관계는 외교정책이 수립되는 당시의 정치적·문화적 상황에 따라 달라진다. 국가들이 외교정책을 통해 추구하는 목표는 이제까지 모든 나라가 추구해왔고, 또 앞으로 추구할지도 모르는 온갖 목표들을 포함한다.

권력이라는 개념에도 똑같은 얘기가 적용될 수 있다. 권력의 내용과 행사 방법은 정치적·문화적 환경이 결정하게 된다. 권력은 인간에 대한 인간의 지배관계를 수립하고 유지하는 모든 것으로 구성된다. 이리하여 권력은 그런 목적에 기여하는 물리적 폭력에서부터 한 사람의 마음이 타인의 마음을 지배하는 아주 미묘한 심리적 유대관계까지 모든 사회적 관계를 포괄한다. 권력은 인간에 의한 인간의 지배를 포괄하는 개념이다. 서구 민주주의에서처럼 도덕적 목적에 의해 규율되든지 헌법의 보호에 의해 규율되든지 상관없다. 또한 오로지 자기 힘

4_ Marianne Weber, *Max Weber* (Tübingen: J.C.B. Mohr, 1926), pp. 347-348 ; Max Weber, *Gesammelte Aufsätze zur Religionssoziologie* (Tübingen: J.C.B. Mohr, 1920), p. 252.

과 세력 강화를 정당성의 토대로 삼는, 즉 규제되지 않은 야만적인 힘일지라도 상관없는 일이다.

정치적 현실주의는 외교정책이 수행되는 상황적 조건이 현재의 극단적인 불안정과 끊임없는 대규모 폭력의 위협 아래 있기는 하지만 그렇다고 변화의 가능성마저 없다고 가정하지는 않는다. 예를 들어 〈연방주의자The Federalist〉(1776년 미국이 독립을 이룩한 후 연방 규약에 따라 연방헌법이 연방의회에 제출된다. 연방의회가 각기 독립적 주권을 행사하던 13개 주에 연방헌법의 비준을 1787년 9월 요청하지만 뉴욕 주와 버지니아 주를 포함한 주요 주들의 반대에 부딪혀 난항을 겪는다. 연방 구성을 위한 신헌법 비준을 찬성하는 알렉산더 해밀턴Alexander Hamilton, 1755~1804, 제임스 매디슨James Madison, 1751~1836, 존 제이John Jay, 1745~1829 등의 연방주의자들이 반대파를 설득하기 위해 1787년 10월부터 이듬해 10월까지 《인디펜던트 저널The Independent Journal》과 《뉴욕 패킷The New York Packet》 등의 신문에 발표한 85편의 논문을 일컫는다.-옮긴이)의 저자들이 잘 알고 있던 것처럼 사실 세력 균형은 모든 다원주의적 사회에서 끊임없이 반복되는 요소다. 그리고 세력 균형은 미국에서 그랬던 것처럼 비교적 안정되고 평화적 갈등이 있는 상황 조건하에서 작동할 수 있다. 이런 상황 조건에서 생겨난 요인들이 국제 무대에서 그대로 복제될 수 있다면 역사적으로 몇몇 나라 사이에서 꽤 오랜 기간 그러했던 것처럼 안정과 평화를 위한 비슷한 조건이 거기에서도 성립될 것이다.

국제관계의 일반적인 특성이라고 받아들여지는 것은 오늘날 외교정책의 궁극적 판단 기준인 민족국가에서도 통한다. 현실주의자들은 이해관계야말로 정치적 행위를 판단하고 방향을 제시하는 영원한 기준이라고 믿는다. 한편 오늘날 이해관계와 민족국가 간의 연결성은 역사적 산물이며, 따라서 시간이 흐르면서 사라져버릴 것이다. 현실주의 입장의 그 어느 것도 민족국가 단위로 나뉘어 있는 오늘날의 정치 세계가 장차 현 세계의 기술적 잠재력과 도덕적 요구에 부응할 수 있는 아주 다른 특성을 가진 좀 더 큰 단위로 대체되리라는 가정을 부정하지 않는다.

현실주의자들은 오늘날의 세계가 장차 어떻게 변모할 것인가 하는 가장 중요한 문제 앞에서 다른 학파와는 견해를 달리하고 있다. 현실주의는 과거를 형성했으며, 또 미래를 형성할 영구적인 힘을 노련하게 사용해야만 현 세계의 개혁이 가능하리라는 생각에 더 많은 점수를 준다. 나름의 법칙을 지닌 정치 현실을 그런 법칙에 대한 고려를 거부하는 추상적인 관념으로 개혁할 수 있다는 생각을 받아들일 수 없다는 것이다.

4. 정치적 현실주의는 정치적 행위의 도덕적 중요성을 인식하고 있다. 또한 도덕적 명령과 성공적인 정치 행위의 요구 사이에는 긴장이 불가피하다는 점도 인식하고 있다. 그리고 현실주의자들은 정치적으로 가혹한 현실이 실제보다 도덕적으로는 더 만족스럽다거나 도덕규범이 실제보다 덜 엄격한 것처럼 보이게 하여 그 긴장을 무마하거나 숨겨서 결과적으로 도덕문제와 정치문제를 구별할 수 없게 만드는 것도 내켜하지 않는다.

현실주의는 보편적 도덕원칙은 추상적이며 보편적인 형태 그대로 국가의 행위에 적용될 수는 없다고 주장한다. 시간적·공간적으로 구체적인 상황에 의해 걸러져서 변형된 형태로 적용되어야 한다는 것이다. 개인 입장에서는 "세계가 망할지라도 정의를 실현하자*Fiat justitia, et pereat mundus*"라고 얘기할 수 있지만 국가를 책임지는 정치가에게는 국가가 망하더라도 정의를 실현하자고 말할 권리가 없다. 개인이나 국가나 모두 정치적 행동은 '자유'와 같은 보편적 도덕원칙에 의거하여 판단해야 한다. 그러나 개인이 그런 도덕원칙을 수호하기 위해 자신을 희생할 도덕적 권리를 가지는 반면, 국가는 자유의 침해라는 도덕적 비난이 국가의 존립이라는 도덕원칙에 입각한 성공적 정치 행위를 방해하도록 내버려둘 권리를 가지지 못한다. 신중함의 결여, 즉 외형상 도덕적이라 여겨지는 행위가 초래할 정치적 결과를 고려하지 않고서는 정치적인 도덕이 있을 수 없다는 것이다. 따라서 현실주의는 여러 정치적 행위의 결과를 비교해보는 신중함을 정치에서의 최고 선善이라 생각한다. 추상적인 윤리가 도덕법칙과의 부합 여부를 가지고 행위를 판단하는 데 비해 정치적 윤리는 정치적 결과로써 행위를 평가한다. 고대와 중세의 사상도 이 점을 알고 있었으며 다음과 같이 얘기한 링컨도 마찬가지였다.

나는 내가 알고 있는 바의 최선을 내 힘이 미치는 한 다하고 있으며, 또 끝까지 계속할 생각이다. 결과가 좋다면 그동안의 나에 대한 비난은 결국 무의미해질 것이리라. 결과가 나쁠진대 내가 옳다고 증언해주는 천사가 열이나 된들 그게 무슨 소용이 있겠는가?

5. 정치적 현실주의는 특정 국가의 도덕적 열망과 세계를 지배하는

도덕법칙을 동일시하기를 거부한다. 진리와 의견을 구별했듯이 현실주의는 진리와 맹신을 구별한다. 모든 나라는 자신의 열망과 행동을 보편적인 도덕적 목표를 위한 것인 양 포장하려 하며, 그런 유혹에 오랫동안 저항한 나라는 거의 없었다. 각국이 도덕법칙에 따라 행동해야 함을 아는 것과 국가 간의 관계에서 무엇이 옳고 무엇이 나쁜지를 확실히 아는 양 행동하는 것은 아주 별개의 것이다. 모든 나라가 인간이 이해할 수 없는 신의 판단하에 있다고 보는 믿음과 신이 항상 자기편에 있으며 자기가 원하는 것을 신 역시 원한다고 믿는 불경스러운 확신 사이에는 큰 차이가 있다.

특정 민족주의와 신의 뜻을 동일시하는 경솔한 행위는 도덕적으로 용서받을 수 없다. 왜냐하면 그리스의 비극 작가나 성서의 예언자 들이 지배자와 백성에게 이미 경고했듯이 그것이 바로 오만이라는 죄이기 때문이다. 또 그런 동일시는 정치적으로도 해롭다. 왜냐하면 도덕원칙이나 관념 또는 신의 이름으로 무분별하게 덤벼드는 십자군적 광란 속에서 결국 문명과 국가를 파괴하는 오판을 불러일으키기 쉽기 때문이다.

반면에 우리로 하여금 도덕적 지나침이나 정치적 우매함을 피할 수 있게 해주는 것이 바로 권력으로 정의되는 이해관계 개념이다. 우리 자신을 포함한 모든 나라가 제각기 권력으로 정의되는 이해관계를 추구하는 정치체라고 파악할 때 그들 모두에 대해 우리가 공평한 판단을 내릴 수 있기 때문이다. 즉 다음의 두 가지 점에서 우리는 정의를 실천할 수 있다. 첫째, 우리가 우리 자신을 판단하는 것과 같은 방법으로 타국을 판단할 수 있다. 둘째, 일단 이런 식의 판단을 내린 후에는 우리 이익을 보호하며 증진하는 동시에 상대편의 이익을 존중하는 정책을 추구할 수 있게 된다. 정책상의 절제는 반드시 도덕적 판단이라는 절제를 반영하지 않을 수 없다.

6. 정치적 현실주의와 기타 학파 사이의 차이는 실재적이고도 뚜렷하다. 현실주의 이론에 대해 얼마나 많은 오해와 그릇된 해석이 있어왔건 정치적 문제에 대해 현실주의가 지닌 독특한 지적·도덕적 태도를 부인할 수는 없는 일이다.

지적인 면에서 정치적 현실주의자는 정치 영역의 독자성을 강조하는데, 이는 경제학자, 법률가, 도덕주의자들이 각기 나름의 독자적 영역을 강조하는 것과 마찬가지다. 정치적 현실주의자가 권력으로 정의되는 이해관계의 관점에서 생각하는 것은 경제학자들이 부로서 정의되는 이익의 관점에서, 법률가들이 법률·규칙과 행위의 적합성이란 관점에서, 도덕주의자들이 행위와 도덕원칙과의 적합성이란 관점에서 생각하는 것과 같은 이치다. 경제학자는 '이 정책이 사회 또는 그 일부의 부에 어떤 영향을 미칠 것인가?'라는 질문을 한다. 법률가의 질문은 '이 정책이 합법적인가'다. 도덕주의자는 '이 정책이 도덕원칙에 일치하는가'를 묻는다. 그리고 정치적 현실주의자는 '이 정책이 국가(또는 연방정부, 의회, 정당 등)의 권력에 어떤 영향을 미칠 것인가?'를 질문한다.

정치적 현실주의자가 정치적 사고 이외의 사고 기준이 있다는 것과 그것의 타당성을 모르는 것은 아니다. 정치적 현실주의자로서 나머지 사고 기준을 정치적 사고 기준에 종속시킬 수밖에 없는 것이다. 그리고 그들은 다른 학파가 정치 영역에 다른 영역에나 적합한 사고 기준을 적용하려는 것을 반대한다. 현실주의가 국제정치에의 '법적·도덕적 접근'을 못마땅하게 생각하는 것이 바로 이 점이다. 지금껏 논란이 되어왔듯이 이 문제가 단순한 상상에 의한 허구가 아니라 논쟁의 핵심이라는 것은 역사적으로 수많은 예가 증명하고 있다. 세 가지 사례만 들어보면 충분할 듯하다.[5]

1939년에 소련은 핀란드를 침공했다. 이 행위는 프랑스와 영국에 법적·정치적 두 가지 문제를 안겨주었다. 즉 소련의 행위가 국제연맹 규약을 위반한 것인가, 그리고 위반했다면 프랑스와 영국은 어떠한 대응 조치를 취해야 할 것인가? 법적 문제는 소련이 규약에서 금지한 행동을 취했으므로 쉽게 긍정적인 대답을 내릴 수 있었다. 정치적 문제에 대한 대답은 다음 세 가지 사항에 달려 있었다. 첫째로 소련의 행동이 프랑스와 영국의 이익에 어떤 영향을 주었느냐, 둘째로 프랑스와 영국을 한편으로, 또 소련과 특히 독일과 같은 여타 잠재적 적국을 다른 한편으로 하여 이 양편 사이의 기존 세력 분포 상황은 어떤 영향을 받는가, 셋째로 이 대응 조치가 프랑스와 영국의 이익, 그리고 미래의 세력 분포에 미칠 영향이 그것이다. 국제연맹의 주도국으로서 프랑스와 영국은 소련을 연맹에서 제명했으며, 핀란드로 향하는 양국

5_ 이 같은 논의를 위해서는 다음을 참조할 것. Hans J. Morgenthau, "Another 'Great Debate': The National Interest of the United States," *The American Political Science Review*, Vol. XLVI (December 1952), p. 979 ff. 또는 Hans J. Morgenthau, *Politics in the 20th Century*, Vol. 1, *The Decline of Democratic Politics* (Chicago: University of Chicago Press, 1962), p. 79 ff. 또는 이의 축소판(Chicago: University of Chicago Press, 1971), p. 204 ff.

의 군대가 스웨덴 영토를 통과할 수 없다는 스웨덴 정부의 거절로 인해 프랑스와 영국은 핀란드를 대소 전쟁에 참여시킬 수 없었다. 만일 스웨덴 정부의 거절이 전화위복이 되지 않았더라면 프랑스와 영국은 소련과 독일을 상대로 전쟁에 휘말리게 되었을 것이다.

프랑스와 영국의 정책은 정치적 행위를 결정할 때에 법적 문제에 대한 해답, 즉 자신의 영역 내에서의 합법성을 잣대로 삼았다는 점에서 법률존중주의의 고전적 사례였다. 법률과 권력의 문제 모두를 따지지 못하고 양국은 법률 문제만을 따졌다. 그리고 그들이 받은 대답은 두 나라의 존망이 걸려 있을지도 모르는 문제와는 관련도 없었다.

두 번째의 예는 국제정치에 대한 '도덕주의적 접근'을 보여준다. 이는 중국 공산당 정부의 국제적 지위와 관련된 문제다. 중공 정부의 수립은 서방세계에 두 가지 문제, 즉 도덕적 문제와 정치적 문제를 안겨주었다. 도덕적 문제는 '그 정부의 성격과 정책이 서방세계의 도덕원칙과 일치하는가'이며, 정치적 문제는 '서방세계는 중공 정부와 수교해야 할 것인가'다. 첫째 질문에 대한 답은 부정적일 수밖에 없다. 하지만 그렇다고 해서 두 번째 질문에 대한 답 역시 반드시 부정적일 수는 없을 것이다. 첫 번째의 도덕적 문제에 적용된 사고 기준은 중공 정부의 성격과 정책을 단순히 서방측의 도덕원칙으로 판단하는 것이었다. 반면에 두 번째의 정치 문제는 쌍방의 이해관계와 이용 가능한 권력, 그리고 수교정책이나 비수교정책이 이런 이해관계와 권력에 대해 지니게 될 의미 등을 복잡하게 검토해야 하는 것이었다. 이런 모든 사항을 검토했더라도 중공 정부와 수교하지 않는 것이 더 현명하다는 결론에 다다랐을 것이다. 그러나 이런 검토 사항을 모두 무시한 채 정치 문제를 도덕 차원에서 대답함으로써 그런 결론에 도달했다는 것은 분명 국제정치에 대한 '도덕주의적 접근'의 고전적 사례였다.

세 번째의 경우는 현실주의와 외교정책에 대한 법적·도덕적 접근 사이에 뚜렷한 차이가 있음을 단적으로 보여주고 있다. 벨기에의 중립에 대한 보장국의 하나로서 영국은 독일이 벨기에의 중립을 침해했다는 이유로 1914년 8월에 독일과 개전 상태에 들어가게 되었다. 영국의 이 행동은 현실주의적 입장에서나 법적·도덕적 입장에서나 정당화될 수 있었다. 다시 말하자면 현실주의적 입장에서 볼 때 저지대의 베네룩스 3국이 적대 세력의 지배하에 들어가지 못하도록 막는 것은 영국이 수세기 동안 지켜왔던 외교정책의 원칙이었다. 그리고 법적·도덕적 측면에서 영국의 개입에 근거를 제공한 것은 벨기에의 중립이 침해되었다는 사실 자체보다는 침략자에 대한 적대감이었다. 중립을 침해한 당사자가 독일이 아닌 다른 나라였다면 영국은 개입하지 않았을 가능성이 높다. 이것이 당시 영국 외무장관이었던 에드워드 그레이Edward Grey, 1862~1933의 입장이었다. 이미 1908년 하딘지Charles Hardinge, 1858~1944 외무차관은 그에게 다음과 같이 말했다. "만일 프랑스가 독일과의 전쟁 도중에 벨기에의 중립을 침범한다면 영국이나 러시아가 벨기에의 중립을 보장하기 위해 손끝 하나 까딱할지 의심스럽습니다. 반면 벨기에의 중립이 독일에 의해 침해되었다면 반대 현상이 일어날 확률이 크겠지요." 이에 대해 에드워드 그레이는 "맞는 얘기오"라고 대답했다. 그러나 벨기에의 중립에 대한 침해 그 자체가 영국의 개입을 정당화했고 따라서 미국의 개입도 정당화되었다는 법적·도덕적 입장을 취할 수도 있다. 이때 침해 그 자체가 가지는 법적·도덕적인 약점 때문에 어떤 이해관계가 걸려 있는지, 중립을 침해한 쪽이 어느 국가인지는 문제되지 않는다. 1915년 1월 22일, 그레이에게 보낸 서한에서 루스벨트Theodore Roosevelt, 1858~1919는 다음과 같이 자기 견해를 밝혔다.

> 나에게는 벨기에 문제가 가장 어려웠습니다. 만일 영국이나 프랑스가 독일이 행동했던 것처럼 벨기에에 대해 행동했다면 본인으로서는 지금 독일에 반대하고 있는 것처럼 반대해야만 했을 겁니다. 본인은 귀하의 행동을 적극 지지해왔습니다. 조약이 선의로써 준수되어야 하며 국제도덕과 같은 것이 존재한다고 믿는 사람들이 실행해야 할 행동의 표본으로서 말입니다. 본인은 독일인도 영국인도 아닌 미국 국민의 한 사람으로서, 또 자기 나라의 이익을 위해 충성스럽게 노력할 뿐 아니라 인류 전체의 정의와 예절을 위해서도 내가 할 수 있는 바를 행하며, 따라서 모든 나라를 주어진 어떤 상황에서 실제 행위에 의해 판단하려는 미국 국민의 한 사람으로서 이 입장을 취하는 것입니다.

정치적 영역의 독자성이 다른 사고체계에 의해 파괴되는 것을 막으려는 현실주의자들의 이런 노력은 다른 사고체계의 존재를 무시한다거나 그 중요성을 부정한다는 뜻은 아니다. 오히려 현실주의를 포함한 각각의 사고체계는 나름대로의 적절한 영역과 기능을 가져야 한다는 의미다. 정치적 현실주의는 근본적으로 인간의 본성을 다원적이라고 파악한다. 현실적 인간은 '경제적 인간', '정치적 인간', '도덕적 인간', '종교적 인간' 등의 복합체인 것이다. '정치적 인간'일 뿐인 사람은 도덕적 절제심이 완전히 결여되어 있을 터이므로 동물에 지나지 않는다. '도덕적 인간'일 뿐인 사람은 신중함이 전혀 없을 것이기에 바보다. '종교적 인간'일 뿐인 사람은 세속적 욕망이 전혀 없을 터이므로 성인이다.

인간 본성에 이렇게 여러 면이 있음을 인정하는 정치적 현실주의는, 그중 한 측면을 이해하기 위해서는 그것 자체로서 다루어야 함을 아울러 인정한다. 다시 말해서, 만일 '종교적 인간'을 이해하고자 할 때엔 일단 인간 본성의 다른 측면들과 거리를 두고, 종교적 측면만이 인간 본성의 유일한 본질인 듯 다루어야 한다. 더 나아가 종교적 영역에는 그것에 적절한 사고 기준을 적용해야 한다. 다른 사고 기준이 존재한다는 사실과 그것들이 인간의 종교적 특성에 실제로 영향을 미친다는 사실을 항상 인식하고 있어야 함은 물론이다. 인간 본성의 한 측면에 대해 이것이 사실이라면 다른 측면에서도 사실이다. 예를 들어 현대의 경제학자들 중 어느 학자도 자신의 학문에 대해, 그리고 그 학문과 다른 학문 사이의 관련성을 다른 방식으로 이해하지는 않는다. 경제학이 인간의 경제활동에 대한 독자적 이론으로 발전되어온 것은 다른 사고 기준에서의 이탈이라는 과정을 통해서이며, 또 경제학이라는 주제에 알맞은 사고체계를 개발해왔기 때문이다. 정치학 분야에서 이와 비슷한 이론을 개발하는 데 기여하는 것이야말로 정치적 현실주의의 목표다.

이와 같은 원칙들에 근거한 현실주의 이론이 모든 사람의 지지를 받지 못하리라는 점은 필연적이다. 그 점에 있어서는 현실주의 외교정책 역시 마찬가지다. 왜냐하면 이론과 정책은 모두 오늘날 우리 문화의 두 가지 경향과 배치되기 때문이다. 그런 경향은 합리적이고 객관적인 정치이론의 기본 전제와 결과를 받아들이기 어려워한다. 그중 한 경향은 사회에서의 권력의 역할을 그 권력이 19세기의 경험과 철학에서 생겨났다는 이유로 비난하고 있다. 이에 관해서는 나중에 상세히 언급하도록 한다.[6] 나머지 경향은 현실주의 이론과 정치적 관행과는 반대로 인간의 마음과 정치적 영역 사이에 존재하는, 그리고 존재해야 하는 관계 그 자체에서 생기고 있다. 이유에 대해서는 나중에 밝히겠지만[7] 일상생활에서 인간의 마음은 정치의 참모습을 정면으로 응시할 수 없다. 정치는 진실을 은폐하고 왜곡하고 경시하고 과장해야 하며 그 정도가 심할수록 인간은 정치 과정에, 특히 국제정치 분야에 더욱더 깊이 참여하게 된다. 정치의 본질과 정치적 무대에서의 자기 역할에 대해 자신을 속임으로써만이 인간은 정치적 동물로서 자신에게도 동료에게도 만족스럽게 살아갈 수 있다.

따라서 사람들이 흔히 파악하는 국제정치보다는 실제 그대로의 국제정치를, 또 고유의 본질을 고려할 때 국제정치는 어떻게 되어야 하겠는가를 이해하려는 이론은 다른 학문 분야는 부딪칠 필요가 없는 심리적 저항감을 불가피하게 이겨내야 한다. 따라서 국제정치의 이론적 이해를 위한 책은 독특한 설명과 정당화를 요구한다.

6_ 1권 p. 156 ff. 참조.
7_ 1권 p. 289 ff. 참조.

제2장

과학으로서의 국제정치학

국제정치학의 이해

여러 가지 접근법

이 책이 추구하는 목표는 다음 두 가지다. 첫째는 국가 간의 정치적 관계를 결정하는 힘이 무엇인지를 찾아내어 이해하는 것이며, 둘째는 그 힘들이 그들 상호 간에 그리고 여러 국제기구 내에서 어떻게 작용하고 있는지 그 작동 양식을 이해하는 것이다. 대부분의 다른 사회과학 분야에서는 이런 목표가 당연시되고 있는데 그것은 모든 과학적 탐구의 자연스러운 목적이 사회적 현상에 내재하는 힘을 찾아내고 그 힘들이 작용하는 양식을 구명하려는 것이기 때문이다. 그러나 국제정치의 연구에 있어서는 이런 목표를 단순히 당연한 것으로 받아들일 수는 없으며, 따라서 특별한 강조가 필요하다. 커크Grayson Kirk, 1903~1997 박사의 견해는 다음과 같다.

최근에 이르기까지 미국에 있어서의 국제관계 연구는 거의 다음 세 가지 접근 방법을 택한 학자들이 지배해왔다. 첫째, 역사가들을 꼽을 수 있는데 이들은 국제관계를 단순히 근대의 역사로만 파악한다. 이런 접근법을 따르는 연구자들은 활용 가능한 자료의 부족으로 많은 제약을 받았다. 두 번째 그룹은 국제법 학자들인데 이들은 국가 간의 관계에 있어 법적 측면에 일차적인 관심을 쏟긴 했으나 법적 관계의 불완전성과 불충분성에 대해 근본적 원인을 진지하게 찾으려는 노력은 거의 하지 못했다. 마지막으로 현재 그대로의 국제관계보다는 자기들이 건설하고자 하는 좀 더 완전한 체제에 관심을 가지는 이상주의자들이 있다. 최근에 와서야 국제정치학자들이 세계 정치의 기본적이고도 지속적인 힘과, 그 힘을 구체화하는 국제기구로 눈을 돌렸으며 이는 단순한 찬사나 비난을 위해서가 아니라 국가의 외교정책을 결정하는 기본 추진력을 좀 더 이해하고자 하는 노력의 산물이었다. 따라서 정치학자들은 마침내 국제적 분야로 움직이고 있는 것이다.[1]

찰스 마틴Charles E. Martin 교수는 커크 박사의 견해에 대해 다음과 같이 지적한다.

…… 국제관계를 연구하는 학생이나 교수는 무엇보다도 이중성의 문제에 부딪힌다. 이는 우리가 두 가지의 다른, 그리고 정반대의 분야, 즉 분쟁 해결을 위한 제도의 분야와 권력 정치와 전쟁의 분야에서

1_ *American Journal of International Law*, Vol. 29 (1945), pp. 369-370.

나름대로의 해결책을 모색하는 과정에서 필연적으로 맞닥뜨리게 되는 문제다. 그러나 이는 불가피한 현실로서 그럴 수밖에 없는 문제다. 아마도 지난 20여 년간의 교육에서 우리가 저지른 가장 잘못된 폐단 중 하나는 전쟁의 기구에 대하여, 그리고 권력 정치의 영향에 대하여 책을 마구 써냈던 것이라고 생각한다. 정치학자의 이러한 행동은 큰 실수였다. 우리는 권력 정치와 그것이 가지는 의미, 그리고 그것으로부터 유래하는 상황을 연구하는 동시에 전쟁의 제도에 대한 연구를 병행해야 한다.[2]

그렇게 규정해보자면 학문으로서의 국제정치학은 최근의 역사나 사건, 국제법과 정치 개혁과는 엄연히 다르다.

국제정치란 최근 역사와 현재의 사건 이상의 것을 포함한다. 관찰자를 둘러싸고 있는 오늘날의 국제 무대에서는 강조되는 바가 항시 변하며 장래 전망 역시 변한다. 최근의 사건들을 과거와 연관 지어 생각해보고, 또 그 두 가지의 바탕에 흐르는 인간 본성의 영구적인 특징에 비추어 생각해봄으로써 비로소 파악되는 기본적인 것들을 파헤치지 않고서는 자기가 딛고 설 확고한 기반도, 객관적 평가 기준도 얻을 수 없다.

국제정치는 법적 규칙과 제도로 축소되어서는 안 된다. 국제정치는 그런 규칙의 테두리 내에서, 그리고 그런 제도에 의해 운영된다. 그러

2_ *Proceedings of the Eighth Conference of Teachers of International Law and Related Subjects* (Washington: Carnegie Endowment for International Peace, 1946), p. 66.

나 미국 정치를 국내정치 수준에서 미국 헌법, 연방 법률 그리고 연방 정부 기관들과 동일시할 수 없는 것처럼 국제정치를 법 규칙과 국제 기구와 동일시할 수는 없는 일이다.

국제정치가 무엇인지 이해하려는 노력에 앞서 국제정치를 개혁하려는 노력과 관련하여 섬너의 견해에 동의할 수 있다.

> 정치적 토론의 가장 나쁜 악습은 있는 그대로의 사물과 인간 본성에 대한 정확한 관찰에 근거하기보다는 대원칙이나 가정을 토대로 자기주장을 내세우는 독단주의다. 이상이란 현재 존재하는 것보다 좀 더 고차원의, 혹은 좀 더 개선된 상태로 제시된다. 그리고 이상은 거의 무의식적인 가운데 이미 존재하는 것처럼 가정되어 근거 없는 공론을 낳는다. 정치 문제에 대한 추상적 추측은 어떤 방법에 의한 것이든 대단히 나쁘다. 추상적 추측이 흔히 행해지는 이유는 쉽기 때문인데, 즉 현 세계를 알기 위해 공부하는 것보다 새로운 세계를 상상하는 편이 쉽고, 여러 국가나 국제기구의 역사를 연구하는 것보다 몇 개의 광범위한 가정에 근거해 추측하는 것이 더 쉬우며, 일반적으로 통용되는 독단을 그대로 답습하는 것이 그것의 진실 여부를 캐는 것보다 더 쉽기 때문이다. 이런 과정이 혼동으로 이어지고, 의미 없는 미사여구와 진부한 얘기를 그대로 받아들이게 되어 국가의 번영에 조금이나마 이익이 되기보다는 분쟁만 초래하게 된다.[3]

3_ "Democracy and Responsible Government," *The Challenge of Facts and Other Essays* (New Haven: Yale University Press, 1914), pp. 245-246.

이해의 한계

국제정치의 본질과 그 형태를 이론적으로 탐구하는 데 가장 큰 어려움은 관찰자가 다루어야 하는 자료의 모호성이다. 우선 관찰자의 연구 대상이 되는 사건은 단 한 번밖에 일어나지 않은 독특한 것이다. 이전이나 이후에 똑같은 방식의 사건이 발생하지는 않는다. 다른 한편, 사건들 모두가 사회적 세력의 발로이기 때문에 유사한 모습으로 발생한다. 사회적 세력이란 인간 본성이 행동을 통해 만들어내는 것이다. 따라서 비슷한 조건하에서는 비슷한 방식으로 나타나게 된다. 그러나 어디에 선을 그어 유사성과 특수성을 구별해야 할 것인가?

국제정치 이론에 의해 이해해야 할 사건들이 가지는 이런 모호성은 앞으로 차차 지적하겠지만, 인간의 이해를 방해하는 일반적인 요소 중 한 가지 사례에 지나지 않는다. 몽테뉴Michel de Montaigne, 1533~1592는 "어떤 사건이나 물체도 완전히 똑같은 것은 없듯이 서로 완전히 다른 것도 없다. 자연에는 모든 것이 진정 혼합적인 상태로 존재한다. 우리 얼굴에 서로 닮은 곳이 하나도 없다면 인간을 동물과 구별할 수 없을 것이며, 우리 얼굴에 아무 차이점도 없다면 서로를 구별할 수 없을 것이다. 모든 사물은 어떤 유사성으로 무리 지어진다. 어떤 본보기도 완전하지는 않으며, 경험에 근거한 비교는 항상 결함이 있고 불충분하다. 그런데도 사람들은 어느 한구석을 연결해 비교한다. 이런 식으로 법칙들이 적용되고, 왜곡되고, 강제적이며 편견에 의한 해석을 통해 우리 일상사의 구석구석에 적용되고 있다"[4]라고 말했다. 정치적 사건이 '왜곡되고, 강제적이며, 또 편견에 의해 해석되지 않도록' 하는 것이야말로 국제정치 이론이 항상 경계해야 하는 점이다.

그런 사건들을 비교해봄으로써 우리는 국제정치의 원칙이 어떤 것인지를 배우게 된다. 특정 정치 상황에 따라 특정 외교정책이 형성되고 집행된다. 다양한 정치적 상황을 다룰 때 우리는 다음 여러 가지 사항에 유의해야 한다.

이번 상황은 지난번 것과 어떻게 다르며 또 어떤 점에서 공통적인가? 상황의 유사성이 기존 정책을 계속 뒷받침해주는가? 혹은 유사성과 차이점을 동시에 생각해볼 때 몇 가지 부분적인 수정을 가하면서 기존 정책의 골격을 그대로 유지해도 좋은가? 유사성보다 차이점이 더 우세해서 기존 정책을 더 이상 지속하지 못하게 만드는가? 국제정치를 이해하고, 현재의 사건이 지니는 의미를 파악하면서 미래를 예측하고 미래에 영향력을 행사하고자 원한다면 이 같은 질문들 속에 함축된 두 가지의 지적 능력을 발휘할 수 있어야 한다. 즉 두 가지 정치적 상황에서 유사성과 차이점을 구별할 수 있어야 한다. 나아가 여러 대안적인 외교정책들에 대해 이들 유사성과 차이점이 가지는 의미를 평가할 수 있어야 한다. 일련의 사건을 세 가지 정도로 순서 없이 살펴보면 이것이 어떤 문제이며 얼마나 어려운 일인지를 알 수 있을 것이다.

1796년 9월 17일 조지 워싱턴은 그의 고별 연설에서 유럽 문제로부터의 고립을 의미하는 미국 외교정책의 원칙을 제시했다. 1823년 12월 2일, 제임스 먼로James Monroe, 1758~1831 대통령은 의회에 교서를 보내

4_ *The Essays of Michel de Montaigne*, edited and translated by Jacob Zeitlin (New York: Alfred A. Knopf, 1936), Vol. III, p. 270. 강조는 몽테뉴의 것.

비슷한 내용의 미국 외교정책 원칙을 밝혔다. 1917년 미국은 영국과 프랑스 측에 가담하여 양국의 독립을 위협한 독일과 개전했다. 1941년에도 미국은 비슷한 행동을 취했다. 1947년 3월 12일 트루먼Harry S. Truman, 1884~1972 대통령은 의회에 보낸 교서를 통해 공산주의에 대한 전 세계적 봉쇄를 선언하는 미국 외교정책의 원칙을 재수립했다.

1512년 영국의 헨리 8세Henry VIII, 1491~1547는 합스부르크가와 동맹하여 프랑스에 대항했다. 1515년에는 프랑스와 동맹을 맺고 합스부르크가와 싸우게 되었다. 그는 1522년과 1542년에 다시 합스부르크가와 대프랑스 동맹을 맺었다. 1756년 영국은 프로이센과 동맹을 맺어 합스부르크가와 프랑스에 대항했다. 1793년에 영국, 프랑스, 합스부르크가는 대프랑스 동맹을 체결하여 나폴레옹Napoléon Bonaparte, 1769~1821에 대항했다. 1914년 영국은 프랑스, 러시아와 동맹하여 오스트리아, 독일과 싸웠으며, 1939년에는 프랑스, 폴란드와 동맹하여 독일에 맞섰다.

나폴레옹, 빌헬름 2세Wilhelm II, 1859~1941, 히틀러Adolf Hitler, 1889~1945는 모두 유럽 대륙을 제패하고자 했으나 실패하고 말았다.

이상 세 가지 일련의 사건에서 각각의 경우에 알맞은 외교정책 원칙을 수립할 수 있게 하는 유사성이 있는가? 혹은 각각의 사건이 너무나 판이하여 각기 다른 외교정책을 요구하고 있는가? 이런 결정을 내릴 때의 어려움이 바로 외교정책을 올바로 판단하고 장래를 현명하게 설계하는 데에, 또 올바른 일을 적절한 시기에 제대로 행하는 데에 따르는 어려움을 보여준다.

워싱턴의 고별 연설은 미국 외교정책의 일반 원칙이라고 간주되어야 하는가, 아니면 일시적 상황 때문에 생긴 것으로서 타당성은 그 상황에만 국한되는가? 워싱턴과 먼로의 교서가 제시하는 외교정책은 트루먼 독트린과 양립 가능한가? 다시 말해 트루먼 독트린은 워싱턴과 먼로의 외교 문제에 대한 인식의 바탕이 되는 일반 원칙을 단순히 수정한 것에 불과한가, 아니면 트루먼 독트린이 전통적인 미국 외교정책과 현격한 차이를 보이는가? 그것이 사실이라면 새로운 상황에서 그 정책은 정당화되고 있는가? 일반적으로 1796년, 1823년, 1917년, 1941년, 1947년의 미국의 국제적 지위 변화가 이런 상이한 정치적 상황을 고려해서 결정하고 수행한 각각의 외교정책을 정당화하는가? 1917년, 1941년, 1947년에 미국과 대결하게 된 유럽의 상황에는 어떤 유사성과 차이점이 있으며, 그것은 미국에게 어느 정도까지 외교정책의 변화와 계속성을 요구했던가?

영국의 외교정책이 이토록 변화무쌍했던 사실에는 무슨 의미가 있는가? 군주와 정치가의 변덕이나 불신 때문이었는가, 혹은 어떤 특정 동맹관계를 초월하면서 영국과 유럽 대륙의 관계를 결정하는 영구한 힘에 주의를 기울인 누군가의 지식이 축적된 결과인가?

유럽을 지배하려던 세 번의 시도가 재난으로 끝났던 것은 다양한 원인에 의한 우발적인 사건에 불과했던가? 또는 결과의 유사성이 정치 상황 전반의 유사성을 가리키며, 다시 한 번 그런 시도를 해보려는 사람들이 신중히 생각하도록 깨우치는 교훈을 주고 있는가? 구체적으로, 제2차 세계대전 이후 소련이 추구했던 정책은 나폴레옹, 빌헬름 2세, 히틀러의 그것과 비슷했던가? 만일 비슷했다면 소련의 외교정책은 미국이 1917년과 1941년에 추진했던 것과 비슷한 정책을 추진하도록 요구했던가?

변화무쌍했던 영국의 외교정책이 보여주는 것처럼 때로는 해답이 분명한 듯 보인다. 정책이 변덕보다는 지혜로부터 생겨났다는 것이다. 그러나 대부분의 경우, 또 우리가 현재와 미래를 다룰 때는 특히 그 해답은 잠정적일뿐더러 여러 가지 조건이 따른다. 해답을 모색하는 근거가 되는 실제 상황은 본질적으로 모호하며 끊임없이 변하게 마련이다. 그렇지 않다고 생각하는 사람은 역사로부터 그릇된 유추밖에 배운 게 없다. 그런 사람이 자기 나라의 외교정책을 떠맡았다면 재앙밖에 초래하지 못했을 것이다. 빌헬름 2세와 히틀러는 나폴레옹의 파멸에서 아무런 교훈도 얻지 못했다. 왜냐하면 그 일이 자기들에게 아무것도 가르칠 게 없다고 생각했기 때문이다. 워싱턴의 권고를 노예처럼 따라야 할 도그마로 확립했던 사람은 그것을 전적으로 묵살한 사람에 못지않은 실수를 한 셈이다.

1938년의 뮌헨 회담도 적절한 본보기다. 물론 그 회담이 실패였다는 사실은 우리 모두 경험적으로 알고 있다. 그리고 그 경험으로부터 그 회담이 실패하지 않을 수 없었음을 보여주는 이론 범주를 개발해내기에 이르렀다. 그러나 뮌헨 회담이 체결될 당시 외교정책 이론가와 실무자, 그리고 일반 국민조차 그 회담을 전폭적으로 지지했던 사실을 나는 생생히 기억하고 있다. 뮌헨 회담은 당시 위대한 정치적 업적이라고, 지배자를 꿈꾸는 사람에게 평화를 위해 한발 양보한 것뿐이라고 생각되었다. 에드워드 카E. H. Carr, 1892~1982 역시 당시에는 같은 생각이었으며, 앨런 테일러Alan Taylor, 1906~1990는 지금도 그렇게 생각하고 있다. 당시로써는 거의 아무도 깨닫지 못했던(그게 당연한지도 모른

다) 그와 같은 생각의 결함은 정치적 예측에 본질적으로 내포된 우연성을 무시했다는 점이다. 후일 돌이켜보면 간단한 진리처럼 보이는 것들도 미래에 대한 예측에서는 오리무중이거나 불확실한 예감으로밖에는 나타나지 않는 것이다.

마지막 사례로 오늘날의 문제인 핵전쟁을 들어보자. 때때로 미국의 정책결정자들은 공공연하게 핵전쟁에서의 '승리'를 얘기한다. 그들의 그런 얘기는 레오니트 브레즈네프Leonid Brezhnev, 1906~1982와 같은 소련 정치지도자들은 아니더라도 수소폭탄 전쟁이 두 초강대국 모두에게 자살행위가 될 것임을 여러 차례 경고한 러시아 군사지도자들의 얘기를 반영하는 것이다. 특히 1980년대 들어 냉전의 긴장 상태가 다시금 고조되자 두 국가에서 나오는 목소리는 방대한 국방비 증액을 통해 전략군 증원만 되면 핵전쟁에서 승리할 수도 있다는 신념을 되풀이했다. 핵전쟁이 역사적으로 흔히 보아온 폭력과 본질적으로는 같은 형태이며 다만 강도가 좀 더 심할 뿐이라고 가정하는 핵전쟁 이론을 개발하는 것은 가능하다. 이런 가정하에서는 핵전쟁이 재래식 전쟁보다 훨씬 더 무섭긴 하겠지만 최소한 우리 중 몇 명만이라도 생존할 수 있게 조치가 취해진다면 감내할 수 없는 것만도 아니라는 생각이 드는 것이다. 다시 말해 핵전쟁의 본질과 결과에 대해 이런 식의 이론적 가정을 시작하고 나면, 미국의 외교정책은 핵전쟁을 피하기 위해 노력하는 선으로 한계 지을 필요가 없으며 핵전쟁에서 살아남기 위해 준비해야 한다는 결론이 논리적으로 도출된다. 그러고 나면 핵전쟁 한 번으로 미국 국민 1억 명이 목숨을 잃고 미국 경제력의 90퍼센트가 파괴될 경우 살아남은 미국 국민으로 하여금 파괴를 면한 10퍼센트의 경제력으로 미국을 어떻게 재건시킬 것이냐란 문제를 제기하는 것은 매우 합당한다.

이런 핵전쟁 이론에 포함된 우발적인 요인은 극단의 불확실성이고, 이런 불확실성은 국내정치와 국제정치 분야의 이론적 분석과 예측에서 전형적인 현상이다. 인적 손실, 물질적 파괴 그리고 물질적 회복의 비율에 대한 예상을 그대로 받아들인다 하더라도 이 이론은 핵전쟁이 초래할 인적·물적 파괴에 대해 인간이 어떤 반응을 보일 것인지에 대해서는 불확실할 수밖에 없다. 분명, 고도로 복잡한 인간 사회의 작동을 미개한 개미 사회처럼 그려보는 것이 가능하다면 핵전쟁으로부터의 회복 능력은 당연한 것으로 받아들일 수 있다. 개미집의 90퍼센트와 개미의 절반이 파멸되었을 때, 살아남은 개미들이 또 다시 개미집을 쌓고 다른 재난이 몰아닥쳐 새로 건설을 시작해야 할 때까지 재건을 계속하리라고 결론지어도 무방한 것이다.

하지만 인간 사회에는 이런 기계적인 회복 능력이 없다. 사회에도 인간 개인과 마찬가지로 파국을 맞게 되는 지점이 있다. 예기치 못한 대규모 파괴에 직면했을 때 인간의 인내력이 인간의 솔선수범하는 회복 노력을 가져오지 못하고 좌절해버리는 일정 한도가 있는 것이다. 일단 그 한도에 다다르면 문명 자체가 붕괴해버린다. 그 한계가 인간 반응의 척도에서 정확히 어디에 위치하는가는 이론적으로 이해할 수 있는 문제가 아니다. 우리가 할 수 있는 것은 경험으로 확인될 수도, 확인되지 않을 수도 있는 육감에 의한 예측뿐이다.

국제정치학을 연구하는 학생이 반드시 배우고 잊지 말아야 할 첫 번째 교훈은 국제 문제가 복잡하기 때문에 단순한 해결책과 신뢰할 만한 예측이 불가능하다는 점이다. 학자와 돌팔이 협잡꾼이 구분되는 부분이 바로 이곳이다. 국가 간의 정치를 결정하는 힘을 이해하고 국가 사이의 정치적 관계가 결정되는 방식에 대해 지식을 쌓을수록 국제정치학적인 사실들이 모호하다는 것이 드러나게 된다. 모든 정치적 상황에는 모순적인 추세가 있게 마련이다. 상황에 따라 이런 추세들 가운데 하나가 유독 드러난다. 하지만 실제로 어떤 추세가 드러날 것이냐는 사람마다 추측하기 나름이다. 그렇다면 학자로서 할 수 있는 최선의 길은 '특정' 국제적 상황에서 (잠재력처럼) 나타나는 다양한 경향과 추세를 추적해보는 것이다. 어떤 한 가지 추세가 다른 것보다 더 두드러지게 하는 조건들을 집어내다 보면, 마침내 여러 조건과 추세가 실제로 두드러지게 나타날 가능성을 평가할 수도 있을 것이다.

따라서 세계 문제는 과거에 대한 나름의 지식과 현재의 징조를 토대로 미래를 읽으려는 사람에게는 깜짝 놀랄 만한 일로 가득 차 있다. 1776년에 워싱턴은 "조국의 운명이 앞으로 몇 주일간 우리가 기울일 노력에 달려 있습니다"고 선언한 바 있다. 그러나 독립 전쟁이 끝난 것은 7년이 더 흐른 후였다. 1792년 2월, 윌리엄 피트William Pitt, 1759~1806 영국 총리는 군비 지출의 삭감(특히 해군에 대한 급격한 감원)을 정당화하고 앞으로 군비 감축이 더 지속되기를 바라는 심정으로 다음과 같이 선언했다. "의심의 여지도 없이, 유럽의 상황을 보건대 15년 정도 평화가 지속될 것이다." 하지만 불과 두 달 후에 유럽 대륙은 전쟁에 휩싸였다. 그리고 1년도 안 되어 영국도 참전했다. 약 25년간 거의 끊임없이 계속된 전쟁의 시대는 이렇게 시작되었다. 그랜빌2nd Earl Granville, 1815~1891이 1870년에 영국 외무장관으로 취임했을 때 그는 사무차관의 보고를 통해 "그의 오랜 경험에 비추어 외교 문제에 아주 오랫동안 소강상태가 계속되고 있어서 그(그랜빌)가 꼭 다루어야 할 중요한 문제는 없다"는 얘기를 들었다.

같은 날 호엔촐레른-지그마링엔Hohenzollern-Sigmaringen가의 레오폴트 공Prince Leopold이 에스파냐 의회의 교섭에 응하여 국왕 취임을 수락했는데, 이 사건은 3주일 후 프로이센-프랑스 전쟁을 불러일으켰다. 1917년 3월 러시아 혁명이 발발하기 6주 전에 레닌Vladimir Ilich Lenin, 1870~1924은 취리히에서 일단의 젊은 사회주의자에게 "우리 늙은이들은 다가오는 혁명의 결정적 투쟁을 죽기 전에 볼 수 있을 것 같지 않다"고 말한 바 있다. 그러나 반년이 채 못 되어 러시아 혁명이라는 결정적인 투쟁이 그의 지휘 아래 시작되었다.

위대한 정치가의 예측이 이처럼 빗나간다면 평범한 사람의 예견에서 무엇을 기대할 수 있을까? 제1차 세계대전 이전에 국제 문제에 관해 집필된 수많은 책에서 대규모 전쟁의 발발이 불가능하다는, 혹은 일어나더라도 잠깐 동안 지속되리라는 견해가 지배적이었을 때 앞으로 어떤 사건이 닥칠지 어렴풋이나마 눈치챈 사람이 한 명이라도 있었을까? 양차 대전 사이에 쓰인 책 중 1980년대의 세계 정치가 어떻게 전개될지 예측할 수 있게 한 길잡이가 있었던가? 제2차 세계대전이 시작될 무렵, 대전이 끝난 후의 세계 정치 판도가 어떻게 바뀔지 누가 상상이나 할 수 있었던가? 1955년의 세계정세가 어떻게 전개될지 1945년에 누가 알 수 있었겠으며 1970년 혹은 1980년의 세계를 누가 1960년에 예측할 수 있었을까? 내일과 모레의 일, 혹은 2000년의 세계를 얘기하는 사람을 과연 우리는 얼마만큼 신뢰할 수 있을까?[5]

지혜롭고 책임감도 강했을 인물들이 이토록 선견지명을 발휘하지 못한 연유는 무엇일까? 해답은 이들이 취급해야 하는 경험주의적 자료의 성격에서 찾을 수 있다. 관찰자는 여러 요인과 접한다. 그런 요소들이 전체적으로 모여 미래를 형성한다. 미래를 예측하기 위해 관찰자는 이런 모든 요인이 역동적으로 움직이는 모습, 상호 간에 전개되는 행동과 반응 등 모든 것에 대해 알고 있어야 한다. 그가 실제로 아는 것과 알 수 있는 것은 전체 가운데 작은 부분일 뿐이다. 그래서 그는 추측을 할 수밖에 없는데 가능한 수많은 추측 가운데 누가 옳은 추측을 했는지는 오직 미래만이 보여줄 수 있다.

따라서 이란 문제에 있어서 정보기관들은 올바른 추측을 하지 못했다. 그런 사실을 닥치는 대로 비난하는 대신 우리는 다음 두 가지 질문에 스스로 답을 제시해야 한다. 국민의 불만이 폭발할 것임을 때맞춰 정확히 지적하는 것이 가능했던가? 정확한 지적이 가능했더라도 미국은 그에 대해 무엇을 할 수 있었을까? 아마도 할 수 있는 것이 거의 없었을 것이다. 이런 이유 때문에 정보기관들이 이란에 대해 관심을 가지지 못했을 것이다.

양적 개념인 부를 중심 개념으로 사용하고 있어서 사회과학 중에 가장 정확하다는 경제학이 마찬가지로 신뢰할 만한 예측을 할 수 없다면

5_ 국제 문제에 대한 예언이 오류에 빠지기 쉽다는 점은 다음번 전쟁의 성격에 대해 예측하려 했던 많은 전문가가 저지른 엄청난 실수를 보면 잘 알 수 있다. 마키아벨리(Niccoló Machiavelli)부터 풀러(J. F. C. Fuller) 장군에 이르는 많은 이의 예언을 살펴보면 모두가 논리적으로 잘 추론된 것으로 그 자체로는 매우 그럴 듯하지만 실제 역사적 사실과는 완전히 동떨어진 것들이었다. 예를 들어 풀러 장군은 1923년에 제2차 세계대전의 결정적 무기는 가스가 되리라 예언했었다. 다음을 참조할 것. *The Reformation of War* (New York: E.P. Dutton and Company, 1923).

이는 심각한 얘기다. 1953년에서 1965년까지 미국의 GNP에 대한 예측이 해마다 숱하게 발표되었지만 결과적으로 보자면 평균 40퍼센트의 오차가 생기고 있다.[6] 1966년 10월, 프루덴셜 생명보험회사는 1967년의 소비 지출 증가가 310억 달러에 달할 것이며 재고 투자는 75억 달러에 이를 것이라고 예측했다. 1967년 10월 동 회사는 소비 지출을 270억 달러라고 수정해서 발표했는데 수정 발표한 평가 내용이 옳다고 가정하더라도 거의 15퍼센트의 오차를 보이며 재고 투자는 70억 달러 수준으로 조정 발표했지만 실제와는 178퍼센트의 오차를 보였다. 미국 대통령의 경제자문위원회가 평가한 동년 GNP 성장률은 12퍼센트가 높게 산출되었다.

국제 평화 문제의 이해

이 문제는 이 책에서의 두 번째 목적과 연결된다. 정치학의 어떤 연구도, 특히 20세기의 마지막 수십 년간 국제정치학의 모든 연구는 '지식은 행동과 분리될 수 있고, 지식이 그 자체만을 위해 추구될 수도 있다'는 점에서 공평무사할 수는 없다. 과거 미국 역사의 대부분 기간이 그랬던 것처럼, 오늘날 국제정치는 비용이 많이 들거나 대가가 상당히 클 수 있는 단순한 사건의 집합이 아니다. 그리고 국가의 존립이나 운명 그 자체를 문제 삼는 경우도 별로 없다. 미국의 존립과 운명

6_ Viktor Zarnowitz, *An Appraisal of Short-Term Economic Forecasts* (New York: National Bureau of Economic Research, 1967).

은 멕시코 전쟁, 아메리카-에스파냐 전쟁, 먼로 독트린의 루스벨트적 추론Roosevelt corollary[7]에 연결되는, 혹은 그들로부터 유래하는 국제정치보다는 남북 전쟁이라는 국내 사건에서 더 큰 영향을 받았다.

우리 시대 특유의 두 가지 사실은 미국 국내 정책과 대외 정책의 상대적 중요성을 완전히 뒤집어버렸다. 먼저 이 책을 쓰는 지금 이 순간 미국은 지구 상의 가장 강력한 두 국가 중 하나다. 그러나 실재적·잠재적 여러 경쟁국과 비교해볼 때 미국의 대외 정책이 국제관계에서 미국의 지위에 미치는 영향을 무시할 수 있을 정도로 미국이 강력하지는 못하다. 남북 전쟁 직후부터 제2차 세계대전이 발발하던 무렵까지 미국이 이웃 중남미 국가들이나 중국, 에스파냐에 대해 어떤 정책을 추구하느냐는 별문제가 되지 않았다. 국력이 충분히 강했을 뿐 아니라 세력 균형의 작용에 힘입어 미국은 무릇 성공으로부터 생기는 무한한 야망이나 공포, 실패 때문에 생기는 좌절감에서 자유로울 수 있었다. 즉 미국은 국력이 신장할 때라든지 난국을 헤쳐 나갈 때에 지나친 흥분이나 근심이 없이 수월하게 넘길 수 있었던 것이다. 지금 미국은 성城과도 같은 대륙의 울타리를 벗어나 정치적 세계 전체를 우방 아니면 적으로 마주하고 있다. 미국은 위험한 존재인 동시에 취약한 국가며, 공포의 대상인 동시에 불안해하는 국가가 되었다.

초강대국이면서도 전능하지 못하기 때문에 생기는 위험은 두 번째

7_ 1904년 12월 6일, 시어도어 루스벨트 대통령이 의회에 보낸 연두교서에서 밝힌 것으로, 미국이 중남미 국가들의 국내 문제에 간섭할 수 있다는 내용의 정책 노선이다. Ruhl J. Bartlett, editor, *The Record of American Diplomacy: Documents and Readings in the History of American Foreign Relations*, 4th ed. (New York: Alfred A. Knopf, 1964), p. 539.

사실, 즉 세계 정치에 있어서의 삼중의 구조적 변혁 때문에 더욱 악화되었다. 첫째, 유럽이 중심을 차지하던 과거의 다국가 체제가 유럽 바깥에 중심을 둔 전 세계적 규모의 양극 체제로 대치된 점이다. 나아가 과거 서구문명의 특징이었던 정치 세계의 도덕적 통일성이 사상과 행동이라는 양립할 수 없는 두 가지 체제로 분리되어 도처에서 인간을 자기편으로 끌어들이려 경쟁하고 있다. 마지막으로 현대의 과학 기술 발달은 전 세계적 파괴를 유발하는 전면전을 가능케 했다. 현 국제정치에서 이런 세 가지 새로운 요소가 지배적인 상황이 되자 세계 평화의 유지가 극단적으로 어려워졌을 뿐 아니라 전쟁에 내재하는 위험을 증가시켜 전면적 핵전쟁은 자멸을 초래하는 바보스러운 짓이 되었다. 이런 세계적 상황 속에서 미국이 우월한 지위를 차지하고, 따라서 최고의 책임을 지고 있기 때문에 국제정치를 형성하는 힘과 그 과정을 결정하는 요인을 이해하는 일은 미국에게 지적 호기심 이상의 것이 되었다. 극히 중요한 불가결한 것이 되어버린 것이다.

따라서 오늘날 미국의 입장에서 국제정치를 깊이 성찰해보는 것은 우리 시대에 미국의 외교정책이 당면한 중요한 문제를 생각해보는 것이랄 수 있다. 여태까지는 강대국 중 강대국인 미국이 자신의 국가 이익 증진을 외교정책의 주요 관심사로 인식해왔던 반면 두 차례 세계대전을 겪고 핵무기를 사용한 전면전 수행 방법을 알아버린 지금 평화의 유지야말로 모든 나라의 가장 커다란 관심사가 된 것이다.

바로 이런 이유 때문에 이 책은 권력과 평화라는 두 개념을 중심으로 집필되었다. 이 두 개념은 엄청난 파괴력이 유례없이 축적되어 평화 문제를 과거에는 결코 볼 수 없던 다급한 문제로 만들고 있는 20세기의 마지막 수십 년간 세계 정치 논의에서 중심 개념이 되고 있다. 주권 국가들의 권력을 향한 열망이 주요 동력이 되는 세계에서 평화는 다음 두 가지 장치에 의해서만 유지될 수 있을 뿐이다. 하나는 국제 무대의 권력 투쟁에서 볼 수 있는 여러 사회 세력의 자기 조절 장치, 즉 세력 균형이다. 나머지 하나는 권력 투쟁에 대한 규범적 제한인데 국제법, 국제 도덕, 세계 여론 등의 형태를 띤다. 오늘날 그것들이 작동하는 모습을 보면 이들 장치 가운데 어느 것도 권력 투쟁을 평화로운 범주 내에서 수행되도록 할 것 같지 않으므로 우리는 다음 세 가지 문제를 제기하고 그에 대한 해답을 구해야 한다. 국제 평화 유지를 위한 현재의 주요 제안들은 어떤 가치를 지니는가? 좀 더 자세히 말하자면 주권 국가들로 구성된 국제 사회를 세계 국가와 같은 초국가적 기구로 개편해보자는 제안은 어떤가? 또 마지막으로 과거의 교훈을 가슴에 새기며 그것을 현재 문제들에 적응시키려는 행동 계획은 어떤 것이어야 하는가?

제2부

권력 투쟁으로서의 국제정치

Politics Among Nations

제3장

정치권력

정치권력이란 무엇인가?[1]

국가 목표의 달성 수단

모든 정치가 그러하듯 국제정치는 권력을 얻기 위한 투쟁이다. 국제정치의 궁극 목표가 무엇이든 간에 권력이 항상 일차적 목표다. 정치가나 국민이 궁극적으로 추구하는 것으로는 자유, 안전 보장, 번영 혹은 권력 그 자체 등이 있다. 그들은 종교적, 철학적, 경제적 또는 사회적 이상으로 각색하여 자신의 목표를 정의할 수 있다. 그들은 이

1_ 정치권력이라는 개념은 정치학에서 가장 어렵고 논쟁이 많은 문제다. 정치학에서 사용되는 개념의 가치란 정치적 행위의 특정 영역에 속한다고 전통적으로 인정된 현상을 최대한으로 설명해줄 수 있느냐에 따라 결정된다. 따라서 정치권력이라는 개념이 국제정치의 이해에도 도움이 되기 위해서는 국내정치 분야에 대해 사용된 정치권력이라는 개념보다 훨씬 더 광범위해야 할 필요가 있다. 국내정치적 수단은 국제정치적으로 이용되는 수단보다 훨씬 많은 제약을 받고 있다.

상 자체가 지니는 내부적 힘에 의해서, 신에 의해서, 혹은 인간사의 자연스러운 발전에 의해서 그 이상이 실현되기를 바랄 수도 있다. 그들은 또한 다른 국가나 국제기구들과의 기술적 협력과 같은 비정치적 수단을 통해 이상의 실현을 촉진하려 할 수도 있다. 하지만 국제정치적으로 자신의 목적을 달성하려 할 때는 언제나 권력을 얻는 것으로 수단을 삼는다. 십자군 전사들은 이교도의 지배로부터 성지를 해방하고자 했으며, 윌슨Woodrow Wilson, 1856~1924 대통령은 민주주의가 위협당하지 않는 세계를 건설하고자 했고, 나치 독일은 동유럽을 독일의 식민지로 만들려다가 유럽 지배를 꿈꾸게 되었으며 급기야 세계 제패를 원하게 되었다. 그들 모두가 목표 달성의 수단으로 권력을 택했기에 그들은 국제정치 무대의 행위자들이었다.[2]

이런 국제정치 개념에서 두 가지 결론이 도출된다. 첫째는, 한 국가가 다른 나라에 대해 취하는 모든 행동이 정치적 성격을 띤 것은 아니라는 점이다. 그런 행동 가운데 많은 부분은 보통 권력을 크게 고려하지 않은 채 취해지며, 또한 행동을 취하는 국가의 권력에 대개 이렇다 할 영향을 미치지도 않는다. 법적, 경제적, 인도주의적 그리고 문화적 행위 가운데 많은 수가 이런 종류다. 따라서 다른 나라와 범인인도협정을 체결했다든지 다른 나라와 상품과 용역을 교환했거나, 다른 나라의 자연재해에 원조를 제공했다든지, 문화적 업적을 전 세계적으로 보급하고자 했을 때에는 일반적으로 국제정치적 활동을 했다고 볼 수

2_ 국제정치와 관련하여 권력에 대한 중요한 논의는 다음을 참조. Lionel Robbins, *The Economic Causes of War* (London: Jonathan Cape, 1939), p. 63 ff.

없다. 다시 말해서 한 나라가 국제정치에 참여한다는 것은 국제적 무대에서 한 나라가 참여할 수 있는 여러 유형의 활동 가운데 하나일 뿐이다.

둘째는, 모든 국가가 국제정치에 항상 같은 정도로 참여하지 않는다는 점이다. 각국이 국제정치에 참여하는 정도는 매우 다양하다. 미국이나 소련처럼 많이 개입하는 나라가 있는가 하면 스위스, 룩셈부르크, 베네수엘라처럼 적게 개입하는 나라도 있으며, 리히텐슈타인과 모나코처럼 전혀 개입하지 않는 나라도 있다. 비슷하게 극단적인 경우를 한 국가의 역사에서도 발견할 수 있다. 16~17세기의 에스파냐는 국제정치 무대의 권력 투쟁에 가장 활발히 참가한 국가들 중 하나였지만 오늘날에 와서는 별 역할을 못하고 있다. 오스트리아, 스웨덴 그리고 스위스도 같은 경우다. 반면에 미국, 소련, 중국과 같은 나라들은 오늘날 50년, 아니 20년 전보다도 더 깊이 국제정치에 관여하고 있다. 간단히 말해, 국가들과 국제정치의 관계는 매우 동적인 특징을 가진다. 권력의 성쇠와 더불어 그 관계도 변하는 것이어서, 한 국가를 권력 투쟁의 제일선으로 밀어붙일 수도 있는가 하면 권력 투쟁에 활발히 참가할 수 있는 능력을 빼앗아버릴 수도 있다. 또한 문화적 변화 때문에 그 관계가 변할 수도 있어서 어떤 국가를 권력 추구보다는 상업과 같은 다른 것을 추구하도록 만들 수도 있다. 권력 투쟁에 격렬히 혹은 미약하게 참여하는 국가별 경향을 관찰한 아널드 울퍼스Arnold Wolfers, 1892~1968는 권력의 기둥으로부터 무관심의 기둥이라 이름 붙인 스펙트럼의 두 극단 사이에 국가들이 위치한다고 언급했다.

정치권력의 본질: 네 가지 차이

이 책에서 말하는 권력은 인간의 자연에 대한 지배력이나 언어, 연설, 소리나 색깔과 같은 예술적 표현 수단에 대한 능력, 생산이나 소비의 수단에 대한 지배력 혹은 자제력, 즉 자신에 대한 통제력과 같은 것을 의미하지 않는다. 우리가 권력이라고 말할 때는 다른 사람의 마음과 행동을 지배하는 힘을 가리킨다. 정치적 권력이란 공적 권위를 가진 사람들 사이에, 또 그들과 일반 대중 사이에 통제력이 발휘되는 상관관계를 의미한다.

정치권력은 그것을 행사하는 사람들과 그 대상이 되는 사람들 사이의 심리적 관계를 말한다. 정치권력은 전자가 후자의 마음에 끼치는 영향력을 통해 후자로 하여금 어떤 행동에 있어 전자의 뜻에 따르도록 한다. 이때 영향력은 세 가지 원천에서 생기는데 보상에 대한 기대, 불이익에 대한 두려움, 사람과 제도에 대한 존경이나 애정이 그것이다. 그것은 명령, 위협, 개인이나 기관의 권위나 카리스마 또는 이들 가운데 몇 가지가 조합을 이루는 형태로 행사될 수 있다.

이런 개념 정의를 고려한다면 네 가지 구분이 이루어져야 한다. 즉 권력과 영향력 간의 구분, 권력과 무력 간의 구분, 사용 가능한 힘과 사용 불가능한 힘, 그리고 합법적 권력과 불법적 권력 간의 구분이 그것이다.

미국 외교정책 수행에 관해 미국 대통령에게 권고하는 국무장관은 대통령이 자기 권고를 받아들이는 경우 영향력을 가진 셈이다. 그러나 대통령에 대해 권력을 가진다고는 할 수 없다. 자기 뜻을 대통령에게 강요할 수 있는 수단이 전혀 없기 때문이다. 즉 대통령을 설득할 수는 있으나 강요할 수는 없다. 반면 대통령은 국무장관에 대해 권력을 가진다. 왜냐하면 자기 직책상의 권한에 의해서, 이익에 대한 약속 그리고 불이익에 대한 위협 등을 수단으로 자기 의사를 국무장관에게 강요할 수 있기 때문이다.

정치권력은 물리적 폭력의 실제 행사라는 의미에서의 무력과는 구별되어야 한다. 치안행위, 투옥, 사형 혹은 전쟁의 형태를 취하는 물리적 폭력의 위협은 정치의 고유한 요소다. 폭력이 현실로 행사될 때 그것은 군사적 권력 혹은 의사疑似 군사적 권력을 위해 정치권력을 포기함을 의미한다. 특히 국제정치에 있어서는 위협이나 잠재력으로서의 군사력은 한 국가의 정치적 권력을 구성하는 가장 중요한 실제 요소다. 전쟁으로 폭력이 현실화되었다면 그것은 정치적 권력 대신에 군사력을 사용했다는 뜻이다. 물리적 폭력의 실제적 행사는 두 마음 사이의 심리적 관계를 대체하는데, 이는 본질적으로 정치적 권력의 행사이며 어느 한쪽이 다른 한쪽의 행동을 지배하기에 충분한 두 개체 사이의 물리적 관계를 의미한다. 이런 이유로 물리적 폭력이 실제로 행사될 때에는 정치적 관계의 심리적 요소가 제거되며, 따라서 우리는 군사적 권력과 정치적 권력을 구별해야 하는 것이다.

핵무기가 등장하자 사용 가능한 힘과 사용 불가능한 힘의 구별이 필요해졌다. 핵무기가 등장하기 이전 시대의 경험과는 반대로 군사력 증강이 반드시 정치적 권력의 신장과 직결되지 않는 것이 핵시대의 역설적 현상들 가운데 하나다. 전면적 핵 폭력의 위협은 전체적 파멸의 위협을 뜻한다. 때문에 똑같은 방법으로 응수할 수 없는 국가에 대해 취해졌을 경우 그것은 여전히 외교정책적으로도 유용한 수단이 될 수 있다. 핵보유국은 "내 말대로 행동하지 않으면 파괴해버리겠다"라고 위협함으로써 핵무기를 가지지 못한 국가에 강제력을 행사할 수 있다. 그러나 그런 위협을 받은 나라가 "너희가 핵무기로 우리를 파괴한다면 너희 역시 파괴될 줄 알라"라고 응수한다면 사정이 달라진다. 이렇게 되면 서로의 위협은 상쇄되고 만다. 한 나라가 핵무기에 의해 파괴되면 상대방도 핵무기에 의한 파괴를 각오해야 하기 때문에 양국은 서로가 합리적으로 행동하리라는 가정하에 그 위협을 묵살할 수 있게 된다.

핵전쟁의 위협이 믿을 만한 것이 되려면 관련 국가들이 전면적 핵전쟁을 통해 서로를 파괴해버리는 비합리적인 행동을 할 수도 있다는 전제가 있어야 한다. 예를 들어 1956년 수에즈 위기 때 소련이, 또 1961년 베를린 위기 때 미국이, 그리고 1973년 아랍-이스라엘 전쟁 당시 미국과 소련이 취했던 행동이 그런 사례들이다. 하지만 이 경우에도 무력 사용의 위협은 외교정책의 합리적 수단으로 사용될 수 있는 반면, 무력을 실제 사용하는 것은 여전히 비합리적인 행동이다. 왜냐하면 위협에 동원된 무력은 상대편의 의사에 영향을 미치려는 정치적 목적을 위한 것이 아니라 상대편을 파괴해 결국은 자기 자신의 파괴를 확실하게 만들고야 마는 비합리적 목적을 위해 쓰였기 때문이다.

따라서 외교정책의 적절한 목표가 되는 정치적 목적이 성격상 제한된 것임에 비추어 핵무기의 파괴력은 너무나 크기 때문에 외교정책의 수단으로 사용되기에는 부적합하다. 상황에 따라서는 상대방의 의사를 바꾸기 위해 핵무기를 사용해 파괴하겠노라고 위협하는 것이 합리적일 수도 있다. 그러나 상대방을 실제로 파괴하여 결과적으로 자신의 파멸을 자초하는 것은 비합리적일 것이다. 반면에 재래식 무기는 외교정책 도구로 사용될 수 있다. 왜냐하면 자신도 같은 정도의 위험을 부담하면서 상대방에게 제한된 피해를 입힘으로써 상대방의 의사를 바꾸는 적절한 수단으로 실제 사용될 수 있기 때문이다.

끝으로, 도덕적으로나 법적으로 정당화되는 합법적 권력은 그렇지 못한 불법적 권력과 구별되어야 한다. 도덕적·법적 권위와 더불어 사용된 권력은 적나라한 형태의 힘과는 구별되어야 한다. 수색 영장을 가지고 나를 조사하는 경찰관의 권력은 총을 들고서 같은 행동을 하는 강도의 완력과는 질적으로 다른 것이다. 외교정책의 수행에서 이런 구별은 철학적으로 타당할 뿐 아니라 적절하기도 하다. 법적·도덕적 정당성을 주장할 수 있는 합법적 권력의 행사는 정당화될 수 없는 같은 정도의 불법적 권력보다 더 효율적일 가능성이 크다. 다시 말해서, 합법적인 권력은 같은 정도의 불법적 권력보다 상대방에게 더 큰 영향을 미칠 수 있다는 얘기다. 자위의 수단으로 혹은 유엔의 이름으로 행사된 힘은 '침략국'에 의해서, 혹은 국제법을 위반하여 행사된 같은 양의 무력보다 성공의 확률이 높다. 나중에 다시 언급하겠지만, 정치적 이데올로기는 외교정책에 외견상의 정당성을 부여하기 위해 사용된다.

보상에 대한 기대, 불이익에 대한 두려움, 사람이나 제도에 대한 존경이나 애정의 세 가지 요소가 끊임없이 변화하는 조합으로 상호작용함으로써 모든 국내정치의 기초를 형성한다는 것은 일반적으로 당연시되고 있다. 그러나 국제정치에서 이런 요소들의 중요성은 국내정치의 경우에 못지않게 사실이긴 하지만 뚜렷하게 부각되지는 못하고 있다. 지금까지는 정치적 권력을 무력의 실제 사용, 혹은 적어도 무력에 의한 성공적인 위협이나 설득과 동일시하면서 카리스마를 무시하려는 경향이 있었다. 나중에 다시 설명하겠지만,[3] 그런 무시는 국제정치의 독자적 요소로서의 위신과 권위를 무시하는 경향을 잘 설명하고 있다. 그러나 개인과 제도의 카리스마는 국민 개개인에게 신뢰감이나 충성심을 불러일으켜 카리스마적 개인이나 제도의 뜻에 복종하게 하는데, 나폴레옹이나 히틀러와 같은 개인적 카리스마, 혹은 정부나 유엔 헌장과 같은 제도의 카리스마를 무시하고서는 오늘날 특히 두드러지게 나타나는 국제정치의 몇몇 현상을 이해할 수 없다.

카리스마적 지도자와, 신하의 '지도자에 대한 충성심'과 같은 그에 대한 반응이 국제정치적으로 갖는 중요성은 스코틀랜드 장로교회파의 한 사람으로 프로테스탄트 연합회의 일꾼이었던 존 듀리John Durie, 1596~1680가 1632년에 토머스 로Thomas Roe, 1581?~1644 영국 대사에게 보낸 편지에서 스웨덴의 구스타브 아돌프Gustav Adolf, 1594~1632의 권력이 쇠퇴하고 있음을 설명하면서 독일 프로테스탄트의 입장을 강변한 내용에 잘 나타나고 있다.

> 그의 권위의 증대는 그의 현재 지위의 토대가 되고, 그 권위의 원천은 또한 충성심입니다. 권위의 증대는 충성심을 통해 이루어져야 합니다. 권력으로 되는 일이 아니기 때문입니다. 그의 권력이 거느리는 신하들에서 나오는 것이 아니라 외국의 이방인들에게서 나오기 때문

3_ 제6장 참조.

이고, 자신의 재력에서 나오기보다는 그들의 재력에서 나오기 때문입니다. 또한 그들의 선의에 달려 있다기보다는 그와 그들 사이의 관계에서 보이는 필요성에 의해서 단순히 생겨나는 까닭입니다. 그러므로 현재 상황처럼 필요성이 급박한 것이 아니라면, 혹은 이런 필요성을 피할 수 있는 다른 수단을 신이 제시할 수만 있다면, 그에게 바쳤던 금전이며 권력과 지원이 그를 외면할 것이고 그의 권위도 따라서 무너질 것이며 마침내 충성심의 이탈로 인해 그의 지위 역시 지탱되기 어려울 것입니다.[4]

미국 대통령은 그의 명령이 내각의 각 부처 구성원에 의해 잘 이행되는 한 그들에 대해 정치적 권력을 행사하고 있는 것이다. 마찬가지로 한 정당의 당수는 당원들의 행동을 자신의 의사에 따라 좌우할 수 있는 한 정치적 권력을 가진다. 우리는 실업가, 노동조합 간부 혹은 로비스트가 공무원의 행동에 영향을 미칠 수 있는 한 그들이 정치적 권력을 가졌다고 얘기한다. 미국 법률이 푸에르토리코 시민에 의해 준수되는 한 미국은 푸에르토리코에 정치적 권력을 행사하는 것이다. 중미 지역에 대한 미국의 정치적 권력을 얘기할 때에 우리는 중미 국가들의 정부가 일률적으로 미국 정부의 의사에 따라 행동하는 것을 연상한다.[5] 따라서 A가 B에 정치적 권력을 가졌거나 가지기를 원한다는 말은 언제나 A가 B의 마음에 영향을 줌으로써 B의 어떤 행동을 지

4_ Gunnar Westin, *Negotiations about Church Unity, 1628-1634* (Upsala: Almquist and Wiksells, 1932), p. 208.

배할 수 있거나 지배할 수 있기를 바란다는 말이 된다.

천연자원의 확보, 해양 교통로의 장악이나 영토적 변경 등과 같이 외교정책이 실제 추구하는 목적이 무엇이든 상대방의 마음에 영향을 줌으로써 상대방의 행동을 지배해야 한다. 프랑스가 거의 100여 년 동안 라인 전선의 안전을 외교정책의 목표로 추구해온 것은 독일로 하여금 프랑스를 침공하는 것이 물리적으로 어렵거나 불가능하도록 만들어 프랑스에 대한 침략 의사를 분쇄하기 위해서였다. 또한 영국이 19세기 세계 정치에서 우월한 지위를 차지할 수 있었던 이유는 다른 나라들로 하여금 영국에 대항하는 것이 너무 위험하거나(영국이 너무 강했으므로), 불필요하다는 것을(영국이 자기의 힘을 절도 있게 온건히 사용했기 때문에) 잘 인식시킨 훌륭한 외교 덕이었다.

어떤 형태를 취하든 군사적 대비 태세의 정치적 목적은 무력 행사가 너무 위험하다는 것을 상대국에 인식시켜 무력을 행사하지 못하게 하는 것이다. 다시 말해 군비의 정치적 목적은 잠재적 적국에 군사력 사용을 단념하도록 유인하여 실제 군사력 사용을 불필요하게 만드는 것이다. 전쟁 그 자체의 정치적 목적은 영토의 정복과 적군의 전멸을 꾀하는 데 있는 게 아니라 적의 마음에 변화를 일으켜 승자의 뜻에 굴복하게 만드는 것이다.

따라서 국제 문제에 있어서 경제적, 재정적, 영토적 혹은 군사적 정

5_ 본문에서의 이 사례는 로비스트의 경우에서와 같이 단순한 사회적 요인으로서의 정치적 권력과 미국 대통령의 경우처럼 합법적 권위라는 의미에서의 정치적 권력 사이의 차이를 보여주고 있기도 하다. 미국의 대통령이나 로비스트 모두 정치적 권력을 행사한다는 점에서는 공통적이다. 다만 그 근원과 성격이 다를 뿐이다.

책이 논의될 때에는 언제나 그 정책의 본질에 대해 주의해야 한다. 예를 들어 순수한 경제적 목적을 위해 추진되는 경제정책과 정치적 목적을 위한 수단이 되는 경제정책, 즉 다른 나라의 정책을 지배하려는 목적을 위한 수단에 지나지 않는 경제정책과는 구별해야 한다. 미국에 대한 스위스의 수출정책은 첫 번째 범주에 속한다. 동유럽 여러 국가에 대한 소련의 경제정책은 후자의 사례다. 또 중남미, 아시아 그리고 유럽에 대한 미국의 경제정책도 많은 경우 마찬가지다. 이런 구분은 실제적으로 매우 중요하다. 그리고 그런 구분을 제대로 못 했을 때 정책과 여론 면에서 많은 혼란이 야기되었다.

그 자체의 목적을 위한 경제적, 재정적, 영토적, 군사적 정책은 그 나름대로 평가되어야 한다. 이 정책이 경제적 면이나 재정적인 면에서 이로운가? 영토의 획득이 그것을 얻는 나라의 인구와 경제에 어떤 효과를 가져다주는가? 군사정책을 변화하면 교육, 인구 그리고 국내 정치체제에 어떤 결과를 초래하는가? 이런 정책 결정은 전적으로 그런 본질적인 것들을 고려하여 내려져야 한다.

그러나 다른 나라에 대해 취해진 이런 정책의 목표가 그 정책을 추진하는 나라의 국력 신장인 경우에는, 이런 정책과 그 목표는 일차적으로 국력에 대한 공헌도라는 측면에서 판단되어야 한다. 순전히 경제적 측면에서는 정당화될 수 없는 경제정책도 경우에 따라서는 정치적 정책의 관점에서 채택될 수 있다. 외국에 대한 차관이 성격상 불안전하고 수지 면에서도 이롭지 못하다는 사실은 단순히 재정적 측면에서는 차관 제공을 반대하는 강력한 논리가 될 수 있다. 그렇지만 은행가의 입장에서 볼 때 아무리 바보짓일지라도, 차관 제공이 그 국가의 정치적 정책 수행에 도움이 될 때 반대 주장은 무의미해지고 만다. 물론 그 정책으로 인한 경제적 혹은 재정적 손실이 기대되는 정치적 이익을 능가할 정도로 커서 결국 그 나라의 국제정치적 지위를 약화할 수도 있다. 이런 이유 때문에 그런 정책이 폐기되는 경우도 있을 것이다. 그런 경우에 문제의 관건은 단순히 경제적 측면의 고려가 아니라 그 정책에 포함되는 정치적 기회와 위험의 비교, 즉 이 정책이 그 나라 국력에 미치는 기대 효과일 것이다.

미국이 적군赤軍의 그늘 아래 놓인 폴란드 같은 국가에 차관이나 지원을 제공할 때 그것은 단순히 경제적 혹은 재정적 목표를 위한 것이 아니다. 그런 지원의 일차 목표는 그런 국가들이 소련의 영향력과 권력으로부터 어느 정도라도 독자성을 확보하도록 하기 위함이다. 미국 정부기관 혹은 재무기구에 대한 차관 상환 기간의 연장을 미국 정부가 승인했다면 그것은 인도주의적 이유나 자선을 위한 것이라고만 보기 어렵다. 오히려 폴란드 정부에 어느 정도 선택의 자유를 허용하자는 것이 미국의 정책인데, 이는 소련에 대한 전적인 의존을 방지하자는 추가 장치다. 경제 분야에서의 그런 행위는 정치적 목표에 기반을 두고 있는데 주권국가로서의 폴란드가 장기적으로 생존할 수 있도록 보장하자는 것이다. 그렇지만 폴란드로서는 지리적·정치적 입지 때문에 최소한 단기적으로나마 소련의 영향권에 속하는 위성국의 지위를 받아들일 가능성이 높다. 한마디로 폴란드에 대한 미국 경제정책의 목표는 중동부 유럽에 대한 소련의 영향력과 권력을 제한하면서 이 지역에 대한 미국의 정책적 수단을 증대시키자는 것이다.

정치권력의 경시

권력에 대한 열망은 다른 모든 정치 현상에서와 마찬가지로 국제정치의 특징적인 요소인 까닭에 국제정치는 필연적으로 권력 정치다. 이 사실은 국제 문제의 관례상 일반적인 것으로 받아들여지고 있으나 흔히 학계와 정치평론가, 심지어 정치가들마저 이를 부인하는 경우가 많다. 나폴레옹 전쟁 이후 서구 세계에서 수많은 집단은 국제 무대의 권력 투쟁이 일시적 현상이며, 그런 현상을 초래한 특수한 역사적 조건이 일단 제거되면 그에 따라서 사라지게 될 역사적 사건일 뿐이라 여기게 되었다. 이리하여 제러미 벤담Jeremy Bentham, 1748~1832은 식민지 획득을 위한 경쟁이 모든 국제 분쟁의 근원이라 생각했다. "식민지를 해방하라!"라는 말이 그가 정부에 주장했던 충고였으며, 그렇게 되면 국제 분쟁과 전쟁은 필연적으로 사라지게 될 것이라는 생각이었다.[6] 리처드 코브던Richard Cobden, 1804~1865[7]이나 프루동Pierre-Joseph Proudhon, 1809~1865[8]과 같은 자유무역주의자들은 무역 장벽을 없애는 것이 국가

6_ *Emancipate Your Colonies* (London: Robert Heward, 1830).

7_ "자유무역이라니! 그게 도대체 무언가? 국가들 사이를 갈라놓고 있는 장벽을 허물어뜨리면, 자긍심과 복수심, 증오와 질투심을 감싸고 있는 이 장벽이 때때로 터지면 온 세상이 피바다가 되지 않던가?" "자유무역이란 강자의 국제법이다." 또 자유무역과 평화는 "하나의 동일한 원인처럼 보인다". *Speeches by Richard Cobden* (London: Macmillan, 1870). Vol. I, p. 79, *Political Writings* (New York: D. Appleton, 1867), Vol. II. p. 110. 그리고 John Morley, *Life of Richard Cobden* (Boston: Roberts Brothers, 1881). p. 154에서 인용되고 있는 헨리 애시워스(Henry Ashworth)에게 보낸 편지(1842년 4월 12일 자) 참조.

8_ "관세를 삭감하자. 국민의 동맹이 선포되어 그들의 단결이 인식되고 나면 평등권도 주창되리라." *Oeuvres Completes* (Paris, 1867), Vol. I, p. 248.

간의 영구적인 조화를 이루게 하고 나아가 국제정치마저 없앨 수 있는 유일한 조건이라 확신했다. 코브던은 "미래 선거에서는 자유 선거구 대의원 입후보자들이 아무 외교정책도 제시하지 않는 시도를 할지도 모른다"고 얘기한 바 있다.[9] 마르크스Karl Marx, 1818~1883와 그의 추종자들에게 자본주의는 국제 분쟁과 전쟁의 근원이다. 국제적 사회주의가 국제 사회에서 권력 투쟁을 없애고 영원한 평화를 가져다주리라는 것이 그들의 주장이다. 19세기에 자유주의자들은 모두가 다음과 같은 확신에 차 있었다. 즉 권력 정치와 전쟁은 진부한 정치체제의 잔존물이며 절대주의와 독재정치를 누르고 민주주의와 입헌정치가 승리할 때 국제적 조화와 영원한 평화는 비로소 이룩되리라는 것이었다. 이 자유주의파의 한 사람이었던 우드로 윌슨은 당시 가장 영향력 있고 설득력 있는 대변인이었다.

근래에 와서 국제 무대에서 권력 투쟁을 제거할 수 있다는 확신은 국제연맹과 유엔 같은 세계 기구를 설립하는 대규모 운동과 연결되고 있다. 따라서 1943년 당시 미국 국무장관 헐Cordell Hull, 1871~1955은 유엔 창설의 초석이 되었던 모스크바 선언에서 돌아와 조만간 창설될 새로운 국제기구는 권력 정치의 종말을 의미할 것이며 국제 협력의 새로운 장을 열 것이라고 선언했다.[10] 1946년 영국 외무장관 노엘베이커Philip Noel-Baker, 1889~1982는 하원에서의 연설에서 영국 정부는 "민주주의를 통해 국민의 뜻이 펼쳐질 수 있도록 권력 정치를 종식하는 데 유

9_ A.C.F. Beales, *A Short History of English Liberalism*, p. 195.
10_ *New York Times*, November 19, 1943, p. 1.

엔이라는 기구를 이용할 것임을 결정했다"고 선언했다.[11]

이 이론과 그로부터 파생되는 여러 전망에 대해서는 뒤에서 좀 더 언급하겠지만,[12] 권력 투쟁이란 시간적으로나 공간적으로 보편적인 현상이며 경험적으로 보더라도 결코 부인할 수 없는 사실이다. 사회적, 경제적, 정치적 조건과는 상관없이, 오랜 역사를 통해 국가 간의 관계는 권력을 위한 경쟁의 현장이었다. 원시인들이 권력에 욕구를 느끼지 않았다는 사실을 보여준 인류학자들도 있었지만, 그들의 마음속과 그들이 살던 상황 조건을 오늘날 세계적인 규모로 재생해 국제무대에서 권력 투쟁을 제거할 수 있는 방법을 제시한 사람은 아직 없다.[13] 지구 상의 사람들 중에서 한두 민족을 권력 투쟁에서 해방하고 나머지는 그대로 방치해둔다는 것은 무의미할 뿐 아니라 오히려 파멸을 자초하는 일이 될 수도 있다. 권력에 대한 열망이 세계 모든 곳에서 사라질 수 없다면 권력 투쟁에서 해방된 민족은 그렇지 않은 다른 민족의 권력에 희생물이 될 뿐이다.

이와 같은 입장은 비판의 대상이 될 수도 있다. 과거에서 도출된 결론은 설득력이 떨어지며, 진보와 개혁의 적과 거래할 때는 언제나 그런 결론이 가장 중요한 수단이었다는 근거에서다. 어떤 사회적 제도와 기구가 과거에도 늘 존재했다는 것은 사실이지만 그렇다고 해서 미래에도 언제나 존재해야 하는 것은 아니다. 그러나 인간이 만든 사

11_ *House of Commons Debates* (Fifth Series, 1946), Vol. 419, p. 1262.

12_ 2권의 제8부 참고.

13_ 좀 더 충분한 논의를 위해서는 다음을 참조. Malcolm Sharp, "Aggression: A Study of Values and Law," *Ethics*, Vol. 57, No. 4, Part II, (July 1947).

회제도와 기구가 아니라 사회를 만들어낸 기본적인 생물심리학적 동인을 생각할 때에는 사정이 달라진다. 생존하려는 욕구, 번식의 욕망 그리고 지배하려는 욕망은 모든 사람에게 공통된 것이다.[14] 그들 사이의 상대적 힘은 어느 한 가지 욕구를 선호하고 다른 욕구를 억제하거나, 다른 욕구는 부추기면서도 어떤 욕구가 드러나는 것은 승인치 않으려는 사회적 조건에 달려 있다. 그래서 권력의 측면만 예를 들어보자면, 사회 내에서 권력을 얻기 위해 살인하는 것을 대다수 사회가 금하는 반면 전쟁이라 불리는 권력 투쟁에서 적을 죽이는 것은 모든 사회가 격려하고 있다. 독재자는 시민이 정치적 권력에 열망하는 것을 수상쩍게 보며 민주주의자는 정치적 권력을 위한 경쟁에 모두 활발히 참가하는 것을 시민의 의무라고 본다. 경제적 활동의 독점 기구가 있는 곳에는 경제적 권력을 위한 경쟁이 있을 수 없으며, 경쟁적 경제체제에서는 경제적 권력을 위한 어떤 투쟁은 불법시하면서도 다른 어떤 투쟁은 부추긴다. 토크빌Alexis de Tocqueville, 1805~1859의 권위를 들먹이면서 오스트로고르스키Moisey Ostrogorsky, 1854~1921는 이렇게 얘기한다. "미국 국민의 열정은 정치적인 것이 아니고 상업적인 것이다. 작물의 경작이나 바라는 그쪽 세계에서는 권력에 대한 숭배가 인간에게보다는

14_ 동물학자는 닭이나 원숭이와 같은 동물조차 지배욕이 있어 지배 의지와 그 능력을 바탕으로 그 동물의 사회에서 위계를 형성한다는 사실을 보여주기 위해 실험을 해왔다. Warder Allee, *Animal Life and Social Growth* (Baltimore: Williams and Wilkens, 1932), *The Social Life of Animals* (New York: W.W. Norton, 1938). 이와 함께 콘라트 로렌츠(Konrad Lorenz)의 이론과 그와 관련된 여러 반론도 참고해볼 것.

15_ M. Ostrogorsky, *Democracy and the Organization of Political Parties* (New York: Macmillan, 1902), Vol. II, p. 592.

차라리 재물에게로 향하고 있다."[15]

특별한 사회적 조건과는 상관없이, 국제 무대에서의 권력 투쟁이 단순한 역사적 사건일 뿐이라는 주장을 부정하는 결정적 논거는 국내정치의 본질에서부터 찾아야 한다. 국제정치의 본질은 국내정치의 그것과 일치한다. 즉 국내정치와 국제정치는 모두 권력 투쟁이며 다만 이 투쟁이 벌어지는 국내·국제적 조건의 차이에 의해 다르게 나타날 뿐이다.

특히 남을 지배하려는 경향은 가족을 위시해서 친목 단체와 전문조직체 그리고 지방 정치기구와 국가에 이르기까지 인간이 모인 모든 결합체에서 관찰되는 요소이다. 가족의 경우 장모와 사위, 시어머니와 며느리 사이에서 벌어지는 전형적인 갈등관계는 본질적으로 권력투쟁이다. 새로운 권력 서열을 형성하려는 시도를 물리치고 기존 권력 서열을 유지하려는 노력인 것이다. 국제적 차원에서도 현상유지 정책과 제국주의 정책 사이의 갈등이 그런 식으로 생겨난다. 사교 클럽, 친목 단체, 교수 협의회, 기업 조직 등은 이미 자신이 보유한 권력을 유지하려는 집단과 권력을 좀 더 많이 확보하고자 하는 집단 사이에서 끊임없이 권력 투쟁이 전개되는 무대다. 사용자와 피고용인 사이의 노사 분쟁은 물론 기업체들 사이에서 벌어지는 치열한 경쟁은 단순히 경제적 이득을 위해서만이 아니고, 서로 간에 혹은 다른 집단과의 관계에 있어서 영향력을 강화하고자 전개되는 경우가 많다. 그것이 바로 권력의 속성이다. 마지막으로, 한 국가 전체의 정치적 생활은 끝없는 권력 투쟁으로 이루어진다. 특히 민주국가의 경우에는 지방 단위에서 국가 수준에 이르기까지 더욱 그러하다. 간간이 치러지는 선거, 국회에서의 투표, 법정에서의 소송, 행정부의 결정과 행정 조치 등 모든 활동에서 인간은 이미 보유한 권력을 유지하거나 다른 사람보다 더 많은 권력을 확보하고자 노력한다. 입법적, 사법적, 행정적 그리고 정치적 결정이 내려지는 과정은 자신의 권력을 방어하고 확장하려는 여러 '압력 단체' 사이에서 벌어지는 압력과 반대 압력에 의해 결정된다. 사해 문서 중 하나에는 다음과 같은 글귀가 적혀 있다.

강한 외세에 억압받는 것을 어떤 나라가 좋아할 것인가? 자기 재산을 부당하게 약탈당하는 것을 누가 원할 것인가? 그렇다면 이웃 나라를 억압해보지 않은 나라가 어디 하나라도 있던가? 혹은 다른 사람의 재산을 약탈해보지 않은 사람을 이 세상 어디에서 찾을 수 있을까? 도대체 어디에서?

투키디데스의 말을 빌리자면, "어디서든 통치하는 것은 당시 상황에서 필요한 법률인데, 그것은 우리가 아는 신들과 우리가 믿는 사람들의 성품에 근거한다."[16] 톨스토이Lev Nikolaevich Tolstoi, 1828~1910는 《전쟁과 평화》에서 "타인의 마음을 지배하는 과정 그 자체가 이미 돌로코프에게는 하나의 쾌락이요 습관이요 필요였다"고 얘기하고 있다.[17]

또한 솔즈베리John of Salisbury, 1120~1180는 다음과 같이 주장하고 있다.

16_ Thucydides, Book V, § 105.

17_ Leo Tolstoy, *War and Peace*, Book Eight, Chap. XI.

왕권이나 황태자로서의 권력을 아무나 가지는 것은 아니지만 전제 정치의 오점이 전혀 없는 사람은 드물거나 존재하지 않는다. 일상적으로 폭군은 무력에 근거한 통치권으로 모든 국민을 억압하는 사람을 일컫는다. 그렇지만 한 사람이 펼치는 폭정의 대상이 국민 전체는 아니다. 그러나 그는 마음만 먹는다면 가장 비천한 계급의 사람에 이르기까지 모두에게 폭정을 실시할 수 있다. 국민 모두에게 폭정을 실시하지 않는다면 국민 각자는 그의 권력이 미치는 범위 내서만 복종할 것이기 때문이다.[18]

모든 사회적 관계에서 그리고 모든 수준의 사회기구에서 보편적으로 나타나는 이 같은 권력 투쟁을 고려할 때 국제관계가 필연적으로 권력 정치라고 하는 사실이 과연 놀라운 일일까? 그리고 권력 투쟁이 국내정치의 모든 분야에서 영원히, 필연적으로 나타나는 현상인데 비해 국제정치에서는 어쩌다 우연히 나타나는 덧없는 속성일 뿐이라고 한다면 그게 오히려 더 놀라운 일이 아닐까?

정치권력 경시의 두 근원

권력이 국제 무대에서 담당하는 역할을 경시하는 풍조는 다음 두 가

18_ John of Salisbury, *Policraticus*, translated by John Dickinson (New York: Alfred A. Knopf, 1927), Vol. VII, p. 17.

지의 근원에서 발전했다. 하나는 19세기의 태반을 지배했을 뿐 아니라 오늘날의 국제 문제에 대한 우리 사고방식에도 많은 영향력을 미치는 국제관계의 철학이며, 다른 하나는 미국과 세계 여러 국가와의 관계를 결정한 특별한 정치적·지적 환경이다.

19세기의 철학

19세기에는 국내정치 경험 때문에 권력 정치를 경시하는 경향이 생기게 되었다. 이 시기의 가장 뚜렷한 경험적 특성은 귀족계급의 중산계층 지배였다. 이런 지배를 모든 정치적 지배와 동일시함으로써 19세기의 정치사상은 귀족정치에 대한 반대와 동일시되었고 모든 정치에 대한 반감으로 이어졌다. 귀족 정부의 몰락 이후 중산계층은 간접 지배체제를 개발했다. 그들은 통치 계급과 피지배 계급이라는 전통적 분류 방법과 귀족정치적 지배의 특징이었던 공공연한 폭력 행사라는 군사적 방법을 경제적 의존이라는 보이지 않는 사슬로 대체했다. 이 경제체제는 권력관계의 존재 자체를 은폐하는 외견상 평등한 법 규칙의 네트워크를 통해 작동하는 것이었다. 19세기는 이런 합법화된 관계가 지니는 정치적 본질을 파악하지 못한 채 지나가버리고 말았다. 그 합법적 관계는 당시까지 정치라는 이름하에 벌어졌던 일들과는 본질적으로 다른 것처럼 보였다. 그래서 공공연하고도 폭력적인 형태의 귀족정치는 정치 그 자체와 동일시되었다. 나아가 정치권력을 위한 국내적·국제적 투쟁은 독재정치와 더불어 일어나는 역사적 사건에 불과한 것으로 독재정부의 소멸과 더불어 사라질 것으로 파악되었다.

미국의 경험

이렇게 권력 정치를 귀족정치와 동일시하는 것은 미국의 경험에 의해서도 뒷받침되고 있다. 그것은 미국 역사의 다음 세 가지 경험적 요소에서 기인한다. 첫째는 미국적 경험의 특수성, 둘째는 19세기 전반에 걸쳐 세계적 분쟁 중심지에서 미국 대륙이 격리되어 있었던 점, 마지막으로 미국의 정치 이데올로기가 지녔던 인도주의적 평화주의와 반제국주의가 그것이다.

워싱턴의 고별 연설은 영국 왕실과의 헌법적 유대관계 단절이 유럽에서 외교정책이라는 이름하에 벌어졌던 일들과는 확연히 다른 새로운 미국 외교정책의 출발을 의미한다는 점을 명백히 선언하고 있다. "유럽은 우리와는 아무런 관계없는, 있다 하더라도 아주 거리가 먼 일련의 중요한 이해관계를 가지고 있습니다. 그런 유럽이기에 자주 불화에 휘말리는데 그것의 이유는 본질적으로 우리 관심사와는 별 연관성이 없습니다. 그런 까닭에 우리가 그들과 일부러 유대관계를 맺어 유럽 정치의 일상적 흥망성쇠나 그들 간의 결합이나 충돌과 같은 우호 혹은 적대관계에 우리 자신을 연루한다는 것은 어리석지 않을 수 없습니다." 1796년에 유럽의 정치와 권력 정치는 똑같은 것이었다. 즉 당시 유럽의 군주들이 참여하던 권력 정치 이외에 별다른 권력 정치라는 것이 없었기 때문이다. '유럽의 야망, 경쟁, 이해관계나 변덕과 같은 복잡한 정세'는 미국인의 눈에 비친 국제적 권력 투쟁의 단 한 가지 사례였다. 따라서 워싱턴이 선언했던 것처럼 유럽 정치에서의 후퇴는 권력 정치 그 자체에서의 후퇴로 해석될 수 있었다.

그러나 유럽의 전통적 권력 정치에 미국이 초연했던 것은 정치적 강령 이상의 것이었다. 몇몇 간헐적인 예외가 있긴 하지만, 19세기 말엽에 이르기까지 그것은 확고한 사실이었다. 이 사실은 신중한 고려에 의한 선택의 결과였을 뿐 아니라 지리라는 객관적 조건에 의한 결과이기도 했다. 대중 작가라면 미국의 지리적 위치가 독특하다는 사실에서 미국의 팽창뿐 아니라 고립마저도 피할 수 없게 미리 제시해준 신의 손길을 보았을지도 모른다. 그러나 워싱턴 이후의 좀 더 책임 있는 관찰자들은 지리적 조건과, 그 지리적 조건을 감안하여 목표를 선택하고 그것을 달성하는 외교정책 사이의 관련성을 강조하는 데 매우 조심스러웠다. 워싱턴은 '우리의 격리되고 먼 상황'에 대해 언급하면서 "그토록 독특한 위치 때문에 생기는 이익을 왜 마다할 것인가?"라고 의문을 제기했다. 미국 외교정책의 이런 시대가 끝나갈 무렵 존 브라이트John Bright, 1811~1889는 앨프리드 러브Alfred Love, 1830~1913에게 다음과 같은 편지를 보냈다. "당신네 대륙에서 불어나는 수백만의 사람이 앞으로 전쟁이라고는 모르길 바랍니다. 아무도 당신들을 공격할 수 없을 것입니다. 또 당신들도 다른 국가들의 분쟁에 휘말리지 않기를 열망하고 있습니다."[19]

북미 대륙의 해안에서 신세계의 시민은 멀리 떨어진 유럽, 아프리카 그리고 아시아의 해안에서 벌어지는 국제적 권력 투쟁의 심상치 않은 현장을 목도했다. 19세기의 대부분 기간 동안 그들의 외교정책은 그들이 방관자적 입장을 유지하도록 해줬기 때문에 실제로는 스쳐 지나가는 역사적 사건의 결과였던 것들도 당시의 미국인에게는 스스로의 선택에 의한, 동시에 하늘이 정해준 영원한 조건인 듯 여겨졌다. 최악의 경우 다른 사람들이 펼치는 권력 정치 게임을 먼발치에서 계속 바라보기만 할 것이었다. 최선의 경우라면 도처에 민주주의 체제가 수립되고 마지막 커튼이 내려가면서 권력 정치가 더 이상 지속되지 않을 시간이 가까웠을 것이다.

원조는 이 목표를 달성하기 위해 미국이 맡은 임무의 일부라고 생각되었다. 역사적으로 미국의 국가적 운명은 반군사적, 자유주의적인 것으로 이해되어왔다. 존 캘훈John Calhoun, 1782~1850의 정치사상에서 나타나는 것처럼 국가적 임무가 비공격적이고 신중한 모습을 보일 때 국내적 자유는 더욱 증진된다고 여겨졌다. 따라서 "자유를 증진하자면 이 신대륙과 세계에서 그동안 미국이 이룩한 사례를 확장하는 것이 전쟁에서 1,000번이나 승리하는 것보다 더 효과적일지 모르겠다." 아메리카-에스파냐 전쟁이 발발할 무렵, 미국은 이 반제국주의적, 민주주의적 이상을 결여하고 있던 것처럼 보였는데, 이 문제의 핵심을 섬너는 다음과 같이 지적하고 있다. "팽창과 제국주의는 민주주의에 대한 대규모 공격이다. …… 팽창과 제국주의는 미국 국민의 최선의 전통, 원칙 그리고 이익에 대한 선전포고다."[20] 유럽의 정치적 경향과 미국의 전통적 이상을 비교하여 섬너는 이들이 서로 양립할 수 없는 것이라고 생각했으며 이는 워싱턴의 견해와 일치하는 내용이다. 그러나 장래에 대한 예언자로서 그가 가졌던 견해는, 아메리카-에스파냐 전쟁의 종결과 함께 미국은 유럽을 혁명이나 전쟁에 휘말리게 했던 길을 똑같이 걷게 되었다는 것이었다.

19_ Merle Curti, *Peace and War: The American Struggle 1636-1936* (New York: W.W. Norton, Company, 1936), p. 122.

20_ "The Conquest of the United States by Spain," *Essays of William Graham Sumner* (New Haven: Yale University Press, 1940), Vol. II, p. 295.

이리하여 외교 문제의 본질에 대해 19세기에 형성된 일반적 통념은 미국적 경험의 특수한 요소와 결합되면서 권력 정치에 개입하는 것은 불가피한 일이 아니라 역사적 사건일 뿐이고, 또한 각국은 권력에 대한 열망으로 오염되지 않은 외교정책과 권력 정치 사이에서 나름의 선택을 할 수 있다는 믿음을 형성했다.

평화학 : 오늘날의 유토피아니즘

국제정치에 대한 합리적 접근이라는 '영원한 지혜'에 대해 '과학적' 대안을 제시하는 사고思考학파에 대해서도 한마디 해두는 것이 좋을 듯하다. 이들의 영향력은 오늘날 정계와 학계에서 여전히 건재하다. 이 사고학파를 가리키는 더 좋은 개념이 아직 없으니 '과학적 유토피아니즘'이라 불러도 좋을 듯하다. 위에서 논의한 정치권력의 지속성과 관련한 자기기만의 원인에 대해서도 마땅한 개념이 없다. 유럽에서도 미국에서도 과학적 해석은 19세기의 경험에 뿌리를 두고 있다. 하지만 그 시기에는 계급의 지배도 지리적 사건도 '평화학science of peace'에 대한 유토피아적 희망을 낳지는 못했다. 오히려 자연과학의 눈부신 진전이 수많은 사상가로 하여금 같은 방법론을 개인적·집단적 인간 행동에 적용할 경우 마르쿠제Herbert Marcuse, 1898~1979와 다른 여러 사람이 얘기한 이른바 '인간 존재의 선무宣撫'로 발전해갈 것이라고 가정하게 했다.

현대의 평화학은 이 세계가 과학과 이성으로 완전하게 접근할 수 있는 공간이며, 전체 인류의 조화로운 협력에 필요한 모든 요소가 그 자체 속에 내재되어 있다는 가정에서 출발한다. 이익의 조화, 경제 법칙, 자유무역, 모뎀 통신 등등의 요소를 찾아내는 것이 과학의 임무이며, 법률의 임무는 그런 것들이 자생적으로 보급되지 못한 곳에 그것들을 적용하는 것이고, 협상과 타협은 명백한 갈등의 수면 아래 있는 것들을 찾아내야 한다는 것이다.

그런 합리주의 입장에서 보자면 국제관계의 진정한 본질인 이익의 조화를 은폐, 왜곡하는 것은 격세유전처럼 나타나는 권력 정치다. 고전 자유주의와 고전경제학의 창시자인 애덤 스미스Adam Smith, 1723~1790는 자기 본위적이고 경쟁적인 경제활동이 활발하게 이루어지는 수면 아래에 그런 근본적인 이익의 조화가 숨어 있음을 발견했다. 개인이 추구하는 이기적인 행동에 '보이지 않는 손'이 작용하면서 모두에게 더 많은 부를 가져온다는 것이다. 내재적 논리가 지배하는 자유시장의 작동은 모두에게 최선의 결과를 가져다준다. 19세기의 자유주의는 국가들 간의 조화로운 관계를 정립하는 수단을 탐구하는 데 기적은 필요하지 않다는 입장이었다. 엄격한 합리적 원칙들만이 그것을 가능케 할 것으로 보았다. 모든 국제적 분쟁은 타협이나 중재를 통해 만족스러운 해결책을 찾을 수 있다고 보았다. 모든 인간에게는 이성이 있기 때문에 조만간 타협점을 찾아야 한다. 분쟁은 본질적으로 실재적인 것이 아니라 외형적일 뿐이므로 모두가 받아들일 수 있는 합리적 형태로 해결될 수 있음을 알게 되리라는 것이었다. 모든 국가가 언제나 자기의 진정한 이익을 알고 있다면 외형상 상충되는 이익이 실제로는 같은 것이고, 어느 한 국가에 이로운 듯 보이는 것이 실은 모든 다른 국가에도 이로우며, 갈등은 그저 무지와 실수의 산물임을 알게 되리라고 보았다.

그렇다면 국가 간의 갈등은 이해가 부족해 적절한 조치가 이루어지지 못하기 때문에, 그리고 정치적 열정이 영향을 미치는 까닭에 발생한다. 무지와 감정이 없다면 자연과학에서 수많은 문제점이 아주 쉽게, 합리적으로 풀렸던 것처럼 이성이 국제적 갈등을 해결할 것이다. 프루동은 국제적 분야에서의 과학의 축복을 맨 먼저 찬미한 사람 중 하나였다.

> 진리는 똑같은 모습으로 어디에나 존재한다. 과학은 인류의 통일성을 나타낸다. 따라서 종교나 권위 대신 과학이 모든 나라에서 사회 규범으로 받아들여져서 이익을 중재하는 최상의 존재가 되고 정부가 의미를 잃어버리게 된다면 우주의 모든 법칙은 조화를 이룰 것이다. 국적이나 조국은 더 이상 정치적 의미를 가지지 못할 것이고 출생지만 남게 될 것이다. 어떤 종족이건 어떤 피부색이건 인간은 실제로 우주의 원주민이 될 것이다. 어디에 있든 그의 시민권은 확보될 것이다. 국가 영토의 어떤 부분에서 자치체가 그 국가를 대표하고 권위를 행사하는 것과 마찬가지로 지구 상의 각 국가는 인류를 대표하고 자기 영토 내에서 인류를 위해 행동할 것이다. 외교나 의회가 없어도 국가 간에 조화가 이루어질 것이고, 이제부터 그 조화를 방해하는 존재는 아무것도 없을 것이다.[21]

조아드C. E. M. Joad, 1891~1953에 따르면 "평화주의자들의 임무는 무엇보다 분별 있고 합리적이어야 한다는 점이다. 다시 말해 그는 이성을 활용해 설득해야 하며 다른 사람들도 그들 나름의 합리성을 가진다고 가정해야 한다. …… 사람들이 충분한 기회를 가지고 찾고자 하면 진리를 찾는 일은 어렵지 않다".[22] 클레런스 스트레이트Clarence Streit, 1896~1986가 1941년 "(미국과 영국의) 연합에 대해 일단 이해하고 나면 미국 상원과 영국 의회의 진정한 거인들이 그것을 이루어낼 수 있을 것이다"[23]라고 주장했던 것은 이성에 대한 똑같은 신뢰에서 나온 말이었다.

이렇게 되면 정치사가 과학적 해법을 가능케 한 과학적 문제들을 떠안는 상속인이 된다. 그러나 무지하고 감정적인 인간들은 가장 비합리적으로 그것들을 다룰 것이다. 심지어는 호머 리Homer Lea, 1876~1912와 같은 현실적인 관찰자마저 국제 문제를 결국 지식의 문제라고 보았다. "무지로 인한 용기"가 관련 사실에 대한 이해로 대체될 경우 인간은 국제 무대에서도 성공적으로 행동할 수 있게 될 것이라는 생각이었다. 유명한 평화주의자인 베르타 폰 주트너Bertha von Suttner, 1843~1914도 "과학으로서의 정치학이 오늘날의 정치를 대체할 시간이 올 수 있을 것이고 또한 올 것이다. 그때가 되면 진리만을 진지하게 탐구하고 그 진리를 통해 오로지 선에, 모든 문명 국가를 포괄하는 보편적인 선

21_ "Idée générale de la révolution au dix-neuvième siècle," *Oeuvres complétes*, IX (1868), p. 300, Proudhon, *La Guerre et la paix* (Paris: E. Dentu, 1861).

22_ "Pacifism: Its Personal and Social Implications," in G. P. Gooch, *In Pursuit of Peace* (London: Methuen, 1933), pp. 61, 63.

23_ *Union Now with Britain* (New York: Harper and Brothers, 1941), p. 197.

에 도달하려 노력하는 사람들만이 …… 입법적·정치적 권력을 가질 것이다"라고 말했다.

지식을 가졌다는 사실만으로 보자면 주트너가 얘기하던 그 시기에 우리는 이미 도달해 있다고 로버트 린드Robert S. Lynd, 1892~1970는 얘기한다. '진단'에 대해 그는 이렇게 적고 있다.

> 우리 문명 내부에서 전쟁을 부추기는 민족주의, 제국주의, 국제 금융과 무역 그리고 기타 여러 요인에 대한 상당한 연구가 진척된 데 힘입어 (진단은) 이미 끝났다. 다른 무엇보다 전쟁이라는 문제가 몇몇 학자의 관심을 끌었고 철저한 분석이 이루어진 결과 상당히 명료한 지식도 쌓이게 되었다. 전쟁의 원인에 대해 사려 깊은 학자들의 폭넓은 집단이 지식을 쌓고 받아들였다. 그러나 무엇을 해야 할 것인가에 대한 시원한 설명은 아직 나오질 못하고 있다. 사회과학이 학술적 연구 논문을 통해 밝힌 꾸밈없는 지식을 과감한 행동 계획으로 바꾸는 데는 몸을 사리기 때문이다. …… 이런 경우 문제가 생기는 것은 지식이 부족해서가 아니다. 사회과학에 필요해 보이는 것은 그들이 보유한 진실이 자꾸만 연관성 없는 학문의 조각으로 조금씩 흩어져버리지 않도록 밝혀낸 지식을 과감하게 집대성하려는 의지다. 우리는 전쟁과 그 원인에 대해 충분히 알게 되었다. 사심 없는 시민의 눈으로 보더라도 이런 파괴적인 증거가 일관성 있고 권위 있게 받아들여질 수 있도록 우리가 밝혀낸 지식을 제시하고, 그것의 의미를 지적하고, 행동을 제안할 수 있을 정도가 된 것이다.[24]

권력 정치, 은밀한 외교 그리고 전쟁이라는 낡은 방식을 새롭고 과학적인 접근으로 대체한 것은 바로 이 이성의 시대였다. 영유권 주장, 국내 소수파에 대한 주권적 통치권, 원료의 배분, 시장을 장악하기 위한 노력, 군비 축소, '가진 자들'과 '못 가진 자들' 사이의 관계, 평화적 변경 그리고 세계 전체의 평화적 조직화 – 이 모든 것은 '정치적' 문제가 아니다. 그것들은 이성을 통해 각각의 경우마다 단 한 가지 올바른 해법을 찾아야 하는 '기술적' 문제다. 정치 문제는 불화 상태에 처한 국가들 사이의 권력 배분 상태와 가능한 균형에 따라 잠정적으로 그리고 언제나 불안정하게 해결된다.

따라서 19세기는 과학적 지식의 독립 분야로 '평화학'이 발전된 시기다. 이 제목을 달고 출간된 저서도 수십 권이나 된다. 어떤 책은 학술 경연 대회에서 일등상을 받기도 했다.[25] 16세기와 17세기까지만 하더라도 전략적·정치적 함축 의미는 인정되었지만 과학적 함축 의미까지는 인정되지 않았던 '자연적 경계'라는 개념이 프랑스 혁명가들과 나폴레옹에 의해 지리적으로 '정당한' 국경이라는 의미로 해석되었다. 1870년대와 1880년대에 영국 국민은 '과학적 경계' 문제에 대해 진지하게 토론했다. 즉 그것은 이성에 해당하는 것으로 결과적으로 이 지역의 다른 모든 지리적 경계를 과학적으로 부당하게 만들어버린 새로운 경계였다. 1878년 11월 9일 벤저민 디즈레일리Benjamin Disraeli, 1804~1881는 총리 관저에서 행한 연설을 통해 제2차 아프간 전쟁의 정당성을 주장하면서 인도의 국경이 "아무렇게 그어진 것으로 과학적이

24_ *Knowledge for What?* (Princeton: Princeton University Press, 1939), p. 241.

25_ Louis Bara, *La Science de la paix* (1872).

지도 않다"고 얘기한 바 있다.

그런 '과학적' 국경을 찾는 일은 18세기 후반부에 시작되었다. 영토를 분할하고 합병할 때 배분되는 영토 조각의 상대적 가치가 토양의 비옥도, 인구의 숫자와 질 등 어떤 객관적 기준을 근거로 결정되던 무렵이었다. 이런 추세를 따라 빈Wien 의회는 클레멘스 메테르니히Klemens von Metternich, 1773~1859가 제안한 대로 특별통계위원회를 지정했다. 이 위원회는 논의가 진행 중이던 영토를 인구의 수나 질, 유형이라는 객관적 기준에 따라 평가하는 임무를 맡고 있었다.[26]

이리하여 영토 경계를 확정하는 일은 일종의 수리적數理的인 작업이 되었다. 러시아의 영토적 야망과 관련해 1890년대의 독일이 개발한 '좋은 국경선'이라는 관념도 어느 정도 이와 유사한 의미를 가진다. '과학적 관세'라는 개념은 무역에다 과학을 도입하려던 시도였는데 19세기 초반 프리드리히 리스트Friedrich List, 1789~1846가 제시한 생각을 토대로 발전시킨 것이었다. 국제 투표의 이론과 실천 역시 국제적 문제에 대한 합리적 접근을 보여주는 전형적인 사례다. 여기서 다수의 의지는 과학적 테스트이며 그 결과에 따라 영토에 대한 주권적 권한이 결정되었다. 30대의 르페버Victor Lefebure 소령은 '과학적 군축' 이론을 개발했다. '지정학'은 외교정책 전반을 과학적 토대 위에 올려놓고자 한 노력의 산물이었다.

정치 문제를 과학적 명제들로 축소하는 이런 경향이 일반적으로 받

26_자세한 내용은 다음 자료를 참조할 것. Charles Dupuis, *Le Principe d' équilibre et le Concert Européen* (Paris: Perrin et Cie, 1909), p. 38 ff, 60 ff.

아들여지기 시작한 것은 제1차 세계대전이 끝난 이후부터였다. 앨런 경Lord Allen of Hartwood의 글을 살펴보자. "이성이 마침내 인간 행동에 영향을 미치는 독자 기구가 되고 있다. 과학의 등장으로 생긴 일이다. ……스스로 자연의 주인인 양 그의 마음은 미신적이 아니라 합리적으로 움직이기 시작하고 있다. 의견을 형성할 때는 주변 현상을 관찰하고 결론을 얻는다. 그 순간부터 마음은 영향력을 행사하는 독자 기구가 되기 시작하는 것이다. 따라서 이제 정치 세력이라 간주될 수도 있는데, 이는 인류 문명사의 과거 어느 부분에서도 가능해 보이지 않던 일이었다. 지난 30여 년 동안 이것이 대중의 의견에 영향력을 행사하기 시작했다."[27]

국제 문제에 대한 과학적 접근의 시대는 이렇게 시작되었고 그 이름은 적절한 듯하다. 그리고 그런 시대가 어디서 끝날지 아직은 알 수 없다. 헤이그 평화회의와 그보다는 소규모로 진행된 수백 건의 평화회의가 개최된 이후 각국 정부는 기록된 역사에서는 전례가 없는 열광적인 활동 계획에 뛰어들었다. 과학적 수단을 통해 모든 국제 문제를 해결하겠다는 것이 그 목표였다. 각국 정부, 국제연맹 그리고 사적 집단들이 국제회의를 조직하고 교육과 연구를 독려하며 수백 종의 저서를 발행하기 위해 상호 경쟁을 벌였다. 최근 우리가 목격하는 것은 전후 세계의 문제들에 대한 과학적 해결책을 찾으려는 광범위한 노력이다. 현대의 지성이 보여주는 가장 최근의, 그렇다고 마지막은 아닌 추세가 바로 이런 경향들이다.[28]

27_ "Pacifism; Its Meaning and Its Task," in *Pursuit of Peace*, pp. 22-23.

우리 시대는 현자의 돌philosopher's stone, 즉 기계적으로 적용하기만 하면 바라던 결과가 생기고 정치 행위의 불확실성과 위험을 합리적 계산의 확실한 결과로 바꿔주는 비법을 찾는 영원한 과정이다. 하지만 비법을 추구하는 사람들이 원하는 것은 단순하고, 합리적이고, 기계적인 것임에 비해 그들이 다루어야 하는 대상은 복잡하고, 비합리적이며, 계산될 수 없는 것들이다. 그 결과 그들이 과학적 해결책 비슷한 것이나마 제시하기 위해서는 국제정치의 현실을 단순화하고 '단일 원인 방식'이라 부를 수도 있을 것에 의존할 수밖에 없게 된다.

전쟁을 없애는 것은 국제적 사고가 직면하는 가장 근본적인 문제임에 틀림없다. 이 문제의 해결을 위해서는 우선 전쟁의 원인 혹은 원인들을 명확하게 알아야 한다. 합리적이지 못한 사람들에게 해결책이 그토록 어렵게만 보이는 까닭은 연관된 원인이 너무나 다양하기 때문이다. 그 원인들은 인간 마음의 가장 깊은 내면에 뿌리를 내리고 있다. 이런 다양하고 복잡한 요인을 단 한 가지 원인으로, 합리적 설명이 가능한 한 가지 원인으로 축소할 수 있다면 전쟁이라는 문제의 해결책이 더 이상 불가능해 보이지는 않을 것이다. 자유주의 외교정책

28_ 다음을 참조. Charles A. Beard, *A Foreign Policy for America* (New York: Alfred A, Knopf, 1940), pp. 98-99. "새로운 이익들과의 조화 속에 국제법과 외교를 주제로 한 연구가 교육 기관들에서 장려되었다. 냉정하고 학문적 행위인 외교를 주제로 한 구식 학과목은 국제관계학의 여러 과목에 의해 보완되었는데 이런 과목이 주로 강조하는 것은 세계 평화와 그것을 증진하는 수단이었다. 분쟁 해결에 대한 여러 책, 팸플릿 그리고 논문이 저술되고 발간되고 널리 배포되었다. 더러는 각종 평화재단의 지원금이 도움을 주기도 했다. 국제 평화회의들이 조직되어 여행과 활발한 토론의 기회를 제공했다. 그런 특권을 누리며 일반 대중의 많은 관심을 끌었던 대학 총장, 교수, 성직자, 지도자 가운데 여성은 별로 없었다. 거대 담론을 두고 그들에게 유용성과 구분의 새로운 시대가 열린 것처럼 보였다. 그리고 그들은 그 기회를 최대한 활용했다."

이 애초부터 노력해온 것이 바로 이것이다. 국제연맹의 전성기 이후 정치가 혹은 정치사상가가 '단일 원인'에 대한 치유책으로 '건설적' 계획을 제시하지 못한 것을 대다수 사람은 창의적인 생각이 모자란 탓이라 여겼다.

현 세계에서 전쟁을 일으키는 가장 중요한 원인이 봉건주의의 잔재들이 아닐까? 고전 자유주의자들이라면 이렇게 얘기할 것이다. 도처의 귀족주의 정부를 없애버리자, 그러면 우리에게 평화가 찾아오리라. 실제 정치에서 이런 일반적인 제안은 특정한 상황에 대처하는 특별한 구제책 수준으로 좁혀지곤 했다. 따라서 우리가 아는 바대로 벤담과 그를 추종하는 공리주의자들은 전쟁의 주원인으로 식민지를 위한 투쟁을 지적했다. 전쟁을 치유하기 위해서는 식민정책을 포기해야 한다는 것이 그들의 주장이었다. 어떤 사람들은 국제적 영역에서 모든 사악한 일이 벌어지는 원인이 관세라고 보았다. 그들에게는 자유무역이야말로 모든 선의 원인이었다. 또 어떤 사람들은 비밀 협정과 비밀 외교를 총체적으로 없애자고 주장했다. 국제정치에 대한 국민의 통제가 이루어지면 평화가 확보되리라는 것이다. 현대의 전쟁이 제국주의로부터 나오고 제국주의는 다시 독점 자본주의의 모순 때문에 생긴 것은 아닐까? 따라서 마르크스주의자는 이렇게 얘기할 것이다. 자본주의를 철폐하자, 그러면 우리에게는 더 이상 전쟁이 없을 것이다. 사회주의야말로 평화다.

똑같은 단일 트랙 사고방식이 국내정치에서도 발견된다. 사회적 죄악은 모두 우리가 경제법에 무지하기 때문에 생기는데, 그런 법을 담은 것이 바로 '단일 조세'로서 모든 사회 문제를 해결하리라는 것이다. 우리 경제체제가 뒤죽박죽으로 엉망이 된 것은 정부가 거두어들이는 것보다 더 많이 지출하기 때문이므로 수지 균형을 맞추기만 하면 우리의 모든 경제 문제가 해결되리라고 본다. 그릇된 언어 습관도 사회적 죄악의 뿌리가 된다. 올바른 언어 습관을 갖추면 우리의 사회 문제가 해결될 것이다. 이런 생각에 대해 랠프 에머슨Ralph Waldo Emerson, 1803~1882은 '영국의 새로운 개혁자들'이라는 제목의 강연을 통해 다음과 같이 설명했다.

> 한 가지 선구적인 생각을 해보자면 모든 사람은 경작을 해야 한다. 또 하나를 들자면 사람들이 사거나 팔지 말아야 한다는 점이다. 돈을 사용하는 것은 가장 심각한 죄악이었다. 또 하나, 해악의 원인이 우리가 먹는 음식에 있었다. 우리는 파멸을 먹고 마시는 것이다. 발효되지 않은 빵을 만든 것도, 발효되지 못하게 끝까지 막는 것도 바로 해악의 원인이었다. …… 다른 사람들은 농업 시스템을 공격했다. 경작에 동물 배설물을 거름으로 사용하는 것, 무감각한 자연에 대한 인간의 포악한 행동, 이런 학대가 자신의 음식을 오염시켰다는 것이다. …… 곤충의 세계일지라도 보호되어야 했다. 하지만 우리는 그것을 너무 오래 간과했으며 지렁이, 민달팽이, 모기 보호 단체를 즉각 만들어야 했다. 이들과 더불어 유사類似 요법, 수水 치료법, 최면술, 골상학의 열렬한 신자들이 나타났고, 놀라운 그리스도의 이적 이론 역시 마찬가지다! 또 다른 사람들은 변호사, 상인, 상공인, 성직자, 학자 등 특정 직업을 공격했다. 결혼제도가 사회적 죄악의 원인이라고 공격한 사람들도 있었다. 교회를 걱정하며 예배에 열심히 참가하는 사람들도

있었다. 고령의 청교도인들 사이에서 번지는 도덕률 폐기론 같은 것에 필적할 만한 것은 개혁의 새로운 수확이 많이 이루어질 때일 듯 보였다.[29]

하지만 국내 부문에서 '단일 원인 방식'은 이론적으로나 실제적으로 중요성을 그다지 인정받지 못했다. 집단 광기의 시기를 제외하고는 사람들이 직접 경험을 통해 그런 접근법이 무지몽매하다는 사실을 깨달았기 때문이다. 또한 그로 인해 영향을 받는 사람들이 돌팔이를 구세주로 잘못 받아들이지 않도록 압력을 가하는 것도 원인이다.

반면 유토피아적 국제주의자는 국제 무대와 직접적인 접촉이 없다. 일반론적으로 얘기할 수 있을지 모르겠지만 그의 생각은 냉엄한 정치 현실과 부딪칠 위험 없이 온 세상을 떠돌아다닐 수 있다. 미국의 네 가지 자유를 주장하는 사람은 그런 원칙을 실현하고자 노력하는 과정에서 사회적으로, 정치적으로 엄청난 문제점이 발생한다는 사실을 개인적인 경험을 통해 곧 깨닫게 된다. 대조적으로 네 가지 자유가 '세계 도처'에 실현되기를 주창하는 것은 역사의 현실과 정치적 사실과 접촉하지 않아도 될 정도로 충분히 일반적이다.

책임질 필요가 없는 개혁론자는 현대의 국제적 사상이라는 무기고 속에서 자신이 원하는 것을 찾아낸다. 그런 한 가지 만병통치약은 그를 궁지로 몰지 않는 또 다른 필요와 상충하는 경우가 많다. '단일 원

29_ Ralph Waldo Emerson, *Essays: Second Series* (Boston: Houghton Mifflin, 1899), pp. 204-205.

인'은 수많은 실제 원인에서부터 의도적으로 정신을 다른 데 파는 격이므로 한번 정신을 다른 데 파는 것은, 다시 말해 단일 원인은 그다음 원인만큼 좋은 것이다. 더 나아가 단일 원인을 찾는 일이 구체적 정치 상황에 구체적인 방식으로 개입하겠다는 확고한 결의에서 나온다기보다는 인간사를 개선하는 데 무언가 도움이 되겠다는 막연한 욕구에서 나오는 것이기 때문에 세상의 문제점에 대한 거의 모든 일반적인 설명과 그것들을 치유할 거의 모든 일반적인 계획이 심리적 필요를 만족시킬 수 있다.

이런 식으로 '단일 원인'과 그것을 치유할 '과학적 처방'을 찾는 작업은 국제 무대라는 커다란 사냥터에서 이루어졌다. 사냥철은 두 차례 세계대전 사이의 20여 년 동안이었다.[30] 국제 사회는 조직된 것이 아니다. 따라서 모호한 합리성이란 측면에서 18세기와 19세기 철학의 유토피아적 체계와 닮은 '국제기구'는 과학적 처방이 되었다. 이 과학적 처방은 당시의 선구적 평화론자로 노벨상 수상자였던 알프레트 프리트Alfred H. Fried, 1864~1921가 20세기 초반에 주장한 이후 모든 사고학파의 신조가 되었다. 다른 사람들은 물질적 치유책을 찾고자 했다. 전쟁이란 것이 원래 무기로 싸우는 것이 아니던가? 무기를 금지하든 아니면 최소한 줄이는 노력을 해보자. 그러면 전쟁이 더 이상 가능해지지 않거나 최소한 가능성이 줄어들 것이다. 또 다른 사람들은 여러 가지 구제책을 혼합하고자 했다. '과학적 근거에 의해' 그런 조합만이

30_ 다음 자료를 참조할 것. Kenneth W. Thompson, *Ethics, Functionalism and Power in International Politics: The Crisis in Values* (Baton Rouge: Louisiana State University Press, 1979), pp. 35-45.

유일하게 딱 들어맞는 치유책이라는 것이 그들의 변론이었다. 이리해서 프랑스의 급진 사회주의 정당은 영원한 평화를 구축하기 위한 논리적으로 성공적인 수단으로 안전, 중재, 군축을 제시했다. 그런가 하면 프랑스의 사회주의자들은 순서를 바꿔 '중재와 군축을 통한 안전'이라는 처방을 제시하면서 이 처방의 과학적 가치는 독보적이라고 단언했다. 프랑스 외교정책은 '브리앙Briand 계획', '라발Laval 계획', '타르디유Tardieux 계획', '에리오Herriot 계획', '폴-봉쿠르Paul-Boncour 계획' 등과 같이 모호한 구상을 많이 내놓기로 유명하다. 이런 계획들은 유럽의 안전 문제를 과학적으로 해결하는 합법적 처방인 양 제시된 것들이다.

특히 1929년 위기 이후의 국제적 불안에 대해 경제적 측면에서 '단일 원인'을 찾고자 했던 지역도 있다. 국제 무역 규제, 원료 부족, 국제적 구매력 부족 탓에 국가들이 전쟁으로 뛰어든다는 주장이었다. 그렇다면 호혜적 무역 협정, 원료의 재분배, 국제 차관의 유동화 같은 과학적 처방을 찾아보자. 평화가 찾아올 것이다. 1930년대의 제국주의 열망이 기승을 부리자 현상現狀을 평화롭게 바꿀 수가 없을 경우 국가들이 전쟁을 해서라도 변화시키려 할 것이라는 추론이 있었다. 따라서 전쟁을 불필요한 것으로 만들기 위해서는 평화적 변경을 과학적으로 규정해두어야 할 것이다. 제1차 세계대전에 우리가 개입했던 것은 투자가 잘못될까 봐 두려워했던 은행가들의 책임이 크다. 그렇기 때문에 적국에 대한 차관 제공을 불법화해버리자. 그러면 우리는 다음번 세계 전쟁에 말려들지 않을 수 있을 것이다. 좀 더 최근에는 국가 주권이 전쟁 발발의 책임을 져야 한다는 사실이 발견되기도 했다. 그래서 나오는 주장이 모든 국가의 주권을 세계 연방 혹은 최소한 민주국가들의 연방에다 귀속시키는 것이 전쟁과 평화 문제에 대한 과학적 해법이라는 것이다. 이처럼 우리 시대는 언제나 과학적 처방을 찾고자 노력하는 과정에 있다. 그러나 완강한 현실은 오늘날의 해결책을 내일의 오류로 만들어버리기를 끊임없이 반복하고 있다.

국제관계의 '과학적' 시대는 외형상의 과학적 기준을 진정한 의미의 정치적 평가로 대체하는 결과를 가져왔다. 경우에 따라서는 이런 추세가 지나쳐서 현명한 정치적 결정을 할 수 있는 능력을 완전히 파괴하지는 않더라도 방해한다. 아무리 제한하고 조건을 붙인다 하더라도 권력은 국제정치에서 최상이라고 인정되는 가치다. 따라서 국제정치적 결정이 반드시 거쳐야 하는 검증은 이 결정이 권력의 배분에 얼마나 영향을 미치느냐이다. 리슐리외, 해밀턴(그 점에선 제퍼슨도 마찬가지다), 혹은 디즈레일리가 국제 무대에서 어떤 행동을 하기에 앞서 묻곤 했던 질문은 이런 것이었다. 이 결정이 이 국가나 저 나라의 권력을 증가시킬 것인가, 위축시킬 것인가? 국제적 '과학자'의 질문은 다르다. 그에게 국제 문제의 역사는 계통을 이루며 축적된 과학적 문제와 마찬가지이므로 그의 최고 가치는 권력이 아닌 진리이기 때문이다. 그 문제들을 정확한 정보를 가진 혹은 가지지 못한 관리들이 제대로 처리했느냐 부정확하게 처리했느냐는 상관없다. 그럴 경우 권력을 추구하고 방어하는 것은 원인과 치유책을 찾으려는 과학적 태도에서의 일탈이 된다. 현재 진행되는 세상사가 마음에 들지 않는다면 원인을 찾아내고 그것을 변화시켜 세상사를 바꿔보자. 본질적으로 우리가 반드시 얻기 위해 싸워야 할 것은 없다. 분석하고 이해하고 개혁할 것들만이 존재한다.

오늘날 사람들이 전체를 포용하는 과학의 힘에 대한 믿음을 어떻게 외교정책에 대한 통제력으로 바꿀 수 있었을까? 여기서 다시 한 번 합리주의 철학의 일반 전제들에서 그 해답을 찾을 수 있다. 그것들은 보편적 전제들 속에서 국내적 경험에 의해 이미 증명된 듯하다. 국내적으로 자유주의가 거둔 승리는 정치 영역의 독특한 축소로 이어졌고 따라서 비정치적 영역은 폭이 확대되었다. 결국 비정치 영역은 별도의 합리적 검토를 받게 되었다. 과거에는 정치권력을 둘러싼 투쟁에서 상처럼 여겨지던 목표들이 이제는 냉정하게 사실을 중시하는 방식으로 접근되고 있으며 경제학, 행정 혹은 법률의 특별한 기술과 더불어 숙달되고 있다. 맨 먼저 자연과학과 종교가 정치의 지배권에서 분리되어 독자 영역을 구축했다. 그다음은 자유주의인데, 국가를 정복함으로써 정치의 직접 지배에서 점점 더 많은 영역을 자유롭게 했다. 마지막으로 자유주의는 국가 영역에서 정치마저 내몰아버리고 정치 그 자체를 과학으로 만들어버린 듯 보였다. 합리성으로 독자 영역을 구축한 첫 번째 영역은 상업과 공업이었다. 중농주의자를 위한 정치 프로그램도 있었다. 애덤 스미스도 경험적으로 과학적 진리체계라고 검증했고 그것의 실질적인 의미에 대해 합리적인 사람이라면 누구도 부인하기 어려웠을 테지만, 그 정치 프로그램은 당시의 정치권력에 대한 성공적 제안은 아니었다. 정치 재판소는 독립 법원으로 대체되었는데, 이는 법학 원칙에 따라 정의를 부여하도록 훈련된 법관들로 구성되었다. 특정 정치집단에 유리하게 구성되었던 낡고 인위적인 선거제도는 모든 시민에게 완전하고도 동등한 대표권을 보장하는 과학적 장치들에 길을 비켜주었다. 공무원 체제는 객관적이고 비정치적 기준을 통해 정부 인사를 선택할 수 있게 했다. 오늘날 의회 개혁은 전문가 위원회들에 의해 준비되는 경우가 많아지고 있는데, 이들은 정치적 고려 대신 과학적 고려를 하는 경향이 있다. 과세, 행정, 보험도 과학적 접근을 하기 시작했고 마침내 정부의 활동 가운데 '정치학'을 적용하기에 적절한 분야가 아니라고 여겨지는 부분은 없어졌다.

정치에서 과학적 방법을 사용하는 것은 국내 문제의 정치적 오류였고 지금도 그렇다. 현대인들은 자유주의적 경험에 따른 인식을 바탕으로 정치를 대한다. 하지만 정치적 압력과 자기 이익이라는 세련된 장치가 과도한 교조적 행동을 자동으로 견제하는 역할을 해준다. 국제 영역에는 개인을 대상으로 직접 작동하는 그런 장치가 없다. 따라서 과학적 처방의 무제한적 권능에 대한 믿음이 특히 강해지고 또한 효과도 별반 없는 곳이 바로 여기다. 이런 믿음으로 인해 만들어진 만병통치약이 실제 사건의 흐름을 결정하는 힘과 아무런 연관성도 가지지 못하는 곳이 바로 이곳이기 때문이다. 따라서 전문가들로 구성된 국제 위원회와 합리주의적-유토피아적 계획이 제시하는 그 모든 것이 언제 있었기나 했느냐는 듯 아무렇지 않게 일상사가 진행된다. 혹은 이런 계획들이 예외적인 경우에 적용되어서 그것을 주장하던 사람들이 전혀 예상치 못한, 때로는 그들에게 재앙을 일으키는 경우도 있다. 이탈리아-에티오피아 전쟁 당시 이탈리아에 내렸던 제재가 그런 사례다. 그럼에도 이런 사고학파는 '실제적'이라는 미덕을 자신만이 독점하려 애쓰고 있다. 이것은 대단한 아이러니가 아닐 수 없다. 막연한 분별력에 의한 이상적인 명제보다는 정치 현실을 결정하는 힘에

대해 올바로 이해하면서 국제적 행동을 추진하려는 보기 드문 노력을 무시해버리는 것이다.[31]

31_상당히 과거로 돌아가 1877년 제임스 로리머(James Lorimer, 1808~1890)는 "Le Problème final du droit international," *Revue du droit international et de legislation comparée,* IX (1877), p. 184에서 이렇게 썼다. "하지만 이상하게도 영국 공리주의의 추론은 실제적인 관점에서 내가 알고 있는 모든 분야의 논문들 가운데 전반적으로 가장 유용하지 못하다." 다음 자료와도 비교해볼 것. Beard, *A Foreign Policy in America,* p. 129: "1919년의 국제주의 이데올로기로서는 도무지 상상할 수 없는 온갖 사악한 일이 20년 동안 벌어졌다. 그러고 보면 이런 사고방식은 인간과 국가의 본질과 성향에 대한 어떤 오해에서 비롯된 것일 수도 있겠다는 생각이다. 혹은 이런 설명이 근거 없는 것이라면 국제주의자들이 애초 설정했던 목표에 제대로 된 '접근' 을 하지 못했다고 봐야 한다. 그들이 생각한 이 세계가 정확한 현실과 충분히 상응하지 못했거나 방법론적으로 그들의 기술이 충분하지 못했을 수도 있다. 그들의 패배가 국가와 인간의 광기 때문이라고 얘기할 수도 있고 그렇게 한 사람도 더러 있었다. 그러나 그래봤자 그들이 전에 제시한 전제와 행동이 계산 착오에 근거한 것이었다는 고백일 뿐이다. 어쨌거나 미국에 모든 비난이 쏟아져서 세계의 가장 큰 속죄양이 되지 않는 한 판결은 마찬가지였다."

제4장

권력 투쟁:
현상유지정책

국내정치와 국제정치는 서로 다른 것처럼 보이지만 권력 투쟁이라는 동일한 현상이 서로 다른 형태로 나타나는 것일 뿐이다. 권력 투쟁은 이 두 가지 영역에서 다른 모습으로 나타나는데 서로 다른 도덕적, 정치적 그리고 사회적 조건이 지배하고 있기 때문이다. 서구 사회는 국가들 간에서보다는 국가 내부적으로 훨씬 큰 사회적 응집력을 보여주고 있다. 문화적 동질성, 기술적 통일성, 외부 압력, 무엇보다 위계적인 정치기구가 국가 사회를 하나의 공동체로 결속하여 다른 국가 사회와 확연히 구별하고 있다. 예를 들어 국내 정치질서는 국제질서보다 더 안정적이고 급격한 변화도 적게 받는다.

모든 역사를 살펴보면 국제정치에 활발히 참여하는 국가들은 전쟁이라는 형태의 조직적 폭력을 끊임없이 준비하고, 적극적으로 참여하는가 하면, 그로부터 회복하고 있다. 반면 서구 민주주의 사회의 국내정치에서는 대규모의 조직적 폭력이 정치적 행위의 수단이 되는 것은 보기 드문 예외적 현상이 되었다. 그러나 국내정치에서도 조직적 폭력의 잠재성은 여전히 존재하며, 그것에 대한 공포가 혁명이라는 형태로 정치사상과 행위에 중요한 영향을 미친 경우도 더러 있었다.[1] 국내정치와 국제정치의 차이는 정도의 차이일 뿐 본질의 차이가 아닌 것이다.

국내정치와 국제정치는 모두 세 가지 기본 형태를 보여주고 있다. 즉 모든 정치적 현상은 다음 세 가지 형태 중 하나로 분류될 수 있다. 정치적 정책은 권력을 유지하거나, 확장하거나, 과시하기 위한 목적에서 추진된다.

이 세 가지 전형적인 정책 유형처럼 국제정치에도 세 가지 전형적인 정책 유형이 있다. 어떤 국가가 기존 권력을 유지하려 할 뿐 자국에 유리하게 권력 분포가 변하기를 바라지 않는 외교정책을 택한 경우 그 국가는 현상유지現狀維持, status quo정책을 택한 것이다. 기존 권력관계를 뒤집어 실제 자기가 가진 것보다 더 큰 권력을 얻으려는 외교정책을 추구한다면, 즉 권력관계에서 유리한 변화를 추구하는 외교정책을 택한 국가는 제국주의 정책을 추구하고 있다. 현상유지를 목표로 하든 확장을 목표로 하든 자기가 가진 권력을 남에게 드러내려는 정책을 취한다면 권위정책[2]을 추구하는 것이다. 여기서 한 가지 얘기해둘 것은 이런 분류는 임시적일 뿐 앞으로 더욱 세밀하게 연구될 수 있다는 점이다.[3]

현상現狀, status quo 개념은 '스타투스 쿠오 안테 벨룸*status quo ante*

1_ 굴리엘모 페레로(Guglielmo Ferrero)가 *The Principles of Power* (New York: G. P. Putnam's Sons, 1942)에서 지적한 것처럼 이는 특히 19세기에 그러했다.

bellum'에서 유래한 것이다. '스타투스 쿠오 안테 벨룸'이란 전쟁이 끝난 후의 평화 조약에서 일상적으로 쓰이는데, 적군의 철수와 전전戰前 상태로의 주권 회복을 가리키는 외교 용어다. 따라서 제2차 세계대전 종결 당시 이탈리아[4], 불가리아[5]와 체결된 평화조약에는 다음과 같은 구절이 들어 있다. "연합군과 동맹군의 모든 군대는 그 특정국의 영토로부터 가능한 한 빠른 시일 내에, 그리고 어떤 경우에도 현 조약 발효일로부터 90일을 넘기지 않고 철수하여야 한다." 즉 이 시한 내에 현상이 이 지역에 다시 확립되어야 한다는 것이다.[6]

현상유지정책은 역사상 어느 특정 시점의 권력 배분 상태를 그대로

2_ 때때로 어떤 나라가 물리적으로 강요되지 않은 상황에서도 스스로 권력을 포기하는 경우가 있는데 이를 국제정치의 세 가지 정책 형태에 대한 예외라고 볼 수는 없다. 1947년 인도에서 영국이 물러난 것이라든지 중남미 여러 나라에서 미국이 후퇴한 것들이 그런 사례다. 이런 정책은 마치 군대 지휘자가 전선이 지나치게 확장되었거나 통신망이 위험할 때, 혹은 공격을 위해 군대의 힘을 비축하려고 일정한 상황 아래서 후퇴를 명하는 것과 마찬가지다. 비슷한 경우로, 오래 유지할 희망이 없는 권좌에서 스스로 후퇴하는 경우도 있다. 또는 한 가지 형태의 지배권을 다른 형태의 지배권으로, 즉 군사적 권력 대신 정치적 권력으로 바꾸거나 혹은 그 반대로 대체할 수도 있다. 선린정책(Good Neighbor Policy)을 거장정책(Policy of the Big Stick)으로 바꾼 것도 마찬가지 사례다. 외교정책의 목표를 변경할 경우 그 국가의 모든 노력을 다른 어느 한 곳에 집중해야 할 경우가 있다. 어쨌든 군사지도자가 퇴진하는 것이 군사적 승리에 흥미를 잃었기 때문이라고 해석할 수 없는 것처럼 권력을 스스로 포기하는 일도 권력에 흥미를 잃었기 때문이라고 해석해서는 안 된다.

3_ 국제정치의 이 세 가지 정책 유형이 정치가나 각각의 외교정책을 지지하는 사람의 마음속 동기와 반드시 일치하는 것은 아니라는 점을 분명히 지적해두어야겠다. 정치가나 그런 정책을 지지하는 사람은 때때로 자기가 추구하고 지지하는 정책의 진정한 성격이 무엇인지 모르는 경우가 있다. 특히 실제로는 부지중에 제국주의 정책을 추구하면서도 마치 그것이 현상유지정책인 양 내세우는 수도 있다. 따라서 영국은 방심 때문에 제국을 만들었다는 말도 있다. 이후 본문에서는 정책을 추구하는 사람의 동기보다는 추구되는 정책의 진정한 성격에 국한하여 관심을 가지고자 한다.

4_ 73조, *New York Times*, January 18, 1947, p. 26.

5_ 20조, Ibid., p. 32.

6_ 다른 많은 사례도 있다. Coleman Phillipson, *Termination of War and Treaties of Peace* (New York: E. P. Dutton and Company, 1916), p. 223 ff. 참고.

유지하는 것을 목표로 한다. 현상유지정책이 국제정치에서 행하는 기능은 국내 문제에서 보수주의 정책이 행하는 기능과 같은 것이라고 할 수도 있다. 현상유지정책의 사례로 들 수 있는 역사상의 특정 시점은 흔히 전쟁이 끝난 후로서 권력 배분 상태가 평화조약을 통해 성문화되는 때다. 이는 평화조약의 중요한 목적이 막 끝난 전쟁에서의 승리와 패배가 가져온 권력 배분 상태의 변화를 성문화하고, 그 새로운 권력 배분 상태를 법적으로 규정함으로써 안정성을 확보하는 것이기 때문이다. 이리하여 현상유지정책은 가장 최근의 전쟁을 종결시킨 평화협정을 지키려는 특성을 보인다. 1815년에서 1848년에 이르기까지 현상유지정책을 추구한 유럽의 정부와 정당 들은 나폴레옹 전쟁을 종결시킨 1815년의 평화조약을 지키려고 했다. 이들 정부가 1815년에 체결한 신성동맹의 주요 목표는 나폴레옹 전쟁의 결과 성립된 현상을 유지하자는 것이었다. 그 결과 신성동맹은 평화조약, 즉 1815년 파리조약의 보호자 역할을 하게 되었다.

이런 면에서 1815년의 현상을 유지하려던 정책과 파리조약 그리고 신성동맹 간의 관계는 1918년의 현상을 유지하려던 정책과 1919년의 평화조약 그리고 국제연맹 간의 관계와 비슷하다. 제1차 세계대전 직후의 각국 간 권력 배분 상태는 1919년의 평화조약에 성문화되었다. 국제연맹의 주요 목적은 1919년 평화조약에서 성문화되었던 것처럼 1918년의 현상을 그대로 보존함으로써 평화를 유지하는 것이었다. 가맹국들이 '모든 가맹국의 영토적 통일성과 정치적 독립을 존중하고 또 외부 침략에 대하여 이를 옹호할 것을 약속'하게 했던 국제연맹 규약 제10조는 국제연맹의 목적 중 하나가 1919년 평화조약에 의해 확립된 영토적 현상을 유지하는 것임을 인정했다. 결과적으로 양차 세계대전 간의 시기는 현상을 유지하자는 정책과 현상을 타파하자는 정책 간의 투쟁이 벌어진 시기다. 이 투쟁은 주로 베르사유조약에 규정된 영토 조항과 이에 대해 국제연맹 규약 제10조에 규정된 보호장치를 방어하려거나 반대하는 형태로 이루어졌다. 따라서 1919년에 수립된 현상에 강경히 반대하던 국가들이 1932년의 일본, 1933년의 독일, 1937년의 이탈리아처럼 국제연맹과의 관계를 끊고 탈퇴했던 것은 자신들의 입장에서는 일관성 있는 행동이었다.

현상유지정책이 외형상 드러나는 경우는 평화조약이나 그것을 지지하는 국제기구에만 국한되는 것은 아니다. 어떤 권력 배분 상태를 유지하려는 국가들은 그 수단으로 1922년 2월 6일[7] 워싱턴에서 체결된 '중국에 관한 여러 문제에 대해 적용할 제반 원칙과 정책에 관한 9개국 조약'이나 1925년 10월 16일[8] 로카르노에서 체결된 '독일, 벨기에, 프랑스, 영국, 이탈리아 간 상호보장조약'과 같은 특별한 조약들을 이용하기도 한다.

9개국 조약은 미국이 중국에 종래 취하던 '문호개방 정책'을 중국은 물론 중국과의 무역에 큰 관심을 가진 나라들이 존수할 것을 다짐한 다자간 조약으로 대체한 것이었다. 주요 목표는 당시 중국과 관련하여 상호 경쟁하던 여러 나라 사이의 권력 배분 상태를 안정시키려는 것이었다. 이것은 특히 영국이나 일본과 같은 특정 국가들이 만주

7_ *United States Treaty Series*, No. 671 (Washington, 1923).

8_ *American Journal of International Law*, Vol. 20 (1926), Supplement, p. 22.

와 여러 항구와 같이 중국 영토의 특정 부분에 대해 획득한 특수한 권리를 그대로 지속시킬 뿐 아니라 앞으로 중국은 어떤 특수한 권리도 이 조약의 가맹국에 새로 양도할 수 없음을 의미한다.

로카르노 상호보장조약은 독일 서부 국경과 관련해 체결된 특수한 조약을 통해, 국제연맹 규약 10조에서 일반적으로 보장된 1918년의 영토적 현상을 보완하려는 의도에서 체결되었다. 조약 1조에서는 '독일-프랑스 간, 독일-벨기에 간 국경의 영토적 현상을 유지할 것'을 보장함에 대해 명시적으로 언급한다.

특히 동맹 조약은 몇 가지 점에서의 현상을 유지하는 경우가 자주 있다. 따라서 프랑스와의 전쟁에서 승리하고, 1871년 독일 제국을 건설한 후에 비스마르크Otto von Bismarck, 1815~1898는 독일이 유럽에서 새로 획득한 지배적 지위를 유지하고자 프랑스가 보복 전쟁을 일으키지 못하도록 이웃 나라들과 동맹을 맺었다. 1879년 독일과 오스트리아는 러시아에 대항하는 상호방위 동맹을 체결했으며, 1894년에는 독일-오스트리아 동맹에 맞서 프랑스와 러시아가 방위 동맹을 구축했다. 상대방 동맹이 현상유지를 말하면서 실제로는 현상 변경을 시도하면 어쩌나 하는 서로에 대한 두려움은 제1차 세계대전 발발을 초래한 중요 요인 중 하나였다.

프랑스가 양차 세계대전 사이에 소련, 폴란드, 체코슬로바키아, 유고슬라비아 그리고 루마니아와 각기 체결했던 동맹 조약들은 모두 현상유지를 도모한 것이었다. 이는 특히 독일이 현상 변경을 위해 도발할지 모른다는 점을 의식했다. 체코슬로바키아, 유고슬라비아 그리고 루마니아 사이에 체결되었던 비슷한 조약들과 체코슬로바키아와 소련 사이의 조약도 같은 목적을 위한 것들이었다. 1935년부터 1939년 사이의 시험을 맞아 이런 동맹들이 보여주었던 무기력함은 독일이 1939년 폴란드를 침공하게 만든 이유 가운데 하나였다. 1939년 4월 5일의 영국과 폴란드 간 동맹은 전쟁이 발발하기 이전에 독일 동부 국경의 영토적 현상을 유지하기 위한 마지막 노력이었다. 오늘날 소련이 동유럽 여러 국가와 체결한 동맹관계와 서유럽 여러 국가가 그들 사이, 또 미국과 맺은 동맹은 제2차 세계대전 종전 이후의 권력 분포 상태에 의해 유럽 각 지역에 수립되었던 현상을 그대로 유지하겠다는 비슷한 목표를 가지고 있다.

미국에 가장 중요하고 미국 대외관계의 초석이 되었던 현상유지정책은 먼로 독트린이다. 1823년 12월 2일, 먼로 대통령이 의회에 대한 연례 메시지에서 일방적으로 선언한 이 정책은 현상유지정책의 두 가지 중요한 원칙을 제시한다. 한편으로 이 정책은 서반구의 기존 권력 분포 상태를 미국이 존중할 것임을 천명한다. "유럽의 현존 식민지 또는 속지에 대해 미국은 지금껏 간여한 일도 없거니와 앞으로도 간여하지 않는다." 또 한편으로 미주 대륙 외부 국가에 의해 기존 권력 분포 상태가 변경되는 것에 미국이 반대할 것임을 선언한다. "그러나 이미 독립을 선언했거나 유지하고 있는 국가들에 대해 …… 만일 어떤 유럽 국가가 이들을 억압할 목적으로 혹은 어떤 식으로든 그들의 운명을 지배할 목적으로 간섭하는 것은 미국에 대한 비우호적 의도의 표현으로 간주하지 않을 수 없을 것이다." 프랭클린 루스벨트Franklin D. Roosevelt, 1882~1945 대통령이 1933년 4월 12일 범미연맹Pan-American Union 이사회에서의 연설을 통해 밝힌 것처럼 "그것(먼로 독트린)이 과거에도 현재도 목표하는 것은 미주 대륙 외부의 어떤 국가가 어떤 식으로든 서반구에 대한 추가적 영토 확장을 꾀할 경우 이에 대해 미국이 반대할 것이라는 점이다".[9]

우리는 지금까지 현상유지정책은 역사상 특정 시점에 존재하는 권력 분포 상태를 유지하는 것을 목표로 한다고 설명했다. 그러나 이것은 현상유지정책이 모든 변화에 대해 반대한다는 의미는 아니다. 모든 변화에 반대한다기보다는 둘 혹은 그 이상의 국가들 사이에 존재하던 권력관계가 뒤집히는 변화를 반대한다는 의미다. 예를 들어 A국을 1급 국가에서 2급 국가로 위축시키면서 B국을 A국이 장악하던 지배적 위치로 끌어올리는 것과 같은 권력관계의 변화에 반대하는 것이 현상유지정책이다. 하지만 관련 국가 간의 상대적 권력관계를 해치지 않는 범위 내에서 이루어지는 권력 배분 상태의 소규모 조정은 현상유지정책과 전적으로 양립한다. 예를 들어 미국이 1867년 알래스카를 매입했던 것은 미국과 러시아 사이의 현상에 영향을 끼쳤다고 할 수 없다. 당시의 통신 기술과 전쟁 수단을 고려할 때 접근조차 어렵던 이 땅을 미국이 획득한 것이 미국과 러시아 사이의 권력 분포 상태에 눈에 띌 만한 변화를 초래하지는 못했기 때문이다.

비슷한 예로 1917년 미국이 덴마크의 버진 군도를 매입한 것은 중미 국가들과의 관계에서 현상을 변경하려는 의도로 나온 정책이 아니었다. 버진 군도 획득이 파나마 운하로 향하는 접근로를 방어한다는

9_ *Roosevelt's Foreign Policy, 1933-41. F.D.R.'s Unedited Speeches and Messages* (New York: Wilfred Funk, 1942), p. 4.

측면에서 중미 지역에서의 미국의 전략적 위상을 크게 개선한 것은 사실이지만, 미국과 중미 국가들 간의 상대적 권력관계를 근본적으로 변화시킨 것은 아니었다. 버진 군도 획득으로 카리브 해 지역에서 이미 지배적 세력을 구축했던 미국의 지위가 더욱 강화되었지만 그 지배적 위상이 새로이 창조된 것은 아니기 때문에 현상유지정책과 모순되지 않는다. 오히려 중미 국가들에 대한 미국의 우월한 지위를 강화함으로써 기존 권력 분포 상태를 재확립하여 현상유지정책의 목적에 기여했다고도 할 수 있다.

제5장

⌘

권력 투쟁: 제국주의

제국주의가 아닌 것

미국의 버진 군도 획득을 객관적으로 분석해보면 그 지역에 대한 현상 유지정책의 일부분이었다는 사실을 알 수 있다. 그럼에도 카리브 해역에서 지위를 강화하려는 미국의 이런, 또 이와 비슷한 행위를 많은 사람은 제국주의적이라고 비난했다. 그들은 외교정책의 특정 형태를 객관적으로 규명하려는 의도에서 '제국주의적'이라는 개념을 사용했던 것이 아니라 자기가 반대하는 외교정책에 비난의 뜻을 나타내기 위한 목적으로 사용했다. 이렇게 논쟁의 여지가 많은 목적을 위해 이 개념을 사용하는 것은 이제 너무나 일반적인 현상이 되어 오늘날 '제국주의'와 '제국주의적'이라는 개념은 자기가 반대하는 모든 외교정책에 대해서 그 정책의 진정한 성격을 고려해보지도 않고 무분별하게 적용되고 있다.

영국을 싫어하는 사람은 1940년이나 1914년에 그랬듯이 1980년에도 영국 제국주의를 현실적이라고 말할 것이다. 러시아를 싫어하는 사람은 러시아가 취하는 모든 행위에 제국주의적이라는 표현을 서슴지 않고 사용할 것이다. 1941년에 독일의 공격을 받을 때까지 소련은 제2차 세계대전의 모든 참전국이 제국주의 전쟁을 도발한다고 생각했다. 그 이후 소련이 치러야 했던 전쟁은 개념상 반제국주의 전쟁이 되었다. 세계 도처에 있는 미국의 적들과 미국이라면 사사건건 트집을 잡는 이들에게는 '미국 제국주의'가 하나의 표준 용어로 자리잡았다. 특정한 경제체제와 정치체제 그리고 은행가, 산업가 등의 경제 단체가 제국주의적 외교정책과 무분별하게 동일시되면서 혼란이 더욱 가중되고 있다.

'제국주의'라는 개념은 이처럼 무분별하게 사용되는 가운데 그 자체의 구체적 의미를 잃어버렸다. 오늘날에는 자기 외교정책에 이의를 제기하는 모든 사람은 제국주의자다. 그런 상황에서는 일상적 용법에서 탈피하여, 국제정치의 이론과 실제에 유용하게 응용될 수 있도록 이 개념에 도덕적으로 중립적이며, 객관적이고, 명확한 의미를 부여하는 것이 이론적 분석의 과제가 된다.[1]

그러면 과연 제국주의란 무엇인가를 물어보기에 앞서 제국주의라

1_ 이 개념은 파커 문(Parker Thomas Moon)의 *Imperialism and World Politics* (New York: The Macmillan, 1926)에서처럼 모든 식민주의적 팽창과 동의어로 사용되고 있다. 그런 사용 방법을 이론적인 견지에서 볼 때에는 적어도 그것이 팽창정책의 성격에 대한 일반적인 이론을 원용하지 않았다고 탓할 수 없을 것이다. 여기서는 국제적 팽창정책의 일반 성격에 관심을 두고 있기 때문에 식민주의적 팽창 현상에 국한시킨 개념은 우리의 목적에서 볼 때 분명 지나치게 편협하다.

고 너무나 당연시되고 있으나 실제로는 제국주의가 아닌 것에 대해 생각해보기로 하자. 그러기 위해서는 세 가지 매우 일반적 오해에 주의를 집중할 필요가 있다.

1. 한 국가의 권력을 증대시키려는 모든 외교정책이 반드시 제국주의를 의미하지는 않는다. 현상유지정책에 관해 논의하며 이런 오해에 대해 이미 언급했다.[2] 우리는 제국주의를 현상을 타파하기 위한 시도, 둘 혹은 그 이상의 국가 사이에 존재하는 권력관계를 역전시키려는 노력이라고 정의한 바 있다. 권력관계의 본질적 측면은 해치지 않은 채 부분적인 조정만을 추구하는 정책은 여전히 현상유지정책의 일반적 범주에 속한다.

어떤 권력의 의도적 증대와 제국주의를 동일시하는 견해는 주로 다음 두 그룹의 사람들이 가지고 있다. 영국을 싫어하는 사람들, 러시아를 싫어하는 사람들, 미국을 반대하는 사람들처럼 어느 특정 국가와 그 정책에 원칙적으로 반대하는 사람들은 자기들의 증오의 대상이 이 세상에 존재한다는 사실 그 자체를 세계에 대한 위협으로 간주한다. 따라서 자기가 두려워하는 국가가 권력을 확장하려 할 때 그것을 두려워하는 국가는 언제나 이를 세계 제패의 발판, 즉 제국주의 정책의 발현이라고 간주한다. 반면에 19세기 정치 철학의 영향을 받아 적극적이고 활발한 외교정책을 모두 조만간 사라질 운명에 처한 사악한 행동이라고 믿는 사람들은 권력의 신장을 추구하는 외교정책을 비난

2_ 제4장 참고.

할 것이다. 그들은 그런 외교정책을 제국주의와 동일시하여 죄악의 표본이라 여긴다.

2. 이미 존재하는 제국을 보존하자는 목적의 외교정책이 모두 제국주의인 것은 아니다. 영국, 중국, 소련 혹은 미국과 같은 국가가 특정 지역에서 우월한 지위를 계속 유지하고자 취하는 모든 행동을 흔히 제국주의라고 간주하는 경향이 있다. 따라서 제국주의는 새로운 제국을 건설하려는 동적인 과정과 동일시되기보다는 이미 존재하는 제국을 유지, 방어 그리고 안정시키려는 모든 노력과 동일시되고 있다. 하지만 '제국주의' 개념을 기존 제국의 국내 정책에다 적용하는 것이 타당할 수도 있겠지만, 본질적으로 정적이고 보수적 성격의 국제적 정책에다 이 개념을 적용하는 것은 혼란을 일으켜 오해를 낳을 소지가 있다. 왜냐하면 국제정치에서 제국주의란 현상유지정책과 대조되는 것이고 따라서 매우 동적인 의미를 함축하고 있기 때문이다. 그에 대해서는 보통 영국 제국주의라고 불리는 과거 역사가 교훈이 되고 있다.

영국 제국주의 개념은 영국에서 나온 것으로, 벤저민 디즈레일리가 이끄는 보수주의자들이 1874년의 선거 유세 도중 처음 사용한 개념이다. 디즈레일리가 고안해 이후 조지프 체임벌린Joseph Chamberlain, 1836~1914과 처칠이 발전시킨 이 영국 제국주의라는 개념은 애초에 보수주의자가 자유주의자의 이른바 세계시민주의와 국제주의에 반대하는 의미에서 사용한 것이었다. 이 개념이 명확하게 사용된 것은 '제국연합Imperial Federation'의 정치 강령에서였다. 이 정강의 핵심은 첫째, 보호 관세의 도움을 받아 영국과 그 속령을 결속해 하나의 통일된 제국으로 만들고 둘째, 영국인이 자유로이 이용할 수 있도록 식민 영토를 보유하고 셋째, 통일된 군대를 보유하고 넷째, 런던에 중앙 대표 기구를 설치하는 것 등이었다.

이 '제국주의' 정강이 통과되어 효력이 발생했을 때는 이미 영국의 영토 확장이 대체로 끝나버린 뒤였다. 따라서 영국 '제국주의' 강령은 본질적으로 확장을 위한 계획이라기보다 결속을 도모하자는 계획이었다. 즉 이미 자신이 소유한 것들을 안정되게 확보하고 이용하자는 것이었다. 그것은 대영 제국의 건설과 함께 생긴 권력 분포 상태를 안정화하려던 노력이었다.

키플링Joseph Rudyard Kipling, 1865~1936이 영국 제국주의를 '백인의 의무'라고 정당화했을 때 그 의무는 이미 영국인의 어깨에 지워져 있었다. 1870년대 이후 영국 '제국주의', 즉 해외 점유물에 대한 영국의 외교정책은 대체로 현상유지정책이었으며 엄밀한 의미에서 제국주의적인 것이 아니었다. 그러나 영국과 세계 각지의 반제국주의자들은 디즈레일리와 체임벌린의 제국주의 슬로건을 액면 그대로 받아들이고 제국주의의 결과를 제국주의 그 자체로 잘못 인식하여 특히 아프리카와 인도에서 영국이 행한 착취와 강화정책을 '제국주의적'이라고 지적하며 반대했다. 사실 처칠이 1942년 '대영 제국 청산업무'를 떠맡지 않겠노라고 거절했을 때 그의 입장은 제국주의자가 아니라 외교 문제에 있어서의 보수주의자, 즉 제국의 현상을 방어하려는 사람의 입장이었던 것이다.

영국 제국주의와 그에 대한 반대자는 제국의 결속과 방어를 제국주의 그 자체와 혼동하는 대표적인 사례다. 그러나 이런 혼동은 비단 그들에게만 국한되는 것이 아니다. 로마 제국에 대해, 그리고 로마 제국주의에 대해 얘기할 때 우리는 최초의 황제 아우구스투스Augustus, B.C. 63~A.D. 14 이후의 로마 역사를 자연스레 연상하게 된다. 아우구스투스 당시의 로마는 제정 로마Imperium Romanum라는 이름을 처음 얻은 상태였다. 그러나 아우구스투스가 로마와 그 속지에 제국 헌법을 실시했을 때 로마의 팽창은 사실상 이미 끝나 있었다. 포에니 전쟁 이후 카이사르Julius Caesar, B.C. 100~44에 의한 전복에 이르기까지 공화정 로마의 외교정책은 사실 엄밀한 의미에 있어서 제국주의적이라 할 만한 것이었다. 당시 지구 상의 정치 판도 변화가 로마를 만들어놓았다. 로마 황제들의 외교정책과 그들의 끊임없는 전쟁은 이미 정복으로 획득한 점유물을 안전하게 확보하고 방어하려는 일차적 목적을 위한 것이었다. 디즈레일리에서 처칠에 이르는 영국의 제국주의 정책과 마찬가지로, 로마의 외교정책은 보존적, 현상유지적 성격의 것이었다. 정복이 이루어졌을 때에, 예를 들어 트라야누스Marcus Ulpius Trajanus, 53~117 대제 치하에서처럼 이런 정책들은 로마 제국과 로마의 패권을 안전하게 하는 데 기여했다.

20세기가 시작된 이래 제2차 세계대전이 발발하기까지 미국 '제국주의'의 영토적 측면을 살펴보면 똑같은 진리를 발견할 수 있다. 20세기의 첫 10여 년간 격렬히 진행되었던 미국 제국주의에 대한 찬반의 대논쟁은 19세기 미국의 대대적 제국주의 팽창에 뒤이은 것이었다. 논쟁의 주제가 되었던 미국의 정책은 본질적으로 강화, 방어, 이용 정책이었다. 즉 현상유지정책이었던 것이다. 섬너가 1898년, 미국의 영토 팽창정책에 대해 "에스파냐에 의한 미국 정복"[3]과 같은 것이라고 불렀을 때, 그의 말은 '이미 달성된 정책'을 가리키는 것이었다. 앨버트 베버리지Albert J. Beveridge, 1862~1927 상원의원이 "신은 우리를 야만인과 노쇠한 종족 들의 정부를 통치할 수 있는 통치전문가로 만들어주셨다"[4]고 외쳐댔던 것은 미래를 위한 팽창 정책을 지지한다는 의미가 아니라, 이미 수립된 통치권을 정당화하려는 노력이었다.

이렇게 영국과 미국 양국에서 제국주의에 대해 진행된 근래의 논쟁은 대부분 제국주의적 팽창 과정이 이미 끝나버린 뒤에 그것을 정당화하거나 비난하면서 이루어졌음을 알 수 있다. 미래에 추구할 실제 정책이라는 측면에서 논쟁은 주로 제국주의 정책의 결과, 즉 제국의 통치와 방어에 관심을 두고 있다. 이에 대한 설명을 구하기란 어렵지 않다. 영국에서 대논쟁이 시작되었던 것은 대영 제국의 보수주의파, 즉 대륙의 민족주의파에 해당하는 세력이 전성기에 있을 때였다. 대영 제국은 식민제국이었으며 따라서 근대적 제국의 표본이었다. 결과적으로 식민지의 획득과 착취 그리고 이용은 '제국'과 동의어가 되었고 따라서 제국이란 개념은 완전히는 아니더라도 주로 경제적인 의미를 내포하게 되었다. 이 경제적 함축의 의미는 현대에 와서 제국주의를 설명하고자 했던 가장 대규모의, 가장 체계적인 그리고 가장 인기 있는 사조를 형성하게 되었다. 이것이 바로 경제이론적 제국주의론이다. 여기서 우리는 제국주의의 진정한 본질을 흐리게 만든 세 번째의 오해를 발견하게 된다.

3_1권 pp. 332-333, 제3장 각주 20 참고.

4_ 1990년 1월 9일 상원에서의 연설. Ruhl J. Bartlett, *The Record of American Diplomacy*, 4th ed. (New York: Alfred A. Knopf, 1964), p. 385에서 재인용.

경제 이론적 제국주의론

마르크스·자유주의·'악마' 제국주의론

경제이론적 제국주의론은 세 가지 학파에 의해 발전되어왔다. 마르크스주의적 제국주의론, 자유주의적 제국주의론 그리고 '악마' 이론[5]이라고 적절하게 표현된 제국주의론 등이 그것이다.

마르크스주의적 제국주의론은 모든 마르크스 사상의 근간을 이루는 확신, 즉 모든 정치 현상은 경제적 세력의 반영이라는 생각에 기초하고 있다. 결과적으로 제국주의라는 정치 현상은 자본주의 경제체제의 산물이며, 제국주의는 거기서부터 유래한다. 마르크스주의 이론에 따르면, 자본주의 사회는 그 자체 내에서 생산품을 처리할 충분한 시장을 구할 수 없을뿐더러 자본을 투자할 곳도 없다. 그래서 그들은 잉여 생산물을 팔기 위한 시장으로, 또 잉여 자본을 투자할 대상지를 확보하기 위해 더 많은 비자본주의 지역을 장악하려 하고, 종국에는 자본주의 지역까지도 노예화하려는 경향을 가진다.

카를 카우츠키Karl Kautsky, 1854~1938와 루돌프 힐퍼딩Rudolf Hilferding, 1877~1941과 같은 온건파 마르크스주의자는 제국주의가 자본주의 정책의 하나이며, 따라서 제국주의 정책은 자본주의가 상황에 따라 택할 수 있는 선택의 문제라고 믿었다. 이와는 반대로 레닌[6]과 그의 추종자들, 특히 니콜라이 부하린Nikolay Ivanovich Bukharin, 1888~1938[7]은 제국주의

5_ Charles A. Beard, *The Devil Theory of War* (New York: The Vanguard Press, 1936); 다음도 참고할 것. *The New Republic*, Vol. 86 (March 4, 11, 18, 1936).

를 자본주의와 완전히 동일시했다. 제국주의란 최후 발전 단계, 즉 독점 단계에 다다른 자본주의라는 것이다. 레닌에 의하면 "제국주의는 독점과 금융 자본의 지배가 수립되며, 자본의 수출이 매우 중요시되고, 거대한 국제 기업 합동(트러스트)들에 의한 세계 분할이 시작되며, 지구 상의 모든 영토가 거대한 자본주의 세력 간에 완전히 분할되는 단계에 다다른 자본주의"다.[8]

마르크스주의자의 눈에는 자본주의가 바로 원흉이고, 제국주의는 그것이 필연적으로 혹은 어쩌다 나타난 것에 불과하다. 존 홉슨John A. Hobson, 1858~1940[9]으로 대표되는 자유주의자는 제국주의의 원인을 자본주의 그 자체에서 찾지 않고 자본주의 체제가 잘못 운영된 데서 찾고 있다. 마르크스주의자와 마찬가지로 자유주의 학파는 제국주의의 근원을 잉여 상품과 잉여 자본이 외국 시장에서 출구를 모색하는 현상이라고 진단한다. 하지만 홉슨과 그의 학파에 따르면 제국주의적 팽창은 불가피한 현상이 아니며 또한 이런 잉여를 처리하는 데 가장 합리적인 방법도 아니라고 한다. 잉여 상품과 잉여 자본은 구매력이 잘못 분배된 데에서 기인하므로 구매력을 증진하거나 과잉 저축을 없

6_ *Collected Works* (New York: International Publishers, 1927), Vol. XVIII; *Selected Works* (New York: International Publishers, 1935), Vol. V.

7_ *Imperialism and World Economy* (New York: International Publishers, 1929). 여기 언급된 사람들 이외에 마르크스주의적 제국주의론의 발달에 특히 영향을 많이 미친 사람으로 로자 룩셈부르크(Rosa Luxemburg)와 프리츠 슈테른베르크(Fritz Sternberg)를 들 수 있다. 후자의 다음 저서도 참고할 것. *The Coming Crisis* (New York: The John Day Company, 1946).

8_ *Imperialism, The Highest Stage of Capitalism* (New York: International Publishers, 1933), p. 72.

9_ *Imperialism* (London: G. Allen & Unwin, 1938).

애는 등 경제 개혁을 통해 국내 시장을 확장함으로써 해결될 수 있다고 본다. 제국주의를 해결하기 위한 국내적 대안을 신봉하고 있는 점이야말로 자유주의 학파가 마르크스주의와 가장 뚜렷이 구별되는 점이다.

'악마' 제국주의론은 위의 두 가지 이론보다 훨씬 낮은 지적 수준에 머물러 있다. 이것은 평화주의자가 주로 주장하는 이론이며 공산주의 선전의 상투 수단이 되어왔다. 이 이론은 미국 상원을 대신해 1934~1936년에 재정적·산업적 이해관계가 미국의 제1차 세계대전 개입에 얼마나 많은 영향을 미쳤는지를 조사한 나이 위원회Nye Committee의 공식 철학이기도 하다. 이 위원회의 보고서가 매우 많은 관심을 끌었기에 '악마' 제국주의론은 한동안 미국에서 외교 문제에 대한 가장 인기 있는 설명이었다. 이 이론이 단순하다는 사실도 큰 인기를 끄는 데 기여했다. 이 이론은 전쟁 물자 생산자(통칭 군수품 제조업자), 국제적 금융가(월가) 등과 같이 전쟁에서 명백히 이득을 보는 몇몇 그룹을 동일한 종류로 묶고 있다. 이리하여 전쟁으로 이익을 보는 자들은 자신의 부를 늘리기 위해 전쟁을 충동질하고 계획하는 '전쟁상인', 즉 '악마'가 되는 것이다.

극단적 마르크스주의자가 자본주의를 제국주의와 동일시하고, 온건파 마르크스주의자와 홉슨의 후계자가 제국주의를 자본주의 체제 내부의 운영상 잘못이라고 보는 데 반해, '악마' 이론에 집착하는 사람은 제국주의와 전쟁을 모두 사적 이익을 얻기 위한 사악한 자본주의자의 음모에 지나지 않는다고 파악한다.

이들 이론에 대한 비판

제국주의에 대한 모든 경제이론적 설명은 그것이 원시적이든 세련되든 역사적 경험이라는 시험을 통과하지 못하고 있다. 제국주의의 경제적 해석은 몇몇 개별적 사례에 의존해서 제한된 역사적 경험을 역사의 보편적 법칙으로 정립하고 있다. 19세기 후반과 20세기에 몇몇 전쟁이 전적으로는 아니더라도 주로 경제적인 목적을 위해 일어났던 것은 물론 사실이다. 1899~1902년의 보어 전쟁과 1932~1935년 볼리비아와 파라과이 사이에 일어났던 차코 전쟁 등이 고전적 사례다. 금광에 대한 영국의 이해관계가 보어 전쟁의 가장 중요한 원인이었던 것은 의심의 여지가 없는 사실이다. 혹자는 차코 전쟁을 유전 지배권을 놓고 두 석유 회사가 벌인 전쟁이라고 보고 있다.

그러나 자본주의가 성숙한 시기에 이른 뒤에는 보어 전쟁을 예외로 한다면 전적으로 혹은 주로 경제적 목적 때문에 강대국이 전쟁을 벌인 적은 없었다. 예를 들어 1866년의 프로이센-오스트리아 전쟁 1870년의 프로이센-프랑스 전쟁의 경우 중요한 경제적 동기가 없었다. 이들은 처음에는 독일 연방 내부에서 프로이센에 유리하도록, 나중에는 유럽 국가 체제 내에서 독일에 유리하도록 권력 분포를 새로이 확립하려는 목적에서 발발한 정치적 전쟁이었으며 제국주의 전쟁이었다. 1854~1856년의 크림 전쟁, 1898년의 아메리카-에스파냐 전쟁, 1904~1905년의 러일 전쟁, 1911~1912년의 이탈리아-터키 전쟁 그리고 몇몇 발칸 반도에서의 전쟁을 살펴보면 경제적 목적은 있다 하더라도 부차적인 것에 지나지 않았음을 알 수 있다. 양차 세계대전은 분명히 정치 전쟁이었으며, 전 세계의 제패까지는 아니더라도 유럽의 제패를 위한 것이었다. 이들 전쟁에서의 승리는 자연히 경제적 이익을 가져다주었다. 당연히 패배는 경제적 손실을 의미했다. 하지만 중요한 것은 이런 결과가 아니었다. 경제적 이익과 손실은 승리와 패배라는 정치적인 결과에 따르는 부산물이었을 뿐이다. 또한 당시 각국 정치가들의 마음속에서 이런 경제적 결과가 전쟁과 평화의 문제를 결정케 했던 동기가 되었을 가능성은 더욱 적다.

이렇게 볼 때 경제이론적 제국주의론은 역사적으로 제국주의와 꽤나 밀접한 연관을 가지는 것처럼 보이는 기간 동안, 즉 자본주의 시대에도 경험적으로 뒷받침되지 못하고 있다. 더 나아가 경제이론적으로 제국주의와 동일시되곤 했던 식민지 팽창기는 자본주의가 성숙되기 이전이었으며, 따라서 붕괴하는 자본주의 체제의 내적 갈등에서 그 원인을 찾을 수 없다. 또한 16세기, 17세기, 18세기의 경우와 비교할 때 19세기와 20세기의 식민지 획득은 양적으로 훨씬 적다. 자본주의의 최후 단계를 맞아 자본주의는 오히려 제국의 대규모 해체 현상을 보이고 있다. 이런 현상은 영국, 프랑스, 포르투갈, 네덜란드가 아시아, 아프리카에서 물러나는 형태로 진행되고 있다.

자본주의 단계 이전에 이미 제국이 건설되고 있었다는 역사적 사실에 비추어 본다면 경제이론적 제국주의론을 뒷받침할 역사적 증거는 부족하다. 고대 이집트, 아시리아, 페르시아 제국을 건설했던 정책은 정치적 의미에서 볼 때 제국주의였다. 또한 알렉산드로스 대왕Alexandros the Great, B.C. 356~ 323의 정복이나 기원전 1세기 로마의 정책들 역시 제국주의였다. 7세기와 8세기 아라비아의 팽창은 제국주의의 전형이라 할 만한 것이었다. 교황 우르반 2세Urbanus II, 1042?~1099는

1095년, 클레르몽 종교회의에서 제1차 십자군의 결성에 대한 이유를 다음과 같이 설명했는데 그것은 제국주의 정책을 지지하는 사람이 즐겨 사용하던 전형적인 논거였다.

"그대들이 살고 있는 이 땅은 사면이 바다로 둘러싸이고 산으로 막혀 있으니 많은 인구에 비해 너무나 협소하다. 주위에 부가 넘치는 것도 아니고 농민이 살기에도 벅찬 양식만이 나올 뿐이니…… 따라서 그대들은 서로 죽이고 멸망시키며 전쟁을 일으킬 것이요, 바로 그대들 중 많은 이가 상호 간의 싸움에서 죽음을 면치 못하리라."[10] 루이 14세Louis XIV, 1638~1715, 표트르 대제Pyotr I, 1672~1725 그리고 나폴레옹 등은 모두 근대 자본주의 이전 시대의 위대한 제국주의자였다.

자본주의 이전 시대의 모든 이런 제국주의 현상은 자본주의 시대의 제국주의와 마찬가지로 이미 확립된 권력관계를 전복하고 그 대신 제국주의 세력의 우월한 지배를 확립하려는 경향을 보인다. 또한 이 두 시기의 제국주의는 경제적 목적을 정치적 고려에 부차적으로 종속시키고 있다.

알렉산드로스 대왕과 나폴레옹은 개인적 이득을 얻기 위해, 혹은 경제체제의 조절 불량을 피하기 위해 제국주의 정책을 시작했던 것이 아니다. 이는 히틀러의 경우도 마찬가지다. 그들이 추구했던 것은 산업계의 총수가 기업에 기업을 추가하고 확장해 마침내 자기가 그 산업 전체를 독점적으로 혹은 준독점적으로 지배하게 될 때까지 산업

10_F. A. Ogg, editor, *A Source Book of Medieval History* (New York: American Book Company, 1907), p. 286.

'제국'을 건설하려고 노력하는 것과 똑같은 목표였다. 자본주의 이전 단계의 제국주의자, 자본주의 시대의 제국주의자 그리고 '제국주의적' 자본주의자가 원했던 것은 권력이었지 경제적 이득이 아니었다. 산업계의 총수는 경제적 필요나 개인적인 탐욕에 의해 '제국주의적' 목표를 추구하는 것이 아니며 이 점은 나폴레옹도 마찬가지였다. 제국주의적 팽창을 통한 개인적 이득이나 경제 문제의 해결은 나중에야 생각나는 유쾌한 궁리요, 신나는 부산물이지 제국주의 정책을 불러일으키는 목표가 될 수 없다.

우리는 제국주의가 자본주의나 여타 유사한 경제적 이유로 결정되는 것이 아니라는 점을 살펴보았다. 이제 자본주의자라고 해서 모두 제국주의자는 아니라는 점을 살펴보기로 하자. 경제이론, 좀 더 자세히 말해서 '악마' 이론에 의하면 자본주의자는 제국주의 정책을 부추기는 수단의 하나로 정부를 이용한다고 한다. 그렇지만 경제적 해석을 뒷받침한다고 인용된 역사적 사례를 자세히 조사해보면 대부분 정치가와 자본가 사이에는 오히려 정반대의 관계가 성립한다. 제국주의 정책은 보통 이들 정책을 지지해주도록 자본가를 소집한 정부가 제창한다. 따라서 역사적인 증거에 의해서도 정치가 경제에 우선하고 있음이 판명되며 조지프 슘페터Joseph Schumpeter, 1883~1950 교수의 말을 빌려보자면, "자본가가 국제정치를 지배한다는 얘기는 신문에나 실리는, 사실과는 어이없게 딴판인 동화 같은 얘기일 뿐이다".[11]

반면에 몇몇 개인 자본가를 예외로 치면, 일반적으로 자본가는 전쟁을 부추기기는커녕 제국주의 정책을 전폭적으로 지지하는 예도 드물었다. 현대 사회에서 자본가를 대변하는 정당과 단체 들이 발표했던 문헌이나 정책을 보면, 전통적으로 제국주의와 같이 전쟁을 유발할 수 있는 정책에 상인과 제조업자는 극력 반대해왔다는 사실이 입증된다. 제이콥 바이너Jacob Viner, 1892~1970 교수의 얘기를 들어보자.

> 평화주의, 국제주의, 국제적 화해 그리고 분쟁의 타협, 군비 축소를 지지했던 사람은 대부분 중산계층이었다. 팽창주의자요 제국주의자이며 주전론자였던 사람은 대부분이 귀족과 농민 그리고 더러는 도시의 근로자 계층이었다. 나폴레옹 전쟁, 크림 전쟁, 보어 전쟁 기간에, 또 히틀러의 등장에서 독일의 폴란드 침공에 이르기까지의 시기에 영국 의회에서 유화정책을 내세웠던 사람은 모두가 부유한 계층, 한창 세력이 커가던 북부 공업지대의 중산계층과 런던의 '도시' 이해관계를 대변하던 자였다. 우리 나라의 경우 미국 혁명, 1812년의 전쟁, 1898년의 제국주의, 진주만 기습 사건 이전 루스벨트 행정부 시절의 반나치 정책 등을 반대하던 주류 세력은 주로 상공업계였다.[12]

18세기 초 《스펙테이터Spectator》지의 앤드루 프리포트Andrew Freeport에서부터 우리와 동시대인인 노먼 에인절Norman Angell, 1873~1967의 저서 《위대한 환상Great Illusion》에 이르기까지, '전쟁으로 이익 볼 것은 없다, 산업사회와 전쟁은 상호 양립할 수 없다, 그리고 자본주의의 이익을 위해서는 전쟁보다 평화가 필요하다'는 것은 계급으로서의 자본가

11_ Joseph Schumpeter, *Business Cycles* (New York and London: McGraw-Hill Book Company, 1939), Vol. I, p. 495, n. 1.

그리고 개인으로서의 자본가 대부분의 확신이었다. 자본가의 행동에 바탕이 되는 합리적 계산을 가능케 하는 것은 오로지 평화뿐이기 때문이다. 전쟁에는 자본주의 정신과는 거리가 먼 비합리적 요소와 혼란이 따른다. 제국주의는 기존 권력관계를 전복하려는 노력인 까닭에 불가피하게 전쟁이라는 위험을 수반한다. 따라서 자본가 집단은 전쟁을 반대했으며, 전쟁으로 발전될 수 있고 많은 경우 실제 전쟁으로 이어졌던 제국주의 정책을 먼저 시작했던 적은 없다. 그것을 지지했다 할지라도 불안한 마음으로 강압에 의해 지지했던 것에 지나지 않는다.

경제이론적 제국주의론과 같이 경험적 사실과 매우 모순되는 이론체계가 어떻게 대중의 마음을 그토록 사로잡을 수 있었을까? 거기에는 서구 세계 여론의 분위기와 그 이론 자체의 성격이 영향을 미쳤다. 정치 문제를 경제 문제로 단순화하려는 우리 시대의 일반적 경향에 대해서는 이미 지적한 바 있다.[13] 자본주의자와 그에 비판하는 사람 모두가 이런 기본적 실수에 책임을 져야 한다. 전자는 자본주의 발전에서 일반적인 번영과 평화를 기대했다. 자본주의는 자본주의 이전 시대의 격세유전적 속박에서 벗어나 자신의 고유 법칙만을 따른다.

12_Jacob Viner, "Peace as an Economic Problem," *International Economics* (Glencoe: The Free Press, 1951), p. 255. Cf. Philip S. Foner, *Business and Slavery: The New York Merchants and the Irresponsible Conflict* (Chapel Hill: University of North Carolina Press, 1941)에서는 뉴욕과 뉴잉글랜드 상인의 독립 전쟁에 대한 항변, 또 1876년 9월 26일 솔즈베리에게 보낸 디즈레일리의 글을 싣고 있다. "모든 나라의 돈 많은 상인 계층은 전쟁을 반대하고 있다." 이와 관련해서 또 한 가지 중요한 것으로 독일 주재 영국 대사가 제1차 세계대전이 발발하기 하루 전인 1914년 6월 30일 외무성에 보낸 보고서를 들 수 있다. "나는 상공인 계급이 어떤 형태든 전쟁은 정면으로 반대한다는 이야기를 모두에게서 듣고 있다." *British Documents on the Origin of the War, 1898-1914* (London: His Majesty' s Stationery Office, 1926), Vol. XI, p. 361.

후자는 이런 목표가 자본주의 체제의 개혁과 폐지를 통해서만 달성될 수 있다고 확신했다. 즉 양쪽 진영 모두가 정치 문제를 경제적 처방으로 해결하고자 했던 것이다. 벤담은 전쟁을 유발하는 제국주의적 분쟁을 없애는 방법으로 식민지 해방을 주장했다. 프루동과 코브던은 관세를 국제 분쟁의 유일한 원인으로 보고 자유무역의 확대에 평화가 있을 것으로 파악했다.[14]

독일, 이탈리아 그리고 일본의 제국주의가 경제적 필요 때문에 생겼으므로 그 나라들에 차관, 식민지, 자원 확보의 길이 제공되었다면 그들은 제국주의적 정책을 자제했을 것이라는 얘기가 있다. 가난한 국가는 경제적 곤경에서 벗어나고자 전쟁을 시작하므로 부강한 국가가 빈국의 경제적 곤경을 덜어준다면 전쟁이 일어날 이유가 없어진다는 견해다. 초기 자본주의 시대에는 자본주의 체제를 찬성하는 사람이든 반대하는 사람이든 기업인의 행위를 결정한다고 생각되던 경제적 요인이 모든 사람의 행동을 이끈다고 생각했다.

제국주의의 경제적 해석이 쉽게 받아들여진 또 다른 이유는 이 이론이 그럴 듯하게 보이는 데 있다. 슘페터가 마르크스주의적 제국주의론에 대해서 다음과 같이 언급했던 것은 다른 사람에게도 널리 받아들여지고 있다. "우리 시대의 일련의 핵심적 사실이 이미 완벽하게 설명된 듯하다. 국제정치의 모든 미궁이 단 한 번의 권위 있는 분석으로 깨끗이 해결된 것처럼 보인다."[15] 즉 제국주의와 같은 그토록 위협

13_ 1권 pp. 134-140 참고. 또한 Hans J. Morgenthau, *Scientific Man vs. Power Politics* (Chicago: University of Chicago Press, 1946; Phoenix Edition, 1965), p. 75 ff. 참조.

14_ 1권 pp. 141-142 참고.

적이고 비인간적이며, 잔인했던 역사적 세력의 비밀, 그것을 국제정치의 특수한 형태로 규정하는 데의 이론적 어려움, 그리고 무엇보다 그것을 특정 상황에서 구별해내고 적절한 대책을 세우는 실제적 어려움과 같은 모든 문제가 자본주의 체제가 지닌 고유한 경향, 혹은 자본주의 체제의 폐해라고 단순화되었던 것이다. 제국주의 현상이 이론적 이해나 실제적 행위의 대상으로 대두될 때마다 이 간단명료한 도식은 마음을 편안하게 해주는 해답을 자동으로 제시해줄 것이다.

제국주의의 여러 유형

현상을 전복하려는 정책인 제국주의의 진정한 본질은 제국주의 정책을 유발하기 쉬운 몇몇 특징적 상황과 적극적 외교정책에 필요한 주관적, 객관적 조건이 충족되었을 때 필연적으로 제국주의 정책을 낳게 되는 전형적인 상황을 살펴보면 가장 잘 설명될 수 있다.

제국주의의 세 가지 유인 조건

◆ 승전

한 나라가 타국과 교전 상태에 있을 때, 유리한 상황에 있는 쪽은 패배

15_ Joseph Schumpeter, *Capitalism, Socialism, and Democracy* (New York and London: Harper and Brothers, 1947), p. 51.

한 적국과의 권력관계 변화를 영원히 고정시키려 할 것이 분명하다. 전쟁이 발발하던 당시의 원래 목표가 무엇이었든 그 국가는 이런 정책을 취할 것이다. 전쟁이 종결되면서 생기는 승자와 패자 사이의 관계를 평화조약에 의한 새로운 현상으로 전환하려는 것이 바로 이 변경 정책의 목적이다. 따라서 지금 이기는 쪽에 의해 방어적 전쟁으로, 즉 전쟁 전의 현상을 유지하고자 시작되었던 전쟁도 승리가 다가옴에 따라 제국주의 전쟁으로, 다시 말해 현상의 영구적 변화를 위한 전쟁으로 바뀌어간다.

로마인이 카르타고인과의 관계를 영원히 자기들에게 유리하도록 변화시켰던 이른바 '카르타고의 평화'는 적대관계가 종식될 때 승자와 패자 간에 성립되는 권력관계를 영속시키는 평화적 해결을 뜻하는 말이 되었다. 많은 사람은 제1차 세계대전 이후 체결된 베르사유 조약과 그 부속 협정들도 비슷한 성질을 가진 것으로 생각하고 있다. 제2차 세계대전 이후 특히 헬싱키 조약에서 승인된 것처럼 동유럽으로 세력권을 넓혀간 소련의 팽창도 또 다른 사례다. 이런 평화조약을 목표로 하는 정책은 우리가 내린 개념 정의에 따를 때 제국주의적이라고 불려야 마땅하다. 거의 동등한 혹은 적어도 완전히 불균등하지는 않은 두 권력이 서로 대치하던 전쟁 이전의 상태를 전쟁에서의 승자가 패자에 대해 영구적 우월권이 확립되는 전쟁 이후 상태로 대치하려 하기 때문이다.

◆ 패전

패전국은 회복될 기약이 없는 종속적 지위 탓에 상태를 한 번 뒤집어었고, 패전이 초래한 현상을 전복하여 권력의 위계질서에서 승자와 자리바꿈을 해보고 싶은 욕구를 갖는다. 다시 말해 승리를 눈앞에 두고 승자가 추구했던 제국주의 정책은 다시 패전국 측의 제국주의 정책을 촉발하기 쉽다는 것이다. 완전히 파멸해버리지 않았다면, 또 승전국에게 정신적으로 굴복하지 않았다면 패전국으로서는 잃었던 것을 되찾으려 할 테고, 가능하다면 더 많이 차지하려 들 것이다.

상대방의 성공적 제국주의에 대한 반발이 초래한 제국주의의 좋은 예로는 1935년부터 제2차 세계대전이 끝날 때까지의 독일 제국주의를 들 수 있다. 1914년 무렵 유럽의 현상은 오스트리아, 프랑스, 독일, 영국, 이탈리아, 러시아로 구성되는 강대국들의 협조체제였던 점에 특색이 있다. 연합군의 승리와 그에 따른 평화 조약은 새로운 현상을 만들었는데 그것은 프랑스 제국주의 정책의 결실이었다. 이 새로운 현상은 프랑스의 주도권을 확립했고, 동부 및 중부 유럽 신생 국가 대부분과의 동맹을 통해 유지되었다.

1919년에서 1935년 사이 독일은 외견상 현상유지의 테두리 내에서 외교정책을 수행했으나 은밀하게 현상을 전복할 준비도 진행했다. 양보를 얻어내려 노력한 적도 있지만 독일은 베르사유 조약에 의해 확립된 권력관계를 적어도 당분간은 정신적으로 불복한 가운데서나마 받아들였다. 독일은 이런 권력관계에 공공연히 도전하기보다는, 본질적인 부분을 그대로 유지한 채 얼마간의 조정을 시도하고자 했다. 이것이 바이마르 공화국이 추진했던 '이행정책policy of fulfillment'의 특징이며 베르사유 조약의 이행을 의미한다. 잠정적으로나마 베르사유 체제의 현상을 받아들이는 가운데 독일의 국제적 지위를 개선하려던 이 노력은 국가주의자와 국가사회주의자(나치스트)의 격렬한 반대를 일으켰다. 1933년 국가사회주의자가 집권하여 국내적으로 정권을 안정시킨 이후, 1935년에 와서 베르사유 조약의 군축 조항을 일방적으로 폐기하기에 이르렀다. 1936년, 그들은 베르사유 조약을 위반하여 라인 지역을 점령하고는 독일과 프랑스 국경에 면한 독일 영토를 비무장화한 규정이 무효임을 선언했다. 이런 행위와 더불어 국가사회주의 독일의 외교정책은 공공연하게 제국주의적 성격을 띠게 되었다. 이 행위와 더불어 더 이상 베르사유 조약의 현상을 자기 외교정책의 기본으로 인정하지 않을 것이며 그 현상을 타파하기 위해 노력하겠다는 독일의 결의를 보여주는 일련의 행위가 시작되었기 때문이다.

◆ 허점

제국주의 정책을 유발하는 또 하나의 전형적인 상황은 허약한 국가나 정치적 공백 지대가 강대국의 관심을 끌면서 동시에 강대국이 접근하기에 유리한 경우다. 이것이 식민 제국주의가 발전하게 된 상황이다. 또한 원래의 아메리카 13개 주가 합쳐져서 하나의 대륙 세력으로 변모하게 했던 상황이기도 하다. 전격전Blitzkrieg을 일으키던 1940년 무렵의 히틀러는 물론 나폴레옹의 제국주의도 부분적으로 이런 성격을 지닌다. 제2차 세계대전이 막바지에 다다랐을 때와 그 이후 10여 년간, 강대국과 약소국의 관계에서 유래하는 제국주의의 예로 우리는 소련과 동유럽 국가들 사이의 관계를 들 수 있다. 제국주의의 유발 요인으로서 힘의 공백이 가지는 매력은 중요한 국력 구성요소를 대부분

가지지 못한 아시아, 아프리카 여러 신생국의 생존에 최소한 잠재적 위협이 되고 있다.

제국주의의 세 가지 목표

제국주의가 세 가지 전형적인 상황에서 생기듯 제국주의의 전형적인 목표도 세 가지가 있다. 제국주의의 목표는 정치적으로 조직화된 세계 전체를 지배하는 것, 즉 세계 제국의 건설이 될 수도 있고, 대륙적 범주 내에서의 제국이나 패권 수립일 수도 있으며, 혹은 엄격히 제한된 지역적·국지적 패권의 수립일 수도 있다. 다른 말로 제국주의 정책은 희생될 나라의 저항력 이외에는 아무런 한계를 갖지 않을 수도 있고, 대륙과 같은 지리적으로 한정된 경계를 가질 수도 있으며, 제국주의 세력 그 자체의 지역적 목표에 의해 제한되기도 한다.

◆ 세계 제국

무제한적 제국주의의 역사상 가장 뚜렷한 사례로는 알렉산드로스 대왕, 로마, 7~8세기경 아랍 민족, 나폴레옹 그리고 히틀러의 팽창 정책을 들 수 있다. 그들은 모두 합리적인 한계를 모르고 성공할수록 더욱 욕심을 내어 월등한 힘으로 제지되지 않으면 정치적 세계 모두를 차지하려던 팽창 욕구를 가졌다는 점에서 공통적이다.[16] 이런 충동은 지배 대상이 될 만한 것이 남아 있는 한 만족할 줄을 모른다. 정치적으로 조직된 인간 집단이 자기에게 정복되지 않은 채 존재한다는 사실 자체가 정복자의 권력욕을 부추기기 때문이다. 이것은 바로 절제를 모르는 소치이고, 빌미를 주는 모든 것을 정복해버리려는 욕구로서 무제한적 제국주의의 특징이다. 이는 과거 이런 종류의 제국주의 정책이 몰락하는 원인이기도 했다. 유일한 예외는 로마인데, 나중에 그 원인을 살펴보자.[17]

◆ 대륙 제국

지리적 조건에 의해 결정되는 제국주의는 유럽 대륙에서 지배적 위치를 차지하려고 노력했던 유럽 열강들의 외교정책에서 가장 뚜렷한 예를 찾을 수 있다. 특히 루이 14세, 나폴레옹 3세Charles Louis Napoléon Bonaparte, 1808~1873, 빌헬름 2세의 경우가 그러하다. 1850년대 카밀로 카부르Camillo Benso Cavour, 1810~1861의 지배하에서 이탈리아 반도의 지배권을 추구한 피에몬테 왕국(사르디니아 왕국), 1912년과 1913년 발칸 지방의 패권을 추구한 발칸 전쟁의 참가국들, 지중해를 이탈리아의 내해로 삼으려 했던 무솔리니Benito Mussolini, 1883~1945 등은 대륙보다 작은 수준에서 지리적으로 한정된 제국주의를 추구한 예다. 19세기에 북미 대륙에서 점차 세력권을 넓혀간 미국의 정책은 전적으로는 아니

16_ 홉스(Thomas Hobbes)는 《리바이어던Leviathan》에서 이런 끝없는 권력욕에 대해 고전적인 분석을 하고 있다. *Leviathan*, Chapter XI (Everyman' s Library) p. 49. "그러므로 나는 첫째로 모든 인류의 일반적 성향으로 무한정 힘을 추구하는 영속적이고 부단한 욕망을 들고자 한다. 이 욕망은 죽음을 맞이해야 비로소 멈춘다. 이것은 인간이 이미 획득한 것보다 더 강한 환희를 희망하거나, 또는 그가 일상적인 힘에 만족할 수 없기 때문만은 아니다. 잘 살기 위한 힘과 수단을 더 확보하지 않고서 현재의 그것만 가지고서는 안심할 수가 없기 때문이다. 여기에서 다음과 같은 일이 생긴다. 즉 이미 가장 힘이 센 왕들이 국내에서는 법에 의해 국외에서는 전쟁에 의해 권력을 더 확보하고자 노력을 기울이고, 그것이 이루어졌을 때는 새로운 욕망이 뒤따르는 것이다. 어떤 자는 새로운 정복으로부터의 명성을, 다른 자는 안락과 육감적 쾌락을, 또 어떤 자는 어떤 예술이나 다른 정신적 능력의 탁월함에 대한 칭송 또는 아첨을 받으려는 욕망을 일으킨다."

17_ 2권 p. 358 ff. 참고.

더라도 주로 대륙이라는 지리적 한계의 영향을 받은 경우다. 캐나다와 멕시코까지 그 지배권 아래 넣을 수 있었음에도 그러지 않았다는 점에서 이 경우의 전형적인 예라고 보기는 어렵다. 이렇게 볼 때 대륙제국주의는 대륙의 일부 지역에 팽창의 한계를 설정하고 있다.

서반구 전체를 대상으로 영향력을 심어나간 미국의 외교정책도 본질적으로 이 제국주의 유형에 들 수 있다. 미국이 아메리카 대륙 이외의 국가에 서반구에 대한 현상유지정책을 요구한 먼로 독트린은 미국이 이 지역에서 독자적인 지배권을 확립하게 하는 방어벽을 구축한 것이었다. 그러나 이 지리적 한계 내에서 추진된 미국의 정책이 언제나 제국주의였던 것만은 아니다. 사실 중미 지역의 여러 공화국이나 남미의 몇몇 국가에 때때로 미국이 제국주의적 정책을 취하긴 했지만 아르헨티나와 브라질과 같은 다른 몇몇 국가에는 기존의 우위적 세력을 유지하는 데 그쳤을 뿐이다. 이 같은 현상은 미국이 심사숙고해 결정한 정책의 결과라기보다는 어쩌다 보니 자연스럽게 그렇게 된 것이었다. 미국은 이들 국가에 대해서 실제적 패권이라는 형태로 지배권을 강요할 수 있는 힘을 가졌지만 그렇게 하지 않기로 선택했다. 여기서 다시 우리는 지리적 요소에 의해 제약되는 정책의 하나인 국지적 제국주의의 사례를 보게 된다.

◆ 국지적 우세

국지적 제국주의의 가장 좋은 예로는 18세기와 19세기의 군주제 국가의 정책이 있다. 18세기의 프리드리히 대왕Friedrich II, 1712~1786, 루이 15세Louis XV, 1710~1774, 마리아 테레지아Maria Theresia, 1717~1780, 표트르 대제 그리고 예카테리나 2세Ekaterina II, 1729~1796 등이 이런 종류의 외교정책을 적극 추구했던 인물이다. 19세기 당시의 현상을 타파하고 자신이 선택한 범위 내에서 정치적 지배권을 확립하고자 했던 비스마르크는 이런 제국주의 정책의 천재였다. 국지적 제국주의, 대륙 제국주의, 무제한적 제국주의(세계 제국주의) 사이의 차이는 곧 비스마르크, 빌헬름 2세, 히틀러의 외교정책이 보여주는 차이와 같다. 비스마르크는 중부 유럽에 국한해 독일의 패권을 추구했고, 빌헬름 2세는 유럽 전역에서, 히틀러는 전 세계적으로 패권을 수립하고자 했다. 핀란드, 동부 유럽, 발칸 제국, 다르다넬스 해협 그리고 이란과 같은 러시아 제국주의의 전통적 목표 역시 국지적 성격의 것이었다.

이런 유형의 제국주의에 있어 팽창의 한계는 지리적으로 제한되는 제국주의처럼 경계를 넘어 진출하는 것이 기술적으로 어렵다거나 정치적으로 현명하지 못하다는 자연의 객관적 사실에서 생기지 않는다. 오히려 현상유지정책, 대륙 제국주의, 국지적 제국주의 등 여러 외교정책 대안 가운데서 자유롭게 선택한 결과일 경우가 더 많다. 18세기에는 세 번째의 정책 대안이 널리 채택되었는데, 서로 비슷한 국력을 가진 열강 간의 협조가 어느 한 국가가 대륙 제국주의 정책을 추구할 수 없게 봉쇄해버렸기 때문이었다. 그런 정책이 얼마나 위험한 결과를 초래하는지는 루이 14세의 경우가 잘 말해주고 있다. 더욱이 18세기 제국주의는 현대의 민족주의처럼 국민적 감정에 의한 것이 아니라 주로 군주의 권력과 영광을 얻으려는 동기에서 비롯된 경우가 많았다. 정치 무대의 행위자에게 도덕적 절제를 강요했던 군주 정치의 전통과 유럽 문명이라는 공통의 구조 내에서 작동했던 이런 계산이 종교적·민족주의적 십자군 전사의 시기에서는 이미 보이지 않고 있다.

19세기에 들어와 국지적 제국주의 정책의 특징인 '선택'이라는 요소는 비스마르크의 외교정책에서 잘 나타나고 있다. 먼저 그는 독일연방 내부에서 주도권을 장악하려는 자기의 국지적 제국주의 정책에 대한 프로이센 보수주의자들의 반대를 극복해야 했다. 이들은 프로이센이 현상유지정책을 취할 것을 주장했었다. 전쟁에서 몇 차례 승리하면서 비스마르크의 정책이 가능한 것으로 판명되자 이번에는 프로이센의 패권과 후일 통일된 독일의 패권을 위해 비스마르크가 제시한 범위를 넘어 독일이 계속 진출해야 한다고 요구하는 사람들을 설득해야 했다. 그 후 1890년 빌헬름 2세가 비스마르크를 퇴진시킴으로써 국지적 제국주의는 종말을 고하게 되었고, 독일은 대륙적 제국주의를 추구하기 시작했다.

제국주의의 세 가지 수단

제국주의를 초래하는 전형적인 유인 조건에 따라 세 가지 형태의 제국주의가 있었고, 추구하는 목표에 따라 세 가지 제국주의 유형이 있었던 것처럼 제국주의 정책이 택하는 전형적인 수단을 기준으로 세 가지 구분이 가능하다. 즉 우리는 군사적, 경제적, 문화적 제국주의를 구별해야 한다. 광범위한 오해로 인해 이들 세 가지 수단이 제국주의의 목표와 혼동되곤 한다. 예를 들어 경제적 제국주의는 다른 민족에 대한 경제적 착취만을 추구한다는 식이다. 이런 오해는 경제이론적 제국주의론에서 유래를 찾을 수 있으며, 위에서 이미 언급한 것처럼 국제관계에서 권력이라는 요소를 무시한 데서도 비롯되었다.[18] 사실 군사적 제국주의가 군사적 정복을 바라고, 경제적 제국주의가 타민족에 대한 경제적 착취를 목적으로 하며, 문화적 제국주의가 어떤 문화를 다른 종류의 문화로 대체시키려는 것이 사실이지만 이들은 항상 제국주의의 목적을 위한 수단으로 사용될 뿐, 제국주의의 목적은 항상 동일하다. 제국주의의 목적은 언제나 현상을 전복하는 것, 즉 제국주의 국가와 예상되는 희생국 간의 권력관계를 뒤바꾸고자 하는 것이다. 이 변치 않는 목적을 위해 군사적·경제적·문화적 수단을 따로 혹은 서로 결합하여 사용한다. 여기서는 바로 이 제국주의의 수단에 대해 논의해보기로 한다.

◆ 군사적 제국주의

가장 명백하고 유서 깊은, 또 가장 노골적인 형태의 제국주의가 바로 군사적 정복이다. 역사적으로 모든 위대한 정복자는 위대한 제국주의자이기도 했다. 제국주의 국가의 관점에서 이 방법이 지니는 장점은 군사적 정복으로 만들어지는 새로운 세력관계가 변경되기 위해서는 대체로 패전국이 또 다른 전쟁을 도발해야 하는데, 이럴 경우 대개 전쟁을 도발하는 측이 불리하다는 점이다. 나폴레옹은 유럽과 세계에 프랑스의 패권을 구축하는 과정에서 프랑스 혁명의 이념이 가지는 힘에만 의존할 수 있었을지도 모른다. 즉 군사적 정복 대신 문화적 제국주의를 택할 수도 있었다는 얘기다. 반면에 만약 그가 군사적 정복을 실천하고 유지할 수 있었다면 자기의 제국주의 목표를 더 빨리 달성

18_1권 p. 129 ff. 참조.

했을 것이고 정복의 과정에서 승리자가 맛볼 수 있는 개인적 만족감을 최대한으로 얻을 수 있었을 것이다. 그러나 이런 주장이 타당할 수 있는 바로 그 조건은 제국주의 수단으로서의 군사적 정복이 지니는 결점이기도 하다. 전쟁은 도박이기에 이길 수도 질 수도 있기 때문이다. 제국주의적 목적을 위해 전쟁을 일으키는 나라는 로마의 경우에서 보듯 제국을 건설하여 무사히 방어하고 유지할 수도 있다. 혹은 나폴레옹처럼 제국을 건설할 수도 있으나, 더욱 확장해가는 과정에서 오히려 모든 것을 잃고 말 수도 있다. 또 독일이나 일본과 같이 제국을 건설했다가 패망한 후 급기야 다른 제국주의 국가의 희생양이 되고 만 경우도 있다. 군사적 제국주의는 가장 큰 위험 부담을 안고 행하는 노름이다.

◆ 경제적 제국주의

경제적 제국주의는 군사적 제국주의보다는 덜 강압적이며 따라서 덜 효과적이고, 합리적인 수단을 통해 권력을 획득한다는 면에서 근대적 산물이다. 중상주의와 자본주의의 팽창기에 생긴 것으로 이른바 '달러 제국주의'는 아주 좋은 사례다. 영국과 프랑스의 제국주의 역사에서 중요한 역할을 했던 것도 바로 이 경제적 제국주의다. 18세기가 열린 이래 영국이 포르투갈에 영향력을 행사할 수 있었던 것은 경제적인 지배가 확실하게 뒷받침해주었기 때문이다. 아랍 세계에서 영국이 누린 패권은 '오일 외교'라고 적절히 묘사되는 경제정책의 결과였다. 이와 유사하게 아랍 산유국들은 오일의 정치적 용도를 발견하여 오일을 수입하는 공업국가들에게 전례 없는 막강한 권력을 행사할 수 있게 됐다. 양차 세계대전 사이에 프랑스가 루마니아와 같은 나라들에 우세한 영향력을 행사했던 것도 경제적 요인이 크게 작용했던 결과였다.

우리가 경제적 제국주의라고 부르는 정책들의 공통적 특징은 우선 제국주의 국가들과 다른 국가들 사이의 권력관계를 변경시킴으로써 현상을 타파하는 경향이 있으며 또 한편으로 그 과정에서 영토의 정복이 아니라 경제적 지배를 수단으로 삼고 있다는 점이다. 만일 한 국가가 타국에 대한 지배권을 수립하려는 목적으로 그 국가의 영토를 정복할 수 없거나 정복하지 않으려 한다면 그 영토를 차지한 사람들을 지배함으로써 같은 목표를 달성할 수 있다. 예를 들어 중미 지역 여러 국가의 경우 모두 주권 국가로서 모든 주권적 권리를 행사하고 있지만 경제적 생활을 거의 전적으로 대미 수출에 의존하고 있기 때문에 미국이 반대할 어떤 국내 정책도, 외교정책도 오래 추구할 수 없다.

쉽게 눈에 띄지 않고 간접적이긴 하지만 꽤 효과적으로 타국에 대한 지배를 확대하고 유지할 수 있는 경제적 제국주의는 경쟁적인 두 제국주의 국가가 한 국가를 상대로 경제적 수단을 이용하여 지배권 경쟁을 벌일 경우 특히 두드러지게 나타난다. 영국과 러시아가 이란에서의 지배권 확립을 놓고 100여 년 이상 경합을 벌여온 것은, 물론 그 중간의 꽤 오랜 기간을 주로 군사적 수단을 통해 싸우기도 했지만 어쨌든 경제적 제국주의의 한 가지 예다. 제1차 세계대전이 발발하기 전에, 당시 페르시아라 불리던 이란의 상황을 폴 로버츠Paul E. Roberts 교수는 다음과 같이 묘사했다.

두 강대국의 영향력은 매우 달랐지만 러시아는 북쪽에서부터, 영국은 남쪽에서부터 각각 페르시아를 압박했다. 당시 영국은 페르시아 남부 대외 무역의 태반을 장악하고, 아라비아의 아덴에서 동쪽으로는 영국령 인도의 발루치스탄에 이르는 모든 아시아 해안에 대해 지배권을 주장했으나 …… 영국이 영토적 소유권을 탐냈던 것은 결코 아니었다. …… 볼가 강의 해운이 발달하고 카스피 해를 가로지르는 철도가 놓이자 러시아도 북부 페르시아와 대규모 무역관계를 맺을 수 있게 되었다. 그러나 러시아가 상업적 무기로 사용했던 것은 독점과 금지령이었다. 페르시아 영토 내에 철도 건설을 금지했고 페르시아의 부흥을 위해 도움이 될 만한 조치에 대해서도 종종 반대했다.[19]

당시 러시아가 이란을 자기 궤도 내로 완전히 삼키는 데 방해가 되었던 것은 오로지 '영국이라는 상업적·정치적인 경쟁자'뿐이었던 듯하다.

영국과 러시아가 이 지역에서 경제적·정치적으로 대결하던 기간에 이란 정부의 외교정책과 더러는 국내 정책도 이들 경쟁 국가로부터의 경제적 압력과 더불어 때때로 가해지는 군사적 압력을 충실히 반영했다. 러시아가 영국으로서는 대적할 수 없을 만큼의 경제적 이익을 이란에게 약속하거나 보장하면, 혹은 러시아가 이미 이란에게 보장했던 이익을 몰수해버리겠다고 위협하면, 러시아의 영향력은 커지게 마련이었고 이는 영국의 경우에도 마찬가지였다. 러시아는 이란에 대한 영토적 야심을 감히 실현하려 들지 않았다. 영국은 영토적 야심 자체

19_ *Cambridge Modern History* (New York: The Macmillan, 1910), Vol. XII, p. 491.

를 가지지 않았다. 그러나 양국은 모두 이란 정부에 대한 지배권을 확립하려고 치열히 경합을 벌였다. 이란이 광대한 유전과 인도로의 통로를 장악하고 있었기 때문이다.

◆ 문화적 제국주의[20]

문화적 제국주의는 제국주의 정책 중에서 가장 교묘한 것으로, 그것 자체만으로 성공할 수만 있다면 가장 효과적인 제국주의 정책이다. 문화적 제국주의는 영토의 정복이나 경제생활의 지배를 목표로 하지 않고 인간 마음의 정복과 지배를 두 국가 간의 세력관계를 변화시키는 수단으로 삼고자 한다. A국이 확고한 제국주의적 목적이 있음에도 문화와 특히 정치 이데올로기를 가지고 B국의 정책을 결정하는 모든 시민의 마음을 사로잡아 정복해버리는 경우를 생각해보자. 이 때 A국은 좀 더 완전한 승리를 얻을 것이고 자기 지배력의 토대가 군사적 정복이나 경제적 지배보다 더 안정적이라는 사실을 알 수 있을 것이다. A국은 목표를 달성하기 위해 B국을 군사력으로 위협하거나 군사 행동을 취하고 경제적 압력을 가할 필요가 없다. 자기 문화가 월등히 우수하다는 것과 정치 이데올로기 면에서 훨씬 매력적이라는 것을 설득함으로써 B국을 종속시키겠다는 목적이 이미 달성되어 있

20_ 이는 이데올로기적 제국주의라고도 불린다. 이때 '이데올로기적·이념적' 이란 말은 특히 정치적 사상의 경쟁을 의미한다. 그러나 이것보다는 '문화적' 이라는 용어가 더 적절해 보이는 두 가지 이유가 있다. 첫째 '문화적' 이라는 개념에는 제국주의적 목표를 위해 사용되는 모든 종류의 지적 영향력(정치적이든 아니든)을 다 포함하고 있다. 둘째로 우리는 제7장에서 '이념적' 이란 용어를 특별한 사회학적 의미에서 사용하게 된다. 여기서 넓은 의미에서 일반적으로 사용할 경우 혼동을 일으킬 우려가 있을 뿐이다.

기 때문이다.

하지만 이것은 가설에 불과하다. 문화적 제국주의는 다른 수단의 제국주의 정책이 불필요할 만큼 성공적으로 달성되지 않는 것이 보통이다. 오늘날 문화적 제국주의가 담당하는 전형적인 역할은 다른 제국주의 수단을 보완하는 것이다. 적을 무마하고 군사적 정복이나 경제적 침투의 발판을 마련해주는 것이다. 오늘날 문화적 제국주의의 전형적 형태는 제5열(군사 스파이단)인데, 그중에서도 제2차 세계대전 발발 이전과 발발 당시 유럽에서 활약했던 국가사회주의자 제5열의 활약이 근래의 가장 성공적인 두 경우 중 하나이다. 오스트리아에서 그들이 보인 가장 눈부신 활약은 1938년에 친국가사회주의 정권이 독일군을 불러들여 자기 국가를 병합하게 만든 순간이었다. 프랑스에서의 활동도 뛰어났는데, 정부 안팎의 영향력 있는 인사 여러 명이 국가사회주의 철학으로 선회하여 나치당의 국제적 목표를 지지하게 되었다. 군사적 정복으로 일이 마무리되기 전에 문화적 제국주의에 의해 벌써 이 두 국가가 부분적으로 정복당했다고 해도 결코 과장이 아니다. 영국은 제2차 세계대전 발발과 때를 같이하여 모든 국가사회주의자와 그에 동조하는 자를 국내에 억류함으로써 문화적 제국주의가 가져다줄 위험을 미연에 방지하고 독일 제국주의의 희생이 되는 것을 면할 수 있었다.

우리 시대 문화적 제국주의의 또 다른 예로 코민테른(국제 공산당)을 들 수 있는데 이는 국가사회주의자 제5열보다 먼저 시작되어 더 나중까지 존속했다. 모스크바의 직접 통제하에 절정기에 올랐을 무렵 코민테른은 모든 국가의 공산당을 지휘·감독했으며 소련의 외교정책에 따라 각국 공산당의 정책이 결정되도록 했다. 각국의 공산당이 자기 국가에서 세력을 확장하는 만큼 이들 국가에 대한 소련의 영향력도 커졌으며, 공산당이 집권한 국가에서는 그 공산당을 지배하는 소련이 그 나라 정부를 지배하게 되었다.

동유럽 여러 국가에 대한 지배권을 장악하고자 소련이 동원했던 기술은 문화적 제국주의와 다른 형태의 제국주의적 정복 사이에 어떤 유기적인 관계가 있는가를 단적으로 보여준다. 이들 국가에서 모스크바의 사주를 받은 공산당을 통해 공산주의가 세력을 확장해갔던 것은 결국 소련의 종국적 지배를 위한 수단에 지나지 않았고, 같은 목적을 위해 취해진 다른 여러 수단과 상호 보완적으로 취해졌다. 따라서 소련의 동유럽 정복의 근간은 군사적 정복이었다. 군사적 정복을 지원하고 더러는 군사적 정복의 대리 역할을 해준 것은 동유럽 국가들의 경제활동에 대한 소련의 지배와 그에 따른 동유럽의 소련 경제에 대한 의존이었다. 마지막으로 소련은 동유럽 국가의 국민이 조국과 종교, 정당에 대해 품고 있던 충성심을 공산주의에 대한, 결국 소련에 대한 충성심으로 전환해 그들을 소련 외교정책의 자발적인 도구로 만들고자 노력했다.

세계 공산주의 운동과 비동맹 국가들에 대한 패권을 놓고 소련과 중국이 경쟁하던 때에도 주로 이 문화적 제국주의가 도구로 활용되었다. 이 두 공산 강대국은 서로가 자기야말로 마르크스와 레닌의 진정한 후계자이고, 상대편은 공산주의의 적을 이롭게 하는 이단자라고 주장하면서 지배적인 영향력을 장악하고자 했다. 이런 주장은 공산주의 이론을 따르는 어떤 정부나 정치 운동이 있는 곳에서 두 공산 강대국 가운데 그것을 그럴싸하게 제시하는 국가가 더 큰 힘을 얻는 원천이었다.

전체주의 국가의 문화 제국주의는 그 나라 정부의 전체주의적 특성 탓으로 인해 국민이나 그 국가에 호의적인 외국인의 생각과 행동을 엄격히 통제하고, 영향력을 행사하는 데 고도로 조직적이며 질서가 잡혀 있다. 문화적 제국주의의 기술이 전체주의자에 의해 완숙되고 제5열의 효과적 정치 무기로 된 것과는 달리, 문화적 동질성과 정치적 유사성을 제국주의의 무기로 사용했던 것은 제국주의 그 자체만큼이나 오랜 일이다. 고대 그리스나 르네상스 시기의 이탈리아 역사를 살펴보면 제국주의 정책이 군사적 정복보다는 적군 내의 정치적 동조자와 결탁함으로써 수행된 예가 너무나 많다. 오늘날에 와서는 종교 단체가 정부와 결합해서 혹은 그 정부와 혼연일체를 이루어 문화 제국주의 정책 수행에 중요한 역할을 했다. 이 경우의 전형적인 예는 제정 러시아의 제국주의 정책을 들 수 있는데, 러시아 정부 우두머리와 정교회 우두머리라는 러시아 황제의 두 지위를 이용하여 외국의 정교회 신도를 통해 러시아의 세력을 차츰 넓혀갔던 것이다. 19세기에 러시아가 터키를 계승하여 발칸 지방에서의 지배적 위치를 차지할 수 있었던 것은 대체로 러시아가 정교회를 외교정책의 무기로 이용했던 문화적 제국주의의 결과다.

세속적 측면에서 볼 때 프랑스 제국주의의 강력한 무기는 프랑스가 주장했던 이른바 '개화 임무la mission civilisatrice'였다. 프랑스 문화의 매력적인 측면을 프랑스 외교정책을 위해 교묘히 사용함으로써 제1차 세계대전이 발발하기 이전까지 지중해 동부 연안 국가들에 대한 프랑스 제국주의의 기반을 다졌다. 두 차례의 세계대전 당시 프랑스를 원조하고자 모여든 세계 각지에서의 동정은 바로 문화적 제국주의의 결실이며, 이는 나중에 양차 세계대전의 후기 몇 년 동안 의기양양한 프랑스 군사 제국주의를 더욱 강화시켜주었다. 민족 문화의 확산이라는 형태를 띠는 문화적 제국주의는 비할 데 없이 비조직적이고 산만하지만, 전체주의적 제국주의보다 반드시 덜 효율적이라고 할 수는 없다. 후자의 경우 주로 정치사상적 유사성을 이용하려 들지만 전자는 외국의 영향력 있는 지식인 계층을 자기 문화의 매력으로 감동시켜 그 문화가 지니는 정치적 목표나 수단도 매력적인 것으로 만들어버리기 때문이다.

문화적 제국주의가 보통 군사적·경제적 제국주의에 대해 보완적이고 이차적인 역할을 한다는 것은 이미 살펴본 바와 같다. 비슷한 경우로, 경제적 제국주의가 가끔 그 자체만으로 추진되는 경우가 있는가 하면 때로는 군사적 정책을 지원하는 경우도 있다. 반면 군사적 제국주의가 비군사적 수단의 도움 없이 그 자체만으로 타국을 정복할 수는 있지만 순전히 군사력에만 의존하는 지배는 지속될 수가 없다. 따라서 정복자는 경제적·문화적 침투 없이 군사적 정복만을 준비하려 들지 않는다. 자기 제국을 군사력에만 의존하는 것이 아니라 주로 피정복자의 생계를 지배하고 피정복자의 마음을 사로잡음으로써 제국을 건설하려 한다. 로마를 예외로 치면 알렉산드로스에서 나폴레옹, 히틀러에 이르는 모든 위대한 정복자가 바로 이런 교묘하고도 가장 중요한 임무를 다하지 못해 실패하고 말았다. 정복한 사람들의 마음을 지배하지 못하면 제국은 붕괴되고 만다. 끝없이 되살아난 대프랑스(나폴레옹) 동맹, 19세기 내내 러시아에 반항한 폴란드, 히틀러에 대항한 지하투쟁, 영국의 지배를 벗어나고자 했던 아일랜드와 인도의 투쟁 등 이 모두는 오늘날 바로 그런 궁극적인 문제를 상기시켜준다. 역사적으로 이 문제를 무난히 해결했던 제국주의는 거의 없었다.

제2차 세계대전 이후 모든 정부의 국제적 활동에서 경제적·문화적 제국주의가 차지하는 부분이 부쩍 증가했다. 그 이유는 두 가지를 지적할 수 있다. 첫째 공공연하게 대규모로 취해지는 군사적 제국주의는 그 자체에 이미 자멸적인 핵전쟁으로 번질 수 있는 위험을 내포하고 있으므로 더 이상 외교정책의 합리적 도구가 되지 못하기 때문이다. 따라서 자기의 힘을 제국주의적으로 팽창하려는 국가는 군사적 수단 대신 경제적·문화적 수단을 선호하게 되었다. 둘째로 식민 제국이 수많은 약소국으로 해체되자 그중 많은 수는 생존을 위해 외국의 도움에 의존하지 않을 수 없게 되었고, 따라서 제국주의 국가들이 경제적·문화적 수단을 통해 권력을 확장할 수 있는 새로운 기회가 열렸다. 이리하여 중국, 소련, 미국은 경제적·문화적 자원을 사용해서 이른바 비동맹 제3세계에서 각자의 세력을 확장하거나 최소한 타국이 세력을 확장하지 못하도록 상호 경쟁하게 되었다. 결국 신생 제국의 허약함이 그들에게 기회를 준 셈이고 핵전쟁이라는 용납될 수 없는 위험은 그런 기회를 합리적 필요 사항으로 바꿔주었다.

제국주의의 간파와 대응책

지금까지의 논의는 외교정책의 수행을 책임지는 공직자와 국제 문제에 대해 이성적인 의견을 집약해보려는 국민에게 다음과 같은 기본적인 문제를 제시한다. 즉 다른 국가 외교정책의 성격이 어떤 것인가, 또 그에 대응해서 채택해야 할 외교정책은 어떠해야 하는가다. 상대국의 외교정책이 제국주의적인가, 아닌가? 다시 말해서 그 국가가 기존의 권력 분포 상태를 파괴하려 하는가 아니면 이미 존재하는 현상의 일반적 테두리 내에서 약간의 조정을 꾀하고 있는가? 그에 대한 대답에 따라 국가의 운명이 좌우되며 그 대답의 정확성 여부에 그것에 기초를 둔 외교정책의 성공 여부 또한 달려 있으므로 틀린 대답은 흔히 무서운 재앙이나 실제적 파멸을 의미하곤 했다. 상대편의 제국주의적 정책구상에 대해 현상유지정책에나 알맞은 수단으로 대처하는 것은 자기 국가 운명에 치명적일 수도 있는 반면에, 현상을 유지하는 범위 내에서 조정을 원하는 상대국 정책에 마치 그것이 제국주의인 양 대처하는 것 역시 덜 위험하다고는 하겠지만 그 차이가 크지는 않을 것이다. 전자의 실수는 30년대 후반 독일에 대한 유화정책이 대표적인 사례다. 후자와 같은 실수는 제1차 세계대전이 발발하기 전 수십 년간 유럽 열강의 외교정책에 결정적인 영향을 주었다.

정책 문제 : 봉쇄, 유화, 공포

제국주의 정책과 현상유지정책은 성격이 근본적으로 다르기 때문에 각각에 대응하는 정책 역시 근본적으로 달라야 한다. 현상유지정책에 적절한 대응정책으로는 제국주의 정책에 대처하기가 충분치 않다. 기존의 전반적 권력 분포 상태 내에서 조정을 추구하는 현상유지정책에 대해서는 절충, 균형, 타협정책 등으로 대응할 수 있는데, 간단히 말해 주어진 전반적 권력 분포 상태 내에서 최소한의 손실로 최대한의 효과를 얻고자 조정 기술을 사용하는 정책이다. 기존 권력 분포 상태를 전복하려는 제국주의에 대해서는 최소한 봉쇄정책으로 대응해야 하는데, 이는 기존 권력 분포 상태를 지키기 위해 제국주의 국가가 더 이상의 침략, 팽창 또는 현상의 교란을 중지하도록 요구하는 정책을 일컫는다. 봉쇄정책은 제국주의에 벽을 쌓아 대처하는 것과 같다. 중국의 만리장성과 프랑스의 마지노선과 같은 실제적인 벽이 있는가 하면 1945년에 소련의 위성국가들과 서방세계 사이에 그어졌던 가상적인 벽도 있다. 이런 행위는 결국 제국주의 국가에 대해 '여기까지는 허용할 수 있지만 더 이상은 안 된다'고 선언하면서 경계선을 한 발짝만 넘으면 곧 전쟁이라고 경고하는 것이다.

유화정책은 제국주의의 위협에 직면해서 현상유지정책에 적합한 정책으로 대응하려는 외교정책이다. 제국주의를 마치 현상유지정책인 것처럼 다루려는 것이다. 유화정책은 현상을 유지하기에 적합한 정치 상황에서 타협정책을 사용하지 않고 제국주의의 공격에 직면하여 타협정책이 적절치 못한 정치 상황에 타협정책을 무리하게 적용하려는 잘못을 범한다. 또한 제국주의 정책을 현상유지정책으로 잘못 받아들인 실수 때문에 생기는 잘못된 형태의 타협정책을 유화정책이라고 얘기할 수도 있다.

'유화정책'이란 말을 치욕의 뜻으로 무분별하게 사용하는 오늘날의 경향을 고려할 때 유화정책과 제국주의는 논리적으로 서로 연관이 있다는 사실에 특히 주의해야 한다. 다시 말해 한쪽 편이 유화정책을 사용한다는 말은 다른 한쪽이 제국주의 정책을 취하고 있음을 전제로 한다. A국이 B국에 유화정책을 취한다고 할 때, 그것은 동시에 B국이 A국에 제국주의 정책을 취한다는 말이다. 만일 후자가 틀린 얘기라면 전자 또한 무의미하다.

유화정책을 택하는 국가는 제국주의 국가가 계속 내놓는 요구사항을 현상유지와 양립할 수 있고 합리적으로 제한된 목적으로 보면서, 목적은 그 자체의 고유한 장점이나 타협에 의해 해결되어야 한다고 생각한다. 이 경우 그 국가의 실수는 제국주의 국가의 계속되는 요구사항이 엄격히 자제되어 제시되거나 특별한 불만 때문에 생긴 것이 아니라 궁극적으로 현상을 전복하려는 행위임을 보지 못한 데 있다. 상충되는 정책들을 법적·도덕적 원칙을 근거로, 또는 외교적 흥정을 통해 조정하는 것은 사실 현상유지 범위 내에서 양측이 벌이는 외교의 가장 중요한 임무이다. 양측이 기존 권력 분포 상태를 받아들이고 있기 때문에 양측은 그들의 이견을 원칙이나 타협에 의해 해결할 수 있고, 그 해결이 어떤 형태가 되든 그들 사이의 기본적 권력관계에 아무 영향을 주지 않을 것이다.

하지만 그들 중 한 국가 혹은 두 국가 모두가 제국주의적인 생각을 품고 있다면, 즉 기존의 권력 분포 상태에 대한 근본적 변화를 추구한다면 사정은 달라진다. 제국주의의 요구사항을 그것이 해결되었을 경우 권력의 배분관계에 미칠 영향을 고려하지 않은 채 법적이나 도덕적 원칙, 흥정에 의해 하나씩 해결하는 것은 기존 권력 배분관계를 제국주의 국가에 유리해지도록 조금씩 변경해간다는 얘기와 같다. 타협에서 이익을 보는 쪽은 언제나 제국주의 국가일 것이고 또 제국주의 국가는 법적이나 도덕적 원칙 면에서도 유리하도록 조심스럽게 근거를 마련해두고 요구사항을 제시할 것이기 때문이다. 이렇게 조금씩 변경된 권력 배분 상태는 마침내 제국주의 국가에 유리하게 역전될 때까지 계속될 것이고 제국주의 국가는 타협과 유화의 차이를 몰랐던 상대방에 대해 피 한 방울 흘리지 않고 결정적인 승리를 얻게 될 것이다.

1935년에 독일은 다른 국가들이 군비를 축소하지 않고 프랑스와 소련의 군비가 증강되었다는 사실을 지적하면서 베르사유 조약의 군축 조항을 파기함으로써 제국주의 정책을 공공연하게 추구하기 시작했다. 그 자체만으로 볼 때, 또 그 배후의 다른 목적을 무시할 때 이런 주장은 평등이라는 법적 원칙 측면에서 타당성이 없는 것도 아니었다. 이렇게 제국 건설의 첫발을 내디딘 독일에 대한 서면 항의와 문서상의 동맹 조약을 별도로 치면, 구체적이고 실제적인 대응 조치가 나온 것은 3개월 후 체결된 영독 해군협정이 유일했다. 여기서 영국은 독일이 영국 해군력의 35퍼센트 미만까지 보유할 수 있도록 양보했다. 1936년 독일이 라인란트를 재점령한 것이라든지, 그 뒤 같은 해에 독일의 모든 수로를 국제적 관할하에 둔다는 베르사유 조약의 규정을 폐기한다고 통고했던 것은 합리적 한계에 입각한 요구라는 독일의 주장을 사실이라고 받아들일 경우 평등이라는 법 원칙에 의해 지지를 받을 수도 있었다. 1938년 단행한 오스트리아 합병도 제1차 세계대전 당시 연합군의 중요한 전쟁 목적으로 제시되었던 민족자결의 원칙으로 쉽게 옹호될 수 있었다.

1938년 후반 독일은 체코슬로바키아의 독일인 거주 지역을 요구했다. 뮌헨 회담은 독일의 요구사항을 그대로 인정했다. 뮌헨 회담이 체결되기 직전 히틀러가 체코슬로바키아의 독일인 거주 지역은 독일이 유럽에서 요구하는 최후의 영토적 요구라고 선언했을 때 그는 진실로 이 병합이 마지막이고, 그것은 합리적 한계를 넘지 않는 선에서 절제된 것이라고 주장하고 있었다. 히틀러는 독일 외교정책이 유럽의 현상을 유지하는 일반적 테두리 내에서 이루어지고 있으며 현상을 파괴하려는 의사가 없는 것처럼 위장하고, 따라서 기타 유럽의 열강은 독일의 외교정책을 그런 면에서 받아들이고 응해야 할 것이라고 했다. 그러나 현상유지정책처럼 보였던 히틀러의 외교정책이 사실은 애초부터 세계적 규모는 아닐지라도 대륙적 규모의 제국주의 정책이었다는 것을 서방 세력이 뼈저리게 인식한 것은 제2차 세계대전이 발발하기 불과 5개월 전이었던 1939년 3월 말 독일이 체코슬로바키아 전체를 병합하고 폴란드 영토마저 요구했을 때였다.

그 무렵 유럽의 세력 분포 상황은 이미 독일에 유리하게 변화해 있었다. 전쟁 이외의 방법으로는 독일의 세력 확장을 막을 수 없을 정도로 독일에 유리해졌다. 독일의 힘은 베르사유 체제의 현상에 공공연히 도전할 수 있을 만큼 강해져 있었다. 베르사유 체제의 질서와 동일시되던 국가들의 권위, 즉 그들의 힘에 대한 평판은 형편없이 추락한 나머지 단순히 외교적 수단만으로는 남아 있는 현상마저 제대로 방어하기 어려울 정도였다. 그들은 전쟁으로 가든지 아니면 항복해야 했다. 그래서 1938년 유화론자들의 운명은 (독일 제국주의에 대한 저항을 무의미한 것이라고 포기할 경우) 민족 반역자가 되거나, (독일 제국주의에 대한 저항은 결과에 관계없이 도덕적으로 마땅하며 나아가 승리의 확률도 있다고 생각했을 경우) 1939~1945년의 영웅이 되는 것이었다. 마지막으로 닥친 대재난과 그로 인한 국제정치 무대 행위자의 비극적 선택은 제국주의 정책을 현상유지정책인 양 파악하고 대응했던 처음 실수에서 기인한 결과였다.

봉쇄정책이 일단 제국주의 정책을 저지하는 데 성공하든지 후자가 자기의 목표를 달성하거나 힘이 소진되어 제풀에 꺾이면 봉쇄정책(비타협적 저항정책)은 충분히 타협(또는 절충정책)의 길을 마련할 수도 있었을 것이다. 제국주의를 유화적으로 대할 때는 사악한 정책도 제국주의적 열망을 뒤로 제쳐버린 현상유지정책과 타협할 때에는 미덕이 된다. 1950년 12월 14일 영국 하원에서 행한 처칠의 연설은 바로 이런 차이점을 잘 지적해주고 있다.

> 유화정책을 쓰지 않겠노라는 총리의 선언은 거의 전폭적인 지지를 얻고 있습니다. 우리 나라로서는 아주 훌륭한 슬로건인 셈이지요.하지만 제 생각에는 오늘 이 자리에서 유화정책의 의미가 좀 더 자세히 규정되어야 할 것 같습니다. 우리가 유화정책이라고 얘기할 때 그것은 허약함이나 공포에 의한 것이 아니라는 게 제 생각입니다. 유화정책 그 자체는 경우에 따라 좋을 수도, 나쁠 수도 있습니다. 국력이 약하기 때문에 또는 공포 때문에 취하는 유화정책은 소용없는 정책일뿐더러 치명적이기도 합니다. 강한 힘이 뒷받침되는 유화정책은 관대하고 고상하며 세계 평화를 위한 가장 확실하고 어쩌면 유일한 방법일 것입니다.

외교정책을 책임지는 사람이 빠지기 쉬운 또 다른 기본적인 실수는 여태까지의 논의와 정반대되는 상황이다. 현상유지정책을 제국주의 정책으로 오인하는 것이다. A국이 B국의 정책을 제국주의 정책으로 오인하고 군비 증강, 기지 건설, 동맹 결성 등의 방어 조치를 취하면 이번에는 B국이 A국의 정책을 제국주의 정책으로 판단하여 군비를 강화하게 된다. 이런 대응 조치는 A국이 B국의 정책에 대한 처음의 오판이 정말 옳았다고 확신케 하면서 사태가 악화된다. 결국 양국은 자기 실수를 인식하고 정책을 바꾸지 않으면, 상대국에 대한 불신이 높아져 급기야 전쟁을 부르는 사태가 벌어지게 된다. 이처럼 초기의 사소한 실수가 거듭되는 악순환을 가져오게 된다. 현상유지만을 원하면서도 상대 국가의 정책이 제국주의는 아닐까 의심하는 둘 혹은 그 이상의 국가는 자기 판단과 행동의 실수를 상대국의 같은 실수로 인해 더욱 올바른 것으로 확신하게 된다. 그런 상황에서 사태가 괴멸적인 대단원으로 치닫는 현상을 막을 수 있는 것은 거의 초인간적인 노력뿐이다.

1870년의 프로이센-프랑스 전쟁과 1914년의 제1차 세계대전 사이의 유럽 외교사는 이런 사태를 잘 보여준다. 1870년 전쟁에서 승리한 이후 독일 제국이 건설되자 독일의 외교정책은 주로 방어적인 성격을 띠게 되었다. 즉 독일의 주요 관심사는 유럽에서 확보한 지위를 유지하는 것과 더불어 특히 러시아, 프랑스와 같은 적대국의 동맹연합이 자신의 지위를 위협할지도 모른다는 위험, 즉 비스마르크의 그 유명한 '동맹의 악몽cauchemar des coalitions'에 대비하는 것이었다. 독일, 오스트리아, 이탈리아 간의 삼국동맹 조약은 이런 방어 정책의 도구였다. 또한 독일과 러시아 중 한 국가가 제3국과 전쟁할 경우 나머지 한 국가는 호의적 중립을 지킬 것을 약속한 독러 재보장 조약도 같은 목적을 위한 것이었다.

1890년 비스마르크의 퇴진 이후 빌헬름 2세는 러시아와의 재보장 조약을 연장하지 않고 유효 기간 만료와 함께 소멸되도록 했다. 주된 이유는 이 조약을 계속 연장함으로써 오스트리아와 멀어질지도 모르며 그렇게 되면 삼국동맹이 깨진다는 것이었다. 이렇게 되자 삼국 동맹의 의도를 두려워한 러시아는(1891년과 1894년에) 프랑스와 조약을 체결하여 방어적 성격의 동맹관계를 수립했다. 특히 1894년 프랑스와 러시아가 체결한 군사 회담은 삼국동맹이 방어적인 것에서 제국주의로 바뀔 가능성을 예견하여 그에 대비한 것이었다. 그래서 이 군사 회담은 삼국 동맹이 존속하는 한 유효하도록 되어 있다. 그 회담의 중요 조항은 다음과 같다. 만약 프랑스가 독일의 공격을 받든가 또는 독일의 지원을 받는 이탈리아로부터 공격받을 경우 러시아는 프랑스를 군사적으로 지원할 것이다. 프랑스는 러시아가 독일의 공격을 받든가 또는 독일의 지원을 받는 오스트리아의 공격을 받을 경우 러시아를 똑같이 지원한다. 삼국동맹의 군대가 동원되었을 경우 프랑스와 러시아는 지체 없이 군대를 동원한다.

적대 세력의 동맹 결성에 대한 두려움이 삼국 동맹을 결성케 했고, 그다음 삼국동맹의 와해에 대한 두려움이 독일로 하여금 러시아와의 친선관계를 끊도록 했다. 그리고 마지막으로 삼국동맹의 의도에 대한 두려움이 러시아와 프랑스 간의 동맹을 가져왔다. 제1차 세계대전이 발발하기 전 약 20년간 양측의 외교적 조치를 이처럼 부추겼던 것은 이들 두 방어적 동맹이 상호 느꼈던 두려움과 빌헬름 2세의 제국주의적 발언이 유발한 일반적인 불안이었다. 이런 외교 조치들은 기존 동맹관계를 파괴하는 새로운 결합의 추구로 이어지기도 했고 기존 동맹을 위해 그때까지 무관했던 열강의 지지를 얻고자 노력하는 형태로도 이어졌다. 결국 1914년의 대재난은 자기에게 유리하도록 세력관계를 변경해놓지 않으면 상대가 결정적으로 그들에게 유리하도록 권력 분포 상태를 변경할 것이라는 공포에 의해 불가피해지고 말았다. 두 적대적 블록 가운데 특히 이런 공포에 사로잡혔던 국가는 러시아와 오스트리아였다. 상대국의 정책이 제국주의일지도 모른다는 의심에서 생긴 두려움이 반사적으로 제국주의를 낳아, 애초의 두려움을 현실적인 것으로 만들어가게 된다.

상호 간 두려움으로 인한 엉뚱한 결과가 매우 심각하게 발전하는 경우는 적국의 외교정책이 실제 추구하는 외교정책과 일치할 수도 일치하지 않을 수도 있는 전 세계적 규모의 이데올로기[21]로 장식될 때다. 그래서 비공산주의 국가는 세계 혁명과 전 세계의 공산화를 내세우는 공산주의 이데올로기 때문에 공산주의 국가의 외교정책은 필연적으로 전 세계적 제국주의를 지향한다는 공포감을 갖게 된다. 결과적으로 소련과 중국 같은 국가가 국제정치라는 장기판 위에서 취하는 모든 행동은 그 자체의 성격보다는 제국주의적 이데올로기라는 기준에서 파악된다. 반면에 공산주의의 정치사상은 자본주의 국가가 본질적으로 전쟁을 좋아하며 '제국주의적'이라고 믿기 때문에, 법과 질서

21_ 이 개념에 대한 설명은 제7장 참고.

를 위하며 침략과 파괴에 반대한다는 서방세계의 주장을 제국주의 정책의 이데올로기적 위장에 지나지 않는다고 해석한다.

현실에 대해 양측이 가지는 이런 가공의 인식은 상대국의 제국주의를 봉쇄하기 위한 정책을 부르고 이런 정책은 모든 관련 국가의 마음에 원래의 그릇된 해석이 정말로 옳았다는 확신을 심어준다. 강대국들은 바로 이런 과정을 거쳐 악순환에 말려든다. 우선 그들은 공포 때문에 그 공포가 낳는 이데올로기적 측면에서 현실을 파악한다. 그러고 나면 가상의 위험에게서 자신을 방어하기 위해 취하는 모든 조치가 상대에게 현실에 대한 공포와 오해를 확신시키는 것이다. 이리하여 대응 조치가 취해져서 다시 비슷한 확신을 가져온다. 이런 일련의 사태는 그렇게 계속된다. 상대에 대한 이쪽의 두려움은 상대의 두려움을 낳고, 그 반대의 경우도 있다. 서로가 서로에 대한 공포에 얼어붙고 그런 공포로 인해 군비 경쟁이 벌어질 때 어느 편도 원래 의미의 제국주의를 현실적인 경험에서 찾을 수가 없게 된다. 현실에 대한 애초의 그릇된 인식에서 출발한 것이 이제는 자기 충족적 예언이 된다. 즉 서로에 대한 공포 때문에 생긴 정책이 원래의 가정이 결국 얼마나 정확했던가를 보여주는 경험적인 증거로 제시된다.[22]

제국주의의 간파 문제

제국주의를 제국주의라고 정확히 파악하지 못한 채 타협을 시도하는

22_ 다음을 참조. John H. Kautsky, "Myth, Self-fulfilling Prophecy, and Symbolic Reassurance in the East-West Conflict," *The Journal of Conflict Resolution*, Vol. IX, No. 1(March 1965), p. 1 ff.

유화정책과, 제국주의가 아닌 것을 제국주의로 보고 오히려 제국주의를 조장하는 공포는 현명한 외교정책이 피해야 할 두 가지 그릇된 대응책이자 치명적인 실수다. 제국주의를 있는 대로 인식하고, 그 특별한 본성을 올바로 파악하는 현명한 외교정책은 다음의 다섯 가지 어려움에 봉착하며 이들 어려움은 모두가 하나같이 만만치 않다.

레닌이 죽은 후 30년대 중반의 대숙청에 이르기까지 공산주의 이론의 가장 중요한 대변자였던 부하린은 제국주의의 간파 문제에 대한 첫 번째이자 가장 기본적인 어려움을 지적하고 있다. 제국주의에 대한 비경제적 설명을 공박하면서 그는 "제국주의란 정복정책이다. 그러나 모든 정복정책이 제국주의인 것은 아니다[23]"라고 요약했다. 이 말은 정확하며, 기존 현상을 유지하는 범위 내의 정복정책과 현상을 타파하려는 정복정책 사이의 구별에 대해 앞서 언급한 내용과도 일치한다. 현실의 구체적 상황에서 이런 구분을 해내기란 상당히 어렵다. 히틀러가 추구한 궁극적 정책 목표가 무엇이었는지를 어느 정도 정확히 파악한다는 것이 가능했을까? 1935년 이래 그는 요구에 요구를 거듭해왔으며, 그 각각의 요구사항은 현상유지정책과 완전히 조화될 수 있는 것이었지만 그것들 모두는 동시에 제국 건설을 위한 디딤돌이 되었다. 그 개별적인 한 단계 한 단계는 모두가 애매했고, 따라서 하나하나의 요구사항이 모여 이루는 독일의 전체적 정책의 정체는 드러나지 않았던 것이다. 그렇다면 이 문제에 대한 해답은 어디서 찾아야

23_ N.I. Bukharin, *Imperialism and World Economy* (New York: International Publishers, 1929), p. 114.

할 것인가?

앞에서 지적한 제국주의 정책이 생기기 쉬운 세 가지 전형적인 상황 가운데 두 가지에서 이에 대한 해답을 찾아낼 수 있을 듯하다. 물론 그 해답은 잠정적이고 의심스러울 수도 있다. 베르사유 조약의 현상을 전복하려던 야망은 애초부터 독일 국가사회주의 계획의 중요 골자 중 하나였고, 그 후 1933년에 독일 정부의 공식 계획이 되었다. 이 목표를 두고 볼 때 기회만 닿는다면, 즉 베르사유 조약의 현상을 지지하는 국가들이 그 현상을 효과적으로 방어할 수 없거나 방어할 의욕을 잃어버리기만 한다면, 독일 정부가 그 야망을 실현하기 위한 외교정책을 실시하리라 미리 예측할 수 있었을지도 모른다.

이런 첫 번째이자 기본적인 어려움은 기존 권력 분포 상태 내에서의 조정을 원하면서 시작된 정책이 성공해나가는 과정에서 혹은 좌절당하는 과정에서 성격을 바꾸어 제국주의 정책이 될 수도 있다는 사실 때문에 더욱 어려워지게 된다. 다시 말해 기존 권력 분포 상태 내에서 추구한 처음 목표가 쉽게 달성되면 팽창해가는 국가는 상대가 허약하거나 완강하지 않기 때문에 큰 노력과 위험 없이 기존 권력관계를 변화시킬 수 있음을 알게 된다. 이리하여 타국의 영토를 차츰 잠식해 들어가는 과정에서 입맛은 더욱 돋아 현상유지 범위 내에서 추진한 성공적인 팽창정책이 하룻밤 사이에 제국주의 정책으로 바뀌어버릴 수가 있다. 현상유지라는 둘레 안에서 팽창정책을 실시해봤지만 실패로 끝나고 말았을 때에도 같은 논리가 적용될 수 있을 것이다. 기존 세력관계를 유지하는 범위 안에서는 도저히 달성할 수 없을 듯한 제한된 목표를 추구하다가 좌절당한 국가는 원하는 바를 확실히 얻으려면 기존 세력관계를 바꿔야 한다고 결론짓게 되는 것이다.

한 정책이 순수하게 영토적 목표만을 위한 것으로 제시될 때 그 영토적 목표의 성질이 추진되는 정책의 본질을 보여주는 경우가 가끔 있다. 예를 들어 목표가 전략적으로 중요한 지점인 경우, 그곳을 확보하는 행위 자체가 그 특정 지역의 세력관계를 바꾸어놓는다. 주로 경제적 혹은 문화적 침투라는 수단을 사용해서 외교정책을 추진할 경우에는 그런 도움을 기대할 수 없고, 따라서 추가적인 어려움이 발생하게 된다. 경제적 혹은 문화적 침투라는 수단은 그것이 목표하는 정책의 성격을 생각할 때 애매하다. 영토적 목표를 명확히 제시하는 군사적 방법에 비하면 훨씬 더 애매하다. 경제적·문화적 팽창은 보통 명확하게 대상 지역이 정해져 있지 않다. 이들 수단은 불특정한 수많은 사람을 상대로 다양하게 진행된다. 그리고 더 나아가서 많은 국가를 상대로 광범하게 진행된다. 명백한 문화적·경제적 목표 뒤에 교묘히 숨겨진 권력 목표가 없는, 따라서 제국주의 정책이 아닌 정책들에서 경제적·문화적 팽창을 수단으로 추진되는 제국주의 정책을 구별해내는 일은 확실히 어렵다. 여기서 다시 한 번, 제국주의 정책에 유리하게 작용하는 전형적인 몇 가지 상황을 상기해보는 것이 좋겠다.

국제관계에서 스위스가 추구하는 적극적 경제정책은 제국주의적 색채를 전혀 띠지 않는다. 몇몇 국가에 대한 영국의 무역정책은 더러 제국주의적 성격을 띠기도 했다. 오늘날 영국 무역정책의 목표는 주로 순수한 경제적 목표라 할 수 있다. 즉 영국 국민을 위한 생활필수품 획득을 목표로 하는 것이다. 그들은 유리한 무역 수지를 통해 경제적 번영을 목표로 하며 외국에 대해 정치적 권력을 획득하거나 유지하는 것을 목표로 하지는 않는다. 제2차 세계대전 이후 영국의 경제 정책이 종종 정치적인 면을 고려하여 이에 부수적인 형태를 띠는 경우도 있었지만 그것은 이집트와 이란과 같은 전략적 요충지에 국한되는 현상이었다. 드물긴 하지만 이런 경우에, 혹은 다른 어떤 조건하에서 영국의 외교정책이 제국주의 성격을 띠는 경우도 있었다.

에스파냐가 중남미 지역에 문화적으로 침투해 들어갔던 것은 일반적으로 제국주의적 측면에서는 별 중요하지 않은 것으로 평가되었다. 에스파냐가 미국에 비해 군사적으로 워낙 열등했었기 때문에 중남미 지역의 권력관계를 에스파냐에 유리하게 변경할 생각을 하지 못했기 때문이다. 프랑스의 문화사절은 어떤 국가에서는 또 어떤 때에는 문화의 전파 그 자체를 목적하고 있다. 여러 가지 다른 조건하에서, 또 여러 다른 국가에서 문화사절의 활동이 제국주의적 목적에 종속된 때도 있었다. 따라서 이렇게 볼 때 경제적·문화적 팽창의 성격은 정치상황에 따라 바뀔 수가 있다. 즉 기회만 닿으면 문화 사절이 내세우던 '선의의 보루'가 혹은 다른 국가에 대한 무역 수지 면에서의 우월한 지위가 갑자기 정치권력의 원천으로 혹은 권력 투쟁의 잠재적 도구로 돌변할 수가 있는 것이다. 정치권력의 도구가 되어버린 무역 수지 흑자도 원래는 그 자체가 목표였다. 하지만 상황이 다시 한 번 바뀌면 그런 성격은 갑자기 사라질 수 있다.

이런 모든 어려움이 극복되고 어떤 외교정책을 진정한 제국주의적 성격의 것이라고 판단했을 때에도 또 다른 어려움이 남아 있다. 다루어야 할 제국주의의 종류와 관련되는 문제다. 국지적 제국주의가 성공하면 새로운 자극을 받고 차츰 팽창의 폭을 넓히게 되고 마침내 대륙적 제국주의 혹은 세계적 제국주의로 발전한다. 더 자세히 말하자면 자기가 그 지역에서 누리는 우월한 지위를 더욱 안전하게 확보하기 위해 좀 더 넓은 범위에서 우세한 권력을 장악해야겠다고 느낄 수 있는 것이다. 나아가 전 세계적 규모의 제국을 건설해야만 비로소 안전하다고 느낄 수도 있다. 흔히 제국주의에는 공격적으로 혹은 방어적으로 합리화된 강력한 추진력이 있어 국지적 차원에서 대륙적 규모로, 또 거기서 세계 제국을 지향하게 된다. 필리포스 2세BC 382~336(알렉산드로스 왕의 아버지)와 알렉산드로스 치하의 마케도니아 제국이나 나폴레옹의 제국주의가 이런 종류의 것이다. 반면에 전 세계를 지배하려는 제국주의 정책이 그것보다 월등한 세력에 의해 저지당해 지리적으로 한정된 국지적 패권에 만족하는 수가 있다. 혹은 제국주의적 경향의 정책을 모두 청산해버리고 현상유지정책을 추구할 수도 있다. 지리적 조건으로 한정된 제국주의에서 국지적 제국주의로 발전했다가 급기야 제국주의적 경향을 영원히 일소해버린 예는 17~18세기의 스웨덴 역사에서 볼 수 있다.

이렇게 볼 때 제국주의적 경향을 평가하는 것과, 결과적으로 그에 대응하는 정책을 평가하는 일은 명확한 일이 아니다. 정책과 그에 대응하는 정책은 끊임없이 재평가·재구성되어야 한다. 그러나 외교정책을 수립하는 사람은 언제나 특정 형태의 제국주의적 팽창이나 다른 모습의 외교정책을 영원한 것으로 받아들이고 그에 대한 대응정책을 추구하는 경향이 있다. 이미 그런 정책이 형태와 성격이 변해버린 후에도 계속 이전의 대응정책을 고집하려는 실수를 범하는 것이다. 세계적 제국주의에 대한 대응정책은 국지적 제국주의에 대한 대응정책과 달라야 한다. 국지적 제국주의에 대해 세계적 제국주의에 알맞은 대응정책으로 응수할 경우 오히려 피하려던 위험을 자초하는 결과를 빚을 것이기 때문이다. 이렇게 상대국의 제국주의 정책이 어떻게 변하는지를 재빨리 인식해야 할 필요성에 또 다른 어려움이 있으며, 그런 변화에 맞는 자국의 외교정책을 신속히 취하지 못하는 데서 또 다른 실수의 여지가 있다.

마지막으로, 제국주의가 던지는 한 가지 문제가 더 있는데 이는 다른 모든 외교정책에도 마찬가지다. 다만 그 방법이 조금 달라서 상당히 민감한 방식으로 제시된다. 이데올로기라는 가면을 쓴 상대국 외교정책의 본질을 파악하는 데서 오는 어려움이 그것이다. 국제정치 무대의 행위자는 자기가 추구하는 외교정책의 본질을 거의 드러내놓지 않으며, 특히 제국주의 정책은 그 진면목을 결코 드러내는 법이 없다. 한 국가가 추구하는 외교정책의 진정한 정체는 이데올로기라는 가면의 베일 속에 가려지는 것이다. 이에 대한 이유와 이런 이데올로기가 가지는 전형적인 모습에 대해서는 제7장에서 논의하기로 한다. 거기서는 외교정책의 외형적 모습과 그 정책의 본질 간에 어떤 차이가 있는지 파악하는 것이 매우 어렵다는 점이 잘 지적될 것이다.

제6장

권력 투쟁:
권위정책

권위정책이 어떤 것인지는 최근의 정치학 분야 저술에 이르기까지도 잘 인식되고 있지 않다. 권위정책은 국제정치 무대에서 기본적으로 나타나는 권력 투쟁의 세 번째 형태다. 권위정책이 이렇게 제대로 인식되지 못하는 까닭은 다음과 같다. 우선 위에서 살펴본 것처럼[1] 오늘날 실제적 또는 위협적 무력의 형태로 나타나는 물질적 힘의 측면에 주로 관심을 갖는 이론적·실제적인 경향 때문에 권위정책과 같은 미묘하고 손에 잡히지 않는 관계에 대한 이해를 경시하는 경향이 있다. 더 나아가 권위정책은 외교계에서 귀족주의식 사교의 중요 수단으로 사용되어왔다. 의전상의 까다로운 행사 규칙, 상석권上席權 문제, 공허한 형식주의 등이 만연하는 세계는 민주적 생활양식과는 정반대의 것이다. 권력 정치란 귀족정치에서 나타나는 격세유전적 현상에 불과하

1_1권 pp. 132-133 참조.

다는 것을 전폭적으로 찬성하지 않는 사람마저도 권위정책을 외교관들에 의한 천박하고 형편없는 시대착오적인 게임일 뿐 국제정치 업무와는 아무런 유기적 관련이 없다고 믿게 되었던 것이다.

끝으로, 권력의 획득과 유지와는 대조적으로 권위정책은 권위 그 자체를 목적으로 하는 경우가 거의 없다는 점에서 경시된다. 오히려 현상유지정책이나 제국주의 정책의 목적을 달성하기 위한 수단으로 사용될 때가 많아 권위정책은 중요하지도 않고 체계적인 논의도 필요 없다는 결론이 쉽게 도출된다.

권위정책이 종종 얼마나 과장되고 남용됐는지는 모르겠지만, 권위를 추구하는 것이 개인 간의 관계에서 본질적 요소인 것처럼 권위정책은 국가 간의 관계에서도 본질적인 것이다. 그래서 국제정치와 국내정치는 모두 하나의 동일한 사회적 사실이 다르게 나타나고 있을 뿐이라는 점이 다시 한 번 명백해진다. 국내와 국제 두 영역에서, 사회적으로 인정받고 싶은 욕망은 여러 가지 사회적 관계를 결정하고 여러 사회제도를 만들어내는 강력한 힘으로 작용한다. 사람들은 스스로가 평가한 자신의 모습에 대해 동료도 그렇게 평가해주기를 바란다. 자기가 남보다 우월하다는 생각을 확인하고 즐기려면 남이 자기의 덕망, 지성 그리고 권력을 인정해주어야만 한다. 자기 것이라고 생각하는 만큼의 안전, 부, 권력을 확실히 얻는 유일한 방법은 자기가 남보다 월등하다는 명성을 얻는 길뿐이다. 그래서 사회생활을 영위해 나가는 자원이라 할 수 있는 생존과 권력을 위한 투쟁에서, 남이 나를 어떻게 평가하고 생각하느냐는 것은 실제의 나만큼이나 중요하다. 실제 내가 어떠한가보다는 설사 왜곡된 것이라 할지라도 다른 사람의 마음에 새겨진 나의 이미지가, 즉 나의 권위가 사회 구성원으로서의 나의 지위를 결정한다.

따라서 다른 사람이 나의 사회적 위치에 대해 마음속으로 생각하는 바가 실제보다 과장되도록 하지는 않을지라도 최소한 실제보다 부정적이지 않도록 해야 한다. 이것이 바로 권위정책이다. 권위정책의 목적은 한 국가가 실제로 가진 힘, 또는 자기가 가졌다고 믿는 힘, 혹은 자기가 가졌다고 다른 국가가 믿어주기를 원하는 힘을 가지고 타국에도 그러한 인상을 남기려는 것이다. 이 목적을 위해 두 가지 중요한 수단이 쓰이고 있다. 가장 넓은 의미의 외교적 의식과 군사력의 시위다.[2]

외교적 의식

나폴레옹의 생애에서 두 가지 일화를 살펴보면 한 국가를 대표하는 지배자의 권력이 외교 의식에서 어떻게 나타나는가를 상징적으로 알 수 있다. 하나는 나폴레옹의 권력이 최고에 달했을 때를, 다른 하나는 그가 이미 권좌에서 물러났다는 것을 보여준다.

나폴레옹이 로마 교황에 의해 황제에 즉위할 무렵인 1804년, 이들 두 지배자는 서로에게 자기의 우위를 보여야 할 필요성을 절실히 느끼고 있었다. 당시 나폴레옹은 우위를 성공적으로 입증했다. 교황 대신 자기 스스로 왕관을 쓰기도 했지만, 외교적 의식을 통해서도 교황

2_ 2권 p. 32 ff. 참조. 권위정책의 도구로 자주 쓰이는 정치적 선전에 대한 논의.

에 대한 우위를 성공적으로 과시했다. 나폴레옹 휘하의 장성으로 후일 경찰장관을 지낸 로비고 공작Anne-Jean-Marie-René Savary, 1774~1833은 그의 자서전에서 다음과 같이 밝히고 있다.

> 그는 교황을 만나기 위해 느무르Nemours로 통하는 길로 나갔다. 의전상의 까다로운 절차를 피하기 위해 양자는 함께 사냥하기로 했으며 마차와 함께 수행원들은 숲 속에 있었다. 수행원을 대동한 황제는 사냥 복장을 한 채 말을 타고 도착했다. 황제와 교황이 만난 곳은 반달이 떠오른 언덕 꼭대기였다. 교황의 마차가 당도하고, 하얀 옷을 입은 교황이 왼쪽 문으로 내렸다. 하얀 비단신을 신은 교황은 땅이 몹시 지저분해 그대로 내려서기를 꺼려했으나 달리 도리가 없었다.
>
> 나폴레옹이 말에서 내려 그를 맞이하고 두 사람은 서로 껴안았다. 마부가 무심결에 한 행동처럼 꾸며지긴 했지만 황제의 마차가 의도적으로 몇 발짝 앞서 들이대어졌다. 이미 황제의 부하 두 사람이 배치되어 마차의 두 문을 열어놓고 있었다. 두 사람이 마차에 오를 때 황제가 오른쪽 문을 차지하고 궁전 관리인이 교황을 왼쪽 문으로 인도하여 두 사람은 양쪽 문으로 동시에 들어가게 되었다. 이리하여 황제는 자연스럽게 오른쪽 자리(상석)를 차지할 수 있었고, 두 사람이 상봉한 이 첫 조치는 교황이 파리에 머무는 동안 두 사람 사이에서 줄곧 지켜질 의전을 토론 없이 결정한 결과가 되었다.[3]

3_ *Memoirs of the Duke of Rovigo* (London, 1828), Vol. I, Part II, p. 73.

두 번째 일화는 나폴레옹이 러시아에서 패한 뒤인 1813년 드레스덴에서 일어났는데 이 당시는 유럽 열강의 대프랑스 동맹이 나폴레옹을 위협하여 라이프치히 패전이 눈앞에 있던 때였다. 장장 아홉 시간에 걸친 대좌를 통해 나폴레옹은 오스트리아의 메테르니히가 대프랑스 동맹에 참가하지 않도록 설득했다. 이때 메테르니히는 나폴레옹을 이미 운이 다한 사람으로 취급한 반면 나폴레옹은 지난 10여 년간 그랬듯이 아직 유럽의 지배자인 양 행동했다. 아주 격한 언쟁을 벌인 후 나폴레옹은 자기 모자를 떨어뜨려 적대 세력 동맹군의 대변인인 메테르니히가 그것을 집어주는지를 보고 자기의 우위를 시험해보고자 했다. 메테르니히가 이를 못 본 척해버리자 아우스터리츠Austerlitz와 바그람Wagram 전투의 승자인 나폴레옹이 지니는 권력과 권위에 이미 결정적인 변화가 일어났다는 점이 명백해지고 말았다. 회담이 끝날 때 메테르니히는 나폴레옹에게 "귀하가 패자임이 분명하오"라고 못을 박음으로써 상황을 요약했다.

외교관 간의 관계는 자연히 그들이 속한 국가 간의 관계를 보여준다. 외교관이 자기 조국의 상징적 대표인 까닭이다.[4] 그가 받는 환대는 실제 그 국가가 받는 환대이며, 그가 보여주는 환대는 국가가 보여주는 환대다. 그가 상대방에게 모욕을 준다든지 상대방에게 모욕을 받는 것은 그의 국가가 상대방 국가에 모욕을 준 것이며 또한 그 상대방 국가로부터 모욕을 받는 것이다. 이런 예는 역사적으로 얼마든지 많다. 또 이것이 국제정치적으로 얼마나 중요한지도 많은 역사 사례

4_ 외교관의 다른 여러 임무에 대해서는 제31장 참조.

를 통해 알 수 있다.

전제군주 시대 대부분의 궁전에서 외국 대사를 국왕에게 소개할 때 일반적으로 관리가 하는 반면에 군주국의 대사일 경우에는 왕자가 소개하는 것이 관행이었다. 1678년 루이 14세가 베네치아 공화국의 대사를 소개받는 자리에서 로랭Lorrain 왕자에게 이를 맡기자 베네치아 대의회는 베네치아 주재 프랑스 대사를 통해 베네치아는 이 영광을 영원히 고맙게 생각할 것임을 전하도록 부탁하고 루이 14세에게 특별히 편지를 보내 감사의 뜻을 표시했다. 이 경우 프랑스는 그런 행동을 통해 프랑스가 베네치아 공화국을 군주국만큼이나 강한 국가로 인정함을 보여주었고, 베네치아가 감사히 생각했던 것은 새로운 위상을 인정해주었기 때문이다. 교황청에서 교황은 국가의 지위에 따라 서로 다른 방에서 외국 사절을 접견했다. 군주국의 대사나 베네치아 대사를 접견할 때에는 왕실Sala Reggia을 사용한 반면, 다른 군주나 공화국의 사절은 공작실Sala Ducale에서 접견했다. 제노바 공화국은 교황에게 수백만 리라를 제공하면서 자국 대표가 공작실 대신 왕실에서 접견할 수 있도록 부탁했다고 전해진다. 그러나 교황은 제노바 공화국이 자국과 동등한 대접을 받는 것을 원치 않는 베네치아 공화국의 반대 때문에 이 요청을 거절했다. 대접이 똑같다는 것은 국위, 즉 국력을 동등하게 평가받았다는 뜻이기 때문에 우월한 지위의 국가로서는 이에 찬성할 수 없었던 것이다.

18세기 말엽 콘스탄티노플 왕궁에서는 궁전의 관리들이 술탄Sultan을 접견하는 대사와 그 수행원의 양팔을 잡아 강제로 머리를 숙이도록 하는 것이 여전한 관례였다. 대사와 총리 사이에 관례적인 인사가 교환된 후 궁전 관리들이 "신을 찬미할지어다. 이단자는 어서 와 우리의 위대하고 찬란한 술탄에게 충성을 다짐하라"라고 소리를 질렀다. 이때 외국 대표가 느끼는 모욕감은 그가 대표하는 국가의 국력이 그만큼 열세에 있다는 사실을 상징적으로 깨우쳐주기 위해 의도적으로 주어지는 것이다.

시어도어 루스벨트 대통령의 집권 시 1월 1일에 미국에 주재하는 모든 외교관은 대통령에게 신년 축하의 뜻을 전할 수 있도록 초청되었다. 그 후 윌리엄 태프트William Howard Taft, 1857~1930 대통령은 이 관례를 바꿔 대사와 공사를 분리해 접견하도록 명령했다. 이 사실을 미처 알지 못했던 에스파냐 공사가 1910년 1월 1일, 백악관에서 열린 대사를 위한 연회에 나타나자, 백악관 측은 그의 참석을 거절했다. 이에 대해 에스파냐 정부는 그 공사를 소환하여 미국 정부에 항의의 뜻을 나타냈다. 제국을 막 해체당해 삼류 국가로 전락해버린 국가가 그 옛날 자신이 누렸던 지위에 상응하는 국가 권위를 주장한 경우였다.

1946년 파리에서 개최된 승전 축하식에서 다른 강대국들의 대표는 첫째 줄에 앉도록 배치된 반면 소련 외무장관의 자리는 둘째 줄에 배치되자 항의의 표시로 그는 식장을 떠나버렸다. 이는 오랫동안 국제사회의 부랑아로 전전하던 국가가 강대국의 지위를 의심의 여지없이 획득하고는 새로운 지위에 걸맞은 대접을 요구한 경우였다. 1945년의 포츠담 회담에서 처칠, 스탈린Iosif Vissarionovich Stalin, 1879~1953 그리고 트루먼은 회의장에 누가 먼저 입장해야 하는지에 대해 의견을 일치하지 못하고 마침내 세 개의 다른 문으로 동시에 입장했다. 이 세 명의 정치지도자는 각각 자기 국가의 국력을 상징했고 결국 그들 중 어느 한 사람에게 우선권을 준다는 얘기는 다른 두 국가에 대한 그 국가 위상의 우월성을 인정한다는 얘기이므로 이 나머지 두 국가가 쉽게 수락하려 들지 않았던 것이다. 결국 이 세 명이 국력의 동등함을 주장하자 그 동등함이 상징적으로 표현될 수 있는 방법에 자연히 관심을 둔 결과였다.

비교적 최근의 예를 두 가지 들어보자면 다음과 같다. '샤를 드골 Charles de Gaulle, 1890~1970'이 유럽 공동체의 초국가적 경향에 반대한 이래 프랑스는 이런 반대 견해를 밝혔다.

> 공동시장위원회의 의장인 발터 할슈타인Walter Hallstein, 1901~1982 박사가 신임장을 제정하는 각국 대사를 접견하면서 즐기던 줄무늬 바지, 모닝코트와 샴페인과 같은 전통 스타일을 반대했다. 프랑스 정부는 대사의 신임장을 제정받는 그 의식이 할슈타인 박사가 드골 대통령과 같은 국가 원수와 동격의 지위를 가진다는 인상을 줄까 우려한 것이다.
>
> 프랑스 정부는 그 위원회가 정부가 아니며 따라서 의식을 완화할 필요가 있다고 주장했다. 이것이 프랑스 정부가 유럽 공동체의 소위 초국가적 성격에 반대하는 한 가지 이유다. 프랑스는 그들을 주권 국가의 집합체로서 파악하고 있다.[5]

1968년 11월 개최 예정이었던 미국과 남·북 베트남 정부 그리고 베

5_ *The New York Times*, May 4, 1966, p. 16.

트콩Vietcongc (남베트남 민족해방전선) 사이의 평화 협상은 회의장에 배치할 테이블의 모양을 두고 논쟁이 벌어진 끝에 10주나 연기되었다. 북베트남은 정사각형 테이블 하나, 혹은 원형이나 다이아몬드형으로 배치된 네 개의 테이블 또는 완전한 원형으로 된 편평한 둥근 테이블 하나를 주장했다. 이에 비해 미국은 반쪽짜리 타원형 테이블 두 개를 마주 보고 배치해 중간이 갈라진 타원형을 이루게 하거나, 반원형 테이블 두 개를 마주 보고 배치해 중간이 나누어진 원을 이루게 하든지, 반원형 테이블 두 개를 조금 띄어서 배치하고 그 사이에 비서관이 배석하도록 직사각형 테이블을 두 개 넣자는 안을 내놓았다. 마지막 제안에 대해 미국은 반원형 테이블 두 개를 밀어 붙여 비서관의 직사각형 테이블과 맞닿아도 좋다는 양보를 했다. 그러나 비서관용 테이블은 양측의 둥근 테이블에서 몇 센티미터가량 바깥으로 돌출되어야 한다는 조건이었다.[6] 마침내 이름표나 국기 또는 표식이 없는 한 개의 원형 테이블이 채택되었고 가로, 세로가 각각 91센티미터, 137센티미터의 직사각형 테이블 두 개가 원형 테이블에서 45센티미터 떨어진 거리에 대칭이 되도록 배치되었다.

얼핏 보기에 어리석기만 한 이런 절차에 어떤 중요한 점이 숨겨져 있을까? 북베트남 측은 베트콩을 독립된 협상 당사자의 하나로 인정해주기를 주장했다. 미국 측은 자기들이 생각하는 베트남 전쟁에 대한 오랫동안의 인식에 기본이 되는 나름의 가정, 즉 베트콩은 북베트남 정권의 연장이라는 가정을 인정시키고 싶어 했다. 이리하여 테이

6_ *The New York Times*, December 14, 1968, p. 2.

블 모양을 둘러싼 대립은 분쟁의 본질을 상징적으로 나타내주는 것이다. 베트남 전쟁은 베트콩을 도구로 삼아 북베트남이 침략을 감행해 일어난 것인가, 혹은 베트콩은 북베트남 정부의 원조를 받고 선동이 되긴 했지만 그들에 의해 창조되지는 않은 진정한 인민군인가? 양측이 오랫동안 논쟁을 벌인 끝에 결국 합의를 본 테이블 모양이 어떤 식으로든 그 본질적인 문제를 어느 정도 결말지은 셈이다. 즉 종국적으로 합의된 테이블의 모양은 그 문제를 일시 미정인 채 보류한 것으로 보인다.

워싱턴의 사교계를 다룬 다음 논설에는 모든 외교관이 상호 경쟁하는 연회의 정치적 중요성이 잘 나타나 있다.

> 이런 모든 연회를 통해 각국 공관이 자기 국가를 위해 무슨 이익 되는 일을 할 수 있을지 의문의 여지가 많다. 그것을 검사해볼 도리는 없다. 하지만 대부분의 대사는 지나칠 정도로 사교장을 찾고 있으며 그것을 마치 자기 업무의 가장 중요하고 생산적인 부분으로 생각하고 있다. 그들의 생각이 맞는 것인지도 모를 일이다.
>
> 어쨌든, 의전 때문에 대사는 자기가 파견되어 근무하는 국가의 수도에서 너무나 많은 행동의 제약을 받는다. 대사는 누구나 국회의사당에 나타나 국회의원과 한데 뒤섞여 격앙된 어조로 입법안에 대해 의견을 개진하는 모습을 보이지 않으려 한다. 하지만 그는 미국에서 발생하는 일과 미국의 관리에 대해 정확한 판단을 내릴 수 있도록 부지런히 뛰어다녀야 하며, 자신과 자국에 대한 인상을 미국 대중의 마음에도 새겨놓아야 한다. 이런 이유로 사교계는 그가 접근할 수 있는

단 한 군데의 장소며 그가 인간적으로 매력이 없다거나 살롱의 분위기에 익숙하지 않다면 자기 국가에 대해 아무 쓸모 없는 인간이 되고 만다.

중남미 여러 국가는 워싱턴에서 가장 크고 호화로운 파티를 여는 것으로 유명한데 거기에서 얻는 이익이 극히 적기 때문에 그들은 플레이보이에 지나지 않는다고 마구 보도되는 경향이 있다. 그러나 그것은 잘못된 일이다. 중남미 국가들이 무엇보다 추구하는 것은 국가 위상으로 미주 지역의 다른 국가들과 어깨를 나란히 하고픈 것이다. 자주 열리는, 타의 추종을 불허할 만큼 호화스러운 연회에서 그들이 보여주는 예의나 밝고 풍취 있는 성격, 더 나아가 그들의 부를 볼 때 그들이 위에서 말한 것처럼 얻는 바가 없다고 말할 수 있을까?[7]

권위정책은 한 국가가 실제 가지고 있거나 가지고 있다고 생각하는 힘, 또는 자기가 그만큼 가지고 있다고 다른 국가가 믿어주기를 바라는 힘을 외부적으로 과시하는 정책으로, 국제회의를 개최할 장소를 선정할 때 특히 잘 나타난다. 여러 적대적 국가가 각기 다양한 주장을 내세워 타협에 의해서는 합의가 어려울 경우 회담 장소로는 흔히 그 국위 경쟁에 직접 참가하지 않는 제3국이 채택된다. 네덜란드의 헤이그나 스위스의 제네바가 국제회의 개최지로 주목받았던 이유는 바로 이 때문이다. 종종 주목을 받던 국제회의 개최지가 다른 곳으로 옮겨

7_ "R.S.V. Politics," *Fortune*, February 1952, p. 120. (Used by permission of *Fortune*. Copyright Time Inc., 1952).

진다는 사실은 세력의 우위가 변경되었다는 사실을 상징하기도 한다. 19세기 대부분 거의 모든 국제회의는 파리에서 개최되었다. 그러나 1878년 독일이 프랑스와의 전쟁에서 승리한 후 독일의 수도에서 개최된 베를린 회의는 유럽 대륙에서 이제 독일이 월등한 힘을 지니고 있다는 사실, 즉 새로운 국위를 만천하에 알리는 사건이었다. 원래 소련은 유엔의 본부가 제네바에 설치되는 것을 반대했다. 그곳이 과거 국제연맹 본부가 있던 곳으로 양차 세계대전 사이 러시아의 국위가 그리 높지 못했던 것을 상징한다는 이유에서였다. 그러나 그 후 뉴욕에서 개최되던 유엔 내부의 세력 판도가 미국이 주도하는 다수파가 소련 측을 영원한 소수파로 만들자 소련은 유엔의 본부를 제네바로 다시 옮길 것을 주장했다. 그곳이 미국의 우위를 상징하지 않는 장소라는 생각에서였다. 1972년 닉슨 대통령이 워싱턴이나 제3국이 아닌 북경에서 중국의 총리 저우언라이周恩來, 1898~1976를 만났던 것은 아시아와 전 세계의 세력 분포에 중요한 변화가 있었음을 상징적으로 나타내주는 사례다.

어느 특정한 분야 혹은 지역에서 우월한 권력을 가진 국가는 그 지역과 관계된 문제를 처리하기 위한 국제회의가 자기 영토 내에서 혹은 적어도 자기 국가와 가까운 곳에서 개최되어야 한다고 주장하는 것이 보통이다. 따라서 해양 문제에 관한 국제회의는 대부분 런던에서 개최되었다. 일본과 관계되는 국제회의는 워싱턴이나 동경에서 열려왔다. 제2차 세계대전 이후 유럽의 장래에 관해 개최된 국제회의는 모스크바나 얄타와 같은 소련 영토, 아니면 포츠담과 같은 소련 점령 지역, 또는 테헤란처럼 소련 영토에서 가까운 곳에서 열렸다. 그러나

1947년 말 무렵 정치 상황은 급변해 트루먼 대통령은 워싱턴이 아니면 스탈린을 만나지 않겠노라고 선언할 정도가 되었다.[8]

군사력의 과시

외교적 관행과는 별도로, 권위정책은 그 목적을 달성하는 수단으로 군사력을 과시하고 군사력은 국력을 판단하는 명백한 기준이 되기 때문에 그것을 드러내는 것은 상대 국가에 깊은 인상을 주게 마련이다. 예를 들어 평화 시 육군이나 해군의 기동 훈련에 외국의 군사 대표단을 초청하여 참관케 하는 것은 자국의 군사 비밀을 공개하자는 것이 아니라 그들과 그들 국가에 대해 자국의 군비로 강력한 인상을 심어 주고자 함이다. 1946년 태평양에서 실시된 두 번의 핵폭탄 실험에 외국의 대표들이 참관인으로 초청되었던 것도 비슷한 목적을 위해서였다. 이때 외국 참관인들이 한편으로 미국의 해군력과 기술적 업적에 감명받도록 하자는 것이 미국의 의도였던 것이다. 당시 《뉴욕타임스》는 다음과 같이 보도했다. "유엔 원자력위원회에서 파견된 21명의 참관인은 오늘 미국의 실험이 세계 해군력의 대부분보다 더 큰 규모의 선단에 폭격을 감행한 것이나 마찬가지인 결과를 얻었다고 입을 모았다."[9] 또 한편으로 외국의 참관인들은 원자폭탄이 물 위와 물속에서

8_ *The New York Times*, December 19, 1947, p. 1; July 27, 1948, p. 1; February 4, 1949, p. 1.
9_ Ibid., July 1, 1946, p. 3.

어떤 일을 하는지, 또 원자폭탄을 독점한 국가는 그것을 가지지 못한 국가에 비해 군사력에서 얼마만큼의 우위를 차지할 수 있는지를 똑똑히 목격할 수 있었다.

국기를 달고 그 국가의 국력을 세계 구석구석까지 시위할 수 있는 해군은 높은 기동성 때문에, 또 강렬한 인상을 남기는 해군의 위용 때문에 해군력의 과시는 과거 권위정책의 가장 애용되는 수단이었다. 1891년 프랑스 함대가 러시아의 크론시타트Kronshtadt 항구를 방문하고, 그 답례로 1893년 러시아 함대가 프랑스의 툴롱Toulon 항을 방문했던 것은 세계 정치사에 일대 전환기를 마련한 사건이라 할 수 있다. 이 상호 방문이 머지않아 정치적·군사적 동맹으로 구체화될 프랑스와 러시아의 단결을 세계만방에 과시하는 것이었기 때문이다. 해양 강대국이 극동 지역에 함대를 정기적으로 파견했던 것도 그 지역 국민에게 서방 세력의 우월성을 알리는 일이다.

식민지나 준식민지에서 원주민 또는 경쟁 국가에 의해 자국의 제해권이 위협받을 경우 점령 국가는 전함을 그 지역에 파견하여 자기의 힘을 상징적으로 나타냈다. 이런 종류의 가장 유명한 시위정책은 1905년 빌헬름 2세가 독일 전함을 타고 모로코의 탕헤르Tánger 항을 방문하여 이 지역의 영토권을 주장하는 프랑스에 응수한 것을 들 수 있다. 1946년 이래 미국 해군함대가 이탈리아, 그리스, 터키의 여러 항구를 방문해온 이른바 지중해 순항 역시 그 지역에 대한 러시아의 야망에 응수하는 행위다. 서방 동맹국의 연합군이 가장 노출된 서유럽의 몇몇 지역을 훈련 지역으로 선택하는 것은 소련은 물론 자기 동맹국에게 서유럽의 현상을 수호하기 위해 대서양 동맹의 군사력과 결의를 언제든 사용할 태세가 되어 있음을 알리려는 것이다.

군사적 유형의 권위정책 가운데 가장 과격한 형태는 부분적 혹은 전면적 병력 동원이다. 권위정책의 도구로써 군사력 동원은 오늘날에는 이미 무의미해졌다. 미래의 전쟁에서는 언제 어떤 순간에나 모든 것을 준비하고 있어야 하기 때문이다. 그러나 과거 1938년이나 1939년까지만 해도 예비군의 어떤 계층 혹은 군복무가 가능한 모든 사람을 소집하는 것은 권위정책의 유력한 수단으로 쓰였다. 예를 들어 1914년 7월 러시아가 오스트리아, 독일, 프랑스의 총동원령을 따라 자국 군대를 동원했을 때, 1938년 9월 프랑스와 체코슬로바키아가 군대를 동원했을 때, 또 1939년 3월과 9월 프랑스가 군대를 재차 동원했을 때 그 목적은 언제나 자국의 군사력과 결단력을 정치적 목표 달성을 위해 사용할 것임을 적과 우방 모두에게 보여주려는 것이었다.

이렇게 볼 때 국가의 권위, 즉 그 국가의 힘에 대한 명성은 전쟁 억지력으로, 또 전쟁 준비 수단으로 사용된다. 어떤 국가가 권위정책을 쓸 때는 자국의 권위가 충분히 상대 국가에 인식되어 그 국가가 전쟁을 일으키지 못하게 하자는 것이다. 동시에 이 권위정책이 실패로 끝나버릴 경우 전쟁이 발발하기 전에 군대를 동원하여 군사적으로 가장 유리한 위치를 선점할 수 있기를 바란다. 그 점에서 정치적·군사적 정책은 수렴하는 경향이 있고, 하나의 동일한 정책이 지니는 두 가지 모습이 된다. 이 책의 다른 부분에서도 전시는 물론 평시에도 외교정책과 군사정책 사이에 밀접한 관련이 있다는 점을 살펴볼 것이다.[10]

10_ 제9, 23, 32장 참조.

권위정책의 두 가지 목표

권위정책의 궁극적 목표로는 국위 그 자체를 추구하는 것과 현상유지 정책이나 제국주의 정책의 보조 수단으로 국위를 추구하는 두 가지를 들 수 있다. 보통 후자의 경우가 더 흔하다. 미국 사회에서는 국가가 외교정책의 제1목표로서 권위, 즉 국위를 추구하는 경우는 드물다. 국위는 국력에 대한 명성이 아니라 국력 자체의 획득을 궁극적 목표로 삼는 외교정책을 추구하는 과정에서 생기는 유쾌한 부산물일 경우가 많다. 미국 사회에서 각 구성원은 사회기구의 통합된 체제와 행동률에 의해 자기 존재와 사회적 지위가 보호되고 있기 때문에 남에게 해를 끼치지 않는 사회적 게임의 일종으로 위신 경쟁에 빠질 수도 있다. 그러나 국제 사회 구성원으로서 자기 생존과 힘의 보호 수단을 주로 자신의 힘에서 찾아야 하는 개별 국가는 국위의 증가나 실추가 국제 무대에서의 권력적 위상에 어떤 영향을 미칠 것인가에 결코 무관심할 수 없다.

따라서 이미 우리가 보았듯이 권력의 중요성을 얕보는 국제 사회의 관찰자가 국위 문제를 경시하는 것은 우연이 아니다. 비슷한 경우로, 무모한 이기주의자만이 국위의 증가 그 자체를 위해 권위정책을 추구하는 것도 우연한 일이 아니다. 근래 빌헬름 2세와 무솔리니의 경우가 이에 해당한다. 새로이 획득한 국내적 권력에 도취되어 그들은 국제정치를 자국을 추켜세우고 다른 국가를 모욕함으로써 자기의 개인적 우월감을 즐기는 일종의 스포츠로 생각했다. 그러나 그 결과 그들은 국내적 상황과 국제적 상황을 혼동하게 되었다. 국내에서 힘을 과시하거나 힘을 가진 것처럼 꾸밀 경우 '천진난만한 행태'라고 바보 취급을 받을 뿐이다. 대외적으로 그렇게 힘을 과시하는 것은 자기 믿음 혹은 가식에 상응하는 힘을 가지지 못한 사람을 집어삼킬 수도 있는 위험한 불장난이다. 한 사람이 지배하는 국가, 즉 절대군주국이나 독재 국가는 지배자의 개인적 영광과 그 국가의 정치적 이익을 동일시하는 경향이 있다. 이런 동일시는 외교정책의 성공적인 수행에 중요한 결함이 된다. 왜냐하면 그것은 문제가 되는 국가 이익과 동원 가능한 국가적 능력을 무시한 채 국위 자체만을 위한 권위정책을 추구하게 만들기 때문이다. 1965년에서 1972년 사이 미국의 대인도차이나 정책이 바로 이런 시각에서 파악될 수 있다.

현상유지정책이나 제국주의 정책을 위해 권위정책이 보조적으로 수행하는 기능은 국제정치의 본질에서 유래한다. 한 국가의 외교정책은 언제나 어느 한 순간 실제로 존재하거나 장래에 존재하게 될 여러 국가 사이의 세력관계를 평가한 결과다. 예를 들어 미국은 자기의 힘을 영국, 소련, 아르헨티나와 같은 국가의 힘과 관련해 평가하고 또한 그들이 장차 어떤 국력의 변화를 보일 것인지 평가하여 이것을 기초로 외교정책을 결정한다. 마찬가지로 영국, 소련, 아르헨티나의 외교정책 역시 비슷한 평가에 기초하고 있으며 이런 평가는 언제나 최근 현실을 반영할 수 있도록 끊임없이 재점검된다.

권위정책의 가장 중요한 기능은 바로 이런 평가에 영향을 끼치자는 것이다. 예를 들어 미국이 중남미 여러 국가에 영향력을 행사해 서반구에서의 미국의 패권이 확고하고 도전받을 염려가 없다는 점을 잘 인식시켰더라면 서반구에서의 미국의 현상유지정책은 도전을 받지 않았을지도 모른다. 따라서 미국의 권위정책은 그만큼 성공 확률도 높았을 것이다. 유럽이 1920년대와 1930년대 초에 정치적으로 상당한 안정을 누렸던 것은 주로 프랑스가 세계에서 가장 센 군사 강국이라는 권위 때문이었다. 독일 제국주의가 30년대 후반에 성공할 수 있었던 것도 주로 권위정책을 효과적으로 사용했기 때문이다. 당시 독일은 현상유지를 원하는 국가들에 독일이 불가항력적으로 우세하지는 않을지라도 최소한 자기들보다 월등한 힘을 가지고 있음을 확신시켜주었다. 예를 들어 주로 외국의 군사지도자와 정치지도자를 초대해서 폴란드와 프랑스에서 독일이 전개했던 '전격전'의 기록 영화를 보여주었던 것은 이런 목적에 아주 효과적이었다. 한 국가의 외교정책이 추구하는 궁극적 목적이 무엇이건 그 국가의 국위, 즉 국력에 대한 평가는 언제나 외교정책의 성공과 실패를 결정짓는 중요한, 그리고 때때로 결정적인 요소가 된다. 따라서 시위정책은 합리적인 외교정책에서 빼놓을 수 없는 요소다.

제2차 세계대전이 끝난 후 약 20여 년간 서방세계와 소련 진영 사이의 관계를 지배했던 냉전은 주로 이 권위정책을 무기로 수행되었다. 미국과 소련은 각자 자국의 군사력, 기술적 진보성, 경제적 잠재력, 정치 원칙 등으로 상대에게 강한 인상을 심어 사기를 저하시키고 피할 수 없이 전쟁으로 끌려드는 것을 막으려 했다. 또 이와 비슷하게 양국은 자기의 동맹국, 적대 세력의 동맹국, 나아가 비동맹의 제3국에게도 깊은 인상을 심어주기 위해 노력했다. 양측의 목적은 자기 측 동맹국들의 단결을 더욱 공고히 하고 적대 세력의 동맹이 약화되도록 하며, 비동맹 국가들의 지지를 얻는 것이었다.

권력 투쟁이 정치적 압력, 군사적 힘과 같은 전통적 수단뿐 아니라 대부분 인간의 마음을 지배하기 위한 투쟁을 통해 이루어지는 오늘과 같은 시대에 권위정책은 정치적 무기로서 특별히 중요해졌다. 아시아, 중동, 아프리카, 중남미의 넓은 지역에서 냉전은 주로 두 가지 상호 대립되는 정치이념, 경제체제 그리고 생활양식 간의 경쟁이라는 형태로 수행되어왔다. 이들 지역에서 국위, 즉 그 국가의 국력과 실적에 대한 명성이 정치적 경쟁의 목표가 되어왔다는 얘기다. 이런 종류의 권력 투쟁에서 가장 중요한 수단은 자기편의 국위를 한층 고조하고 적국의 국위는 위축하려는 정치 선전과 원조국의 경제 및 기술적 우수성을 인식시켜 원조받는 국가에게 영향을 미치려는 대외 원조가 있다.

권위정책이 진정 성공하는 경우는 그 권위정책을 추구하는 국가가 실제 자기의 군사력을 동원하지 않고도 자기 목표를 달성할 수 있을 정도로 상대방의 심중에 자기 권력에 대한 강한 이미지를 심어놓았을 때다. 다음 두 가지 요소가 이런 성공을 가능케 한다. 즉 도전하지 못할 정도로 강력하다는 명성과 군사력의 사용을 매우 자제하고 있다는 명성이 그것이다. 두 가지가 모두 구비되는 경우는 흔치 않은데 로마 제국, 대영 제국 그리고 전성기 미국의 선린정책은 고전적인 사례다.

비슷한 규모의 제국이 보통 단명으로 끝났던 역사적 사실에 비추어 로마 제국이 비교적 장수할 수 있었던 이유는 주로 로마라는 이름이 자기 영토 내에서 깊은 존경을 받고 있었던 데 기인한다. 로마는 제국 내의 어떤 구성 집단보다 정치적으로 총명했고 군사적으로 강했다. 로마는 제국 내의 피지배 민족들이 참을 수 있을 만큼 부담을 지우면서 우위를 지켜 그들이 로마 제국의 지배에 반항하려는 생각을 애초에 품지 못하도록 했으며, 따라서 최악의 경우 한두 민족이 반항하더라도 로마에 대항할 수 있을 만큼 큰 동맹 세력이 생길 여지를 만들지 않았다. 따라서 산발적으로 생기는 반항은 막강한 로마의 힘으로 즉시, 손쉽게 진압할 수 있었고 이는 결국 로마의 힘에 대한 명성만 증가시킬 뿐이었다. 로마에 용감히 대들다가 비극적인 운명을 맞이하는 민족과, 로마법의 지배하에서 평화롭고 번영하는 생활을 누리는 민족 사이에 이처럼 뚜렷한 차이가 생기자 로마는 힘을 매우 신중히 자제하여 사용한다는 평판까지 동시에 얻게 되었다.

권력을 매우 자제하면서 사용한다는 명성은 대영 제국의 건설 과정에서도 기초가 되었다. 관찰자는 여러 자치령이 대영 제국의 구성원이 되어 자발적으로 충성을 맹세하는 사실은 말할 것도 없고, 불과 수천 명의 영국 관리가 몇억 명의 인도인을 통치할 수 있는 능력에 대해서도 경탄해왔다. 그러나 제2차 세계대전에서 영국이 일본에 치욕적인 패배를 당하자 과거 도전할 수 없는 강국이란 명성은 영원히 사라지고 말았다. 그리고 아시아 전역의 피지배 민족들이 주창한 민족독립운동으로 인해, 오랜 시간을 두고 현명하게 실시되어 완숙한 단계에 이른 관대한 지배라는 기억도 영원히 사라져버리고 말았다. 두 가지 명성이 사라져버리고 힘으로 제국을 유지할 자원마저 구할 길이 없어지자 한때 대영 제국에 속했던 아시아 지역에서도 영국의 명성이 곧 잊혀버리고 말았던 것이다.

미국이 선린정책을 추구하던 시기에 서반구에 대한 미국의 주도권은 위의 경우와 비슷하게 국력의 실제 사용보다는 미국의 국력에는 감히 도전할 수 없다는 명성에 주로 의존했다. 서반구에서 미국이 우세한 위치에 있다는 사실은 너무나 분명하고 압도적이어서 미국은 명성 하나만으로도 미주 지역 국가로 하여금 미국의 지위가 그 권력에 상응하게 우위에 있음을 확신하게 만들었다. 미국이 자기 국위에 대해 아무 내색을 하지 않을 경우에도 오히려 힘을 절제한다는 인상을 주어 남쪽의 인근 국가들이 미국의 이 지역에 대한 패권을 스스로 인정하게 했다. 이리하여 미국은 선린정책을 실시한 이후 미주 회의가 통상 미국보다는 중남미 각국에서 개최되도록 했다. 이는 서반구에서는 미국이 실질적으로 도전받지 않을 만큼 지배권을 장악하고 있기 때문에 그런 압도적인 힘에 맞는 권위를 구태여 과시할 필요가 없고, 서반구의 다른 국가들이 이런 회의를 개최함으로써 외형적으로나마 국위를 맛볼 수 있도록 하는 게 더 현명한 처사라고 생각한 까닭이었다.

잘못된 권위정책 세 가지

권위정책은 그것을 추구한다는 것만으로는 부족하다. 지나칠 수도 모자랄 수도 있으며, 그 어느 경우에도 실패의 위험은 따른다. 자기 힘에 대한 인식이 부족해 불안을 느끼면서 실제 중요하지도 않은 일에 권위정책을 사용하여 극성을 부린다면 이건 분명 지나친 경우다. 한 국가의 권위는 역사상 어떤 특정 순간에 그 국가가 취한 행위가 성공이냐 실패냐에 의해 결정되지 않는다. 오히려 반대로 그 국가의 질적 능력과 행위, 성공과 실패, 과거 행동에 대한 기억, 장차 추구할 목표

등의 총체적 합계를 나타낸다. 따라서 한 국가의 권위는 은행의 신용과도 매우 흡사하다. 출처가 확실한 대규모 자본을 가지고 성공적인 영업 실적을 보이는 은행은 다소의 실수나 일시적인 패배를 극복할 수 있는 반면, 자본 규모도 작고 실패도 잦은 은행은 그렇지 못하다. 외부적으로 알려진 역량이 명성을 유지하기에 충분할 만큼 크기 때문에 실패를 딛고 일어서서 명성을 유지할 수 있는 것이고, 이런 사실은 국가에서도 마찬가지다.

강대국의 지위를 확보하고 다른 국가도 그렇게 인정하던 국가가 전쟁에서 패배하거나 위험한 지역에서 후퇴하면서도 국가적 위상에는 조금도 손상을 입지 않는 예를 역사적으로 많이 볼 수 있다. 프랑스가 인도차이나와 알제리에서 전쟁을 치르면서 이길 수 없었지만 진다는 것은 더구나 생각할 수도 없던 지경에 처해 있을 때와, 이들 제국주의적 잔재를 모두 청산한 이후를 비교할 때 프랑스의 국위가 더 높았던 것은 언제일까? 또 미국이 1961년 코치노스 만Bahía de Cochinos에서 패주한 이래 국위 손상을 과연 얼마나 입었다고 해야 할까? 프랑스가 '명예' 때문에 물러서기를 꺼려하던 인도차이나와 알제리의 두 제국주의적 잔재를 깨끗이 청산하는 지혜와 용기를 보이자 제2차 세계대전이 발발한 이래 프랑스의 국위는 절정에 달했고, 코치노스 만 사건도 권력이나 성공의 측면에서 비중이 크긴 했지만 미국의 국위에 별 영향을 미치지 못했다. 국가는 여론의 일시적 동향과 국력과 국위의 근본적 기반을 혼동하지 않도록 주의해야 한다. 어떤 특정 순간의 국가 위상은, 그것이 반영하는 국력과 마찬가지로 그 국가의 총체적인 국력과 국위라는 맥락에서 파악되어야 한다. 막강한 국력은 국위에 반영되고, 손상된 국위는 국력으로 보상될 수 있다.

자기 국력을 실제보다 과장해서 나타내고 따라서 실제의 자기 힘보다 더 큰 평가를 받으려는 것 역시 지나치다. 이는 그 국가가 자기 실체에 근거하지 않고 외형적 힘에 근거하여 국위를 추구한 경우다. 이런 권위정책은 허세정책(공갈정책)이 되고 만다. 최근의 역사에서 눈에 띄는 예는 1935년 에티오피아 침공 이후 1942년 아프리카로 진출하기까지 이탈리아의 외교정책이다. 지중해를 내해로 만들려는 제국주의 팽창정책을 시작하면서 이탈리아는 에티오피아 전쟁과 1936~1939년 사이의 에스파냐 내전 동안 당시 이 지구 상에서 가장 막강한 해군력을 지니고, 지중해 지역에서도 가장 우세한 힘을 자랑하던 영국에 감히 도전했다. 이탈리아는 자국 군사력이 1급 수준이라는 인상을 주고자 노력하면서 도전했다. 그 허세를 시험해보려는 국가가 나타나지 않던 순간까지는 이탈리아의 정책이 성공적이었다. 마침내 시험이 닥쳐왔을 때, 정치적 선전을 교묘히 이용해 구축했던 이탈리아의 국력에 대한 외국의 평판과 실제 이탈리아의 국력 간의 차이가 드러났다. 권위정책의 가면이 벗겨지면서 급기야 허세정책이 폭로된 것이었다.

군복을 입은 엑스트라 수십 명이 무대 위를 행진해서 막 뒤로 사라지고는 무대 뒤편을 돌아 다시 나타나 행진하고, 이렇게 함으로써 엄청난 병력의 행진을 가장하는 연극 무대는 허세정책의 본질을 잘 나타낸다. 순박하고 속기 쉬운 사람이야 이런 군사력을 그대로 믿겠지만 정보에 밝고 냉정한 관찰자는 속임수에 넘어가지 않을 것이다. 그리고 그 '군대'가 다른 군대와 교전하도록 무대 각본이 요구할 경우, 그 허세는 누구에게나 뻔한 것이 되고 만다. 여기서 우리는 허세정책의 본질을 볼 수 있으며 간단한 형태로나마 허세정책의 기본 구조를 파악할 수 있다. 허세정책은 단기적 성공 가능성은 있지만 자기 힘을 실제 나타내야 하는 테스트를 장기적으로 늦출 수 있어야 성공할 수 있다. 그러나 그것은 아주 고도의 정치적 수완일지라도 보장할 수 없다.

정치적 지혜가 있고 행운도 따라줄 때 한 국가가 행할 수 있는 최선은 최초의 성공적인 허세정책으로 시간을 벌어 그 사이에 실제 국력을 그 수준까지 끌어올리는 것이다. 허세정책으로 다른 국가가 겁을 먹는 사이에 그 허위의 국력과 실제의 국력을 일치시킬 수 있다. 따라서 권력 경쟁에서, 특히 군비 경쟁에서 뒤떨어진 국가는 허세정책으로 자국의 약점을 가리면서 한편으로 자기 약점을 극복하기 위해 노력할 수 있는 것이다. 1940~1941년에 이르는 가을과 겨울, 영국이 독일의 공격을 받기 거의 일보 직전에 있을 때 독일이 영국의 영토를 침범하지 못하도록 억제한 가장 중요한 요인은 당시 실제 영국의 군사력을 훨씬 상회하는 영국의 명성이었다. 결과적으로, 실제와는 다른 과장된 외형상의 방어력을 유지하면서 독일이 침략하지 못하는 틈을 타 영국은 실질적인 방어력을 구축할 수 있었다. 그러나 이 경우 영국의 허세정책은 히틀러의 군사적 실수라는 형태로 나타난 행운이 있었기 때문에 성공할 수 있었다는 점과, 영국이 자유의사에 따라 선택한 정책이라기보다는 거의 불가항력적인 필요에 의한 마지막 수단으로서 강요되다시피 취해진 정책이었다는 점이 꼭 지적되어야 한다.[11]

살펴보았듯이 국제정치에서 허세정책을 취하는 것이 일반적으로는 분명히 잘못이지만 반대로 자기의 실제 권력에 훨씬 못 미치는 평가를 받고 이에 만족하는 것 역시 큰 잘못이다. 이런 '소극적 권위정책'

의 좋은 예로는 양차 대전 사이와, 제2차 세계대전이 발발한 직후 몇 년간 미국과 소련의 경우를 들 수 있다.

제2차 세계대전이 발발했던 무렵 미국은 이미 잠재적으로 이 지구상에서 가장 강력한 국가였으며, 또한 독일과 일본의 제국주의에 반대한다는 태도를 명백히 선언한 상태였다. 그러나 독일과 일본은 미국이라는 일급 강대국이 애초 존재하지도 않는 것처럼 진격에 진격을 거듭했다. 이런 맥락에서 볼 때 진주만 기습 공격의 중요성은 미국의 군사력에 대한 경시를 은연중에 보여주고 있다. 미국의 국력에 대한 평가, 즉 미국의 국위는 당시 너무나 낮게 평가되어 있어서 일본은 일단 미국이 진주만에서 패배하면 빠른 시일 내에 군사력을 회복할 수 없을 것이므로 전세를 역전시키지 못하리라는 가정하에 작전을 수립했다. 심지어 독일과 이탈리아가 미국이 유럽 지역의 전쟁에 참전하지 못하도록 신경 쓰기는커녕 오히려 1941년 12월 10일 대미 선전포고를 함으로써 미국을 전쟁에 개입시키려 혈안이었을 정도로 당시 미국의 국위는 평가 절하된 상태였다. 1934년 히틀러는 "미국인은 군인축에도 들지 못한다. 소위 '신세계'라는 곳의 열등함과 타락상은 그 군대의 비능률성에서 너무나 확연히 나타난다"고 장담했다고 한다.[12]

이들이 미국을 그토록 얕본 이유는 미국이 자기 군사력에 대한 외

11_ 영국이 역사적으로 아주 중요했던 두 고비에서 부분적이긴 하지만 시위정책을 사용하여 위기를 모면한 일이 있었던 것은 틀림없다. 유럽의 모든 국가가 나폴레옹의 지배하에 있던 1797년, 프랑스는 모든 노력을 다해서 영국을 파괴하려 했다. 이때 영국 함대에서 폭동이 발생했다. 잠시나마 대륙과 영국 사이에서 임무를 수행하던 군함은 두 대에 지나지 않았다. 1940~1941년의 겨울에도 다른 이유에서이긴 하지만 영국으로서는 절망적이었다. 이 두 경우에 영국이라는 이름이 지닌 두려움이 물리적 힘에서 월등한 위치에 있던 적국으로 하여금 영국을 감히 파괴할 엄두를 못 내도록 견제력을 발휘했던 중요한 요인이었다.

국의 평판에 관해 전혀 권위정책을 쓰지 않았기 때문이다. 군사력이라는 측면에서 얼마만 한 인적·물질적 잠재력이 있는지를 다른 국가에게 보여주기는커녕, 오히려 전쟁의 실제 도구로 전환할 수 있는 거대한 잠재력에도 불구하고 그럴 의사는 전혀 없음을 세계 각국에 알리고자 안달했던 것 같다. 따라서 미국은 적의 경시와 공격을 자초했고, 정책적으로도 실패했다.

한편, 소련은 권위정책을 태만히 해서가 아니라 권위정책을 쓰긴 했지만 실패함으로써 미국과 비슷한 결과를 맛보아야 했다. 양차의 세계대전 사이에 소련의 국력은 실제보다 낮게 평가되고 있었다. 독일이나 프랑스, 영국이 종종 자기 외교정책을 위해 소련의 지원을 확보하고자 노력하긴 했지만 어느 국가도 소련의 정치 이데올로기에 대한 혐오감과 소련의 유럽 지역 진출에 대한 공포감을 떨쳐버리고 소련과의 관계 개선을 진정으로 추구할 정도로 소련의 국력을 높게 평가하지 않았다. 예를 들어 1938년의 체코슬로바키아 위기를 맞아 프랑스와 영국이 독일의 제국주의적 팽창을 용인하느냐 아니면 소련의 지원을 받아 이를 퇴치하느냐를 두고 대립하고 있을 때 소련의 국위는 너무나 낮게 평가되고 있어서 서유럽 열강은 한참을 망설인 끝에 결국 소련의 협력 제의를 거절하고 말았다. 1939~1940년에 소련이 핀란드로 진격할 무렵 소련 군사력에 대한 평가는 최저 상태여서 그 조그만 핀란드가 소련이라는 거인에 대항해 스스로도 방어할 수 있으리라 여겼다. 소련이 자국의 국위를 높게 유지하지 못했기 때문에 연

12_ Hermann Rauschning, *The Voice of Destruction* (New York: G.. P. Putnam' s Sons, 1940), p. 71.

합군의 참모는 물론 독일의 참모조차도 소련이 독일의 공격을 견뎌내지 못하리라고 확신했다.

그러나 현명한 외교정책이라면 국가 위상과 실제 국력 사이의 불일치를 결코 무관심하게 넘겨버려서는 안 된다. 1938년이나 1939년, 혹은 1941년에 소련이 실제 국력만큼 강력하게 대외적으로 인식되었더라면, 즉 소련의 국위가 그 국력과 일치했더라면 소련에 대한 다른 국가의 정책이 쉽사리 바뀌었을 것이고, 소련과 세계의 운명도 또한 많이 달라졌을 것이다. 오늘날 소련이 우리가 생각하는 것만큼 강한가, 혹은 더 강한가, 아니면 약한가 하는 문제는 소련과 나머지 세계 모두에게 근본적으로 중요한 문제다. 이는 미국에도 중요하며 나아가 국제정치적으로 활발한 역할을 수행하는 다른 국가에도 마찬가지다. 지나치게 많게도 적게도 아닌, 있는 그대로 자기가 가진 힘을 나타내는 것이야말로 가장 현명한 권위 정책이다.

제7장

⌘

국제정치의 이데올로기적 요소

정치 이데올로기의 본질[1]

국제정치건 국내정치건 모든 정치의 특징적인 현상은 흔히 실제 정치의 본질인 권력 투쟁을 그대로 드러내 보이지 않는 점이다. 오히려 추구하는 정책의 직접적 목적인 권력은 윤리적, 법적 혹은 생물학적

1_ 이데올로기라는 개념은 사상적, 정치적, 도덕적 신념을 나타내는 일반적인 의미에서 자주 쓰인다. 우리는 앞으로 이런 일반적인 이데올로기 개념으로 논의를 진행하기로 한다. 여기서 사용된 이데올로기 개념은 카를 만하임(Karl Mannheim)이 말하는 소위 부분적 이데올로기(particular ideology)에 해당한다. Karl Mannheim, *Ideology and Utopia* (New York: Harcourt, Brace and Company, 1936), p. 49. "부분적 이데올로기란 상대방의 생각이나 말에 대해 회의적인 상황을 나타낼 때에 쓰인다. 즉 상황의 실제적 성격을 그대로 드러내는 것이 자기에게 유리하지 않을 경우 이를 고의적으로 은폐하는 것과 관련된다. 이런 왜곡은 고의적인 거짓말이나 무의식적인 은폐, 타인을 고의로 속이는 행위에서 자기기만 등 다양한 형태로 나타난다." p. 238. "이데올로기에 대한 연구의 결과 이익 집단, 특히 정당의 고의적 기만이나 허위를 폭로하는 것이 이데올로기 연구의 주된 임무가 되었다."

이유로 설명되고 정당화된다. 다시 말해서 정책의 본질적 성격은 이데올로기적 정당화와 합리화에 의해 은폐된다.

어떤 사람이 권력 투쟁에 깊이 개입하면 할수록 권력 투쟁의 본질을 파악하기란 그만큼 어려워진다. 햄릿이 그의 어머니에게 하는 다음과 같은 말은 권력에 굶주린 다른 모든 사람에게도 받아들여질 가능성이 희박하다(《햄릿》 제3막 4장에서 인용된 구절이다. 햄릿의 어머니는 남편을 잃은 지 한 달이 채 지나기 전에 남편을 죽이고 왕이 된 시동생 클라우디우스와 다시 혼례를 올려 왕비가 된다. 햄릿이 어머니의 부정을 비난하는 순간 홀연히 나타난 부왕의 유령과 대화를 하자 어머니는 햄릿이 실성했다고 한다. 그 말을 반박하면서 과거를 회개하고 앞으로 근신해주기를 부탁하면서 햄릿이 어머니에게 한 얘기다.-옮긴이).

> …… 어머니, 부탁입니다. 당신의 양심에다 속임수 고약을 발라, 이 모두가 제가 실성한 탓이지 당신의 죄는 아니라고, 부디 그런 생각일랑 먹지도 마세요.

또 톨스토이는 《전쟁과 평화》에서 다음과 같이 적고 있다.

> 인간은 혼자서 일할 때 항시 자기 내부에 일련의 고려사항들을 품고 있다. 그는 그것이 자신의 과거 행동을 지도했고 현재의 행동을 정당화하고 미래의 행위에 대한 예상을 지배한다고 생각한다.
>
> 사람들 집단도 똑같이 행동한다. 공동의 행동에 관한 고찰과 정당화, 그리고 예상을 그 행위에 직접 관계하지 않은 사람들에게 일임하

는 것이다.

프랑스인은 우리가 알거나 모르는 원인을 위해 서로 멸망시키고 죽였다. 그와 함께 어떤 사람들이 나타나 이것이 프랑스의 박애, 자유, 평등을 위해 필요하다고 선언하면서 정당화하는 일이 벌어졌다. 이윽고 서로 죽이는 일이 그치자 또 이번에는 중앙 집권화, 유럽에 대한 저항이 필요하다는 등의 정당화 논리가 따랐다. 사람들이 같은 종족을 살육하면서 서에서 동으로 나아가자 이에 대해 프랑스의 영광이니 영국의 비열함이니 하는 말들이 나왔다. 이런 정당화 논리가 일반적으로 상식 밖의 일이요 자가당착적 모순이라는 사실은 역사가 증명한다. 이를테면 사람을 죽여놓고 자기 신념의 표출이라 얘기한다든가 러시아에서 수백만 명을 학살한 것이 결국 영국을 굴복시키기 위한 목적이었다는 등이다. 그러나 이런 정당화는 그 시대에는 필요불가결한 가치를 가지고 있었다.

이런 정당화는 사건을 저지른 사람들로부터 도덕적 책임을 면제해준다. 열차 앞에 장치되어 궤도를 청소하는 솔과도 같은 역할을 하는 것이다. 즉 인간의 도덕적 책임이라는 길을 쓸어준다. 어떤 역사적 사건을 검토할 때 반드시 마주치게 되는 의문, 이를테면 '어째서 수백만의 인간이 범죄, 살인, 전쟁에 집단적으로 뛰어드는가'라는 지극히 단순한 의문도 이런 정당화 없이는 도저히 설명될 수 없다.[2]

정치적 무대의 행위자는 정치 이데올로기라는 가면 뒤에 자기가 취

2_ Epilogue, Part II, Chapter VII.

하는 정치 행위의 본질을 숨기면서 '연극'을 하지 않을 수 없다. 어떤 개인이 어떤 특정 권력 투쟁에서 멀리 떨어져 있으면 있을수록 권력 투쟁의 본질을 이해할 가능성은 커진다. 그래서 어떤 국가의 정치를 그 나라 국민보다 외국인이 오히려 더 잘 이해하며, 정치가 무엇인지 실제 정치를 하는 정치가들보다 학자들이 더 잘 이해하는 것도 결코 우연이 아니다. 반면에 정치가들은 자기가 행하는 일을 권력적 측면이 아니라 윤리와 법적 측면, 혹은 생물학적 필요라는 견지에서 불가피한 것이라고 위장하는 경향이 농후하다. 그리고 이런 태도는 도무지 근절될 수도 없을 것 같다. 다른 말로, 모든 정치의 본질이 권력 추구라는 것은 의심할 수 없지만 이데올로기가 그 권력 경쟁에 개입되어 정치적 무대의 행위자나 관객 모두에게 도덕적·심리적으로 받아들여질 수 있는 구실을 제공한다는 것이다.

이런 법적·도덕적 원칙과 생물학적 필요성 등은 국제정치에서 이중 역할을 수행한다. 즉 이미 위에서 언급했듯이[3] 정치적 행위의 직접적인 목표, 즉 정치권력이 실현하고자 하는 궁극적 목표가 되기도 하고, 모든 정치 현상에 내재하는 권력 요인을 숨겨주는 거짓 간판이 되기도 한다. 이런 원칙들과 필요성은 위의 한 기능 혹은 다른 기능을 수행하거나 어떤 때는 두 기능 모두를 동시에 수행한다. 예를 들어 정의와 같은 법적·도덕적 원칙 혹은 적절한 생활 수준과 같은 생물학적 필요성은 외교정책의 목표가 될 수도 있고, 아니면 이데올로기가 될 수도 있고, 나아가 외교정책의 목표인 동시에 이데올로기도 될 수 있다.

3_1권 p. 129 ff. 참고.

여기서는 국제정치의 궁극적 목표가 무엇인지를 알아보고자 함이 아니기 때문에 도덕적·법적 원칙과 생물학적 필요성이 이데올로기로서 기능하는 측면만 살펴보기로 한다.

이런 이데올로기는 몇몇 사람의 위선에서 우연히 생기지 않으며 그 사람들을 더 정직한 다른 사람들로 대체한다고 외교정책의 수행이 당장에 개선되지도 않는다. 그렇게 기대했다가는 언제나 실망하게 된다. 프랭클린 루스벨트나 처칠의 외교정책이 기만적이라고 가장 신랄히 비판했던 사람들도 외교 업무 수행의 책임을 맡게 되자 자신들도 이데올로기의 가면을 사용함으로써 동료들을 크게 놀라게 했다. 이렇게 정치적 무대의 행위자가 자기 행위의 직접적 목표를 숨기기 위해 이데올로기를 사용치 않을 수 없게 되는 것이 정치의 본질이다. 정치 행위의 직접적 목표는 권력이며, 이 정치적 권력이란 다른 사람들의 마음과 행동을 지배하는 힘을 일컫는다. 어떤 사람이 추구하는 권력의 대상이 되는 사람들도 다른 사람에 대한 지배력을 얻으려고 한다. 이리하여 정치적 무대의 행위자는 언제나 권력의 주체가 되면서 동시에 다른 사람이 추구하는 권력의 객체가 된다. 어떤 사람이 다른 사람들에 대한 권력을 추구할 때 다른 사람들은 그에 대한 권력을 추구한다.

정치적 존재로서 인간이 가지는 이런 양면성처럼 이런 상황에 대한 사람들의 도덕적 평가도 양면성을 지닌다. 인간은 자신의 권력 욕구는 정당하게 생각하면서도 그에 대한 다른 사람의 권력 추구는 부정당하다고 생각한다. 제2차 세계대전 이래 러시아는 자신의 권력욕을 안전을 위한 고려 때문이라고 정당화하면서도 미국의 권력이 팽창하는 데 대해서는 '제국주의적'이며 세계 정복을 위한 준비라고 매도해왔다. 미국 역시 러시아의 야망에 비슷한 낙인을 찍으면서 미국 자신의 국제정치적 목표는 국가 방위를 위해 필요하다고 주장했다. 이에 대해 존 애덤스John Adams, 1735~1826는 다음과 같이 말한다.

> 강대국들은 항상 약소국들이 미처 이해할 수 없는 위대한 정신과 원대한 포부를 가지고 있다고 생각하며 하늘의 법률을 어길 때에도 그것이 신의 뜻에 따르는 행위라고 생각한다. 우리의 열정, 야망, 탐욕, 사랑과 분노 등은 너무나 교묘하게 형이상학적이면서도 너무나 웅변적이기 때문에 우리의 관심과 양심을 교묘히 사로잡아 자기편으로 만들고야 만다.

이런 양면 가치적인 평가는 권력이라는 문제에 접근하는 모든 국가들의 특성이고, 또한 국제정치의 본질적인 현상이다. 어느 국가가 이데올로기를 배격한 채 자기는 사실 권력을 추구하고 있으며, 따라서 다른 국가의 이와 비슷한 행동을 용납하지 않겠노라고 솔직하게 얘기했다면, 그 국가는 즉시 권력 투쟁에서 매우, 어쩌면 결정적으로 불리한 위치에 있음을 깨닫게 될 것이다. 그렇게 솔직히 자기 태도를 인정하는 것은 한편으로 다른 국가들을 결합시켜 자기가 명백하게 선언한 외교정책에 격렬히 반대하도록 만든다. 그리고 그러지 않았더라면 필요하지도 않았을 여분의 국력을 더 준비해야 하는 상황에 처하게 된다. 다른 한편으로 권력 추구를 솔직하게 시인하는 것은 국제 사회에서 보편적으로 받아들여지는 도덕 기준을 공공연히 조롱하는 결과가 되어 외교정책 수행에서 엉거주춤하게 하고 양심에 거리낌을 느끼게 만든다. 외교정책 추진을 위해 국민을 규합하고 국가의 모든 에너지와 자원을 동원하기 위해서는 권력보다는 국가적 생존과 같은 생물학적 필요성이나 정의와 같은 도덕원칙에 호소해야 한다. 이렇게 함으로써만이 국민의 열광적인 동의와 자발적인 희생을 얻을 수 있고, 그것 없이는 어떤 외교정책도 결국은 치러야 할 힘겨루기에서 승리할 수 없다.

심리적 힘은 필연적으로 국제정치적 이데올로기를 낳고, 그 이데올로기는 국제 무대의 권력 투쟁에서 무기로 사용된다. 국민의 지적 확신과 도덕적 가치에 호소하여 공감을 얻는 외교정책을 추구하는 국가는, 외교정책에 대한 국민의 공감을 얻는 데 실패한 국가에 비할 때 이루 헤아릴 수 없는 유리한 고지를 점하게 된다. 다른 모든 사상과 마찬가지로 이데올로기는 국민의 사기를 드높이고 나아가 국력을 강하게 하며, 또 바로 그런 과정에서 적국의 사기를 저하시킬 수 있다. 윌슨이 제창한 14개 조항이 제1차 세계대전에서 연합군의 사기를 진작하고 동맹 측의 사기를 저하시킴으로써 연합국의 종국적 승리에 크게 공헌했던 것은 국제정치에서 도덕적 요인이 매우 중요하다는 사실을 단적으로 보여주는 좋은 예다.[4]

4_ 국민적 사기에 대한 일반론은 1권 p. 365 ff. 참고.

외교정책의 전형적 이데올로기 유형

제국주의 정책이 거의 언제나 이데올로기라는 가면을 쓰고 있으며, 반면에 현상유지정책은 실제 그대로 드러나 보이는 경우가 많다는 사실은 국제정치의 본질에서 유래한다. 또한 몇몇 유형의 이데올로기들이 몇몇 유형의 외교정책과 연관되는 사실도 국제정치의 본질에서 유래한다.

현상유지 이데올로기

현상유지정책은 이미 그 자체로서 어떤 도덕적 정당성을 가진 상태이기 때문에 그 정책의 본질을 있는 그대로 밝힐 수 있으며 이데올로기적인 가면을 쓰지 않아도 된다. 현재 어떤 상태가 존재한다는 것은 그것에 유리한 무엇이 있다는 얘기이고, 그렇지 않다면 존재하지 않을 것이다. 데모스테네스Demosthenes, BC 384~322?는 다음과 같이 말했다.

> 침략을 받아 자기 재산을 방어하고자 전쟁에 뛰어드는 만큼이나 선뜻 자기 세력을 강화하고자 전쟁을 벌일 사람은 없을 것이다. 사람들은 자칫 자기 몫을 잃어버릴 위험에 처했을 때 그것을 지키고자 필사적으로 싸우지만 자기 세력을 확대하려고 할 때는 필사적이지 않다는 말이다. 사실 그런 목표를 세울 수도 있지만 그러다가 상대방에 의해 저지당하면 그 적에게 어떤 부당한 일을 당했다는 생각을 하지는 않는다.[5]

현상유지정책을 추구하는 국가는 자기가 이미 확보한 권력을 보존하려 하므로 다른 국가의 분노를 가라앉혀야 한다든지 자기 양심에 거리끼는 일을 해야 할 필요를 느끼지 않는다. 영토적 현상을 유지하는 것이 도덕적으로 혹은 법적으로 공격의 대상이 되지 않을 때, 자국의 국력이 전통적으로 이 현상을 유지하고 보존하는 데에만 사용되어 왔을 때 특히 그러하다. 스위스, 덴마크, 노르웨이, 스웨덴 같은 국가들은 서슴지 않고 자기 외교정책이 현상을 유지하는 것이라고 단정적으로 말할 수 있다. 현상유지가 대개 합법적인 것으로 인정되기 때문이다. 양차 세계대전 사이에 주로 현상유지정책을 추구했던 영국, 프랑스, 유고슬라비아, 체코슬로바키아 그리고 루마니아와 같은 다른 국가들은 자기 외교정책의 목표가 국가 재산을 보호하고 방어하는 것이라고 간단히 얘기할 수 없었다. 1919년 당시 현상의 정통성과 합법성이 국내외로부터 도전을 받고 있었기 때문에 이 국가들을 도덕적 원칙을 원용하면서 그 도전에 맞설 수밖에 없었다. 결국 평화와 국제법이 그 목적을 달성해주었다.

평화와 국제법은 현상유지정책의 이데올로기로서 큰 능력을 발휘한다. 제국주의 정책이 현상을 파괴하면서 종종 전쟁을 유발하고 항상 전쟁이라는 가능성을 계산해야 하기 때문에, 평화주의를 주된 원리로 삼는 외교정책은 같은 논리로 반제국주의적이며 현상유지를 목표로 한다. 현상유지정책의 목표를 평화주의 개념으로 표현함으로써 정치가는 제국주의 정책을 취하는 상대방에게 전쟁 도발자라는 낙인

5_ Demosthenes, *For the Liberty of the Rhodians*, Sections 10-11.

을 찍을 수 있고, 자기와 그 나라 국민의 양심에 손을 얹어 도덕적으로 거리낄 것이 없다고 믿게 되며, 나아가 현상유지에 관심이 있는 모든 국가의 지지를 기대하게 된다.[6]

국제법도 현상유지정책을 위해 비슷한 이데올로기적 기능을 수행한다. 법질서란 주로 사회의 현상유지 세력을 가리키는 경우가 많다. 또 법질서는 어떤 순간의 권력 배분 상태를 가리키기도 하며 어떤 특정 상황하에서 그 권력 배분 상태를 확인하고 유지하는 기준과 수단을 제공하기도 한다. 국내법은 고도로 발달된 입법 체제, 사법적 결정, 법 집행을 통해 일반적인 권력 배분 상황 속에서 약간의 조정, 그리고 때때로 상당한 변화를 허용할 수 있다. 이에 비해 국제법은 후에 밝혀지듯이[7] 합법적 변화를 위한 체계가 수립되어 있지 않기 때문에 주로, 그리고 본질적으로 변화에 저항하는 세력이다. 따라서 어떤 외교정책을 지지하는 의미에서 국제법, '법에 의한 질서', '정상적인 법절차'를 내세우는 것은 언제나 현상유지정책을 이데올로기적으로 은폐하고 있다는 뜻이다. 국제연맹과 같은 국제기구가 어느 특정 현상을 유지하기 위한 목적으로 수립되었을 때 그런 기구에 대해 지지를 표명하는 것은 바로 그 특정 현상의 유지를 지지하는 것과 같다.

제1차 세계대전 이래 현상유지정책의 합리화를 위해 그런 법적 이데올로기가 사용되는 것은 아주 일상적인 현상이 되었다. 그 이전 시대에 결성되었던 동맹관계는 사라지지 않고, 전 세계적 차원의 합법

6_ 1권 pp. 276-279 참고(평화 이데올로기의 최근 형태). 2권 p. 542, 596 ff. 참고.
7_ 제26장 참고.

적 기구 안에서 '지역적 조직체'로 발전되어갔다. '현상유지'는 '국제 평화와 안전의 유지'로 변모되고 있다. 현상유지에 공통의 이해관계를 가진 국가들은 어느 특정 국가로부터의 위협에 대항하여 공동 이익을 지키고자 '신성동맹'이 아니라 '집단 안전 보장 체제' 혹은 '상호 원조 조약'에 의존하고자 한다. 현상의 변화가 작은 국가들의 희생으로 이루어지는 예가 많으므로 약소국가들의 권리 보호는 1914년의 벨기에와 1939년의 핀란드와 폴란드의 경우처럼 적절한 조건에서 현상유지정책의 또 다른 이데올로기가 된다.

제국주의 이데올로기

현상유지정책과는 대조적으로 제국주의 정책에는 항상 이데올로기가 필요한데 그것은 제국주의 정책이 자기 행위를 증명해야 하는 부담을 안고 있기 때문이다. 자기가 파괴하려는 현상이 마땅히 파괴되어야 한다는 것을 증명해 보여야 하고, 새로운 권력 분포의 요구를 현재 많은 사람이 신봉하는 도덕적 정당성을 누르는 더 높은 도덕원칙을 제시하며 정당화해야 한다. 따라서 에드워드 기번Edward Gibbon, 1737~1794은 "모든 정복자는 안전이나 복수, 영광, 질투심, 권리, 편리 등에 의해 동기를 부여받은 모든 전쟁을 수행하는 데에 법률적으로 즉각 정당화할 태세를 갖추고 있어야 한다"라고 했다.[8]

제국주의의 전형적인 이데올로기가 법적 개념을 사용하는 한 실증 국제법, 즉 실제 있는 국제법을 쉽게 원용할 수 없다. 이미 살펴본 것

8_ *The Decline and Fall of the Roman Empire* (Modern Library Edition), Vol. II, p. 1235.

처럼, 국제법이 지니는 현상유지 성격으로 인해 국제법은 자연스럽게 현상유지의 이데올로기적 동맹이 되는 것이다. 제국주의는 동적인 현상이기 때문에 동적인 이데올로기를 요구한다. 법률 영역에서 찾아보자면 제국주의의 이데올로기적 필요를 충족시키는 것은 자연법 원리, 즉 당위의 법 원리다. 현상을 상징적으로 나타내면서 현재 존재하는 국제법의 부당함에 대항해, 제국주의적 국가는 정의를 요구하는 더 고차원적인 법률에 호소하게 된다. 이리하여 국가사회주의(나치) 독일은 베르사유 체제의 현상을 전복하는 구실로 평등원리를 내세우면서 베르사유 조약이 이를 위반했다고 주장했다. 예를 들어 베르사유 조약이 독일에 완전히 금지한 식민지를 다시 요구한 것이라든지, 독일에 일방적으로 강요한 군축 조항을 개정해줄 것을 요청한 것도 같은 원리에 근거한 행동이었다.

패배한 전쟁으로 인한 특정 현상을 전복하려는 것이 아니라 정복할 수 있는 '힘의 공백' 때문에 제국주의 정책이 추진될 때에는 부당한 실정법에 대항하고 공정한 자연법을 요구하는 새로운 도덕적 이데올로기가 생겨나 그 정복을 불가피한 임무라고 정당화하게 된다. 그럴 경우 약소국에 대한 정복은 '백인의 책임', '국가적 사명', '정해진 운명', '신성한 신탁', '그리스도교적 임무' 등으로 표현된다. 특히 식민 제국주의가 '서구문명의 축복'과 같은 이데올로기적 슬로건으로 위장된 경우가 많다. 백인 정복자가 지구 상의 유색인종에게 가져다주어야 할 임무라는 것이다. 일본이 주장했던 이른바 대동아 공영권이라는 이데올로기도 인도주의적 임무라는 비슷한 내용을 포함하고 있다. 어떤 정치 철학이 종교적 신념이라는 열정으로 뒷받침되어 제국주의 정책과 결합하면 그것 역시 이데올로기적 위장의 도구로 쉽게 이용된다. 아랍 제국이 한창 팽창을 거듭하던 무렵 아랍 국가의 제국주의는 종교적 임무의 완수라고 정당화되었다. 나폴레옹의 제국주의는 자유, 평등, 박애의 기치 아래 전 유럽을 휩쓸었다. 특히 콘스탄티노플과 다르다넬스Dardanelles에 대해 오랜 염원을 품었던 러시아 제국주의는 정교회의 교리, 범슬라브주의, 세계 혁명 그리고 자본주의의 포위로부터 방어 등을 이유로 제국주의를 내세웠다.

오늘날 특히 다윈Charles Darwin, 1809~1882과 스펜서Herbert Spencer, 1820~1903의 사회철학이 끼친 영향으로 제국주의 이데올로기는 생물학적 논거를 좋아하게 되었다. 적자생존 원리가 국제정치에 적용되자 강대국의 약소국에 대한 군사적 우월성으로 인해 약소국이 강대국 제국주의의 목표가 되어버리는 것은 자연스러운 현상이 되었다. 이 원리에 따르면 강대국이 약소국을 지배하지 않고 약소국이 강대국과 동등한 권력을 가지려 하는 것은 자연 법칙에 어긋나는 일이다. 강자에게는 '양지(즉, 유리한 위치나 지위)'를 차지할 권리가 있으며, 강대국은 곧 '이 세상의 소금'이다. 독일의 유명한 사회학자 베르너 좀바르트Werner Sombart, 1863~1941가 제1차 세계대전 당시 발견했듯이, 독일의 '영웅'은 영국 '장사치'를 기필코 물리쳐야 했다. 열등한 민족이 상전 민족을 섬겨야 하는 것은 악당 혹은 바보들이나 거역할 자연의 법칙이며, 이들의 온당한 운명은 노예가 되든지 전멸하는 것이다.

공산주의, 파시즘, 나치즘, 나아가 일본의 제국주의에 이르기까지 이 모두는 위와 같은 생물학적 이데올로기에 혁명적인 충격을 가져다주었다. 지구의 주인이 되라고 자연이 정해준 국가들이 선천적으로 열등한 국가들의 협잡과 폭력으로 힘을 못 쓰고 있다. 야망은 있지만 가난하기만 한 '못 가진 자'들이 부유하지만 퇴폐적인 가진 자들에 의해 지구 상의 부를 얻지 못하고 있다. 이상의 영감을 받아 프롤레타리아 국가들은 돈 가방을 놓지 않으려는 자본주의 국가들과 일전을 불사해야 한다. 제2차 세계대전이 발발하기 직전 독일, 이탈리아, 일본이 즐겨 사용한 이데올로기는 인구 과잉이었다. 즉 독일 국민은 '공간을 가지지 못한 민족'으로 '생존권'을 얻지 못한다면 질식당해야 하며, 원료원을 얻지 못하면 굶어 죽어야 한다는 것이다. 비록 형태야 달랐지만 이 이데올로기는 30년대에 들어와 이탈리아와 일본이 팽창정책을 정당화하고 제국주의적 목표를 은폐하는 데 사용되었다.[9]

그러나 제국주의를 숨기고 정당화하기 위해 가장 널리 사용되는 것은 언제나 '반제국주의'라는 이데올로기다.[10] 반제국주의라는 이데올

9_ 양차 대전 사이에 인구와 경제적 압박을 이유로 독일, 이탈리아, 일본이 식민지를 요구했던 것은 적정 인구 및 경제에 대한 통계치를 살펴볼 때 이데올로기적인 성격이 두드러지게 나타난다. 독일의 식민지였던 아프리카 4개국은 약 241만 제곱킬로미터의 면적에 1914년 당시 인구가 1,200만 명이었고 그 가운데 불과 2만 명이 백인이었다. 모든 식민지에 사는 독일인을 합쳐봤자 파리에 거주하는 독일인 수를 넘지 못한다는 것도 당시에 이미 지적됐다. 에리트리아(Eritrea)가 50여 년간 이탈리아의 식민지로 있었으나 약 5,180제곱킬로미터의 면적에 이탈리아인은 겨우 400여 명뿐이었다. 한국과 대만이 40여 년간 일본의 식민지였지만 그곳에 거주하는 일본인 수는 1년에 증가하는 일본인 수에도 미치지 못했다.

본국에 대한 식민지의 경제적 중요성을 따져보면 독일과 이탈리아의 경우가 퍽 인상적이다. 독일과 식민지 사이의 수출입 물량은 1913년에 독일 총수출입량의 0.5퍼센트에 달했다. 1933년에 이탈리아의 총수입량 가운데 식민지로부터의 물량은 1.6퍼센트였으며, 수출은 7.2퍼센트에 달했다. 여기서 이탈리아에서 식민지로 향한 수출량이 상당히 많은 것은 전쟁 물자 때문이었다. 식민지가 경제적으로 매우 중요한 역할을 했던 경우는 바로 일본이었다. 1934년 일본의 대식민지 무역량은 전체의 25퍼센트에 달했다(총수입의 23.1퍼센트, 전체 수출의 22퍼센트).

Royal Institute of International Affairs, *The Colonial Problem* (London, New York, Toronto: Oxford University Press, 1937), p. 287 참고.

로기가 많이 사용되는 것은 제국주의의 모든 이데올로기 중에서 가장 효과적이기 때문이다. 휴이 롱Huey Long, 1893~1935에 의하면 파시즘이 반파시즘을 가장하여 미국에 들어오는 것처럼 제국주의도 반제국주의를 가장하여 여러 국가에 파급되었다. 1914년과 1939년에 양쪽 진영은 서로가 상대방의 제국주의에 대항하여 자기 자신을 지킨다는 명목으로 전쟁을 시작했다. 독일이 1941년 소련을 침공할 때 이 공격이 소련의 제국주의 기도를 저지하기 위한 행위라고 주장했다. 제2차 세계대전 이래 미국, 영국의 외교정책은 물론 소련과 중국의 외교정책도 모두 상대편 국가가 제국주의적 목적을 추구하고 있다는 주장에 의해 정당화되었다. 이렇게 자기 국가 외교정책의 실제 성격이 어떠한지에 상관없이 그것을 반제국주의적인 것이라고, 즉 현상을 방어하고 보존하기 위한 것이라고 주장함으로써 자국의 외교정책이 동기 측면에서 양심 바르고 정의롭다는 것을 국민에게 확신시키게 된다. 만일 이것에 실패한다면 국민 어느 누구도 그 국가의 외교정책을 전적으로 지지하지 않을 것이고, 그 외교정책을 위해 싸워주지도 않을 것이다. 동시에 국민에게 확신을 심어줄 경우에는, 이데올로기적으로 무장되지 않아 어느 편이 좋은 편인지 확신하지 못하는 적을 훨씬 용이하게 꺾을 수 있다.

제3세계 국가들이 제시한 경제적 요구사항들 속에도 이데올로기적 요소가 강하게 포함되어 있다. 수많은 국가의 경제적 고민이 자연적

10_ 반제국주의 이데올로기의 한 변형이 반권력 정치 이데올로기다. 이 이데올로기에 의할 때 다른 국가는 권력욕에 따라 정책을 수립하고 집행하며 자기 나라는 그런 사악한 동기의 정책을 추구하지 않고 순전히 이상적 목표를 추구하는 것이 된다.

빈곤, 비합리적 경제정책, 부패, 무능 등 여러 다른 원인 때문에 생겨났는데도 그 책임은 늘 부유하고 공업화한 국가들 문전으로 향하고 있는 것이다. 공업화된 국가들과 제3세계 국가들 사이의 생활 수준의 극단적인 차이라는 충격적이고도 불안을 조성하는 사실로 인해 남북 대결이라는 개념이 그럴싸한 외형을 갖추게 된다. 그렇게 제시된 인과론적 책임에 뒤이어 과거의 악습을 고쳐야 하며 세상의 부를 좀 더 공평하게 분배하는 데 기여해야 한다는 도덕적 책임이 뒤따른다. 대표적인 사례가 공업국가에서 잉여와 폭식이 일어나는데, 제3세계의 수많은 국가에서는 만성적인 영양실조와 식량 분배의 불공평이 일어나는 현상이다. 하지만 공업화된 세계의 풍요와 제3세계의 빈곤 사이에 존재한다는 인과론적이며 도덕적인 연결성은 심각한 의문의 대상이다.

역사적으로 인류는 생활 수준의 현격한 차이로 인해 분열되어왔다. 오늘날의 상황이 과거와 차이를 보이는 부분은 오늘날의 통신 기술에 힘입어 혜택 받은 사람들과 덜 받은 사람들이 이런 차이에 대해 잘 알고 있다는 점이다. 그런 인식과 때를 같이해서 세계적으로 기회와 조건의 두 가지 평등 원칙이 주도권을 장악하게 되었다. 따라서 혜택을 덜 받은 사람들은 부자와 빈자 사이의 차이를 좁히고자 하는 열망을 가지게 되었고, 이런 열망을 접한 부자들은 도덕적으로 곤혹스러운 처지에 놓이게 되었다.

이런 열망과 그에 수반되는 도덕적 곤혹스러움은 전 세계적으로 만족시키거나 구제할 수는 없는 것들이며, 구체적 국가 이익을 위한 정치적 목표를 이데올로기적으로 정당화하거나 합리화하는 논리로 널리 활용된다. 이는 굳이 얘기할 필요가 없는 진실이다. 이런 목표들은 자연스럽게 부자들을 희생시켜 가난한 자들에 이익이 돌아갈 수 있도록 현상을 변화시키자는 방향으로 흐른다. 부자들은 극단적인 불평등이 존재한다는 사실을 알고 그것을 비난하는 도덕 원리를 믿고 있기 때문에 자신의 이익을 규정하고 증진하는 데에 명백히 불리한 위치에 서게 된다. 하는 수 없이 따르지만 사실 마음 편할 리 없고 이런 경우가 정당하다는 확신은 사라진 지 오래다. 경제적 평등을 부르짖는 주장에 맞닥뜨린 그들은 도덕적으로 절망 상태에 처하게 된다. 이는 마치 서구 민주 사회들이 1938년 민족자결이라는 도덕원칙의 이름으로 체코슬로바키아 영토의 일부를 병합하겠노라고 주장하던 독일의 주장에 당황하던 모습과 비슷하다.

세상 사람들의 생활 수준을 평등하게 하자는 도덕적 주장은 곤경에 처한 국가에 인도주의적 지원을 보내자는 일반적인 주장을 특별한 형태로 적용한 듯 보인다. 미국은 이런 의무를 이론적·실제적으로 받아들인 경우다. 하지만 인도주의적 지원을 도덕적으로 정당화할 수 있는 상황은 이 세상에 생활 기준을 평등하게 만들자는 호소와는 근본적으로 다르다. 인도주의적 지원이 정당화되는 경우는 갑작스러운 자연 재난을 당한 국가가 스스로의 힘만으로는 복구하기 힘들 때다. 이 세상 사람들의 생활 수준 차이는 자연적, 문화적, 경제적, 그리고 정치적 요인이 복합적으로 작용한 결과다. 외부의 개입이 특별한 경우 그런 차이를 변화시킬 수 있기야 하겠지만 이 세상에서 그런 차이를 모두 없앨 수는 없다. 도덕적으로 마땅히 요구된다고 가정된 것을 가장 좋은 의도와 가장 광범위한 자원을 투입한다 해도 달성할 수 없다는 사실은 도덕적 의무를 해제한다. "누구도 능력을 벗어나는 의무를 지지는 않는다*ultra vires nemo obligatur*"라는 로마법 원칙은 추정적 도덕 의무에도 마찬가지로 적용된다.

공업화된 부국들이 전 세계의 공업화되지 않고 가난한 국가들의 생활 수준을 끌어올려야 한다는 추정적 도덕 의무는 부자 국가들의 정책과 높은 생활 수준 그리고 후자의 낮은 생활 수준 사이에 존재한다고 추정되는 인과관계에 근거를 두고 있다. 하지만 이런 식으로 추정된 단순한 인과관계는 신화일 뿐이다. 이 가정 속에서 식민주의자, 제국주의자 그리고 자본주의자 들은 악마 역할을 하고 있다. 저개발의 온갖 사악한 결과가 그들 때문에 생겨났다고 비난을 받는다. 사실 이런 사악한 결과들은 여러 원인 때문에 생긴다. 식민주의, 제국주의, 자본주의는 기껏해야 그 원인 가운데 하나일 뿐이다.

그럴 경우 식량 공급의 불평등을 제거하는 일은 농업기술과 집단적 자비의 문제일 뿐만 아니라 정치적 이익과 의지의 문제이기도 하다. 여기서 농업기술과 집단적 자비는 근본적인 문제에 속하지도 못한다. 여러 국가의 사회에서 식량 부족이라는 모습으로 두드러지게 나타나는 가난이 영속화된다 함은 단순히 기술적 개혁을 통해 고쳐야 할 불행한 또 한 가지 사건이 아니라 사회, 경제, 정치 등 각 분야에서 신중하게 선택한 정책의 결과물이다. 이 세상에서 배고픔을 없애기를 바란다면 이 사회에 그것을 초래한 원인을 제거해야 한다. 아마 십중팔구 그것은 혁명까지는 아니더라도 과격한 개혁을 의미할 것이다. 제3세계 국가의 정치 엘리트들이 자신이 주장하는 웅변적 수사를 따를 것이냐는 논쟁의 여지가 있다.

따라서 이 세상의 가진 국가들과 못 가진 국가들 사이에서 벌어진다는 이른바 남북 갈등을 표현하는 개념들은 전통 강대국들과 정치적으로 허약한 신생 국가들 사이의 갈등을 대부분 숨기고 동시에 정당화한다. 정치적으로 허약한 신생 국가들이 실제로 추구하는 주요 목표는 권력의 배분 상태를 새로 바꾸자는 것이다.

이데올로기의 모호성

반제국주의라는 이데올로기의 효율성은 그것이 모호하다는 사실에서 나온다. 상대방 국가의 외교정책이 이데올로기적으로 제국주의 정책인지 현상유지정책인지 확신하지 못하는 사람은 언제나 매우 당황하게 된다. 이데올로기가 특정 형태의 외교정책을 위해 만들어지지 않고 현상을 방어하려는 사람이나 제국주의적 팽창을 추구하는 사람에 의해 마음대로 조작될 수 있다면 그 이데올로기는 늘 이렇게 모호해진다. 전통적으로, 좀 더 자세히 말해서 18세기와 19세기 동안에, 세력균형의 원칙은 현상을 방어하려는 측과 제국주의 정책을 추구하는 사람 모두에 의해서 이데올로기적 무기로 사용되었다.[11] 우리 시대에 들어와서는 민족자결의 원칙이라는 이데올로기와 유엔의 이데올로기가 이와 비슷한 역할을 하고 있다. 냉전이 시작된 이래 평화라는 이데올로기로 인해 양 진영의 대립은 더욱더 심각해지고 있는 실정이다.

우드로 윌슨이 고안했던 민족자결의 원칙은 중부와 동부의 유럽 지역 여러 민족을 외국의 지배로부터 해방시켰다. 이론적으로 그 원칙

11_ 자세한 논의는 1권 p. 495 참고.

은 현상을 유지하려는 제국에 대해 반대하고 있을 뿐 아니라 모든 종류의 제국주의에 대해서도 반대하고 있다. 한편으로 독일, 오스트리아, 그리고 러시아 등과 같은 오랜 전통의 제국 세력과, 또 한편으로 신생 약소국가들의 제국주의적 팽창에 대해서도 부당하다고 생각한다. 그러나 옛날의 제국주의적 질서를 한꺼번에 파괴해버리는 작업은 민족자결이라는 똑같은 이름의 새로운 제국주의를 낳게 했다. 폴란드, 체코슬로바키아, 루마니아, 그리고 유고슬라비아 등이 좋은 예다. 이 국가들이 제국주의적 팽창을 할 수밖에 없었던 것은 옛날의 제국주의적 질서가 파괴됨으로 인해 생겨난 권력의 진공이 어떤 식으로든 채워져야 했고, 새로 독립한 이 국가들이 가장 좋은 조건을 갖추고 그곳에 있었기 때문이었다. 새로운 질서하에서 국력을 신장시키자 그들은 새로운 현상을 방어하기 위해 민족자결의 원칙을 원용했다. 이 원칙은 제1차 세계대전이 끝날 때부터 제2차 세계대전이 마무리될 때까지 그들이 사용했던 가장 중요한 이데올로기적 무기였다.

히틀러가 영토적 팽창정책을 감추고 정당화하기 위해 윌슨의 민족자결의 원칙을 원용했던 것은 그의 정치 선동가적 천재성을 보여주는 사례다. 체코슬로바키아와 폴란드의 독일계 소수 민족은 민족자결주의 원칙의 기치하에 체코슬로바키아와 폴란드의 국가적 존립을 파괴했다. 그 이전에 체코 민족, 슬로바키아 민족, 폴란드 민족이 똑같은 이데올로기적 기치하에 오스트리아-헝가리 제국의 국가적 존립을 무너뜨렸던 적이 있었다. 옛날 자신이 사용했던 이데올로기적 무기가 이제 자기를 겨냥한 무기로 변해버리자 베르사유 체제의 현상을 유지함으로써 이익을 얻던 국가들이 그 현상을 방어할 이데올로기를(법과 질서라는 이데올로기를 제외하고는) 잃어버리게 된 것이다. 이리하여 오스트리아와 체코슬로바키아는 항복했고 폴란드는 지극히 중대한 위험에 직면했다. 뮌헨 회담이 체결되어 체코슬로바키아에 대한 독일의 요구사항이 받아들여지자 런던의 《타임스》는 독일의 이데올로기에 대해 다음과 같이 보도했다. "베르사유 조약의 기본 원칙이었던 민족자결주의가 히틀러에 의해 그 원문에 반하여 원용되었고, 그의 주장은 받아들여졌다."[12] 현대 역사에서 국제정치적으로 이데올로기가 얼마나 중요한지, 또 이데올로기의 모호한 성질이 가져다주는 혼란스러운 효과가 얼마나 중요한지를 설명해주는 예로 이보다 더 좋은 경우는 찾아보기 어렵다.

민족자결의 이데올로기는 이스라엘과 아랍 국가 사이의 갈등에서도 중요한 역할을 한다. 아랍 국가들이 주장하는 민족자결은 자기들 나름의 정의 실현을 위한 것으로 그 이데올로기가 발생한, 그리고 그 속에서 그 이데올로기가 작동하는 정치적 맥락에 대입되어야 한다. 아랍이 팔레스타인의 자결권을 주장하는 것은 대다수 아랍 국가들이 이스라엘이라는 국가의 존재뿐만 아니라 팔레스타인 영토 내에 유대인이 정착하는 것을 지속적으로 반대해오고 있다는 맥락에서 보아야 한다. 다시 말해 이스라엘을 국가로 승인하는 것은 팔레스타인 아랍 국가들의 민족자결 주장과 양립하지 않는다. 왜냐하면 그들의 주장은 요르단 서안에 대해서뿐만 아니라 팔레스타인해방기구Palestine Liberation Organization, PLO가 무수히 주장하는 것처럼 이스라엘이라는 국

12_ London *Times*, September 28, 1938.

가의 전체 영토를 대상으로 하기 때문이다. 그리하여 팔레스타인 아랍 국가들을 대변하는 민족자결의 국가 원칙은 이스라엘을 파괴하고 그 자리에 아랍 국가를 건설하겠다는 불변의 열망을 감추는 이데올로기적 가면이 되고 있다. 프랑스의 프랑수아 1세François I, 1494~1547는 왜 합스부르크가의 카를 5세Karl V, 1500~1558와 계속 전쟁을 했느냐는 질문을 받고서 이렇게 대답했다. "우리 둘 모두가 같은 것, 즉 이탈리아를 원하기 때문이지." 이스라엘과 PLO 지도자들은 아마도 이탈리아 대신 팔레스타인을 넣은 같은 대답을 할 수 있을 것이다.

유엔은 애초에 제2차 세계대전에서 중국, 프랑스, 영국, 소련, 미국 및 그들의 동맹국들이 승리함으로써 수립된 현상을 이후 그대로 유지하기 위한 도구로 창설되었다. 하지만 제2차 세계대전이 끝난 직후 몇 년에 걸쳐 이 현상은 다만 일시적일 뿐이고, 여러 국가가 각기 내세우는 다양한 주장과 상반되는 해석에 따라 여러 가지로 변모하기가 쉬운 것임이 드러나게 되었다. 따라서 유엔의 이데올로기는 이 여러 국가가 현상에 대한 자기들의 독자적인 해석을 정당화하고 자국의 특별한 주장을 숨기기 위한 목적으로 사용되었다. 모든 국가는 유엔의 지도국인 듯했고, 자기 국가가 추구하는 특정 정책을 지지하기 위해 유엔 헌장을 원용했다. 각국의 이런 여러 정책이 서로 충돌하고 양립할 수 없었기 때문에 유엔과 그 헌장을 원용한다는 것은 자기 국가의 정책을 일반적으로 받아들여진 원칙이라는 측면에서 정당화하고 동시에 그 정책의 진면목을 감추는 이데올로기적 수단이 되었다. 이데올로기의 애매모호한 성격이 그 이데올로기로 하여금 적을 혼란시키고 우방을 강화하는 무기로 만드는 것이다.

제2차 세계대전 이래 평화, 긴장 완화, 데탕트라는 이데올로기가 위와 비슷한 역할을 수행해왔고 정도가 나날이 심해지고 있다. 현대적 무기에 의한 대규모 파괴를 초래할 제3차 세계대전이 발발되지나 않을까 하는 일반적인 공포를 생각할 때, 자국의 외교정책이 평화적 목표를 추구한다는 사실을 자국민과 타국민에게 잘 인식시키지 못한다면 어떤 정부도 자국의 외교정책에 대한 지지를 기대하기 어려울 것이다. 따라서 '평화회의', '평화 공세', '평화 십자군' 등이 냉전기의 정치 선전에서 가장 널리 쓰이는 무기가 되어버렸다. 자국 외교정책이 평화적 의도에서 나왔다는 거의 보편적인 주장이 그 국가가 추구하는 실제 외교정책을 나타낸다고 생각하는 것은 무의미하다. 현대 전쟁의 파괴적인 결과가 수치로는 나타낼 수 없을 정도로 엄청나다는 점을 잘 아는 모든 국가가 자기 목표를 추구하는 데에 전쟁보다는 평화적 수단을 이용할 것이 당연하기 때문이다. 또한 자국의 외교정책을 평화적이라고 주장하는 것은 정치적으로 두 가지 중요한 기능을 한다. 즉 자국 외교정책의 진정한 정체를 평화라는 목적의 베일 속에 가리고, 자국의 정책이 실제 무엇이든 세계 곳곳의 선의의 국민들이 열렬히 희망하는 평화 유지라는 목표를 추구하는 양 제시함으로써 그 정책을 국내외의 모든 선의를 가진 국민들이 지지하도록 유인한다.

비슷한 고려가 군비 축소라는 거의 보편적인 약속에도 적용된다. 특히 전반적이며 완전한 형태의 군비 축소에는 더욱 그렇다. 일반적으로 군비 경쟁에 종지부를 찍는 것은 인도주의적, 정치적, 경제적 이유에서 바람직하게 받아들여진다. 그러나 지난 20여 년간의 역사를 돌이켜볼 때 세계의 정치적 상황 조건은 명백히 군비를 축소할 수 없게 만들고 있다.[13] 군비 축소를 어떤 식으로든 달성해보기 위해 애쓴 지금까지의 모든 노력이 깨끗이 허사가 되었다는 사실을 감안한다면, 어떤 정부가 자신들의 외교정책의 목표로 '전면적이고 완전한' 군비 축소를 선언했다면, 그들은 단지 세계 여러 국가에 이데올로기로서 호소하고 있는 것이다. 세계 모든 국가는 군비 경쟁에서 오는 부담에서 벗어나 평화와 휴식을 갈망한다. 실제로 자기가 그런 호소를 하지 않았을 때보다 상대방이 자기 외교정책을 더 받아들이기 쉽게 만들어준다.

판별의 문제

이상에서 살펴보았듯이 이런 이데올로기적인 가면을 꿰뚫어 뒤에 숨어 있는 실제 정치적 힘과 현상을 제대로 파악하는 일은 국제정치를 공부하는 사람에게는 가장 중요하고 어려운 과제 중 하나다. 이 작업이 특히 중요한 이유는 이런 작업이 되어 있지 않을 경우 다루어야 할 상대 국가 외교정책의 진정한 성격을 올바로 판단할 수 없기 때문이다. 상대 국가들의 제국주의적 경향과 그 특별한 성질을 판별하는 일은 제국주의적 야심을 전적으로 부인하는 이데올로기적 위장과 그 국가가 추구하는 외교정책의 실제 목표를 얼마나 분명히 구별할 수 있느냐에 달려 있다. 이 구별을 명확히 하기가 어려운 이유는 어떤 행동

13_ 군비 축소가 실패한 이유는 제23장에서 자세히 논의한다.

이 어떤 의미가 있느냐는 것과, 그 행위자의 생각과, 그 행위자가 다른 사람들에게 꾸며 나타내려는 의도를 구별하기가 일반적으로 어렵기 때문이다. 이런 일반적 문제는 국제정치적으로 특히 두드러지는 두 가지 다른 어려움으로 인해 더욱 심각해진다. 그 하나는 권위정책의 허풍이나 과장된 요소를 실제 제국주의의 이데올로기적 가면과 구별하는 어려움에 있으며, 또 하나는 현상유지정책이나 국지적 제국주의 이데올로기 뒤에 숨어 있는 국가 외교정책의 진정한 의미를 찾아내는 어려움에 있다.

우리는 이미 빌헬름 2세의 외교정책에 대해서 살펴보았다. 그는 심하게 과장된 말과 행동으로 자기 외교정책이 공공연한 제국주의인 것 같은 인상을 주었지만 실제 그의 정책은 제국주의적 의도와 정신병적 허풍이 기묘하게 혼합된 형태였다. 반대로 히틀러와 무솔리니의 외교정책이 지니는 제국주의적 본질은 국내정치적으로 필요한 허풍과 과장이라는 핑계로 무마되어 1930년대 후반에 이르기까지 대체로 신비에 싸인 채 드러나지 않고 있었다. 고의적으로 혹은 무의식적으로 내세우는 이데올로기라는 가면 뒤에 숨겨진 외교정책의 진정한 모습을 파악하는 일은 그 외교정책이 현상유지정책이라는 이데올로기를 가면으로 썼을 때 특히 어려워진다. 제2차 세계대전 이후 미국과 소련의 외교정책을 보면 이런 어려움을 더욱 잘 알 수 있다.

이 두 국가는 자신들의 외교정책 목표가 현상유지 이데올로기라고 거의 똑같이 주장했다. 즉 미국과 소련은 테헤란, 얄타, 포츠담 회담에 의해 수립되고 전후 군사 전문가들 사이의 양해에 의해 합의를 본 군사 분계선을 넘어서는 영토적 야심을 가지고 있지 않으며, 세계 곳곳에 자유롭고 민주적인 정부가 수립되는 것을 원하고, 안전과 국가 방위를 우선적으로 생각하고 있으며, 전쟁을 원하지 않지만 자신을 방어하지 않을 수 없어 상대방의 자본주의적 혹은 공산주의적 제국주의와 맞서고 있노라고 천명해왔다.

미국과 러시아의 국민 대부분은 분명 자기 나라의 이런 주장이 외교정책의 성격을 진정으로 반영하는 신념에 찬 말이라고 확신한다. 그렇지만 이 경우 둘 중 하나 혹은 둘 다 틀릴 수는 있지만 양자 모두가 옳을 수는 없다. 왜냐하면 소련이 미국의 외교정책을 오해하거나 미국이 소련의 외교정책을 오해하거나, 혹은 양쪽 모두가 상대방을 서로 오해할 수 있기 때문이다. 자칫 세계의 운명이 달려 있을지도 모를 이 수수께끼에 대한 해답을 찾는 데 이데올로기의 성격을 규명하는 것만으로는 부족하며 한 국가의 외교정책을 결정하는 모든 요인을 총괄적으로 파악해보아야 할 것이다. 이에 대해서는 후에 더 자세히 설명하기로 한다.[14]

14_ 제10부 참고.

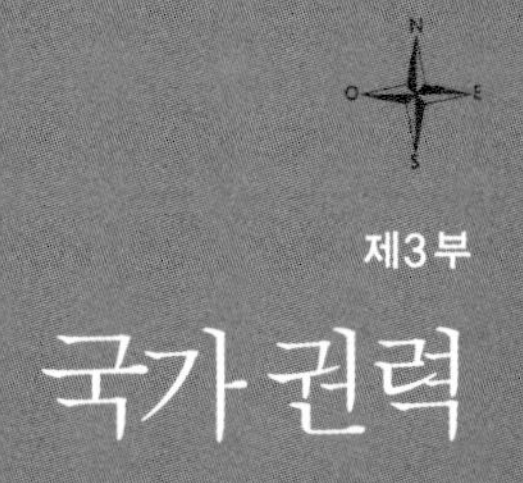

제3부

국가 권력

Politics Among Nations

제8장

⌘

국력의 본질

국력이란 무엇인가?

살펴보았듯이 권력은 다른 사람의 마음과 행위를 지배할 수 있는 힘으로, 인간이 사회적 관계를 맺으며 살아가는 한 언제나 나타나는 현상이다. 우리는 '한 국가의 권력' 혹은 '국력'이란 개념을 자명한 것처럼, 또 권력에 대한 일반적 논의를 통해 충분히 설명한 것처럼 사용해왔다. 그러나 각 개인이 권력을 추구한다는 것은 쉽게 이해되지만, 국가가 권력을 추구하는 것을 어떻게 설명할 수 있을까? 국가란 무엇인가? 국가가 무엇을 열망하고, 어떤 행위를 한다고 할 때 그 의미가 무엇인가?

국가는 분명 손에 잡히는 사물이 아니다. 보이지도 않는다. 실질적으로 관찰될 수 있는 것은 한 국가에 소속되는 개인들뿐이다. 그래서 국가란 몇 가지 공통된 성격을 가진 많은 개인으로부터 도출된 추상적 개념이다. 그리고 그들을 같은 국가 구성원으로 만드는 것은 바로 이런 특성들이다. 한 국가의 국민은 그 국가의 국민으로서 생각하고, 느끼고, 행동하는 이외에, 그 국민 개개인은 어떤 종교, 사회적·경제적 계급, 정당, 가정에 소속될 수 있고, 그 입장에서 생각하고 느끼며 행동할 수 있다. 또 이런 모든 사회적 그룹의 구성원이라는 사실을 떠나, 국민은 단순하고 순수한 한 인간이기 때문에 그 입장에서 생각하고 느끼며 행동할 수 있다. 따라서 실제적 의미에서 어떤 국가의 권력 또는 외교정책이라고 말할 때 우리는 실제 그 국가에 소속된 어떤 개인들의 권력 또는 외교정책을 의미하고 있을 뿐이다.

하지만 이 점 때문에 다른 어려움이 발생한다. 미국의 권력이나 외교정책은 분명 미합중국이라 불리는 국가에 속하는 모든 개인의 권력이나 외교정책은 아니다. 미국이 제2차 세계대전을 계기로 이 지구상에서 가장 강력한 국가로 부상했다는 사실은 대부분의 미국인 개개인의 힘에는 별 영향을 주지 못했다. 그러나 그 사실은 미국의 외교정책을 맡은 사람들의 권력에는, 좀 더 자세히 말해 국제적으로 미국을 대표하고 대변하는 사람들의 힘에는 커다란 영향을 미쳤다. 각국은 국가라고 불리는 법적 조직체로서 외교정책을 추구하고 있기 때문에 그 국가의 대표자들은 국제 무대에서 그 국가를 위한 대리인으로서 행동한다. 그들은 국가의 이름으로 말하고, 조약을 협상하며, 외교정책의 목표를 설정하고, 그것을 달성할 수단을 선택한다. 그리고 국가의 국력을 유지, 확장 및 시위하려 한다. 그들은 국제 무대에서 자국 대표로서 권력을 행사하고 외교정책을 실천해나가는 개인들이다. 우리가 실질적 의미에서 한 국가의 권력과 외교정책을 얘기할 때에는 바로 이들의 권력과 외교정책을 가리킨다.

그렇다면 한 국가의 구성원 대부분이 국력의 성쇠에 개인으로서의 자기 힘에는 별 영향을 받지도 않으면서 자국의 권력과 외교정책에 일체감을 느끼고, 그 권력과 외교정책을 자기 것인 양 받아들이며, 때로는 그것을 개인으로서 자기가 느끼는 감성적 권력욕에 우선하는 것으로 생각하는 현상은 어찌된 영문일까? 이 의문이 바로 근대 민족주의 문제다. 옛날에는 개인이 집단의 권력 및 권력욕을 자기 것으로 동일시하는 것은 혈연과 종교적 연결 혹은 어떤 봉건 제후나 국왕에 대한 공통의 충성심에 의해 형성되었다. 그러나 오늘날에는 국가의 권력과 정책을 자기의 그것과 동일시하는 현상이 일반적으로 널리 퍼져 있고, 어쨌든 과거의 그런 현상을 능가하고 있다. 근대 민족주의의 이런 현상이 어떻게 설명될 수 있을까?

외교정책의 이데올로기에 대한 논의에서 우리는 개개인의 마음속에서 상대방의 권력욕을 비도덕적인 것으로 파악하고 있다는 점을 살펴보았다. 이런 태도는 한편으로 어쩌면 내가 다른 사람이 가진 권력의 희생물이 될지도 모른다는 위협으로부터 자기 자유를 방어하려는 욕망에서 생기기도 하며, 다른 한편으로는 개인적 권력욕을 억누르고 한계를 벗어나지 못하게 하려는 사회의 전반적인 노력에 근거하기도 한다. 사회는 개인의 행동을 규제하는 규범 망과 개인의 권력 추구를 통제하는 제도적 장치를 확립해두고 있다. 이런 규범과 제도적 장치들은 개인의 권력욕을 사회를 위태롭게 하지 않는 영역으로 흡수해 이끌어가거나, 억눌러 약화시켜버린다. 법, 도덕, 관습, 그리고 선거제도, 스포츠, 사교 클럽, 그리고 협동 단체와 같은 수없이 많은 사회적 제도와 장치가 모두 그런 목적에 기여하고 있다.

결과적으로 대부분의 사람은 자기의 국가 사회 안에서는 자신들의 권력욕을 충족시킬 수가 없다. 그 공동체 안에서는 비교적 소수의 사람만이 타인에 의해 크게 제약받지 않고 다른 많은 사람에게 권력을 행사한다. 대다수 국민은 권력 행사의 주체가 되기보다 타인이 추구하는 권력의 대상물이 되는 경우가 훨씬 많다. 이렇게 국내적으로 자신의 권력욕을 충족시킬 수가 없기 때문에 사람들은 만족되지 못한 권력욕을 국제 무대로 투사한다. 국제 무대에서 개인은 국가의 권력 추구와 자신의 권력욕을 동일시함으로써 대리 만족을 얻는 것이다. 미국 국민이 자기 국가의 권력을 생각할 때면 옛날 로마 시민이 자신을 로마와 로마의 권력과 동일시하고 나아가 자신을 이방인과 대비해 "나는 로마 시민이다*Civis Romanus sum*"라고 얘기할 때 필시 느꼈을 기고만장한 기분과 비슷한 감정을 맛보게 된다. 공업 능력과 물질적인 풍요가 타의 추종을 불허하는 강대국의 구성원이라는 사실을 생각하면서 우리는 기분이 몹시 좋아지고 굉장한 긍지를 느낀다. 마치, 개인으로서가 아닌 집단으로서의 우리 모두가 같은 국가 구성원으로서 그토록 장대한 권력을 장악하여 휘두르는 듯한 생각이 드는 것이다. 우리나라 대표들이 국제 무대에서 행사하는 권력은 우리 모두의 것이 되며, 국내적으로 겪는 좌절은 우리나라가 국제 무대에서 누리는 권력으로 대리 행사되어 상쇄된다.

한 국가의 개별 구성원 마음속에서 작용하는 이런 심리적 경향은 그 사회의 행동 규범과 사회제도 그 자체에 의해 조장된다. 사회는 국가 공동체 내의 개인적 권력욕을 억제하고 개인적인 세력 부식을 꾀하는 어떤 권력욕에 대해서는 오명을 씌우기도 한다. 그러나 국내에서 개인의 권력욕을 좌절당한 대부분의 국민이 그 국가가 국제정치 무대에서 행하는 권력 투쟁을 자기의 것인 양 동일시하는 현상을 그 사회는 부추기고 미화한다. 국민 개개인이 자신만을 위해 권력을 추구하는 것은 죄악시되어 일정한 범위 내에서 그리고 일정한 형태로만 허용된다. 국가의 이름으로, 또 국가를 위한다는 위장된 명목으로 추구되는 권력은 온 국민이 총력을 기울여야 할 미덕이 되었다. 한 국가의 상징은 개인과 국가의 힘을 일치시켜주는 도구가 된다. 특히 군대의 경우가 그렇고 또 다른 국가와의 관계에서 국가 상징의 역할은 크다. 사회의 윤리와 관습은 그런 동일시를 보상과 위협적 징벌을 통해 아주 매력적인 것으로 만드는 경향이 있다.

따라서 국민 중 어떤 집단이 국제 무대에서의 그 국가 권력욕을 가장 격렬히 지지하거나 혹은 전혀 무관심해지거나 하는 두 가지 성향 중 하나를 띠는 것은 우연이 아니다. 그들은 주로 다른 사람의 권력 추구 대상이고, 자신의 권력을 위한 통로를 철저히 봉쇄당하고 있거나 그 국가 공동체 내부에서 그들이 가질 수 있는 권력이 가장 불안정한 상태에 있는 사람들이다. 대다수 육체노동자들은 물론이고 특히 사무직 노동자 같은 하급 중산계층의 사람들[1]은 국가의 권력욕을 자신의 것으로 완전히 동일시한다. 전혀 다른 것은 마르크스주의가 절정기에 달했을 무렵 특히 유럽에서 활약한 혁명적 프롤레타리아들과

1_ 권력의 입장에서 이들은 민족주의적 외교정책이 수행됨으로써 다른 어떤 사람들보다 잃을 것은 없는 반면에 얻을 것이 많다. 군대의 경우는 물론 예외다.

같은 중요한 사례인데, 그들은 국가 권력을 전혀 자신의 것으로 동일시하지 않았다. 후자 그룹은 지금껏 미국 외교정책에서 관심을 많이 끌지 못했으나 전자 집단은 항상 중요성을 인정받아왔다.

그렇다면 근대 민족주의의 근원과 오늘날 외교정책 추진의 수단이 나날이 잔인해지고 있다는 사실에 대한 설명을 찾아보아야 할 듯하다. 서구 사회 개개인의, 특히 그중에서도 하층 계급의 높아가는 불안감과 서구 사회 일반의 분열상은 개인의 권력욕에 대한 좌절감을 엄청나게 확산시켰다. 이것이 다시 국가의 집단적 권력욕과의 보상적 동일시 욕망을 증대시킨다. 이런 경향은 질적·양적으로 심화되어왔다.

근대 민족주의의 근원

나폴레옹 전쟁 무렵까지는 단지 소수만이 자기 나라 외교정책을 자신의 것으로 동일시했다. 당시의 외교정책은 실상 국가의 것이 아니라 왕조의 정책이었으며, 국가 같은 집단의 정책과 권력보다는 개인으로서의 왕의 권력과 정책과 동일시되었다. 괴테Johann Wolfgang von Goethe, 1749~1832는 이 점을 "우리 모두가 프리드리히 대왕을 의식했지만, 프로이센에 대해서는 무슨 관심을 가졌던가?"라고 그의 자서전에서 의미심장하게 쓰고 있다.

토머스 제퍼슨은 1809년 2월 19일, 존 홀린스John Hollins에게 보낸 편지에서 다음과 같이 얘기하고 있다. "이들 (과)학계는 언제나 평화롭지만 그들의 국가는 전쟁 중일 수도 있다. 문단과 마찬가지로 그들은 전 세계에 걸치는 동호인 그룹을 형성하며 그들 간의 교류는 어느 문명국가의 개입도 받지 않는다."

나폴레옹 전쟁과 더불어 국가 외교정책과 국가의 전쟁시대가 시작되었다. 즉, 이때부터 국민 대다수가 왕조의 이해관계와 자신의 그것을 동일시하는 대신 국가의 권력과 국가의 정책을 자신의 그것과 동일시했다. 이런 변화를 지적하여, 1808년 탈레랑은 러시아 황제 알렉산드르Aleksandr I, 1777~1825에게 다음과 같이 얘기했다.

"라인 강, 알프스 산맥, 피레네 산맥 등은 프랑스의 피정복지입니다. 나머지 부분은 황제 폐하의 것이며, 따라서 프랑스와는 아무 관계도 없는 땅입니다."

제1차 세계대전이 발발할 때까지 유럽 각국의 사회당이 조국의 권력과 정책에 얼마나 동조하고 있는지 의문이 많았다. 그러나 그 전쟁에 모든 참전국의 노동자 대부분이 참여하자 실질적으로 전 국민이 조국의 권력과 정책에 동조하고 있다는 사실을 증명해 보인 셈이 되었다.

민족주의의 쇠퇴: 명백하고 실질적인 현상

하지만 제2차 세계대전은 제1차 세계대전에서 볼 수 있었던 국가에 대한 완전한 동일시 현상이 얼마간 후퇴하고 있음을 보여주었다. 그 후퇴 현상은 피라미드와 같은 사회 구조의 꼭대기 층과 제일 아래층에서 일어났다. 한편으로 영국과 프랑스의 지식인, 정치 및 군사지도자로 구성된 소규모지만 강력한 친파시즘적 집단은 조국과 자기 이익을 동일시하는 것을 거부하고 심지어는 적국의 것과 동일시했다. 이렇게 되자 지도자들은 자신의 지위가 불안하다고 느꼈는데, 특히 초기에 그들 국가가 정치적·군사적으로 약했을 때 더욱 심했다. 그래서 자기들을 사회 피라미드 권력구조의 꼭대기에 그대로 머물게 해줄 수 있는 것은 적국뿐이라 생각할 정도였다. 다른 한편으로, 프랑스 공산주의자들은 프랑스와 소련 양국에 대한 충성 때문에 독일이 1941년 소련마저 침공하여 두 국가에 대한 충성심을 완전히 일깨운 뒤에야 자기 나라와 자기를 전적으로 동조시킬 수 있었다. 프랑스에 대한 독일의 공격만으로는 이 침략자에 적극 저항하는 봉기를 일으키지 못했던 것이다. 그러나 소련에 대한 공격은 프랑스와 소련으로 하여금 공동 전선을 펴도록 했다. 프랑스 공산주의자들이 프랑스의 국가 시책에 동조한 것은 그것이 소련의 이익과 정책에 부합한다는 사실에 입각한 것이었다. 조국의 이익과 정책보다 외국의 이익과 정책에 더 우선적으로 충성하는 이런 공산당 노선은 일반적인 현상으로 민족국가의 단결과 민족국가의 존립 그 자체에 대한 도전이기도 하다.[2]

국가적 단결이 이렇게 와해되는 모습을 민족주의의 후퇴라고는 부르기는 어렵다. 자기 나라에 대한 충성을 외국에 대한 충성으로 전환하는 것이기 때문이다. 실제로 프랑스 공산주의자들은 소련의 정책을 지지하는 러시아 민족주의자로 변신했다. 이런 민족주의에서 새로운 것은 다른 국가가 자기 국민의 충성을 요구하는 것은 용납하지 않으면서 어느 한 외국의 정책을 자기 것과 동일시하도록 요구하는 모순에 있다.

2_ 제30장 참고.

한 국가에서 다른 국가로의 충성심 전이가 전 세계적 정치 운동의 원천이 되었지만 결국은 덧없이 끝나버리는 짧은 현상임이 증명되었으므로 결국 국가적 단결력을 증명하는 셈이다. 공산주의 정책과 공산주의 운동에서 국가적 단결력의 회복을 우리가 목격하고 있기 때문이다. 국가적 단결력이 정도가 다르긴 했지만 자국의 이익을 소련의 이익보다 우선한 것으로 만들기 시작했던 것이다. 소련의 지도를 받고 소련을 위해 존재하던 단일 체제의 세계 공산주의 운동은 정치 철학 원리의 유사성보다 국가적 충성심과 국가적 이익이 중시되는 '다극주의polycentrism'에 의해 대체되었다.

그러나 제2차 세계대전의 여파로 서유럽 통합 운동이 진행되면서 민족주의의 진정한 쇠퇴를 불러왔다. 이런 운동은 지금까지 실무적 초국가 기구의 창설이라는 몇 가지 자랑할 만한 업적을 공고하게 이룩했다. 유럽석탄철강공동체European Coal and Steel Community, ECSC, 유럽경제공동체European Economic Community, EEC, 유럽원자력공동체European Atomic Energy Community, Euratom[3]가 그것들이다. 유럽의 통합 운동을 낳게 했던 두 가지 경험은 제2차 세계대전의 엄청난 파괴성과 전후 유럽의 정치적, 군사적, 경제적 침체였다. 이 운동을 지지하는 사람들은 이 경험들을 토대로 적어도 서부 유럽에서나마 민족국가라는 것이 정치 조직의 원칙으로는 쓸모없다는 결론을 내릴 수밖에 없었다. 그것이 국민의 안전과 힘을 확고히 해주기는커녕 오히려 그들을 무기력하게 만들고, 서로 간에 의해서 혹은 좀 더 강력한 이웃에 의해 소멸되고 말 것

3_ 이 기구들과 기타 유사 기구에 관해서는 2권 p. 383 ff. 참고.

이기 때문이다. 개인뿐만 아니라 그들이 소속한 국가 사회의 심각한 불안감이 '정치적 독창성'으로 발전해서 유럽의 정치적·군사적·경제적 통합으로 나타날지, 아니면 정치적 무력감으로 발전해서 적극적 외교정책을 모두 부인하는 '중립주의'로 후퇴할지, 또는 개인과 국가를 더욱 동일시하는 정치적 절망으로 발전할지는 두고 보아야 할 일이다.

정치가, 지식인, 기술적 전문가들이 현대의 교통, 통신, 전쟁 기술로 인해 발생하는 기본적인 문제점들이 어느 한 국가의 (그 국가가 제아무리 강력하다 할지라도) 이익과 해결 능력을 초월하게 되었다는 사실을 점점 더 인식함으로써 이는 민족주의의 부활을 거스르는 힘이 되고 있다. 핵에너지의 통제, 자연 환경의 보호와 복원, 그리고 식량과 원료의 공급 등이 이런 종류의 문제들이다. 그것들은 유리한 위치에 서고자 다른 국가와 경쟁하는 어느 한 국가에 의해 해결될 수 없다. 모든 국가, 혹은 상당수 국가들은 이 문제들의 해결에 공동의 이해관계를 가진다. 그런 이해관계는 특정 국가의 이해관계를 초월하는 공동의 정책에 반영되어야 한다. 몇몇 소규모 엘리트 집단이 세계 정치에서 이런 새로운 요소를 인식하고 지적으로 다루려는 반면 국가 외교정책의 실제 추진은 거의 영향을 받지 않는 듯하다. 반대로 전 세계 국가의 공동 이익을 실현하고자 설립된 유엔과 산하 특수기구와 같은 조직이 경합하는 국가 이익을 수호하려는 민족주의의 경쟁에 사로잡혀 있다는 사실은 민족주의의 세력이 여전히 건재하다는 증거다.[4]

4_아래 논의는 2권 p. 376 ff. 참고.

개인의 불안감과 사회 해체

국민 개개인이 자기와 국가를 얼마나 동일시하는가 하는 감정의 정도는 본질적으로 그 사회 구성원의 안정감에 반영된 사회의 안정도에 반비례한다. 사회의 안정도가 높고 그 사회 구성원의 안정감이 확고할수록 공격적 민족주의에서 출구를 찾으려는 집단적 감정 성향이 나타날 확률은 적어지며 그 역도 성립한다.[5] 1790년대의 프랑스 혁명 전쟁과 1812~1815년의 나폴레옹에 대항한 해방 전쟁은 국내 사회의 불안으로 인한 국민 대중의 불안감이 공격적 외교정책과 전쟁에 열렬히 동조함으로써 감정적 출구를 찾으려 했던 근대사의 첫 번째 사례다. 19세기 서구문명사회에서는 사회적 불안이 팽배했다. 20세기에 들어와 그런 경향은 거의 영구적이 되었는데, 그것은 전통, 특히 종교적 유대로부터 개개인이 해방된 점, 생활과 노동의 합리성 증대, 주기적인 경제 위기의 결과였다. 이런 요인에 의해 영향을 받은 집단적 불안감은 민족주의적 일체감을 확고하게, 그리고 감정적으로 강조하는 데서 분출구를 찾았다. 서구 사회가 더욱 불안해지자 국민의 불안감도 더욱 깊어졌으며 개인에 대한 상징적 대체물로서 국가에 감정적으로 귀속하려는 성향은 더욱 커졌다. 20세기 들어와 두 차례의 세계대전, 혁명, 경제적·정치적·군사적 권력의 중앙 집권화, 그리고 경제 위기가 여러 차례 닥치자 이것은 세속적 종교의 열정처럼 발전했다. 오늘날의 권력 투쟁은 선과 악의 대결이라는 이데올로기적 양상을 띠게

5_ 이런 집단적 감정은 물론 국내적으로 공격적인 형태로 나타날 수 있다. 다시 말해서 계급 투쟁이라든가 혁명, 내전 등의 형태를 생각할 수 있다.

되었다. 외교정책은 성스러운 임무인 양 승화되었다. 전쟁은 이 세상 구석구석까지 자기의 진실한 정치적 종교를 전파할 사명을 띤 성전으로 인식되고 수행되었다.

사회 분열, 개인의 불안감, 그리고 근대의 민족주의적 권력 추구가 지니는 잔인한 특성 사이의 관계는 다른 어느 지역에서보다 이런 요소가 뚜렷하게 나타난 독일 파시즘을 연구함으로써 좀 더 쉽게 파악할 수 있다. 근대에 와서 일반적인 경향으로 나타나는 사회적 분열상은 독일의 경우 극단적으로까지 치달았다. 거기에는 화해와 타협을 추구하기보다는 극단적으로 치우치는 독일의 국민성이 작용했다. 그리고 세 가지 사건이 독일의 사회 구조를 약화시켜 국가사회주의의 야심적 불길의 재물로 만들었다.

첫 번째 사건으로는 제1차 세계대전에서의 패배를 꼽을 수 있다. 제1차 세계대전 종결과 함께 발생한 혁명은 전통적으로 내려오던 정치적 가치와 사회기구를 붕괴시켰을 뿐만 아니라 패전 자체의 원인이 되기도 했다. 혁명은 자연히 군주 체제 아래에서 사회적 권력구조의 꼭대기나 그 근처에 있던 사람들의 사회적 지위에 불안감과 권력 상실을 초래했다. 하지만 인구의 대다수를 차지하는 대중의 사회적 상황은 패전과 혁명 모두가 독일을 파괴하기 위한 국내외의 적들이 꾸민 반역 음모의 결과라는 생각에 큰 영향을 받고 있었다. 이리하여 독일은 외국의 적들에 '포위'되었을 뿐 아니라 보이지 않는 적군 조직체의 공격으로 정치체제가 무력해지고 파괴당했다는 생각이 만연하게 되었다.

두 번째 사건은 1920년대 초반의 인플레이션이었다. 인플레이션은 많은 중산층 사람을 경제적 프롤레타리아로 만들었고 국민 대부분에 있어서 정직과 공정한 거래라는 전통적 도덕원칙을 모두 파괴했거나 적어도 심각히 약화시켰다. 중산계층은 프롤레타리아로 전락한 처지를 항의하는 의미에서 가장 극단적인 반프롤레타리아 이데올로기와 민족주의적 이데올로기를 기꺼이 받아들였다. 특히 중산층 중에서도 낮은 지위의 국민은 항상 자신들을 프롤레타리아와 견주면서 자기들이 조금 낫다는 사실에서 비록 제한된 정도나마 만족을 얻고 있었다. 그들이 사회 권력구조의 피라미드를 전체적으로 볼 때면 자신들 아래에 존재하는 계층보다는 까마득히 위로 쳐다보아야 하는 계층이 언제나 더 많았다. 하지만 그들이 실제로 사회 권력구조의 피라미드 밑바닥에 위치하지는 않았지만 바닥에 가깝다는 사실은 불행히도 엄연한 현실이었다. 그래서 그들은 좌절감과 불안감을 느끼게 되었고 강력한 민족주의적 정책에 열렬히 동조하게 되었다. 그 시기에 심각한 인플레이션이 그들을 사회의 밑바닥으로 내리밀었고, 사회적 지위라고는 전혀 없는 프롤레타리아 대중과 사회적·정치적으로 같아지지나 않을까 걱정하며 어떻게든 이를 면하려 발버둥치는 과정에서 국가사회주의의 이론과 실천에서 원군을 찾았다. 한계적 상황에서 좌절감을 맛보는 국민에게 멸시할 수 있는 인종과, 우월감을 느끼며 정복해 볼 만한 적을 국외에서 마련해준 것이 바로 국가사회주의였다.

마지막으로, 1929년의 경제 위기는 독일 민족의 모든 집단에게 제각기 자신의 사회적 지위가 실제적으로든 위협적으로든 실추되고 있으며 지적, 도덕적, 경제적으로 불안이 고조되고 있다는 생각이 들게 했다. 노동자들은 실제적이든 위협적이든 영원한 실업이라는 위험 때문에 불안해했다. 악성 인플레이션으로 인한 경제적 타격에서 갓 회복한 중산계층의 여러 집단은 어렵게 획득한 모든 것을 다시 잃고 있었다. 산업가들은 한층 높아진 사회적 책임을 완수해야 했고 혁명이 일어나지나 않을까 노이로제에 걸릴 지경이었다. 국가사회주의는 이런 모든 공포와 불안, 좌절감을 외국의 두 적으로 돌렸다. 베르사유 조약과 볼셰비즘, 그리고 독일 내에서 그것들을 지지한다고 의심받는 자들이 좋은 표적이 되었다. 그것은 독일 민족의 모든 좌절된 감정의 응어리를 광신적 민족주의라는 하나의 거센 물결로 이끌어갔다. 이리하여 국가사회주의는 진정한 전체주의적 의미에서 독일 민족 개개인의 열망과 독일이라는 국가의 권력적 목표를 동일시할 수 있었다. 근대 역사 어디에도 이처럼 완전한 일치의 예는 없을 것이다. 개인이 자기 자신을 위해 권력을 추구하지 않은 예도 없다. 근대의 문명사회에서 개인과 국가를 동일시하는 감정적 힘이 국제 무대에서의 공격성으로 나타난 것에 비교될 예는 달리 없다.

개인의 좌절감을 국가에 집단적으로 일치시키는 예가 근대 역사에서 볼 때 국가사회주의 독일에서 가장 포괄적이고 심했던 것은 사실이지만 그렇다고 근대 민족주의의 독일적 변형이 소련이나 미국과 같은 강대국의 민족주의와 전혀 다르다고는 할 수 없다. 즉 정도의 차이일 뿐 질적으로 다르지는 않다. 소련의 경우 국민의 대다수는 국내 사회에서 개인적인 권력욕을 만족시킬 기회를 갖지 못한다. 보통의 러시아 노동자나 농부는 아래로 내려다볼 수 있는, 즉 경시할 수 있는 상대도 없으며 그들이 느끼는 불안감은 낮은 생활 수준은 물론 경찰국가적인 현실에 의해서 더욱 커진다. 따라서 전체주의적 정권은 국민의 이런 좌절감과 불안감, 그리고 공포를 국제 무대로 투영한다. 그래서 러시아인은 자신을 '이 세상에서 가장 진보적인 국가'요, '사회주의의 조국'과 일치시킴으로써 자신의 권력욕에 대한 대리 만족을 얻는다. 일체감을 느끼는 조국이 적국의 자본주의자들에 의해 언제나 위협받고 있다는, 어쩌면 역사적 경험에 의해서도 증명될 수 있을 것 같은 확신은 개인적인 공포와 불안감을 집단적인 차원으로 끌어올리는 데에 한몫을 하게 된다. 이렇게 해서 국민의 개인적 공포는 국가를 위한 열망으로 바뀐다. 결국 개인을 국가와 동일시하는 것은 국민의 개인적 권력욕을 충족시키고 개인적 공포를 국제 무대에 투영함으로써 경감시키는 두 가지 기능을 수행한다.

미국에서 국가 권력이 개인에 의해 전용되어 자신의 권력인 것처럼 경험되는 과정은 19세기 서구문명사회의 전형적인 발전 형태와 대체로 유사하다. 다시 말해 개인이 국가의 권력과 외교정책에 일체감을 느끼는 현상은 대체로 중산계층의 전형적인 좌절감과 불안감으로 이어진다는 것이다. 그렇지만 미국 사회는 서구문명사회의 어느 곳보다 훨씬 더 중산계층의 사회다. 중요한 것은 미국 사회에서 계층 간의 차이가 어떠하든 그것은 중산계층의 가치와 열망이라는 공통분모에 의해, 완전히 해결될 수는 없을지라도 대부분 완화되는 경향이 있다는 점이다. 중산계층의 좌절과 열망을 기준으로 개인이 국가와 일체감을 느끼는 것은 미국 사회에서는 거의 지배적이고 전형적인 현상인데, 이는 마치 소련 사회에서 프롤레타리아의 일체감이 그랬던 것과 비슷하다. 다른 한편으로 미국 사회의 비교적 높은 이동성은 인구의 대부분에 사회적·경제적 향상의 길을 활짝 열어주고 있다. 이런 기회는 과거, 적어도 정상적인 시기에는, 소련과 국가사회주의 독일에서의 비

슷한 상황과 비교해서 개인과 국가를 동일시하는 감정의 정도를 경감하는 역할을 해왔다.[6]

그러나 최근에 와서는 사회의 높아만 가는 원자화, 국제 공산주의와 같은 세계 혁명의 위협, 지정학적 격리성의 상대적 소멸, 핵전쟁의 위협 등 새로운 요소들이 등장하고 있다. 그래서 20세기의 마지막 사 사분기 동안 고조된 개인의 좌절감과 불안은 국민에게 국가 권력과 외교정책을 더욱 강렬히 자기 것으로 동일시하도록 하고 있다. 따라서 만약 국내적 좌절감과 국제적 불안감이 고조되는 오늘날의 이런 경향이 역전되지 않는다면 미국으로서는 소비에트 체제의 러시아와 국가사회주의 독일에서 가장 극단적인 예를 볼 수 있었던 현대 문명의 이런 경향들, 즉 개인과 국가를 더욱 철저히, 강렬하게 동일시하는 경향에 젖어들게 될 것이다. 거의 전 국민이 예전에는 종교 문제와 관련될 때에만 가능했던 무조건적 희생과 격렬한 감정으로 자국의 외교정책을 뒷받침함으로써 오늘날 각국의 권력욕이 상호 충돌하는 국제사회의 외교정책이 잔인하고 무자비해진 것은 바로 이렇게 국가와 개인을 철저히, 그리고 완전히 동일시한 것에도 원인이 있다.

6_ 과거에 미국이 보여준 높은 국민적 일체감은 주로 중산계층의 가장 불안정한 부분의 사람들이 흑인이나 프롤레타리아 이민자들과 같은 어떤 인종 그룹에 대해 지니고 있었던 적대감과 관련되어 있었다.

제9장

⌘

국력의 요소

한 국가의 다른 국가들에 대한 힘의 관계를 결정하는 요소로는 무엇이 있는가? 이른바 국력의 구성요소란 무엇인가? 한 국가의 권력을 측정할 때 어떠한 요소를 고려해야 할까? 이는 두 가지 요소로 구별되어야 하는데, 비교적 불변적인 요소들과 끊임없이 변하는 요소들이다.

지리적 요소

국력의 구성요소 중에서 가장 안정적인 것은 역시 지리적 요소다. 예를 들어 미국 대륙이 동쪽으로 약 4,800킬로미터, 서쪽으로 약 9,600킬로미터 이상 대양에 의해 다른 대륙에서 떨어져 있다는 사실은 이 세계에서 미국의 지위를 결정하는 영원한 요소다. 오늘날 이 요소의 중요성은 조지 워싱턴이나 윌리엄 매킨리William McKinley, 1843~1901 대통령 시절보다 훨씬 감소된 것이 사실이다. 그러나 흔히 그랬듯이 교통, 통신, 전쟁의 기술적 수단이 발달해 대양으로 인한 격리성이 사라졌다고 가정하는 것은 잘못이다. 이 요소가 분명 50년이나 100여 년 전보다 훨씬 덜 중요하지만, 미국의 권력 지위 면에서 볼 때 대양을 사이에 두고 미국이 아시아나 유럽 대륙에서 떨어져 있는 사실은 프랑스, 중국 또는 러시아와 국경을 직접 접한 것과는 엄청난 차이가 있다. 다시 말해서 미국의 지리적 위치는 어디까지나 영원한 중요성을 지니는 기본 요소로 남아 있으며, 오늘날 그것이 정치적 결정에 대해 지니는 중요성이 역사상 다른 시대와 달라졌다 하더라도 다른 모든 국가는 외교정책을 추진할 때에 이를 반드시 고려해야 한다.

이와 비슷하게 영국이 영국 해협이라는 작은 바다를 사이에 두고 유럽 대륙으로부터 분리되어 있는 사실은 카이사르도 간과할 수 없었을 뿐 아니라 윌리엄 1세William I, 1027~1087, 필리프 2세Philip II, 1165~1223, 나폴레옹 혹은 히틀러조차도 마찬가지였다. 오랜 시간이 흘러 다른 요소들의 중요성이 아무리 변했다 할지라도, 2,000여 년 전에 매우 중요하게 여겨지던 것은 오늘날에도 여전히 중요하며 외교 문제 담당자들은 이 점을 마땅히 고려해야 한다.

섬이라는 영국의 지리적 위치와 관련해 타당한 사실은 이탈리아의 지리적 위치와 관련해서도 타당하다. 이탈리아 반도는 알프스 산맥의 의해 유럽의 나머지 부분과 격리되어 있으며, 알프스 산맥의 여러 계곡들은 남쪽으로는 북부 이탈리아 평원을 향해 비교적 경사가 완만하게 전개되고 있으나 북쪽으로는 급격하게 가파른 절벽으로 이루어져 있다. 이런 지리적 상황은 이탈리아의 정책과 다른 국가의 대이탈리아 정책에 정치적·군사적으로 중요한 요소로 작용해왔다. 우리가 알고 있는 전쟁의 모든 조건을 고려할 때 이런 지리적 상황 탓에 이탈리아는 중부 유럽을 침공하기가 극히 어려웠고, 북방에서 이탈리아를 공격하는 것은 훨씬 쉽다. 결과적으로 이탈리아가 외국을 침략한 경우보다는 외국으로부터 침략을 당한 사례가 훨씬 많았다. 포에니 전쟁의 한니발Hannibal, BC 247~183로부터 제2차 세계대전의 마크 클라크Mark Wayne Clark, 1896~1984 장군에 이르기까지 이런 영원한 지리적 요소가 정치 및 군사 전략을 실질적으로 결정해왔다.

피레네 산맥은 에스파냐의 국제적 지위에 대해 이와는 좀 다른, 그러나 여전히 항구적인 기능을 수행해왔다. 흔히들 유럽은 피레네 산맥에서 끝난다고 얘기한다. 에스파냐가 외부 세계로 접근하는 것을 막고 있는 피레네 산맥은 사실 에스파냐를 유럽의 나머지 모든 국가들을 변모시킨 지적·사회적·경제적·정치적 발전의 도도한 흐름으로부터 격리시킨 장벽 역할을 했다. 에스파냐는 대개 유럽 대륙의 커다란 정치적·군사적 사태의 전개에서 제외되었던 것이다. 에스파냐가 유럽 대륙 정치의 변두리에 자리해왔던 사실은 적어도 부분적으로는 피레네 산맥의 준령들이 쳐놓은 장벽에 의한 지리적 은둔의 결과다.

끝으로 소련의 지리적 상황을 살펴보자. 소련 영토는 지구 면적의 7분의 1을 차지하는 어마어마한 넓이이며 이는 미국 영토의 2.5배에 해당한다. 동서로는 베링 해협으로부터 발트 해 연안의 칼리닌그라드(옛 동부 프로이센의 수도인 쾨니히스베르크)까지 약8만 470킬로미터에 걸쳐 뻗어 있으며, 북쪽 바렌츠 해의 무르만스크로부터 남으로 북부

이란에 면한 아슈하바트까지 길이는 동서 길이의 약 절반에 해당한다. 영토가 이렇게 광대하다는 사실은 국가가 강력한 힘을 행사할 수 있는 변함없는 요소이며 이로 인해 외부 세력의 군사적 정복 기도는 좌절당할 수밖에 없었다. 이런 거대한 땅덩어리 때문에 외국의 침략자가 정복한 땅보다는 앞으로 정복해야 할 땅이 언제나 훨씬 더 컸고 결국 정복자들을 기진맥진하게 만들어버렸던 것이다.

어떤 국가가 영토의 상당 부분을 정복당했고, 또 이를 빠른 시간 내에 회복할 가능성이 없다면 대부분의 경우 피정복국 국민은 항거 의지를 잃고 만다. 이미 살펴보았듯이, 이것이 바로 군사적 정복의 정치적 목적이다. 비슷한 정복이, 특히 나폴레옹과 히틀러의 사례처럼 정복자가 제한된 목표를 추구하지 않고 한 국가로서의 러시아의 존립 그 자체를 정복의 목표로 설정했을 때, 오히려 러시아인들의 반항을 촉진하는 결과를 초래했다. 이미 정복당한 영토가 아직 러시아의 수중에 남아 있는 영토에 비해 훨씬 적었을 뿐 아니라, 정복자가 한 걸음 한 걸음 침략의 발걸음을 재촉할 때마다 상황은 그에게 매우 어려워졌기 때문이다. 즉 적국 영토 깊숙이 진격하는 자기 군대에 보급을 하기 위해 점점 더 많은 군대가 동원되어야 했을 뿐 아니라 통신망도 자꾸만 길어졌기 때문이다. 이리하여 정복자가 러시아 정복을 시도할 때 목표를 제대로 정하지 못하거나 제한을 두지 않을 경우, 러시아의 지리적 요소는 자산이라기보다는 부담스러운 요소에 불과했다. 정복자가 영토를 집어삼키고 거기에서 힘을 얻기보다는, 오히려 그 영토가 정복자를 서서히 갉아먹고 마침내 그를 집어삼켜버리는 것이다.

오늘날 핵전쟁의 가능성은 국력의 구성요소로서 영토의 크기가 가지는 중요성을 높여주고 있다. 핵무기 위협을 믿을 만한 것으로 만들려면 핵무기 기지는 물론 산업시설과 인구를 충분히 분산할 수 있는 넓은 영토가 반드시 필요하다. 핵무기의 파괴 범위는 매우 넓은 대신 국토 면적이 좁은 까닭에 영국이나 프랑스 같은 전통적 민족국가가 타국을 핵무기로 위협을 할 경우에는 심각한 결점을 안게 된다. 따라서 미국, 소련, 중국 같은 국가들이 주요 핵 강국의 역할을 할 수 있는 이유는 대륙이라 부를 만큼 큰 영토 때문이다.

하지만 다른 지리적 요소는 소련의 국제적 지위에 약점인 동시에 장점으로 작용한다. 우리가 지적하는 것은 러시아와 서부 인접 국가들 사이에 높은 산도, 넓은 바다도 없으며 폴란드와 동독의 넓은 평지가 소련의 평원과 자연스레 이어져 있다는 사실이다. 러시아에 대한 침략을 막아줄 수 있는 자연적인 장애물이 소련의 서부 국경에는 아무것도 없으며 이는 결국 소련과 접경하는 서유럽 국가들도 마찬가지다. 따라서 14세기 이래 오늘날에 이르기까지 러시아 지방과 러시아 본토의 서부 변경 지방은 러시아와 서부 인근 국가들이 충돌하는 끊임없는 공격과 역습의 무대가 되었다. 이탈리아나 에스파냐처럼 자연적 국경이, 즉 미리 정해진 국경선이 없다는 것은 소련과 서방세계의 분쟁에서 변치 않는 요인이었다. 비슷한 반대 경우로, 프랑스와 독일 사이에 라인 강이라는 국경이 생길 수 있었던 가능성은 로마 제국 이래 양국 사이에 일어났던 분쟁의 영원한 원인의 하나였다. 프랑스가 라인 강으로 국경을 삼을 것을 늘 강조하면서도 그것을 독일에 강요해서 실현할 힘이 없었기 때문이다. 러시아의 경우 볼셰비키 정권의 외무장관이었던 비신스키Andrey Vyshinsky, 1883~1954는 다르다넬스 해협에 대한 러시아 황제의 정책을 그대로 답습한 데에 대해 힐책받고서 다음과 같은 말로 지리적 요소의 중요성을 요약했다.

"전함이 지중해에서 흑해로 항진해야 한다면 다르다넬스 해협을 반드시 통과해야 하고, 그것은 모스크바를 장악한 정권이 황제건 공산주의자건 상관없는 일입니다."[1]

자연자원

다른 국가들과의 관계에서 한 국가의 국력에 중요한 영향을 미치는 또 하나 비교적 안정된 요소는 자연자원이다.

식량

천연자원 중에서 가장 기본 요소는 바로 식량이다. 식량을 자급자족할 수 있거나 거의 자급자족할 수 있는 국가는, 자급을 못 한 채 부족한 식량을 외국에서 수입할 수 있어야 하며, 그렇지 못할 경우 기아에 허덕일 도리밖에 없는 국가에 비할 때 엄청난 이점을 가진다. 제2차 세계대전이 발발하기 전, 영국은 국내에서 소비되는 식량의 30퍼센트밖에 생산하지 못했다. 바로 이 사실 때문에 영국의 국력은 생존마저 위협하는 식량의 해상 보급로를 확보할 수 있는 능력에 달려 있었다. 식량 수입이 도전받을 경우에는 영국의 국력은 도전받았고, 나아가

1_ Denis Healey, *Neutrality* (London: Ampersand Ltd., 1955), p. 36.

영국이 한 국가로서 생존할 수 있을까 하는 위기에 직면하곤 했다. 두 차례 세계대전 당시 영국이 잠수함 공격과 공습을 당하던 경우가 그런 예다.

영국보다는 훨씬 적은 양의 식량을 수입에 의존하던 독일도 같은 이유로 전쟁에서 살아남기 위해 다음 세 가지 목표를 세워 따로따로 혹은 복합적으로 추진해야 했다. 첫째, 식량 재고량이 바닥나기 전에 신속한 승리를 거두고 장기전을 피할 것. 둘째, 동유럽의 광대한 식량 생산 지역을 점령할 것. 셋째, 독일이 해외에서 식량을 수입할 수 없도록 방해하는 영국 해군을 섬멸할 것. 두 차례 세계대전 당시 독일은 첫 번째와 세 번째 목표를 달성하지 못했고, 제1차 세계대전에서는 두 번째 목표를 달성하긴 했지만 너무나 늦어 결정적인 역할을 할 수 없었다. 이리하여 연합군의 봉쇄에 따라 독일 국민은 식량 부족에 허덕였고, 그 결과 저항 의지가 꺾였으며, 이는 연합군이 종국적으로 승리를 쟁취한 기본 요소 중 하나였다. 제2차 세계대전에서 독일은 사실상 식량 면에서는 자급자족을 이룩했다. 이는 정복을 통해서가 아니라 점령지의 국민을 고의적으로 기아에 빠뜨리거나 수백만 명을 학살함으로써 가능했던 일이다.

따라서 국내에서 생산되는 식량이 부족하다는 사실은 영국과 독일의 국력에 허점을 보이는 영구적인 요소였다. 양국은 이를 어떻게든 극복하든지 강대국으로서의 그들의 지위가 실추되든지 양자택일을 해야 했다. 미국처럼 식량을 자급자족하는 국가는 전쟁에서 국민을 기아에 빠뜨리지 않기 위해 국가적 에너지와 외교정책을 그 국가의 주요 목표로부터 다른 곳으로 돌리지 않아도 된다. 식량 문제를 걱정할 필요가 없는 국가는 식량 사정이 그렇지 못한 국가에 비해 훨씬 더 강력하고 일관된 외교정책을 추진할 수 있다. 이렇듯 식량을 자급한다는 것은 늘 강한 국력의 원천이다.

반대로 식량이 언제나 부족한 국가는 국제정치적으로 늘 약세에 처하게 된다. 이른바 녹색 혁명으로 식량 공급이 급격히 호전되기 이전까지의 인도가 가장 좋은 사례다. 인도가 겪던 식량 부족은 두 가지 원인에 있다. 식량 공급을 능가하는 인구 증가와, 수출 부진으로 부족한 식량을 수입할 만큼 충분한 대금을 마련하지 못했던 점이 그것이다. 이 두 가지 불균형은 언제나 대규모 기아를 유발하면서 인도 정부의 주요 관심사의 하나가 되었고, 인도가 어떤 외교정책을 강력하게 추진하는 데에 항상 견딜 수 없는 불리한 조건이 되었다. 인도가 가진 국력의 다른 구성요소가 많긴 했지만, 바로 이 식량 부족 때문에 인도는 외교정책을 수행하는 데 강자보다는 약자의 입장에 처할 수밖에 없었다. 국력의 기반이 될 만한 다른 자산을 가지지 못한 채 기아와 만연하는 영양 부족이라는 현실적 위협을 안고 늘 살아가는 제3세계 국가들에도 같은 논리가 강하게 적용된다. 또한 기아를 무사히 넘기려면 국제사회의 관대한 지원이 있어야 하는 이른바 경제 마비 국가들도 마찬가지다.

식량을 자급하거나 자급하지 못하는 것은 국력에 비교적 불변의 요소이지만 가끔은 오늘날의 인도가 보여주듯이 급격한 변화를 보일 수도 있다. 영양에 대한 국민의 인식이 바뀔 경우 식량 소비 형태에 커다란 변화가 올 수 있다. 또 곡물 경작 기술의 변화에 따라 농업 생산량이 증가하기도 감소하기도 한다. 농업 생산량의 변화가 국력에 미치는 영향을 보여주는 좋은 예로는, 근동 지방과 북아프리카 지방이 세계 정치의 중심에서 사라져버린 것과 에스파냐가 국력의 쇠퇴로 세계적 열강의 위치에서 삼류 국가로 전락해버린 경우를 들 수 있다.

근동 지방과 북아프리카 지방의 농업 체제는 관개시설을 기반으로 했다. 바빌론 왕국이나 이집트, 아랍 제국의 국력이 쇠퇴한 것이 그 국가의 관개시설이 무질서해진 것과 같은 시기였다는 사실을 증명할 길은 없으나 이는 어느 정도 사실이고 그들 국가의 농업 체제가 붕괴하자 국력도 어찌할 수 없이 쇠퇴했다. 잘 관리되던 관개시설이 사라지자 이 지역들의 경작지 중 태반이 사막으로 변해버렸다. 이집트는 유일한 사례인데 인공 관개시설이 파괴된 이후에도 나일 강의 천연 관개작용으로 토지가 어느 정도 비옥하게 유지될 수 있었다.

에스파냐의 경우, 혹자는 에스파냐 국력의 쇠퇴를 1588년 영국에 의해 무적함대가 격파당한 무렵부터로 보지만, 에스파냐가 정치적으로 크게 쇠락한 것은 17세기와 18세기의 대규모 삼림 개척으로 경작지의 상당 부분을 황폐하게 만든 실정 직후부터였다. 그 결과 에스파냐의 북부와 중부의 넓은 지역이 사실상 사막으로 변해버렸던 것이다.

천연자원

식량에 적용되는 일반적 사실들은 산업 생산에, 특히 전쟁 수행에 매우 중요한 요소인 천연자원에서도 통용된다. 천연자원이라는 형태의 자연자원이 한 국가 국력 형성에서 가지는 절대적·상대적 중요성은 필연적으로 역사상 어느 특정 기간에 치러진 전쟁의 기술에 달려 있다. 전쟁이 아직 대규모로 기계화되기 이전에는 백병전이 가장 중요한 군사 기술이었고 다른 요소, 즉 군인 개개인이 가지는 능력과 같은 것들이 무기를 만드는 천연자원의 공급보다 더 중요시되었다. 유사 이래 19세기에 이르기까지 자연자원은 한 국가의 국력 결정에 부차적인 역할을 해왔다. 산업혁명 이래 전쟁이 점차 빠른 속도로 기계화되자 한 국가의 국력은 그 국가가 전시와 평시에 천연자원을 얼마나 잘 다룰 수 있는가 하는 능력에 점점 더 의존하게 되었다. 오늘날 이 지구에서 가장 강력한 두 국가인 미국과 소련이 현대적 공업 생산에 필요한 천연자원 면에서 다른 어떤 국가보다 더 자급자족하고 있으며, 자국에서 생산되지 않는 천연자원의 경우 최소한 그 수입원을 확보하고 있는 사실은 우연이 아니다.

천연자원에 대한 통제력이 국력 형성에서 미치는 절대적 중요성은 전쟁 수단의 기계화에 비례하여 증가되어왔으며, 그 결과 몇몇 천연자원은 다른 자원에 비해 더욱 중요시되었다. 기술의 근본적 변혁으로 새로운 자원을 사용하든지 이미 사용되고 있는 자원이 더 많이 필요할 경우에는 언제나 자원의 중요성도 같이 변화했다. 1936년, 한 통계학자는 군사적 목적을 위한 산업 생산에 필요한 몇 가지 기본 광물의 중요도 비율을 다음과 같이 평가했다. 석탄 40퍼센트, 석유 20퍼센트, 철 15퍼센트, 구리·납·망간·유황 각각 4퍼센트 아연·알루미늄·니켈이 각각 2퍼센트.[2] 반세기 전이라면 석탄의 중요성이 더욱 크게 계산되었을 것이 확실하다. 에너지원으로서 석탄이 당시 수력과 목재에

2_ Ferdinand Friedensburg, *Die Mineralischen Bodenschätze als Weltpolitische und Militärische Machtfaktoren* (Stuttgart: F. Enke, 1936), p. 175.

의해 미약한 경쟁을 받고 있긴 했지만 석유로부터는 아무런 경쟁을 받지 않았기 때문일 것이다. 플라스틱과 같은 대체물, 그리고 경금속으로부터 경쟁을 받지 않던 당시, 철도 사정이 마찬가지였다. 따라서 석탄과 철을 자급자족하던 영국은 19세기의 유일한 세계적 강대국 지위를 누릴 수 있었다.

천연자원에 대한 통제력이 국력에 미치는 영향과 그것이 초래하는 권력 배분 상태의 변화를 가장 극적으로 보여주는 오늘날의 사례는 우라늄이다. 불과 몇 년 전만 해도 우라늄 광상鑛床에 대해 통제력을 행사하거나 행사하지 못한다는 사실 자체는 한 국가의 권력과 거의 무관했다. 위에서 인용한 저자[3]는 1936년의 저서에서 광물질이 군사적으로 가지는 상대적 중요성을 평가할 때 이 광물질에 대해서는 전혀 언급하지 않았다. 우라늄 원자핵으로부터 원자력을 방출시켜 그 에너지를 전쟁에 사용하게 되자 상대적 권력이라는 측면에서 국가의 실제적·잠재적 위계는 순식간에 조정되었다. 캐나다, 체코슬로바키아, 소련, 남아프리카공화국, 미국처럼 우라늄 광상을 통제하는 국가들의 권력은 더 높게 평가되었다. 그 광물질을 보유하지 못한 국가, 혹은 있더라도 접근할 수 없는 국가는 상대적 국력이 추락하고 말았다.

◆ 석유의 위력

제1차 세계대전 이래 에너지원으로서의 석유는 산업과 전쟁에서 더욱더 중요해졌다. 가장 기계화된 무기와 차량이 석유로 움직였으며

3_ 각주 2의 자료 참조.

결과적으로 상당한 석유 매장량을 가진 국가들은 전적으로는 아니더라도 석유를 보유하고 있다는 바로 그 사실 덕분에 국제정치적으로 커다란 영향력을 확보하게 되었다. 제1차 세계대전 당시 클레망소 Georges Benjamin Clemenceau, 1841~1929 프랑스 총리는, "석유 한 방울은 우리 병사가 흘리는 피 한 방울과 맞먹는 가치를 지닌다"라고 말했다. 석유가 이렇게 필요 불가결한 천연자원으로 등장하자 국제정치적 지도국들 간의 상대적 역학관계에도 변동이 생겼다. 소련은 이런 면에서 자급하고 있기 때문에 더욱 강해졌고, 반면 한 방울의 석유도 나지 않는 일본은 더욱 약화되었다.

근동 지방은 세 개의 대륙을 연결하는 통로에 위치해 있다는 사실을 떠나서도 아라비아 반도의 석유 매장량 때문에도 전략적으로 매우 중요하다. 이들 유전에 대한 통제력은 이 지역 권력 분포에서 매우 중요한 요소였다. 이미 보유하고 있는 천연자원에 더하여 이 지역의 석유마저 손에 넣는다는 것은 국력을 더욱 강하게 할 뿐 아니라 경쟁자의 손에 석유가 그만큼 들어가지 못하도록 막을 수 있기 때문이었다. 영국과 미국, 또 한때는 프랑스마저도 근동 지방에서 소위 '오일 외교'를 추진했던 것은 바로 이 때문이다. 국가들마다 적용되는 영향력 범위를 설정하여 그 지역의 석유를 배타적으로 이용할 수 있도록 하자는 것이었다.

하지만 석유는 이미 국력 측정에서 중요한 의미를 지니는 여러 천연자원들 가운데 단순한 하나가 아니다. 오늘날 석유를 보유하고 있다는 사실은 수백 년 이어져 내려온 국제정치의 패턴을 뒤엎겠다고 위협할 수도 있는 물질적인 요소다. 1973~1974년 석유 생산국들이 급격한 석유 가격 인상과 더불어 취했던 석유 금수 조치는 세계 정치의 어떤 기본적인 면모를 명확히 한 사건이었다. 세계 정치의 기본적인 모습을 우리가 이론적으로는 알고 있었겠지만 석유라는 새로운 정치가 불러온 권력관계의 급격한 변화는 그것을 절실하게 인식하게 한 계기가 되었다.

전통적으로 정치력, 군사력, 경제력 사이에는 함수관계가 존재해왔다. 다시 말해 정치적 권력은 역사적으로 군사력과 경제력과의 함수관계에 있으며 최근에 와서는 더욱 그러하다. 아프리카와 아시아 지역으로 유럽이 세력을 확장하던 모습을 예로 들어보자. 그 팽창은 주로 식민 세력과 피지배 국가들 간의 기술적 차이로 인한 결과였다. 다른 말로 영국이 (인력과 다른 여러 국력 요소에서 열세였음에도) 인도를 정복할 수 있었던 것은 주로 고도의 기술을 보유하고 있었기 때문이다. 그런 기술을 군사력으로 전용하자 인도는 저항할 수 없었던 것이다.

한편으로는 기술력과 경제력 사이에, 그리고 다른 한편으로 정치력과 군사력 사이에 존재하던 이런 함수관계는 최근 석유를 정치 무기로 사용하면서 교란되었다. 심지어 그런 함수관계가 완전히 파괴되었다고 얘기하는 사람도 있을 정도다. 석유 생산국 중 다수는 의미론적으로 예를 갖추어 표현할 경우 겨우 국가라 불릴 만한 정도다. 자연자원이라는 측면에서 보자면 그런 국가들은 모래와 석유밖에 가진 것이 없다. 그러나 우리가 국가라 부르는 지도 상의 이 작은 지역들을 거의 하룻밤 사이에 세계 정치적으로 중요한, 심지어는 강력한 요소로 만든 것은 바로 이 석유다. 다른 말로 권력을 만들어낼 만한 요소라고는 없는 어떤 국가, 즉 국력 조성에 전통적으로 필요했던 모든 요소를 결여한 국가가 한 가지 중요한 자산, 즉 석유를 가졌다는 이유로 느닷없이 세계 정치에서 강력한 요소로 등장하게 되었다. 이는 분명 세계 정치에서 혁명적 중요성을 지니는 사건이라 할 만하다.

정치적 권력이 이처럼 군사력 및 산업-기술력과 결별할 수 있었던 것은 오늘날의 두 가지 기본 요인 때문이다. 하나는 사적 생산자들과 어떤 천연자원 소비자들 간의 자유 거래와 소비자 정부에 의한 식민지와 반半식민지 조치를 통해 독점적으로 통제되는 거래가, 협조관계를 유지하는 생산자 정부 측의 독점적 혹은 의사擬似 독점적 통제에 의해 대체되었다는 점이다. 과거 소비자들은 식민지 조치를 통해, 그리고 소비를 통제함으로써 가격을 낮게 유지할 수 있었다. 오늘날 생산자들은 생산을 통제함으로써 가격을 높게 유지할 수 있다. 다른 하나는 과거에는 천연자원 생산자들과 소비자들이 상호 보완적 이해관계를 통해 서로 결합되어 있었고 균형을 따지자면 소비자 쪽이 유리한 위치에 있었다는 점이다. 후자의 필요는 잠재적 생산자의 수와 구할 수 있는 천연자원의 양에 비해 한정되어 있었다. 따라서 소비자는 몇몇 생산자 가운데 누구로부터 구입할지를 선택할 수 있었고 선택된 몇몇 생산자에게 얼마나 많이 구입할지 결정할 수 있었다. 한때 구매자가 주인이었던 시장은 오늘날 판매자의 시장으로 바뀌었다. 천연자원 소비는 절대량에서뿐만 아니라 구할 수 있는 자원과 비교한 상대적 양이라는 의미에서도 엄청나게 증가했다(1760~1913년 사이 영국이 수입한 식품과 천연자원의 양은 70배 증가했다). 따라서 석유는 선진 공업국가의 생혈生血이 되었다. 선진 공업국가들 중 상당수는 석유를 전적으로(일본) 혹은 상당한 정도로(서구 유럽 국가들) 수입에 의존하고 있다.

석유가 선사하는 권력은 무엇보다 현대 공업국가들이 이룩한 기술 발전의 결과다. 20년 혹은 50여 년 전 석유는 생산국에게 그토록 막강한 권력을 선사하지 않았다. 현대 공업의 생혈로서의 석유 소비가 제한적이었기 때문이다. 1973년 가을, 석유 수출국들이 그랬듯이 대규모 석유 매장량을 보유한 국가들이 담합하며 정책을 조율하자 소비국들의 목을 조를 수 있게 되었다. 그들이 제시하는 정치적 조건을 소비국들이 거부할 수 있기 위해서는 엄청난 정치적, 경제적, 사회적 혼란을 무릅써야 했다.

다른 모든 면에서 권력과 거리가 먼 국가, 즉 전통적 의미에서는 주요 세력의 범주에 들지 못한 국가가 석유라는 단 한 가지만 없을 뿐 다른 모든 권력의 요소들을 구비한 국가들에 엄청난, 특수한 조건하에서는 결정적인, 권력을 행사할 수 있게 되었다. 이리하여 세계 첨단의 공업국 중 하나이자 잠재적 강대국인 일본과 같은 국가가 해외로부터의 석유 공급에 전적으로 의존하고 있다. 어떤 이유로 석유 생산 국가들이 일본에 전면적 금수 조치를 내릴 경우 일본의 정치적, 경제적, 사회적 조직을 파멸로 이끌 수 있다. 전면적 금수라는 위협을 정치적 조건과 결부할 경우에는 자기 의지를 일본에 강제할 수도 있는 것이다. 그들은 일본을 위성국 지위로 격하시켜 석유 생산국들의 속국으로 만들어버릴 수도 있다. 이들 국가는 자신의 그런 권력을 어느 정도 이미 맛본 상태다. 1973년 10월 중동전 당시 그들은 일본과 (석유 수입에 부분적으로 의존하고 있던) 서유럽 국가들로 하여금 특정 정치적 조치를 취하게 만들었다. 이들 국가가 평소 같았으면 그런 조치를 스스로 취하지 않았을 테지만 그 상황에서는 불가피했다. 그렇지 않을 경우 정치적, 사회적, 경제적 궤멸의 위험을 무릅써야 했기 때문이다.

이러한 혼란을 불러일으킨 것은 석유 생산 국가들이 상호 협조하에 석유 공급을 좌우하던 의사 독점뿐만이 아니었다. 그런 혼란의 원인은 이들 국가가 석유 가격을 통제하고 있다는 사실이었다. 석유 가격은 세계 경제의 불안을 초래한 주요 요인 가운데 하나이자 인플레이션의 주요 요소 가운데 하나였다. 세계의 공업국가들이 이미 경험하던 인플레이션 추세는 1973년 석유 가격이 네 배로 뛰고 1978년에 원천源泉 가격이 다시 두 배로 오르자 엄청나게 악화되었다.

이런 상황이 잠재적으로 불변의 성격을 지닌다는 점은 반드시 지적되어야 한다. 석유 생산국들이 서로 협력해 소비국들에 대항하는 한, 그리고 그들 사이에 시장 쟁탈이나 경제적 혹은 정치적 이익을 위한 경쟁이 벌어지지 않는 한 그들은 1973년 초기에 그랬던 것처럼 석유 소비국들에게 거의 모든 조건을 부과할 수 있을 것이다. 일본 같은 국가의 경우 그런 조건을 거부하는 것은 자살 행위나 마찬가지다. 주요 에너지원을 자국 내에서 일정 부분 확보하고 있는 미국과 같은 국가도 1973년의 경험처럼 심각한 고통을 겪을 것이다. 예를 들어 외국으로부터 석유를 주로 수입하는 서유럽 국가들은 석유 수출국에 반항하려 할 경우 파멸할 수 있다.

전쟁 직전의 이 같은 목 조르기를 분쇄할 마땅한 수단이 없는 가운데 그런 결과를 완화할 방법은 있다. 그것은 석유 생산 국가들의 독점적, 혹은 의사 독점적 지위를 석유 소비 국가들이 자신들의 지위를 강화함으로써 약화하는 것이다. 석유 소비 국가들은 두 가지 부류로 나뉜다. 일본처럼 석유 수입에 완전히 의존하는 까닭에 외국 석유에 대한 접근이 그야말로 사느냐 죽느냐의 문제가 되는 국가들과 미국처럼 국내에 보유한 에너지원 덕분에 석유 수출국의 정치적 조작에 의해 불편이 따르고 손해를 입을지언정 죽음에 이르는 상처까지 받지는 않는 국가들이다. 후자는 석유 수입을 제한하는 등의 조작으로 꽤나 심각한 결과가 있을 때 국내 소비를 규제한다든가 예비 비축 물량을 활용하든지, 맨해튼 계획Manhattan Project과 같은 핵분열 연구 등을 통해 응급 계획을 실시하든지, 대체 에너지원을 개발하는 등의 노력을 통해 스스로를 보호할 능력을 갖추고 있다. 이러한 네 가닥의 정책적 대안을 가지고 있다는 사실은 모든 관련 국가에 이로운 효과가 있을 것이다. 석유 소비국의 사기를 강화하고 석유 생산국에게는 한숨 돌리는 효과가 있다.

그런 정책은 상당한 국내 에너지원을 보유한 석유 소비국들과 그것이 없는 소비국들 사이에 심리적, 물질적 정책 공조를 이루게 하는 토대가 될 수도 있다. 석유 생산국들이 미국과 같은 석유 소비국에 공급을 끊어버리는 직접적인 방법은 물론 독일, 일본과 같은 주요 동맹국들을 무릎 꿇게 하는 간접적인 방법을 통해 공격할 수 있기 때문이다. 따라서 미국은 석유를 활용한 정치적 조작에 두 배로 취약한 형편이다. 미국은 그런 이중 위협에 가능한 한 신속히 외국으로부터의 석유 공급에 대한 의존도를 낮추고 국내에서 생산되는 자원의 일부를 가장 큰 위협에 처한 동맹국에게 제공함으로써 대응해야 한다.

마지막으로 석유의 정치적 이용으로 인해 발생하는 이런 상황을 전체적으로 살펴보면 우리가 앞에서 지적했던 오늘날 세계 정치의 주요 특성 때문에 생긴 특별한 결과임을 알 수 있다. 즉 우리가 세계 무대에서 활동하는 조직 구조와 정치적 과정 그리고 인류가 살아가는 객관적 조건 사이에 괴리가 생긴 것이다. 그래서 인류를 궤멸시킬 수도 있을 핵무기에 대한 통제력을 주권 국가에 맡겨버린 말도 안 되는 극단적 비합리성에 사람들은 놀라곤 한다. 고도로 발전된 공업국가들을 다른 방식으로 (비록 덜 극적이긴 하지만 거의 철저히) 파괴해버릴 수 있는 석유에 대한 통제력을 아주 제한된 의미에서만 주권적인 이른바 민족국가에게 위임해버린 데 대해서도 놀라움을 감출 수 없다. '핵클럽' 소속 국가들은 정부의 첫 번째 역할과 기능을 수행해낼 능력을 더 이상 갖추지 못하고 있다. 석유 생산 국가들은 그런 능력을 갖춘 적이 없다. 즉 국민의 생명, 자유, 행복을 보호하고 증진시키는 기능이 그것이다. 그들의 권력은 본질적으로 파괴적이다.

공업 능력

우라늄의 예에서 우리는 한 국가 권력의 또 다른 요인, 즉 공업 능력의 중요성을 파악할 수 있다. 콩고는 순도 높은 우라늄을 많이 매장하고 있다. 그러나 이런 사실은 전리품으로서 그 국가의 가치를 높여주고, 따라서 군사 전략의 관점에서도 그 국가가 중요시되도록 하기는 했지만 콩고의 국제적 지위에는 별다른 영향을 미치지 못했다. 그것은 콩고가 막대하게 매장된 우라늄을 공업적·군사적으로 이용할 수 있는 공업시설을 갖추지 못한 때문이다. 반면 영국, 캐나다, 미국, 체코슬로바키아, 그리고 소련의 경우에는 우라늄의 보유 사실이 그 국가 국력의 상당한 증가를 예고한다. 이런 국가들은 우라늄을 전시와 평시에 쉽게 이용할 수 있는 에너지로 전환시키는 공장을 이미 보유하고 있든지, 빠른 시간 내에 건설할 수 있으며, 그렇지도 않을 경우는 인근 국가의 공장을 쉽게 이용할 수 있다.

석탄과 철의 경우도 우라늄과 비슷하다. 미국과 소련이 이 두 가지 천연자원을 충분히 보유한 사실은 국력을 상당히 신장시켜왔다. 그것은 이들 자원을 공산품으로 전환시키는 공장들까지 가지고 있기 때문이다. 소련은 막대한 인적·물적 희생 위에 공업시설을 건설해왔고 여전히 건설하고 있다. 이런 공업시설이 없이는 자기 외교정책에 걸맞은 군사력을 보유할 수 없음을 인식했기 때문에 소련은 그런 희생을 감내했던 것이다. 이런 공장이 없다면 소련은 국제정치적으로 자기가 원하는 역할을 수행할 수 없을 것이다.

인도는 미국과 소련 다음으로 석탄과 철을 많이 매장한 국가다. 비하르Bihar와 오리사Orissa 두 지방만 따지더라도 약 27억 톤 정도의 철광석이 매장되어 있다. 더욱이 강철을 생산하는 데 필수 불가결한 망간의 생산량은 1939년에 약 100만 톤으로 소련 다음으로 많은 생산량을 자랑했다. 그러나 오늘날 일등국 지위를 차지하는 데 꼭 필요한 천연자원을 이토록 풍부하게 매장하고 있는 인도도 미국이나 소련에 견줄 수 있는 일등국으로는 결코 평가받지 못하는 것이 현실이다. 국력의 잠재력과 현실 사이에 이토록 커다란 차이가 있는 이유는 풍부한 천연자원에 버금가는 산업시설이 없기 때문이며, 여기서는 바로 그 점에 논의의 초점을 맞추어보고자 한다. 인도가 타다 제철소와 같은 초현대적인 제철소를 몇 개 자랑할 수는 있지만 생산 능력, 특히 최종 생산품의 생산 능력이 없어 2급 산업 국가 정도의 생산품조차 만들어내지 못하는 것이 큰 약점이다. 1980년의 경우 전체 인도 인구의 1퍼센트도 채 못 되는 겨우 600만 명만이 산업 고용 인력이었을 뿐이다. 따라서 우리는 몇몇 지극히 중요한 천연자원을 풍부히 매장한 인도가 결국 국력 구성의 한 요소를 보유하고 있으며, 그만큼 그 국력은 잠재적으로 강하다고 얘기할 수 있다. 그러나 실제로 인도가 국력을 구성하는 다른 여러 가지 요소를 갖추지 못하는 한 강대국이 될 수는 없다. 다른 국가들도 그런 요소를 갖추지 못했다면 강대국 지위를 획득할 수가 없다. 그런 요소들 가운데 공업 능력은 가장 중요한 것 중 하나다.

현대전의 운송·통신 기술은 중공업의 전반적 발달을 국력의 필수불가결한 요소로 만들어놓았다. 오늘날 전쟁에서 승리한다는 것은 고속도로, 철도, 트럭, 선박, 항공기, 탱크, 그리고 모기장과 자동 소총에서 산소마스크와 유도 미사일에 이르는 모든 장비와 무기의 양과 질에 달려 있기 때문에 국가 간의 권력 투쟁은 대부분 전쟁의 도구를 더 크게, 더 좋게, 더 많이 생산해내는 경쟁으로 변모된다. 공장의 질과 생산 능력, 노동자의 숙련도, 기술자의 능력, 창의력이 풍부한 천재적 과학자, 관리체계 등 한 국가의 공업 능력이 그 국가의 국력을 결정하는 요인들이다.

따라서 선진 공업국가들이 강대국의 지위를 차지하는 것은 자연스러운 현상이며, 긍정적으로든 부정적으로든 공업 능력 면에서 순위의 변화가 생기면 국가 권력의 위계질서에도 이에 상응하는 변화가 동시에 일어나거나 뒤따라 일어날 수밖에 없다. 영국이 공업국으로서 타의 추종을 불허하는 한 지구 상에서 가장 강한 국가의 지위를 차지할 수 있었고 세계적 강대국이라는 호칭에 어울릴 수 있었다. 1870년 이래 독일에 비해 프랑스의 국력이 상대적으로 낮다는 사실이 명백했던 것은, 비록 제1차 세계대전 이후 얼마간은 외관으로나마 또 잠정적으로나마 프랑스가 대독 우위를 회복하는 듯하긴 했지만, 프랑스의 공업 능력이 그만큼 낙후되었던 것과, 유럽 대륙에서 독일의 산업이 가장 발달되어 있던 것을 정치적·군사적으로 보여준 것에 불과하다.

잠재력으로는 언제나 강대국이었던 소련도 1930년대에 와서 선진 산업국으로 경제가 발전되고 나서야 비로소 강대국이 될 수 있었으며, 1950년대에 와서 핵전쟁 수행 능력을 갖추고 나자 비로소 또 다른 초강대국의 지위를 획득하면서 미국의 경쟁국이 될 수 있었다. 비슷한 예로, 이와 비슷한 공업 능력을 중국이 확보한다면 그리고 확보할 때라야 초강대국이 될 수 있는 중국의 잠재력은 실현될 수 있을 것이다. 1940년대에 미국의 국력이 절정에 달하자 런던의 주간지 《이코노미스트Economist》는 미국의 국력을 미국의 경제력과 관련지어 다음과 같이 설명했다.

> 강대국들의 잠재적 자원을 아무리 비교해보더라도 미국은 자연자원의 매장량에서, 산업화 규모에서, 생활 수준에서, 모든 생산과 소비 품목에서 이 세계의 다른 모든 국가를 능가하고 있다. 전쟁이 일어나자 다른 모든 강대국은 폐허가 되어버리든지 국력이 크게 약화되었지만 미국은 오히려 국민 소득이 두 배로 늘어났고, 그 결과 다른 국가

들과 미국의 격차는 그야말로 천양지차가 되어버렸다. 코끼리 우리 속의 생쥐처럼 이 국가들은 초강대국의 행동을 예의 주시하면서 따르게 된 것이다. 거구를 자랑하는 코끼리가 이리저리 움직이면 생쥐는 얼마나 위험해질 것이며, 만일 주저앉기라도 한다면 그 밑에 깔린 생쥐의 운명은 어찌될 것인가?[4]

공업 능력이 국력의 구성요소로서 가지는 중요성이 이토록 급작스럽게 커지자 강대국과 약소국 간의 전통적인 구별은 더욱 뚜렷해졌다. '초강대국'이라는 개념은 소수 국가의 수중에 전례 없이 커다란 권력이 집중된 상태를 가리키며 따라서 이들 국가는 약소국은 물론 전통적 개념에 의한 강대국과도 구별된다. 초강대국이 다른 국가들과 구별되는 점은, 전면적 핵전쟁을 수행할 수 있는 능력과 전면적 핵 공격에까지는 못 미치는 핵 공격이라면 이를 능히 흡수해버릴 수 있는 능력을 제외하고도 공업적으로 자급자족을 거의 이룩하고 있으며 다른 국가에 뒤떨어지지 않는 기술 능력을 갖추고 있다는 점이다. 게다가 오늘날 삼류 혹은 사류 국가들이 우리가 초강대국이라고 흔히 일컫는 일류 국가들에게 의지하는 현상이 급격히 증가했다. 삼류 국가들의 군사력은 그들에게 현대식 무기와 통신, 그리고 수송 수단을 제공해줄 일류 국가들의 마음에 때로는 결정적일 정도로 의존하고 있다. 일류 국가로부터의 이런 공급이 없다면 그들 중 많은 수는 무기를 초강대국으로부터 공급받은 적의 공격 앞에 무기력해지고 말 것이다.

4_ *Economist*, May 24, 1947, p. 785.

군비

지리적 요소, 천연자원, 그리고 공업 능력 등의 요인이 국력을 구성하는 요소로서 실제 중요하다고 인정받을 수 있는 것은 모두가 군비의 뒷받침이 있어야만 가능하다. 한 국가의 국력이 군비에 의존한다는 사실은 너무나 명백해서 거듭 얘기할 필요가 없다. 군비는 그 국가가 추구하는 외교정책을 지원할 수 있는 군사력을 요구한다. 그런 능력은 여러 가지 요인에 달려 있다. 우리 논점에서 볼 때 중요한 요인들로는 기술 혁신, 리더십, 군대의 양과 질을 꼽을 수 있다.

기술

국가와 문명의 운명은 흔히 전쟁 기술의 차이로 결정되곤 했다. 전쟁 기술이 열등한 국가는 이를 달리 보상할 길이 없었다. 15세기부터 19세기에 이르는 팽창기의 유럽은 서반구, 아프리카, 근동, 극동의 것보다 월등한 전쟁 기술을 수단으로 힘을 키워갔다. 14세기와 15세기에 이미, 전통적 무기에 더하여 보병과 소총 그리고 대포로 무장한 국가는 그렇지 못한 국가에 비해 권력 분포 면에서 엄청난 이익을 보았다. 새로운 무기가 속속 개발되자 기병과 당시까지만 해도 적의 직접적 공격을 거의 완벽하게 방어해주던 성곽에 줄곧 의지하던 봉건 영주와 자치 도시들은 그들이 이미 지배적 위치에 있지 않음을 갑작스럽게 깨달았다.

다음 두 사건은 이런 권력 분포의 변화가 중세를 정치적·군사적으로 마무리하고 근대의 서장을 여는 모습을 극적으로 보여주고 있다. 첫째로, 1315년의 모르가르텐 전투와 1339년의 라우펜 전투에서 스위스 보병으로 구성된 군대가 봉건 기사 군대에게 충격적인 패배를 안겨 일반 농민 가운데서 징발한 보병군이 말을 탄 귀족적 고급 군대보다 우월하다는 사실을 입증했다. 두 번째의 사건은 프랑스의 샤를 8세 Charles VIII, 1470~1498가 1494년에 이탈리아를 침공한 사건이다. 보병과 대포로 무장한 샤를 8세의 군대는 당시까지만 하더라도 난공불락을 자랑하던 이탈리아 도시 국가들의 군대를 격파해버렸다. 거의 불가항력으로 보이던 이들 새로운 무기의 파괴력은 당시 세계 모든 사람에게 잊히지 않는 인상을 남겼다. 당시 피렌체 지방의 마키아벨리Niccoló Machiavelli, 1469~1527와 기타 저술가들의 작품 속에서 이런 인상이 생생히 전해진다.[5]

20세기는 오늘날까지 네 번에 걸쳐 전쟁 기술의 중요한 혁신을 목격하고 있다. 적이 사용하기 이전에, 혹은 그것에 대한 방어 능력을 개발하기 이전에 그런 기술 혁신을 이룩한 국가는 잠정적이나마 유리한 위치에 서게 된다. 우선, 독일은 제1차 세계대전 당시 주로 영국 선박들을 공격하기 위해 잠수함을 사용했는데, 영국이 그 위협에 대한 대응책을 마련하여 호위함을 무장시키기 이전까지는 독일이 전쟁에서 승리할 듯했다. 두 번째로 제1차 세계대전이 막바지에 다다랐을 무렵 영국은 많은 탱크를 집중적으로 사용했고, 독일은 그렇지 못했다. 이런 사실은 연합군의 승리에 큰 보탬이 되었다. 셋째로 제2차 세계대전 초기 독일과 일본이 공군을 해군, 육군과 합동으로 사용해 전

5_ Felix Gilbert, "Machiavelli: The Renaissance of the Art of War," in *Makers of Modern Strategy*, edited by Edward Mead Earle (Princeton, Princeton University Press, 1944), pp. 8-9.

략적·전술적 작전을 펼치자 이들은 결정적으로 우세한 위치를 점할 수 있었다. 미국이 진주만에서 당한 패배와 영국과 덴마크가 1941년과 1942년에 육지와 바다에서 일본에 당했던 엄청난 패배는 진보적인 적들이 기술 개발에 박차를 가하고 있는데도 기술적 낙후를 벗어나기 위해 노력하지 않은 것에 대한 마땅한 대가였다. 윈스턴 처칠이 1942년 4월 23일 의회의 비밀회의에서 영국의 패배를 솔직히 반성한 연설문을 읽어보면,[6] 공군력의 발달에 의해 전쟁 기술에 커다란 변화가 생긴 것을 무시하거나 채 이해하지 못한 데서 육지, 바다, 공중에서 모두 패배했다는 공통점에 놀라게 될 것이다. 마지막으로, 핵무기와 발사 수단을 갖춘 국가들은 경쟁국들에 대해 어마어마한 기술적 우위를 지닌다.

그러나 국력에 미치는 영향력을 고려할 때 핵무기 보유는 역설적인 두 가지 의미를 가진다. 이는 핵무기의 파괴력이 가공할 만하다는 사실에서 유래한다. 핵무기는 그 엄청난 파괴력 때문에 재래식 무기와는 달리, 그 양적 증강이 곧 그에 상응하는 국력 증대를 가져오지 않는다. 적국의 선제공격과 같은 모든 가능한 경우를 고려하여, 자기가 파괴하려는 적국의 시설들을 파괴하는 데 필요한 핵무기를 일단 확보하고 난 이후에는 핵무기를 더 늘린다고 해서 그 국가의 국력이 증가되지는 않는다는 얘기다.[7]

핵무기의 파괴력과 그 합리적 사용 가능성 사이에 반비례관계가 성립한다는 것이 또 하나의 역설이다. 고성능 핵무기는 무차별한 대중

6_ *Winston Churchill's Secret Session Speeches* (N.Y., Simon and Schuster, 1946), p. 53 ff.
7_ 2권 pp. 186-187 참고.

살상의 도구이며, 따라서 합리적인 군사 목표에 대해서는 사용하기 어렵다. 적국이 먼저 전쟁을 도발한다면 그들을 모조리 파괴해버리겠다고 위협함으로써 전쟁을 억제하는 데 이 핵무기가 사용될 수는 있으나 전쟁을 수행하는 합리적 방법으로는 사용될 수 없다. 따라서 고성능 핵무기로만 무장한 국가는 자신의 군사 태세에서 정치적 권력을 별로 동원할 수 없다. 핵무기를 가지고 모조리 궤멸해버리겠다고 위협하는 이외에는 상대방의 의사를 강제할 수 있는 군사적 수단이 없기 때문이다.

만일 상대방이 핵무기에 의한 2차 공격 능력을 가지고 있다면 자기 국가에 대한 핵 공격을 2차 보복 공격으로 응수하겠다고 위협할 것이고, 따라서 두 위협은 상쇄되거나 양측 교전 당사국의 상호 파괴를 초래할 것이다. 위협을 받은 국가가 핵무기에 의한 보복 수단이 없다면 완전히 파괴당하든지 1945년 나가사키와 히로시마에 핵 공격을 받은 후 무조건 항복했던 일본과 같은 신세가 되어야 한다. 다시 말하자면 핵무기를 가지고 위협하는 국가는 핵무기가 없는 국가를 조금씩, 한 도시씩 파괴하든지, 혹은 한 번의 대규모 공격으로 파괴하든지 어쨌든 이 지구에서 아예 없애버릴 수는 있지만 그 국가의 심리적 저항을 억누르기 위해 사용해야 하는 군사적 압력을 민감하게 조절할 수는 없다. 상대방의 행동에 민감히 대처하는 데 필요한 재래식 무기는 없으면서 고성능 핵무기에만 전적으로 의존하는 국가는 전쟁 억지를 위한 고성능 핵무기와 평범한 일반적 전쟁 목적에 사용될 수 있는 재래식 무기를 고루 갖춘 국가보다 강력하지 못할 것이다. 따라서 핵무기를 실제 사용할 수 있기 위해서는 그 파괴력을 재래식 병기 수준에 상응하는 정도로 감소해야 한다는 역설이 성립한다.

리더십

혁신적 기술을 시기적절하게 사용한다는 것과는 별도로, 군부의 지도력이 어느 정도의 능력을 발휘하는가도 언제나 국력에 결정적 영향을 미쳐왔다. 18세기 프로이센의 국력은 주로 프리드리히 대왕의 군사적 천재성과 그에 의해 도입된 전략적·기술적 혁신으로 최강에 도달할 수 있었다. 1786년에 프리드리히 대왕이 서거한 이후 1806년 나폴레옹이 프로이센의 군대를 예나 전투에서 격파할 때까지 전쟁 기술은 특히 프랑스의 경우 많은 발전을 이룩했다. 당시 프로이센의 군대는 20여 년 전이나 다름없이 훌륭한 상태였지만 바로 이 기술 변화 때문에 패배하고 말았다. 하지만 이보다 더 중요한 것으로는 프리드리히 대왕 서거 이후 전쟁을 지휘한 프로이센 장군들에게 과거 프리드리히 대왕 시절에 볼 수 있던 군사적 천재성이 결여되었음을 지적할 수 있다. 프랑스에는 군사적 천재가 등장하여 새로운 전략적·전술적 아이디어를 사용하면서 부하들을 지휘하고 있었다. 바로 이 요인 때문에 결국 사태는 프랑스의 승리로 끝나게 되었다.

양차 세계대전 사이 프랑스 장군들의 마지노선 심리〔샤를 드골의 핵억지력에 대해 레몽 아롱Raymond Aron, 1905~1983은 그의 저서 《위대한 논쟁The Great Debate》에서 "그건 새로운 마지노선 심리Maginot Line psychology를 보여주는 것이다. 처량하리만치 부적절한 핵무기 뒤에서 안전을 찾아보지만 결국은 공격을 초대하는 것이나 다름없다"라고 했다(*Le Grand Débat. Initiation á la stratégie atomique,* Paris: Calmann-Lévy, 1963.—옮긴이)는 그 헛된 전략적 사고방식 때문에 웃음거리가 되어왔다. 현대 기술의 발전 추세가, 특히 통신과 수송 수단의 기계화 경향이 기동력을 앞세운 전쟁 가능성을 암시하는데도, 프랑스의 장군들은 제1차 세계대전 당시의 참호전을 중심으로 모든 것을 생각했기 때문이다. 반면에 기계화된 전쟁의 전략적 잠재 능력을 충분히 감지하고 있던 독일의 군부 지도자들은 전례 없는 기동력을 앞세워 작전을 세웠다. 이런 두 생각이 프랑스, 폴란드, 소련 등지에서 상호 충돌하면서 '전격전'으로 나타나자 우세한 독일의 힘이 입증되었으며 독일은 승리를 거의 손아귀에 넣는 듯했다. 히틀러의 기갑부대와 폭격기가 1939년에는 폴란드 보병을, 1940년에는 참호 속에 갇혀 움직이지도 못하는 프랑스군을 맹공격하자 전 세계는 큰 충격을 받았고 동시에 군사적·정치적으로도 심각한 피해를 입게 되었다. 이로써 1494년 샤를 8세가 이탈리아를 침공했을 때와 비슷한 전쟁사의 새로운 장이 열렸다. 그러나 15세기 이탈리아가 도시 국가들의 침략으로 쇠락해진 자신의 힘을 회복하기 위해 의지할 만한 것이 없었던 데 비해 제2차 세계대전의 경우 미국은 월등한 기술로 인해, 또 소련은 우세한 인력으로 인해 결국 히틀러의 기술적 혁신을 뒤엎어 패배를 안겨주고야 말았다.

군대의 양과 질

한 국가의 국력은 군사적 측면에서 병사와 무기의 양, 그리고 육군·해군·공군의 배분 상태 등에 달려 있다. 어떤 국가는 전쟁에 관련되는 혁신적 기술을 아주 풍부하게 보유할 수 있다. 그 국가의 군부지도자는 전략적·전술적 측면에서 새로운 전쟁 기술에 걸맞은 탁월한 재능을 가질 수도 있다. 하지만 그런 국가라 할지라도 전체적 국력과 그 국력을 구성하는 개별 요소 면에서 국가의 외교적 임무 수행에 지나치지도, 부족하지도 않은 적절한 군사력을 보유하지 못한다면 군사적으로, 결국은 정치적으로 약세에 처할 수밖에 없다. 한 국가가 강해지기 위해서는 대규모 군대를 보유해야 하는가? 혹은 (최소한 평시에라도) 고도로 훈련되고 중무장을 한 특수부대로 구성되는 소규모 육군만을 가져도 그 국가의 국력에는 별 차이가 없을까? 훈련받은 예비군보다는 당장이라도 전투에 투입할 수 있는 현역 부대가 더 중요할까? 대규모 해군은 쓸모없어져버렸는가, 혹은 항공모함이 아직도 유용한가? 그 국가의 자원과 외교적 목표를 고려할 때 어느 정도 규모의 군대를 보유해야 합리적일까? 국력을 고려해서 평시에도 항공기와 다른 기계화된 무기들을 대규모로 제작해야 하는가, 아니면 오늘날 급진전되는 기술의 진보를 고려해서 그 국가의 자원을 사업에 투입하면서 최신 병기를 소량만 생산해야 하는가?

군대의 양과 규모에 관련되는 이런 질문에 올바른 대답을 내놓느냐, 그릇된 대답을 내놓느냐 하는 것은 분명 그 국가 국력에 직접적 영향을 미치게 된다. 15세기가 도래할 무렵 등장한 소총, 제1차 세계대전 당시 독일이 믿던 잠수함, 양차 세계대전 사이에 등장한 비행기, 또는 오늘날 많은 사람이 생각하듯이 대륙 간 유도 미사일과 같은 새로운 병기 한 가지가 전쟁에서 결정적인 역할을 할 수 있을까? 양차 세계대전 사이 영국과 프랑스가 이런 질문 중의 몇 가지에 그릇된 대답을 했던 것은 그들이 재래식 군사 전략 개념에 젖은 채 국력을 생각했기 때문이다. 이런 실수는 제2차 세계대전 말엽에 양국을 거의 패전의 위기로까지 몰고 갔다. 그들이 보유한 군사적 기술을 토대로 할 때 위의 질문들에 대한 대답은 달랐어야 했다. 오늘날 이와 비슷한 질문들에 우리가 어떤 대답을 내놓느냐에 따라서 장차 미국의 대외적 힘도 결정될 것이다.

인구

물질적 요인과 물질적·인적 요소가 혼합된 요인에서 관심을 돌려 이제 국력을 결정하는 순전히 인적 요인을 살펴보자면 우선 인적 요소의 질적 측면과 양적 측면을 구별해볼 필요가 있다. 인적 요소의 질적 측면으로서는 국민성, 국민의 사기, 외교의 질, 정부의 질 등을 꼽을 수 있으며 양적 측면은 인구의 규모를 중심으로 논의해야 한다.

분포

국가의 인구가 많을수록 국력이 강하다고 얘기한다면 물론 반드시 옳은 말은 아니다. 인구의 수와 국력 사이에 그런 절대적 상관관계가 존재한다면 10억 명 이상의 인구[8]를 가진 중국이야말로 이 세계에서 가장 강력한 국가가 될 것이며, 그다음은 7억 3,000만 명을 자랑하는 인도가 차지할 테지만 현실적으로 이 두 국가는 그렇게 강하지가 못하

8_ 다른 설명이 없는 한 인구에 대한 모든 숫자는 다음 유엔 보고서에서 인용. *Demographic Yearbook*, 1970 (New York: United Nations, 1971).

다. 인구로 국력을 평가한다면 2억 7,200만 명 인구의 소련과 2억 3,400만 명 인구의 미국이 각각 3위와 4위를 차지하게 될 것이다. 한 국가의 인구가 다른 대부분의 국가보다 많다고 해서 그 국가의 국력이 강하다고 할 수는 없지만 인구가 적은 국가가 1등 국가가 되거나 1등 국가의 지위를 계속 유지할 수 없다는 것 또한 사실이다. 대규모 인구의 뒷받침이 없이는 현대전을 성공적으로 수행하기 위해 필요한 산업 시설을 건설할 수도 유지할 수도 없으며, 육지·바다·공중에서 적국을 상대로 싸울 수 있는 대규모 전투 부대를 투입할 수도 없고, 병사들에게 식량, 통신 및 수송 수단, 탄약, 그리고 무기 등을 보급해주기 위해 실상은 병사 수보다 더 많이 필요한 기간 요원들을 충당할 수도 없다. 과거 역사적으로 보아 나치 독일이나 파시스트 이탈리아와 같은 제국주의 국가가 온갖 수단을 동원하여 인구 증가를 꾀하고 그것을 곧 제국주의적 팽창의 이데올로기적 근거로 사용했던 것은 바로 이런 이유에서였다.

미국 인구와 캐나다와 오스트레일리아의 인구를 비교해보면 인구의 규모와 국력 사이의 관계를 좀 더 명백히 알 수 있다. 오늘날 오스트레일리아는 약 777만 제곱킬로미터도 채 못 되는 영토에 1,500만 명 이상의 인구를 보유하고 있고, 캐나다의 경우 약 906만 제곱킬로미터의 영토에 인구는 2,450만 명에 이른다. 반면에 미국은 영토가 오스트레일리아와 캐나다의 중간 크기에 해당하는데 인구는 2억 3,400만 명에 달해 오스트레일리아 인구의 15배 이상, 캐나다 인구의 거의 10배에 달한다. 만일 미국 인구가 캐나다나 오스트레일리아 정도의 수준에 머물러 있었더라면 미국은 결코 지구에서 가장 강력한 국가가 될 수 없었을 것이다. 19세기에 시작해 1920년대까지 지속되었던 대규모 이민의 물결이 바로 이 커다란 국력의 요소를 미국에 가져다주었다. 1924년에 제정되어 미국의 이민자 수를 연간 15만 명으로 제한한 이민법이 만약 100년, 아니 50년만 더 일찍이 제정·발효되었더라면 각각 3,600만 명, 2,700만 명이 미국에 정착하지 못했을 것이며, 그들과 그 자손들은 아마 다른 국가의 국력에 보탬이 되었을 것이다.

1824년에 미국의 인구는 약 1,100만 명 수준이었다. 1874년경에는 4,400만 명이 되었으며, 1924년에는 1억 1,400만 명이 되었다. 1824년에서 1924년에 이르는 100년 동안 미국의 인구 증가분 중에서 이민자 수가 차지하는 비율은 평균 30퍼센트에 달하며, 1880년에서 1910년까지만을 살펴본다면 이 비율은 40퍼센트 수준이다. 다시 말해서 미국의 인구가 가장 급속히 증가했던 것은 미국으로의 이민이 절대적·상대적으로 절정에 달했을 때와 일치한다는 얘기다. 1824년 이후의, 좀 더 자세히 말하자면 1874년에서 1924년까지 자유스러운 이민이 있었기 때문에 이 풍부한 인력을 바탕으로 미국은 전시와 평시를 막론하고 막강한 국력을 행사할 수 있었다. 이민이 없었더라면 오늘날 미국의 인구는 현재의 절반 수준에도 채 못 미쳤을 것이다. 결과적으로 미국의 국력은 오늘날 2억 3,400만 명의 인구를 바탕으로 한 국력보다는 훨씬 열등한 상태에 머물러 있을 수밖에 없었을 것이다.

국력 형성에 인구라는 요소가 미치는 영향이 매우 중대하고 또한 국력이란 경쟁국과의 관계에서 언제나 상대적이므로, 권력을 위해 국제 무대에서 경쟁하는 국가들 사이에서 인구의 상대적 크기와 특히 인구 증가의 상대적 비율은 세심한 주의를 받아 마땅한 요소다. 경쟁국에 비해 인구가 적은 국가는 경쟁국의 인구 증가율이 높은 데 반해 자국의 인구 증가율이 둔화되고 있다면 이를 경계해야 한다. 1870년과 1940년 사이 프랑스의 독일에 대한 관계가 바로 그런 경우였다. 그 시기 프랑스 인구는 400만 명이 증가한 반면 독일의 인구 증가는 2,700만 명을 기록했다. 1800년을 기준으로 볼 때 당시 유럽 인구 일곱 명 중 한 명은 프랑스인이었으며, 1930년에 와서는 사정이 변해 열세 명 중의 한 사람이 프랑스인이었다. 1940년 독일은 징집 대상 연령의 인구를 1,500만 명 정도 확보하고 있었던 데 비해 프랑스는 불과 500만 명에 지나지 못했다.

한편, 1870년에 통일을 이룩한 이래 독일은 자국의 인구 증가율을 훨씬 앞질러 급속히 증가하는 러시아의 인구를 언제나 선망의 눈빛으로, 때로는 경계의 눈빛으로 보아왔다. 제1차 세계대전이 발발하던 무렵의 상황을 순전히 인구 증가 추세만을 기준으로 보았을 때, 독일은 아마도 러시아가 가장 유리하리라고 생각했을 것이며, 프랑스는 독일이 가장 유리한 위치에 있으리라 느꼈을 테고, 오스트리아와 러시아는 위에서 언급한 다른 이유를 들어[9] 분쟁을 지연시키면 상대방이 더 유리해지리라 생각했을 것이다. 이리하여 영국을 제외한 모든 제1차 세계대전의 주역들은 1914년에 접어들자 분쟁의 평화적 해결보다는 차라리 전쟁을 택할 만한 이유를 나름대로 가지고 있었다. 당시 각국은 분쟁의 평화적 해결을 사태의 궁극적 해결로 생각하지 않고, 다만 피할 수 없는 대결을 위한 잠시의 휴식 시간 정도로 여겼다.

9_ 1권 pp. 219-224 참고.

최근 역사에서 유럽의 권력 배분 상황이 각국의 인구 증가 추세 변화와 거의 일치했듯이 미국이 과거 서부와 중부 유럽을 제치고 서반구에서의 권력의 중심지를 차지한 것도 각국의 인구 변화에서 그 원인을 읽을 수 있다. 1870년에 독일과 프랑스의 인구는 미국 인구를 능가하고 있었다. 그러나 1940년에 와서는 그동안 미국이 이룩한 인구 증가가 1억 명을 넘어선 데 비해 같은 기간 독일과 프랑스의 인구 증가분 합계는 겨우 3,100만 명에 불과했다.

이렇게 볼 때 국력의 물질적 구성요소를 만들어내고 적용하기에 충분한 인구가 뒷받침되지 못하는 국가는 일등 국가가 될 수 없음이 자명하다. 반면 인구 과잉이 국력에 치명적으로 악영향을 미칠 수 있다는 점이 최근 명백해지고 있다. 사망률의 급격한 감소로 인해 인구가 크게 늘어난 인도와 이집트 같은 소위 미개발국의 경우가 그 예다. 식량 생산이 인구 증가를 미처 따라잡지 못했기 때문에 국력의 신장은 크게 위축될 수밖에 없었다. 이런 국가들은 언제나 기아의 위협에 전전긍긍하고 있으며 인구의 상당수가 영양실조와 질병에 시달리고 있다. 그나마 얼마 되지 않는 자원마저도 국력의 개발보다는 많은 인구를 먹여 살리는 데 사용하기 급한 실정이다. 따라서 많은 인구는 국력에 보탬이 되는 자산이기는커녕 국가 발전에 저해 요인이 되고 있다. 그런 국가들은 인구와 자원을 균형 있게 유지하는 것이 바람직하며, 자원이 증가될 수 없다면 인구 통제가 국력 신장의 전제 조건이 될 것이다.[10]

10_1권 p. 308 참고.

추세

지금까지의 논의에서 살펴보았듯이 장차 국가 간에 권력의 배분이 어떻게 이루어질지를 점치는 데 각국의 인구 증가 추세를 예견하는 것은 분명 중요하다. 국력의 다른 모든 구성요소가 동일하다고 가정할 때 국제 무대의 경쟁국에 비해 자국 인구가 상당히 감소하는 것은 곧 국력의 감소를 의미하며, 비슷한 상황에서 인구 증가는 국력 신장의 한 요인이 된다. 대영 제국이 지구 상의 유일한 세계 강대국이던 19세기 말엽, 대영 제국의 인구가 약 4억 명에 달했는데, 이는 지구 전체 인구의 약 4분의 1에 해당하는 수였다. 1946년이 되자 그 숫자는 5억 5,000만 명에 육박했다. 당시 인도 인구가 약 4억 명 정도로 추산되었음을 고려한다면 이 수치는 인구 규모만을 기준으로 생각할 때 인도를 잃음으로써 영국은 엄청난 국력 손실을 입었음을 나타내 준다(인도는 1947년 8월 15일 영연방의 주권 국가로 독립했다.-옮긴이).

인구를 중심으로 보면 미국의 지위는 서유럽에 비해 앞으로도 계속 상당한 우위를 유지할 것이 예상되는데, 이는 서유럽의 인구 증가율이 낮을 것으로 예견되기 때문이다. 하지만 중남미 제국의 인구 증가 추세와 비교해본다면 미국의 지위도 쇠퇴 일로를 걷고 있음이 분명하다. 중남미는 현재 이 지구 어느 중요 지역보다도 훨씬 높은 인구 증가율을 기록하고 있다. 1900년에 중남미는 6,300만 명의 인구를 보유한 반면 미국의 인구는 7,500만 명 수준이었다. 아르헨티나만 보더라도 1914년에서 1965년 사이에 인구가 두 배 이상 증가했으며 현재 거의 2,800만 명에 달하고 있다. 같은 기간에 미국의 인구는 9,900만에서 2억 3,400만 명으로 증가했을 뿐이다.

그러나 인구라는 요소가 국력에 미치는 영향력을 정확하게 평가하기 위해서는 각국 인구의 전체적 크기를 아는 것만으로는 부족하다. 어떤 국가 인구의 연령별 분포가 국력 평가에 매우 중요한 요소가 된다. 다른 모든 요인이 동일하다면 군사적 목적과 생산 목적에 동원할 수 있는 잠재적 가용 인구(대략 20~40세까지)가 최대한 포함된 국가가 장년과 노년층 인구가 많은 국가에 비해 훨씬 유리할 것이다.

그러나 인구 추세를 예측하는 것은 전쟁이나 자연재해가 없다 하더라도 위험하다. 1940년대에 실시된 인구 증가 추세 평가는 미국의 인구 증가를 소련의 인구 증가에 비해 상당히 비관적인 것으로 전망했다. 그러나 오늘날 미국의 인구는 몇몇 저명한 인구 문제 전문가들이 1975년에는 미국의 인구가 얼마나 되리라고 예상했던 수를 훨씬 넘고 있다. 과학적 정확성이 상당히 높다고 여겨지는 분야도 국력의 예측에 관한 한 불확실하기 그지없다. 하지만 이런 불확실성도 인구 증가의 추세가 국력 발전에 대한 중요성에 영향을 미치지는 못한다. 국력의 예측과 평가가 아무리 불확실하다 해도 정치가들이 자국의 인구 증가 추세에 대한 적극적 관심을 감소시킬 수는 없다.

처칠은 영국 총리 자격으로 1943년 3월 22일에 행한 라디오 연설에서 인구에 대한 자신의 관심을 아우구스투스와 로마의 황제를 지낸 그의 후계자들의 말을 빌려 다음과 같이 표현했다.

> 30년, 40년, 혹은 50여 년 앞을 내다보는 사람들을 괴롭히는 가장 우울한 근심거리 중 하나는 자꾸만 감소하고 있는 출생률입니다. 아마 이것은 너무나 명백한 사실일 것입니다. 지금의 이런 추세가 변치

> 않는다면 소수의 군인과 노동자들이 자기들보다 거의 두 배에 달하는 노년층을 부양하고 보호해야 하는 현상이 30년 이내에 벌어질 것은 틀림없습니다. 우리 국가가 고귀한 세계의 선도 국가 지위를 유지하려면, 또 외부의 압력에서 자신을 지킬 수 있는 강대국의 지위를 유지하려면 우리 국민을 어떤 수단을 써서라도 많은 가족을 갖도록 격려해야 할 것입니다.

국민성

국민성의 존재

국력 형성에 영향을 미치는 질적 성격의 세 가지 인적 요소 가운데서 국민성과 국민의 사기는 합리적 예측이 특히 어려운 것으로 꼽히며, 또한 국제정치적으로 한 국가가 차지하는 비중과 관련하여 끊임없이, 그리고 가끔은 결정적인 영향을 미친다. 여기서는 국민성의 형성에는 어떤 요인이 작용하는지 논하지 않을 것이다. 우리의 관심사는 어떤 국가에서는 다른 국가에서보다 몇 가지 두드러진 지적·성격적 특징이 나타나며, 그 국가에서는 이런 특징들이 더 중시된다는 사실 자체다. 그런 사실은 논란의 여지가 많으면서도 '문화 유형'이라는 인류학적 개념 측면에서 볼 때 특히 (우리에게는) 명백해 보인다. 콜리지Samuel Taylor Coleridge, 1772~1834는 이렇게 말하고 있다.

> 하지만 각국에는 눈에 보이지 않는 독특한 어떤 정기가 서려 있어

> 국민 모두가 똑같진 않을지라도 이를 호흡하고 공유하고 있다. 그들의 미덕이나 악행에 독특한 색깔과 성격을 줌으로써 똑같은 행동이더라도, 즉 같은 말로 표현되는 행동이라 해도 프랑스인의 감정과 에스파냐인의 감정은 서로 달라진다. 이 말은 부정할 수 없는 진실이며 이것을 인정하지 않는다면 모든 역사가 온통 수수께끼가 되어버릴 것이다. 비슷한 주장일 듯한데, 국가라는 존재 그 자체에서 애초 비롯되는 것이든 그 국가의 현재 행위에서 비롯되는 것이든 국가 간에 나타나는 차이, 상대적인 위대함과 비천함 등 모든 것과, (크산티푸스 대왕이나 후일 한니발 휘하의 카르타고인들처럼 특정 시점에 위대한 인물의 우연한 영향을 받을 때뿐만이 아니라) 오랜 역사를 통해 수많은 개인이 등장하고 소멸하는 과정을 거치며 하나의 국가로서 존재하게 되는 그 모든 것은 바로 이 정기에서 유래한다.[11]

이런 특징은 각국을 서로 차이 나게 하며 변화에 고도의 원상 회복력을 보인다. 몇 가지 예를 들어보면 논점이 좀 더 분명해질 것이다.

듀이John Dewey, 1859~1952[12]를 비롯한 많은 사람이 지적한 것처럼 칸트Immanuel Kant, 1724~1804와 헤겔G. W. Friedrich Hegel, 1770~1831은 독일의 철학적 전통의 전형적 사례이며, 데카르트René Descartes, 1596~1650와 볼테르Voltaire, 1694~1778는 프랑스인의 마음을 전형적으로 나타내고, 로크John

11_ Samuel Taylor Coleridge, *Essays on His Own Times* (London: William Pickering, 1850), Vol. II, pp. 668-669.

12_ *German Philosophy and Politics* (New York: G.P. Putnam' s Sons, 1942), passim.

Locke, 1632~1704와 에드먼드 버크Edmund Burke, 1729~1797는 영국인의 정치 사상을 잘 나타내는 한편, 제임스William James, 1842~1910와 듀이가 지적 문제에 미국식 접근 방식을 보여주는 훌륭한 사례라는 점은 명백한 사실이 아닌가? 그리고 이런 철학적 차이는 다만 여러 국가의 모든 사고와 행동에 나타나면서 서로를 명백히 구별해주는 지성적·도덕적 특징을 고도로 추상적·체계적으로 나타낸 것에 불과하다고 한다면 이견을 제기할 수 있을까? 데카르트 철학의 기계적 합리성과 체계적 완전성은 피에르 코르네유Pierre Corneille, 1606~1684와 라신Jean Racine, 1639~1699의 고전 비극에서도 다시금 나타나고 있으며 자코뱅당의 개혁이 보여준 포악한 합리성에서도 마찬가지다. 현대 프랑스 지식인 사회를 대체로 특징짓는 학문적 형식주의의 빈약함에서도 또한 이것을 볼 수 있다. 양차 대전 사이의 기간 동안 프랑스 정치가들이 탁월하게 활약한 평화를 위한 여러 가지 계획들도 논리적으로는 완벽하나 실현 가능성은 거의 없어 프랑스 국민성의 특징을 다시 잘 보여주었다. 반면에 카이사르가 골Gaul 사람들을 보고서 그들의 특징으로 지적해낸 지적 호기심은 그 이후에도 프랑스인들의 뚜렷한 특징으로 줄곧 인정되고 있다.

로크의 철학은 마그나 카르타나 합법적 절차 혹은 프로테스탄트의 종파심에서처럼 영국인의 개인주의적 특징을 잘 보여주고 있다. 독단에 치우치지 않고 도덕원칙과 정치적 편의주의 양자를 잘 혼합시킨 에드먼드 버크의 견해에 의하면 영국인들의 정치적 천재성은 19세기의 선거법 개정안과 울시 추기경과 조지 캐닝의 세력 균형 정책에서 잘 나타나고 있다. 타키투스Cornelius Tacitus, 56?~120?가 말한 것처럼 독일 민족의 정치적·군사적 기질에는 파괴적 성향이 있으며 이는 프리드리히 바르바로사Frederick Barbarossa 1122~1190(프리드리히 1세, 붉은 수염왕)의 군대나 빌헬름 2세의 군대, 히틀러의 군대를 보면 쉽게 납득이 가는 얘기다. 또한 독일의 외교가 전통적으로 졸렬한 면이 있고 서투르게 갈피를 잡지 못한다는 점도 역사적으로 어느 정도 부합하는 주장이다. 독일 철학의 권위주의, 집단주의, 국가 우위의 사상은 독재정부의 전통, 강한 힘과 의지를 보이는 한 어떤 정권에나 비굴할 정도로 순종하는 국민의 태도, 그에 부수되는 현상으로 국민의 시민적 용기가 부족한 점, 개인적 권리의 부인, 정치적 자유주의 전통이 성립되지 못한 점 등과 짝이 되어 어울리고 있다. 토크빌이 《미국의 민주주의Democracy in America》에서 묘사한 미국의 국민성은 1세기 이상의 시간이 지났음에도 여전히 적절하다. 맹목적이고 독단적인 이상주의와 진리의 척도로서의 성공에 대한 의존 사이에서 미국 실용주의가 우유부단하게 진행되어온 것은 미국의 외교가 한편으로 네 가지 자유와 대서양 헌장, 또 한편으로 '달러 외교' 사이에서 갈팡질팡해온 데에서도 잘 나타나고 있다.

러시아 국민성

러시아의 경우, 약 100여 년의 시차를 둔 두 가지 사건을 서로 비교해보면 러시아 국민성이 어떤 지적·도덕적 특징이 있는지 명확히 알 수 있을 듯하다.

비스마르크는 그의 회고록에서 다음과 같이 적고 있다.

처음 상트페테르부르크를 방문했던 1859년, 나는 러시아 사람들의 특징을 또 하나 발견할 수 있는 기회를 가졌다. 그곳에서는 이른 봄날이면 궁전의 모든 사람이 바울 궁전과 네바 강 사이에 위치한 여름 정원을 습관처럼 산책하곤 했다. 하루는 황제가 산책을 하다가 잔디밭 한가운데에 서 있는 보초를 발견했다. 왜 하필이면 잔디밭 한가운데 그렇게 서 있느냐는 황제의 질문에 보초병은 "상관의 명령입니다"라고만 대답할 뿐이었다. 그래서 황제는 자기 부관 중 하나를 위병소로 보내 영문을 알아 오게 했다. 하지만 겨울과 여름의 두 계절에는 보초를 그곳에 세워두어야 한다는 것 이외에는 아무 신통한 설명을 들을 수가 없었다. 누가 그런 명령을 처음 내렸는지도 결국 밝혀내지 못했다. 이 문제가 궁전에 돌아와서까지 여러 사람의 입에 오르내리게 되고 급기야 하인들도 모두 이를 알게 되었다. 그 하인들 중의 한 나이 많은 사람이 앞으로 나서더니 한번은 그의 아버지가 자기와 함께 여름 정원을 산책하다가 잔디밭 한가운데 서 있는 그 보초를 보고 다음과 같이 얘기를 하더라고 말했다. "저런, 아직도 꽃을 지키려고 보초를 서고 있구먼, 바로 저 자리는 옛날에 예카테리나Ekaterina, 1729~1796 여왕이 제철보다 일찍이 만개해 피어난 아네모네 꽃을 보시고는 아무도 그 꽃을 꺾지 못하도록 하라고 명령을 내렸던 곳이지." 부하들이 이 명령을 이행하려고 그 자리에 보초를 세웠고 그 이후 1년 내내 그곳에는 보초병이 배치되었던 것이다. 이런 종류의 얘기는 우리를 잠시 즐겁게 해주고, 우리의 비판 대상이 되기도 한다. 하지만 그것은 동시에 러시아인의 천성적 뚝심을 이루는 기본적인 힘과 고집을 나타내기도 한다. 나머지 유럽 국가들에 대한 러시아의 태도를 결정하는 러시아인의 뚝심이 바로 거기서 나온다. 이와 더불어 생각나는 것으로 1825년 상트페테르부르크의 대홍수 때와 1877년 시프카Shipka 고개에서의 보초 사건이 있는데 대피 명령을 받지 못했던 탓에 상트페테르부르크의 보초는 홍수에 휘말려 사망했고 시프카 고개의 보초는 자기 초소에서 동사하고 말았다.[13]

또 1947년 4월 21일 《타임》에는 다음과 같은 기사가 실려 있다.

눈이 녹아 진창이 되어버린 포츠담의 베를린가에 깡마른 사람 열두 명이 비틀거리며 걸어 내려왔다. …… 그들의 얼굴은 창백하고 주름투성이의 죄수 모습이었다. 그들 뒤로는 뚱뚱하고 얼굴이 꽤나 넓적한 러시아인 군인이 뚜벅뚜벅 뒤따르고 있었는데 오른손에는 톰슨식 기관총이 비스듬하게 들려 있었고, 파란 두 눈엔 광활한 우크라이나의 스텝 초원이 비치고 있었다.

전차 정거장이 가까워오자 이 일행은 일터에서 총총히 귀갓길을 서두르고 있는 인파와 마주치게 되었다.

앙상하게 말라빠진 한 중년 부인이 갑자기 이 열두 명의 행렬을 보고는 제자리에 멈추어 서서 족히 1분은 넘게 커다란 눈을 하고는 뚫어지게 바라보았다. 그러고는 낡을 대로 낡은 장바구니를 떨어뜨리더

13_ *Bismarck, the Man and Statesman, being the Reflections and Reminiscences of Otto, Prince won Bismarck*, translated under the supervision of A. J. Butler (New York and London: Harper and Brothers, 1899), Vol. I, p. 250.

니 목탄을 때어 육중하게 움직이는 트럭 앞을 지나 날다시피 거리를 건너와서는 헐떡거리는 숨결을 가눌 사이도 없이 앞에서 세 번째의 죄수를 안으며 무어라 외쳤다. 나머지 죄수와 행인은 그 자리에 우두커니 멈추어 서서 이 두 사람이 부둥켜안은 채 거친 외투 위로 서로의 등을 쓰다듬으며 발작처럼 중얼거리는, 마치 로댕의 조각과도 비슷한 모습을 지켜보고 있었다.

"어디로 가시나요?" "……모르겠소." "왜요?" "……모르겠소."

러시아 군인이 느릿느릿 다른 죄수들 곁을 지나 이들 한 쌍에게로 다가와서 경멸하는 듯한 모습으로 히죽이 한 번 웃고는 부인의 등을 툭툭 쳤다. 그 부인은 몸서리치듯 떨고 있었다. 이 광경을 지켜보고 있던 사람들의 얼굴에 걱정스러운 표정이 스치고 지나갔지만, 러시아 군인은 의외로 다정스레 한마디 던졌다. "아, 무서워할 것 없어, 무서워하지 말라니까." 그러고는 소총의 총구를 그 죄수에게 들이댔다. 갑자기 공포에 질린 죄수는 한 발짝 뒷걸음을 쳤다. "당신 남편인가?" 러시아 군인이 부인을 보고 물었다.

"그렇습니다" 하고 대답하는 부인의 눈에선 눈물이 솟아 뺨을 타고 흘러내리고 있었다.

"좋~아" 러시아 군인은 코를 찡긋하면서 흡사 돼지가 꿀꿀거리듯 말하고는, "같이 가" 하면서 두려움에 어쩔 줄을 몰라 하는 죄수를 떠밀어 길옆 한쪽으로 나서게 했다.

풀려난 부부가 손에 손을 잡고 미쳐 날뛰듯이 비틀거리며 멀어지자 이를 보고 있던 군중은 안도의 한숨을 똑같이 길게 내쉬었다. 나머지 열한 명의 죄수들은 서로서로 속삭이듯 불평을 털어놓으면서 계속

걷게 되었다. 길옆에 서 있던 군중들의 입에서도, "참 알 수 없는 러시아 사람들이라니, …… 도저히 믿어지지 않는데 …… 믿을 수가 없어 …… 러시아 사람들은 통 못 믿겠단 말이야" 하는 소리가 들렸다.

스토아 학파나 되듯이 느릿느릿 뒤따라 걷던 러시아 군인이 누런 이빨 사이에 기다란 파피로사 담배를 꺼내 물고는 성냥을 찾는 듯 주머니 속을 이곳저곳 찔러보았다. 갑자기 어두운 그림자가 그의 얼굴을 스쳤다. 겨드랑 아래에다 소총을 끼고는 너덜너덜해진 넓은 소맷자락에서 더러운 종이쪽지를 한 장 꺼내더니 얼굴을 찌푸리고 한참 바라보았다. 몇 발짝을 걷던 그는 다시 조심스레 그 종이를 접어 제자리에 넣고 허리를 구부정하게 굽힌 채 묵묵히 걷고 있는 죄수들의 등을 바라다보다가, 지금 막 도착해 정거장을 떠나고 있는 한 무리 노동자들의 긴장과 고통으로 일그러진 얼굴을 찬찬히 살피기 시작했다. 러시아 군인은 서류 가방을 옆에 끼고 더러운 갈색의 중절모를 귀밑에까지 푹 눌러 쓴 한 젊은 사내에게로 주저 없이 다가가서 명령했다. "너 이리 와!" 그 독일 사내는 놀란 채 이 광경을 보지도 듣지도 않으려 하는 군중에게 자기 어깨 너머로 공포에 질린 시선을 던지며 그 자리에 얼어붙어버렸다. 러시아 군인은 소총을 휘저으며 입술을 씰룩거렸다. "이리 오라니까!" 하고 그는 넋을 잃은 사내를 강제로 잡아당겨 일행에 집어넣어버렸다.

이제 다시 죄수는 열두 명이 되었다. 러시아 군인의 얼굴엔 다시금 안도의 빛이 감돌았다. 서너 번 성냥을 그어 대더니 파피로사 담배에 불을 붙이고, 몰아치는 먼지바람 속으로 총총히 귀가 걸음을 재촉하는 긴장한 모습의 독일인들을 향해 기다랗게 담배 연기를 내뿜었다.[14]

이 두 가지 에피소드가 벌어지던 동안 러시아에서는 대규모 혁명이 일어나 국민 생활의 거의 모든 분야가 지속되지 못하고 있었다. 하지만 러시아 국민성의 특징은 그 혁명의 소용돌이로부터도 아무런 손상을 입지 않은 채 그대로 지속되고 있다. 사회적·경제적 구조에서, 정치지도자들과 정치기구에서, 또 국민의 사고방식과 생활양식에서 그토록 철저하게 모든 것을 바꾸었던 혁명도 비스마르크가 경험하고 포츠담의 러시아 군인의 사례가 보여준 러시아 국민성의 '원시적인 힘과 끈기'는 바꿔놓을 수 없었다.

국민성의 지속성을 보여주는 또 다른 예로 미국 외교관이 러시아로부터 본국의 국무부로 보낸 외교 서한을 살펴보자.

> 작년 한 해 동안 외국인과 그들의 러시아 입국에 대한 러시아 정부의 정책은 점점 더 엄격해지고 있는 것이 명백하다.
>
> 본인은 작년 여름 비자를 발급받을 수 없었던 몇몇 미국인의 경우를 들어 알고 있다. …… 이것은 주로 정치적 이유에서 생기는 일이며 국민이 외국의 영향을 받지 않도록 하려는 두려움 때문에 생기는 일이다. 뿐만 아니라 러시아에는 강력한 반외세 정당이 있어 잠정적인 무역을 위한 몇몇 사람을 제외하고는 어떤 외국인도 영토 내에 들여놓지 않으려는 정책을 취하고 있다.
>
> 이곳에서는 공사라는 직책이 결코 즐거운 것이 못 된다. 사실상 러시아 영토 내에서는 공적인 성격의 것이라면 어떤 통신 수단도 안전

14_ *Time*, April 21, 1947, p. 32.

한 것이 없으며 모든 통신은 우체국에서 엄격한 검열을 받는 것이 공공연한 사실이다. …… 또 공사들은 언제나 첩보 조직의 감시를 받고 있으며 심지어 그들의 하인조차 가정의 사소한 모든 이야기며 그들의 대화, 친구 등에 대해 보고해야 한다고 알려져 있다.

모든 것은 의혹과 신비에 싸여 있다. 알 만한 가치가 있는 것은 무엇이든 비밀에 붙여져 있다.

러시아인이 장차 이 세상을 정복하도록 운명 지어져 있다는 이상한 미신이 그들 사이에 널리 퍼져 있다. 이런 숙명론 때문에 모든 것을 군대의 무력에 의존하려는 생각이 지배적이며 그에 대해서는 거의 언제나 훌륭하고 멋진 보답이 뒤따르곤 한다. 지독한 고난과 궁핍에 당면했을 때 러시아 군인이 보여주는 그 탁월한 인내와 지구력은 바로 이런 사고방식에서 비롯된다.

…… 미국인이 이곳에 처음 도착해서 가장 놀라게 되는 것은 엄격한 경찰 때문이다.

이런 인상은 흔히 생각하는 것처럼 케넌George F. Kennan, 1904~2005, 볼런Charles E. Bohlen, 1904~1974, 또는 톰슨Llewellyn Thompson, 1904~1972과 같은 최근의 미국 대사들이 전한 것이 아니라, 1851~1852년 사이 러시아 주재 미국 대사를 지낸 브라운Neill S. Brown, 1810~1886의 견해다.

국민성과 국력

국민성은 국력에 영향을 미치지 않을 리 없다. 국민은 전시에나 평시에나 조국을 위해 뛰면서 조국의 정책을 수립하고, 그 정책을 집행·지지하고, 여론을 조성한다. 또한 선거에 참여하는가 하면 혹은 피선되기도 한다. 생산 활동과 소비 생활을 하는 모든 사람은 자국의 국민성의 특징이 되는 이 지적·도덕적 특징을 정도의 차이는 있을지라도 누구나 다 지닌다. 러시아인의 '원시적인 힘과 끈기', 미국인의 개인주의적 성향과 창의력, 영국인의 독단에 치우치지 않는 상식, 독일인의 규율과 철저함 등은 그들의 개인적·집단적 모든 생활에서 싫건 좋건 나타나게 마련인 몇 가지 특징이다. 이런 국민성의 차이 때문에, 예를 들어 독일 정부와 러시아 정부는 미국 정부와 영국 정부가 추구할 수 없던 외교정책을 취할 수 있었으며, 그 반대도 역시 마찬가지다. 반군국주의, 상비군과 병역 의무에 대한 혐오감 등은 미국과 영국의 국민성이 가지는 영원한 특징으로 꼽힐 것이다. 그러나 프로이센은 군국주의, 상비군, 병역 의무와 같은 제도나 활동에 매우 높은 가치를 부여했으며 바로 이 점으로 인해 프로이센의 국위는 독일 전체에 크게 떨칠 수 있었다. 러시아의 경우 정부의 권위에 대한 국민의 전통적인 복종과 외국인에 대한 전통적인 공포감이 대규모의 상비군을 유지할 수 있도록 했다.

이리하여 독일과 러시아는 평시에 국가 자원의 많은 부분을 전쟁 준비에 동원할 수 있었기 때문에 권력 투쟁의 초기에는 타국에 비해 상당히 유리한 위치를 차지할 수 있었다. 반면에 미국과 영국의 국민은 그런 전쟁 준비에 대해, 특히 명백한 국가 위기 시를 제외하고는 병력을 대규모로 소집하는 것에 매우 부정적이고 소극적인 반응을 보였기 때문에 미국과 영국의 외교정책에 매우 불리한 점을 안겨주었다. 군국주의적 국가의 정부는 원하는 때에 얼마든지 전쟁을 계획하고, 준비하고, 시작할 수 있다. 좀 더 자세히 말해서, 자기들에게 가장 이롭다고 생각되는 때에는 언제나 예방 전쟁을 시작할 수가 있다. 제2차 세계대전이 끝날 때까지의 미국처럼 평화주의적 국가의 정부는 이런 점에서 훨씬 어려운 상황에 처하게 되며 행동의 자유가 크게 구속된다. 국민의 선천적인 반군국주의적 성향 때문에 제약을 받고 있는 까닭에 그들은 외교정책을 수행할 때에 좀 더 조심스럽게 움직여야 한다. 종종 이들 평화주의 국가의 정부가 동원할 수 있는 군사력이 국가 이익이 요구하는 정치적 행위에 필요한 만큼이 되지 못할 수도 있다. 다시 말해 군사력이 정책을 강력히 추진하기에 부족한 것이다. 이때 전쟁이 벌어진다면 명백히 적이 유리하다. 과거의 예로 보아 전쟁 초기에 자국이 처한 약세와 열세를 극복하고 궁극적 승리를 얻기 위해서는 국민성의 또 다른 특징과 그 국가의 지리적 위치, 공업적 잠재 능력 등과 같은 국력의 다른 요소에 의존해야 했다. 좋든 나쁘든 이런 것들이 국민성의 영향이다.

각국의 상대적 국력을 평가해보려는 국제 무대의 관찰자들은 국민성이라는 지극히 포착하기 어렵고 모호한 요소를 올바로 평가해야 한다. 이는 비록 어렵겠지만 반드시 고려해야 한다. 국민성 평가 작업에서 실패한다는 것은 전체적 판단과 대응정책의 수립에서의 실수로도 연결된다. 제1차 세계대전 이후 독일의 회복 능력을 경시했던 것이라든지 1941~1942년 소련의 국력을 과소평가했던 것이 바로 그런 예다. 베르사유 조약은 독일에 대해 영토, 천연자원의 출처, 공업 능력, 군대의 규모와 같은 국력의 다른 모든 구성요소에 대해서는 큰 제약을 가할 수 있었지만, 20여 년 동안에 잃어버렸던 것을 다시 회복하고 세계에서 가장 막강한 군사 대국으로 급성장한 독일인의 지적·성격적 특징을 제거해버릴 수는 없었다. 1942년, 소련이 몇 개월 버티지 못하고 패전을 맞게 되리라고 군사 전문가들이 거의 이구동성으로 예측했던 것은 순전히 군사적인 측면만을, 예를 들어 군사 전략, 기동성, 공업 자원 등의 면만을 볼 때에는 물론 합당했으나, '원시적인 힘과 끈기'라는 소련 국민성을 과소평가했다는 점에서 실수라고 해야 할 것이다. 이 국민성에 대해 좀 더 신중한 판단을 내렸더라면 유럽 문제를 다룰 때에 소련의 국력이 지닌 막강한 힘을 간파했을 것이다. 1940년에 영국이 이미 구제 불가능할 정도로 쇠락해져 있다고 평가했던 비관론도 영국 국민의 국민성을 부정하거나 잘못 평가한 데서 그 원인을 찾을 수 있다.

우리는 이미 제2차 세계대전이 일어나기 이전 독일의 지도자들이 미국의 국력을 매우 경시했음을 살펴보았다.[15] 그러나 재미있게도 제1차 세계대전이 한창 진행 중이던 때 독일 지도자들도 같은 이유로 똑같은 실수를 저질렀다. 독일의 해군장관은 1916년 10월 당시 미국이 연합군 측에 가담해봤자 그 중요성은 '제로'일 뿐이라고 평가했으며, 같은 시기의 또 다른 장관 한 사람은 미국이 이미 연합군 측에 가담해 참전한 이후 의회에서의 연설을 통해 "미국인은 헤엄칠 줄도, 하늘을 날 줄도 모른다, 미국인은 여기까지 오지도 못할 것이다"라고 말했다. 이 두 경우에 독일의 지도자들은 어느 특정 순간에서의 군비의 질과 미국 국민성의 반군국주의적 성격, 그리고 지리적 격리에만 주의를

15_ 1권 pp. 255-256 참조.

집중해 미국의 국력을 평가함으로써 결국 미국의 국력을 과소평가했다. 따라서 그들은 미국 국민 개개인의 진취성, 순간순간의 상황에 즉흥적으로 능숙하게 대처하는 능력, 기술적 기량 등 미국 국민성의 특질을 완전히 도외시했다. 이런 특성이 다른 유리한 조건하에서 국력의 다른 물질적 요소와 결합되었을 때에는 미국이 지리적으로 독일과 멀리 떨어져 있다는 불리한 점과 독일에 비해 형편없이 낡은 수준의 군비를 보유하고 있다는 단점을 극복하고 커다란 힘을 발휘할 수 있었다.

이와는 반대로, 적어도 1943년 스탈린그라드(볼고그라드의 전 이름) 전투 때까지는 많은 군사 전문가가 독일의 국력을 무적이라고 높이 평가했다. 그것은 독일이 물질적 요인들에서도 강력하지만, 완전한 승리를 원하는 독일 국민성의 몇몇 측면을 전체적으로 고려할 때에도 독일의 국력에 상당히 유리한 요인이 되리라고 평가되었던 까닭이다. 군사 전문가는 독일 국민성의 다른 몇 가지 특징들, 특히 절제의 부족과 같은 부정적인 요소들을 무시했다. 중세의 황제들과 30년 전쟁 당시의 여러 군주들에서부터 빌헬름 2세와 히틀러에 이르기까지 절제력의 부족은 독일 국민성의 가장 치명적인 약점의 하나로 지적되고 있다. 가능한 한도 내에서 정책의 목표와 행동을 억제할 수 없었기 때문에 독일인은 다른 물질적·인적 요소로 쌓아올린 독일의 국력을 매번 낭비했고 급기야는 전면적 파멸을 초래하고 말았다.

국민의 사기

국력 형성에 다른 어떤 요소 못지않게 중요한 의미를 지니면서도 더욱 파악하기가 어렵고 불안정한 것이 이른바 국민의 사기다. 국민의 사기란 평시와 전시에 그 국가 정부의 외교정책을 국민이 어느 정도의 결의로 지지하느냐를 나타낸다. 그것은 그 국가의 모든 활동, 즉 농업적·공업적 생산 활동, 그리고 군대의 유지와 외교 활동 등에 이르기까지 모든 분야에 스며들어 있다. 국민의 사기는 여론이라는 형태로 나타나는데, 민주주의 정부든 독재주의 정부든 여론의 지지 없이는 정책을 충분히 효과적으로 수행할 수 없다. 국민의 사기가 높든지 낮든지 또 그 질이 어떠한지는 국가가 위기 상황에 처할 때 가장 잘 나타난다. 국가적 존립이 위태로울 때라든지, 국가의 존속을 위해 매우 기본적이며 중대한 결정을 내려야 할 때가 그런 경우다.

국민 사기의 불안정성

영국인의 상식, 프랑스인의 개인주의, 러시아인의 끈기 등과 같은 국민성의 몇 가지 특징은 역사상 어느 특정 시점의 국민의 사기에 쉽게 드러나게 마련이지만, 어떤 우연한 돌발 사건을 당했을 때 그 국가의 국민의 사기가 어떻게 나타나느냐는 국민성으로부터 손쉽게 결론을 도출할 수 없다. 미국인의 국민성을 볼 때 20세기 중반과 같은 상황에서라면 미국인이 일등 강국으로서의 역할을 어느 정도 수행해낼 수 있을 것으로 보인다. 하지만 제2차 세계대전이 한창이던 무렵과 전쟁이 끝난 뒤 유럽과 아시아의 여러 교전국이 당한 역경과 혼란을 미국이 당했다면 미국 국민의 사기가 어떠했을지 어느 누구도 정확히 예견할 수가 없을 것이다. 제2차 세계대전과 같은 재난이 다시 일어난다면 영국 국민의 반응이 어떠할지 예측할 수 있는 방법도 현재로선 없다. 한때 그들은 독일의 '전격전'과 브이 병기V-weapon에도 의연히 계속 저항할 수 있었다. 그들이 또다시 그런 위험에 처한다면 이번에도 다시 의연히 맞설 수 있을까? 핵무기의 경우는 어떨까? 이와 비슷한 질문은 다른 모든 국가에도 제시될 수 있으며, 이에 대해 합리적인 대답이 나오기란 당연히 어렵다.

최근 들어 특히 미국의 국민적 사기는 국내외에서 진행된 여러 연구의 대상이 되어왔다. 미국의 외교정책과 국제 무대에서의 미국 국력의 비중이 의회에서의 투표 결과라든지 대통령 선거 결과, 국민 투표 등과 같은 국내적으로 미국 국민의 여론이 보여주는 분위기에 상당한 정도로 의존하고 있기 때문이다. 미국은 실망을 무릅쓰고서라도 유엔에 가입해서 계속 활동하고 탈퇴하지 않을 것인가? 미국 의회는 유럽 각국에 대한 경제적·군사적 원조 계획을 지지할 것인가? 또한 미국이 전 세계를 대상으로 한 원조로 수십억 달러를 지출하는 데에 대해 미국 의회는 언제까지 찬성표를 던져 줄 것인가? 미국 국민은 과연 언제까지 한국을 지지할 것이며, 어떠한 조건하에서 그들은 한국을 계속 지지할 수 있을까? 미국 국민은 소련과의 냉전으로 인한 부담과 위험, 좌절을 무한정 수습할 태세가 되어 있을까? 중도에서 어느 정도 포기해버리거나 급격히 방향을 전환해 거기서 전체적으로 손을 떼지 않고서 말이다. 이런 여러 문제에 대한 대답을 해줄 수 있는 주요한 요인은 결정적으로 중요한 시기에 국민의 사기가 어떠한가에 달렸다.

어느 민족이든 어떤 순간에 도달하면 국민적 사기가 붕괴하기 마련이다. 파국점이 어디에 있는가, 즉 어떤 순간에 붕괴할 것인가는 민족과 상황에 따라 달라진다. 어떤 민족은 전쟁에서 아주 심각한 패배를 당했을 때나 무의미하게 무너져버렸을 때에 이 파국점 가까이에 도달하게 되는데, 1917년 프랑스가 샹파뉴Champagne에서 니벨Nivelle 공세에 실패한 이후의 상황이 그런 예다. 한 번의 커다란 패배가 사람들의 사기를 크게 떨어뜨릴 수도 있다. 1917년 이탈리아가 카포레토Caporetto 전투에서 패배했을 무렵에는 30만 명 이상의 포로를 낸 것은 물론 그와 비슷한 숫자의 탈주병을 내기도 했다. 1917년의 러시아처럼 전쟁에서의 패배로 인해 인적·영토적 손실을 낳고, 독재정부의 통치마저 실수를 거듭하게 되면 그 영향으로 국민적 사기는 크게 위축된다. 이런 경우 사람들의 사기는 보통 주변에서부터 침식되어 천천히 저하되고, 정부의 실수, 참화, 외세의 침략, 절망적인 전세 등이 한꺼번에 겹친 것 같은 갑작스러운 좌절로 인해 국민적 사기가 완전히 무너져버리지는 않는다. 제2차 세계대전의 종결이 임박했을 무렵 독일의 경우, 군부 지도자들이나 전직 고급 관리들은 패전을 인정하고 전쟁을 포기하려 했던 반면, 국민 대다수는 히틀러가 자살을 기도할 무렵까지 용감히 싸웠다. 이렇게 1945년과 같은 최악의 상황에서도 독일의 국민적 사기가 지탱될 수 있었다는 사실은 국민의 그런 집단적인 반응이 예측 불가능하다는 것을 극적으로 보여주는 예다. 1918년 11월의 경우를 1945년과 비교하면 전자가 훨씬 나은 상황이었음에도 불구하고 당시 독일의 국민적 사기는 땅에 떨어져버렸으며, 연합군이 프랑스에 진주한 1944년 여름 어디쯤 가서야 독일이 비슷한 붕괴를 당할 듯한 예감을 불러일으키게 했다. 톨스토이는 《전쟁과 평화》에서 군사적 활동의 성공을 위해서는 국민의 사기가 얼마나 중요한지 명쾌하게 분석해 다음과 같이 적고 있다.

> 군사학에서는 각국의 힘의 상대적 크기가 그 통계 수치적인 비율과 일치하는 것으로 가정한다. 즉 군사학에서는 군대의 숫자가 많으면 많을수록 그 국가의 힘은 강하다고 주장한다. 대군은 언제나 이긴다.
>
> 이런 주장을 하는 군사학은 기계학과 닮은 데가 많다. 힘을 양적 측면에서만 관찰하기 때문에 움직이는 물체의 양이 같으냐 다르냐에 따라서 힘이 같으냐 다르냐를 단정하기 때문이다.
>
> 힘(운동의 양)은 질량에 속도를 곱한 값이다.
>
> 전시에 군대의 힘은 병사의 수에 어떤 미지의 X를 곱해서 얻은 수다.
>
> 군사학은 때때로 병사의 숫자가 군대의 힘과 반드시 일치하지 않고 작은 부대가 큰 부대를 쳐부순 일이 많이 있다는 실제 사례를 역사의 기록에서 발견한 결과 어렴풋이나마 미지의 변수가 존재함을 인정하고 혹은 기하학적인 군대 배치에서, 혹은 병사의 장비 가운데서, 가장 흔하게는 지휘관의 천재성 가운데서 이것을 찾아내려고 애쓰고 있다. 그러나 이처럼 여러 가지 변수를 대입해보아도 역사적인 사실과 일치된 결론이 도출되지는 않고 있다.
>
> 이런 미지의 X를 발견해내려면 역사적으로 전쟁에 임한 영웅들의 활동이 전쟁의 결과에 어떠한 영향을 끼쳤는지에 대해 터무니없이 과장하는 그릇된 견해들을 버리는 것만으로도 충분하다.
>
> 이 X는 군대의 사기다. 말하자면 군대를 편성하는 병사 개개인의

싸우고자 하는 의지, 스스로를 위험에 내맡기려고 하는 열망의 크고 작음을 표시하는 것이다. 전투에 나와 있는 사람이 천재적인 지도자의 지휘를 받고 있건 아니건, 전선이 이중으로 되어 있건 삼중으로 되어 있건, 무기가 몽둥이건 1분에 30발이나 발사할 수 있는 총이건 그런 것들은 전혀 상관없는 일이다. 전투 태세가 갖추어진 사람은 언제나 싸우기에 가장 유리한 위치에 자신을 위치시킨다. 군대의 사기라는 변수에 군대의 수를 곱해서 비로소 힘이라는 값을 얻을 수 있다. 미지의 이 변수, 즉 군대의 사기라는 개념을 명확히 규정하고 설명하는 것이 군사학의 목적이다.

이 문제는 미지의 변수 X 대신에 힘이 사용될 때의 조건, 즉 지휘관의 명령이라든지 무장 등과 같은 것들로 제멋대로 바꿔치기하는 것을 그만두고, 미지의 이 변수를 정도의 차이가 다소 있을지언정 병사의 싸우고자 하는 의지와 스스로를 위험에 내맡기려는 열망이라고 전적으로 인정할 때에 비로소 해결될 수 있다. 그러고는 알려진 역사적 사실을 방정식에 포함해 설명함으로써만이 미지의 변수가 가지는 상대적 가치를 비교하여 올바른 개념 규정에 접근할 수 있다. 사람 열 명, 혹은 10개 대대나 사단이 열다섯 명 혹은 15개 대대나 사단과 싸워 이겼다고 하자. 즉 적을 한 사람도 남기지 않고 죽이거나 사로잡고 자기 쪽에는 그저 4할 정도만 피해를 입었다고 치자. 그렇다면 한 쪽에서는 열다섯을 잃은 데 반해 다른 쪽에서는 넷을 잃은 것이니 4는 15란 숫자와 맞먹는 셈이 된다. 그렇기 때문에 4x=15y이고 따라서 x:y=15:4이다. 이 방정식으로는 변수의 값을 알 도리가 없지만 그런대로 두 변수의 관계를 설명해준다. 여러 가지 역사적 단위(전투, 전역, 전쟁의 기간)를 이런 방정식으로 축소해보면, 거기에서 일련의 수치가 얻어진다. 그리고 이런 수 가운데 어떤 역사적 법칙이 존재하고 또 발견될 가능성도 존재한다.[16]

사회와 정부의 질 : 결정적 요소

국민의 사기가 궁극적으로 시험을 받는 것은 그 국가가 전쟁을 치르고 있을 때이지만, 국제적 문제를 놓고 그 국가의 국력이 거론될 때에는 언제나 국민의 사기가 매우 중요한 의미를 지닌다. 국민의 사기는 그것이 군사력에 미치는 영향력을 생각할 때에도 중요하며, 외교정책을 수행하는 정부의 결단력에도 영향을 미치기 때문에 또한 중요하다. 자신의 국민적 권리를 영구히 박탈당했으며 자신은 국가 생활에 완전히 참여할 수 없다고 느끼는 일부 국민은 사기가 비교적 낮을 것이며, 그런 무력감을 느끼지 않는 사람에 비해 덜 '애국적'일 테다. 국민 대다수나 정부가 추구하는 영원한 정책과는 생판 다른 것을 목마르게 염원하는 사람도 아마 마찬가지일 것이다. 심각한 알력과 불화로 인해 국민의 단결이 깨져 있을 때는 언제나 그 국가의 외교정책을 지지하는 국민의 의지도 약화될 테고, 그 외교정책의 성공과 실패가 그들의 국내적 권력 투쟁에 직접 영향을 미칠 때에는 지지가 더욱 줄어들 것이다.

정책 수립 과정에 국민의 의사를 일체 반영하지 않는 독재정부는 자기 외교정책에 대한 국민의 지지가 높으리라 기대하기 어렵다. 제

16_ Leo Tolstoy, *War and Peace*, Part XIV, Chapter II.

정 러시아나 오스트리아 공화국과 같은 국가가 그렇다. 오스트리아의 예는 특히 우리에게 시사하는 바가 많다. 오스트리아의 많은 외교정책은, 특히 슬라브 민족국가에 대한 외교정책은 이들을 가능한 한 약화해 오스트리아 지배하의 슬라브계 국민을 효과적으로 통치하는 것이었다. 결과적으로 슬라브계 오스트리아 국민은 자기 국가의 외교정책에 대해 기껏해야 무관심하거나 최악의 경우에는 자기 국가를 겨냥한 다른 슬라브계 국가의 정책에 적극적인 지지를 보내게 되었다. 이렇게 볼 때 제1차 세계대전이 한창이던 무렵 오스트리아·헝가리 제국 군대의 슬라브계 군인이 러시아로 대거 탈주를 시도했던 것은 놀랄 만한 일이 못 된다. 그 때문에 정부가 슬라브계 병사들을 감히 투입할 수 있었던 곳은 이탈리아인과 같은 비슬라브계의 적과 싸우는 곳이 고작이었다. 비슷한 이유로 제1차 세계대전 당시 독일은 자국 군대의 알자스계 부대를 러시아 군대와 싸우도록 했고 프랑스와 싸우는 데에는 폴란드계 부대를 투입했다.

이와 비슷한 경우로 소련의 국민적 사기가 제2차 세계대전 당시 매우 낮았기 때문에 대부분 우크라이나인과 타타르인으로 구성된 대규모 소련 군대가 독일로 탈주해버린 일이 있었다. 영국도 인도에 대해 비슷한 경험이 있는데 인도는 해외의 통치자인 영국의 외교정책을 지지하긴 했지만 매우 소극적으로 마지못해 지지했을 뿐이다. 그것도 많은 유보 조건을 내세운 후에야 지지했으며, 여의치 않을 경우엔 제2차 세계대전 당시의 수바스 찬드라 보스Suhbas Chándra Bose, 1897~1945와 그의 추종자들처럼 영국의 적을 오히려 지지하고 따랐다. 나폴레옹과 히틀러는 수많은 해외 원정의 힘든 과정 속에서, 피정복 지역 주민이 유감스럽게도 정복자의 정책을 반드시 대중적으로 지지하는 것만은 아니라는 사실을 체험해야 했다. 예를 들어 유럽의 피정복 민족 가운데서 히틀러가 발견할 수 있었던 지지의 양과 정도는 그 민족의 국민적 사기의 질에 반비례하고 있었다.

국민들 사이에 깊고도 연결할 길 없는 계층 분화가 있는 국가는 국민적 사기도 매우 허약하고 낮게 마련이다. 1930년대 이후 프랑스의 국력은 바로 이 약점 때문에 매우 흔들려왔다. 히틀러가 권좌에 오른 이후 프랑스 정부의 갈팡질팡하는 외교정책은 조변석개했으며 그들이 방어할 생각도, 방어할 능력도 없던 현상유지라는 이데올로기 뒤에서 무력함만 보일 뿐이었다. 그 결과 프랑스 국민의 전체적 사기를 크게 떨어뜨려버리고 말았다. 히틀러의 성공 이후 끊임없이 반복되는 전쟁의 위협과 이에 맞서기 위한 총동원령, 그리고 동원령 해제, 풍전등화 격의 평화 유지 등, 이 모든 것이 절박한 분위기를 한층 고조시키고 있던 1938~1939년의 위기는 프랑스의 국민적 사기를 크게 떨어뜨린 원인이 되었다. 사실 어느 한 군데 쇠퇴하지 않은 곳이 없었지만 프랑스가 붕괴한 가장 중요한 원인은 다음 두 가지 실질적 붕괴였다. 하나는, 프랑스의 상류 계급이 자신들의 권력을 제한하려는 사회주의 입법안이 제시되자 시위를 벌이며, "블룸(프랑스 사회주의자)보다는 차라리 히틀러(적국의 독재자)를!"이라고 외친 일이었다. 히틀러가 유럽에서 프랑스의 지위를 위협하고 나아가 프랑스의 국가적 존립마저 위태롭게 하는 판국에 이 그룹은 히틀러에 대항하는 프랑스 정부의 외교정책에 전폭적인 지지를 보낼 수 없었던 것이다. 프랑스가 정복된 이후 그들은 외국의 독재자로부터 독립되기보다 차라리 히틀러의 프랑스 지배를 더 환영했다. 다른 한편으로 히틀러가 서방세계의 자본주의자들만을 상대로 싸우고 있을 때 여러 가지 이유로 프랑스 공산주의자들은 프랑스의 국민적 사기를 크게 떨어뜨리고 있었다. 프랑스 공산주의자들이 침략자 히틀러에 대항하여 일선에 나가 싸움으로써 프랑스의 국민적 사기를 크게 진작시켰던 것은 히틀러가 공산주의자들의 조국인 소련을 침공한 이후였다.

국민적 사기가 비록 예측할 수 없기는 하지만 특히 커다란 위기를 맞이할 때에는 더욱 그런 것처럼 몇몇 명백한 상황 아래서는 국민의 사기가 올라가며, 또 다른 상황에서는 국민의 사기가 떨어지는 수가 있다. 일반적으로 자기 정부의 행위와 정책 목표에 대해, 물론 특히 외교정책에 대해 국민이 느끼는 일체감이 크면 클수록 그 국가의 국민적 사기는 올라가며, 그 반대의 경우엔 당연히 사기가 떨어진다. 따라서 오늘날의 전체주의 국가를 18세기와 19세기의 독재정치 국가와 비슷한 것으로 생각하여 나치 독일의 국민적 사기가 마지막 순간까지 매우 높았으리라 잘못 생각하는 사람들은 아마도 위와 같은 이야기를 듣고서 놀랄 것이다. 독일의 국민적 사기는 1918년 11월에 그랬던 것처럼 한 번의 급작스러운 붕괴로 일시에 무너져버린 것이 아니라 서서히 감소했다. 전시와 평시에 소련이 가장 어려운 상황에 처해 있었음에도 러시아인 대다수의 사기는 언제나 매우 높은 상태였다.

현대의 전체주의 국가들은 18세기와 19세기의 군주 국가들에서 전형적으로 볼 수 있던 국가와 국민 사이의 거리감을 민주주의적 상징 조작, 전체주의적 여론 통제, 국민을 이롭게 하는 정책, 또 이롭게 하는 것처럼 보이는 정책 등을 구사하여 메울 수 있었다. 실제로 국가의 모든 에너지는 정부가 택한 통로를 통해 집중되었으며 현대 정치의 한 가지 특징이라고 우리가 이미 언급한[17] 개인과 국가의 일체감은 전체주의의 사주를 받아 거의 종교적 열광에 달할 정도로 대단했다. 따라서 전체주의 정부가 성공적이든지 성공적인 것처럼 보이거나, 성공에 대한 희망을 최소한 유지할 수 있다면 자기가 추구하는 외교정책을 국민이 결단력 있게 밀어주리라고 기대할 수 있다.

전체주의 국가가 무력, 기만, 국가의 신격화 등을 통해서만 얻을 수 있는 것을 민주주의 국가가 얻으려 할 때에는 현명하고 책임 있는 정부의 영도하에 국민의 다양한 세력이 자유스럽게 상호작용함으로써 얻을 수 있도록 노력해야 한다. 이런 상호작용이 퇴보하고 부패하여 계급적·종족적 또는 종교적 분쟁으로 변함으로써 그 국가 사회가 적대적인 여러 집단으로 분열되는 것을 국가가 막지 못한다면 국민 전체는 아닐지라도 최소한 손해를 보는 집단 구성원의 사기는 떨어지게 된다. 제2차 세계대전이 발발하기 이전, 그리고 한창 진행 중이던 무렵 프랑스가 취한 정책은 바로 이런 점을 잘 나타내준다. 봉건 제후나 전체주의적 독재자들이 정부를 장악하고 민중을 억압하는 국가들은 전시에나 평시에나 외교정책을 수행하는 데 매우 허약하다. 그런 국가의 정부는 국민의 지지를 확신할 도리가 없기 때문에 어떤 외교정책도 결단력 있게 수립하고 추진할 수가 없으며 심지어 전쟁이라는 위협 앞에서도 마찬가지다. 그들은 국내 반항 세력이 정권을 붕괴시키기 위해 국제적으로 난관을 초래한다든지 자기 외교정책에 패배를

17_1권 p. 299 ff. 참고.

안겨주면 어쩌나 하고 끊임없이 불안해한다. 그러나 정부가 국민의 의지를 잘 대변하고 국민의 의사에 따라 충실히 행동하는 경우, 국민적 사기는 국민의 염원과 정부의 행동 사이에 그야말로 완전한 일체감이 있음을 나타내준다. 덴마크가 독일의 점령 아래 있던 1940년 이래 제2차 세계대전이 끝날 때까지 덴마크 국민의 사기는 바로 이 점을 잘 보여주고 있다. 스탈린그라드에서 독일이 패배할 때까지의 독일의 국민적 사기 역시 마찬가지다.

그렇다면 마지막으로, 국민적 사기를 감안할 때 한 국가의 국력은 그 국가 정부의 질에 의해 좌우될 수 있음을 살펴보기로 하자. 의회 과반수를 차지하고 있다는 점에서뿐만 아니라 무엇보다 국민의 불명료한 확신과 열망을 국제 무대에서의 외교정책으로 전환시킨다는 점에서 민의를 충분히 대변하는 정부는 국가적 에너지를 집약해 자국의 정책 및 그 정책 목표에 대한 지지를 동원할 수 있는 가장 커다란 가능성을 가진다. "자유민이 노예보다 더 잘 싸운다"라는 격언을 좀 더 자세히 설명해 보자면, 훌륭한 통치를 받는 국가가 형편없는 통치를 받는 국가에 비해 더 높은 국민적 사기를 가진다는 말이 된다. 정부의 질은 그 국가의 국력이 의존하는 다른 대부분의 요소와 관련하여, 특히 정부가 그 국가의 천연자원, 공업 능력, 군비 등에 미치는 영향력을 감안할 때 그 국가 권력의 강약을 결정하는 명백한 원천이 된다. 그 국가의 국민적 사기를 위해 정부의 질이 매우 중요한 의미를 지니는 것이다. 국민의 사기가 인간이 어느 정도 다룰 수 있는 국력의 다른 구성요소에 여러 영향을 미치는 반면, 정부의 질은 국민의 사기에 중요한 영향을 미치는 몇 가지 요소 가운데 단 한 가지 실체적인 요소다. 국민의 사기가 낮으면 국력이란 한낱 물리적인 힘에 불과하며, 기껏해야 헛되이 현실화를 기다리는 잠재력에 불과하다. 국민의 사기를 의식적으로 진작시킬 수 있는 단 한 가지 방법은 정부의 질을 높이는 데 있으며 다른 모든 것은 운수소관이다.

외교의 질[18]

국력을 구성하는 모든 요소 가운데 불안정하지만 가장 중요한 것이 외교의 질이다. 위에서 언급한 다른 모든 요소는 국가의 힘을 구성하는 기본 자원이고, 외교의 질은 이런 여러 가지 요인을 결합해 통일된 하나의 힘으로 만들고, 국력을 구성하는 이 모든 요소에 나름의 중요성과 방향성을 부여하며, 실제적 힘이라는 입김을 불어넣어 잠자고 있는 잠재력을 일깨워주는 것이다. 평화 시에 한 국가가 외교관을 통해 국제 문제를 처리하는 것은 전시에 군사 지도자가 군사적 전략 및 전술로써 전쟁을 수행하는 것과 같은 의미를 가진다. 즉 외교란 국제 무대에서 그 국가의 이해관계를 가장 직접적으로 반영하는 목표를 달성할 수 있도록 국력의 여러 구성요소를 통합하는 기술이다.

국민의 사기가 국가의 영혼이듯, 외교는 국가의 두뇌라 할 수 있다.

18_ '외교' 라는 용어는 앞으로도 자주 언급되겠지만 가장 고차원적인 것에서부터 최하위에 이르는 모든 수준의 외교정책을 수립하고 수행하는 것을 가리킨다. 좀 더 자세한 논의는 제10부를 참고할 것.

외교의 전망이 흐리고, 외교정책을 맡은 사람의 판단이 불완전하며 결단력이 없다면, 그 국가의 유리한 지리적 위치, 식량의 자급, 풍부한 천연자원, 높은 공업 생산력, 우세한 군비, 풍부하고 수준 높은 인구 등 모든 유리한 점이 별다른 효과를 나타낼 수 없게 된다. 이런 모든 점에서 유리한 지위에 있지만 그것에 걸맞은 외교 능력을 구비하지 못한 국가는 풍부한 천연적 자산으로 단기적인 성공을 얻을 수는 있으나, 결국 국제정치적 목표를 추구하는 데 불완전하게, 비경제적으로 마구 써버림으로써 귀중한 자연자원을 낭비하기 쉽다.

그런 국가들은 장기적으로 자기가 가진 국력의 구성요소를 모두 효율적으로 이용해서 다른 분야의 부족한 점을 극복하는 훌륭한 외교 능력을 구비한 국가에 항복하지 않을 수 없다. 유능한 외교는 국력의 잠재적 구성요소를 개발하고 최대한 이용함으로써 국력의 구성요소를 모두 결합했을 때 일반적으로 예상되는 수준을 훨씬 능가하는 국력을 유지할 수 있도록 해준다. 옛 역사에서도 볼 수 있듯, 영혼과 두뇌를 갖지 못했던 골리앗과 같은 자들은 그것을 모두 가졌던 다윗과 같은 자들에게 패배당하고 결국은 목숨까지 잃었다. 높은 수준의 외교는 국가 외교정책의 목적과 수단을 사용 가능한 국력의 요소와 잘 조화시켜 결합하며, 그 국가의 숨겨진 국력 요소를 찾아내고 이들을 정치적 현실로 완전히, 그리고 은밀히 전환하기도 한다. 높은 수준의 외교는 국가가 추구하는 노력에 방향을 제시함으로써 공업적 잠재 능력, 군비, 국민성, 국민의 사기 등과 같은 몇몇 요인의 중요성을 더욱 증폭시키기도 한다. 바로 이런 이유로 국가정책 목표와 달성 방법이 가장 명확히 제시되는 전쟁 시에 국력의 잠재력이 최대한으로 개발됨으로써 국력이 최고 수준에 도달하는 경우가 많다.

양차 세계대전 사이의 미국은 잠재적 강대국이면서도 국제적으로 별로 커다란 영향력을 행사하지 못한 전형적인 사례다. 당시 미국의 외교정책이 도달할 수 있는 최대 수준의 잠재적 국력을 현실로 개발하여 여러 국제 문제의 해결에 이용하기를 거부했던 까닭이다. 당시 국제 무대에서 미국의 국력은 지리적으로 유리한 위치, 풍부한 천연자원, 높은 수준의 공업 능력, 풍부한 고급 인력 등이 모두 없는 것이나 마찬가지였다. 미국이 마치 이 모든 국력의 요소를 전혀 가지지 못한 것처럼 외교정책을 추구했기 때문이다.

제2차 세계대전이 끝난 이후 오늘에 이르기까지 미국 외교정책이 겪어온 변화는 미국이 국력의 잠재적 구성요소들을 정치적 현실로 전환시킬 의사와 능력을 갖추고 있느냐는 문제에 대해 명백한 대답을 해주는 듯하다. 그러나 제2차 세계대전이 끝난 직후 영국의 《이코노미스트》는 "제국주의인가 무관심인가"라는 제목의 논설에서 그런 문제에 대해 여전히 의혹을 나타냈다. 장차 잘 개발한다면 미국이 이 지구에서 가장 강력한 국가로 변모할 여러 국력 요소를 열거한 뒤 《이코노미스트》는 다음과 같이 언급하고 있다.

> 하지만 이 모든 것이 지극히 필요한 요소라 해도 이것만 있다고 자연히 강대국이 되는 것은 아니다. 여러 경제적 자원들을 국가정책을 지지하는 방향으로 사용할 의사와 능력이 있어야 한다. 소련 지도자들을 볼 때 적어도 앞으로 30여 년 동안은 미국 지도자들처럼 유리한 카드를 행사할 수 있을 것 같지 않지만 중앙집권적 권력과 강력한 검

열 제도 등에 기초한 소련 체제는 그 성격상 미국을 상대로 상당히 강력한 게임을 벌일 수 있도록 하고 있다. 미국인의 손에는 으뜸 패 카드가 모조리 들려 있으나 그중 어떤 것이 과연 사용될 수 있을 것인가? 또 무엇을 위해서 사용될 것인가?[19]

다른 모든 면에서 타국에 비해 열등한 상태에 놓여 거의 절망에 빠졌던 국가가 주로 탁월한 외교력에 힘입어 다시 막강한 국력을 회복한 경우는 1890~1914년의 프랑스가 대표적 사례다. 1870년 프랑스가 독일에 패배당하자 프랑스는 이류 국가로 전락하고 말았으며, 프랑스를 고립시킨 비스마르크의 정책은 프랑스로 하여금 그 지위를 벗어날 도리가 없게 만들었다. 1890년에 비스마르크가 퇴임하자 독일의 외교정책은 급선회하여 러시아와 멀어지게 되었고 되도록 영국의 의심을 사지 않으려 노력하던 이전 정책을 포기하기에 이르렀다. 프랑스의 외교는 독일 외교정책이 보인 이런 실수를 최대한 이용했다. 1894년에 프랑스는 1891년에 러시아와 체결한 정치 양해 각서를 군사 동맹 조약으로 발전시켰으며, 1904년과 1912년에는 영국과 비공식 협정을 체결하기에 이르렀다. 1914년이 되자 프랑스 쪽에는 잠재적 동맹국이 많았던 반면 독일 측 동맹은 이미 이탈리아의 탈퇴로 허약해진 데다 오스트리아·헝가리 제국, 불가리아, 터키 등의 동맹국이 그다지 강하지 못했기 때문에 부담이 계속 커지고 있었다. 이런 형세는 주로 프랑스 외교관들의 탁월한 노력의 결과이며, 이탈리아 주재

19_ *Economist*, May 24, 1947, p. 785.

대사 카미유 바레르Camille Barrere, 1851~1940, 주독 대사 쥘 캉봉, 주영 대사 피에르 폴 캉봉, 러시아 주재 대사 모리스 팔레오로그Maurice Paléologue, 1859~1944 등이 그 주요 인물들이었다.

양차 세계대전 사이에 루마니아가 실제 자기 국력을 훨씬 능가하는 역할을 국제정치 무대에서 수행할 수 있었던 데에는 주로 탁월한 능력을 보였던 한 사람, 즉 외무장관 티툴레스쿠Nicolae Titulescu, 1882~1941의 공헌이 컸다. 비슷한 예로, 벨기에처럼 허약하고 작은 국가가 19세기에 엄청난 세력을 행사할 수 있었던 것은 레오폴드 1세Leopold I, 1790~1865와 레오폴드 2세Leopold II, 1835~1909라는 영특하고 적극적인 왕들이 있었기 때문이다. 17세기의 에스파냐와 19세기의 터키가 쇠퇴일로를 걷고 있던 국력을 어느 정도까지 지탱할 수 있었던 것도 바로 외교의 힘 때문이었다. 영국의 국력이 강해졌다 약해졌다 하면서 수많은 변화를 거듭했던 것은 영국 외교의 수준이 높았다 낮았다 했던 것과 밀접한 관련이 있다. 울시 추기경, 캐슬레이, 캐닝 등은 영국의 외교와 국력이 최고에 달했을 때를 나타내며, 노드 경과 체임벌린 등은 영국의 외교 및 국력이 쇠퇴함을 상징한다. 프랑스의 경우 리슐리외, 마자랭Cardinal Jules Mazarin, 1602~1661, 탈레랑Charles Maurice Talleyrand, 1754~1838의 재능이 없었더라면 그 국력은 어떻게 변했을 것인가? 비스마르크가 없었다면 독일의 국력은 어떠했을까? 카부르Camillo Cavour, 1810~1861 없는 이탈리아의 국력은? 프랭클린, 제퍼슨, 매디슨, 제이, 애덤스 등 대사나 국무장관이 없었던들 미국이라는 어린 공화국의 국력은 어떻게 바뀌었을 것인가?

각국은 그 국가의 국력을 구성하는 여러 요소 사이에 촉매작용을 해주는 외교에 반드시 의존해야 한다. 다시 말해서 국력을 구성하는 여러 요소가 외교를 통해 국제 문제 해결 과정에서 의미를 갖게 될 때 비로소 그 국가의 국력이라고 불리는 것이다. 따라서 높은 수준의 외교가 지속적으로 수행되는 것이 가장 중요하며, 일시적으로 출현하는 비범한 재능을 지닌 외교관에 의존하기보다는 전통과 제도에 근거하는 외교가 발휘될 때 훌륭하고 높은 수준의 외교가 가능하다. 헨리 8세 이후 제1차 세계대전에 이르기까지 영국은 전통적으로 비교적 강한 국력을 꾸준히 유지할 수 있었다. 왕이나 총리의 변덕과 결점이 어떠했건, 지배 계급의 전통과 근래 직업적 외교관들의 훌륭한 업무 수행의 전통은 몇몇 중요한 예외가 있음에도 불구하고 영국이 보유한 국력의 전제 조건이 되는 요소들을 강력한 실제 국력으로 변모시킬 수 있었다. 볼드윈Stanley Baldwin, 1867~1947과 네빌 체임벌린의 외교 때문에 영국의 국력이 수세기 이래 최저 상태로 떨어졌을 때 외무성의 직업 외교관들이 영국 외교정책 수행에 거의 아무런 영향력을 행사할 수 없었던 것은 놀랄 일이 아니다. 가장 책임이 큰 위의 두 인물이 전통적 상인 가문 출신으로 영국을 수세기 동안 지배해오던 귀족계급으로 승격된 지 얼마 되지 않았던 것이다. 지배계층 가문 출신이었던 윈스턴 처칠이 다시 총리에 오르자, 그의 귀족적 전통이 다시 한 번 영국의 국력에 긍정적 영향을 끼쳤던 것이다. 오늘날 영국 외교정책의 제도적 우수성은 국력의 요소가 되는 자원이 자꾸만 감소해가는 것에 발맞추어 전 세계적 개입을 조정하는 기술에서 나타나고 있다.

이와는 반대로, 독일의 국력은 비스마르크와 히틀러의 귀신같은 재능에 크게 힘입었다. 비스마르크의 뛰어난 개성과 정책이 독일 외교정책의 현명한 수행을 영속화시킬 수도 있었던 전통적·제도적 발전을 불가능하게 만들어버렸기 때문에, 1890년 그가 정치 무대에서 은퇴한 것은 독일 외교를 질적으로 심대하고도 영원히 후퇴하게 만든 사건이었다. 독일의 국제적 지위는 결과적으로 크게 퇴보했으며 군사적 곤경은 최악의 상태에까지 떨어져 제1차 세계대전에 이르기까지 좀처럼 개선되지 못했다. 히틀러 시대 독일 외교의 강점과 약점은 모두 지도자 자신의 마음속에서 비롯되었다. 1933~1940년 독일 외교가 거둔 승리는 한 사람의 마음의 승리였으며, 그의 마음이 쇠락하자 이는 나치 정권 마지막 몇 해 동안의 극심한 재난과 연결되었다. 제2차 세계대전의 막바지 몇 달 동안 사실상 무의미한 제스처에 지나지 않던 독일의 군사적 저항으로 수십만 명이 살상되고 숱한 도시가 파괴되면서 결국 독일이라는 국가의 국제적 자살이 감행된 것이라든지, 전쟁의 마지막 순간 히틀러의 자살, 즉 독일의 국가 권력과 그 지도자의 생명이 스스로 소멸해버린 사건도 역시 한 사람의 행위에서 비롯된 것이었다. 그 사람은 건전한 정치체제가 훌륭한 외교를 계속적으로 수행하게 하고 나아가 천재적인 정치가의 탁월한 성공이나 미친 자의 끝없는 변덕을 억누르는 전통이라든가 제도적 안전장치에는 도무지 구속을 받지 않았던 인물이었다.

외교정책 수행의 질적 계속성 측면에서 미국은 영국과 독일의 중간 정도 수준이다. 영국은 지속적으로 높은 수준을 보여준 데 비해 독일의 외교는 단기적인 승리에도 불구하고 전통적으로는 낮은 수준을 면치 못했다. 동원 가능한 인적, 물적 자원의 압도적 우월성 때문에 서반구에서 미국의 외교는 외교정책의 질에 상관없이 어느 정도 성공할 수밖에 없었다. 그뿐 아니라 여타 지역과 미국의 관계에서도 이는 어느 정도 사실이다. 미국의 물질적 우월성을 나타내는 '빅 스틱Big Stick', 즉 거장巨杖瞼廮은 그 자체로서 명료하거나 불투명하게, 또 목적이 뚜렷하건 흐리건 대외적으로 웅변하는 바가 있다. 그것은 미국 외교정책의 강경한 혹은 유화적인 모습과는 상관없는 일이다. 미국 외교의 첫 수십 년 동안 볼 수 있었던 슬기로움은 그 이후 다소 후퇴했고, 커다란 위기가 닥쳐 윌슨, 루스벨트, 트루먼 치하의 세 번의 짧은 기간 동안 훌륭한 업적이 돋보인 적은 있으나 오랜 기간 비교적 평범한 수준에 머물러 있었다. 이렇게 볼 때 미국 외교는 영국의 예에서 볼 수 있는 우수한 제도적 장치가 결여되어 있고, 반면 형편없는 정부라 할지라도 모두 낭비하기에는 벅찰 정도로 풍부한 물질적 조건이라는 이점을 안고 있다. 더 나아가, 이런 사실은 워싱턴의 고별 연설과 먼로 독트린에서 볼 수 있듯이 국가적 전통으로 뿌리내리고 있는 실정이다. 이런 전통 덕분에 미국은 외교의 수준이 형편없었음도 큰 실수를 어느 정도 피할 수 있었으며 평범한 외교도 실제보다 더 훌륭하게 보였다.

정부의 질

풍부한 인적 자원, 물질적 자원을 바탕으로 가장 훌륭하게 입안되어 가장 전문적으로 수행된 외교정책이라 할지라도 훌륭한 정부가 뒷받침하지 못한다면 결과는 별 대단치 못한 것이 되고 만다. 훌륭한 정부는[20] 국력의 독자적 요구 조건의 하나로서 국력의 형성에 보탬이 되는 다음 세 가지를 의미한다. 즉 물질적·인적 자원들과 추구하는 외교정책 간의 균형, 이들 자원 상호 간의 균형, 그리고 추구하는 외교정책에 대한 국민의 지지 동원이다.

자원과 정책 간의 균형 문제

훌륭한 정부는 두 가지 상이한 지적 업무를 훌륭히 수행해내는 것으로부터 시작되어야 한다. 첫째, 그 국가 외교정책을 가장 성공 가능성이 높게 뒷받침할 수 있는 국력의 구성요소를 고려하여 외교정책의 목적과 수단을 선택하는 일이다. 자기가 충분히 해낼 수 있는 외교정책을 포기하고 안목을 지나치게 좁게 가지는 국가는 국제 사회에서 그 국가의 정당한 역할마저 포기하는 것이다. 예를 들어 양차 대전 사이 미국이 바로 그런 실수를 저질렀다. 또한 안목을 너무 높게 잡은 나머지 자기가 동원할 수 있는 국력으로는 무리한 외교정책을 택할 수도 있는데, 1919년 평화 협정 당시 미국이 저지른 실수가 그 예다. 전 영국 총리 로이드 조지Lloyd George, 1863~1945의 말을 빌리자면, "미국인은 모세의 십계와 산상수훈을 지키는 책임을 혼자서 떠맡은 후견인을 자처하는 듯하다. 하지만 원조라든지 책임과 같은 실제적인 문제를 꺼내놓으면 그들은 단호하게 그것을 거절했다." 양차 세계대전 사이 폴란드가 그랬듯이 강대국의 전제 조건을 미처 갖추지 못한 채 강대국 행세를 함으로써 위험을 자초하는 수가 있다. 또는 강대국이기

20_국민적 사기의 한 요구 조건으로서의 정부의 질에 대해서는 1권 p. 358 ff.에서 이미 언급했다.

는 하지만 무제한 정복을 일삼는 외교정책을 추구하여 국력에 과도한 부담을 지운 까닭에 결국은 세계를 제패하지 못하고 만 예도 많은데, 알렉산드로스 대왕에서 히틀러에 이르는 숱한 경우가 그것이다.

따라서 동원 가능한 국력은 그 국가 외교정책의 한계를 설정한다. 이 법칙의 예외는 단 하나, 국가의 존립 자체가 위기에 처했을 경우다. 그럴 경우에는 국가적 생존을 위한 정책이 국력에 대한 모든 합리적 생각을 압도하며, 위기는 정책과 권력에 대한 고려 사이의 일상적인 관계를 뒤집어 정책을 최우선으로 배려한다. 이때 그 국가는 국가적 생존을 모든 다른 이해관계보다 우선으로 고려해야 하며 이를 위해 이성적으로는 도저히 생각할 수 없는 국가적 노력을 경주해야 한다. 1940~1941년의 가을과 겨울 기간 동안 영국 정부가 취한 행동이 이를 잘 보여주고 있다.

자원 간의 균형 문제

일단 한 국가가 외교정책과 이용 가능한 자원과의 조화를 꾀한 후에는 다양한 국력의 구성요소들이 서로 균형을 이루도록 해야 한다. 자원이 풍부하다고 해서 반드시 국력이 강하지는 않으며, 인구가 많다고 해서 국력이 강하지도 않고, 군비가 잘 갖추어져 있다거나 공업시설이 훌륭하다고 해서 국력이 강한 것도 아니다. 주어진 외교정책을 성공적으로 수행할 수 있는 충분한 양과 질의 자원을 잘 혼합하여 취급할 수 있을 때 최대한의 국력은 확보된다. 국력이 최고에 달했을 무렵의 영국도 천연자원, 인구의 규모, 육군의 수 등 국력의 여러 구성요소가 매우 부족한 상태였다. 그렇지만 영국은 해군이라는 국력의 구성요소 한 가지를 타국에 비해 절대 우위를 차지하도록 개발해 해외 팽창정책의 완벽한 도구로 사용할 수 있었고, 동시에 이를 이용하여 국가적 생존을 위해 지극히 필요한 요소였던 천연자원과 식량의 지속적인 공급을 확보할 수 있었다. 외교정책과 사용 가능한 천연자원, 지리적 위치 등을 감안할 때 많은 인구와 상비군은 영국에게 자산이 아니라 오히려 짐으로 작용했을 것이었다. 반면에 영국이 중세 시대처럼 대륙적 팽창정책을 계속 취했더라면 그 두 가지 요소가 부족하다고 느꼈을 것이다.

국민을 먹여 살릴 수 있는 자원이 부족할 경우 인구가 많다는 것은 인도의 사례가 보여주는 것처럼[21] 힘의 원천이 되기보다는 약점이 된다. 전체주의적 방식에 의해 성급히 산업과 군사력을 건설하는 것은 국력의 어떤 요소를 증가시키기는 하겠지만 그 과정에서 국민의 사기, 국민의 물질적 복원력 등 다른 요소를 파괴한다. 동유럽 소련 위성국들의 발전상을 살펴보면 알 수 있다. 자국 공업 능력이 지탱하기에는 너무나 벅찬 군비를 유지하려는 경우 천정부지로 치솟는 인플레이션, 경제 위기, 사기의 저하 등을 초래하여 결국 국력의 신장을 위한 계획이 되기보다는 국력 약화를 위한 계획이 되어버린다. 국가 존립 자체가 위기에 처한 경우 미국 정부는 예를 들어 국민에게 버터 대신 총을 지급할 수 있으며 또 그렇게 해야 한다. 위기를 맞아 적절한 대응 조치를 취할 수 없다면 내수 소비용으로 생산된 경제적 산물을 적절히 재분배함으로써 군사적 요구사항과 민간의 요구 사이에 균형

21_ 1권 pp. 308-312 참고.

을 맞추어나가야 한다. 중국이나 한국과 같은 다른 국가들이라면 국민의 복지를 위한 그런 고려를 하지 않아도 될 수 있다. 다시 말해서 정부가 국력을 조성해나가는 데에 다스리는 국가의 성격을 망각해서는 안 되는 것이다. 역경을 맞이했을 때 어떤 국가는 폭동이라도 일으켜 반대하는가 하면, 어떤 국가들은 놀랄 만한 인내로써 이를 극복해나가기도 하며, 때로는 자국의 이익과 생존을 지키기 위해 큰 희생을 함으로써 세계 다른 국가뿐만 아니라 자기 자신마저 놀라게 하기도 한다.

국민의 지지 동원 문제

민주 정치를 이행하는 정부가 특히 그러하듯, 오늘날의 정부는 위에서 논의한 두 가지 균형을 조절하는 것만으로는 임무를 다했다고 할 수 없다. 아마도 더욱 어려운 임무가 한 가지 더 남아 있는 것이다. 외교정책과 국내 정책에 대한 국민의 지지를 확보하여 국력의 다른 요소들을 동원할 수 있어야 한다. 그러나 외교정책에 대한 국민의 지지를 획득할 수 있는 상황과 외교정책이 성공적으로 수행될 수 있는 상황이 반드시 일치하지는 않기 때문에 이는 매우 어려운 문제다. 토크빌은 특히 미국에 대해 다음과 같이 얘기하고 있다.

> 외교정책은 민주주의의 독특한 여러 특성을 거의 요구하지 않는다. 반면 외교정책은 민주주의에서는 찾아보기 힘든 여러 특성을 모조리, 또 완벽히 사용할 것을 요구한다. 민주주의란 한 국가의 국내적 자원을 증가시키는 데 유용하다. 부와 안락함을 분산시키고, 국민의

사기를 드높이며, 사회 각층의 사람에게 준법정신을 강조한다. 이 모든 것은 한 민족의 다른 민족에 대한 관계에서 유리하게 작용하는 간접적 영향이다. 그러나 민주주의가 중요한 일을 속속들이 규제하고, 경직된 계획 속에서 꾸준히 지속성을 유지하고, 심각한 어려움에도 불구하고 모든 정책을 잘 수행해나가기란 지극히 어렵다. 정책 수행을 위한 여러 조치를 비밀리에 추진할 수도 없으며 그 결과를 끈기 있게 기다릴 수도 없다.

민주주의로 하여금 인내보다는 충동을 따르게 하고 일시적이고 감정적인 만족을 위해 좀 더 성숙한 계획을 포기하도록 부추기는 성향은 프랑스 혁명이 발발하던 무렵의 미국에서 나타난 분명한 현상이었다. 당시 미국의 이익을 판단해볼 때 유럽을 피바다로 몰고 갈 위기 상황이면서도 미국과는 거리가 먼 그런 분쟁에 미국이 휘말리지 않는 것은 당연하고도 합당한 일이었고 이는 오늘날에도 마찬가지다. 하지만 프랑스 편을 들어 지지를 표명하던 국민의 동정심이 너무나 컸기 때문에 조지 워싱턴의 확고부동한 성격과 당시 그가 누리던 높은 인기가 없었더라면 영국과의 개전은 불가피했을 것이다. 심지어 워싱턴이 엄격한 이성으로 국민의 강렬하고 경솔한 열정을 억누르자 국민은 그 위대한 인물이 항상 부르짖던 단 하나의 보상, 즉 조국의 사랑을 그에게서 거의 빼앗아 가버릴 지경이었다. 대다수 국민이 그의 정책을 비난했지만, 나중에 그들은 결국 거국적으로 이를 받아들였다.[22]

22_ Alexis de Tocqueville, *Democracy in America* (New York: Alfred A. Knopf, 1945), Vol. I, pp. 234-235.

외교정책을 성공적으로 추진하기 위해 요구되는 사고방식은 때때로 대중과 그들의 대표자의 마음을 움직이는 미사여구와 행동과는 정반대로 움직일 수도 있다. 정치가의 마음에서 볼 수 있는 특이한 성질은 국민 대중의 마음에 항상 호의적인 반응을 불러일으킬 수만은 없다. 정치가는 여러 다른 국가와의 관계 속에서 자기 국가의 이익을 생각해야 한다. 정치가의 그런 현명한 분별력을 이해하지 못하는 대중의 마음은 절대적 선 또는 악이라는 단순한 도덕적·법적 관점에서 생각하는 경우가 많다. 정치가는 거시적이고 장기적 안목에서는 천천히 우회적으로 행동하면서, 큰 이익을 위해서는 작은 희생을 감수할 줄도 알아야 한다. 형세를 관망하고, 타협도 하고, 시기를 기다릴 줄도 알아야 한다. 이에 반해 대중들은 조속한 결과를 원하며 오늘의 명백한 가시적인 이익을 위해 내일의 진정한 이익을 포기하고 희생한다.

토크빌이 강조한 바를 제대로 이해한 것이라면, 외교정책을 성공적으로 추진하기 위해 요구되는 사고방식은 대중의 마음을 움직이는 고려사항들과 간혹 충돌할 수 있다. 국민 여론의 열정적이고 압도적인 지지를 받는 외교정책이라는 이유만으로 훌륭한 외교정책이라 가정할 수는 없는 일이다. 반대로 외교정책과 국민 여론의 조화가 이루어지기 위해서는 훌륭한 외교정책의 원칙이 변덕이 심한 국민 여론의 선호에 양보하는 경우가 많았다.

미국의 경우 이런 고유한 어려움은 다음과 같은 사실로 인해 증폭되고 있다. 즉 미국은 늘 지난번 선거의 후유증에서 회복 중이거나 다음 선거를 준비하는 과정에 있다. 특히 후자의 경우, 외교정책과는 아랑곳없이 국민 여론의 선호에 영합해 다음 선거에서 유리한 고지를 점하려는 유혹은 어느 정부 할 것 없이 가히 압도적이다. 그 결과 정치가에게 요구되는 한 가지 기술은 바로 견고한 외교정책의 변함없는 원칙과 변덕스러운 국민 여론 사이에서 중도적 입장을 택하는 것이다.

지미 카터Jimmy Carter, 1924~ 대통령의 아주 분명한 역설적인 사례가 이런 점을 잘 보여준다. 1980년에 실시된 민주당 예비 선거에서 유권자들에게 어필한 그의 인기는 거의 무적이었다. 하지만 그의 재임 기간 중 미국은 타국과의 관계에서 일련의 모욕적인 패배를 기록했다. 가장 대표적인 패배는 이란에서 미국인 인질 52명을 장기간 구금 상태로 둔 것이었다. 이런 불법 행위에 대해 어떤 방식으로든 폭력을 사용하지 않겠노라고 취임 당시부터 맹세했던 까닭에 카터 대통령으로서는 이란에 행사할 만한 영향력을 스스로 차버린 셈이었다. 그나마 이란을 위협할 만한 경제적 제재 등의 조치라고 해야 효과가 그리 신통치 못할 것이 뻔했다. (경제적·군사적 지원과 같은) 그가 줄 수 있는 이익 역시 이란인 눈에는 그리 대단치 않았다. 미국이 주는 선물에 따를 위험과 신뢰성을 생각하지 않을 수 없었기 때문이다. 이리해서 미국의 입장은 실로 난감한 상황이었는데 아마도 미국 역사의 다른 시기였다면 미국인 몇 명이 희생되더라도 신속한 행동으로 문제를 해결했을 것이다.

그러나 대통령은 인질을 평화적 수단으로 구해야 한다는 점을 강조하면서 미 국민 여론의 심금을 울리는 데 집중했다. 카터의 행동은 과거 윌슨 대통령도 취했다고 알려진 것이었다. "그가 우리를 전쟁으로부터 막아주었다." 그는 가장 가시적이고 감성적인 미국의 목표를, 즉 미국인 인질 52명을 구하는 일을 포기하지 않은 채 전쟁을 방지했다.

당시 미국 국민도, 대통령도 미국 외교정책을 책임진 지도자에게는 국민의 생명을 보존해야 함은 물론 국가의 장기적 이익을 아울러 보존하는 임무가 있다는 생각을 하지 못했음이 분명하다.

수사적인 약속과 정치적으로 아무 행동도 취하지 않는 일이 합쳐진 비슷한 경우가 소련에 대한 미국의 정책에서도 재현되었고 국민은 이를 지지했다. 그리고 그런 정책은 당연히 실질적인 효과를 거두지 못했다. 소련군이 아프가니스탄을 점령한 사건의 중요성을 사람마다 다르게 평가할 수 있겠지만 대통령이 그에 대한 반응으로 언급한 호전적인 성명은 점령에 대응해 취해진 실제 조치와는 전혀 어울리지 않았다.

하지만 그 호전성이 소련 사람들을 놀라게 했을지는 몰라도 수사에 상응하는 행동이 취해지지 않자 소련 사람들의 정책에는 아무런 변화도 일어나지 않았다. 소련 사람들은 미국을 핵 대결로 내몰지 않고 하고 싶은 것은 무엇이든 할 수 있을 것이다. 이런 상황이 긍정적 결과를 낳은 사례는 쿠바 미사일 위기와 그 뒤를 이은 베를린 위기이며, 반면 이 명제에 대한 소극적 확인이 바로 아프가니스탄에 대한 군사적 점령의 지속이다.

하지만 지미 카터의 호전적인 태도는 국내적으로 대단한 성공으로 비쳤다. 인권 보호와 증진을 외교정책의 초석으로 삼겠다는 의도를 천명한 대통령은 덜레스John Foster Dulles, 1888~1959의 말을 통해 소련에게 얘기를 전했다. 여론 조사 결과는 압도적인 지지를 기록했고 다시 한 번 헛된 외교정책이 국내에서의 승리로 보상받는 상황이 벌어졌다. 그러나 여기서 카터는 외교정책과 국내정치 사이의 딜레마에 덫

붙여 발생한 또 다른 딜레마에 봉착했다. 합리적 관점에서 핵 대결을 받아들이기 어려워했던 데서 생긴 딜레마였다.

국익을 지키고 증진하기 위한 최후의 수단으로서 강대국이 느끼는 무력 사용의 필요성은 미국과 소련의 경우 무력의 수단으로서 핵무기를 사용할 가능성을 의미한다. 하지만 핵무기가 히로시마와 나가사키에서처럼 단일의 독립적인 과시 수단으로서가 아니라 정상적인 전쟁의 수단으로 사용된다는 것은 모든 교전 당사국이 '생존 가능한 사회의 종말'을 맞이한다는 의미가 된다. 따라서 이렇게 사용된 핵무기는 재래식 무기와 대조적으로 합리적 외교정책 목표를 위한 이성적 수단이 아니라 자살과 집단 학살을 의미하는 자포자기의 수단이다.

국제체제의 무정부적 특성은 그로 하여금 물리적 폭력에 의존하는 것을 국제적 문제 해결의 최후 요소로 간주하게 했다. 오랜 역사적 관례도 그런 시각이다. 하지만 그렇게 폭력을 전면적으로 사용하는 행위가 비이성적이라는 사실은 그로 하여금 핵전쟁으로 확산될 것을 두려워한 나머지 재래식 폭력의 사용마저 망설이게 했다. 따라서 오늘날의 국제적 위기 상황에서 대통령은 극단적으로 조심스럽게 행동하지 않을 수 없다. 그리고 효과적인 행동이 부족한 부분은 호전적인 언사로 보상한다. 이런 추세에서 카터 대통령은 혼자가 아니었던 것이다.

대중의 지지는 대통령의 외교정책 수행에 전제 조건이다. 그에 대한 국민의 지지 여론을 형성하는 일은 외교정책의 어떤 부분을 희생하더라도 반드시 해내야 하며 그것을 회피하려면 대통령직은 물론 외교정책을 수행할 수 있는 능력 자체를 거는 모험을 해야 한다. 카터 대통령의 행위가 제기한 문제는 건전한 외교정책을 위한 요구 조건과 국민 여론이 요구하는 것 사이의 타협의 필요성이 아니라 '그 타협이 이루어진 시기가 언제였느냐'였다. 그의 무지와 무능력에 대한 비판은 차치하고라도 그에게 쏟아진 줄기찬 비난은 그가 여론의 요구를 따라가다 보니 건전한 외교정책의 원칙을 너무 많이 포기했다는 점이다. 문제는 대통령이 핵전쟁의 가능성을 무릅쓰고서라도 국가 이익을 추구해야 하느냐가 아니라 국가 이익에 대한 관심과 핵전쟁의 공포 사이의 어디에다 선을 그어야 하는가였다. 카터 대통령이 핵전쟁에서 되도록 멀리 떨어져 있고자 하는 바람으로 중요한 국가 이익을 희생한 것이 반드시 필요했던가가 문제였던 셈이다.

훌륭한 외교정책과 여론이 요구하는 나쁜 외교정책 사이에서 딜레마에 봉착했을 경우 정부는 다음 두 가지 함정을 피해 행동해야 한다. 좋은 정책을 여론 때문에 희생하거나 여론 때문에 정권을 포기한다든지 단기적 국가 이익을 위해 장기적인 국가 이익을 희생시켜서는 안 된다. 또한 좋은 외교정책을 위해 요구되는 것과 여론의 동향 사이에 언제나 존재할 수밖에 없는 간격을 계속 넓혀서는 곤란하다. 여론의 대세가 원하는 바와 타협할 수 있음에도 이를 피하고, 옳다고 생각되는 외교정책에 철저히 집착하여 조금의 양보도 없이 고집스럽게 밀고 나가느라 대중의 지지를 잃어버린다면 분명히 그 틈은 자꾸 벌어질 것이다.

반면에 한 정부가 국내외 정책에서 성공적이기 위해서는 다음 세 가지 기본 조건을 갖추어야 한다. 첫째, 좋은 외교정책과 국민 여론이 선호하는 정책 간에 존재하는 차이는 본질적으로 자연스럽고 불가피하다는 것을 인식해야 하며, 좁혀질 수는 있되 국내 반대파에 양보함으로써 완전히 다리를 놓아 없애버릴 일이 아니라는 것을 알아야 한다. 둘째, 정부는 여론의 노예가 아니라 여론을 창조할 수 있는 지도자란 점과 여론이란 식물학자가 나무를 다루듯 여론 조사 투표에 의해 발견되고 분류될 수 있는 정태적인 것이 아니라 사리판단을 잘하고 책임감 있는 정부에 의해 끊임없이 창조되고 또 재창조되는 동태적이고 항상 변화하는 실체라는 점, 또 선동가가 지도력을 주장하지 못하도록 통솔력을 잘 관리하는 것은 정부의 역사적 임무라는 점 등을 인식해야 한다.[23] 세 번째로, 외교정책에서 바람직한 것과 필수적인 것을 구별해야 한다. 필수적이지 않은 것은 대중과의 타협 대상이 될 수 있으나 훌륭한 외교정책으로서 더 이상 양보할 수 없는 최소한의 기본적인 것을 지키기 위해서는 대중에 맞서 수호해야 한다.

정부가 외교정책과 그것을 뒷받침하는 국내 정책적 필요조건에 관해 올바르게 인식할 수는 있다. 그러나 이런 정책들 뒤편에서 여론을 형성하는 일에 서툴다면 그 정부의 노력은 수포로 돌아가고 말 것이며, 결국 그 국가가 자랑할 수 있는 국력의 모든 구성요소가 최대 효용을 발휘하지 못하게 된다. 오늘날 미국을 포함한 여러 민주국가들의 다양한 정책을 살펴보면 이런 사실을 입증하는 여러 증거를 발견할 수 있다.[24]

23_ 쿠퍼(Duff Cooper)와 같이 양차 대전 사이의 기간 동안 내각의 중요 직책을 맡았고 행정부에도 깊이 참여했던 노리치(John Julius Norwich)는 네빌 체임벌린의 자서전에서 다음과 같이 기록함으로써 여론 및 정부와 여론의 관계에 대한 당시의 보편적 오해를 보여주고 있다(*Old Men Forget* [London: Hart-Davis, 1953]). "내가 보기에 총리의 실수는 두 가지였던 것 같다. 즉 그는《타임스》의 기사를 여론인 양 오해했고,《치프휘프Chief Whip》의 기사를 보수파의 견해로 믿었던 것이다." 불행히도, 이른바 여론이 원하는 바를 수동적으로 받아들이는 이런 일이 양차 대전 사이 비단 영국뿐 아니라 모든 국가의 외교정책 수행에 주요한 방해가 되었다.

정부와 외교정책

정부는 외교정책에 대한 국내 여론의 지지를 획득해야 할 뿐 아니라 국내외 정책에 대한 타국(국제적) 여론의 지지를 아울러 확보해야 한다. 이는 외교정책의 성격이 최근 들어 변화한 것을 나타내준다. 나중에 다시 상세히 설명하겠지만[25] 외교정책은 외교와 군사력이라는 전통적 무기에 의해 수행될 뿐 아니라 선전이라는 새로운 무기에 의해서도 수행된다. 오늘날 국제 무대에서의 권력 투쟁은 군사적 우월성과 정치적 지배를 위한 싸움인 동시에 어느 의미에서는 인간의 마음을 사로잡기 위한 투쟁이다. 따라서 한 국가의 국력은 외교 기술과 군대의 힘뿐만 아니라 그 국가의 정치적 사고방식, 정치제도, 정책에 대한 다른 국가의 호의적인 관심에도 크게 의존하고 있다. 특히 미국과 소련의 경우가 이를 잘 설명해주는데, 이 두 국가는 정치적·군사적 강대국으로서 대결하고 있을 뿐 아니라 두 가지 상이한 정치적 사고방식, 정부 체제, 그리고 생활양식의 으뜸가는 대표자로서도 대결을 벌이고 있다.

따라서 이 두 강대국이 국내정치적으로, 국제정치적으로 취하는 행동과 행하지 않는 것, 성취하는 것과 성취하지 못하는 것은 이 대표자로서의 지위에 직접적인 연관이 있으며, 따라서 그 국가의 국력과 직

24_ 이에 대한 자세한 논의는 다음 자료를 참고. Hans J. Morgenthau, "The Conduct of Foreign Policy," *Aspects of American Government*, edited by Sydney Bailey (London: The Hansard Society, 1950), pp. 99 ff; *In Defense of the National Interest* (New York: Alfred A. Knopf, 1951; Washington, D.C.: University Press of America, 1982), p. 221 ff.

25_ 2권 p. 32 ff. 참고.

결된다. 정도의 차이는 있겠지만 다른 국가의 경우도 마찬가지일 것이다. 예를 들어 한 국가가 인종 차별 정책을 취했다면 그 국가는 당연히 이 지구의 유색 인종 국가의 호감을 사기 어렵다. 국민의 건강, 문자 해독률, 그리고 생활 수준을 크게 향상시킨 개발도상국은 이로 인해 지구의 다른 미개발 국가들의 큰 호감을 살 것이다.

나중에도 여러 차례 언급할 기회가 있겠지만[26] 여기서 한 가지 지적하고 싶은 것은 외교정책과 국내 정책 간의 전통적 구별이 이제 무의미해지고 있다는 점이다. 사람에 따라서는 순수한 의미의 국내정치란 이제 더 이상 존재하지 않는다고 말하고 싶기도 할 테다. 한 국가가 취하거나 취하지 않는 행동이 그 국가의 정치적 사고방식, 정부 체제, 생활양식을 반영하고 있기 때문이다. 자신의 열망을 고려할 때 다른 국가 국민도 쉽게 수긍할 수 있는 국내정치적인 업적을 어떤 국가가 이룩했다면 이는 그 국가의 국력을 반드시 증가시키며, 마찬가지로 누구에게나 명백한 국내정치적 패배는 그 국가의 국력을 감소시킨다.

26_ 2권 p. 31 ff. 참고.

제10장

국력의 평가

국력 평가의 과제

한 국가의 대외 정책을 직접 책임지는 사람이나 국제 문제에 관한 여론을 형성하는 사람은 국력의 요소들이 자국의 국력과 타국의 국력에 미치는 의미와 영향을 정확하게 평가해야 한다. 또한 이 작업은 현재뿐 아니라 미래에 대해서도 이루어져야 한다. 만일 미국이 자국 군대를 통합해 운영한다면 그것이 미국 군비의 질에 어떤 영향을 미칠 것인가? 핵에너지의 사용은 미국과 다른 국가의 공업 능력에 어떠한 효과가 있을 것인가? 덩샤오핑鄧小平, 1904~1997 사망 이후 중국의 공업 능력, 군사력, 국민의 사기 등은 어떻게 변화할 것인가? 중국과 파키스탄 사이의 적대관계는 인도 국민의 사기에 어떤 영향을 미쳤는가? 독일이 재무장했던 것은 독일 국력에 어떠한 중요성을 지니는가? 독일과 일본에 대한 재교육이 그들의 국민성을 바꿀 수 있었던가? 이어지는 군부와 문민 정권의 정치적 사고방식, 방법, 목적에 대해 아르헨티나 국민의 국민성은 어떤 반응을 보였던가? 엘베 강 유역까지 러시아의 세력권을 확장했던 것은 소련의 지리적 위치와 관련해 어떤 의미가 있으며 어떤 영향을 끼쳤는가? 미 국무부를 이렇게 또는 저렇게 개혁하고 인사이동을 실시하는 것은 미국 외교의 질을 개선할 것인가 악화시킬 것인가? 이런 문제들은 한 국가의 외교정책이 성공적으로 추진되기 위해 올바로 판단을 내려 답변해야 하는 문제들 중 몇 가지일 뿐이다.

하지만 특정한 어느 한 요소의 변화에 대한 문제는 대답하기가 쉬운 편에 속한다. 한 가지 국력 요소의 변화가 다른 여러 요소에 미치는 영향을 파악하는 것과 같은 어려운 문제가 얼마든지 있으며 그 경우 어려움은 한층 커지고 함정에 빠질 위험도 증가한다. 예를 들어, 오늘날 전쟁 기술의 발달은 미국의 지리적 위치에 대해 어떠한 중요성과 의미를 가지는가? 다시 말해서 유도 미사일과 초음속 항공기는 미국이 다른 대륙들로부터 지리적으로 격리되어 있다는 과거의 역사적 사실에 어떤 영향을 미쳤는가? 해외로부터의 공격에 대해서는 전통적으로 안전하다고 여겨지던 미국의 입장이 이제 얼마만큼 약화되었으며, 또 얼마만큼 안전이 유효한가? 그런 똑같은 기술의 발전이 러시아 영토의 지리적 위치와 관련할 때에는 어떤 의미가 있는가? 광활한 러시아 평원이 역사적으로 외세의 침략을 막아주던 역할은 이제 전쟁 기술의 발달로 얼마나 줄어들게 될까? 이런 맥락에서 영국 역사 이래 도버 해협이 영국에 기여한 보호 작용은 어떤 것이었을까? 브라질, 중국, 인도의 공업화는 이들 국가의 군사력에 어떤 중요성을 가지는가? 전쟁 기술이 발달해 미국의 육군, 해군, 공군이 차지하는 상대적 중요성은 어떻게 변화하고 있는가? 다가오는 20여 년간 미국의 인구는 어느 정도 수준으로 증가할 것이며 미국의 인구 증가율을 능가하는 중남미, 인도, 중국, 그리고 소련의 인구 증가는 그들의 공업 능력과 군사력에 어떤 의미를 가질 것인가? 미국, 소련, 독일, 영국, 프랑스와 같은 국가의 공업 생산 증감은 그 국가 국민의 사기에 어떤 영향을 줄 것인가? 영국의 공업 능력, 경제 구조, 군사력, 그리고 지리적 격리성에 근본적인 변화가 몰아닥치는 이때에 영국 국민의 국민성은 예전의 그것과 변함없이 지속될 수 있을 것인가?

국력을 평가하는 사람들의 임무는 여기서 그치지 않는다. 그들은 훨씬 어려운 수준의 문제도 대답할 수 있어야 한다. 이런 문제들은 한 국가의 국력 요소와 다른 국가의 동일한 국력 요소 또는 다른 국력 요소들과의 비교와 관계되는 것들이다. 다시 말해서 여러 국가의 개별적 국력 요소들의 변화가 각국의 총체적 권력관계에 미치는 상대적 중요성을 파악하는 문제들이다. 예를 들어 어느 특정 시점에 있어서 (1985년이라 하자) 미국과 소련의 상대적 국력을 고려할 때, 두 나라의 여러 국력 요소들이 어떻게 집계되어야 할 것이며 한 가지 요소를 놓고 볼 때도 그것이 어느 쪽에 더 유리한지, 그리고 어떤 식으로 유리한지를 파악하는 문제가 생기는 것이다. 미국의 공업 능력이 양적·질적으로 소련에 비해 유리한 위치에 있다는 사실은 만약 미국의 육군 전력이 소련의 그것보다 열세에 놓여 있을 경우 얼마만큼의 보상 효과를 줄 수 있을까? 미국의 공업 지대나 인구는 집중되어 있어서 공중으로부터의 공격에 큰 취약점을 안고 있긴 하지만 상호 간 통신이 매우 용이하다는 장점이 있다. 러시아인이 보유한 그런 시설들은 매우 넓게 분산되어 있고 비밀스러운 장소에 위치하기도 하며, 그 지역이 어떤 일을 하는지도 비밀에 붙여진 경우가 많아 공습의 부담이 적은 반면 상호 간 교통은 매우 불편하게 되어 있다. 이런 여러 사실은 각국의 국력에 과연 이로울까 해로울까? 서유럽이 동쪽으로부터의 군사적·이데올로기적 침투에 노출되어 있다는 사실을 이용한다면 소련은 어떤 이익을 볼 수 있을까? 해군과 공군에 의한 태평양으로부터의 공격에 노출되어 있는 소련은 그로 인해 어떤 불이익을 안게 되는가? 각국의 권력적 위상을 감안할 때 소련 외교정책에 유리한 미국 내 여러 단체의 견해와 소련 여론의 강제된 만장일치는 어떤 중요성을 가지는가? 소련의 전체주의적 정치·경제 구조와 비교할 때 미국의 정체가 민주주의적 형태를 띠고 비전체주의적 경제 구조를 가진다는 사실은 미국의 국력에 어떤 영향을 미치는가?

국제 무대에서 활발히 참여하는 모든 국가는 이 같은 여러 문제에 바른 대답을 할 수 있어야 한다. 국력에 미치는 여러 요소의 상대적 영향력은 국제정치적으로 경쟁관계에 있는 모든 국가를 동시에 파악하여 결정해야 한다. 따라서 프랑스가 이탈리아보다 강한지 또 강하다면 어떤 면에서 강한지를 알아야 한다. 중국과 인도의 여러 국력 요소가 소련에 대해, 일본의 국력 구성요소가 미국에 대해, 그리고 아르헨티나의 국력 구성요소들이 중국에 대해 어떤 의미가 있는지 등을 올바르게 판단하는 것도 필요하다.

국력 계산 작업은 지금까지도 완성 단계에 이르지 못한 상태다. 여러 국가 사이의 권력 분포 상태를 비교적 정확히 이해하기 위해서는 특정 시점에 존재한다고 여겨지는 권력관계를 미래에 투영해보아야 한다. 그러기 위해서는 이 순간 미소 간 상대적 권력관계가 어떠한지, 또 그것이 2년 후에는 어떻게 변모할지 자문해보는 정도로는 부족하다. 미국과 소련 간 상대적 권력관계에서 발생하는 국제 문제와 그와 연관된 여타 국제 문제들에 대한 결정을 2년마다 실시하는 권력 측정을 기다려 내릴 수는 없는 일이다. 그런 결정은 매일 내려져야 한다. 국력 구성요소가 처음에는 아무리 조금씩 미세하게 변화하더라도 그런 변화가 매일매일 누적되어 국력의 상당한 변화를 초래해 큰 국력 신장으로 이어질 수도, 다른 한편 국력 감소로 이어질 수도 있는 것이다.

국력을 구성하는 피라미드에서 토대를 이루는 비교적 안정된 부분이 지리적 요소이며, 불안정성의 단계에 따라 여러 요소들이 속하고 가장 불안정한 꼭대기에는 국민의 사기가 위치한다. 지리적 요소를 제외하면 우리가 위에서 언급한 모든 요소는 끊임없이 변화하고 있고 자연과 인간의 예기치 못한 개입에 의해 서로 영향을 미치고 또 영향을 받는다. 그런 모든 것이 모여 국력이라는 흐름을 이룬다. 국력이 서서히 증가하여 수세기 동안 높은 국력을 유지한 영국 같은 국가가 있는가 하면, 독일처럼 순식간에 국력이 증가했다가 갑자기 쇠퇴해버린 경우도 있고, 또 미국과 소련처럼 급격히 국력이 증가한 이후 불확실한 미래에 봉착한 경우도 있다. 국력의 흐름이 어떤 경로를 밟을 것이며, 국력을 형성하는 작은 흐름들은 어떻게 굽이칠지 예측하거나, 국력의 속도와 방향이 어떻게 바뀔지 예상하는 일은 국제정치 관찰자들의 이상적인 임무다.

그것은 이상적인 임무이며, 따라서 실현이 불가능하다. 국가의 외교정책을 책임진 사람들이 제아무리 월등한 슬기와 실수 없는 판단력을 갖추고, 제아무리 완벽하고 믿을 만한 자료를 가지고 있다 하더라도 계산을 망치는 예기치 않은 요인이 나타날 가능성은 반드시 있다. 기아와 질병 같은 자연 재난, 전쟁과 혁명 같은 인간에 의한 재난, 새로운 발명이나 발견, 대학자나 군사·정치지도자의 출현과 소멸, 그리고 그들의 생각과 행동, 나아가서는 국민적 사기라는 평가하기 곤란한 여러 요소에 대해 예측할 수는 없다. 간단히 말해서 아무리 지혜롭고 박식한 사람이라도 국력을 평가할 때 역사적이며 자연적인 여러 우발적 요소들과 부딪칠 수밖에 없다는 얘기다. 하지만 우리가 가정하는 지성과 정보의 완전함이란 사실상 결코 기대할 수 없는 일이다. 외교정책을 결정하는 사람들에게 정보를 제공하는 사람들이 완벽하게 모든 정보를 가질 수도 없는 노릇이고, 결정을 내리는 사람들 또한 모두가 현명하지는 않다.

따라서 현재와 미래의 각국 국력의 상대적 크기를 평가하는 일은 결국 일련의 예감에 귀착될 수밖에 없다. 시간이 흐르고 사건의 전개에 따라 어떤 사람의 예측은 옳았다고 판명될 것이고 어떤 사람의 예측은 터무니없었다고 밝혀진다. 외교정책의 성공과 실패가 이렇게 본질적으로 불안정한 국력의 평가에 달려 있는 한, 그 국가 외교정책의 성공과 실패는 외교정책 책임자와 다른 국가의 외교정책 책임자가 행하는 옳거나 잘못된 여러 예감의 상대적 중요성이 결정한다.

종종 한 국가가 권력관계를 평가할 때 엉뚱한 실수를 저지르더라도 상대방 국가가 비슷한 실수를 저질러 상호 보완이 되는 수도 있다. 따라서 한 국가 외교정책의 성공이 자기편의 정확한 계산보다는 상대방 국가가 계산상 더 큰 오류를 범했기 때문에 가능해지는 경우도 있다.

국력 평가의 전형적 오류

자국과 타국의 국력을 평가할 때에 범하기 쉬운 모든 실수 가운데 다음 세 가지가 너무나 빈번하고 그런 평가에 내재된 지적 함정과 실제적 위험성을 너무나 잘 나타내기 때문에 좀 더 논의할 필요가 있다. 첫 번째 잘못은 특정 국가의 국력을 절대적인 것으로 생각하여 국력의 상대성을 망각하는 것이다. 두 번째 잘못은 과거에 결정적인 역할을 했던 어느 국력 요소를 영구적인 것으로 받아들여 모든 국력 요소는 언제나 역동적으로 변한다는 사실을 간과하는 것이다. 세 번째 잘못은 어느 한 가지 특정 국력 요소를 지나치게 중시하고 다른 요소들을 무시해버리는 것이다. 다시 말해 첫 번째 실수는 한 국가의 국력을 다른 국가의 국력과 연관해 생각하지 않는 것이고, 두 번째는 한순간의 실제 국력을 미래 다른 순간에 가능한 국력과 연관하지 않는 것이며, 세 번째는 한 국가의 국력 요소 중에서 어느 한 가지를 다른 것들과 연관해 생각하지 않는 것이다.

국력의 절대성

우리가 흔히 국력을 이야기할 때 항상 묵시적으로 "이 국가는 아주 강하고, 저 국가는 약하다"라고 비교한다. 다시 말해 국력이라는 개념은 언제나 상대적이다. 미국이 현재 이 지구에서 가장 강력한 두 국가 중 하나라고 얘기할 때, 이것이 실제 의미하는 것은 미국의 국력과 다른 모든 국가의 국력을 비교했을 때 미국은 한 국가만을 제외한 모든 다른 국가보다 강하다는 이야기다.

이렇게 권력의 상대적 특성을 무시하고 한 국가의 국력을 절대적인 것으로 생각하는 실수는 국제정치에서 가장 쉽게 볼 수 있는 기본적인 실수다. 양차 대전 사이에 프랑스의 국력에 대한 평가가 좋은 예다. 제1차 세계대전이 끝날 무렵 프랑스는 군사적 측면에서 볼 때 가장 강력한 국가였다. 프랑스에 대한 이런 평가는 1940년 프랑스가 독일에게 궤멸당해 군사적 취약성을 백일하에 드러낼 때까지 계속되었다. 1939년 9월 제2차 세계대전이 시작되고부터 1940년 여름 프랑스가 패배할 무렵까지 여러 신문이 뽑은 헤드라인은 프랑스 군사력에 대한 그런 오판을 매우 잘 보여주고 있다. 독일과 프랑스가 소위 당나귀 전쟁(싸우지 않고 맞서고만 있는 전쟁)을 하는 동안 독일 군대는 프랑스 군대의 우위에 눌려 공격하지 못하는 것으로 생각되었고, 프랑스 군대가 독일 전선을 침범했다는 기사가 수도 없이 신문에 실리곤 했다. 그런 오판의 근저에는 프랑스 군대의 힘이 타국의 군사력과 비할 때 상대적이지 않고 절대적인 것이라는 그릇된 생각이 깔려 있었기 때문이다. 사실 프랑스의 군사력을 엄밀히 따져보면 1939년에도 1919년처럼 강력했다. 따라서 프랑스는 자신들이 1919년에 강했던 만큼 1939년에도 강하다고 생각했다.

그 평가의 결정적인 잘못은 1919년 당시 프랑스의 군사력이 최강이었던 사실이 당시의 다른 국가와 비교한 결과일 뿐이며, 특히 프랑스의 가장 인접한 경쟁국인 독일은 전쟁에서의 패배로 무장 해제된 상태였다는 사실을 미처 고려하지 않은 데서 기인한다. 다시 말해 군사강국으로서의 프랑스의 우월성은 프랑스 국민의 국민성, 프랑스의 지리적 위치, 자연자원처럼 확인 가능한 프랑스의 고유 특성이 아니다. 오히려 그 우월성은 어떤 특정한 순간의 일시적 권력관계의 표출이며, 따라서 프랑스를 다른 국가와 군사력 측면에서 비교한 상대적 평가의 결과다. 프랑스 군대의 질 그 자체는 사실상 1919년이나 1939년이나 별반 달라지지 않고 유지되고 있었다. 병사와 무기, 항공기, 그리고 장교 등의 양과 질을 기준으로 평가할 때 프랑스의 군사력은 감소되지 않았다는 말이다. 그리하여 처칠과 같이 그토록 날카로운 국제 문제 분석가도 1930년대 말의 프랑스 군대를 1919년의 그것과 비교하고서는 프랑스 군대만이 세계 평화를 보장할 수 있는 유일한 군대라고 단언했던 것이다.

1919년 프랑스 군대가 그토록 높은 명성을 얻었던 것은 같은 해 전쟁에서 패배해 형편없는 수준으로 전락해버린 독일 군대와 비교되었기 때문인데 처칠과 그의 동료들 대부분은 1937년의 프랑스 군대를 1919년의 프랑스 군대와 비교하면서 1937년의 독일 군대와는 비교하지 않은 실수를 저질렀던 것이다. 1937년의 프랑스 군대와 독일 군대를 비교해보았더라면 1930년대 후반에 와서 군사력의 판도가 매우 크게 변모했음이 드러났을 것이었다. 프랑스 군대는 1919년의 우수한 면을 그대로 보유하고 있었지만 1930년대 후반의 독일 군대는 프랑스 군대를 압도할 만한 상태로 발전해 있었다. 프랑스 군대에 대한 배타적 관심만으로는 식별하지 못했을 것들도 프랑스와 독일의 상대적 군사력을 비교했을 경우 드러났을 테고, 따라서 정치적·군사적으로 그런 큰 실수를 피할 수 있었을 것이다.

역사상 어떤 특정 시기에 권력의 최고점에 도달한 국가는 군사력을 위시한 모든 권력이 상대적이라는 사실을 잊기 쉽다. 자국이 달성한 우월한 권력은 바보짓을 한다거나 의무를 게을리하지 않는 한 결코 놓칠 수 없는 절대적 성질의 것이라고 믿기 쉬운 것이다. 그런 생각을 바탕으로 수행하는 외교정책은 큰 위험을 내포하고 있다. 자국의 우월한 권력이 자국이 지닌 장점에서 나왔을 수도 있지만 자국과 비교한 타국의 열등한 특성으로 인해 생겼을 수도 있다는 엄연한 사실을 망각했기 때문이다.

나폴레옹 전쟁이 끝난 이후 제2차 세계대전에 이르기까지 영국이 우월한 지위를 누릴 수 있었던 것은 우선 영국이 섬이라는 지리적 조건을 가지고 있었기 때문에 외세의 침략에서 보호받을 수 있었고 영국이 세계의 주요 해로를 거의 독점하다시피 했기 때문이었다. 다시 말해서 그 기간 동안 영국은 다른 국가들과 비교할 때 그들이 가질 수 없었던 두 가지 중요한 장점을 가지고 있었기 때문이었다. 영국은 아직까지도 변함없는 섬나라이며 영국 해군은 여전히 세계에서 가장 강력한 해군 중 하나다. 하지만 다른 국가들이 핵폭탄이라든지 유도 미사일과 같은 새로운 무기를 획득하여 영국이 전통적으로 가지고 있던 그 두 가지 유리한 조건을 상당히 상쇄해버렸다. 영국의 국력 위상에 찾아온 이런 변화는 제2차 세계대전이 일어나기 이전 몇 해 동안 네빌 체임벌린이 맞아야 했던 비극적 딜레마를 잘 조명해주고 있다. 당시 체임벌린은 영국의 국력이 상대적이라는 점을 잘 파악하고 있었다. 그는 영국이 설사 전쟁에서 이긴다 하더라도 영국의 쇠퇴해가는 국력을 다시금 옛날처럼 회복할 수는 없으리라는 점을 잘 인식했다. 애초에 어떤 대가를 치르더라도 전쟁 발발을 막아보자던 그의 노력이 오히려 전쟁을 불가피하게 만들어버렸고, 영국을 망치게 할 전쟁을 그토록 무서워하면서도 결국 그 스스로가 전쟁을 선포하지 않을 수 없었던 것은 체임벌린의 몹시 모순적인 운명이었다. 하지만 이런 사실은 어쨌든 제2차 세계대전이 끝난 이후로부터 다른 국가와의 비교를 통해 영국의 국력이 상대적으로 감소하고 있다는 사실을 제대로 인식하고 행동하던 영국 정치가들의 지혜를 증언해주고 있다. 영국의 정치가들은 영국 해군이 그 자체로서 볼 때 10년 전이나 다름없이 막강하고 도버 해협이 예전처럼 넓고 거칠지는 모르지만, 다른 국가들의 세력이 매우 커져 이 두 가지 영국의 자산이 예전만큼 이롭게 작용하지 못한다는 사실을 잘 알았던 것이다.

국력의 영구성

올바른 국력 평가를 방해하는 또 다른 전형적인 잘못은 첫 번째 실수와 관련된 것이기는 하지만 다만 그 지적 사고의 방향이 좀 다를 뿐이다. 국력의 상대성에 대해 잘 인식을 하고 있으면서도 특정한 국력 구성요소나 권력관계를 특히 중시하면서 이런 관계나 요소를 불변의 것으로 생각하는 것이다.

1940년에 이르기까지 프랑스 군대를 세상에서 가장 강한 군대로 잘못 계산했다는 데에 대해서는 이미 언급했다. 그런 견해를 가지고 있던 사람들은 제1차 세계대전이 종결될 무렵의 자기 경험을 근거로 프랑스 국력을 영원히 강하다고 생각했고, 시간이 흘러도 변치 않으리라 믿었으며, 1920년대의 강한 프랑스의 국력은 어디까지나 상대적인 것이었고 1940년에는 새로 비교해야 한다는 사실을 잊어버렸던 것이다. 이와는 반대로 프랑스의 군사력이 실제로는 허약하다는 것이 군사적 패배를 통해 드러나자, 프랑스와 세계 다른 모든 국가에서는 프랑스의 그런 약세가 영구히 지속되리라는 생각이 만연했다. 프랑스는 영원히 약세에서 벗어날 수 없을 듯이 무시와 경멸을 당하는 수모를 겪어야 했다.

러시아의 국력에 관해서도 비슷한 평가가 이루어졌으나 그 역사는 프랑스와 반대 순서다. 소련은 1917년 이래 1943년의 스탈린그라드 전투에 이르기까지 국내적으로 무슨 변화가 일어나더라도 20세기 초의 약세가 계속되리라 여겨졌고, 국제 사회에서도 그렇게 대접받았다. 따라서 다가오는 독일과의 전쟁에 대비하여 소련과의 군사 동맹 조약을 체결하고자 1939년 여름 모스크바에 파견된 영국 군사 사절단은 소련의 군사력을 10년 내지 20년 전의 그것과 같다는 생각하에 임무를 수행하려 했다. 영국 사절단이 결국 임무 수행에 실패한 이유는 이런 큰 계산 착오 때문이었다. 반면 스탈린그라드 전투에서의 승리 이후 소련의 공세적 외교정책의 영향으로 소련의 군사력이 무적이라는 믿음과, 유럽에서 소련은 이제 영원히 최강 국가라는 생각이 마치 도그마처럼 널리 퍼졌다.

중남미 각국에 대한 우리의 견해에도 근절할 수 없을 듯한 편향된 시각이 있음을 알 수 있다. 사실은 서반구 각국이 독립을 쟁취하던 무렵에 때를 같이하여 독립을 얻은 북미라는 거인이 중남미 여러 국가와의 관계에서 막강한 우위를 점하고 거의 자연법과도 같은 영향력을 행사하고 있기 때문에 그런 우월적인 관계가 결정적으로 바뀌지 않으리라는 생각이 너무나도 지배적인 것이다. 물론 인구 증가율이라든지 산업화, 정치적·군사적 발전에 따라 그 관계가 어느 정도 조절될 수는 있을 것이다. 비슷한 얘기로, 수세기 동안 이 세계의 정치적 역사는 백인종에 의해 결정되어왔고 유색인종은 주로 그 역사의 객체가 되어왔기 때문에 모든 인종이 백인종의 정치적 우위성이 더 이상 존재하지 않는 새로운 상황, 즉 종족 간의 관계가 역전되는 상황을 상정하기 어렵다. 이것은 특히 불가항력적이라 여겨지는 군사력의 경우가 대표적이다. 군사력은 사려 깊은 분석을 좋아하는 사람보다는 성급한 예측을 즐기는 사람의 마음을 이상스레 매혹해버린다. 그래서 그들은 역사가 마치 가만히 멈춰 선 듯 생각하며, 오늘 도전받지 않는 막강한 권력을 가진 국가는 내일도, 그다음 날도 계속 그 지위를 누릴 수 있으리라 생각한다. 이 때문에 1940년과 1941년에 독일의 국력이 절정에 달했을 때 독일의 유럽 지배는 영원한 현상으로 고착되었다고 믿는 사람이 부지기수였다. 그러나 1943년에 접어들면서 소련이라는 복병이 세상을 깜짝 놀라게 하자 이번에는 스탈린이야말로 유럽과 아시아에 대한 미래의 지배자라고 찬양하는 소리가 드높아졌다. 대전이 끝난 후 미국이 핵무기를 독점하는 동안에 '미국의 세기'라는 말이 여러 사람의 입에 오르내리게 되었는데 이는 도전받지 않는 미국의 국력을 바탕으로 한 세계 지배를 의미하는 말이었다.[1]

이렇게 권력의 절대성을 믿거나 특정 권력 분배 상황의 영구성을 당연시하는 경향은 한편으로 국가 간의 동적이고 가변적인 국력관계의 특성과 또 한편으로 안정성과 확실성에 대한 명확한 대답을 갈망하는 인간의 지적 욕구가 서로 차이를 보이는 데서 기인한다. 어떤 국제적 상황에서 우발적 사건이나 모호함, 또 불확실성에 당면하면 우리는 우리의 외교정책이 기초하고 있는 권력 요인을 명확히 이해하고자 한다. 국제 무대에서 항상 예측 불가능한 행동을 함으로써 빅토리아 여왕Queen Victoria, 1819~1901을 격분시켰던 파머스턴Viscount Palmerston, 1784~1865이 해고된 후에 새로이 외무장관에 취임한 러셀John Russell, 1792~1878에게 빅토리아 여왕은 "다른 여러 강대국과의 복잡한 관계를 일목요연하게 이끌어줄 수 있는 새롭고 일관된 외교정책 프로그램을 제시"하도록 요구했다. 현재 우리가 아무리 머리를 짜낸다 한들 당시 러셀이 빅토리아 여왕에게 내놓았던 답변보다 더 현명한 대답이 나오기는 어려울 것이다. 그의 대답은 "예외적 현상이 흔치 않은 원칙을 만들어내기란 어려운 일입니다"[2]였다. 하지만 대중의 그릇된 여론은 권력의 분배 상황을 전혀 도외시한 채 원칙과 부합하는 것만을 악이 아닌 선이라 생각하면서 그런 일탈을 핑계로 정치가들을 신랄하게 공격하곤 한다.

국제정치 현상의 관찰자들이 국력을 평가할 때 불가피한 실수를 극소화시키기 위해 필요한 것은 창조적인 상상력이다. 즉 그 시점에 강대국이 흔히 보여주는 환상에 말려들지 않고, 역사적으로 불가피한 추

1_ 국력을 영구적이라고 오해한 대표적인 예를 우리는 오늘날 제임스 버넘(James Burnham)에서 찾을 수 있다. 다음을 참조. George Orwell, "Second Thoughts on James Burnham," *Polemic*, No. 3 (May 1946), p. 13 ff.; "James Burnham Rides Again," *Antioch Review*, Vol. 7, No. 2 (Summer 1947), p. 315 ff.

2_ Robert W. Seton Watson, *Britain in Europe, 1789~1914* (New York: The Macmillan, 1937), p. 53.

세라는 미신에서 초연해 있으면서, 동태적 역사가 지니는 변화 가능성을 항상 받아들일 수 있는 자세다. 이런 창조적 상상력은 현재 상황에 대한 지식을 미래에 대한 예감과 결부하고 이런 모든 사실과 징조, 그리고 알려지지 않은 모든 요소를 모아 미래에 일어날 사태 발전의 추이를 도식화함으로써 현재 권력관계의 이면에 숨어 있는 미래의 발전상을 파악해내는 가장 고귀한 지적 업적을 이룩해낼 수 있게 된다.

한 가지 국력 요소를 강조하는 잘못

여러 국가의 국력을 평가할 때 저지르기 쉬운 세 번째의 중요하고 전형적인 오류는 한 가지 국력 요소를 지나치게 강조함으로써 다른 모든 국력 요소를 경시하는 것이다. 오늘날 가장 대표적인 사례로는 지정학, 민족주의, 그리고 군국주의의 세 가지를 들 수 있다.

◆ 지정학

지정학이란 지리적 요소를 국력, 나아가서 국가의 운명을 결정짓는 절대적인 것으로 파악하는 의사擬似 과학이다. 지정학의 주된 개념은 공간이다. 공간이 정태적인 개념인 데 반해 거기에 사는 인간은 동태적 개념이다. 지정학에 의하면 국가는 공간을 정복함으로써 팽창하든지 그렇지 않으면 멸망하는 것이 역사의 법칙이며, 여러 국가의 상대적 국력은 그들이 정복한 영토의 상호관계에 따라 결정된다고 한다. 지정학이라는 기본 개념은 1904년 런던의 왕립지리학회에서 매킨더Halford Mackinder, 1861~1947가 발표한 〈역사의 지리적 중심축Geographical Pivot of History〉이라는 논문에서 비롯되었다. "역사의 도도한 흐름을 관망해볼 때 지리적 관계에 어떤 계속성이 있다는 것을 명확히 인식할 수 있지 않겠는가? 선박으로는 접근할 수가 없고, 옛날에는 말을 탄 유목민이 살고 있었으며, 오늘날에는 철도망으로 뒤덮인 유라시아의 광활한 지역이 오늘날의 세계 정치에서 중심 역할을 수행하고 있지 않은가?" 그것은 소위 세계의 '심장부Heartland'로서 동서로는 볼가 강에서 양쯔 강까지, 남북으로는 북극해에서부터 히말라야 산맥에 이르는 지역이다. "이 중심 지역 바깥으로는 '내부 반달형 지대a great inner crescent'와 '외부 반달형 지대an outer crescent'가 있는데 전자에는 독일, 오스트리아, 터키, 인도, 중국이, 후자에는 영국, 남아프리카공화국, 오스트레일리아, 미국, 캐나다, 일본이 각각 속한다." '세계섬World-Island'이란 유럽, 아시아, 아프리카 대륙을 통칭하는 개념으로 그 주변에는 그보다 작은 육지들이 무리 지어 있다. 이런 세계의 지리적 구조에서 지정학은 다음과 같은 결론을 도출해내고 있다. "동유럽을 지배하는 자는 심장부를 지배할 것이고, 심장부를 지배하는 자는 세계섬을 지배할 것이며, 세계섬을 지배하는 자는 마침내 이 세계를 장악하게 될 것이다."[3]

이런 분석에 기초하여 매킨더는 러시아의 부상을 예견했고, 혹은 어느 국가가 됐건 위에서 언급한 영토를 지배하는 국가가 이 세계를 지배하게 될 것이라 했다. 독일의 지정학자들은 나치 정권하에서 각국 국력의 계산과 독일 외교정책에 커다란 영향력을 행사한 카를 하우스호퍼Karl Ernst Haushofer, 1869~1946의 지휘 아래 좀 더 자세한 연구를

3_ Sir Halford J. Mackinder, *Democratic Ideals and Reality* (New York: Henry Holt, 1919), p. 150.

수행했다. 그들은 독일이 이 세계의 지배국이 되는 방법으로써 소련과의 군사 동맹 혹은 독일에 의한 동유럽 정복을 가정했다. 이런 가정이 지정학적 전제로부터 바로 추론될 수 없음은 명백하다. 지정학은 다른 지역과의 상대적 위치로 인해 세계 제패의 기반을 마련해줄 수 있는 중요한 지역이 어느 곳인지를 알려줄 뿐 그 지역이 어느 국가의 손에 들어갈지는 말해주지 않는다. 이리하여 독일의 지정학자들은 세계 제패의 지리적 발판인 '심장부'를 점령하는 것이 독일 민족의 사명임을 나타내기 위해 인구 압박을 핑계로 한 지정학적 주장을 만들어냈다. 독일 민족은 '생활 공간이 없는 민족'이요, 생존을 위해 반드시 가져야 할 '생존권Lebensraum'이 동구의 텅 빈 평원에서 손짓하며 그들을 부르고 있다는 것이었다.

매킨더와 페어그리브James Fairgrieve, 1870~1953의 글에서 소개된 지정학은 국력의 실체들 중 한 가지 측면을 부각한 것으로 지리학을 배타적인, 따라서 왜곡된 각도에서 본 견해였다. 지정학은 하우스호퍼와 그의 제자들 손에 의해 일종의 정치적 형이상학으로 변질되어 독일 민족의 야망에 부응하기 위한 이데올로기적 무기로 사용되었던 것이다.[4]

◆ 민족주의

지정학은 국력 문제를 전적으로 지리적 개념으로 이해하려 하며, 그

4_ 고립주의와 서구의 단결이 지니는 이데올로기적 의미는 지정학과 닮아 있는데 양자가 왜곡된, 혹은 허구의 지리적 요인들로부터 외교정책을 수립하고 있다는 점에서다. 고립주의의 왜곡은 이미 본문에서 지적했다. 서구 사회의 지리적 단결이라는 허구에 대해서는 다음 자료를 참조할 것. Eugene Staley, "The Myth of the Continents," in *Compass of the World*, edited by Hans W. Weigert and Vilhjalmur Stefansson (New York: Macmillan, 1944), pp. 89-108.

과정에서 변질되어 의사 과학적 전문 용어들로 구성된 정치적 형이상학으로 전락하게 된다. 이에 반해 민족주의는 국력을 전적으로 혹은 압도적으로 국민성이라는 개념으로 설명하며 변질 과정을 거쳐 인종주의라는 정치적 형이상학으로 타락해간다. 지리적 위치가 지정학에서 국력을 결정하는 한 가지 요소이듯 민족주의에서는 한 국가의 구성원이라는 사실이 비슷한 결정 요소가 된다. 이때 한 국가의 구성원이라는 자격은 언어, 문화, 조상, 인종, 국가에 대한 귀속감 등으로 규정될 수 있다. 하지만 어떤 식으로 규정되건 국가 구성원이라는 자격은 본질적으로 국민성이라 불리는 특성을 국민 각자가 공유할 것을 언제나 요구한다. 어느 국가 국민이든 이 국민성을 공통적으로 가지고 있으며 바로 국민성 때문에 다른 국가 국민과 구분된다. 국민성을 잘 보존하고 나아가 창조적 능력을 발전시켜나가는 것이 국가의 가장 중요한 임무다. 이 임무를 다하기 위해 국가는 자국민이 타국의 영향을 받지 않도록 하고, 자국의 국민성을 더욱 발전시킬 수 있도록 권력을 가져야 한다. 다시 말해 민족은 국가를 가져야 한다. '한 민족, 한 국가'라는 말은 따라서 민족주의의 선결 조건이며, 민족국가는 그것의 이상이다.

그러나 민족이 자기 보존과 개발을 위해 국가 권력의 도움을 받아야 한다면 국가는 자기 권력을 유지하고 증가시키기 위해 민족 공동체를 필요로 한다. 예를 들어 피히테Johann Gottlieb Fichte, 1762~1814와 헤겔의 저서에 나타나는 독일인의 민족주의적 철학을 살펴보면 국민성이나 정신은 그 민족 공동체의 영혼이요, 국가라는 정치적 기구는 그 민족 공동체의 육체이며, 다른 민족 공동체 사이에서 자기 임무를 수행해나가기 위해서는 영혼과 육체 모두가 필요하다. 민족 감정과 애국심의 핵심인 동족 감정, 공동의 문화와 전통에의 참여, 공동 목표의 인식 등은 민족주의에 의해 정치적 신비주의로 전환된다. 그 과정에서 민족 공동체와 국가는 초인간적 실체가 되며 국가의 구성원인 개인 위에 동떨어져 군림하는 절대적 충성의 대상이 되어 옛날의 우상처럼 국민과 재산의 희생을 요구하게 된다.

민족성이 인종적 측면을 숭배할 경우 이런 신비주의는 절정에 달한다. 여기서 민족은 생물학적 공동체, 즉 종족으로 인식되어 그것이 순수성을 간직하는 한 힘과 긍지가 충만한 국민성을 만들어내게 된다. 이민족의 피가 섞여 혈통의 순수성이 흐려지면 국민성을 오염시키고 나아가 국력을 약화시킨다. 따라서 민족의 동질성과 인종적 순수성이 국력의 핵심으로 간주되며 국력을 증강시키기 위해 소수 민족은 흡수되거나 추방되어야 한다. 결국 자기 민족의 민족성은 용기, 충성심, 규율, 성실성, 인내력, 지성, 지도력 등 모든 장점을 저장하는 창고처럼 여겨지며, 그것들을 가지고 있다는 사실 자체로 인해 다른 국가에 우월한 권력을 행사하는 것이 정당화되는 동시에 그런 권력의 행사가 가능해지기도 한다. 모든 민족주의가 비슷한 특성을 보이듯, 자기 민족의 특성을 과대평가하는 것은 자기 민족이 명품 종족이라는 개념으로 이어지고 국민성에 대한 맹목적 숭배를 초래한다. 월등한 민족적 성품에 힘입어 명품 종족이 세계를 지배하게 되어 있다는 것이다. 그 나라가 세계적인 지배력을 행사하는 것은 바로 이런 잠재력 때문이며, 잠자는 잠재력을 일깨워 세계 제국이라는 현실로 구체화시키는 것이 곧 정치가의 임무이자 군사적 정복의 정당한 근거라는 것이다.

민족주의의 지적·정치적 극단화와 민족주의의 타락한 자식인 인종주의는 민족주의적인 생각을 품지 않은 사람에게는 지나친 지정학이 그랬던 것보다 훨씬 더 충격적이고 반감을 갖게 했다. 지정학이 비록 지나쳤다고는 하지만 주로 독일에 한정되었으며 소수 언어로 은밀하게 자행되었다. 반면 극단적 민족주의는 멸종, 노예화, 그리고 세계 정복이라는 성전의 광신주의 속에 몇몇 국가를 집어삼킨 세속적 종교의 논리적 산물로서, 세계 도처의 여러 국가에 깊은 상처를 남겼다. 민족주의가 오직 국민성 하나만을 국가의 정치 철학, 정치적 계획, 그리고 정치적 행동의 축으로 내세우기 때문에 비판적인 관찰자들은 종종 그 반대의 극단으로 치달아 국민성의 존재 자체를 모두 부정해버리는 경향이 있다. 민족주의의 신비주의적이고 주관적인 본질을 보여주려는 데 여념이 없는 그들은 민족주의가 주장하는 경험적 근거인 국민성마저도 신화에 지나지 않음을 밝히려고 안달이다.

민족주의와 인종주의에 대한 비판을 쉽사리 수긍하는 사람이 많다. 즉 특정 집단 구성원이 공통으로 가진 생물학적 특성인 '혈통'에 의해 국민성이 필연적으로 결정된다는 것이 전혀 사실에 근거하지 않은 정치적 허구에 불과하다는 것이다. 또한 순수한 혈통의 불변적 특성에서 유래하는 국민성의 절대적 지속성이 정치적 신화일 뿐이라는 주장에 쉽게 동의하는 사람도 많다. 미국이라는 국가의 존재와 그 동화력은 이런 두 가지 잘못된 생각에 대한 좋은 반증이 된다. 반면 국민성의 존재와 그것이 국력에 미치는 영향력을 모두 부인하는 것은 경험적 사실에 반하는 일이며, 이에 대해서는 이미 위에서 몇 가지 예를 살펴보았다.[5] 국민성과 그것이 국력에 미치는 영향력을 전적으로 부인하는 것은 국민성을 민족주의적으로 신격화하는 것만큼이나 다른 국가들과의 상대적 측면에서 국력을 올바르게 평가하는 데 해가 되는 실수다.

◆ 군국주의

지정학과 민족주의가 지리와 국민성과 관련하여 저지르는 실수는 이미 언급했고, 군국주의 역시 군비와 관련하여 이와 똑같은 실수를 범한다. 군국주의 개념은 한 국가의 국력이 전적으로는 아니더라도 주로 양적으로 파악되는 군사력에 의존한다는 생각을 일컫는다. 세계에서 가장 많은 수의 육군, 가장 큰 해군, 가장 방대하고 빠른 공군, 그리고 압도적인 핵무기 보유 숫자는 국력이 막강하다는 사실을 배타적으로는 아닐지라도 유력하게 웅변하는 상징이 된다.

대규모 상비 육군보다는 해군에 군사력을 주로 의존하는 국가들은 독일, 프랑스, 소련과 같은 강력한 육군을 갖춘 국가들을 혐오감으로 꼬집기 일쑤다. 그들이 나름의 독특한 군국주의를 발전시켰다는 사실은 도외시해버린다. 앨프리드 머핸Alfred Thayer Mahan, 1840~1914과 같은 저술가들의 영향을 받아 해군의 규모와 질이 국력 형성에 미치는 중요성을 지나치게 강조했던 것이다. 미국의 경우 항공기의 속도와 항속 거리, 독특한 핵무기 등 군비의 기술적인 측면을 지나치게 중요하게 평가하는 경향이 두드러진다. 일반 독일 국민은 오리걸음을 하는

5_ 1권 p. 339 ff. 참고.

대규모 병사들의 모습 때문에 오해를 받는 경우가 많았다. 또 보통의 러시아인 역시 광활한 영토와 방대한 인구에서 나오는 소련 국력의 우월성을 노동절 날 붉은 광장의 너른 공간을 꽉 채우는 인파를 통해 경험한다. 전형적인 영국인은 대형 전함의 당당한 위용을 볼 때마다 어쩔 줄을 모르고 흥분하는 예가 허다하다. 많은 미국인은 원자탄의 비밀에 매료되어 압도당했다. 군비에 대한 이런 모든 태도에는 그릇된 공통 생각이 있다. 즉, 한 국가의 국력에 관계되는 모든 것이, 혹은 가장 관련이 많은 어떤 요소가 인간과 무기의 숫자와 질이란 측면에서 파악한 군사적 요소라는 생각이다.[6]

이런 군국주의적 오류에 뒤를 이어 국력과 물질적인 힘을 동일시하는 현상이 불가피하게 생겨나게 된다. 시어도어 루스벨트의 유명한 격언을 다시 한 번 음미해보자면, 군국주의적 외교의 전형적인 수단은 무조건 목청을 크게 하고 허세를 많이 부리는 것이다. 이런 방법을 주장하는 사람들은 때로 목소리를 낮추어서 얘기하되 허세를 계속 부

6_ 군국주의의 이런 면모는 다음 글에서 인상적으로 묘사되고 있다. R. H. Tawney, *The Acquisitive Society* (New York: Harcourt, Brace, 1920), p. 44. "군국주의는 군대의 성격이라기보다 사회의 성격이다. 군국주의의 본질은 군비의 특이한 질이나 규모가 아니고 사람의 정신 상태다. 사회생활의 특정한 부분에 그것이 집중되어 다른 모든 사람의 중재자가 될 때까지 승화되어야 비로소 사라진다. 애초에 군대가 존재하게 된 목적은 망각된다. 스스로의 권한에 의해 존재하고 아무런 정당화도 필요치 않다고 생각하게 된다. 불완전한 세계에 필요한 도구라기보다는 미신적 숭배의 대상으로 떠받들어져서 마치 그들 없이는 이 세상이 무미건조하고 황량해지기라도 하는 듯이 정치적 기구와 사회단체, 지성과 도덕, 그리고 종교를 한꺼번에 뭉쳐 하나의 행위, 즉 경찰이나 감옥의 유지, 하수도 청소와 같은 활동으로 몰아감으로써 정상적인 사회에서라면 부차적인 것에 지나지 않을 것을 군국주의 국가에서는 사회 그 자체의 신비한 축도와 같은 것으로 만들게 되는 것이다." "군국주의란 …… 숭배의 대상이다. 먼저 인간의 영혼을 피곤하게 한 뒤 육체를 찢어 우상을 섬기게 한다."

리는 것이, 또 때로는 필요할 때에 쓰더라도 허세를 가급적 부리지 않는 것이 오히려 더욱 현명하다는 사실을 잊고 있거나 미처 생각지 못하고 있다. 군국주의는 군사력에 대해 배타적으로 관심을 가지기 때문에 국력의 무형적인 요소는 경시하는 경향이 많다. 그런 무형적 국력 요소를 구비하지 못할 경우에는 아무리 강대국이라 해도 압도적인 군사력으로 다른 약소국을 위협해 굴복시키고 정복할 수야 있겠지만 정복한 국가들을 지배할 수는 없다. 그 지배에 대한 피지배국의 자발적 복종을 얻을 수 없기 때문이다. 결국 군국주의 국가는 군사력 사용을 줄임으로써 국력의 효율성을 추구하는 자제력 있는 국가에 굴복할 수밖에 없다. 로마와 영국의 제국 건설 정책이 멋지게 성공했던 것과 스파르타, 독일, 일본의 군국주의가 실패로 끝났던 것은 좋은 대조를 이루며, 우리가 군국주의라고 부르는 지적 실수의 치명적인 실제 결과를 잘 보여주고 있다.

이리하여 군국주의의 실수는 국력의 구조와 윤곽을 새로이 날카롭게 조명한다. 군국주의는 물리적 군사력의 극대화가 반드시 총체적 국력의 극대화를 의미하지는 않는다는 역설을 깨닫지 못한다. 군국주의의 본질적 실수가 바로 이것이다. 어떤 국가가 국제정치의 저울 위에 자기가 동원할 수 있는 최대의 물리적 힘을 얹어놓을 경우 그 힘을 상쇄하거나 능가하고자 전력을 다해 합심하는 경쟁국들과 만나게 될 것이다. 우방이라고는 없고 오로지 신하 아니면 적만 존재하는 상황에 직면하게 되는 것이다. 15세기에 접어들면서 근대 국가 체제가 등장한 이래 어느 국가도 자국의 물리적 강제력만으로 세계 다른 국가들을 오랜 기간 자기의 뜻에 따르도록 할 수는 없었다. 역사적으로 군국주의 정책을 취한 어떤 국가도 그 국가의 물리적 힘에 공포를 느껴 단합한 다른 국가들의 저항을 억누를 만큼 강하지 못했던 것이다.

오늘날 국제정치적으로 우월한 지위를 계속 유지할 수 있는 단 하나의 국가는 잠재적으로 우세한 국력, 강력하다는 명성, 그리고 드물게는 그 강력한 국력을 실제 사용하는 등의 요소를 보기 드물게 잘 조합한 결과 그런 지위를 확보했다. 이리하여 영국은 한편으로 국력 사용에서 자제력을 발휘한 까닭에 강력한 국가들을 동맹으로 끌어들일 수 있었고 그 결과 실제로 막강한 국가로 만들었기 때문에 우월한 지위를 넘보는 여러 심각한 도전을 물리칠 수 있었다. 또 한편으로 영국은 우월한 국력으로 다른 국가의 존립을 위협하지 않았기 때문에 영국에 도전하고픈 다른 국가들의 유혹을 최소화할 수 있었다. 강대국의 문턱에 섰을 때, 영국은 당대 가장 위대한 정치 사상가의 경고에 세심한 주의를 기울였다. 그 경고는 1793년 처음 언급되었을 때나 지금이나 마찬가지로 시의적절하다고 평가되고 있다.

> 야망을 경계하도록 환기해주는 여러 가지 말 가운데서 우리 자신을 조심하라고 한 말이 있다면 받아들여서 나쁘지는 않을 것이다. 단언컨대 나는 우리 자신의 권력과 우리 자신의 야망이 두렵고, 또한 우리가 너무나 겁내고 있다는 사실 자체를 두려워하고 있다. 우리가 사나이가 아니고, 사나이로서 우리가 어떤 식으로든 우리 자신을 결코 과장하지 않는다고 말한다면 그것은 우스운 이야기가 될 것이다. 심지어 지금 바로 이 순간 우리 중 과장되지 않은 사람이 있을까? 우리는 오늘날 전 세계 상권을 거의 독점하다시피 하고 있다. 인도에서 경

영하는 우리 제국은 굉장한 것이다. 우리가 만일 상업적 측면에서의 이런 우세한 지위를 그대로 유지하고 다른 모든 국가의 상업을 우리의 선의에 전적으로 의존시킬 수 있는 상황에 있다면 우리는 이런 놀랄 만하고 지금껏 들어보지도 못한 권력을 결코 남용하지 않으리라고 말할지도 모른다. 하지만 다른 모든 국가는 우리의 그런 공약을 믿지 않고 틀림없이 권력을 남용하리라 생각할 것이다. 그러나 어쨌든 이런 사태가 우리에게 적대적인 동맹 세력을 형성시키고 우리를 결국 멸망시키는 일은 일어나지 않을 것이다.[7]

7_ Edmund Burke, "Remarks on the Policy of the Allies with Respect to France," *Works*, Vol. IV (Boston: Little, Brown, 1899), p. 457.

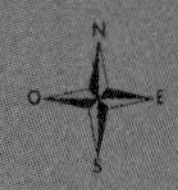

제4부

국가 권력의 제한: 세력 균형

Politics Among Nations

제11장

세력 균형

현상을 유지하려거나 타파하려는 여러 국가의 권력욕은 반드시 세력 균형[1]이라는 상태를 낳고 또 그것을 유지·보존하려는 정책을 낳는다. 이때 "반드시"라는 말은 심사숙고 끝에 사용한 것이다. 왜냐하면 여기서 우리는 국제정치에 대한 우리의 올바른 이해를 방해하고 우리를 환상의 노예로 만들어버리는 기본적인 오해에 또 한 번 직면하기 때문이다. 이 오해의 내용은 인간들이 한편으로 권력 정치와 그 부산물인 세력 균형과, 다른 한편으로 좀 더 색다르고 나은 형태의 국제관계 중에서 자기 마음대로 선택할 수 있다는 것이다. 나아가 세력 균형을

1_ 세력 균형이란 개념은 네 가지 의미로 쓰이고 있다. ① 어떤 상태를 이룩하고자 하는 정책 ② 실제적인 상태에 대한 묘사 ③ 권력이 거의 비슷하게 분배된 상태 ④ 기타 여러 권력 배분 상태가 그것이다. 권력 분포 일반에 대해 아무 전제 조건 없이 이 개념을 사용할 때에는 권력이 여러 국가 사이에 거의 비슷하게 분배되어 있는 실제적인 상황을 의미하는 것이다. 권력 배분의 일반적 상황을 의미하는 용어에 대한 설명은 1권 p. 495 ff 참고.

근간으로 하는 외교정책은 몇 가지 실현이 가능한 외교정책 가운데 하나이며, 어리석고 사악한 사람만이 전자를 택하고 후자를 배격하리라고 주장한다.

이후에서는 국제적 세력 균형은 여러 독립적인 단위로 구성된 모든 사회가 그 구성원의 독립성 유지에 도움이 되는 일반적 사회 법칙의 한 특별한 표현 형태라는 점과, 세력 균형 및 그 보존을 위한 정책은 불가피한 정책일 뿐 아니라 주권 국가로 구성된 국제 사회의 가장 중요한 안정 요소라는 점, 그리고 국제적 세력 균형의 불안정성은 그 원칙의 결함에 기인하는 것이 아니라 주권 국가로 구성된 국제 사회에서 그 원칙이 적용되는 특별한 상황 조건 때문에 생긴다는 점 등에 대해서 살펴보고자 한다.

사회적 평형

보편적 개념으로서의 세력 균형

'균형'이라는 말과 동의어로 쓰이는 '평형'이라는 개념은 물리학, 생물학, 경제학, 사회학, 그리고 정치학 등 여러 학문 분야에서 쓰이는 개념이며 여러 독자적 힘으로 구성되는 한 체제 내부에서의 안정을 의미한다. 이 평형이 체제 외적인 힘이나 그 체제를 구성하는 하나 혹은 다른 여러 요소에 의해 파괴될 때는 언제나 원래의 평형, 혹은 새로운 평형을 다시 이루고자 하는 경향을 보인다. 이런 평형은 인체에도 존재한다. 성장 과정에서 인체는 변화하게 마련이지만, 신체 여러 기관에서 일어나는 변화가 그 신체의 안정성을 해치지 않는 한 신체의 평형은 지속된다. 여러 신체 기관에서의 양적·질적인 다양한 변화가 서로 간에 일정한 비율로 조화를 이룰 경우 특히 그러하다. 하지만 신체의 어느 한 기관이 외부 요인에 의해 상처를 입거나 떨어져 나갈 경우, 또는 악성 종양과도 같은 것이 커질 경우나 병을 앓고 있을 경우, 신체의 평형은 깨지게 되고, 신체는 평형의 교란이 일어나기 이전에 유지하던 것과 같은 수준의 평형 또는 다른 어떤 수준의 평형을 이룩함으로써 그 교란을 극복하려 노력한다.[2]

평형이라는 똑같은 개념은 사회과학, 특히 경제학에서도 널리 쓰인다. 그것이 의미하는 것은 경제체제의 여러 다른 요소 간에 존재하는 관계로서, 예를 들어 저축과 투자, 수출과 수입, 공급과 수요, 비용과

2_ 사람의 신체와 사회의 평형 상태에 대한 유사성을 인상적으로 분석한 내용으로는 다음 자료를 참고할 것. Walter B. Cannon, *The Wisdom of the Body* (New York: W.W. Norton, 1932), pp. 293-294. "국가(body politic) 그 자체도 원시적이나마 자동 안정화 과정을 보여주는 징후가 있다는 점을 우선 지적해야 하겠다. 앞에서 이미 나는 어떤 복잡한 체제가 상당한 지속성을 보여주고 있는 것 자체가, 어떤 기관이 있어 그 지속성을 유지시키거나 유지시킬 태세가 되어 있다는 것을 반증한다는 가설을 설명했다. 더 나아가 어떤 체제가 지속성을 보이는 것은 변화하려는 어떤 경향이 그 변화에 반대하는 요인이나 요인군의 효과적인 저항에 의해 견제되기 때문이라는 가설도 세웠다. 심지어 오늘날과 같은 불안정한 사회에서도 이 말이 사실로 통할 수 있는 것은 우리에게 친숙한 몇 가지 사실을 살펴보면 알 수 있다. 보수주의의 표현은 과격한 저항을 고취시키고 이는 다시 보수주의로의 복귀로 나타난다. 나약한 정권은 개혁론자들의 득세를 초래하지만 그들의 강력한 통치는 곧 반항과 휴식에 대한 욕구를 불러일으킨다. 고결한 정열과 전쟁의 희생 뒤에는 도덕적 환멸과 방종의 난행이 뒤따른다. 국가에서 나타나는 어떤 강력한 경향도 파탄 상태로까지 이어지는 경우는 드물다. 극단에 다다르기 전에 반대 성향이 나타나 견제력을 발휘하고 이 상태가 어느 정도 계속되다가 또 다른 견제력을 유발한다. 이런 사회적 변동과 역전을 연구해보면 현실에 대한 좀 더 정확한 이해와 교란 상태의 좀 더 효율적인 치유책을 발견할 수 있을지 모른다. 하지만 여기서 우리는 교란이 아주 대략적인 상태로만 억제되었다는 사실을 알아야 한다. 이런 억제가 아마도 사회적 자동 조절 기능의 초기 단계가 아닌가 한다." (출판사의 허락을 받아 전재.)

가격 간에 성립한다. 오늘날의 자본주의 그 자체는 '상호 대립하는 힘'[3]이 균형을 이룬 체제라고 표현되고 있다. 이는 또 전반적인 사회에도 적용될 수 있는 개념이다. 때문에 우리는 동과 서, 남과 북과 같은 여러 지리적 영역 간에 적절히 균형을 유지하려 노력하며, 농업과 공업, 중공업과 경공업, 대기업과 소기업, 생산자와 소비자, 경영자와 노동자 사이에서와 같은 여러 종류의 활동 간에도 균형을 추구할 뿐 아니라 도시와 농촌, 각 연령층, 경제적 분야와 정치적 분야, 중산층과 빈부 계층과 같은 여러 기능적 집단 사이의 균형도 아울러 추구한다.

이런 모든 균형 상태의 기초에는 두 가지 기본 가정이 있다. 첫째, 균형을 이루는 모든 구성요소는 그 체제에 필요하거나 아니면 존재할 권리가 있다는 것, 둘째 모든 요소 사이에 균형 상태가 없으면 한 요소가 다른 요소들의 이익과 권리를 침해하고 지배하게 되어 결과적으로 다른 요소들을 파괴하리라는 점이다. 결론적으로 그런 모든 균형의 목적은 체제를 구성하는 요소들의 다양성을 파괴하지 않고 체제의 안정을 유지하는 데 있다. 만일 안정성 하나만이 목표일 경우 한 가지 요소가 다른 요소을 파괴하거나 압도하여 그 자리를 대신 차지하도록 함으로써 쉽게 달성될 수 있다. 안정성과 그 체제의 모든 구성요소의 보존을 동시에 목표하기 때문에 균형은 한 요소가 다른 요소들을 해치거나 지배하지 않도록 해주어야 한다. 균형 유지에 사용되는 수단

3_ John K. Galbraith, *American Capitalism, the Concept of Countervailing Power* (Boston: Houghton Mifflin, 1952).

들은 체제의 각 구성요소들이 제각기 대립적 경향을 추구하되 한 요소의 경향이 다른 요소의 경향을 능가하거나 압도할 수 있을 만큼 강하지 않아야 하며, 자기 나름의 경향을 능가하거나 압도하려는 다른 요소의 경향을 방어할 수 있을 만큼 강해야 한다. 로버트 브리지스 Robert Bridges, 1844~1930의 견해는 다음과 같다.

> 우리의 안정은 균형일 뿐이다. 그리고 지혜란 예측할 수 없는 것들을 훌륭하게 관리하는 데 있다.

《연방주의자》에서만큼 사회적 균형의 작동 원리를 훌륭하고도 간단명료하게 언급한 예는 드문 듯하다. 미국 정부의 견제와 균형 체제에 대해 《연방주의자》 제51호는 다음과 같은 내용을 수록하고 있다.

> 대립적이고 경쟁적인 이익을 가지고 결점에다 더 나은 동기를 부여하는 이런 정책은 아마도 공적·사적 인간사의 전체 체제에서 찾을 수 있을 것 같다. 하위 체제에서의 권력 분배 상황을 살펴보면 이를 더욱 잘 알 수 있다. 거기서는 여러 직책을 나누고 조정하여 서로가 서로에 대해 견제하도록 하는 것을 영원한 목표로 삼고 있어서 개인 각자의 사적인 이해관계가 공공의 권리를 감시하는 보초와도 같은 구실을 할 수 있다. 국가 최고 통치권의 분배에서도 사려 깊은 이런 제도가 필요하다.

랜돌프 John Randolph, 1773~1833의 견해에 의하면, "양피지 문서에 빼꼭히 제한 사항을 채울 수야 있겠지만, 권력을 제한할 수 있는 것은 오로지 권력뿐이다."[4]

국내정치의 세력 균형

국제정치 이외의 분야에서 평형 혹은 균형이라는 개념이 가장 잘 적용되는 곳은 사실상 국내정치와 정부다.[5] 특히 의회 정치체제에서는

4_ William Cabell Bruce, *John Randolph of Roanoke* (New York and London: G. P. Putnam' s Sons, 1922), Vol. II, p. 211.

5_ 세력 균형이 보편적 사회 현상이긴 하지만 그 기능과 결과가 국내정치와 국제정치에서 각각 다르게 나타난다는 점은 새삼 언급할 필요도 없을 것이다. 국내정치적으로 세력 균형이란 사회 통합체라는 비교적 안정된 틀 속에서 작용한다. 거기서는 강력히 단결된 여론과 중앙 정부라는 도전 불가능한 권력체가 그 사회를 유지하고 있다. 국제적 무대에서는 의견 일치가 약하고 중앙 집권적 권위 체제가 없기 때문에 사회의 안정성과 구성원의 자유가 다분히 세력 균형 기능에 의존하게 된다. 제14장에서 좀 더 상세히 언급할 것이다.
다음 글과 비교해보라. J. Allen Smith, *The Growth and Decadence of Constitutional Government* (New York: Henry Holt, 1930), pp. 241-242. "국제법을 해석하고 국제관계를 감독해줄 수 있는 일반적인 공평한 기구가 없는 상황에서 모든 국가는 스스로의 권위를 고양시키기 위해서뿐만 아니라 가능하다면 경쟁국의 권위 증가를 막기 위해 고심하게 된다. 독립 국가로 구성된 이 세계의 자기 보존 본능은 외부적 침략 위험에 대비하여 안전을 도모하고자 권력을 추구하도록 각국을 부추긴다. 가상의 적대 진영에 대해 안전을 염려하지 않아도 좋을 만큼 강력한 국가가 없다는 사실은 동맹 및 대항 동맹의 결성을 필요하게 만들며, 이 동맹을 통해 각국은 자신의 안전이 위협받을 경우에 필요한 지원을 확보하고자 한다. 세력 균형을 유지하기 위한 투쟁이라 불리는 것이 바로 이것이다. 이는 국가적 견제와 균형 이론을 국제정치적으로 적용시킨 것에 지나지 않는다. 어느 국가가 국제적으로 강대해지면 여타 다른 국가의 이익과 복지에 명백한 위협이 된다는 것은 설득력 있는 가정이다. 방어 수단으로 확보된 것이라 할지라도 권력은 그것을 장악한 국가가 가상의 적국보다 강력하다고 느끼는 순간부터 국제 평화에 대한 위협이 된다. 국제정치적 세력 균형을 유지하는 것보다는 어떤 국가가 특이한 이익을 획득함으로써 지위 향상을 이루지 못하게 하는 것이 더 필요하다. 그러나 이 세력 균형이 공포를 바탕으로 모든 국가가 전쟁에 대비하고 있어야 한다고 가정하기 때문에 그것을 국제 평화에 대한 보장책이라고 간주하기에는 아무래도 어려울 것이다." (출판사의 허락을 받아 전재.) 다음 책도 참고할 것. *The Cambridge Modern History* (New York: Macmillan., 1908), Vol. V, p. 276 .

그 나름의 세력 균형을 발전시켜왔다. 다당 제도가 특히 그런 발전에 커다란 기여를 했다고 볼 수 있다. 입법부의 소수파를 대변하는 두 그룹이 상호 대립할 수도 있으며, 다수파의 형성은 제3의 그룹이 어느 쪽에 표를 던지느냐에 달려 있다. 이 제3의 그룹은 두 그룹 중에서 잠재적으로나 실제적으로 약세를 보이는 쪽에 가담하여 나머지 더 강한 쪽을 견제하는 경향이 있다. 미국 의회의 양당 제도에서조차 이런 전형적인 견제와 균형의 원리가 보이는데 프랭클린 루스벨트 행정부의 마지막 몇 년과 트루먼 행정부의 거의 전 기간 동안 남부 민주당은 제3의 정당을 자처하고 여러 정치 의안에 대해 소수파인 공화당을 지지했던 것이다. 그렇게 함으로써 그들은 의회 다수파인 민주당을 견제했을 뿐 아니라 민주당에 의해 지배되는 행정부마저 견제할 수 있었다.[6]

오늘날 구성요소 간의 균형 유지 작용에 의해 정부 체제의 안정성이 유지되는 전형적인 예로서는 미국 정부를 꼽을 수 있다. 제임스 브라이스James Bryce, 1838~1922는 다음과 같이 얘기하고 있다.

6_ 일반적 문제점에 대한 명료한 논의를 위해서는 다음 자료를 참고. John Stuart Mill, *Considerations on Representative Government* (New York: Henry Holt, 1882), p. 142. "이렇게 구성된 국가에서 대의제가 이상적으로 정비되고 지속적으로 유지될 수만 있다면 근로자와 그 가족을 한편으로 하고 그들의 고용주와 그 가족을 다른 한편으로 두 계급이 대의제하에서 균형을 이루는 조직이 탄생하여 이 두 계급이 의회에서 같은 숫자로 맞서 영향력을 행사하게 될 것이다. 그들 사이에 어떤 견해 차이가 있더라도 각 계급의 다수는 자기의 계급적 이해의 지배를 받을 것이고 이성과 정의, 그리고 전체의 이익이라는 견지에서 행동하는 소수도 존재할 수 있을 것이다. 이 소수파가 다른 모든 사람과 힘을 합칠 경우 자기와 같은 계급의 다수파의 요구를 물리치고 바람직하지 못한 정책이 추진되는 것을 막을 수도 있을 것이다." p. 147도 참고할 것. 연방 정부의 세력 균형에 대해서는 p. 9, p. 191을 참고.

헌법은 공공연하게 견제와 균형을 위한 도구로서 제정되었다. 정부 각 부처는 다른 부처를 견제하여 전체적 균형을 유지해야 한다. 입법부는 행정부와 사법부 모두 균형을 유지해야 한다. 입법부의 상하 양원은 서로 균형을 잡도록 되어 있다. 모든 이런 부서를 통합하는 연방 정부는 주 정부를 견제하도록 되어 있다. 균형은 국민 자신에 의하지 않고서는 바꿀 수 없는 문서 상의 보호를 받고 있기 때문에, 연방 정부의 어느 한 부서가 다른 부서들을 흡수해버리거나 압도하는 일은 있을 수 없었으며, 각 부서는 그들 나름의 독자성을 유지하고 있고 일정한 범위 내에서만 다른 부서에 도전할 수 있을 뿐이다.

그러나 여러 정치적 기구와 직책들 사이에는 끊임없는 갈등과 경쟁이 벌어지면서 생존을 확보하려는 현상이 반드시 생기게 된다. 이는 다윈이 이미 언급한 것처럼 식물과 동물이 생존을 위한 투쟁을 벌이는 것과 비슷한 내용이 될 것이다. 동물과 식물의 경우가 그렇듯 정치적 분야에서도 이런 투쟁은 정치적으로 활동하는 개인과 기관을 부추겨 자기 보존을 위해 타인과 타 기관에 대해 최대한 영향력을 행사하게 하며, 발전이 가능한 어떤 방향으로든 자신의 재능을 발전시키게 하는 것이다. 미국 정부의 각 기관은 자신의 권력과 그 영향력의 범위를 증가시키기 위해 끊임없는 노력을 해왔으며 몇 가지 방향으로 상당한 발전을 이룩하기도 했지만, 다른 어떤 면에서는 다른 기관의 강한 압력 때문에 여러 가지로 제약을 받아왔다.[7]

7_ *The American Commonwealth* (New York: Macmillan, 1891), Vol. I, pp. 390-391.

《연방주의자》 제51호는 비어드Charles A. Beard, 1874~1948가 얘기한 '동적 평형' 또는 '움직이는 힘의 평행사변형'[8]과 같은 권력구조에 대해 다음과 같이 노골적으로 이야기하고 있다. "……약점은 보완되어야 한다. 그렇게 정부의 내적 구조를 개선함으로써 상호관계에 의해 몇몇 헌법적 기구들이 서로를 각기 제자리에 위치시킬 수 있는 수단이 될 수 있도록 해야 한다. …… 한 부서 내에 몇 가지 권력이 점차 집중되는 것을 막아 안전을 보장하기 위해 가장 중요한 것은 각 부서를 관할하는 사람들에게 필요한 헌법적 수단과 개인적 동기를 주어 다른 부서의 침입을 막도록 하는 것이다. …… 이렇게 볼 때 다른 모든 경우도 마찬가지겠지만 방어를 위한 준비가 그 안에 있어야 하고, 그것은 공격의 위험성에 맞는 것이어야 한다. 야망에는 야망으로 대처해야 하는 것이다. 개인의 이해관계는 위치에 따른 헌법적 권리와 연결되어야 한다."

헌법에서 이런 조치를 취해 두는 목적은, "사회의 어느 한 부분이 다른 부분이 저지르는 부당한 행위로 인해 피해를 받지 않도록 해주는 것이다. 사회에 여러 계층의 사람이 있듯이 그 사회에는 필연적으로 다양한 이해관계가 존재하게 된다. 다수파가 공통의 이해관계를 매개로 연합전선을 형성한다면 소수파의 권리는 불안정해지게 된다."

매디슨James Madison, Jr.과 같은 저자는 소수파의 권익을 보장하는 방법의 하나로 "사회 내에 많은 별개의 시민 조직이 구성됨으로써 다수의 부당한 결합이 비현실적이지는 않을지라도 매우 어려워 보이도록

8_ *The Republic* (New York: The Viking Press, 1944), pp. 190-191.

했다. …… 사회 자체가 파벌, 이해관계, 시민 계급 등에 의해 아주 복잡하게 나뉘기 때문에 개인과 소수파의 권리가 다수의 관심 있는 결합에 의해 침해될 확률이 줄어들게 된다"라고 말했다. 사회의 안정성은 '이해관계의 다양성'에 달려 있으며 그 안정성의 정도는 '이해관계의 수'에 의해 결정될 것이다. 그래서 찰스 비어드는 미국 정부의 철학을 다음과 같이 요약한다. "입안자들은 활동 중인 정부를 곧 권력이라고 파악했다. 그래서 그들은 인간의 야망, 이해관계, 권력을 세 부분으로 나누고 각기 상호 대립하도록 하여 어느 한 기구가 모든 권력을 장악하거나 위험할 정도로 강력해지는 것을 막도록 했다."[9]

미국 정부의 구조와 동적인 측면을 분석하기 위해 《연방주의자》나 제임스 브라이스, 그리고 찰스 비어드가 사용했던 개념을 국제정치학의 개념과 바꾸기만 하면 미국 헌법의 견제와 균형 체제와 국제적 세력 균형 체제에 공통적인 중요한 요소들이 떠오른다. 다시 말해서, 미국적인 견제와 균형 체제나 국제정치적인 세력 균형 체제는 모두 같은 동기에 의해 생겨났다는 얘기다. 이 두 체제가 사용하는 수단이라든가 목표 달성의 정도 등에서 물론 큰 차이가 있을 수 있지만, 두 체제는 스스로의 안정성 유지와 구성요소의 독립성 유지라는 공통의 기능을 수행한다. 또한 그 두 체제는 똑같이 동적인 변화 과정, 불균형, 그리고 다른 차원에서의 새로운 균형의 수립 등을 겪게 된다.

국제적 세력 균형의 가장 중요한 형태는 어떤 것일까? 그것이 생

9_ Ibid. Cf. John C. Calhoun, "A Disquisition on Government," in *The Works of John C. Calhoun*, (Columbia: A. S. Johnton, 1851), Vol. I, pp. 35-36, 38-39.

겨 나오는 전형적인 상황 조건은 어떤 것이며 또 그것이 가장 잘 작동하는 상황 조건은 어떤 것일까? 국제적 세력 균형이 수행하는 기능과 역할은 과연 어떤 것인가? 최근 역사를 통해 그것은 어떤 방식으로 변해왔는가?

세력 균형의 두 유형

국제 사회의 근저에는 두 가지 요소가 존재한다. 하나는 다양성이며, 다른 하나는 국제 사회를 구성하는 요소, 즉 개별 국가들 간의 적대감이다. 개별 국가의 권력욕은 서로 간의 분쟁으로 발전할 수 있으며, 대부분의 국가는 아니더라도 몇몇 국가들은 역사상 어느 시점에 두 가지 방식으로 권력 대결을 펼친다. 다시 말해 국제 무대에서의 권력 투쟁은 두 가지 전형적인 유형으로 수행된다.

직접 대결

A국이 B국에 대해 제국주의 정책을 채택하고, 그 정책에 대해 B국은 현상유지정책 혹은 자기 나름의 제국주의 정책으로 맞서는 경우가 있다. 1812년 러시아와 맞선 프랑스와 그의 동맹국들, 1931~1941년까지 중국과 대치한 일본, 1941년 이래 추축국들과 대결을 벌인 연합국 진영 등이 바로 이 경우다. 이 유형은 다른 국가에 대한 지배권을 수립하려는 국가와 그에 굴복하기를 거부하는 국가들 간의 직접적 대립의 형태다.

A국은 C국에 대해서도 제국주의 정책을 취할 수 있으며 이에 대해 C국이 반항하든지 받아들일 수 있고, B국도 C국에 대해 제국주의 정책 혹은 현상유지정책을 취할 수 있다. 이 경우 C국에 대한 지배는 A국 외교정책의 목표다. 반면에 B국은 A국의 외교정책에 대해 반대할 것이다. C국에 대해 현상유지정책을 추구하거나, C국을 자신이 직접 지배하려고 노리고 있기 때문이다. 여기서 A국과 B국 사이의 권력 투쟁 형태는 직접 대결이 아니라 경쟁관계이고, 그 경쟁의 목표는 C국에 대한 지배권의 확립이며 A국과 B국 사이의 권력 투쟁은 그 경쟁국을 매개로 해서만 벌어지게 된다. 이런 형태의 권력 투쟁은, 예를 들어 이란에 대한 지배권을 확립하기 위해 경쟁을 벌인 영국과 소련 간의 관계에서 볼 수 있으며 양국은 지난 100여 년간 종종 대립해왔다. 제2차 세계대전 직후 독일에 대한 지배적 영향력을 두고 치열하게 경쟁했던 프랑스, 소련, 그리고 영국 사이의 관계도 그런 예다. 미국과 중국이 동남아시아 각국을 지배하기 위해 경쟁을 벌인 것도 이 형태의 또 다른 좋은 예다.

세력 균형은 바로 이런 상황하에서 작용하며 두 가지 전형적인 역할을 수행한다. 두 국가가 서로 자기 정책이 상대방 국가의 정책을 압도할 것을 원할 때 그 결과로 직접 대립 형태의 세력 균형이 나타난다. A국은 B국을 의식하고 국력을 신장시켜 B국의 외교정책 결정을 마음대로 조절하고 나아가 자국의 제국주의 정책을 성공시키려 노력한다. 반면에 B국은 A국의 그런 압력에 충분히 저항할 수 있고 A국의 정책을 좌절시킬 수 있을 만큼 힘을 키우거나, 나름의 제국주의 정책을 성공시키려 시도할는지도 모른다. 후자와 같은 경우 이번에는 A국이 B국의 제국주의 정책에 대항하거나 나름의 제국주의 정책을 추구하기 위해 국력을 신장시켜야 한다. 적대관계에 있는 세력 간의 이런 균형 유지 작용은 계속되어 한 국가의 국력 증가가 상대방의 국력을 최소한 비슷한 수준으로 증가시키고, 마침내 이들이 제국주의 정책 목표를 전면적으로 포기하지는 않더라도 바꾸는 상황까지 진행된다. 혹은 마침내 한 국가가 다른 국가들에 대해 결정적으로 유리한 지위를 얻든지, 얻었다고 믿게 될 때까지 진행된다. 그렇게 되면 약자가 강자에게 항복을 하든지 전쟁이 발생하게 된다.

그런 상황에서 세력 균형이 성공적으로 작동되는 한 그것은 다음 두 가지 기능을 수행한다. 우선 여러 국가 간의 관계에서 불안하나마 안정 상태를 조성한다. 그 안정성은 언제나 교란될 위험이 있고, 따라서 항상 다시 회복되어야 할 필요가 있다. 그러나 이것은 우리가 가정하는 권력 상황 아래서 확보될 수 있는 유일한 안정성이다. 왜냐하면 오늘날 우리는 세력 균형의 불가피한 내적 모순과 마주하고 있기 때문이다. 우리가 세력 균형에서 기대하는 두 가지 기능 중 하나는 국가 간의 권력관계에서 안정성을 유지하는 일이다. 하지만 이미 우리가 살펴보았듯이 이런 관계는 본질적으로 끊임없이 변화한다. 그것은 본질적으로 불안정하다. 저울의 상대적 위치를 결정하는 추가 자꾸 무거워지거나 가벼워지는 식으로 끊임없이 변하는 경향이 있으므로 세력 균형을 통해 이룩되는 안정성이란 불안정할 수밖에 없고 틈틈이 발생하는 변화에 맞추어 영원히 조절되어야 하는 것이다. 이런 상황에서 성공적인 세력 균형이 수행하는 또 하나의 기능은 한 국가의 자유를 보장해 타국의 지배를 받지 않도록 해주는 것이다.

균형이 이처럼 본질적으로 유동적이며 불안정한 특성을 띠기 때문에, 그리고 일시적이거나 우연한 현상이 아니라 언제나 그리고 본질적으로 불안정하고 유동적이기 때문에, 관련 국가들의 독립 또한 본질적으로 불안정하고 위험한 상태에 놓여 있다. 그러나 우리는 여기서 다시 한 번 다음 사실을 언급해두어야 할 듯하다. 즉 권력 유형의 조건을 고려할 때 각국은 오로지 스스로의 힘에 의존해 자기의 자유를 잠식하려는 타국의 힘을 방어하고 독립을 지킬 수밖에 없다. 다음의 그림은 이런 상황을 잘 보여주고 있다.

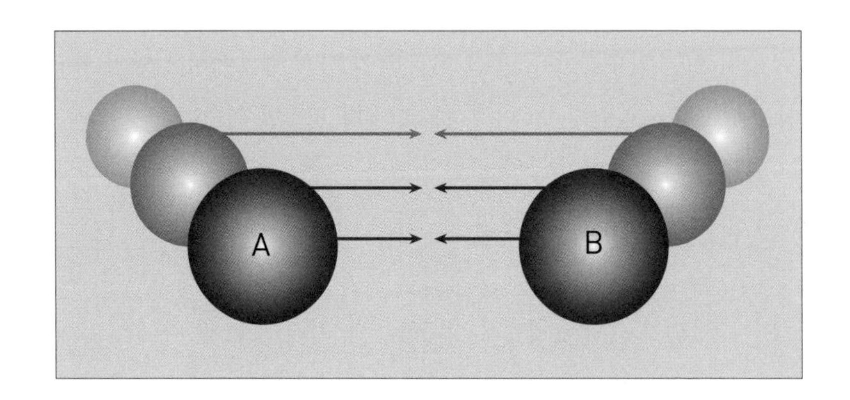

경쟁

경쟁의 형태를 띠는 세력 균형도 기본 구조는 위에서 이미 언급한 내용과 큰 차이가 없다. C국을 가운데 두고서 이를 지배하려는 A국과 B국의 힘이 상대방을 능가하지 못할 경우 그 두 힘은 서로 견제되어 균형을 이룬다. 하지만 이 균형이 수행하는 기능은 A국과 B국 사이에서 불안하나마 안정과 안전을 유지하는 것 이외에, A국 혹은 B국에 의한 지배를 막아 C국의 독립을 보장하는 것이다. 이때 C국의 독립은 단순히 A국과 B국 사이에 존재하는 권력관계의 기능일 뿐이다:

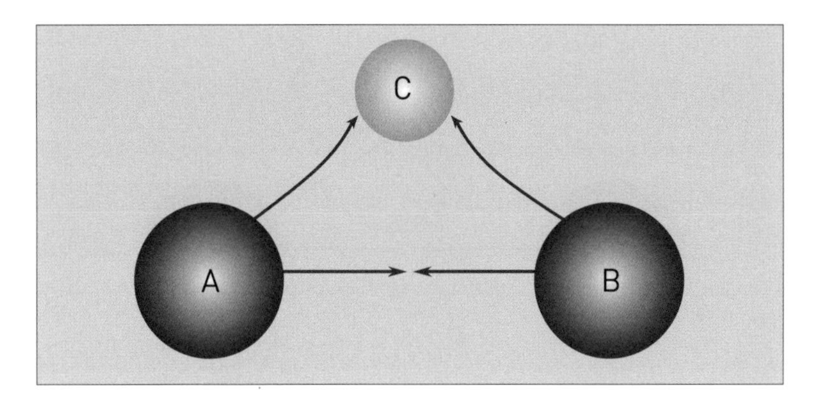

만일 이런 권력관계가 제국주의 국가 쪽에, 예를 들어 A국에 결정적으로 유리하게 변해버린다면 C국의 독립은 그 즉시 위험한 상태에 놓이게 될 것이다.

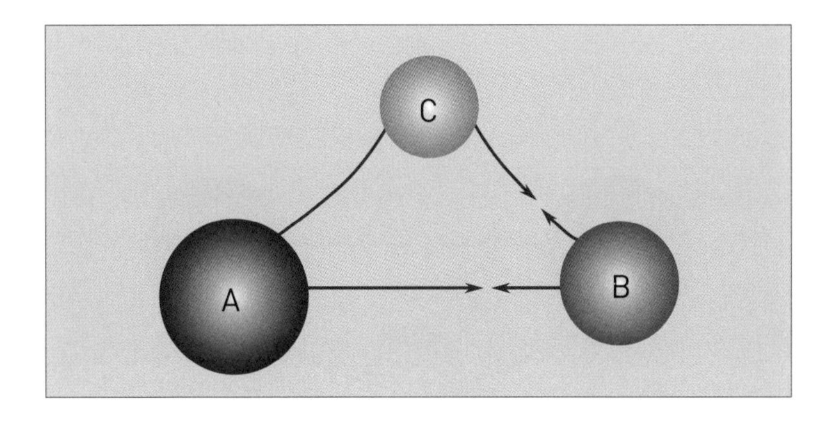

만일 현상유지를 원하는 국가, 즉 B국이 결정적이고 영원하게 유리

한 위치를 점하게 될 경우, B국의 그런 유리한 위치 때문에 C국의 자유는 좀 더 안전해질 수 있다.

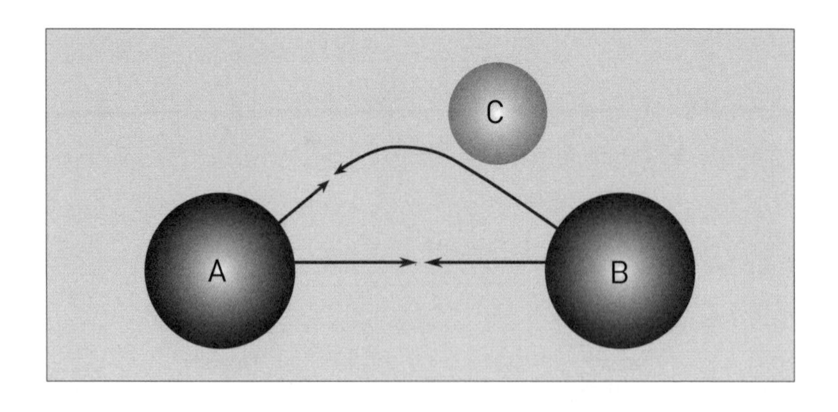

끝으로, 만일 제국주의 정책을 취하던 A국이 그 정책을 전면적으로 포기해버리든지, 제국주의 정책의 목표를 C국에서 D국으로 옮겨 갈 경우 C국의 자유는 영원히 확보될 수 있을 것이다.

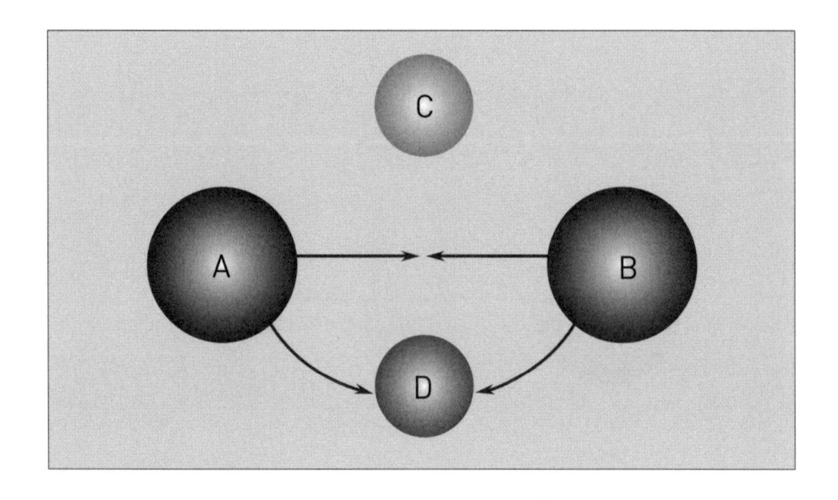

약소국의 독립을 보존하는 세력 균형의 이런 기능에 대해서는 에드먼드 버크만큼 잘 인식하고 있는 경우도 드물다. 그는 1791년에 발표한 《프랑스 정세에 관한 소고Thoughts on French Affairs》라는 글에서 다음과 같이 주장하고 있다.

> 이를 두 군주(프로이센 왕과 독일 황제)의 사이가 나쁜 한 독일인의 자유는 보장된다. 하지만 그들이 합의에 의해 일정한 비율로 영토를 증가시키는 편이 둘 다 영토를 감소시키는 것보다는 자기들에게 더 직접적이고 명확한 이익이 된다고 깨닫는다면, 즉 서로가 상대방에게 해코지당하지 않으려는 예전의 정책을 고수하면서 안전을 도모하는 것보다는 전리품을 나누어 가짐으로써 양쪽 모두가 더 부강해질 수 있다는 사실에 생각이 미칠 경우, 바로 그 순간부터 독일의 자유는 더 이상 기대할 수 없게 된다.[10]

역사적으로 약소국들은 언제나 독립을 지키기 위해 (제2차 세계대전 이전의 벨기에와 발칸 제국처럼) 세력 균형에 의존하든지, (중남미 약소국들과 포르투갈처럼) 어느 한 보장 세력의 우월한 권력에 의존하든지, 또는 (에스파냐와 스위스처럼) 제국주의 국가들의 관심을 끌지 못하는 지리적 여건을 이용했다. 그런 약소국들이 중립을 유지하는 능력은 언제나 위에서 살펴본 여러 요인 중의 하나 혹은 모두에 의존하고 있었다. 예를 들어 네덜란드, 덴마크, 노르웨이는 제2차 세계대전보다는 제1차

10_ *Works* (Boston: Little, Brown, 1889), Vol. IV, p. 331.

세계대전 당시 그러했고, 스위스와 스웨덴의 경우는 양차 대전 전체 기간 동안 위와 같은 상황적 여건을 이용해 독립을 유지했다.

소위 완충국이라 불리는 국가가 생기게 된 까닭도 바로 그런 요인들이 작용했기 때문이다. 완충국은 강대국들 가까이에 위치하면서 그들의 군사적 안전에 기여하는 약소국을 일컫는다. 강대국 간의 세력 균형 때문에 완충국으로서 국가의 생존을 유지하는 가장 좋은 사례로는 1831년 독립 국가로서 건설된 이래 제2차 세계대전에 이르기까지의 벨기에가 있다. 핀란드에서 불가리아에 이르기까지 소련의 서부 및 남서부 국경을 따라 펼쳐진 소위 러시아의 안전벨트에 속하는 국가들은 강력한 인접국의 묵인하에 존립하면서 소련의 경제적·군사적 이익에 도움이 되고 있다.

한국과 세력 균형

한국의 운명을 결정한 것은 위에서 살펴본 모든 요인이 차례차례 작용한 결과였다. 중국에 가까운 지리적 위치 때문에 한국은 강력한 인접국인 중국의 개입과 지배를 받으며 오랜 역사의 대부분을 독립국으로 존속해왔다. 중국의 힘이 부족해 한국의 독립을 지킬 수 없을 때는 언제나 다른 국가, 통상 일본이 한반도에 거점을 마련하려 시도하곤 했다. 기원전 1세기 이래 한국의 국제적 지위는 대부분 우월한 힘을 자랑하는 중국이나, 중국과 일본 간의 경쟁관계에 의해 결정되어왔다.

7세기에 한국이 통일을 이룩했던 것도 중국이 개입한 결과였다. 13세기 이래 중국 세력이 몰락하던 19세기에 이르기까지 한국은 중국을 종주국으로 받드는 속국으로서 중국의 정치적·문화적 지도를 받았다.

16세기 말엽 잠깐 동안 한국을 침략한 이후 일본은 한국에 대한 지배권을 주장하던 중국에 정면으로 도전하기 시작했다. 1894~1895년의 중일 전쟁에서 승리를 거둔 이후 중국에 대한 일본의 그런 주장은 더욱 영향력이 커졌다. 이후 한국에 대한 일본의 지배권 주장은 러시아에 의해 도전받다가 1896년을 기점으로 러시아의 영향력이 더 우세해지게 되었다. 한국에 대한 지배권을 둘러싼 일본과 러시아 간의 적대관계는 1904~1905년의 러일 전쟁에서 러시아가 패배함으로써 종결되었다. 이리하여 한국에 대한 지배권을 확고히 수립한 일본은 제2차 세계대전에서 패배할 때까지 한국을 단독으로 지배했다. 이후 미국이 일본을 대신하여 한반도에 대한 러시아의 야망을 견제하는 세력으로 자리 잡았다. 중국은 한국 전쟁 개입을 통해 한국에 대한 지배권과 관련한 전통적 이해관계를 복원했다. 이렇듯 2,000년이 넘는 한국의 역사적 운명은 한국을 지배하는 우월한 한 국가, 혹은 한국에 대한 지배권을 두고 경쟁하는 두 국가 간의 세력 균형이 결정해온 함수였다.

제12장

⌘

세력 균형의 여러 방법

균형을 잡아가는 과정은 무거운 쪽 저울에서 무게를 덜어내거나, 가벼운 쪽 저울에 무게를 더하는 방법이 있다.

분할·통치

첫 번째 방법의 고전적인 사례는 평화 조약에서 부담스러운 조건을 부과하고 혁명과 반역을 부추기는 일 이외에도 '분할·통치'라는 격언에서 볼 수 있다. 많은 국가들이 경쟁 상대국을 분할하거나 분할된 상태에 둠으로써 약화시키려 하거나 약한 상태로 유지하려고 할 때 이 방법을 사용했다. 오늘날 이런 종류의 정책으로서 가장 지속적이고도 중요한 사례는 독일에 대한 프랑스의 외교정책과, 서유럽 여러 국가에 대한 소련의 외교정책을 들 수 있다. 17세기에서부터 제2차 세계대전이 끝날 무렵까지 프랑스는 독일 제국이 수많은 작은 독립된 약소국들로 분할되어 있도록 하거나, 그런 국가들이 하나의 통일된 국가를 형성하지 못하도록 그들 간의 연합을 방지하는 것을 불변의 외교정책 목표로 삼아왔다. 개신교를 믿는 독일 군주들에게 리슐리외가 원조를 보낸 것이라든지, 라인 동맹에 나폴레옹 1세가 지지를 보냈던 것, 남부 독일의 여러 군주를 나폴레옹 3세가 원조했던 것, 그리고 제1차 세계대전이 끝나자 무산된 분리주의 운동에 전폭적인 지지를 보내고 제2차 세계대전이 끝났을 때는 독일의 통일을 극력 반대했던 일 등 이 모두는 유럽의 세력 균형에 대한 프랑스의 고심이 공통분모로 작용한 사례들이다. 프랑스는 강력한 독일이 생겨날 경우 유럽의 세력 균형이 크게 위협받으리라 생각했다. 이와 비슷하게 소련은 20세기 이래 오늘에 이르기까지 유럽의 통일을 위한 모든 계획에 계속 반대해왔다. 분열된 유럽 각국의 힘을 한데 모아 '서구 블록'이 형성될 경우 소련의 적에게 소련의 안전을 위협할 수 있는 강력한 힘을 몰아주리라 생각한 것이다.

몇몇 국가가 힘의 균형을 유지하는 또 다른 방법은 약한 국가에게 힘을 보태는 것이다. 여기에는 두 가지 수단이 이용될 수 있다. 우선 B국이 자기 힘을 강화해 A국을 능가하지는 못하더라도 충분히 상쇄할 정도가 되거나, 그 반대의 경우를 생각해볼 수 있다. 혹은 B국이 자신과 같은 정책을 추구하는 국가들과 힘을 합해 A국에 대항하는 경우가 있는데 이에 대해 A국은 자기와 같은 정책을 추구하는 국가들을 규합하여 B국에 대항할 것이다. 전자의 예로는 보상정책, 군비 경쟁, 군축이 있으며, 후자의 사례는 동맹정책을 들 수 있다.

보상

영토적 보상은 18세기와 19세기에 세력 균형을 유지하기 위해 사용되었던 일반적 수단이었다. 한 국가의 영토 획득에 의해 파괴되었거나 혹은 파괴당할 위험에 처한 세력 균형을 유지하려는 수단이었다. 에스파냐 왕위 계승 전쟁에 종지부를 찍었던 1713년의 유트레히트 조약은 세력 균형 원칙의 달성 수단으로 영토적 보상을 공공연히 사용한 역사상 첫 사례로 꼽힌다. 이 조약으로 합스부르크가와 부르봉가는 조약상에 명시된 것처럼 '유럽의 평형을 유지하기 위하여ad conservandum- in Europa equilibrium' 유럽과 기타 식민지에 산재해 있던 에스파냐 영토의 대부분을 나누어 가졌다.

1772년, 1793년, 그리고 1795년의 세 번에 걸친 폴란드 분할도 본질적으로는 바로 이 보상의 원칙을 따라 취해진 조치였다. 이 사건은 어떤 의미에서 전통적 세력 균형 시기의 종말을 고한 것이었는데 그 이유에 대해서는 뒤에서 살펴보기로 한다.[1] 그 사건에 관련된 오스트리아, 프로이센, 그리고 러시아 중 어느 한 국가가 다른 국가의 개입을 막고 배타적으로 폴란드를 차지한다면 이는 기존의 세력 균형을 파괴해버릴 것이므로, 세 국가는 폴란드를 분할해 점령함으로써 분할 이전에 그들 간에 존재하던 세력 분포 상황이 분할 이후에도 지속될 수 있도록 합의했다. 오스트리아와 러시아 간에 체결된 1772년의 조약에서는 심지어 "영토의 획득은 …… 완전히 동일해야 하며, 한쪽

1_1권 p. 477 참고.

국가가 차지하는 부분이 다른 국가가 차지하는 부분보다 커서는 안 된다"라고 명시하고 있다.

토양의 비옥한 정도, 그 영토에 살고 있는 인구의 수와 질은 영토의 획득을 통해 개별 국가들이 새로이 확보하는 국력의 증가분을 객관적으로 결정하는 기준이 되었다. 18세기 동안에는 이 기준이 매우 모호하게 적용되었지만 빈 회의에 와서는 보상정책이 매우 세련된 형태를 띠게 되었다. 분할되는 영토를 인구의 수, 질, 종류를 기준으로 평가할 임무를 띤 통계조사위원회가 1815년에 구성되었던 것이다.

19세기 후반과 20세기 초반에 와서 식민지의 분할 점령과 식민적·준식민적 영향권의 한계를 결정하는 데 이 보상 원칙은 다시 한 번 신중하게 적용되었다. 특히 그 당시 아프리카 대륙에서는 주요 식민 세력들의 영향권을 경계 짓기 위한 수많은 조약이 체결되었다. 그리하여 에티오피아의 지배권을 놓고 경합을 벌인 프랑스, 영국, 이탈리아는 폴란드에 대한 분할 점령의 예를 좇아 1906년에 조약을 체결함으로써 그들 간의 경쟁관계를 해결할 수 있었다. 조약은 당사국 간 세력 균형을 위해 에티오피아를 세 개의 영향권으로 분할했다. 이와 비슷하게 이란을 둘러싼 영국과 러시아 간의 경쟁관계는 1907년의 영·러 조약을 낳았는데 이 조약에 의하면 이란 영토는 삼분되어 영국과 러시아의 영향권, 그리고 중간에 이란의 배타적 통치권만 허용되는 중립 지역이 설정되었다. 여기서 얘기하는 보상은 이란 영토의 주권을 완전히 할양하는 것이 아니라 영토의 일부를 특정 국가의 독점적 이권 지역으로 유보해줌으로써 상업적 착취, 정치적·군사적 침투 등을 통해 배타적으로 이용하고, 종국에 가서는 자기 주권을 확립할 수 있게 하는 것이었다. 다른 말로, 특정 국가가 해당 영토에 대한 완전한 권리를 가지지 않은 채 다른 국가의 경쟁과 반대 없이 그 영향권 내에서 자신의 권리를 행사할 수 있다는 이야기다. 그 보상으로 다른 국가는 자기 나름의 영향권 확보를 위해 전자의 절제를 요구할 권리를 가진다.

하지만 위에서 언급한 여러 조약이 그러하듯, 보상의 원칙이 신중히 적용되지 않은 곳이라 할지라도 세력 균형 체제 내에서 이루어진 정치적 조정이나 영토적, 또는 기타의 여러 조절에는 보상이 없을 수 없다. 왜냐하면 그런 체제가 주어졌을 때, 적절한 반대급부를 얻으리라는 기대도 없이 다른 국가에게 정치적 이익을 허용하는 국가는 없기 때문이다. 정치적 타협을 놓고 두 국가가 벌이는 외교 협상의 흥정은 보상 원칙이 적용된 가장 일반적인 형태이며, 그 자체는 구조적으로 세력 균형과도 연결된다.

군비

하지만 한 국가가 자신이 가진 힘을 통해 세력 균형을 유지하고 복원하기 위해 사용하는 가장 주된 수단은 군비다. A국이 B국의 군비를 따라잡고 능가하기 위해, 마찬가지로 B국이 A국의 군비를 따라잡고 능가하기 위해 벌이는 군비 경쟁은 불안정하고 동적인 세력 균형의 전형적 수단이다. 이런 군비 경쟁이 낳을 필연적인 결과는 계속 늘어가는 군비 부담이 국가 예산을 점점 더 축내고 끊임없이 불안, 긴장,

공포를 증가시키는 것이다. 영국과 독일이 해군 경쟁을 벌이고, 프랑스와 독일이 육군을 놓고 치열하게 경쟁을 벌이던 제1차 세계대전 이전의 상황을 살펴보면 이를 잘 알 수 있다.

바로 이런 상황을 잘 인식했기 때문에 나폴레옹 전쟁 이후 상호 경쟁하는 국가들은 그들 간의 균형 있는 적절한 군비 축소를 실시함으로써 영원한 평화는 불가능하더라도 안정적인 세력 균형을 이룩하려는 노력을 게을리하지 않았다. 군비의 비례적 감축을 통해 세력 균형을 안정시키는 것은 어떻게 보면 영토적 보상으로 균형을 잡는 기술과 흡사하다. 왜냐하면 이 두 가지 방법이 모두, 그런 조절로 인해 각국의 국력이 어떤 영향을 받는지 양적으로 평가할 것을 요구하기 때문이다. 그런 양적 평가가 어렵기 때문에 군비 감축을 통해 안정적 세력 균형을 이룩해보고자 했던 예전의 거의 모든 노력은 수포로 돌아갔다. 1932년의 프랑스 군사력과 당시 독일의 공업 능력이 암시하는 군사력 간의 상관관계를 파악하기 어려웠던 것이 그런 사례다. 단 하나 성공적인 사례는 1922년의 워싱턴 해군 군축 조약이다. 이 조약을 통해 영국과 미국, 일본, 프랑스, 이탈리아 등 다섯 국가가 해군력에 대한 적정한 감축과 제한에 동의했다. 하지만 이 조약도 실상은 태평양 지역에서 전반적인 정치적·영토적 분쟁 해결을 위한 노력의 일부분으로서 우월한 영·미 세력의 힘에 기초했다는 것을 지적할 필요가 있다.[2]

2_ 군비 경쟁의 문제점에 대해서는 제23장에서 상술하기로 한다.

동맹

하지만 역사적으로 볼 수 있는 가장 중요한 세력 균형은 고립된 두 국가 사이의 균형관계가 아니라, 한 국가 혹은 동맹과 다른 동맹 사이에 성립되는 것이다.

동맹의 일반적 성격

동맹은 여러 국가로 구성된 체제 안에서 작용하는 세력 균형이 담당하는 필요한 기능이다. 상호 경쟁 관계에 있는 A국과 B국은 상대적 권력 지위를 유지·개선할 수 있는 방법으로 세 가지를 선택할 수 있다. 각기 자국의 국력을 증가시킬 수도 있고, 타국의 힘을 자국의 힘에 보탤 수도 있으며, 상대편에게 주어진 다른 국가의 힘을 제거할 수도 있다. 첫 번째 수단을 취할 경우 이는 군비 경쟁으로 발전하게 될 것이고, 두 번째와 세 번째의 방법을 택했을 때는 동맹정책을 추구하는 것이다.

어떤 국가가 동맹정책을 취하느냐 취하지 않느냐 하는 것은 원칙의 문제가 아니라 편의의 문제다. 동맹의 도움이 없이도 자국 이익을 스스로 충분히 지킬 수 있을 만큼 강하다고 믿거나, 동맹 조약의 체결로 인한 부담이 기대되는 이익을 능가한다고 판단될 때에는 어느 국가든 동맹을 결성하려 들지 않을 것이다. 영국과 미국이 역사 대부분의 기간 동안 평화 시에 다른 국가들과의 동맹을 체결하기 꺼렸던 사실은 바로 이런 이유 때문이다.

심지어 영국과 미국은 1823년 먼로 독트린이 발표된 이래 1941년

진주만 기습 공격이 발발할 때까지 최소한 유럽의 다른 여러 국가들과의 관계와 비교하면 양국이 마치 동맹인 듯 행동했는데도 불구하고 실제 동맹 조약을 체결하는 것은 피했다. 이 기간 동안 양국 관계는 동맹 조약 없이도 우호적인 관계를 유지할 수 있다는 새로운 예를 보여주고 있다. 이런 일은 양국 간의 긴밀한 이해관계가 고도로 조율된 정책과 행동을 분명히 요구하고 있어서 그런 이해관계와 정책, 행동을 동맹 조약 형태로 명확히 규정하는 것이 오히려 불필요하다고 여겨질 때 흔히 나타난다.

영국과 미국은 유럽 대륙에 관해 한 가지 공통 이해관계에 있었다. 바로 유럽의 세력 균형을 유지하는 것이었다. 영국과 미국의 이해관계가 이렇게 같았기 때문에 양국은 거의 필연적으로 한편이 되어 균형을 위협하는 국가에 맞서 싸웠다. 1914년과 1939년, 유럽의 세력 균형을 보호하기 위해 영국이 참전하자 미국은 중립국으로서 마땅히 지녀야 할 불편부당성을 내팽개쳐버리고 영국을 도와 전선에 병사들을 투입했다. 1914년과 1939년에 미국이 동맹 조약에 의해 영국과 결속되어 있었더라면 미국의 참전이 한결 빨랐을지도 모르지만, 그렇다고 해서 미국의 일반적인 정책과 구체적 행위가 당시 미국이 실제 보여준 것과 크게 다르지는 않았을 것이다.

같은 이해관계에 있는 공동체가 같은 정책과 행동을 요구하기도 하지만, 같은 이해관계에 있다고 해서 그 공동체가 모두 명백한 형태로 동맹 조약을 성문화하길 바란다고는 할 수 없다. 그렇지만 이와 반대로 하나의 동맹이 형성되기 위해서는 그 기초로서 공통 이익을 공유하는 공동체가 필연적으로 요구된다.[3] 그렇다면 같은 이해관계에 있는 공동체가 명백한 형태의 동맹 조약을 요구하는 상황 조건은 무엇일까? 같은 이해관계에 있는 기존의 공동체가 동맹관계로 발전한다는 것은 과연 무엇을 의미할까?

동맹은 이해관계를 공유하는 기존 공동체와 그 공동체를 위한 일반 정책과 특정의 조치들에 특히 제한과 제약이라는 형태로 정확성을 부과한다.[4] 여러 국가가 공유하는 이익은 영국과 미국이 유럽의 세력 균형 유지에 대해 공유하던 이익처럼 특별히 정교하지도 않고 지리적 영역과 목적, 그리고 무엇이 적절한 정책인지 등의 문제에서 완전히 일치하지도 않는다. 그렇다고 미래의 적이 누구인지 정확하게 규정하지 못하거나 어느 정도 범위를 제한해주는 능력도 없다는 얘기는 아니다. 왜냐하면 전형적인 동맹은 어느 특정한 국가나 특정한 동맹 세력을 대상으로 결성된 데 비해, 유럽의 세력 균형을 위협하는 모든 국가가 적인 까닭에 영미 이익 공동체의 적을 그 성격상 미리 결정할 수 없기 때문이다. 나폴레옹과 영국 사이에서 순간순간 어느 편이 세력 균형을 위협하느냐에 따라 지지 대상을 바꾸었던 제퍼슨처럼, 나폴레옹 전쟁 이후 한 세기 동안 영국과 미국은 세력 균형에 대한 가장 큰 위협이 되는 상대가 누구냐에 따라 어느 편을 지지해야 할지 결정해야 했다. 이 사실은 불특정한 대상을 침략자로 규정하고 그에 보장 조치를 마련하는 집단 안전 보장의 특징을 상기해 준다.

제3국에 대해 두 국가를 동맹으로 결속해주는 전형적인 이해관계

3_ 1권 p.96의 투키디데스와 솔즈베리의 인용문을 참고할 것.

4_ 17세기와 18세기에 체결된 여러 동맹 조약을 살펴보면 군대와 장비, 보급, 식량, 금전 등 세세한 항목에 대한 의무 규정이 너무나 세밀하게 마련되어 있다는 데 놀라게 된다.

는 어느 국가가 적인지를 결정하는 일처럼 명확할 수도 있고 동시에 무엇을 목표로 행동해야 하는지, 또 어떤 정책을 추구해야 하는지를 정하는 일처럼 불명확할 수도 있다. 19세기의 마지막 수십 년간 프랑스는 독일과, 러시아는 오스트리아와 대립했으며, 한편 오스트리아는 독일과 동맹을 맺고 프랑스와 러시아에 대립했다. 그렇다면 프랑스와 러시아는 어떻게 자기 외교정책과 행동을 결정하고 이끌어줄 이익의 공통분모를 찾을 수 있었을까? 다시 말해서 개전 원인casus foederis을 어떻게 정의했기에 국가 이해관계에 영향을 주는 우발적인 사건이 일어났을 경우 우방과 적국 모두가 장차 진행될 일을 예측할 수 있었을까? 1894년의 동맹 조약이 바로 그런 기능을 수행하도록 마련된 조약이었다. 만일 1894년에 프랑스와 러시아 간에 체결되었던 동맹 조약이 당시 유럽에서의 영미 간 협조 체제처럼 명확한 정책과 목적을 가지고 체결된 것이었다면 동맹 조약 자체가 아마도 필요하지 않았을 것이다. 어느 국가가 자기의 적이 될지 오로지 막연했을 경우에도 동맹 조약의 체결은 아마 불필요했을 것이다.

두 국가 혹은 여러 국가 사이의 협조를 요구하는 모든 이익 공동체가 협조 체제를 명문화하는 동맹 조약이라는 법적 계약을 요구하지는 않는다. 명확한 행동과 정책을 즉각 실시할 수 있도록 규정하는 동맹 조약이 필요한 것은 어떤 정책을 취해야 할지 또 어떻게 행동해야 할지에 대해 명확한 대안이 없을 경우뿐이다. 이런 이해관계와 그것을 표현하는 동맹 조약, 그리고 그것들을 위한 정책은 다섯 가지로 구분된다. 본질적 성질과 관계, 이익과 권력의 배분, 관련 국가들의 전체 이익이 다루어지는 범위, 동맹이 지속되는 시간적 범위, 그리고 공통의 정책과 행동의 영향이 그것이다. 결과적으로 이해관계와 정책이 같은가, 상호 보완적인가, 그리고 이데올로기적인가를 중심으로 동맹을 구분해볼 수도 있다. 나아가서 일방적 동맹과 쌍무적 동맹, 일반적 동맹과 제한적 동맹, 일시적 동맹과 영구 동맹, 실효적 동맹과 비실효적 동맹으로 나눌 수도 있다.

유럽에 대한 영국과 미국 간의 동맹은 똑같은 이해관계를 매개로 한 동맹의 전형적인 예로서, 한쪽 편의 목적, 즉 유럽에서 세력 균형이 유지되도록 하는 것과 다른 한쪽의 목적이 일치한다. 미국과 파키스탄 간의 동맹 조약은 상호 보완적 이해관계를 위한 동맹의 사례다. 오늘날 이런 성격의 동맹 조약은 매우 많이 존재한다. 미국 측은 이 조약을 통해 봉쇄정책의 범위를 넓히려는 가장 중요한 목적을 크게 달성할 수 있고, 파키스탄 측은 정치적·군사적·경제적 잠재력을 증가시켜 이웃 국가들과의 경쟁에서 상대적으로 유리한 지위를 차지할 수 있다.

순수한 이데올로기적 동맹의 사례는 1815년의 신성동맹과 1941년의 대서양 헌장을 꼽을 수 있다. 이 두 조약은 모두 일반적인 도덕규범을 제시하고 있으며 조약 당사국들은 이를 준수할 것임을 다짐하고 있다. 또 이 조약들의 목적이 실현될 수 있도록 모든 당사국이 노력할 것을 다짐하고 있기도 하다. 1945년에 체결된 아랍 연맹 조약은 1948년 이스라엘과의 전쟁 이후 이데올로기적 단결을 강조하는 조약의 성격이 더욱 심화되고 있다.

동맹 조약에서 더욱 전형적인 현상은 같은 조약 안에 물질적 약속 이외에 이데올로기적인 약속을 아울러 규정하고 있는 점이다.[5] 그리하여 1873년의 삼제 동맹의 경우를 보면, 오스트리아, 독일, 제정 러시아 세 국가 중 어느 한 국가가 공격을 받을 경우 나머지 두 국가는 군사적으로 원조하게 되어 있으며, 동시에 이들 세 국가의 황제는 앞으로도 일치단결하여 공화정적 혁명을 분쇄할 것을 강조하고 있다. 오늘날 자유세계의 여러 국가가 체결하고 있는 여러 동맹 조약 중에 공산주의자의 전복 활동에 굳게 맞서 싸울 것을 약속하는 이데올로기적 의무 조항이 들어 있는 것도 바로 삼제 동맹의 이데올로기적 측면과 같은 기능을 하고 있다. 원래는 물질적 이해관계에 근거하는 동맹 조약이었으나 한 당사국이 이를 물질적 이해관계를 능가하는 이데올로기적 단결을 의미하는 것으로 해석할 경우에도 동맹의 이데올로기적 측면이 부각된다. 1956년 영국이 이집트를 침공하기 이전까지 평범했던 영미 동맹을 공통의 문화, 정치기구, 그리고 비슷한 이상을 바탕으로 모든 것을 포함하고 전 세계를 포용하는 총괄적인 것으로 해석했던 것이 바로 그런 예다.

이데올로기적 요소가 동맹에 미치는 정치적 영향에 관해서는 다음 세 가지 가능성이 식별되어야 한다. 물질적 이해관계가 개재되지 않은 순수한 의미에서의 이데올로기적 동맹은 실패할 수밖에 없다. 존재하지도 않는 정치적 단결성을 마치 실제 존재하는 것처럼 보이게 함으로써 정책을 결정하지도 못하고 행동을 이끌지도 못하며 오해만 불러일으키기 때문이다. 현실적인 이익 공동체에 이데올로기적 요소

5_ 신성동맹과 대서양 헌장 모두는 별도 법률 문서를 통해 물질적 약속을 부수적으로 규정하고 있다는 점도 지적되어야 한다.

가 덧붙여질 경우에는 도덕적 확신을 불러일으키고 정서적으로도 그것을 지지하게 만들어 동맹을 더욱 결속시키는 효과가 있다. 반면 이데올로기는 동맹을 통해 명확해져야 할 공통적 이해관계의 본질과 한계를 모호하게 만들어버리는가 하면, 정책과 행동 면에서 동맹국들이 매우 긴밀한 협조 체제를 유지할 것처럼 지나친 기대감을 갖도록 하여 결국 실망도 키움으로써 동맹을 약화하는 결과를 낳기도 한다. 이런 두 가지 가능성을 보여주는 좋은 예로 영국과 미국 사이의 동맹을 다시 한 번 언급해야 하겠다.

동맹의 내부에서 분배되는 이익은 완전한 상호성에 따라 이루어져야 이상적이다. 동맹 구성국들이 서로를 위해 노력하는 만큼 이익이 돌아가야 한다는 말이다. 같은 국력을 가진 국가가 같은 이해관계를 매개로 동맹을 결성했을 경우 이런 이상은 가장 실현성이 있다. 이때 각국은 하나의 이익을 위해 똑같은 동기를 가지고, 똑같은 자원을 사용해서 똑같이 노력하게 된다. 반면 이익의 분배 면에서 극단적인 사례는 일방적인 동맹관계를 들 수 있다. 특히 한쪽이 이익을 독점하고 다른 한쪽은 이권이 없이 손해에 책임만 지는 일방적인 관계, 즉 사자의 사회*societas leonia*가 전형적인 예다. 조약의 목적이 이익을 받는 쪽의 영토적, 정치적 통합을 보존하는 데 있는 한 이것은 보장 조약과 구별될 수 없다. 이런 불균형이 가장 잘 나타나는 부분이 보완적 이익이다. 왜냐하면 개념상 본질적으로 서로 차이가 나는 데다가 그것들에 대한 비교 평가도 주관적인 해석에 따라 쉽게 왜곡되기 때문이다. 국력이 월등히 우세한 쪽은 자연히 자기에게 유리하게 해석을 하게 마련이다.

그래서 이익의 분배는 그 동맹 내부의 권력 배분 상황을 반영하는 경향이 있고, 그것은 정책 결정 과정에도 반영된다. 혜택과 정책 면에서 강한 동맹국이 허약한 동맹국에 비해 유리할 가능성이 크기 때문에 마키아벨리는 꼭 필요한 경우가 아니면 약소국이 강대국과 동맹을 가급적 체결하지 말도록 경고하고 있다.[6] 한미관계가 바로 그런 예다.

하지만 이익, 정책, 그리고 국력 간의 이런 상관관계는 결코 불가피한 것은 아니다. 약소국도 강력한 동맹국이 대체할 수 없을 정도로 높은 가치를 지닌 자산을 보유할 수 있다. 그런 자산을 보유한 까닭에 약소국은 독특한 이익을 얻게 되고 그 동맹 안에서의 지위도 상승되며, 경우에 따라서는 실제 물리적 힘의 배분과는 전혀 어울리지 않는 높은 지위를 누릴 수도 있다. 최근 역사에서는 군사 기지를 둘러 싼 미국과 에스파냐의 관계와 원유를 둘러싼 미국과 사우디아라비아의 관계를 생각하게 한다.

이미 위에서 말한 바와 같은 영국과 미국의 동맹에 대한 그릇된 해석은 제한적 동맹과 일반적 동맹 간의 혼동을 설명해준다. 전면전 시대에 전시 동맹은 전쟁의 수행과 평화 조약 등 모든 것을 포함하는 쌍방 간의 전체적 이해관계를 규정하는 것이 일반적 경향이다. 이에 반해 평화 시의 동맹은 각 당사국의 전체 이해관계와 외교적 목표의 일부분에 국한되는 제한적 성격의 동맹이 되는 경향을 보인다. 한 국가가 주변 여러 국가들과 수많은 동맹 조약을 체결할 수 있으며, 그 동

6_ *The Prince*, Chapter 21.

맹 조약들은 서로 중복되는 내용을 포함하기도 하고, 또 어떤 경우에는 상반되는 규정을 포함하기도 한다.

전형적인 동맹 조약은 각 당사국들의 전반적 이해관계들 가운데 작은 부분을 매개로 공통적 정책과 대응 수단을 마련하고자 한다. 이 이해관계 중에서 몇몇은 동맹의 목적과 무관할 수도 있고, 어떤 것은 동맹에 부합되기도 하며, 또 어떤 것은 다소 빗나가는가 하면, 몇몇 이해관계는 동맹의 설립 목적과 상반될 수도 있다. 이렇게 볼 때 전형적인 동맹은 다양한 이해관계와 목적이 교차하는 동적인 상황에 뿌리내리고 있다. 그 동맹이 과연 제대로 작동할 것이며, 또 얼마나 오랫동안 존속할지는 당사국 간의 다른 이해관계를 능가하는 그 동맹에 내포된 이해관계의 힘에 달려 있다. 아무리 좁은 범위의 동맹이라 해도 동맹의 가치와 기회는 그 동맹이 실제 작동할 전체적 정책이라는 측면에서 파악되어야 한다.

일반적 동맹은 보통 그 지속 기간이 짧으며 전시에 가장 잘 나타난다. 왜냐하면, 전쟁이 한창이거나 눈앞에 닥쳤을 때에는 우선 이 전쟁에서 이기고 평화 조약을 체결하여 자기가 중요시하던 이익을 지키려는 공동의 이해관계를 느끼고 동맹 조약을 체결하지만, 일단 전쟁에서 승리하고 평화 조약이 체결되면 각 국가의 전통적으로 독특한, 더러는 양립할 수 없는 이해관계가 되살아나기 때문이다. 반면 동맹의 영구성과 그 동맹이 기여하는 이해관계의 제한적 성격 사이에는 상관관계가 있다. 그런 구체적이고 제한적인 이익만이 쉽사리 변치 않고 오랫동안 지속되면서 지속력 있는 동맹의 기초를 제공할 수 있기 때문이다.[7] 영국과 포르투갈이 1703년에 체결한 동맹 조약은 수세기 동안 유효했는데, 영국 함대의 힘을 빌려 자국 항구를 보호하려는 포르투갈의 이해관계와 포르투갈로 통하는 대서양 연안을 지배하고자 했던 영국의 이해관계가 오랫동안 일치했기 때문이다. 하지만 역사를 유심히 살펴보면 동맹 조약은 대개 '영구 조항' 혹은 10년 혹은 20년이라는 유효 기간을 삽입함으로써 영원한 효력을 가정하지만, 그 조약을 통해 보호하려 했던 통상의 불안하고 무상한 공통의 이해관계 이상으로 지속되는 경우는 드물었다. 일반적으로 동맹 조약의 수명은 짧았다.

동맹 조약이 그것의 바탕이 되는 공동의 이해관계에 얼마나 의존하는가에 따라 실효적 동맹과 비실효적 동맹이 구별될 수도 있다. 동맹이 실효적이려면, 즉 당사국들이 일반적 정책과 구체적 방법을 상호 협조할 수 있으려면, 당사국들은 동맹의 일반적 목표에 대해서뿐 아니라 정책과 수단에 대해서도 합의해야 한다. 많은 동맹이 그런 합의에 다다르지 못한 까닭에, 그리고 공동 이익이 일반적 목적의 일치 수준을 넘어 구체적 정책과 방법으로 이어지지 못했던 까닭에 종이 뭉치에 불과했다. 비실효적 동맹의 고전적 예로는 미국과 프랑스 간의 동맹 조약을 들 수 있다. 이 동맹 조약은 프랑스와 기타 유럽의 군주국 간에 제1차 대프랑스 동맹 전쟁이 발발하자 워싱턴이 1793년에 중립을 선언함으로써 무효화되었다. 알렉산더 해밀턴은 그 무효 선언을

7_ 그러나 이 상관관계가 역전될 수는 없다. 특히 17, 18세기에는 제한적 동맹 조약이 특별한 목적을 위해 자주 체결되었다. 다시 말해서 공격에 대응하기 위해, 혹은 공격을 시작하기 위해, 그리고 특별한 파병을 위한 특별 동맹 조약이 그것이다. 동맹 체결의 원인이 되었던 특별한 사건이 지나가고 나면 동맹 그 자체도 목표를 잃고 종말에 다다르게 되었다.

보편적으로 적용 가능한 다음과 같은 주장으로 정당화하고 있다. "미국이 전쟁에 참가함으로써 부담해야 할 손해와 재난과, 프랑스의 안전을 도모한다는 그 조약으로 인해 프랑스가 얻을 이익 혹은 프랑스가 미국과 한편이 됨으로써 실제로 얻을 힘 사이에 균형이 잡히지 않는다." 1935년의 불·소 동맹 조약과 1942년의 영·소 동맹 조약도 그런 예다. 동맹 조약의 법적 유효성과 그 선전 문구에 신경을 쓰면 그 동맹의 진정한 실효적 가치를 올바로 판단할 수 없게 된다. 이런 가치를 올바로 평가하기 위해서는 그 동맹 조약을 이행할 때 당사국들이 실제 추구할 구체적 정책과 수단이 어떤 것인지를 살펴보아야 한다.

핵무기를 보유한 A국이 비핵국인 B국과 동맹을 맺어 또 다른 핵보유국 C에 대항하고 있을 경우, 위에서 말한 얘기가 사실로 나타난다. A국은 B국과의 동맹을 존중하기 위해 C국에 의한 핵 파멸 위험을 감수하면서 핵공격을 감행할 것인가? 핵전쟁의 위험은 너무나 크기 때문에 그런 동맹 조약의 실효성은 의문의 대상이 될 수밖에 없다. 샤를 드골이 처음으로 공공연히 표명했던 이런 의구심은 미국과 여러 동맹국 간의 동맹관계를 크게 약화해버리고 말았다.

동맹 대 세계 지배

권력 투쟁의 자연적이고도 불가피한 산물인 세력 균형은 정치사 그 자체만큼이나 오래됐기는 하지만 그것에 관한 이론적 논의는 16세기에 시작되어 18세기와 19세기에 절정을 이루었다. 이 논의에 따르면 세력 균형이란 일반적으로 그 당시 세계적 군주국이라고 불리던 세계 지배를 꿈꾸는 국가의 야망에 대항해서 동맹을 통해 자신의 독립을

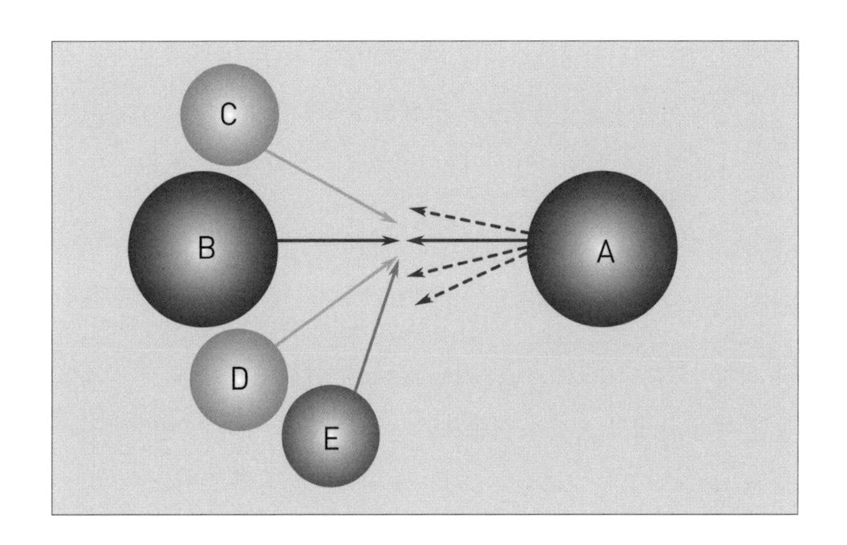

지키려던 국가들의 방어 수단으로 간주되었다. A국에 의해 직접적으로 위협받는 B국은, A국을 잠재적 위협으로 생각하는 C, D, E국과 동맹을 맺어 A국의 정복 야욕을 좌절시키려 노력한다. 폴리비우스Polybius는 로마인, 카르타고인, 그리고 시라쿠사의 히에로 사이의 관계를 분석하면서 이런 상황의 본질을 다음과 같이 지적하고 있다.

사방이 막혀 있는 상황에 처한 카르타고인은 그들과 동맹관계에 있는 다른 도시 국가에 의지하는 수밖에 없었다. 히에로는 현 전쟁의 전 기간 중에 그들의 요구에 가장 선뜻 응했고 지금은 전보다 더 호의적인데, 그것은 시칠리아를 계속 지배하면서 로마와의 우호관계를 지속하는 것, 또 카르타고가 그대로 존립해주는 것, 그리고 가장 강한 국가가 응분의 노력 없이 그들의 궁극적 목적을 달성할 수는 없도록 하는 것이 자기에게 이익이라는 사실을 믿고 있었기 때문이다. 이 면에서 그는 매우 현명하고 예리하게 처신했다. 왜냐하면 이런 문제들은 어느 국가나 결코 태만히 할 수 없는 일이며, 한 국가의 국력이 너무나 커져 다른 국가들이 자기의 고유한 권리에 대해서조차 감히 이의를 제기할 수 없어서는 안 되기 때문이다.[8]

피렌체의 역사가이자 정치가였던 루첼라이Bernardo Rucellai, 1448~1449와 귀치아르디니Fancesco Guicciardini, 1483~1540 이후 근대에 와서 동맹을 통한 세력 균형의 본질을 처음으로 인식을 했던 사람은 베이컨Francis Bacon, 1561~1626이다. 그는 《제국론Of Empire》에서 다음과 같이 쓰고 있다.

우선, 그들의 주변 국가들에는 늘 적용되는 한 가지 법칙만이 통한다. 그것은 군주들이 주의 깊게 보초를 세워 주변의 국가들 중에서 어느 국가든지 (영토 확장이나 무역의 독점, 또는 상호 접근을 통해서) 너무 국력을 크게 키운 나머지 다른 국가들을 귀찮게 하지 못하도록 해야 한다는 것이었다. …… 당시 영국의 헨리 8세, 프랑스의 프랑수아 1세, 그리고 황제 카를 5세가 삼두정치를 하고 있을 무렵 그 세 사람 간에는 경계가 삼엄하여 어느 누구도 한 뼘의 땅이라도 남들보다 더 차지하지 못하도록 나머지 두 사람이 즉시 연합한다든지 필요하다면 전쟁을 일으켰고, 그렇지 않을 경우엔 평화가 유지될 수 없었다. 이와 비슷한 일이 이탈리아에서도 벌어졌다. 나폴리의 페르디난도 왕, 피렌체와 밀라노의 세력가였던 메디치Lorenzo de Medici, 1449~1492

8_ Polybius I, 83.

가, 스포르차Ludovico Sforza, 1452~1508가 사이의 연맹(이를 귀치아르디니는 이탈리아의 안전이라 불렀다)이 바로 그것이었다.

합스부르크가의 카를 5세가 자기 제국을 안정시키고 팽창을 도모하는 것을 방지하기 위해 프랑수아 1세가 헨리 8세 및 터키와 체결한 동맹 조약은 하나의 동맹과 세계적 지배권을 수립해보려는 제국 간에 성립한 대규모 세력 균형의 근대적 첫 사례다. 17세기 후반에 접어들면서 프랑스의 루이 14세가 합스부르크가의 지배권을 장악하자 유럽의 나머지 국가들도 이에 대해 비슷한 반응을 보였다. 프랑스가 유럽의 다른 여러 국가들을 지배하지 못하도록 막고 프랑스와의 관계에서 새로운 세력 균형을 형성하기 위해 영국과 네덜란드를 중심으로 하는 동맹이 결성되었던 것이다.

1789년에 프랑스를 상대로, 또 나폴레옹을 상대로 치러졌던 전쟁은 세계 지배를 꿈꾸던 강력한 국가가 독립을 유지하고자 연맹을 결성한 다른 국가들에 의해 저지되는 상황을 잘 보여준다. 1792년에 제1차 대프랑스 동맹 전쟁을 시작하면서 발표한 성명은 다음과 같이 선포했다. "유럽에서의 세력 균형이 유지되기를 희망하는 어느 국가도 프랑스 왕국에 무관심할 수 없다. 한때 유럽의 전체적 세력 균형 체제에서 매우 중요한 역할을 했던 프랑스가 말하자면 스스로의 정치적 존립을 파괴했던 국내적 소동, 무질서와 혼란에 대한 공포를 더 이상 일으키지 않는지 관심 깊게 살펴볼 것이다." 이들 전쟁이 막바지에 다다랐을 무렵에도 세력 균형은 동맹국들의 변함없는 목적이었다. 1814년 4월 23일에 체결된 파리 조약에는, "유럽의 비극을 종식시키고 유럽을 구성하는 국가들 사이에 공정한 힘의 분배가 이루어지도록 하고자"라고 규정되어 있다. 즉 새로운 세력 균형을 형성하여 유럽의 안전을 도모하자는 얘기다. 제2차 세계대전 당시 독일과 일본에 대응하기 위한 동맹이 결성되었던 것도 이 두 국가의 제국주의 정책에 대해 똑같은 공포감을 느낀 국가들이 새로운 세력 균형을 통해 독립을 보존하겠다는 공통의 목적으로 뭉친 결과였다. 이와 비슷한 예로 1940년대 후반 이래 서방 세력이 양자 혹은 다자 동맹을 구축했던 것은 새로운 세계적 세력 균형을 창설함으로써 소련의 제국주의적 팽창정책에 쐐기를 박아보자는 목적 때문이었다.

동맹 대 대항 동맹

여러 국가로 구성된 동맹이 잠재적 정복자에 대항하여 독립을 지키고자 투쟁하는 모습은 세력 균형을 유발하는 가장 대표적인 권력 분포 상황이다. 두 개의 동맹이 서로 맞서서 대항하는 상황에서 제국주의 정책을 추구하는 한쪽 혹은 다른 편 동맹이 상대 동맹의 제국주의 정책에 대항하여 구성국들의 독립을 유지, 보존하려는 것이야말로 세력 균형 체제에서 가장 흔한 대결 양상이다.

여러 가지 중요한 예가 많지만 그중에서 몇 가지만 고른다면 다음과 같다. 프랑스와 스웨덴이 이끈 동맹과 오스트리아가 이끈 동맹이 30년 전쟁을 치르고 있을 때 이 두 동맹은 자기의, 특히 스웨덴과 오스트리아의 제국주의적 야망을 진작하고 상대편의 야망을 되도록 억제하는 것을 추구했다. 30년 전쟁이 끝나고 유럽의 여러 문제를 해결하기 위해 체결된 많은 조약들은 대부분 두 번째 목적인 상대방의 야망을 견제하기 위한 것들이었다. 1713년의 유트레히트 조약과 1772년의 제1차 폴란드 분할 사이에 수많은 동맹 전쟁들이 발생했는데, 그것들은 모두 유트레히트 조약으로 이룩된 세력 균형이 스웨덴의 약화 그리고 프로이센, 러시아, 영국 세력의 강화로 인해 파괴될 위험에 처하자 이를 유지하고자 했던 것들이었다. 우적 관계의 잦은 변화는 심지어 전쟁이 한창 중인데도 일어나곤 해서 역사가들을 놀라게 했는데, 이 때문에 18세기는 원리·원칙도, 도덕적 사고도 없는 시대처럼 인식되었다. 워싱턴이 고별 연설에서 미국 국민에게 경계를 촉구했던 것은 바로 그런 외교정책이었다.

하지만 그런 외교정책이 성행하던 시기는 세력 균형의 원칙이 이론적으로, 실제적으로 황금기를 맞던 무렵이었다. 세력 균형에 대한 대부분의 저서가 출판된 것도 바로 이 시기였으며, 유럽의 군주들이 세력 균형을 외교 문제 처리에서 자기들이 따라야 할 최고의 원칙으로 꼽은 것도 바로 이 무렵이다. 프리드리히 대왕은 다음과 같은 얘기하고 있다.

> 유럽이라는 정치 조직은 자주 폭력적인 사태를 맞이하곤 한다. 다시 말해 유럽은 균형을 잃어버렸고, 큰 위험을 무릅쓰지 않고는 오랜 세월을 견디기 힘들게 되었다는 것이다. 유럽은 마치 인체와도 비슷한 모습을 하고 있다. 인체는 산과 알칼리가 균형을 이루어야만 생명을 유지할 수 있다. 두 가지 요소 가운데 하나가 지나칠 경우 인체는 거부 반응을 보이며 건강은 크게 악화되고 만다. 한 성분이 더욱더 지나치게 증가하면 인체의 여러 기관은 전체적으로 파괴를 면할 수 없

다. 이와 마찬가지로 유럽의 여러 군주가 취하는 정책과 신중성이 강대국 간의 공정한 균형을 소홀히 할 경우 유럽이라는 전체 정치 구조는 이에 대해 거부 반응을 일으킨다. 한쪽에 폭력성이 다른 쪽에 허약함이 나타나고, 한쪽이 모든 것을 침략하려 하면 또 한쪽은 그것을 막을 힘이 없고, 가장 강한 국가가 법을 강제하며 가장 약한 국가는 그것에 따르는 도리밖에 없다. 결국 이 모든 것이 무질서와 혼란을 증폭시켜, 가장 강한 국가가 격렬한 급류와도 같이 둑을 넘어 모든 것을 휩쓸어버리고 마침내 이 불행한 체제는 가장 비참한 혁명을 맞이하는 것이다.[9]

군주들이 세력 균형의 원칙을 따라 행동했던 것이 이익을 더 많이 얻고자 했기 때문이라는 지적은 옳다. 그렇기에, 기존 세력 균형이 파괴되었다고 생각되거나 그것을 복원하기 위해 힘의 재편이 필요하다고 생각될 때면 언제나 편을 바꾸어 기존 동맹 조약을 폐기하고 새로운 동맹을 체결하는 것은 불가피했다. 이 무렵 외교정책은 분명 왕들의 스포츠였다. 그들은 외교정책을 유희나 노름 이상으로 진지하게 처리하지 않았고 매우 작은 이해관계 때문에 외교정책을 크게 바꾸는 예도 많았을뿐더러, 명확한 원칙은 근처에도 가려 하지 않았다. 국제정치의 성격이 그랬으므로 지금 와서 돌이켜보면 사기성과 비도덕성이 충만한 듯한 행동도 당시에는 우아한 행동 내지 과감한 정략, 혹은

9_ Frederick the Great, "Considerations on the Present State of the Political Body of Europe," *Oeuvres de Fredéric le Grand* (Berlin: Rudolph Decker, 1848), Vol. VIII, p. 24. 프랑스어 원전을 번역.

세련된 전술적 행위로 여겨졌다. 이 모든 행동은 당시의 모든 정치가가 구속력 있는 것으로 인정하던 게임의 법칙에 따라 행해졌다. 당시의 세력 균형은 부도덕하다기보다 도덕과 무관했다고 하는 편이 어울릴 것이다. 정치라는 예술을 다루는 기술적 규칙만이 단 하나의 판단 기준이었다. 기술적 측면에서 보면 당시의 세력 균형은 융통성이 크다는 장점이 있었는데, 그것은 신뢰성이라든지 충성심과 같은 도덕적 고려와는 거리가 먼 당시의 사고방식, 즉 지금 우리에게는 비난의 대상이 되는 도덕성 결핍의 결과였다.

15세기에 접어들면서 근대 국가 체제가 시작된 이래 1815년 나폴레옹 전쟁이 종결될 때까지 세력 균형 체제에 활발히 참여하던 세력은 주로 유럽의 국가들이었다. 터키는 명백히 예외적인 경우였다. 당시에는 균형을 유지하기 위해, 그리고 파괴된 균형을 복원하기 위해 수많은 동맹과 대항 동맹들이 결성되었다. 1815년 이후 제1차 세계대전이 발발할 무렵에 이르는 한 세기 동안 유럽의 세력 균형은 전 세계적인 규모로 점차 확장되어갔다. 혹자는 이 시기의 시작을 미국의 먼로 대통령이 1823년 의회에서 소위 먼로 독트린을 발표했던 때로 잡는다. 그 연설에서 먼로 대통령은 유럽과 서반구 지역이 정치적으로 상호 독자성을 유지하고 있으며, 따라서 이 세계는 두 개의 정치체제로 구분된다는 점을 천명함으로써 그로부터 유럽 세력 균형 체제가 전 세계적 규모의 세력 균형 체제로 발전하는 기초를 다졌다.

이런 변환은 1826년 12월 12일, 당시 영국의 외무장관이던 조지 캐닝이 의회의 하원에서 행한 연설을 통해 처음으로 분명한 형태로 구체화되기에 이르렀다. 캐닝은 그 당시 프랑스가 에스파냐를 침략함으로써 세력 균형을 파괴했을 때 이를 회복하기 위해 영국이 즉각 개전하지 않았던 점 때문에 비판받고 있었다. 이런 비판을 약화하기 위해 그는 새로운 세력균형 이론을 제시했다. 당시 연달아 독립하던 중남미 여러 국가를 영국 정부가 승인하는 형식으로 이들 공화국을 균형 체제의 활발한 요소로 포함시켰다. 그의 논리는 다음과 같다.

세력 균형을 복원하는 방식이 전쟁밖에 없단 말입니까? 세력 균형이 고정되고 확고부동한 기준입니까? 문명이 발전을 거듭하고, 새로운 국가들이 생겨나 기존 정치 공동체 속에서 자리를 잡아감에 따라 영원히 변화하는 기준이 곧 세력 균형이 아닐까요? 약 150여 년 전의 세력 균형은 프랑스, 에스파냐, 네덜란드, 오스트리아, 그리고 영국 사이에서 유지되던 현상이었습니다. 몇 년 뒤에는 러시아가 유럽의 정치에서 강대국의 지위를 차지했습니다. 그 후 다시 몇 년이 흐르자 이번에는 프로이센이 실제적이고도 위세 당당한 강국으로 등장했습니다. 결국, 세력 균형이 원칙적으로는 예전처럼 유지되고 있지만 그것을 상황에 따라 조정하는 수단은 훨씬 규모가 커지고 다양해진 것입니다. 즉 그 수단이 확대된 것은 세력 균형 체제 내에서 중요한 역할을 하는 국가들이 수적으로 증가한 데 따른 것입니다. 저는 이렇게 표현하고 싶습니다. 즉 한쪽 혹은 다른 쪽 저울에 올려놓는 추의 수가 늘어난 것입니다. …… 프랑스에 대한 직접 공격 혹은 에스파냐 영토에서 전쟁을 치르는 외에는 다른 대응 수단이 없었던 것입니까? 에스파냐를 상대 경쟁국이 차지하더라도 우리 쪽에 아무 해가 없다고 생각된다면, 그리고 에스파냐를 차지한 쪽도 별 가치를 느끼지 못한다면 어떻게 될까요? 오늘날 상황에 더 적절히 맞는 수단을 적용한다면 …… 그런 불명예에 대해 보상이 이루어지지 않을까요? 만일 프랑스가 에스파냐를 점령했다면 그 점령으로 인한 결과를 방지하기 위해 우리가 카디스Cadiz를 봉쇄해야 옳았을까요? 아닙니다. 제 생각은 좀 다릅니다. 즉 다른 지역에서 보상이 될 만한 것을 찾을 수 있지 않을까 하는 것입니다. 우리 조상들이 생각하던 에스파냐를 가만히 살펴보면 다음과 같은 결론에 도달할 수 있습니다. 즉, 설사 프랑스가 에스파냐를 차지하더라도 '인도 제도를 가진' 에스파냐여서는 안 된다는 것입니다. 나는 옛날의 낡은 세력 균형을 바로잡는 방법으로 '신세계'를 함께 고려할 것을 주장합니다.[10]

동맹과 대항 동맹에 의해 작동되는 세력 균형이 전 세계적 규모로 발전한 것은 제1차 세계대전을 치르면서 절정에 달했으며, 거기에는 세계의 거의 모든 국가가 한쪽 혹은 다른 한쪽의 동맹에 적극적으로 참여했다. 그 전쟁을 '세계'대전이라고 불렀던 것 자체가 그 발전이 궁극에 다다랐음을 가리킨다.

그러나 제1차 세계대전은 제2차 세계대전과는 달리 전적으로 유럽의 세력 균형이 파괴되지 않을까를 우려한 데서 발발한 전쟁이었다. 당시 유럽의 세력 균형은 벨기에와 발칸 반도의 두 지역에서 위협을 받고 있었다. 프랑스의 북동쪽 국경에 위치하면서 영국 해협으로 통하는 동쪽 접근로를 굽어보는 벨기에는 강대국들의 경쟁의 초점이 되었

10_ *Speeches of the Right Honourable George Canning* (London, 1836), Vol. VI, pp. 109-111.

으나, 그 자신은 경쟁에 적극 참가할 만한 국력이 없는 상태였다. 유럽의 세력 균형을 위해 벨기에가 독립을 유지해야 한다는 것은 자명한 사실이었다. 만일 유럽의 어느 강국이 벨기에를 병합해버린다면 그 국가는 매우 강력해지므로 다른 국가의 안전에 큰 위협이 될 것이기 때문이었다. 영국, 오스트리아, 러시아, 프로이센, 그리고 프랑스의 전폭적 지지를 받아 벨기에가 독립을 얻었을 무렵부터 그런 사실은 널리 인식되고 있었다. 런던 회의에서 회합한 이들 국가는 1831년 2월 19일 다음과 같이 선언했다. "그들은 벨기에가 독립된 이후 벨기에의 각 지방 때문에 유럽의 세력 균형과 일반적 안전이 위험에 빠지지 않도록 방지할 권리와 동시에 그러할 의무를 가진다."[11]

그 목적을 더욱 확실히 달성하기 위해 벨기에의 독립에 관심을 가진 위의 다섯 국가들은 1839년에 조약을 체결하여 벨기에가 '독립국이며 영세중립국'임을 선언하고 다섯 체약국들의 집단적 보장에 의해 이를 지킬 것을 약속했다. 이 선언은 당시 유럽의 세력 균형 체제에 벨기에가 어느 쪽에도 가담하지 못하도록 영원히 못 박아두자는 것이었다. 독일이 기존 세력 균형을 위협하고 있다는 우려를 현실로 드러나게 한 사건은 독일이 1914년 벨기에에 대한 중립 의무를 어긴 사건이었고, 이것은 영국으로 하여금 프랑스, 러시아, 그리고 기타 우방의 편을 들어 전쟁에 참전하는 명분을 만들어주었다.

오스트리아, 영국, 그리고 러시아가 발칸 반도의 세력 균형 유지에 관심을 가지던 무렵 이 지역에서 터키의 권력이 약화되었다. 1854~

11_ *Protocols of Conferences in London Relative to the Affairs of Belgium* (1830-1831), p. 60.

1856년의 크림 전쟁은 프랑스, 영국, 그리고 터키가 동맹을 결성하여 발칸 반도에서의 세력 균형 유지를 위해 러시아에 대항해 싸운 것이다. 1854년 3월 13일에 체결된 동맹 조약은 "현재 상태대로 오스만 제국이 존재해주는 것은 유럽 여러 국가 사이의 세력 균형에 본질적인 중요성을 지닌다"라고 선언하고 있다. 뒤이어 일어난 여러 적대관계와 전쟁들, 특히 1878년의 베를린 회의와 1912년과 1913년의 발칸 전쟁을 일으키게 한 일련의 사건은 모두 발칸 반도에 대해 주로 관심을 가진 국가 중 하나가 그 지역에서 다른 국가들보다 큰 권력을 얻을 가능성을 두려워해 악화된 경우다.

제1차 세계대전 직전의 몇 년간 지역에서의 세력 균형은 매우 중요하게 평가되었다. 독일, 오스트리아, 이탈리아의 삼국 동맹이 영국, 프랑스, 러시아의 삼국 협상과 거의 비슷하게 균형을 이룬 듯 보였으므로 발칸 반도에서 우위를 차지하는 편이 유럽의 전체적 세력 균형에서 절대적 우위를 차지할 것으로 판단되었기 때문이다. 이 바로 이런 두려움 때문에 오스트리아는 1914년 7월, 세르비아와의 불편한 관계를 깨끗이 해결하고자 했고, 이 사건은 독일의 무조건적인 원조를 얻는 계기가 되었다. 뿐만 아니라 발칸 반도에 대한 똑같은 의구심 때문에 러시아는 세르비아를 원조하고, 프랑스는 러시아를 원조하게 되었다. 1914년 8월 2일 영국의 조지 5세George V, 1865~1936에게 보낸 전문에서 러시아 황제는 다음과 같이 당시의 상황을 요약해 설명하고 있다. 세르비아에 대한 오스트리아의 지배권이 확립된다면, "발칸 반도의 세력 균형은 위험에 빠질 것입니다. 발칸 반도의 세력 균형은 러시아에 대해서는 물론 유럽에서 세력 균형이 유지되기를 희망하는 모든 다른 국가에게도 무척 중요합니다. …… 본인은 유럽의 세력 균형을 위해 싸우는 프랑스와 러시아에 대해 귀국이 적극적인 원조를 아끼지 않으리라 믿는 바입니다."[12]

제1차 세계대전 이후 프랑스는 폴란드, 체코슬로바키아, 유고슬라비아, 루마니아와 영구 동맹을 맺었고, 1935년에는 소련과도 동맹 조약을 체결했다. 소련과의 이 동맹 조약은 실행에 옮겨지지는 않았다. 프랑스의 이런 행동은 독일의 재건을 예견한 예방적 세력 균형 정책의 일종이라 생각되며, 독일의 부흥이 실제로 이루어질 경우에 베르사유 조약에 명시된 현상을 유지해보자는 노력이었다고 판단된다. 이에 반해 1936년 독일, 이탈리아, 일본이 이른바 추축국을 형성한 동맹 조약은 프랑스와 동유럽 국가들 사이의 동맹을 견제하려는 의도였다고 보인다. 이 조약은 동시에 소련의 중립을 규정하고 있다.

이리하여 양차 대전 사이의 기간을 잘 살펴보면 이론적으로는 기존의 세력 균형 원칙이 국제연맹의 집단 안전 보장 원칙에 의해 대체되었으나, 실상은 동맹과 대항 동맹을 통해 세력 균형이 그대로 유지되고 있었다는 점을 알 수 있다. 더욱이 집단 안전 보장 체제는 나중에 자세히 설명하겠지만[13] 세력 균형 체제를 실제로 파괴하지 않았다. 오히려 잠재력 침략국에 대해 전 세계적 규모의 동맹으로 대항하는 형태로 세력 균형 체제를 재확인했다. 그런 동맹은 언제나 어떤 침략국도 능히 압도할 수 있다는 전제가 있었기 때문이다. 하지만 집단 안전

12_ *British Documents on the Origins of the War, 1898-1914* (London: His Majesty's Stationery Office, 1926), Vol. XI, p. 276.

13_ 제24장 참고.

보장 체제와 세력 균형은 동맹을 형성하게 만드는 취지와 원칙에서 차이가 있다. 세력 균형 체제에서는 몇몇 개별 국가가 각자 중요한 국가 이익이라 생각하는 바를 근거로 반대편 국가들 혹은 그들의 동맹에 대항해 동맹을 형성한다. 집단 안전 보장 체제를 구성하는 원리는 어떤 국가가 동맹 당사국 중의 한 국가에 공격을 가할 경우 이를 동맹 당사국 모두에 대한 공격으로 간주한다는 도덕적·법적 의무를 존중하는 정신이다. 결과적으로 집단 안전 보장 체제는 자동적으로 작동하게 되어 있다. 즉 침략 행위가 발생하면 즉각 대항 동맹이 작동해 평화와 안전을 가장 효율적으로 방어하는 것이다. 반면에 세력 균형 체제의 동맹은 실제로 잘 작동할지가 불확실한 경우가 많다. 그것은 동맹이 각 당사국의 정치적 동기에 달려 있기 때문이다. 이탈리아가 1915년에 삼국 동맹에서 탈퇴한 것이라든지, 프랑스가 구축했던 동맹 체제가 1935~1939년에 분열해버린 것을 보면 세력 균형의 이런 허약성을 알 수 있다.

균형 '유지자'

동맹을 통해 세력 균형의 작동될 때에는 두 가지 방식이 구분되어야 한다. 이는 오늘날의 서구 세계의 역사를 보아도 일반적으로 확인되는 일이다. 비유적으로 얘기해보자면 세력 균형 체제는 두 개의 저울로 구성되어 있다. 각각은 현상유지정책 혹은 제국주의 정책을 똑같이 추진하는 국가들로 구성되어 있다. 유럽 대륙의 여러 국가는 보통 이런 식으로 세력 균형을 유지해왔다.

하지만 또 하나의 세력 균형 체제를 생각해볼 수도 있다. 두 개의 저울과 제3의 요소, 즉 '균형 유지자 'holder' of the balance or the 'balancer''로 구성된 모습이다. 균형 유지자는 특정 국가나 동맹의 정책에 영원히 동조하지 않는다. 체제 내에서 균형 유지자가 추구하는 유일한 목적은 체제의 균형을 유지하는 일이며, 그렇게 이루어진 균형이 어느 편의 정책에 유리할지는 상관없는 일이다. 결국 균형 유지자는 오로지 한 가지 생각, 즉 저울의 상대적 위치만을 염두에 두고 때로는 이쪽 저울에, 때로는 저쪽 저울에 자기 체중을 실어 균형을 유지한다. 따라서 균형 유지자는 가벼워서 위로 올라가 있는 듯한 저울에 언제나 자기 체중을 싣는다. 다른 국가에 대한 지배권의 확립을 꾀함으로써 균형을 파괴하려 한다든지 다른 국가로부터 그런 위협을 받고 있는 강대국이 있을 때 균형 유지자는 잠깐 동안씩 그들의 적이 되거나 동지가 되어 균형을 회복하고자 끊임없이 노력한다. 파머스턴의 말을 빌려보자면, 균형 유지자에게는 영원한 우방도 영원한 적도 없고, 오직 균형 유지라는 영원한 이해관계만이 있을 뿐이다.

균형 유지자의 입장은 '영광스러운 고립splendid isolation'이다. 그의 고립은 스스로 선택한 것이다. 저울의 양쪽은 균형 유지자를 자기편으로 끌어들여 상대편을 능가하려 하는 반면, 균형 유지자는 양쪽 중 어느 쪽과도 영원한 결탁을 피해야 하기 때문이다. 균형 유지자는 저울 중간에서 조심스럽게 양쪽과의 거리를 유지하면서 어느 쪽이 내려가는지를 지켜보아야 한다. 그의 고립이 '영광스러운' 까닭은 자기가 지지하느냐 지지를 철회하느냐가 권력 투쟁에서 결정적 요인이 되기 때문에 외교정책을 영리하게만 추진한다면 그가 지지하는 국가로부터 최고 가격을 받아낼 수 있기 때문이다. 하지만 그의 지지는 가격이 얼마였는지에 상관없이 언제나 불확실하고 저울의 움직임에 따라 끊임없이 이쪽에서 저쪽으로 옮겨 가기 때문에, 그 정책은 도덕적 측면에서 비난의 대상이 되기도 하고 분노를 사기도 한다. 그래서 근세의 탁월한 균형 유지국인 영국에 대해, 자기 전쟁을 다른 국가에 대신 치르게 한다느니, 대륙을 지배하기 위해 유럽을 계속 분열 상태에 두려 한다느니, 영국의 정책이 하도 변덕이 심해 영국과의 동맹은 사실 불가능하다느니 등의 얘기가 끊이지 않았다. '못 믿을 영국'이라는 말은 무진 애를 쓰고서도 영국의 원조를 얻지 못한 국가들과 충분한 대가를 치렀는데도 영국의 지지를 잃어버린 국가들 사이에서 속담처럼 쓰이는 말이다.

균형 유지국은 세력 균형 체제에서 핵심 위치를 차지한다. 그의 입장에 따라 권력 투쟁의 결과가 좌우되기 때문이다. 따라서 균형 유지자는 누가 이기고 누가 지는가를 결정하는 '결정권자'라고 불려왔다. 어느 한 국가나 동맹이 다른 국가들에 대한 지배권을 확립하지 못하게 함으로써 균형 유지국은 자기의 독립은 물론 다른 모든 국가의 독립도 보존하며, 그래서 균형 유지국은 국제정치에서 가장 중요하고 강력한 존재다.

균형 유지국은 자기의 힘을 다음 세 가지 방법으로 사용한다. 우선 균형 유지와 회복에 유리한 상황 조건에 따라 어느 편을 들지 결정할 수 있다. 또 비슷한 조건에 따라 평화적 해결에 대한 자기의 지지 여부를 결정할 수 있다. 마지막으로, 세력 균형 유지와는 별개로 다른 국가들의 세력을 균형 잡아가는 과정에서 자국의 정책 목표를 달성할 수도 있다.

루이 14세 치하의 프랑스와 제1차 세계대전이 일어나기 이전 약 10년 동안 이탈리아는 유럽 세력 균형 체제의 결정권자 역할을 맡으려 노력했다. 하지만 프랑스는 유럽 대륙의 권력 투쟁에 너무 깊숙이 개입했던 까닭에 세력 균형의 어느 한편이 되어 있었고 조정자로서의 역할을 성공적으로 수행할 만큼의 월등한 힘도 가지지 못한 상태였다. 이에 비해 이탈리아는 당시의 세력 균형에서 결정적으로 중요한 역할을 맡기에는 너무나 비중이 약한 국가였다. 이런 이유 때문에 이탈리아는 도덕적 비난만 떠안았을 뿐, 영국이 비슷한 정책을 취했을 때 얻었던 존경도 얻을 수 없었다. 16세기의 베네치아와 헨리 8세 이후의 영국만이 위의 세 가지 방법을 적절히 구사하여 다른 국가들 간의 세력 균형 유지를 자기 외교정책의 초석으로 삼을 수 있었다.

세력 균형이란 개념은 1553년에 헝가리의 메리 여왕이 영국 주재 자국 대사에게 보낸 서한에서 베네치아인에 대해 언급한 것을 계기로 생겨났다. 메리 여왕은 이탈리아인이 프랑스를 반대할 충분한 이유가 있다고 지적하면서 다음과 같이 적고 있다. "귀하는 그들이 두 군주(카를 5세와 프랑수아 1세)의 힘을 얼마나 두려워하는지, 그리고 그들 사이의 균형을 얼마나 원하는지 잘 알 줄 믿습니다."[14] 그 후 몇 년간에 걸쳐 동맹 협상을 제안한 프랑스에 대해 베네치아가 계속 거부하자 프랑스의 정치가들은 베네치아가 어느 쪽과도 동맹을 체결하지 않

14_ *Papiers d' état du Cardinal de Granvelle* (Paris, 1843), Vol. IV, p. 121.

으려는 고립과 격리의 원칙을 따라 외교정책을 수행하고 있다고 판단하면서 베네치아의 외교정책을 비슷한 개념으로 표현했다. 예를 들어, 1554년 베네치아 대사의 말에 따르면 프랑스의 앙리 2세는, 카를 5세가 서거할 경우 에스파냐가 프랑스보다 약한 국가로 전락할까 두려워 베네치아가 프랑스의 동맹 조약 체결 제의를 거부하는 것이라고 해석했다. 하지만 베네치아는 '균형 상태로 상황을 유지*tener le cose in equale stato*'하기 위해 노력한 것이었다. 1558년 베네치아 다른 대사의 보고에 따르면, 프랑스 측에서 생각하는 베네치아의 외교정책은 프랑스와 에스파냐가 세력을 확장하지나 않을까 의심하고 있다는 것이었다. 베네치아가 '균형이 어느 한쪽으로 치우치는 것*que la bilancia non pendesse da alcuna parte*'을 막고자 했다는 것이다. 그 대사는 또 "이 정책은 지식인층에서 환영받고 있으며 심지어 찬사받고 있다. 오늘날과 같은 변화무쌍한 시대에 약한 국가는 베네치아 공화국 이외의 국가로부터는 보호받을 수 없기 때문에 모든 이탈리아인은 특히 그 국가의 독립과 무장을 환영하고 있다"[15]라고 부언했다.

하지만 누가 뭐라 하더라도 균형 유지자의 가장 대표적인 예는 영국이다. '내가 지지하는 자가 승리할 것이다*cui adhaero praeest*'라는 속담은 헨리 8세가 한 말이었다. 그는 자기 초상화를 그릴 때 오른손에는 프랑스와 오스트리아가 완전히 균형을 이루고 있는 저울을 들고 있도록, 그리고 왼손에는 오른손 저울에 금방이라도 떨어뜨릴 수 있는 추

15_ Eugeno Albéri, *Le Relazioni degli Ambiasciatori Veneti al Senato*, Series I (Firenze, 1862), Vol. II, pp. 287, 464.

를 들고 있게 그리도록 지시했다 한다. 엘리자베스 1세Elizabeth I, 1533~1603 치하의 영국에 대해서는, "프랑스와 에스파냐가 유럽의 균형을 유지하는 저울이라면 영국은 균형의 대변자 혹은 유지자다"[16]라는 얘기가 전해진 바 있다. 프랑스에서 발행된 1624년의 한 논설은 자코브 왕에게 "황제 카를 5세와 프랑스의 왕 사이에서 공포의 대상, 혹은 아첨의 대상으로 군림하면서 결국 그들 사이의 균형을 너무나 훌륭히 유지했던" 위대한 엘리자베스와 헨리 8세를 따라 세련된 외교를 펼칠 것을 간청했다.

루이 14세가 세계적 지배권을 확립하려는 새로운 인물로 등장하자, 영국에서는 합스부르크가와 프랑스 사이의 균형을 잡아 유럽의 균형을 유지하는 '유럽의 심판'으로서 행동하는 것이 영국의 임무라는 생각이 보편화되었다. 영국의 가장 강력한 적수인 루이 14세와 제휴 관계를 맺고 네덜란드에 대항하고 윌리엄 3세William III, 1650~1702의 반프랑스 정책을 지지했던 찰스 2세Charles II, 1630~1685와 제임스 2세James II, 1633~1701의 외교정책을 비판하는 데도 같은 기준이 적용되었다. 에스파냐 왕위 계승 전쟁을 계기로 그 기준은 일종의 도그마로 자리 잡았는데 특히 영국에서 그런 경향이 더욱 심했다. 국가들 간의 결합이 끊임없이 새롭게 진행되는 속에 적용되면서 이 기준은 사실상 도전받지 않았지만, 19세기 후반에 와서 맨체스터의 자유주의자들이 영국 외교정책의 원칙으로 유럽 대륙의 모든 일에서 완전히 그리고 영원히 단

16_ William Camden, *Annales of the History of the Most Renowned and Victorious Princess Elizabeth, Late Queen of England* (London, 1635), p. 196.

절할 것을, 즉 고립주의를 채택할 것을 주장하면서 변화를 맞게 되었다. 영국 외교의 전통이자 관행으로 내려오던 이런 다양한 세력 균형은 최근 영국의 쇠퇴, 미국과 소련 세력의 등장으로 인해 사라져버린 듯하다.[17] 그런 전통과 관행의 소멸을 맞아 처칠 경은 1936년 3월, 외교 문제 위원회의 보수파 의원들에게 다음과 같은 연설을 통해 당시의 사정을 잘 정리하고 있다.

> 400년 동안 영국 외교정책의 목적은 유럽 대륙에 가장 강력하고, 가장 침략적이고, 또 가장 지배적인 국가가 나타나지 못하도록 막는 것이었으며, 특히 저지대 국가들Low Countries(지금의 베네룩스 3국)이 그런 국가의 수중에 들어가지 못하도록 하는 일이었습니다. 역사적으로 볼 때, 이 4세기 동안 수많은 이름, 사건, 사정과 상황이 바뀌는 속에서도 이 단 한 가지 목적이 면면히 지속되어왔던 사실은 어떤 종족, 어떤 국가, 어떤 정부, 또 어떤 국민의 기록도 결코 보여줄 수 없는 가장 놀랄 만한 사건 중의 하나임이 분명합니다.
>
> 더욱이, 어떤 순간에서든 영국은 가장 어려운 길을 걸어왔습니다. 어느 국가든지 에스파냐의 펠리페 2세Felipe II, 1527~1598, 프랑스의 루이 14세, 나폴레옹, 독일의 빌헬름 2세와 같은 정복자와 마주쳤을 경우 강자 편에 붙어 협조하면서 전리품 부스러기를 얻고자 하는 욕망이 강하게 일어날 것입니다. 하지만 우리는 언제나 약자 편에 서는 힘든 길을 걸어왔으며, 약자끼리의 동맹을 통해 유럽 대륙의 군사적

17_ 더 자세한 논의는 제21장 참고.

독재자와 그의 국가를 패배시켰고 좌절시켰습니다. 우리는 이렇게 유럽의 자유를 보존했으며, 유럽의 여러 활기차고 다양한 사회를 보호했고, 네 번에 걸친 끔직한 투쟁을 치른 끝에 지금의 명성과 드넓은 제국을 이룩했으며, 저지대 국가들의 독립을 유지할 수 있었습니다. 영국 외교정책의 훌륭한 무의식적인 전통이 바로 여기에 있습니다.

오늘날 우리의 모든 사고방식은 그 전통에 근거하고 있습니다. 본인은 우리 조상들이 행동의 지표로 중요시하던 정의와 지혜, 용기와 절제라는 미덕이 변질되었다거나, 약화되었다고 생각지 않습니다. 그들이 내린 결정의 타당성은 인간 본성에 기인하는 조금의 실수도 없다고 생각합니다. 군사적, 정치적, 경제적, 혹은 과학적으로 우리가 그들보다 못할 것은 없습니다.

우리도 그들과 똑같은 길을 걸어갈 수 있습니다. 나는 여러분께 이런 지극히 일반적인 제안을 하고 싶습니다. 이것이 받아들여진다면 다른 모든 문제가 훨씬 간단해지리라 생각합니다.

유럽의 대군주의 지위를 차지하려는 국가가 어느 국가인지 관심도 없는 지금의 영국 외교정책을 보십시오. 그게 에스파냐이냐 혹은 프랑스냐, 아니면 프랑스 제국 또는 독일 제국이냐, 그것도 아니면 히틀러 정권이냐 하는 것은 중요하지 않습니다. 통치자나 국가와는 관계가 없으며 오로지 주의해야 할 것은 누가 가장 강력한 사람, 혹은 잠재적으로 지배력을 장악할 수 있는 독재자냐 하는 것입니다. 따라서 우리는 친불적이라느니, 배독적이라느니 하는 비난을 두려워하지 말아야 합니다. 상황이 바뀌면 친독 정책도, 배불 정책도 써야 합니다. 지금 우리의 정책은 공공정책의 법칙을 따르고 있으며, 우연한 상황

이나, 호불호好不好, 또는 어떤 다른 감정에 의해 결정되는 임시방편이 아닙니다.[18]

18_ Winston S., Churchill, *The Second World War*, Vol. I, *The Gathering Storm* (Boston: Houghton Mifflin Co., 1948), pp. 207-208.

제13장

⌘

세력 균형의 구조

지배체제와 종속체제

지금까지 우리는 세력 균형 체제가 국제정치에 활발히 참여하는 모든 국가를 포함하는 하나의 단일 체제인 듯 얘기해왔다. 하지만 좀 더 자세히 살펴보면 세력 균형 체제는 종종 관련되는 몇 개의 하부 체제로 구성되어 있으며, 그 체제들은 각기 나름의 균형을 유지하고 있음을 알 수 있다. 체제들 사이의 상관관계는 일반적으로 종속적인데, 이는 한 체제는 자기 저울에 올려놓은 더 큰 무게 때문에 지배하고 다른 체제는 말하자면 그 지배적 체제의 저울에 단순히 붙어 있음을 뜻한다.

그래서 16세기에는 프랑스와 합스부르크가 간에 지배적 세력 균형 체제가 유지되었고, 동시에 이탈리아의 여러 왕국은 자율적인 균형 체제를 유지했다. 17세기 후반에 오자 스웨덴 세력의 등장과 그에 대한 발트 해 연안 국가들의 저항으로 북부 유럽에 별개의 세력 균형이 성립했다. 18세기에 접어들면서 프로이센이 일등국으로 변모하자 독일 지역에는 독특한 세력 균형이 형성되었는데 반대편 저울에는 오스트리아가 무게 중심이었다. '커다란 유럽 속의 조그만 유럽'이라고 하는 이 독자 체제는 1866년에 발생한 프로이센·오스트리아 전쟁의 결과로 오스트리아가 독일 연방으로부터 추방당하면서 해체되기에 이른다. 18세기에는 러시아 세력의 등장으로 동유럽에도 새로운 세력 균형이 발달하게 되었다. 보상 원칙에 따라 러시아, 프로이센, 그리고 오스트리아가 폴란드를 분할 지배한 것은 바로 그 새로운 세력 균형 체제의 성립을 알리는 첫 번째 주요 현상이었다.

19세기 이후 오늘날에 이르기까지 발칸 반도의 세력 균형은 유럽 각국의 공통 관심사였다. 1790년에 이미 터키와 프로이센은 조약을 체결하고 프로이센은 오스트리아와 러시아에 대해 개전할 것을 약속했다. '적들이 다뉴브 강을 건너와 바람직하고도 불가피한 세력 균형을 침해했다는 편견' 때문이었다. 19세기 후반에는 아프리카의 세력 균형이란 말이 자주 언급되었다. 강대국 사이에 아프리카 식민지 획득 경쟁에서 어떤 균형 상태가 이룩된 것을 가리키는 말이었다. 그 이후에도 계속 서반구의 세력 균형, 태평양 지역의 세력 균형, 극동 및 근동 지역에서의 세력 균형 등이 새로운 외교 용어로 추가되었다. 심지어 어떤 사람은 '오스트리아의 균형'이라는 말을 얘기하기도 한다. 상호 반목하는 여러 민족 때문에 오스트리아가 '부득이 유럽의 여러 열강이 영원한 경쟁국과의 투쟁에서 지키는 행동률을 국내에 도입하지 않을 수 없다'[1]는 것이었다.

권력 투쟁의 중심에서 멀리 떨어져 있고 지배적 국가들의 영향이 미치지 않는 주변에 위치할수록, 지역적 세력 균형 체제의 자주성이 커지고 지배 체제에 대한 종속적 성격이 약해지는 것은 우연한 일이 아니다. 그랬기에 15세기의 이탈리아는 유럽 열강이 다른 지역의 세력 균형에 몰두하고 있는 동안 상대적으로 독자적인 세력 균형을 유지할 수 있었다. 서구문명이 시작된 이후 대부분의 기간 동안 아시아, 아프리카, 아메리카의 여러 세력 균형은 유럽 국가들의 권력관계와는 거의 무관하게 유지되면서 그들에게는 거의 알려지지도 않았다.

제2차 세계대전에 이르기까지 서반구의 세력 균형과 18세기 말엽까지의 동유럽의 세력 균형이 비교적 독자적으로 발전할 수 있었던 것은 그 지역이 당시의 권력 중심에서 멀리 떨어져 있었던 까닭이다. 동유럽의 세력 균형을 유지하기 위해 폴란드가 희생되어 분할되었을 때 그 지역의 세력 균형에 관심을 두던 국가들 외에는 아무도 거기에 개입하지 않았다. 남미 지역에서의 세력 균형을 위해 브라질과 우루과이가 1851년에 아르헨티나에 대항하는 동맹 조약을 체결했을 때 이것이 유럽의 세력 균형과 관련되는 부분은 아주 미약한 정도였다. 반면에 오늘날 우리는 아프리카의 독자적 세력 균형을 얘기할 수 있게 되었다. 아프리카의 토착민이 권력을 서로 차지하기 위해 경쟁하고 아프리카 대륙 이외의 국가들과도 경쟁하게 됨으로써 이제 아프리카는 더 이상 아프리카 바깥의 어떤 곳에 중심을 둔 권력 투쟁의 단순한 목표가 아니다.

지역적 세력 균형이 지배적 세력 균형과 밀접하게 연결될수록 독자

1_ Albert Sorel, *L' Europe et la révolution française* (Paris: E. Plon, 1885), Vol. I, p. 443.

적으로 작동할 수 있는 여지는 줄어들고, 지배적 세력 균형의 지역적 현상에 지나지 않는 경향을 보인다. 프리드리히 대왕 시절부터 1866년의 전쟁에 이르기까지 독일 연방에서 유지되던 세력 균형은 완전한 자주권과 통합 사이의 중간 상황을 보여준다. 즉 어느 정도 자주권과 지배적 세력 균형 체제에의 통합을 합친 듯한 상황이었다. 위에서 살펴보았듯이,[2] 프로이센과 오스트리아 사이의 균형은 독일 연방을 구성한 여러 왕국이 자유를 보존하는 전제 조건이었다. 또 그것은 유럽의 전체적 세력 균형 유지에 꼭 필요하기도 했다.

이렇게 볼 때 독일의 균형은 두 가지 기능, 즉 독일 자체의 균형 유지와 유럽 전체의 균형 유지라는 기능을 수행했다. 반대로 프로이센과 오스트리아가 하나로 병합하든지 둘 중 한 국가가 상대방을 지배한다면 독일 연방의 여러 왕국의 독립이 파괴될 위협에 직면할 뿐 아니라 유럽 각국의 자유도 크게 위협을 받을 것이다. 에드먼드 버크의 견해에 의하면, "유럽의 세력 균형 체제가 유지되기 위한 가장 중요한 요인으로 제국(독일)의 독립과 균형이 유럽에 널리 인식되지 못했더라면 유럽의 모든 정치는 약 200년 이상 심각한 위험에 빠졌을 것"이다.[3] 따라서 프로이센과 오스트리아 사이의 균형을 영속화한 것은 독일 연방의 여러 왕국의 이익과도 일치했을 뿐 아니라 기타 유럽 국가의 이익에도 기여하는 일이었다.

1866년의 전쟁으로 프로이센(이후의 독일)이 오스트리아에 대해 영

2_ 1권 p. 429 참고.

3_ *Works* (Boston: Little, Brown, 1889), Vol. IV, p. 330.

원한 우위를 확립하고 당시까지 유지되던 양국 사이의 세력 균형을 파괴하면서 독일을 유럽에서 가장 강력한 국가로 만들자, 최소한 오스트리아의 독립만이라도 독일이라는 강한 이웃의 침략에 의해 파괴되지 않도록 보존하는 것이 유럽의 세력 균형이 수행하는 여러 기능 중의 하나가 되었다. 유럽 각국의 이해관계가 그러했기 때문에 제1차 세계대전이 끝난 뒤 승리한 연합국 측은 법적, 경제적, 정치적인 여러 조치를 통해 오스트리아와 독일의 병합을 방지했다. 히틀러가 유럽의 세력 균형을 전복하는 첫걸음으로 오스트리아 합병을 구상했던 것도 바로 이런 상황 논리에서 나온 것이었다.

1890년대 이후 발칸 반도의 세력 균형도 이와 비슷한 기능을 했다. 이 경우에도 발칸 반도 국가들 간의 세력 균형 유지는 유럽의 세력 균형을 위한 전제 조건이라 간주되었다. 지역적 균형이 위협받을 때는 언제나 유럽의 강국이 개입해 균형을 회복시키고자 했다. 위에서 인용했듯이,[4] 제1차 세계대전이 발발할 무렵 러시아 황제가 했던 말은 그런 관련성을 명백히 보여주고 있다.

세력 균형의 구조적 변화[5]

최근 들어 지배적 세력 균형 체제와 지역적 세력 균형 체제 간의 관계

4_ 1권 pp. 461-465 참고.
5_ 다른 구조적 변모에 대해서는 1권 p. 556 ff.와 제21장을 참고할 것.

에서 지역적 세력 균형 체제의 자주권이 감소되는 경향이 증가하고 있다. 이런 상황은 제1차 세계대전에서 시작되어 제2차 세계대전에 이르러 더욱 뚜렷해진 지배적 세력 균형 체제의 구조적 변화가 그 원인이다. 서부와 중부 유럽의 지배적 세력 균형 체제가 유럽의 나머지 지역들로 점차 확대되고, 다시 다른 대륙으로 퍼져나가 마침내 제1차 세계대전에 이르러서는 이 지구 상의 거의 모든 국가가 전 세계적 규모의 세력 균형 체제에 활발히 참여하게 되었다는 사실은 이미 언급했다.

이런 세력 균형 체제의 확대가 절정에 이르자 세력 균형의 중심축이 유럽에서 다른 대륙으로 옮겨 가게 되었다. 1914년 제1차 세계대전이 발발할 무렵 세력 균형의 중심축은 주로 유럽에 있었다. 한쪽 저울에는 영국, 프랑스, 러시아가, 다른 편 저울에는 독일과 오스트리아가 위치한 균형이 이 무렵 상황이었다. 제2차 세계대전이 끝날 때 양쪽 저울의 중심 세력은 미국처럼 완전히 비유럽 세력이거나 소련처럼 거의 유럽과는 거리가 먼 국가가 차지하게 되었다. 결국 전 세계적 세력 균형의 모든 판도는 크게 바뀐 것이다. 제1차 세계대전이 끝날 무렵과 심지어는 제2차 세계대전의 초기까지도 세력 균형의 양쪽 저울은 아직 유럽 국가들 차지였고, 저울의 추만 전 세계 다른 국가들 차지였다. 당시의 권력 투쟁에서 주역을 차지하던 국가는 유럽 열강들이었고 그들이 서로 차지하고자 경쟁을 벌이던 목표 또한 유럽 지역에 있었다. 이미 인용한 조지 캐닝의 말을 다시 한 번 음미한다면 유럽 이외 지역의 여러 국가가 참전했던 것은 유럽의 세력 균형을 바로잡는 노력에 지나지 않았던 것이다. 1940년, 처칠은 이렇게 얘기했다.

"신세계는 모든 힘을 동원해 구세계를 구원하고 자유를 찾아주고자 나서고 있다."

오늘날 유럽의 세력 균형은 그들과 밀접한 관계를 맺고 있거나 혹은 어느 정도 독자성을 유지하는 수많은 지역적 세력 균형 체제를 주위에 거느린 세계 정치의 중심지가 더 이상 아니다. 현재 유럽의 세력 균형은 미국과 소련이 양쪽 저울의 중심 세력이 된 전 세계적 균형의 함수가 되었을 뿐이다. 따라서 유럽의 세력 분포 상황은 미국과 소련 간의 권력 투쟁이 보여주는 한 국면일 따름이다.

예전의 지배적 체제에서 통하던 진실은 모든 전통적 지역 체제에서도 통한다. 근동과 극동 지역의 세력 균형은 물론, 발칸 반도의 세력 균형도 모두가 유럽의 일반적 체제와 같은 처지가 되었다. 그들은 이제 새로운 전 세계적 균형에 따라 움직이는 기능이 되었을 뿐이며, 미국과 소련이 큰 영향력을 행사하는 이 새로운 체제는 그들에게 큰 영향력을 행사할 기회를 주지 않는다. 다만 미국의 절대적 우월성에 의해 보호받는 남미의 지역적 세력 균형 체제는 아직도 어느 정도 독자성을 유지하고 있다.[6]

6_ 독자적 체제의 대부분이 파괴된 이유에 대해서는 제21장을 참고할 것.

제14장

⌘

세력 균형의 평가

세력 균형 체제의 구조가 변모했다는 사실을 고려할 때, 세력 균형을 어떻게 평가할 것이며 현대 세계에서 평화와 안전을 유지하고 보존하기 위해 세력 균형이 얼마나 유용하게 활용될 수 있느냐는 문제가 제기된다.

세력 균형 체제의 성격과 그 작동에 대해 얘기하면서 그것이 다국가 체제와 불가피하게 연결되어 있으며 또한 다국가 체제를 보존하는 기능을 한다는 점을 특히 강조한 바 있다. 400년 이상의 역사를 통해 세력 균형 정책은 특정 국가가 전 세계적인 지배권을 수립하지 못하도록 성공적으로 방지해왔다. 또한 세력 균형 정책은 1648년 30년 전쟁이 종결된 이래 18세기 말엽 폴란드가 분할될 때까지 근대 국가 체제를 구성하는 모든 국가가 무사히 존립될 수 있도록 했다. 하지만 어느 특정한 국가가 전 세계적 지배권을 확립하지 못하도록 방지하는 데에는 꼭 전쟁이라는 대가가 치러져야 했다. 1648년에서 1815년까지는 거의 전쟁이 끊이지 않고 계속되었으며, 20세기에 들어와서 일어난 두 번의 세계대전은 거의 모든 국가를 참전하게 만들었다. 1648년에 한 번, 1815년에 또 한 번 이뤄진 두 번의 안정기는 많은 약소국이 사라지고 나서야 수립되었으며 그사이에도 폴란드의 분할을 시작으로 비슷한 수많은 개별 사건이 얼룩져 있었다.

우리 논의에서 중요한 부분은 이런 여러 사건이 바로 세력 균형이라는 이름하에 이루어졌다는 사실이다. 세력 균형의 가장 중요한 논거는 근대 국가 체제의 기본 원칙으로 개별 국가의 독립을 보호하기 위해 불가피하다는 점이다. 세력 균형은 폴란드의 독립을 보호할 수도 없었을 뿐 아니라 영토적 보상의 원칙 자체도 보호하지 못했다. 폴란드의 붕괴로 인해 어떤 국가는 영토적 팽창을 이룩한 반면 다른 국가는 아무 혜택도 얻을 수 없었기 때문이다. 세력 균형이라는 이름하에 폴란드가 분할되었던 사건은, 1815년 이후 오늘날에 이르기까지 바로 그 세력 균형의 원칙을 적용하여 강대국들이 수많은 국가를 분할·병합하고 독립을 파괴했던 가장 뚜렷한 첫 번째 사례일 뿐이다. 개별 국가의 독립을 유지하고 다국가 체제 전반의 안전과 독립을 보존한다는 세력 균형의 기능이 실제적 혹은 잠재적 전쟁을 통하지 않고서는 수행될 수 없었다는 사실은 국제정치의 지도 원칙으로서 세력 균형 원리가 가지는 중요한 세 가지 약점을 보여준다. 즉 세력 균형 원리의 불확실성, 비현실성, 부적합성이다.

세력 균형의 불확실성

여러 국가 사이에서 어느 한 국가가 너무 강해져 다른 국가의 독립을 위협하지 않도록 막는 것을 목표로 하는 균형 개념은 원래 역학에서 빌려온 비유적 표현이다. 그것은 16~18세기의 사고방식과 아주 잘 어울리는 생각이었다. 당시에는 이 사회와 전체 우주를 커다란 장치나 기계, 혹은 비범한 시계 기술자에 의해 끊임없이 계속 작동하도록 만들어진 시계와도 같은 것으로 생각하는 경향이 있었다. 그들의 생각에 의하면 그 커다란 기계 장치 속에서, 또 그것을 구성하는 작은 장치 속에서 개별 부품들 사이의 상호관계는 기계적으로 정확하게 계산될 수 있으며 그 기계의 동작과 반응도 정확하게 예측할 수 있는 것으로 여겨졌다. 똑같은 무게를 분배함으로써 두 저울의 균형을 잡아 국제 무대의 안정과 질서를 유지하는 장치를 제공할 수도 있다는 생각은 바로 이 기계론적 사고방식에서 나온 것이다. 세력 균형의 원칙은 그런 철학적 사고방식을 바탕으로 국제정치의 여러 실제적인 문제에 적용되기에 이르렀다.

기계론적으로 인식된 세력 균형은, 여러 국가 간의 상대적 국력을 측정하고 비교할 수 있도록 쉽게 알아볼 수 있는 양적 기준을 필요로 한다. 어떤 국가가 다른 국가와 비교할 때 더 강해지고 있다거나 그들이 상호 세력 균형을 유지하고 있다는 이야기를 어느 정도 확신을 가지고 이야기하려면 진짜 저울에서 얻은 몇 그램 혹은 몇 킬로그램이라는 어떤 양적 기준이 있어야 하기 때문이다. 더욱이 그런 기준이 있어야 여러 국가 사이의 다양한 국력의 차이가 양적 단위로 측정되고 한쪽 저울에서 다른 쪽으로 옮겨져 균형을 회복할 수 있게 된다. 이미 살펴본 것처럼 세력 균형은 이론적으로 실제적으로 영토, 인구, 군비 등에서 그런 기준을 찾고 있다. 현대 국가 체제의 역사를 통틀어 그런 기준이 실제 적용된 예는 보상정책이라든가 경쟁적 군비정책 등에서 찾을 수 있다.

하지만 한 국가의 국력이 정말로 영토 넓이에 달렸을까? 강한 국가는 더 넓은 영토를 가진 국가란 말인가? 국력의 구성요소에 대해 살펴본 바에 따르면 이런 문제들은 어떤 전제 조건을 달 경우 긍정적인 대답을 내릴 수가 있지만, 그 전제 조건의 범위가 너무 넓기 때문에 실제로는 위의 질문에 대한 긍정적인 대답이 무의미해진다. 참고로 프랑스 영토를 예로 들어보면, 루이 14세가 제위에 오를 무렵의 영토보다 그의 통치가 막바지에 다다랐을 무렵의 영토가 훨씬 크긴 하지만, 프랑스의 국력은 반대로 루이 14세의 재임 초기가 훨씬 강했다. 영토 크기와 국력 간의 이런 역관계는 1786년 프리드리히 대왕이 서거하던 무렵의 프로이센 영토와 국력을 10년 후의 그것과 비교해보더라도 발견할 수 있다. 19세기가 시작되던 무렵까지만 해도 에스파냐과 터키는 유럽의 어느 강대국보다 넓은 영토를 차지하고 있었다. 하지만 그들은 당시 국제정치에 활발히 참여한 국가들 중에서는 가장 약한 국가들이었다. 영토적 팽창의 한 부분을 차지하는 지리도 국력을 구성하는 실제 요소지만 그것은 어디까지나 여러 요소 가운데 하나일 뿐이다. 18세기가 도래할 무렵 성행하던 보상정책의 모델을 따라 영토의 질이나 그 안에서 사는 인구의 수와 질 등을 고려하더라도 국력의 구성요소들이 모두 평가된 것은 아니다. 무기의 양과 질을 비교의 기준으로 삼을 때에도 사정은 마찬가지다.

무엇보다도 국민성과 국민의 사기 그리고 특히 외교 문제 처리에 임하는 정부의 질 등은 가장 중요하면서도 제일 파악하기 힘든 국력 구성요소다. 이런 국력 요소가 각국의 국력 형성에 상대적으로 얼마나 크게 기여하는지를 어느 정도나마 정확하게 평가하는 것은 오늘날의 국제정치를 관찰하는 사람에게나 미래 발전 추세를 예측하려는 사람에게나 불가능한 일이다. 더욱이 여러 요소가 국력 형성에 이바지하는 양상은 끊임없이 변하고 있으며, 실제로 변화가 일어난 순간에는 파악하기가 어렵고, 국가가 위기 혹은 전쟁 등의 급박한 상황에 처했을 때나 참모습을 드러낸다. 여러 국가 간의 상대적 힘을 합리적으로 평가하는 일은 세력 균형의 생명이지만 결국은 일련의 추측으로 바뀌게 된다. 그것이 진정 옳았던가는 시간이 흘러 다시 돌이켜볼 때야 밝혀질 수 있다.[1] 세력균형 이론의 위대한 실천가 중 한 사람인 헨리 볼링브로크Henry St. John, Bolingbroke, 1678~1751는 다음과 같이 얘기하고 있다.

> 태양이 두 회귀선 상의 정확히 어느 지점에서 반대쪽을 향해 서서히 움직여 가는지를 알 수 없는 것처럼 권력의 저울이 어느 순간에 반대편으로 기울게 될지는 통상적인 관찰로는 알아내기 어렵다. 어느 쪽이나 마찬가지겠지만, 저울의 변화가 인지되기 전에 새로운 방향으로 진보가 진행되어야 한다. 다른 경우와는 달리 정치적 세력 균형에

1_ 좀 더 상세한 논의는 제10장 참고.

서는 텅 빈 저울이 내려가고 알찬 저울이 올라가기 때문에, 내려가는 저울에 속한 국가의 국민은 자기네가 남보다 월등한 부, 권력, 기술 또는 용기를 가졌다고 생각하는 습관적 편견에서 쉽게 빠져나올 수 없으며, 또한 이런 편견으로 인한 그릇된 확신을 쉽사리 버릴 수가 없다. 올라가는 쪽 저울의 국민은 자기 나라의 국력이 강해졌다는 것을 즉각 느끼지 못하며 또한 자국의 국력에 쉽게 자부심을 느낄 수도 없지만 우연한 기회를 통해 그런 사실을 확인하고 나서는 점차 자국의 국력에 긍지를 갖게 된다. 이런 균형의 변화를 가장 민감히 주시하는 사람도 때로는 비슷한 편견 때문에 비슷하게 그릇된 판단을 내리고 만다. 이미 자기를 해칠 수 없는 옛날의 강대국을 계속 두려워하거나, 일취월장하여 얕잡아볼 수 없게 된 국가를 우습게 보는 것이다.[2]

18세기경, 세력 균형을 반대하던 자들은 군사력 3킬로그램, 통치력 4킬로그램, 정보 5킬로그램, 그리고 야망 2킬로그램을 가진 군주와 군사력 12킬로그램와 다른 요소들 1킬로그램씩을 갖춘 군주 중 누가 더 강하냐고 물어봄으로써 당시 널리 행해지던 계산의 불합리성을 나타내고자 했다. 나는 전자가 더 유리하다고 판단하지만 이 대답이 언제나, 어떤 상황에서나 옳은지는 확실히 의문의 여지가 많다. 심지어 여러 국력 구성요소 사이의 상대적인 비중을 양적으로 계산할 수 있다는 지극히 가설적인 전제를 세우더라도 누가 더 유리할지는 역시

2_ "On the Study and Use of History," *The Works of Lord Bolingbroke* (Philadelphia: Carey and Hart, 1841), Vol. II, p. 258.

판단하기가 쉽지 않다.

국력 평가의 이런 불확실성은 국력 그 자체의 본질에서 기인한다. 따라서 한 국가와 다른 한 국가가 대치하는 가장 단순한 형태의 세력 균형에서도 불확실성이 나타나지만 양쪽 저울에 담긴 국가가 개별 국가가 아니라 동맹일 경우 이런 불확실성은 더욱 증가한다. 그럴 경우 자국과 상대국의 국력을 계산하고 상호 간의 연관성 파악은 물론, 자국의 동맹국과 상대국의 동맹국이 지니는 국력을 평가하고 계산하여 이를 상호 연관해 파악해야 한다. 자기와 다른 문명권에 속하는 국가의 국력을 추측으로 평가할 때 그 작업이 더욱 어렵고 위험해진다. 영국 혹은 프랑스의 국력을 평가하는 일이더라도 충분히 어렵다. 중국 혹은 일본, 심지어 소련의 국력을 정확하게 평가한다는 것은 훨씬 더 어렵다. 하지만 불확실성이 가장 고조되는 경우는 자국의 동맹이 어느 국가이며 적국의 동맹이 어느 국가인지를 항상 확신할 수 없을 때다. 즉 동맹 조약으로 결성되는 세력과 전쟁이 실제로 터졌을 때 형성되어 대결하는 동맹이 반드시 일치하지는 않는다.

세력 균형 정책의 달인 중 하나인 프리드리히 대왕은 쓰라린 경험 때문에 현명해진 군주로서 후계자들에게 이 문제에 대해 다음과 같이 주의를 환기했다. 1768년에 행한 정치 선언에서 그는 이렇게 얘기했다.

> 중요한 정치 구상들 가운데 상당수는 종종 잘못된 추측에서 시작된다. 흔히들 가장 확실히 아는 요소를 기초로 출발해서 확실히 모르는 요소와 가능한 한 잘 결합해 거기서부터 가장 정확한 결론을 도출해내려고 노력한다. 좀 더 이해를 쉽게 예를 하나 들어보자. 러시아가

지금 덴마크 국왕의 지지를 얻고자 한다. 그래서 러시아는 러시아 대공이 소유한 홀슈타인-고토르프 공국을 그에게 주겠노라고 약속하고는 이제 그의 지지를 영원히 받게 되리라 기대한다. 하지만 덴마크의 왕은 변덕이 심한 사람이다. 그 어린 왕의 머리를 스치는 생각을 어찌 모두 예측할 수 있겠는가? 기호가 바뀔 수도 있을 것이고, 여자의 영향도 있을 것이며, 러시아가 제시한 것보다 훨씬 큰 이권을 다른 국가에서 얻어줄 수 있는 신하들이 있으니 왕의 마음이 변해 동맹을 바꾸리라는 것을 자신 있게 부정할 수 있을까? 이와 비슷한 불확실성이 시시각각 형태를 달리하면서 외교정책의 모든 면을 지배하기 때문에 때로는 대규모 동맹이 참가국들의 애초 기대와는 전혀 엉뚱한 결과를 낸 채 실패로 끝나버릴 수도 있다.[3]

세력 균형의 고전적 시대가 막바지에 다다랐을 무렵에 나온 오래된 말이긴 하지만 최근의 역사적 사건에 비추어 보더라도 날카롭게 진실을 지적해주고 있다. 체코슬로바키아 위기가 극적으로 대단원을 향해 치닫기 직전인 1938년 8월에 결성되었던 여러 동맹과 대항 동맹을 미리 예견한 사람이 있을지도 모르는 일이겠지만 그것은 1년 뒤 제2차 세계대전이 발발할 무렵의 상황이나 2년 후 진주만 공격을 시작으로 벌어졌던 사태와는 판이한 것이었다. 아무리 박식하고, 지혜롭고, 선견지명이 있는 정치가라 할지라도 이런 일련의 사태 발전을 예측할 수는 없었을 것이며, 그런 정세를 바탕으로 세력 균형 정책을 수립할

3_ *Die Politischen Testamente Friedrichs des Grossen* (Berlin, 1920), p. 192.

수는 없었을 것이다.

1914년 7월 제1차 세계대전이 발발하기 직전, 이탈리아가 삼국동맹 조약의 의무를 성실히 이행하여 독일과 오스트리아를 도와 프랑스, 영국, 러시아와의 전쟁에 참가할 것인지, 중립을 고집할 것인지, 아니면 반대편에 가담할 것인지는 누구도 자신 있게 대답할 수 없었다. 그뿐 아니라 1914년 7월 30일까지도 발칸 반도에서의 세력 균형을 유지하기 위해 러시아가 오스트리아에 적대적 태도를 취할 것이라는 사실을 확신한 사람은 독일과 오스트리아의 책임 있는 정치가 중에는 아무도 없었다. 바로 그날 독일 주재 영국 대사는 독일의 여러 정치가의 견해를 빌어 본국 정부에 "러시아는 전쟁에 참가할 수도, 참가할 의사도 없기 때문에 대규모 전쟁의 발발은 문제시되지 않고 있다"[4]라고 보고했다. 영국 대사의 견해에 따르면 빈에서도 이와 같은 생각이 지배적이었다.

마찬가지로 전쟁이 일어날 경우 영국이 프랑스와 러시아의 편에 들어 기꺼이 참전할지 참전하지 않을지를 아무도 자신할 수 없었다. 1914년 6월 1일, 영국 외무장관은 그 전년도에 총리가 천명했던 선언을 다시 확인하면서 영국은 의회와 국민이 모르는 의무 때문에 전쟁에 참가하지는 않을 것이라고 말한 적 있다. 영국 정부는 1912년 11월에 영국 외무장관과 프랑스 대사 사이에 비밀리에 오간 편지 내용이 실제로 유럽 대륙에서 전쟁이 발발했을 때 영국 쪽 행동의 자유를 구속

4_ *British Documents, on the Origins of the War, 1898-1914* (London: His Majesty' s Stationery Office, 1926), Vol. XI, p. 361.

하지는 못한다는 점을 잘 인식했던 것이다. 하지만 프랑스와 러시아 정부는 영국 정부가 개입해줄 것을 막연하게 기대했다.[5] 베를린 주재 영국 대사의 1914년 7월 30일자 보고는 다음과 같다. "프랑스 대사는 나를 만날 때마다 영국 정부가 자신의 의도를 너무 숨긴다고 불평과 비판을 하고 있으며, 대규모 전쟁이 방지될 유일한 길은 영국이 프랑스와 러시아 편에 서서 전쟁을 불사할 것이라는 점을 명백히 밝히는 것뿐이라고 한다."[6] 중부 유럽 제국(독일, 오스트리아, 헝가리)의 정부들은 모두 제1차 세계대전이 실제로 발발할 때까지 이런 서신 교환을 까맣게 모르고 있었다. 그래서 그들은 영국이 마지막까지 중립을 고수할지도 모른다고 생각했으며, 베를린 주재 영국 대사의 보고도 "그

5_ 이렇게 오고 간 편지가 얼마나 상황을 모호하게 만들었느냐는 당시 영국 외무장관이었던 에드워드 그레이가 주영 프랑스 대사였던 폴 캉봉에게 보낸 1912년 11월 22일자 편지에서 잘 표현되고 있으며, 그 이튿날 프랑스 대사의 답신에서도 상당 부분 되풀이되고 있다. "최근 프랑스와 영국의 해군 및 육군 전문가들이 자주 회동하여 협의를 가졌습니다. 그런 협의가 장차 상대방을 군사력으로 원조할 것인가 아닌가를 결정하는 자유를 구속하지 않는다는 사실도 충분히 이해되었습니다. 우리는 전문가들 사이의 그런 협의가 아직 발생하지 않은, 또 결코 발생하지 않을 수도 있는 긴급 사태에서 양국 정부로 하여금 어떤 행위를 약속하는 것으로 간주되지 않으며 또한 간주되어서도 안 된다는 사실을 인정했습니다. 예를 들어 현재 프랑스와 영국의 함대가 배치된 것은 전쟁이 발발했을 시 협조를 하기 위한 약속에 따른 것이 아닙니다."

"그러나 당신은, 양측이 제3자로부터 이유 없는 공격을 받을 심각한 위험에 처한 경우 상대국의 군사적 지원을 기대할 수 있는지를 아는 것이 필요하다는 점도 지적했습니다."

"어느 한쪽이 제3국으로부터 이유 없는 공격을 받을 심각한 위험에 처한 경우, 혹은 평화에 대한 위협이 있을 경우 양국은 침략을 방어하고 평화를 보존키 위해 공동의 노력을 취할 것인지, 그 경우 공동의 노력은 어떤 수단에 의해야 할 것인지를 즉각 토의해야 한다고 본인은 주장하는 바입니다. 이런 조치가 직접 행동을 포함한다면 양측 참모진의 계획이 즉시 고려되어야 하며 양국 정부는 그들에게 어떤 재량권이 부여되어야 할지 결정해야 할 것입니다." *Collected Diplomatic Documents Relating to the Outbreak of the European War* (London: His Majesty's Stationery Office, 1915), p. 80.

상황의 모호성에 대해서는 p. 204에서 언급한 황제의 전문에서도 잘 나타나 있다.

6_ *British Documents*, p. 361.

들은 영국이 개입하지 않을 것으로 생각한다"[7]라는 것이었다. 따라서 그들은 당시의 세력 균형 상황이 그들에게 유리하다고 결론지었다. 프랑스와 러시아는 그것과 상반되는 가정에서 시작해 상반되는 결론에 도달했다.

프랑스에 대한 지원 약속을 영국이 정책적으로 비밀에 부쳤던 일은, 만일 영국이 프랑스와 러시아 측에 가담할 것임을 독일이 미리 알았더라면, 즉 독일이 1912년 11월의 영불 협약을 알고서 자기의 세력 균형을 계산할 수 있었더라면 독일이 결코 프랑스와 러시아를 상대로 전쟁을 일으키지 않았으리라는 점에서 심한 비난을 받았다. 하지만 영국 정부도 프랑스나 러시아 정부도 과연 이 협약이 1914년 8월의 세력 균형에서 어떤 의미를 가질지 미리 알 수는 없었다. 그렇기 때문에 영국과 프랑스의 협약에 대해 독일이 알았다 치더라도 제1차 세계대전이 임박했을 때의 실제 세력 분포 상황을 독일은 정확히 예측할 수 없었을 것이다. 세력 균형이 제1차 세계대전을 방지할 수 없었던 이유는 동맹으로 구성된 여러 세력 균형 체제에 본질적으로 내재한 격심한 불확실성에서 찾아야 한다.

독일 외무차관이 1914년 8월 1일 영국 대사에게 "독일, 프랑스 그리고 아마도 영국마저 전쟁에 끌려들어갔다. 이 국가들 중 누구도 전쟁을 바라지 않았지만 현대 사회의 저주라 할 동맹이라는 빌어먹을 체제 때문에 그런 일이 벌어진 것이다"[8]라고 얘기한 것은 동맹과 대항

7_ Ibid., p. 363.
8_ Ibid., p. 284.

동맹의 체제가 얼마나 불안전한지를 시원하게 털어놓은 사례다.

세력 균형의 비현실성

모든 권력의 계산이 이렇게 불확실하기 때문에 세력 균형이 실제 적용되기 어려워질 뿐만 아니라 실제로도 적용이 거부되고 있다. 어느 국가든 역사상 특정 시점의 권력 분배 상황에 대한 자국의 계산이 확실하다고 장담할 수 없기 때문에 자신의 실수 때문에 권력 투쟁에서 불리한 상황에 빠지지 않도록 노력할 필요가 있다. 다시 말해 각국은 최소한 여분의 안전을 확보해 자국이 범하는 계산상의 착오를 보상하고 세력 균형을 유지할 수 있도록 해야 한다. 그런 효과를 위해 권력 투쟁에 활발히 참여하는 모든 국가는 실제로 균형 잡힌, 즉 균등한 힘이 아닌 자국에게 유리한 우세한 권력을 목표로 설정해야 한다. 또한 자국이 저지를 계산상의 착오가 얼마나 클지 아무도 예측할 수 없으므로 모든 국가는 처한 상황 아래서 획득할 수 있는 최대의 권력을 궁극적으로 확보해야 한다. 그렇게 해야만이 자국이 저지를 수 있는 가장 큰 실수를 보상할 여분의 안전을 최대한 확보할 수 있기 때문이다. 앞에서 살펴본 것처럼,[9] 잠재적으로 언제든 시현될 수 있는 무한한 권력욕은 세력 균형 체제 속에서 현실로 전이될 수 있는 강한 자극을 받는다.

9_ 1권 p. 200과 p. 225 ff. 참고.

최대한의 권력을 확보하려는 욕망은 모든 국가에 나타나는 보편적인 현상이므로 각국은 자국이 저지르는 계산상의 오차나 타국의 국력 신장이 자국을 더욱 열세에 몰아넣지나 않을까 불안해할 수밖에 없고, 무슨 수를 써서라도 열세를 극복해야 한다. 따라서 경쟁국보다 명백한 우위를 점한 모든 국가는 자기의 유리한 측면을 더욱 확고히 하고 권력 분배 상황을 영원히 자국에게 유리하도록 만들고자 노력한다. 이를 위해 자국의 유리한 점을 총동원해 경쟁 국가를 외교적으로 압박함으로써 양보를 얻어내고 영원히 유리한 위치를 차지하는 방법을 쓸 수 있다. 또 전쟁을 통해서도 가능하다. 세력 균형 체제에서 각국은 경쟁국이 기회만 닿으면 자국의 권력 지위를 탈취하지나 않을까 끊임없이 불안한 가운데 살고 있다. 그렇기 때문에 모든 국가의 핵심 이익은 그와 같은 사태가 발생할 가능성을 예의 주시하면서 다른 국가가 자국에 취하지 말았으면 하는 행동을 다른 국가에 취해 자기 이익을 지킨다. 다시 볼링브로크의 얘기를 들어보자.

> 세력 균형의 저울은 정확히 양쪽의 균형을 유지할 수 없으며 어느 순간에 정확한 균형이 이룩되는지 알아내기도 어려울뿐더러 알아내야 할 필요도 없다. 여타 인간사가 그러하듯 너무 큰 차이가 나지 않고 어느 정도 균형을 이루는 것으로 충분하다. 하지만 몇몇 경우는 심각한 불균형 상태가 항상 지속될 수도 있다. 따라서 이런 불균형에 대한 끊임없는 주의가 필요하다. 불균형이 크지 않을 때는 훌륭한 정책이 제시하는 조기 예방과 조처로써 그것이 커지지 않도록 막을 수 있다. 그러나 이런 주의와 예방 조처가 불충분하다거나 예기치 못한 사

건이 발생해 심각한 불균형이 야기되었을 때에는 더 많은 용기와 노력이 요구된다. 하지만 그런 경우라 할지라도 국면을 형성하는 모든 상황을 잘 검토할 필요가 있다. 대응 조치를 실패함으로써 불균형을 고질적으로 만들어버리거나 이미 터무니없이 큰 권력을 더욱 크게 만들어 불균형을 가속화하지 못하도록 해야 한다. 훌륭한 대응 조치로 한쪽 편 저울은 형편없이 약화되는 반면 다른 쪽 저울에는 너무 많은 권력이 몰리지 않도록 해야 한다. 과거 역사에서 시간의 흐름에 따라 발생한 이상한 혁명, 공적·사적 재산의 끊임없는 흥망성쇠, 왕국과 국가는 물론 통치자와 피지배자의 영구적인 영고성쇠 등 여러 경우를 주의 깊게 생각해본 사람은 만일 전쟁을 한 번 치루어 저울의 불균형이 이전과 똑같은 상태는 아니더라도 원래 상태로 되돌아갈 수 있다면 이제 남은 일은 우발적인 사건이 일어나는 일과 훌륭한 외교정책으로 그것들을 잘 활용하는 일뿐이라고 생각하기 쉽다.[10]

예방 전쟁은 외교적으로 기피되는 용어인 데다 민주적 여론이 증오하는 개념이라 할지라도 사실상 세력 균형의 자연적인 결과다. 여기서 다시 한 번 제1차 세계대전을 향해 치닫던 당시의 여러 사건이 교훈을 준다. 그때 모든 국가의 외교정책은 고전적인 세력 균형 원칙을 따라 수행되었기 때문이다. 오스트리아는 발칸 반도의 세력 균형을 자국에 유리하도록 영원히 바꿔놓으려고 결심했다. 오스트리아는 러시아가 아직 공세를 펼칠 생각을 하지 않지만 국력이 꾸준히 증가하

10_ "On the Study and Use of History" p. 291.

는 추세이므로 결정적인 행동을 연기하는 것은 권력 배분 상황을 자국에 불리하게 만들 것이라 여겼다. 베를린 당국도 독일과 러시아 사이의 권력 배분 상황에 대해 비슷한 생각을 하고 있었다. 반면 러시아는 오스트리아가 세르비아를 침공해 유리한 권력 배분 상황을 확립하도록 허용하지 않으리라 결심하고 있었다. 러시아는 장차 적이 될지도 모를 국가가 급작스럽게 권력을 신장하면 러시아가 미래에 훨씬 더 많은 권력을 새로 얻더라도 앞서 말한 국가의 권력을 따라잡기가 어려우리라 계산한 것이다. 영국이 프랑스·러시아의 동맹을 지지한다는 성명을 마지막까지 발표하지 않았던 이유는 러시아의 이런 계산을 고려했던 때문이기도 하다. 이에 관해 독일 주재 영국 대사는 1914년 7월 30일 다음과 같이 이야기하고 있다. "현 단계에서 그런 효과를 노린 성명은 독일을 망설이게 할지도 모르지만 러시아에도 마찬가지의 부담이 될 것이다. 만일 러시아가 오스트리아를 공격한다면, 영국 해군을 무서워하든 무서워하지 않든 독일은 개입할 수밖에 없게 된다."[11]
1914년 7월 29일 제국의 총리에게 보낸 각서에서 독일 참모총장은 당시의 세력 균형 원리를 명확히 분석하고 있다.

> 러시아는 오스트리아가 그런 행동을 결코 취하지 않을 것임을 누차 밝힌 바 있으나 세르비아의 파괴를 허용할 수 없기 때문에 오스트리아가 세르비아를 향해 진공하는 즉시 그들도 동원령을 발포할 것이라고 밝히고 있다.

11_ *British Documents*, p. 361.

앞으로의 사태 발전은 어떻게 되어야 할 것이고, 또 어찌될 것인가? 만일 오스트리아가 세르비아를 공격한다면 오스트리아로서는 세르비아의 군대뿐 아니라 러시아의 막강한 세력과도 대적해야 한다. 따라서 오스트리아가 러시아의 공격에 대한 어떤 보호 조치를 취하지 않는 한 세르비아와의 전쟁은 시작하지 못할 것이다. 그것은 오스트리아가 나머지 절반의 군대도 마저 동원해야 한다는 얘기인데, 이미 전쟁 준비를 마치고 있는 러시아에 무조건 항복할 수는 없기 때문일 것이다. 그런데 오스트리아가 자국의 모든 군대를 동원하는 순간 오스트리아와 러시아 사이의 충돌은 불가피해진다. 하지만 독일 측에서 볼 때는 그것이 바로 개전 원인casus foederis이 된다. 독일이 그때까지의 자신들의 공약을 준수하고 강력한 러시아의 손에 우방이 합병되는 꼴을 보지 않으려면 독일도 동원되어야 하는 것이다. 그렇게 되면 러시아는 나머지 지역의 군사력도 같이 동원해야 하는 처지에 놓인다. 하지만 그때 러시아는 "나는 독일의 공격을 받는 중"이라고 말할 수 있게 된다. 이 때문에 러시아는 프랑스의 지원을 기대할 수 있게 되고 양국 간의 조약에 의하면 프랑스의 동맹국 러시아가 공격을 받을 경우 프랑스는 참전할 의무를 지고 있기 때문이다. 이렇게 되면 독일의 침략적 의도에 대항한다는 유일한 목적으로 성립된 순수한 방어적 성격의 동맹이라고 자주 칭찬되던 프랑스·러시아 동맹은 자동으로 발효되고, 유럽의 문명국들을 살육하기 위한 양쪽의 행동이 개시되는 것이다.[12]

세력 균형은 사태를 안정시키는 효과가 있기 때문에 수많은 전쟁을 미연에 방지하는 데 공헌한 바 있다는 주장을 증명하거나 반박하는 일은 아마 영원히 불가능할 것이다. 과거로 돌아가 가설적인 상황을 출발점으로 역사를 다시 경험할 수는 없다. 그러나 세력 균형이 없었다면 얼마나 많은 전쟁이 일어났을지 어느 누구도 자신 있게 말할 수 없지만 근대 국가 체제가 성립한 이래 일어난 수많은 전쟁이 대부분 세력 균형에 근거를 두었던 사실은 쉽게 알 수 있다. 세력 균형의 구조와 밀접한 관련을 가진 전쟁은 세 가지로 구분될 수 있다. 이미 이야기한 것처럼 양측이 제국주의적 목적을 추구할 때 발생하는 예방 전쟁, 반제국주의적 전쟁 그리고 제국주의적 전쟁 그 자체다.

세력 균형의 상황에서 한 현상유지 국가, 혹은 현상유지 국가들의 동맹과 제국주의 정책을 추구하는 한 국가 혹은 제국주의 국가들의 동맹 사이에 전개되는 대립은 전쟁으로 이어질 가능성이 크다. 카를 5세 이래 히틀러와 히로히토裕仁, 1901~1989에 이르기까지 대부분의 경우 세력 균형에 근거한 대립은 전쟁으로 발전했다. 현상을 유지하고자 하는 국가는 이름 그대로 평화적 정책을 추구하며 그들이 현재 가진 것만을 지키려 하기에 제국주의적 국가의 활발하고도 급속한 권력 신장 정책과 보조를 맞추기가 거의 어렵다.

1933년에서 제2차 세계대전에 이르기까지 한편으로 영국과 프랑스, 또 한편으로 독일의 상대적 국력 증가는 현상유지 국가와 제국주의 국가가 국력의 신장에서 속도와 활력 면에 차이가 크다는 사실을

12_ Max Montgelas and Walter Schuecking, editors, *Outbreak of the World War; German Documents Collected by Karl Kautsky* (New York: Oxford University Press, 1924), p. 307.

명백히 보여준다. 그런 군비 경쟁에서는 현상유지 국가가 지게 되어 있으며, 경쟁이 오래 계속될수록 권력의 상대적 지위는 자꾸만 가속적으로 악화된다. 시간은 제국주의 국가의 편이며, 시간이 흐를수록 제국주의 국가의 저울은 자꾸만 무거워져 더욱 내려가고 현상유지 국가가 세력 균형을 다시 회복하는 것은 점점 더 어려워진다. 따라서 이런 추세를 강제적으로 뒤집어놓지 않는다면 제국주의 국가의 지위는 거의 난공불락으로 확고해져 균형 회복의 기회는 매우 희박해진다는 것을 깨닫게 될 것이다. 영국과 프랑스가 1939년 9월에 깨달았던 상황이 바로 이런 것이었다. 그런 상황에서는 제국주의 국가의 세력권에 불명예스럽게 흡수되는 현상을 막을 수 있는 유일한 대안은 가능성을 측량할 길 없는 전쟁뿐인 듯이 여겨진다. 현상유지 국가와 제국주의 국가 간에 역동적으로 전개되는 국제정치는 필연적으로 세력 균형의 파괴를 가져와 현상유지 국가로 하여금 전쟁만이 유리한 세력 균형을 회복할 수 있는 기회를 줄 것이라 생각하게 만든다.

하지만 균형을 복원하려는 행위 자체가 새로운 불안의 소지를 안고 있다. 이미 살펴본 권력 정치의 역동적인 여러 국면은 이런 사태의 발전을 불가피하게 만든다. 어제까지만 해도 현상유지를 위해 노력하던 국가가 전쟁에서 승리를 거둬 오늘은 제국주의 정책을 취할 수 있으며, 또한 어제는 그 국가에 의해서 압박받던 국가가 복수전을 펼쳐 내일엔 다시금 승자가 될 수 있다. 세력 균형의 회복을 위해 무기를 들었다가 승리를 쟁취한 후 야망을 버리지 않는 승자, 그의 도전을 저지하지 못한 패자의 분노, 이 모든 것이 합쳐져서 형성되는 새로운 세력 균형은 사실상 하나의 불안에서 또 다른 불안 상태로 옮아가는 보이지 않는 과정일 뿐이다. 그래서 균형을 유지하는 과정은 흔히 세력 균형을 파괴하는 하나의 지배적 세력을 다른 세력으로 대체시키는 과정이었다. 합스부르크 왕가 카를 5세의 세계적 왕조 건립에 대한 야망은 프랑스에 의해 저지되고, 이를 계승하여 비슷한 야망을 가진 프랑스 루이 14세는 그에 대항하는 모든 유럽 국가의 단결에 의해서 좌절되었다. 루이 14세에 대항하는 새로운 균형이 회복되자 프로이센의 프리드리히 대왕이 새로운 불안 요인으로 등장했다. 나폴레옹 휘하의 프랑스가 시도한 세계 제국 건설의 욕망에 이어 과거 나폴레옹의 가장 무서운 적이었던 오스트리아와 러시아의 지휘하에 결성된 신성동맹이 비슷한 구상을 시도했다. 후자가 패배당하자 그 과정에서 프로이센이 독일 제국 내에서 가장 강력한 권력을 쥐게 되었고 나아가 독일은 유럽에서 가장 강력한 국가가 되었다. 독일이 비록 제1차 세계대전에서 패하긴 했지만, 20년이 흐른 뒤에 다시 유럽에서 가장 강한 국가로 뛰어오르게 되었으며 일본도 아시아 지역에서 이와 비슷한 지위를 회복했다. 세력 균형에서 활발히 활동하던 이 두 국가가 제2차 세계대전을 계기로 제거당하던 순간, 한편으로는 미국이, 또 한편으로는 소련과 중공이 주도권을 쥔 새로운 형태의 권력 투쟁이 형성되었다. 중소 진영이 와해되자 중국은 독자성을 유지한 채 미국과 서구 국가 쪽으로 다가섰고 세력 균형은 좀 더 복잡한 형태로 전개되기에 이르렀다.

이데올로기로서의 세력 균형

지금까지 우리 논의는 다른 국가가 필요 이상으로 권력을 축적하여 위협을 느낀 국가가 독립과 국가 존립을 보존키 위해 자기 방어 수단으로 택하는 것이 곧 세력 균형이라는 가정하에서 이루어져왔다. 세력 균형에 대한 지금까지의 논의가 사실이려면 세력 균형이 순전히 말 그대로 자기 방어적 목적을 위해 사용되었을 경우라는 전제가 필요한 것이다. 하지만 우리는 여러 국가의 권력욕이 어떤 식으로 이상적 원칙을 내세우고 있으며, 그것을 은폐, 합리화, 정당화하기 위해 어떻게 이데올로기로 전환하는가에 대해 살펴보았다. 그들은 자신의 권력욕을 세력 균형을 통해 충족한 것이다. 앞에서 반제국주의적 이데올로기의 인기에 대해 이야기한 내용은 세력 균형에도 마찬가지로 적용된다.

제국을 건설하려는 국가는 대개 자신은 오로지 균형만을 원한다고 주장하곤 했다. 현상유지만을 고집하던 국가도 그 현상에 변화를 주고자 했던 예가 많았으며, 이는 세력 균형에 대한 공격이라는 형태로 나타났다. 1756년에 영국과 프랑스가 7년 전쟁으로 서로 맞붙자, 영국 작가는 유럽의 세력 균형 유지가 필요하다는 말로 조국의 정책을 정당화했고 프랑스 언론은 '상업적 균형'을 재확립하기 위해 바다와 북아메리카에서의 영국의 우월성에 대항하지 않을 수 없었다는 식으로 자기 국가를 옹호했다.

1813년, 동맹 세력이 나폴레옹에게 평화 조건을 제시하면서 원용했던 것도 바로 세력 균형 원칙이었다. 이런 조건을 수락할 수 없다고 거절한 나폴레옹이 원용한 것 역시 '권리와 이익의 형평'이었다. 1814년 초, 동맹 세력이 나폴레옹의 사자를 만나 최후통첩을 발하면서 프랑스가 1792년 이래 점령했던 모든 영토를 포기하도록 세력 균형의 이름으로 요구하자 프랑스 대표는 다음과 같이 대답했다. "동맹국은 유럽에서 공정한 균형 상태가 이룩되기를 원한다고 주장하지 않았는가? 지금도 균형을 원한다고 선언하고 있지 않은가? 프랑스가 추구하는 유일한 실제 소망은 과거 프랑스가 누리던 것과 똑같은 상대적 권력을 유지하는 것이다. 그러나 유럽은 이미 20년 전과는 크게 달라져 있다." 그래서 그는 지리적 요인과 전술적 요소를 고려할 때 프랑스가 라인 강의 좌안을 점령한다 해도 과거 유럽의 세력 균형을 그대로 유지하는 데에는 결코 충분하지 않으리라 결론지었다. 이에 대해 동맹국 측 대표는 "1792년의 상태로 프랑스가 후퇴한다 할지라도 유럽의 중심부에 위치한다는 지리적 조건과 인구, 비옥한 토양, 자연적으로 훌륭한 조건을 갖춘 국경, 수가 많으면서도 잘 배치된 진지 등 모든 요인을 고려하면 프랑스는 여전히 유럽 최강의 국가임에 틀림없다"고 반박했다. 이렇게 양측은 같은 상황에 대해 제각기 생각하는 세력 균형 원칙을 적용하려고 노력함으로써 타협 불가능한 결과를 낳게 되었고 종전을 위한 노력은 수포로 돌아가고 말았다.

40년 뒤에도 비슷한 상황이 비슷한 이유 때문에 벌어진다. 크림 전쟁을 종결짓기 위해 소집된 1855년의 비엔나 회의에서 러시아는 협상의 기본 원칙으로 흑해의 세력 균형 유지를 위해 노력한다는 점에 상대편과 합의했다. 하지만 러시아 측은 "흑해에서 러시아가 우세를 장악하는 것이 유럽의 세력 균형을 위해 절대적으로 긴요하다"고 주장했으며, 이에 반해 상대측은 러시아의 그런 우세한 권력에 종지부를 찍고자 노력하면서 러시아 해군은 "터키 해군에 비해 여전히 너무 강하다"고 주장했다. 1856년에 체결된 평화 조약에서는 결국 후자의 주장이 받아들여졌다.

각국의 상대적 권력 지위를 정확하게 평가하기란 매우 어렵기 때문에 세력 균형을 원용하는 것은 국제정치적으로 가장 인기 있는 이데올로기가 되어왔다. 또 그 때문에 세력 균형이라는 개념은 매우 부정확하고 모호하게 사용된다. 어떤 국가가 국제정치적으로 취한 행위를 정당화하고자 할 때 세력 균형을 유지 또는 회복하려 한다고 흔히 내세우는 경우가 있다. 한 국가가 다른 국가의 외교정책을 비난하고자 할 때에는 그 국가의 정책이 세력 균형을 파괴, 혹은 위협한다고 비난하는 예도 많다. 올바른 의미의 세력 균형은 현상을 보존하려는 타고난 경향이 있기 때문에, 현상유지 국가가 세력 균형이란 개념을 사용할 때 그것은 현상, 혹은 어떤 특정한 시점에 존재하는 권력 분포 상황과 같은 의미를 가진다. 따라서 기존 세력 분포 상황을 바꾸려는 모든 노력은 세력 균형을 교란한다는 이유로 반대에 직면하기 마련이다. 이런 방법으로 특정 세력 분포 상황을 보존하려 노력하는 국가는 자국의 그런 이해관계를 보편적으로 인정된 현대 국가 체제의 기본적·보편적 원칙에서 나온 것처럼 보이고자 한다. 또한 그래서 모든 국가의 공통 이익과 같게 보이려 노력한다. 그 국가 스스로는 자국의 이기적이고 특수한 관심사를 변명하기보다는 그런 보편 원칙의 수호자, 즉 국제 공동체의 대리인을 자처함으로써 결국 자기 이익을 수호한다.

예를 들어 미주 지역 이외 국가의 정책 때문에 서반구의 세력 균형이 파괴될지도 모른다든가, 혹은 러시아의 침략에 대비하여 지중해의 세력 균형을 수호해야 한다는 말은 이런 의미에서다. 어느 경우나 여기서 보호 대상은 세력 균형이 아니라 특정한 국가 혹은 동맹에 유리한 것으로 여겨지는 특정 세력 분포 상황일 뿐이다. 《뉴욕타임스》는 1947년의 모스크바 외무장관회의를 다룬 기사에서, "프랑스, 영국, 미국 간의 새로운 연합이 …… 그리 오래 지속되지 않을지 모르지만 어쨌든 세력 균형을 심각하게 변화시킨 것은 틀림없다"고 썼다.[13] 이 말의 실제 의미는 진정한 의미의 세력 균형이 정말 어떻게 변화했다는 것이 아니라 회의가 끝나고 새로이 생긴 권력의 분포 상황이 그 이전의 것보다 훨씬 서구 세계의 열강에게 유리하도록 조정되었다는 말이다.

세력 균형을 이데올로기로 활용하는 것은 세력 균형이라는 장치에 본질적으로 내재하는 어려움을 증가시킨다. 하지만 어떤 국가가 세력 균형을 준비된 이데올로기로 여러 사태에 적용해 사용하는 일은 결코 우연한 일이 아님을 지적해두어야 하겠다. 그것은 세력 균형의 본성에 내재하는 잠재력이다. 이미 살펴본 것처럼 꽤나 정확한 듯 제시되면서도 실제로는 그렇지 못하며, 각국이 균형을 열망하는 듯 보이면서도 실제로는 지배권을 확립하려고 애쓰는 이런 대조적인 모순은 세력 균형의 본질 그 자체이며, 이때 세력 균형은 애초부터 이데올로기적 측면을 필연적으로 갖게 된다. 그리하여 세력 균형은 실제로는 존재하지 않는 현실성과 기능을 가정하여 실제의 국제정치 현상을 은폐하고 합리화하며 정당화하는 경향을 보인다.

13_ April 27, 1947, p. E3.

세력 균형의 부적합성

세력 균형이 17~19세기에 걸쳐 전성기를 맞으면서 근대 국가 체제의 안정과 그 구성 국가의 독립을 유지하는 데 실제로 공헌한 것은 인정된다. 그렇지만 그런 바람직한 결과는 세력 균형 하나만의 공헌인가? 그 당시 다른 어떤 요인이 없었더라도 세력 균형이 제대로 기능할 수 있었을까?

도덕적 일체감의 규제력

그런 요인에 대해서는 일찍이 1781년에 에드워드 기번이 지적한 바 있다. 당시 그의 조국은 식민지 미국, 프랑스, 에스파냐 그리고 네덜란드와의 전쟁을 치르고 있었고 전세는 불리한 상황이었다. 그때 그는 다음과 같이 제안했다.

> 유럽을 하나의 커다란 공화국으로 생각해보자. 그 속에 사는 다양한 국민은 비슷한 수준의 교양과 학식을 갖추고 있다. 세력 균형은 계속 변화할 것이고 우리 나라와 주변 왕국들의 번영은 호경기와 불경기를 번갈아가며 전개될 것이다. 이런 변화는 우리가 누리는 일반적인 행복, 예술과 법률과 관습의 체계를 본질적으로 해치지 못한다. 유럽인과 식민지 사람은 나머지 인류에 비해 월등한 행복과 예술, 법률, 관습의 체계를 누리고 있어 확연히 구별된다. …… 지나친 전제 정치는 두려움과 수치심의 영향이 작용함으로써 억제되었으며, 공화국은 질서와 안정을 얻었고, 군주는 자유의 원칙 혹은 적어도 절제의 원칙

을 점차 받아들였고, 시대의 흐름에 맞추어 가장 온전치 못한 대다수 헌법에도 명예심과 정의감이 어느 정도 수용되었다. 평화 시에는 수많은 경쟁 세력의 활발한 활동으로 지식과 산업의 진보가 가속적으로 이루어져왔으며, 전시에도 유럽 열강은 절제하고 그다지 치열하지 않게 경쟁해왔을 뿐이다.[14]

이 말에 대한 토인비의 견해는 다음과 같다.

어쨌거나 기번의 확신은 1783년 평화 조약 체결 과정에서 볼 수 있었던 일련의 사건을 볼 때 정당화된다. 미국 독립 전쟁 당시 영국은 적대 세력의 압도적인 연합 때문에 무릎을 꿇을 수밖에 없었지만, 영국의 적대 세력은 영국을 완전히 궤멸하려는 생각까지는 하지 않았다. 그들은 영국의 성난 식민지가 독립을 쟁취하게 하려는 제한되고

14_ *The Decline and Fall of the Roman Empire* (Modern Library Edition), Vol. II, pp. 93-95. 세력 균형의 바람직한 결과에 대한 비슷하게 훌륭한 설명은 한 익명의 기고자가 쓴 다음 글에서 찾아볼 수 있다. *Edinburgh Review*, Vol. I (January 1803), p. 348. "그러나 인접한 경쟁국 사이의 질투심이 없었다면 전쟁 대신 대체 얼마나 많은 정복과 지배권 변경이 발생하여 수많은 생명을 무의미하게 빼앗아가고 수백 수천만 명을 쓸데없이 낭비했을 것인가? 현대의 정치가는 경쟁국 사이의 질투심을 아끼며 간직하는 방법을 배웠다. 수백 명의 선원이 황량한 바다 위에서 생명에 지장이 없는 전쟁을 수행하고 수천의 군인이 국가 간의 분쟁이 조정되는 장소로 의도적으로 마련된 낯선 땅에서 과학적이고 정기적이며 그러면서도 조용한 체계적 전쟁을 수행하지 않는다면 이 지구 상 바다가 얼마나 많은 피로 물들 것인가? 우리는 지난 한 세기의 역사를 인류의 연대기 중 가장 자랑할 만한 것으로 내세울 수 있다. 교육과 기술 그리고 산업의 발달이 두드러졌고 온화한 미덕과 상식, 정부의 개선과 자유의 확산으로 빛났으며 무엇보다도 국가 간의 보편적 행위 규범을 수립한 행정 기술상의 지식이 완벽해졌다는 등의 요소가 제국의 전복을 방지했고 탐욕스러운 인접 국가가 약한 나라를 삼키지 못하게 했으며 정복에 대해서는 한계를 설정해주었고 다른 시대 같았더라면 행위의 시작이 되었을 행동, 즉 칼을 뽑는 행동을 최후의 수단이 되도록 했다."

명확한 목표를 위해 싸움에 임했다. 우선 식민지 주민으로서는 독립 그 자체가 목표였기 때문이며, 식민지의 동맹인 프랑스 입장에서는 그들의 세련된 정치가의 평가에 의할 때 대영 제국에서 미국의 13개 주를 분리시키는 것은 그 이전 세 번의 전쟁에서 영국이 잇따라 승리함으로써 불공평하게 영국에 기울었던 세력 균형을 복원하는 데 충분하리라고 믿었기 때문이었다. 1783년 프랑스가 거의 100년 만에 전쟁에서 승리했을 때 프랑스의 정치가는 최대한의 경제적 수단으로 최소한의 목표를 달성한 것에 만족했다. 옛날 어렵던 시절에 대한 원한 맺힌 기억도 많았지만 프랑스 정부로서는 이 좋은 기회를 이용해서 그때의 앙갚음을 하고자 덤비지 않았다. 그들은 심지어 캐나다를 되찾겠다고 욕심부리지도 않았다. 아메리카 대륙에서 프랑스의 가장 중요한 지배권이었던 캐나다는 7년 전쟁에서 패배한 뒤 영국에 정복당했으며 불과 20년 전인 1763년의 평화 조약에서 루이 왕이 영국의 조지 왕에게 공식 양보했던 영토였다. 이렇게 1783년의 평화 조약에서는 전승국인 프랑스의 결정으로 캐나다가 그대로 영국의 소유로 남겨졌으며, 13개 주의 미국을 잃은 것으로 위기를 넘긴 영국은 오히려 축하할 상황이었다. 기번의 얘기를 빌리자면 세력 균형의 파고 속에 영고성쇠의 내리막길까지 겹친 상황에서 난파당하지 않고 살아남았고 조지 왕의 신민과 루이 왕의 신민의 공통의 마음의 고향이었던 품위 있는 유럽 사회가 본질적인 피해를 입지 않고 전반적으로 행복한 생활을 유지할 수 있었다는 사실 자체가 축하할 만하다는 얘기였다.[15]

당대의 위대한 정치 사상가는 그런 지적·도덕적 일체감을 인식하고 있었으며, 그것을 바탕으로 세력 균형이 성립되고 또한 바람직한 방향으로 작동할 수 있었다. 프랑수아 페늘롱François Fénelon, 1651~1715, 장 자크 루소Jean Jacques Rousseau, 1712~1778, 에머리히 데 바텔Emerich de Vattel, 1714~1767 세 사람에 대해서만 간단히 언급해보자.

루이 14세 시대의 위대한 사상가이자 루이 14세의 손자의 스승이었던 페늘롱은 〈충성 의무에 관한 의식 연구에 덧붙여〉라는 글에서 다음과 같이 적고 있다.

> 이웃하는 국가들 사이에서 균등과 형평을 유지하려는 이런 의식은 모든 사람에게 평온을 가져다준다. 이렇게 보면 상호 인접해 상업적 관계를 맺는 모든 국가는 하나의 커다란 단체를 형성하며 일종의 공동체를 만든다. 예를 들어 그리스도교 세계는 그들 간의 공통적 이해관계, 공포 그리고 주의 사항을 가진 하나의 공동체를 형성한다. 이 거대한 공동체를 형성하는 모든 구성원은 공동의 선을 실현하기 위해 서로 의존하며 또 국가 안보적 이해관계 측면에서 볼 때에도 구성원 중 어느 누구도 균형을 깨뜨리고 공동체 내의 다른 구성원을 멸망시킬 시도를 못 하도록 서로 무의식중에 협동하고 있다. 유럽의 일반적 체제에서 생기는 모든 변화 혹은 손상은 너무나 위험하며 이루 헤아릴 수 없는 해악을 동반하게 된다.[16]

15_ Arnold Toynbee, *A Study of History* (London: Oxford University Press, 1939), Vol. IV, p. 149. (출판사의 허락을 받아 전재.)

16_ *Oeuvres* (Paris, 1870), Vol. III, pp. 349-350.

루소는 똑같은 논지에서 이렇게 얘기한다. "유럽의 각국은 그들 사이에 또 하나의 보이지 않는 국가를 형성하고 있다. …… 유럽의 실제 체제가 지니는 단결력의 정도는 끊임없는 동요 속에서도 전복되지 않고 유럽을 그대로 유지해나가는 바로 그만큼이다."[17] 그리고 18세기의 국제법 이론가 중에서 가장 큰 영향력을 행사하던 바텔에 따르자면 유럽의 체제는 다음과 같이 분석된다.

> 유럽은 하나의 정치 체제를 형성한다. 이 체제는 유럽이라는 지역에 소속된 각국 간의 상호관계와 여러 이해관계로 연결된다. 유럽은 과거처럼 제각기 타인의 운명에 거의 관심이 없고 또 자기와 직접 관련이 없는 것을 외면해버리는 사분오열한 조각들의 무질서한 더미가 아니다. 각 주권 국가의 제한적인 관심은 …… 유럽을 일종의 공화국으로 만들고 있으며, 그 구성원은 비록 각자 독립해 있긴 하지만 질서와 자유의 유지라는 공통 이익으로 단합된다. 그런 까닭에 저 유명한 정치적 평형, 또는 세력 균형이 생겨나 어떤 국가도 절대적으로 우월한 지위에 올라서거나 다른 국가에 법을 강제할 수 없게 된다.[18]

여러 학자의 이런 주장은 정치가의 다양한 선언에 반영되었다. 1648년에서 프랑스 혁명이 일어나던 1789년에 이르기까지 유럽의 군주들과 그들의 조언자들은 유럽의 도덕적·정치적 단결을 당연시했으

17_ *Oeuvres Completes* (Brussels: Th. Lejeune, 1827), Vol. 10, pp. 172, 179.
18_ *The Law of Nations* (Philadelphia, 1829), Book III, Chapter III, pp. 377-378.

며, '유럽 공화국', '그리스도교 군주들의 연합체' 또는 '유럽이라는 정치체제' 등의 얘기를 자연스럽게 거론했다. 그러나 나폴레옹의 제국이 거세게 도전하자 과거 세력 균형 체제의 토대가 되었던 유럽의 지성적·도덕적 기반을 명확히 할 필요를 느꼈다. 나중에 상세히 언급할 기회가 있겠지만,[19] 신성동맹과 구주 협조 체제 등은 세력 균형 체제의 생명선이었던 이런 도덕적·지성적 힘에 제도화된 방향성을 설정해주자는 노력이었다.

1815년 9월 26일의 신성동맹 조약은 각 당사국(유럽의 모든 주권 국가 중 세 국가만이 빠졌다)이 그들 상호 간의 관계와 종주국과의 관계에서 그리스도교적 원리에 따라 행동하도록 의무를 지우고 있다. 하지만 유럽에서의 정치체제를 재구성하고자 같은 해에 체결된 다른 조약들은 신성동맹이라는 이름으로 잘 알려져 있기는 하지만 어느 곳에서든 혁명이 재발하지 않도록, 특히 프랑스에서 혁명이 일어나지 않도록 하자는 목적으로 성립된 것이었다. 프랑스 혁명이야말로 당시의 세력 균형을 파괴한 가장 큰 힘이었기 때문에 앞으로 어떤 혁명이 일어나든 비슷한 위협을 안겨줄 것이라고 여겼던 것이다. 이리하여 정통성 원칙과 1815년의 국경을 누구도 침범할 수 없다는 것이 적어도 오스트리아, 프로이센 그리고 러시아의 세 국가가 유럽의 정치 구조를 재확립하는 과정에서 초석이 되었다.

1860년에 와서 이탈리아 사르디니아에 의한 영토 확장을 보상하고자 프랑스가 사부아와 니스를 병합하자 영국은 1815년의 원칙 중 하

19_ 제27장 참고.

나를 어겼다고 주장하면서 개입했다. 당시 영국 외무장관이었던 존 러셀은 프랑스 주재 영국 대사에게 다음과 같은 내용의 편지를 보냈다. "프랑스처럼 강력한 국가가 인접 국가에게 영토 할양을 요구하는 행위는, 특히 그리 머지않은 과거에 프랑스가 취한 영토 확장정책이 유럽에 이루 헤아릴 수 없는 재난을 초래했던 점을 감안할 때, 세력 균형과 전체적 평화의 유지에 관심을 가진 모든 국가에 필시 심각한 분노를 안겨줄 것임을 영국 정부로서는 분명히 상기시키고 싶다."

구주 협조 체제는 정치체제에 대한 모든 위협을 단합된 행동으로 대처하려는 강대국 간의 회의 외교로서, 먼저 신성동맹의 원칙을 실현하는 데, 또 신성동맹이 해체되고 나서 1848년 자유주의 혁명이 절정에 도달한 이후에는 유럽의 공동 이익을 실현시키는 데 중요한 수단으로 사용되었다. 이 구주 협조 체제는 1814년에 시작된 이래 1914년의 제1차 세계대전에 이르는 1세기 동안에 여러 번 기능을 발휘했다. 구주 협조 체제의 바탕을 이루는 생각, 즉 유럽이라는 단일 정치체제, 혹은 영국의 정치가 캐슬레이의 말을 빌리자면 '유럽이라는 일반 체제'는 수많은 공식 성명에서 언급되었다. 이리하여 1813년 후반에 연합국들은 "유럽의 정치 상황이 다시 확고해지기 전에는, 또 불변의 원칙이 공허한 가식을 눌러 유럽에 진정한 평화를 정착시키기 이전에는 …… 무기를 놓지 않을 것"을 선언했다. 통상 구주 협조 체제의 시작이라고 알려진 1814년 2월 5일의 선언에서 오스트리아, 영국, 프로이센 그리고 러시아의 대표들은 자신들이 단지 조국을 대신해 얘기한 것이 아니라 '하나의 공동체를 형성한 유럽의 이름으로' 얘기한 것이라고 밝혔다.

위의 네 국가와 프랑스를 합친 5개국은 1831년의 런던 회의에서 의정서 제19조를 통해 벨기에의 독립을 승인했으며 세력 균형에 대한 이해관계를 고려하여 벨기에를 5개국의 보호를 받는 영세 중립국으로 만들었다. 이를 정당화하기 위해 5개국은 "모든 국가에는 나름의 법률이 있게 마련이다. 하지만 유럽 역시 나름의 법률을 가지고 있다. 그것은 사회 질서가 유럽에 마련해준 것이다"라고 선언했다. 1870년의 프로이센·프랑스 전쟁 중 프랑스의 외무장관이었던 노정치가 루이 티에르Louis Adolphe Thiers, 1797~1877는 독일의 세력 균형 파괴를 방지하기 위해 유럽 국가들의 지원을 확보하려 했지만 실패하자 이렇게 불평했다. "유럽은 어디에도 보이지 않았다." 그는 이 말을 통해 1648년 이래 세력 균형의 생명선이 되어왔던 유럽공동체의 원칙에 대한 존경심을 잘 표현한 셈이다. 영국 외무장관이었던 그레이가 제1차 세계대전이 일어나기 직전에 유럽 각국을 초청해 회의를 개최하고 상호 이견을 조정코자 했으나 실패하고 말았던 것 역시 같은 원칙에 따른 행동이었다. 영국의 네빌 체임벌린 총리가 체코슬로바키아를 강요해 수데테란트를 나치 독일에게 할양하도록 했던 것은 옛날의 도덕적·지적·정치적 유럽 공동체가 그때까지도 계속 존재했으며, 나치 독일이 그 한 부분을 구성하고 있다는 그릇된 가정하에서 행동했기 때문이라는 주장도 나올 수 있다.

근대 국가 체제의 도덕적 일체감

이런 모든 행동과 선언에서 볼 수 있는 근대 국가 체제의 안정성에 대한 신념은 세력 균형에서 나오는 것이 아니라, 세력 균형과 근대 국가 체제의 안정성이 있게 한 지적·도덕적 여러 요소에서 생기고 있다. 존 스튜어트 밀John Stuart Mill, 1806~1873은 다음과 같이 이야기하고 있다. "역학에서와 마찬가지로 정치학에서도 엔진을 계속 작동케 하는 힘은 기계의 외부에서 찾아야 한다. 만약 준비가 덜 되어 있거나 합리적으로 예견되는 장애물을 극복하기에 불충분하다면 그 기계는 움직이지 않을 것이다."[20] '기본'이 특유의 수사와 직관을 써서 세력 균형이라는 모터를 움직이게 하는 연료라고 지적한 것은 서구문명의 지적·도덕적 기반이다. 즉 18세기 사회의 주인공들이 활동하는 배경이 되어주고 또 그들의 사상과 행동 구석구석에까지 침투하던 지적·도덕적 분위기다. 이들은 유럽을 '예절과 우애'의 공통 기준과 공통의 예술, 법률 그

20_ *Considerations on Representative Government* (New York: Henry Holt, 1882), p. 21. Cf. 도덕적 요인이 국내정치에서의 세력 균형 유지에 얼마나 중요한지는 1권 pp.517-519에도 잘 기술되어 있다. "정치적 도덕성과 관련되는 문제일 뿐이라 하더라도 중요성이 경감되지는 않는다. 헌법적 도덕성의 문제도 헌법 그 자체와 관련된 문제들처럼 실제적 성격을 가진다. 헌법적 도덕성의 원칙을 실제로 잘 수행하느냐 여부에 어떤 정부의 존립 그 자체가 좌우되는가 하면 다른 기구들의 지속 가능성 여부도 결정된다. 그것은 몇몇 관계 기관의 마음속에 새겨진 전통적 관념을 가리키는 것으로 어쩌면 자신들의 권력이 되었을지 모르는 권력을 사용할 때 자제력을 발휘하게 한다. 순수한 군주제나 순수한 귀족제 혹은 순수한 민주제와 같은 균형이 잡히지 않은 정부에서는 이런 격언이 그 정부 특유의 행동 양식이 지나치게 흐르는 것을 방지해주는 유일한 방파제가 된다. 강자의 권력에 대해 헌법적 제약을 부여하려는 불완전한 균형 상태의 정부에서는 강자의 권력이 너무 강해 최소한 잠정적으로나마 아무 탈 없이 그 속박을 벗어날 수 있는 까닭에 헌법상의 견제와 제약 원칙이 어떤 식으로든 준수되었다면 그것은 여론에 의해 승인되고 지지된 헌법적 도덕성의 원칙에 의해서일 뿐이다. 최고 권력이 분할되어 각각의 권력 주체들이 단 한 가지 방법, 즉 상대의 공격에 맞설 수 있을 만큼 충분히 강력한 무기로 방어 수단을 마련함으로써 다른 권력 주체들을 침해하지 못하도록 보호하는 균형이 잘 잡힌 정부에서는 각각의 권력 주체들이 극단적인 권력 행사를 자제해줄 경우라야 정부가 운영될 수 있다. 이 경우 우리는 헌법적 도덕성이라는 격언에 부여한 관심이 그 헌법을 존재하게 만든다고 얘기할 수 있다."

Cf. 산업 전쟁과 국제적 세력 균형 사이의 유사성에 대해서는 다음 자료를 참고할 것. R. H. Tawney, *The Acquisitive Society* (New York: Harcourt, Brace, 1920), pp. 40-41. "바로 그 동기로 인해 산업 전쟁이 생기는데 이는 유감스러운 사건이라기보다 불가피한 결과다. 모든 개인이나

리고 관습 체제를 갖춘 '하나의 커다란 공화국'이라고 보았다. 이런 공통 기준에 대한 공통 인식은 그들의 야망을 '두려움과 수치심이라는 두 가지 감정의 상호작용'을 통해 제약했고, 그들의 행동에 '절제'를 강요했으며, 또 그들 모두에게 '어떤 명예감과 정의감'을 서서히 가르쳐주었다. 결과적으로 국제 무대에서의 권력 투쟁은 본질적으로 '절제되고 격렬하지 않은 경쟁'이었다.

세력 균형은 1648년에서 나폴레옹 전쟁에 이르기까지, 그리고 1815년에서 1914년에 이르는 동안 정치적 경쟁이 절제되고 격렬하지 않았던 원인이었을뿐더러 동시에 그런 경쟁을 비유적이고도 상징적으로 나타내는 표현이었고 나아가 실현의 기술이기도 했다. 세력 균형이 적

집단은 자기가 구할 수 있는 것을 가질 권리를 가진다고 가르치면서도 그들이 무엇을 얻어야 하는지를 결정하는 원리는 시장 기구밖에 없다고 부인하기 때문에 산업 전쟁이 발생하게 된다. 이는 분배 가능한 소득의 규모가 한정되어 있고 따라서 한 그룹의 소득은 다른 집단의 상실이 되는데 여기서 일정한 한계를 넘어설 경우, 여러 집단의 소득이 그들 스스로의 활동에 의해 결정되지 않는다면 그것을 결정할 수 있는 방법은 상호 자기주장밖에 없기 때문이다. 자기주장을 내세우는 데 온 힘을 기울이지 않게 하는 원인이 사욕일 경우가 확실히 있다. 또 이것이 현실로 나타나는 한 산업의 평화는 유지된다. 국제적으로 평화를 유지하기 위해 세력 균형을 이용하는 것처럼 말이다. 그러나 그런 평화를 계속 유지할 수 있느냐 하는 것은 그것에 참여하는 사람이 직접 대결을 통해서는 얻는 것보다 잃을 것이 더 많다고 인식할 것인가에 달려 있으며 또 그 평화의 유지는 각기의 주장을 공정히 해결하는 방법으로 어떤 보상의 기준을 받아들인 결과는 아니다. 따라서 그것은 위태롭고 무성의하며 오래갈 수가 없다. 물질적 욕구에 만족이 없는 것처럼 소득의 증가에도 끝이 있을 수 없기 때문에 이런 현상 역시 끝없이 계속된다. 요구가 관철되면 앞에서의 투쟁은 새로운 차원에서 다시 시작되고 크건 작건 보상의 기준을 확실히 결정하지 않고 오로지 보상을 증가시켜감으로써 투쟁을 종결지으려 한다면 이는 끝없이 계속될 것이다."

p. 50도 참고할 만하다. "국제정치적 균형이든 산업의 균형이든 균형은 불안정하다. 왜냐하면 국가나 개인의 주장을 제한하는 원칙을 일반적으로 받아들임으로써가 아니라 무한정한 요구를 무마하지도 않고 분쟁을 피해보고자 노력하는 데에 근거하고 있기 때문이다. 그런 평형이 발견될 수는 없다. 왜냐하면 군사력과 산업 능력의 증가 가능성이 무제한적인 세계에서 그런 평형은 발견될 수가 없기 때문이다."(출판사의 허락을 받아 전재.)

대 세력의 기계적인 상호작용을 통해 각국의 권력욕을 제한하기 이전에 경쟁하는 국가들은 먼저 세력 균형 체제를 그들의 노력의 준거 틀로 받아들여 스스로 절제할 수밖에 없었다. 두 저울에 담긴 추의 배분 상태를 바꾸려 아무리 노력하더라도, 결과와 상관없이 두 저울은 결국 그 자리에 있을 것이란 점에 대해 묵시적으로 동의할 수밖에 없었다. 한쪽이 얼마나 많이 올라가든 또 다른 한쪽이 얼마나 많이 내려가든 두 저울은 한 개의 막대기에 매달렸기에 결국 한 쌍으로 연결되어 있을 수밖에 없고 따라서 장차 추가 움직이는 것에 따라 오르락내리락할 것임을 수긍해야 했다. 각국이 현상에 대한 어떤 변화를 원하건 그들 모두는 한 쌍의 저울이 존재한다는 사실, 즉 세력 균형 그 자체의 '현상'만은 변하지 않는 요소로 인정해야 했던 것이다. 그리고 어떤 국가가 독립과 안정의 필요 불가결한 전제인 이런 사실을 잊을 때는 언제나 다른 모든 국가의 단합된 의견이 그 국가로 하여금 잊은 사실을 빠른 시간 내에 상기하도록 했다. 오스트리아가 1756년에 프로이센에 혹은 프랑스가 1919~1923년에 독일에 취한 행동을 다른 국가들이 용납하지 않았던 것이 예다.

이런 일체감은 당시의 지적·도덕적 분위기에서 생겼고 또한 당시의 실제 권력관계에서 힘을 얻었다. 그로 인해 통상적인 상태에서는 세력 균형 체제를 전복하고자 하는 노력 자체가 가망 없는 헛수고가 되어버렸다. 이런 일체감이 이번에는 지적·도덕적 힘이 되어 지적·도덕적 분위기와 권력관계에 영향을 미치고 절제와 평형을 지향하는 경향을 강화했다. 퀸시 라이트Quincy Wright, 1890~1970 교수는 다음과 같이 얘기하고 있다.

국가는 너무나 제약을 받고 조직되어 있기 때문에 열강들이 압도적인 여론으로 찬성할 정도로 온건하고 규제되지 못한 침략정책은 성공할 수가 없었다. 발칸 반도의 봉기로 오스만 제국이 서서히 붕괴된 것은 그런 승인이 있었기 때문이었고, 벨기에의 봉기가 네덜란드로부터의 분리 독립을 쟁취케 한 것도 그런 승인이 있었기에 가능했으며, 프로이센과 사르디니아의 침략 행위가 근대 독일과 이탈리아의 통일을 가져오게 한 것도 그런 승인 덕이었다. 그리고 유럽의 제국주의적 영토 팽창에 기여하고 유럽 문명의 전파를 이룩하게 했던 아시아, 아프리카 그리고 태평양 연안에 대한 수많은 침략 행위에 대해서도 마찬가지였다.[21]

우리가 알다시피 모든 제국주의에 잠재적으로 내재된 무제한적 권력욕을 억제하여 정치적 현실이 되지 않게끔 해준 것은 바로 이런 공통의 도덕 기준, 공통의 문명, 공통의 이해관계라는 말하자면 부자 관계와도 같은 일체감이었다. 그런 일체감이 더 이상 존재하지 않게 되거나 약해질 경우, 또 폴란드 분할에서 시작해 나폴레옹 전쟁을 계기로 끝나는 일련의 기간처럼 일체감이 확실치 않게 되면 세력 균형 역시 국제적 안정과 독립을 유지하는 기능을 수행할 수 없게 된다.

일체감이 가장 명확하던 시기는 1648~1772년 사이, 또 1815~1933년에 이르기까지의 두 시기다. 전자의 경우 국가 체제는 각국의 군주들이 국가의 이성, 즉 일정한 도덕적 한계 내에서 각국이 권력 목표를

21_ "The Balance of Power," in *Compass of the World,* edited by Hans Weigert and Vilhjalmur Stefansson (New York: Macmillan, 1944), pp. 53-54.

합리적으로 추구하는 것을 국가 행위의 궁극적 기준이라고 받아들이면서 서로 경쟁하는 사회와 조금도 다를 바 없었다. 당시 군주는 다른 모든 군주도 이 기준을 따라 행동해주기를 기대했으며 그렇게 기대하는 것이 정당한 행위로 인정되었다. 종교 전쟁의 열정은 합리주의 그리고 계몽주의의 무신론적 절제에 수그러지고 말았다. 그런 관대한 분위기에서는, 어떤 원칙들 때문에 생겼든 국가 간의 증오와 집단적 원한이 강화될 수가 없었다. 모든 사람이 자신의 행동을 낳게 한 이기주의적 동기가 결국 다른 모든 사람의 행위를 이기적으로 만든다는 사실을 당연시했다. 그렇게 되자 누가 꼭대기에 올라설 것이냐는 기술과 행운에 달린 문제였다. 국제정치는 실로 귀족의 유희이자 군주의 스포츠가 되었다. 어느 것이든 똑같은 게임 규칙을 모두가 인정하면서 똑같이 제한된 이해관계를 걸고 내기를 벌이는 게임이었다.

나폴레옹 전쟁이 있은 이후 혁명과 프랑스 제국주의의 부흥을 염려하는 두 가지 공포가 그리스도교, 군주 체제 그리고 유럽주의 원칙을 내세운 신성동맹의 도덕성을 낳게 했다. 19세기 후반의 구주 협조 체제와 제1차 세계대전이 끝난 뒤 창설된 국제연맹은 이런 유산에다 민족국가라는 개념을 추가했다. 민족자결의 원칙이라 알려진 이 개념은 1848년의 자유주의적 혁명들 이후 제2차 세계대전 발발에 이르기까지 여러 세대가 좀 더 안정된 정치체제를 수립하고자 노력하는 초석이 되었다. 프랑스 외무장관 드 라 바레트De La Valette가 1866년에 프랑스 외교 사절에게 보낸 편지는 이 시대의 기본적인 확신을 단적으로 나타내주는 내용으로, 이는 다시 윌슨에 의해 제창되어 1919년 평화조약의 기준이 되었다. "황제께서는 …… 유럽 각국의 희망이 모두 충족될 때 진정한 평형이 이루어지는 것으로 보신다."[22]

오늘날 이런 유산의 흔적은 무엇이 남아 있을까? 어떤 일체감이 제2차 세계대전 이후 세계의 여러 국가를 결합해주고 있을까? 이런 일체감의 구성요소를 잘 파악함으로써 국가 공동체의 자유와 안정을 위해 세력 균형이 오늘날 수행하리라고 기대되는 역할을 평가하는 것도 가능할 것이다.

22_ 약소국가들이 독립을 유지하는 과정에서 도덕적 요인이 얼마나 중요한가에 대해서는 다음 글에서 잘 묘사되고 있다. Alfred Cobban, *National Self-Determination* (Chicago: University of Chicago Press, 1948), pp. 170-171. "그러나 대제국의 정책이라 할지라도 여론의 분위기에 좌우되는 경우가 있다. 거기다 약소국의 권리에 대해 유리하게 해석하는 편견도 오랜 것이다. 그 편견의 근원이 무언지를 캘 필요야 없겠지만, 그런 편견이 존재한다는 사실은 국제 문제를 연구하는 사람으로서 결코 간과할 수 없는 요인이다. 지금까지 얘기한 많은 요인은 분명 의심의 여지 없이 중요하다. 그러나 우리 생각으로는 약소국가의 국민적 감정의 힘이나 세력 균형의 영향 등보다는 독립주권국의 파괴가 예외적이며 동시에 부당한 행위라는 일반적 인식이 유럽의 많은 약소국을(어떤 국가는 한 도시만큼이나 작다) 강대국의 합병에서 구해냈다고 보고 싶다. 강대국의 권력이 빠른 속도로 증가하던 18세기에서조차 고전적 도시 국가의 이상에 영향 받은 당대의 여론이 약소국을 찬양하고 그들의 독립을 믿었던 것이다. 19세기에는 민족주의적 이상이 생겨나서 이런 견해를 상당히 침식했다. 그러나 이미 살펴본 것처럼 1919년에 와서도 여전히 상당한 영향력을 발휘하는 실정이다."

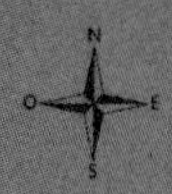

제5부

국가 권력의 제한: 국제도덕과 세계 여론

Politics Among Nations

제15장

⌘

도덕, 관습, 법의 권력 억제

앞 장에서 우리는 권력이 국제 무대에서의 권력욕을 억제하기에는 조잡하고 믿을 수 없는 수단임을 살펴보았다. 만일 권력 투쟁의 이면에 숨겨진 여러 동기와 권력 투쟁이 벌이는 체제를 이해하는 것이 국제정치에 대해 알아야 할 모든 것이었다면 국제 무대는 그야말로 홉스가 얘기한 이른바 "만인의 만인에 대한 투쟁 상태"[1]와 비슷했을 것이다. 국제정치는 마키아벨리가 가장 예리하고도 솔직하게 언급한 것처럼 정치적 편의에 따른 고려만이 전적으로 지배할 것이다. 그런 세상에서는 약자는 강자에게 자기 운명을 맡길 수밖에 없다. 힘이 정의를 낳는 것이다.

그러나 실제적으로는 경쟁 없이 힘이 최고로 군림하고 경쟁 상대도 없는 세계의 위협은 권력에 대한 반발을 생기게 한다. 이는 권력욕 그

1_ *Leviathan*, Chapter XIII.

자체만큼이나 보편적인 현상이다. 이런 반발을 막기 위해, 또 권력욕의 정체가 드러날 때 생기는 반대와 분노를 진정시키기 위해, 권력을 추구하는 자는 이미 살펴본 것처럼 이데올로기를 내세워 그들의 진정한 목적을 숨긴다. 때문에 현실에서 권력욕은 다른 어떤 것, 즉 도덕, 이성 그리고 정의에 대한 요구와 조화를 이룬 무엇인 양 나타난다. 실체는 도덕, 관습 그리고 법률이라는 규범적 질서 속에 있으며 국제정치의 이데올로기는 그 실체를 반영하는 것일 뿐이다.

성경에서부터 현대 민주주의의 윤리와 헌법 등에 이르는 모든 규범체계의 주요 기능은 권력욕을 사회적으로 허용할 수 있는 범위 내에 한정시키는 것이다. 서구문명사회에서 지배적인 영향력을 지니는 모든 도덕, 관습, 법률체계는 권력욕의 편재성을 인정하고 또한 그것을 비난한다. 반대로 권력욕의 편재성은 사회생활의 명백한 사실이며 비난과 제약의 대상이 되기보다는 차라리 기정사실로 받아들여져야 한다고 주장하는 마키아벨리와 홉스 등의 정치 철학은 줄곧 압도적인 여론에 의해 부정되어왔다. 그들은 아우구스티누스와 로크의 정치 철학이 서구문명에서 무서운 영향력을 행사하게 만든 지적·실제적 영향력을 갖지 못했던 것이다.

반면에 약자를 위해 강자의 힘을 규제하려는 서구문명의 전통 그 자체도 나약하고, 감상주의적이며, 퇴폐적이라는 이유로 반대를 받아왔다. 반대하는 사람 중 중요한 인물로는 니체, 무솔리니, 히틀러를 꼽을 수 있는데 이들은 권력을 향한 의지와 권력 투쟁을 사회생활의 기본 사실로 받아들이고 있을 뿐 아니라, 규제되지 않은 권력 욕구를 찬양하면서 그런 규제를 없애는 것이 사회의 이상이요, 개인의 행위 규범이라고 전제했다.

그러나 주로 권력욕과 권력 투쟁에 의지하던 이런 정치 철학과 정치체제는 장기적으로는 무기력하고 자멸적인 것임이 드러났다. 그들의 취약한 논리는, 방임 상태로 내버려둘 경우 사회를 분열시키든지 약자의 생존과 행복을 강자의 인위적인 의사에 종속시키게 될 권력욕을 설사 완전히 제거하지는 못하더라도 최소한 규제하고 억제해보려는 서구 사회 전통의 힘을 부각하고 있다.

도덕, 관습, 법률 등의 개입으로 권력욕을 제한하는 것은 사회체제의 붕괴를 방지하고 개인의 노예화와 파멸을 막는다는 두 가지 이유를 갖고 있다. 한 사회와 그 사회 구성원 중 몇몇이 다른 사람의 권력욕에 대항하여 자신을 지킬 힘을 가지지 못했다면, 즉 권력 정치의 구조가 결함이 있다면 (조만간 그렇게 될 수밖에 없다) 이런 규범체계가 나름의 행동률을 가지고 권력 정치를 보완하게 된다. 규범체계가 강자와 약자 모두에게 전하는 내용은 이렇다. 즉 강한 힘이 있다고 해서 그 힘을 이용해 물리적으로 가능한 모든 행동을 해도 좋다는 법적·도덕적 권리까지 갖지는 못한다는 점이다. 사회 전체의 이익을 위해, 또 구성원 개인의 이익을 위해 권력은 제한되어야 한다. 이는 권력 투쟁의 제도적 산물이 아니라 사회 구성원 자신의 의지에 의한 규범 혹은 행동률이라는 형태로 권력 투쟁의 체제 위에 부과된 당위적 규범이다.

모든 고등 사회에서는 도덕, 관습, 법률이라는 세 가지 규범이나 행동률이 작동한다. 이들의 독특한 특징은 철학과 법학 서적에서 자세히 논의되고 있다. 본 연구의 목적상 여기서는 모든 규범의 두 가지 요소, 즉 명령과 제재를 지적하는 정도로 그치려 한다. 규범의 형태에 따라 그에 따른 특별한 명령이 있는 것은 아니다. 즉 '살인하지 말라' 라는 명령은 도덕, 관습, 법률 모두의 명령이 될 수 있다. 이런 세 가지 유형의 행동률을 서로 구별 지어주는 것은 제재의 정도다.

'살인하지 말라'라는 명령은 그것이 위반되었을 경우에 위반자를 벌하고 더 이상의 위반 행위를 방지하려는 제재 조치가 도덕적인 것인가, 관습적인 것인가 아니면 법률적인 성격의 것인가에 따라서 도덕적인 명령도, 관습적인 명령도, 법률적인 명령도 될 수 있다. A라는 사람이 B를 죽이고 양심의 가책과 번민을 느낀다면 우리는 도덕적 제재를, 즉 도덕적 규범과 마주하고 있는 것이다. 만일 A가 B를 죽였을 때 이에 대해 조직적이지 못한 사회가 상업적 불매 동맹, 사회적 추방 운동 등의 형식으로 자발적 거부감을 표시했다면 관습적 제재, 즉 관습이라는 규범이 적용된 사례다. 끝으로 A가 B를 죽였을 때 조직화된 사회가 이미 마련되어 있는 경찰 행위, 기소, 재판, 평결 그리고 처벌과 같은 합법적 절차에 따라 반응을 보였다면 이는 법적 성격의 반응으로 법적 규범이라 할 수 있고, 따라서 법의 테두리에 속할 것이다.

모든 국내 사회는 복잡하게 얽혀 있는 이런 행위 규범으로 규제되고 있으며 그 행위 규범은 상호 보완하며 때로는 서로 모순되기도 하고, 때로는 개별적으로 기능하기도 한다. 그 사회가 행위 규범을 통해 보존하려는 가치와 이익을 더 중요하게 생각할수록 규범의 위반을 위협하는 제재도 더 강해진다. 규범을 위반하는 사람을 처벌할 수 있는 모든 제재 수단을 동시에 적용할 경우 그 사회는 반항하는 모든 사람을 가장 강하게 압박할 수 있고 따라서 행위 규범을 강제할 수 있는 가장 좋은 기회를 얻게 된다. 사회의 이익과 가치를 보호할 수 있는 제재 조치가 한 가지밖에 없을 경우에 그 사회는 허약해지고 자연히 제재의 효과도 떨어질 것이다. 한 가지 행위 규범이 요구하는 행동이 다른 행위 규범의 비난을 받는 행동일 때 여기에 관련된 이익과 가치의 운명은 모순적인 두 명령을 뒷받침하는 제재의 상대적 힘에 달려 있다.

대반역과 혁명에 의해 사회 자체의 존립이 위협받거나 살인에 의해 사회 구성원의 존재가 위협받을 때 사회는 위의 세 가지 제재를 모두 동원한다. 이렇게 도덕, 관습, 법률은 상호 보완해가면서 사회의 존립 그 자체와 사회 구성원의 생명을 삼중으로 보호한다. 반역이나 살인을 꿈꾸는 사람은 양심의 가책, 추방과 같은 사회의 자발적인 반응과 법의 처벌 등에 직면하게 된다. 사회의 존립이나 구성원들의 생명이 아니라 사회와 구성원의 재산이 위협받을 경우에도 똑같은 상황이 적용된다. 재산 역시 도덕, 관습, 법률이라는 삼중의 벽에 둘러싸인 것이다. 도둑질이나 사기를 꿈꾸는 사람과 그가 탐내는 재산 사이에는 그 사회가 동원할 수 있는 모든 제재 조치가 장애물로 설치되어 있다.

그다지 중요하지 않은 이익과 가치가 위협받을 경우 사회는 단 한 가지 제재만을 사용할 수 있다. 그래서 비즈니스와 정치에서 흔히 일어나는 경쟁적 관행, 예컨대 거짓말은 도덕에 의해서만 견제된다. 관습은 극단적인 상황에만 적용되는데, 예를 들어 거짓말의 양과 정도가 사회가 받아들일 수 있는 범위를 초과했을 경우다. 단지 거짓말을 금지하는 법률이 시행될 수 없다는 이유 때문이라면 일상적 거짓말에 대해 법률은 침묵을 지킬 것이다. 법률은 위증과 사기처럼, 진실을 속이는 단계를 지나 이익과 가치에 대한 위협이 되는 거짓말, 즉 어떤 조건을 갖춘 거짓말에 대해서만 제재를 가한다. 반면에 의생활 규범과 같은 것은 관습에 의해서만 전적으로 시행된다. 의생활 문제는 도덕과 법률이 개입해야 될 정도로 중요한 것이 아니기 때문이다. 끝으로, 교통 법규의 위반을 적발해내는 것은 법률뿐이다. 교통이라는 영역에서 일종의 기계적 질서를 확립하는 데는 대개 법률에 따른 제재만으로 충분하기 때문에 도덕과 관습은 개재되지 않는다.

여러 강제 명령의 상대적 힘은 상이한 행위 규범 사이에 마찰이 일어날 경우 예민한 문제가 된다. 법학에서 많이 언급되는 것으로서, 같은 법체계에 속한 두 개의 규칙 사이에 마찰이 생긴 전형적인 예를 들어보자. 유럽의 몇몇 국가는 형법으로 결투를 금지하는데, 바로 그 국가의 군사적 관례는 장교 간의 어떤 분쟁을 결투로 해결하도록 규정하고 있다. 인간에 복종하기보다는 신에 복종할 것과 동시에 카이사르의 물건은 카이사르에게 돌아가도록 명령하는 도덕체계는 그 국가의 법체계와 신의 계시 사이에 마찰이 있을 경우 비슷한 모순을 안겨준다. 이런 종류의 마찰은 특히 정치적 영역에서 흔하다. 혁명 정부와 기존의 합법적인 정부 또는 망명 정부와 반역 정부처럼 경쟁 관계의 두 정부가 같은 국민 집단을 놓고 서로 충성심을 요구하는 경우가 그 예다. 정치가가 따라야 할 행동률은 사회의 모든 구성원이 따라야 할 행위 규범과 상충하는 경우가 많다. 통상 '선거 공약'이나 일반적인 약속과 같은 몇몇 행위에서 정치적인 윤리와 관습은 사회의 일반적인 윤리나 관습보다 더 많은 융통성이 허용되는 것으로 간주된다.

상이한 행위 규범 사이에 마찰이 생겼을 경우에는 그것들이 개인의 의지에 얼마만 한 제재를 가할 수 있느냐 하는 상대적 압력에 의해 해결된다. 동시에 규범 몇 가지를 지켜야 하지만 실제로는 그럴 능력이 없기 때문에 어느 한 가지 규범을 선택해 그것을 따르고 나머지 규범은 어길 수밖에 없다. 이런 압력의 상대적 힘은 곧 어떤 가치와 이익을 다른 것보다 더 지지하는 사회적 세력의 상대적 힘을 나타낸다. 개인의 권력욕을 허용할 만한 범위 내에 묶어두려는 사회의 규범적 명령은 그 자체가 곧 입법이나 법정의 판결과 같은 영향력을 통해 그 사회를 지배하려는 서로 경합하는 사회 내 세력 간 경쟁의 결과다.

사회생활은 끊임없이 이어지는 반응으로 이루어진다. 사회가 여러 행위 규범을 통해 가하는 압력에 구성원이 거의 자동으로 반응을 보이는 것이다. 이런 여러 행위 규범은 아침부터 저녁까지 개개인을 감시하면서 그의 행동을 사회 기준에 맞추도록 조절한다. 사회란 동태적인 힘으로서 구성원에게 여러 행동 양식을 부여하는 행위 규범의 총체적 집합에 지나지 않는다고 얘기할 수도 있을 것이다. 우리가 문명이라 부르는 것은 어느 면에서 한 사회가 그 구성원에게 어떤 객관적인 기준을 따르게 하고, 권력욕을 억제하도록 하고, 사회적으로 중요한 모든 면에서 그들을 순하게 교화하려는 행위 규범에 대해 그 사회의 구성원 각자가 자동적으로 취하는 반응에 지나지 않는다. 우리가 지금 주로 관심을 두는 문명, 즉 서구문명은 이런 측면에서 비교적 성공적이었다. 하지만 서구문명은 19세기와 20세기의 많은 작가가 믿던 것처럼 국내적 권력 투쟁을 완전히 제거하지 못했을뿐더러 협동과 조화 그리고 영원한 평화와 같은 좀 더 개량된 어떤 것으로 발전시키지도 못했으며, 또 그런 과정에 있지도 않다. 인간의 권력욕과 권력 투쟁의 정치적 기능에 대한 이런 그릇된 인식에 대해서는 제3장에서 이미 살펴본 바 있다.

서구문명이 지금까지 성취할 수 있었던 최상의 것, 즉 우리가 아는 모든 문명이 달성할 수 있었던 최고의 업적은 국내정치적 권력 투쟁을 완화하고 그 수단을 문명화했으며, 권력 투쟁에 개입되는 사회 개별 구성원의 생명, 자유, 행복 추구가 최대한 적게 포함되도록 권력 투쟁의 목표를 조절한 것을 들 수 있다. 좀 더 자세히 말하자면 개인적인 싸움이라는 야만적 방법이 사회적·상업적·직업적 경쟁이라는 세련된 수단으로 바뀐 것이다. 오늘날 권력 투쟁은 흉측한 무기에 의해서가 아니라 경쟁시험, 사회적 차별성을 위한 경쟁, 공적·사적 직위를 위한 정기적 선거, 무엇보다 금전이나 금전으로 측정할 수 있는 재물을 소유하기 위한 경쟁 등에 의해 수행되고 있다.

서구문명사회에서 재력은 권력 소유의 가장 명백한 상징이 되었다. 금전 획득을 위한 경쟁을 통해서 개인의 권력욕은 사회가 마련해준 행동률과 조화를 이루는 문명된 배출구를 발견한다. 살인이나 모든 종류의 개인적·집단적 위법 행위를 금하는 여러 규범적 명령은 권력 투쟁의 문명된 방향을 설정하기 위한 규범적 전제 조건을 조성하고자 한다. 사회의 여러 경쟁 수단과 관련된 모든 사회적 방편과 제도는 권력 투쟁을 모조리 제거해버리기보다는 무제한적이며 규제되지 않은 권력 투쟁의 야만성과 거친 성격을 개화된 다른 것으로 대체시키고자 한다.

지금까지 서구문명사회에서 권력 투쟁을 제한하는 도덕, 관습, 법률의 작동 방식을 간단하게 윤곽만 그려보았다. 그렇다면 국제 사회에서는 어떠한가? 그것들이 국제 사회를 위해 발휘하는 기능은 무엇일까? 국내적 규범체계가 국내 사회 구성원 사이의 권력 투쟁에 영향을 미치는 것처럼 어떤 종류의 국제도덕, 세계 여론이라는 형태의 국제 관습 그리고 국제법이 국가 간의 권력 투쟁을 제한하고 규제하며 또 문명화할 것인가?

제16장

⌘

국제도덕

국제도덕에 관한 논의는 윤리가 국제정치에 미치는 영향력을 과대평가하거나, 정치가와 외교관이 물리적 힘만을 위해 행동할 뿐이라고 생각하면서 윤리의 영향력을 과소평가하는 두 가지 극단적인 태도를 배제해야 한다.

한편으로 사람들이 흔히 저지르는 두 가지 실수가 있다. 실제로 그들이 준수하는 도덕규범과 그들이 준수하는 척하는 도덕규범, 또는 그들이 마땅히 준수해야 한다고 여러 학자가 주장하는 도덕법칙을 혼동하는 것이다. 존 그레이John Chipman Gray, 1839~1915 교수는 다음과 같이 얘기한다. "모든 인간적 관심사 중에서 신학을 제외하고 국제법만큼이나 산만하게 기술되고 막연하게 사색된 분야도 없다."[1] 국제도덕에도 똑같은 얘기를 할 수 있다. 많은 저술가가 정치가와 외교관이 국제

1_ *Nature and Sources of the Law* (New York: Macmillan, 1927), p. 127.

관계를 더 평화스럽고 덜 무질서하게 만들기 위해 명심하고 국가 정책의 수단으로 삼아야 할 도덕 수칙들을 제시해왔다. 즉 약속을 지킬 것, 다른 사람의 이야기를 신뢰할 것, 공정한 거래를 할 것, 국제법을 준수할 것, 소수 민족을 보호할 것, 전쟁을 부인할 것 등이다. 그러나 이런 수칙들이 그 자체로서 바람직하기는 하겠지만 실제로 인간의 행동에 영향을 미치는지, 미친다면 어느 정도까지인지를 생각해보는 사람은 거의 없었다. 더욱이 정치가와 외교관은 진정한 동기와는 무관하게 그들의 행위와 목표를 도덕적인 것으로 정당화하는 데 익숙하므로 그들의 주장, 즉 이타적이며 평화적인 의도와 인본주의적인 목적 및 국제적 이상에 따른 행위라는 주장을 액면 그대로 받아들인다는 것은 그것을 전혀 신뢰하지 않는 것만큼이나 큰 실수가 될 것이다. 그들의 얘기가 자기 행동의 진정한 동기를 은폐하는 이데올로기에 불과한지, 또는 국제적 정책이 윤리적 기준에 부합하는가에 대한 진정한 관심을 나타내는지를 식별해내는 일은 의미가 있다.

또 한편으로, 앞서 언급한 것처럼[2] 권력 정치에 대한 일반적인 경시 및 도덕적인 비난과 관련된 그릇된 생각이 있다. 즉 국제정치란 너무나 철두철미 사악하기 때문에 국제정치 무대에서 권력욕에 대한 어떤 도덕적 제한을 강구한다는 것은 소용없는 짓이라는 잘못된 생각이다. 하지만 정치가와 외교관이 자기 나라의 권력 목표를 증진하기 위해 무엇을 할 수 있으며 또 실제로 무엇을 하고 있는가를 생각해보면 그들이 옛날 같으면 할 수 있었을 것보다, 또 옛날의 정치가와 외교관이

2_ 1권 p. 141 ff. 참고.

실제로 행하던 일보다 훨씬 적은 일을 하고 있다는 사실을 알 수 있다. 그들은 어떤 목표 수립, 또는 목표를 위한 어떤 수단 사용을 무조건 혹은 특정 조건하에서 거절하곤 하는데, 이는 그 정책과 수단이 실현 불가능하거나 현명치 못해서가 아니라 어떤 도덕규범들이 불가항력적으로 그것을 가로막는다고 생각하기 때문이다. 도덕적 규칙이 어떠한 정책을 편의적 관점에서조차 고려되지 못하게 막는 경우가 있다. 득책이라 보이는 행위가 도덕적 견해 때문에 금지되는 예가 그것이다. 오늘날에도 여러 차원에서 그런 윤리적 제약이 다양한 효과를 보이며 작동하고 있다. 도덕규범의 제약적 기능은 평시 인명의 신성불가침을 확인하는 일에서 가장 잘 나타나며 또 가장 효율적이다.

인명 보호

평시의 인명 보호

살펴본 것처럼 국제정치는 자국의 국력을 유지하고 증강하며 타국의 국력을 견제하거나 감소시키려는 계속적인 노력이라고 정의될 수 있다. 또한 이미 지적한 것처럼,[3] 여러 국가 간의 상대적 국력은 사람들의 양과 질에 달려 있는데 이는 인구의 양과 질, 군대의 양과 질 그리고 정부의 질 특히 외교의 질이란 측면에서 파악될 수 있다. 도덕적 고려가 배제되는 순전히 기술적인 측면에서만 생각해보면 국제정치

3_1권 p. 320 ff 참고.

는 경쟁국의 대폭적인 인구 감소와 심지어는 그 국가 인구의 전체적 소멸, 군사적·정치적으로 유능한 지도자와 탁월한 외교관을 제거하는 일을 정당한 목표 중 하나로 고려해야 할 것이다. 도덕의 중요성을 고려하지 않은 채 순전히 기술적인 면에서 국제정치를 파악하던 무렵, 국력의 유지 또는 증가라는 목표를 달성하기 위해 그런 수단은 아무런 양심의 가책도 받지 않은 채 당연한 것으로 받아들여져 사용되었다.

공식 기록에 의하면 베네치아 정부는 1415~1525년 외교정책 목적을 위해 200여 건의 암살 계획을 수립하거나 실행에 옮긴 바 있다. 암살 대상이 된 인물 중에는 황제 두 명, 프랑스 국왕 두 명, 술탄 세 명이 포함되어 있었다. 베네치아 정부가 입안 단계에서 기각한 암살 계획이 얼마나 되는지는 이들 기록에 나타나 있지 않다. 1456~1472년 사이에 베네치아 정부는 그 당시 가장 중요한 적대 세력으로 여기던 술탄 무함마드 2세Muhammad II, 1192~1210를 암살하려는 제안을 20여 차례나 승인했다. 1514년에 라구사의 요한John of Ragusa은 연봉 1,500더컷ducats을 주면 베네치아 정부가 누구를 지정하든 독살해주겠다고 제안했다. 베네치아 정부는 오늘날 우리가 흔히 얘기하듯 '시험 삼아' 그를 고용해 막시밀리안 황제Maximilian I, 1459~1519를 어떻게 처치할 수 있는지 보여주도록 요구했다. 그 무렵 추기경들은 독살당할 위험을 피하기 위해 개인 요리사와 포도주를 지참하고서 교황의 대관식 만찬회에 참석했다. 이런 관습은 로마에서 일반적으로 이루어졌으며 손님을 초대한 주인도 이런 일에 화를 내는 법이 없었다.

확실히 오늘날에는 정치적 목표 달성을 위한 이런 방법들이 더 이상 광범위하게 쓰이지 않는다. 그러나 그런 수단을 취할 정치적 동기는 과거와 마찬가지로 여전히 존재한다. 권력 경쟁에 참여하는 국가로서는 경쟁국이 탁월한 군사적·정치적 지도자의 지휘를 받느냐 아니냐에 초연하고 무관심할 수 없다. 따라서 경쟁국의 탁월한 지도자와 통치 그룹이 정치 변혁이나 질병 혹은 사망으로 권좌에서 물러나기를 바랄 수 있다. 제2차 세계대전이 한창이던 무렵 히틀러와 무솔리니가 얼마나 오래 살아 있을 것인가, 아니면 얼마나 더 집권할 것인가 하는 추정이 파시즘을 반대하는 동맹국 측의 권력 계산에서 중요한 부분을 차지했으며, 프랭클린 루스벨트의 서거 소식으로 히틀러가 다시금 승전의 희망을 품었다는 사실을 우리는 잘 알고 있다. 냉전 기간 동안 미국의 대소 정책을 구성하는 한 가지 중요한 요인은 소련 지도자들이 정권 유지에 무능하기 때문에 소련 정권이 내부부터 붕괴해버리지 않을까 하는 기대였다. 상대편 국가의 우두머리를 폭력적 방법으로 권좌에서 축출해버리는 일이 오늘날에 들어서 더 어려워진 것은 아니다. 그런 제거 공작은 예나 지금이나 여전히 바람직하며 가능한 일이다. 다만 바뀐 것이라면 문명의 영향인데, 그 영향으로 몇 가지 바람직하고 가능한 정책이 도덕적 측면에서 비난받을 만한 일이 되었고 따라서 통상적으로 실행 불가능해졌다.

도덕적 제약의 존재와 효과는 미국 중앙정보국CIA의 살해 음모에 대한 반작용으로 분명해졌다. 미국 여론이 압도적으로 반대한 이유는 그 시도가 성공하지 못했기 때문이 아니라 그것이 도덕적 제약을 위반했기 때문이었다. 그렇게 시도된 음모는 결국 은밀하게 작전에 임하는 소수 공작원의 도덕적 자제력을 약하게 만드는 결과를 가져왔다. 도덕적 이유로 압도적인 반대에 부딪쳤다는 사실은 도덕적 규범이 지속적으로 효력을 발휘하고 있다는 점을 증명한다.

이와 같은 도덕적 제약은 평시 저명인사뿐만 아니라 대규모 집단의 생명을 보호하며, 심지어는 국가 전체를 몰살하는 것이 정치적으로 바람직하고 또 가능하다 판단되었을 경우라 할지라도 이를 보호한다. 독일의 현대사는 독일인이 보든 여타 세계의 국민이 보든 윤리가 오늘날의 국제정치에 미치는 영향력을 가장 잘 보여주는 사례가 되고 있다. 비스마르크에서 히틀러에 이르기까지 독일의 관점에서 본 국제정치의 기본 사실은 독일이 동쪽과 서쪽의 강대국들로 '포위'되어 있다는 점이었다. 비스마르크의 경우 국제정치라는 장기판 위에서 행하는 행동이 비록 거칠고 비도덕적이긴 했지만 18세기 그리스도교 군주 사회에서 널리 통용되던 게임의 규칙을 벗어나는 경우는 드물었다. 당시의 정치 게임은 사기와 부정이 활개 쳤지만 그 귀족 사회의 구성원 어느 누구도 차마 행하기를 꺼려하는 일이 여러 가지 있었다. 그래서 독일 제국의 정치적 존립의 조건이 프랑스·러시아의 인접성이라는 사실을 인식한 비스마르크는 그런 사실의 불가피성을 받아들이고 나서 러시아와는 긴밀한 관계를 유지하는 한편 프랑스를 고립시키는 전략으로 독일에 오히려 이롭게 이용했다.

반면에 히틀러는 30년 전쟁 이후 자기가 집권하던 무렵까지 국제정치를 제약하던 사회 구조를 인정하려 들지 않았다. 그는 비스마르크가 독일 외교정책 수립 과정에서 프랑스와 러시아라는 존재를 피할 수 없는 사실로 받아들이게 했던 도덕적 양심의 가책에서 자유로운 사람이었다. 결국 히틀러는 독일의 동쪽과 서쪽에 있는 국가들을 물리적으로 파괴하여 그런 사실을 바꾸고자 했다. 윤리적 중요성을 도외시하고 순전히 정치적 기술이라는 측면에서 볼 때 히틀러의 해결책은 독일의 동쪽과 서쪽 인접국들과 관련되는 독일의 국제적 지위 문제에 관한 한 그것을 한 번에 해결할 수 있는 약속을 제시한다는 점에서 비스마르크의 해결책보다 훨씬 철저하고 정치적으로도 정략적인 것이었다. 더욱이 히틀러의 해결책은 그 자체만을 판단한다면 비스마르크 시대에서와 마찬가지로 가능성이 있다고 판단되었다. 히틀러와 그의 정책을 파멸로 몰고 간, 그리고 비스마르크라면 정치적 천재성을 발휘해 무사히 피할 수 있었을 몇몇 정치적·군사적 실수가 없었다면 그의 해결책은 성공했을 것이다.

독일을 제외한 다른 세계, 특히 독일의 주도권 때문에 위협을 느끼는 국가들이 보는 독일 문제는 제1차 세계대전 당시 "독일에는 2,000만 명이나 더 많은 인구가 도사리고 있다"라고 선언한 프랑스의 정치가 클레망소의 말에 잔인할 정도로 솔직하게 표현되어 있다. 이 말은 1870년의 프로이센·프랑스 전쟁 이후 유럽과 전 세계가 직면한 불가피한 사실, 즉 인구의 양과 질에서 독일은 유럽 가운데 가장 강한 국가라는 사실을 지적한다. 이런 사실과 유럽의 다른 국가와 세계 여타 국가의 안전을 조화시키는 일은 제1차 세계대전 이후의 세계가 직면한 정치적 재구성 작업이었으며, 제2차 세계대전 이후에도 똑같은 문제가 발생했다. 클레망소 이래 독일 문제가 언제나 '2,000만 명이나 더 많은 독일인'의 존재를 당연시하는 입장에서 제기되었던 것은 비스마르크의 외교정책에서 볼 수 있던, 그러나 히틀러의 외교정책에서는 찾아볼 수 없던 권력 추구에서의 도덕적 제한성이 여기서도 작용하고 있음을 나타낸다. 독일 문제와 같은 국제정치 문제의 해결에는 두 가지 방법이 있기 때문이다.

그중 한 가지는 옛날 로마가 카르타고 문제를 근원적으로 해결했던 방법이다. 이는 기술적인 정치 문제를 선험적인 도덕적 측면을 고려하지 않고 적절한 방식으로 해결하는 방법이다. 로마의 권력욕이라는 관점에서 보면 카르타고인의 숫자가 너무나 많았기 때문에 마르크스 카토Marcus Porcius Cato, B.C. 234~149는 대중 연설을 할 때마다 "그 외의 점에 대해서는, 카르타고가 멸망되어야 한다는 것이 내 의견입니다*Ceterum censeo Carthaginem esse delendam*"라는 말로 끝맺곤 했다. 카르타고의 멸망과 함께 로마인 입장에서 카르타고 문제는 영원히 해결되었다. 한때 카르타고가 있었던 폐허에서 로마의 안전과 야망에 위협을 줄 만한 것은 영원히 다시 생겨나지 못했다. 비슷한 이치로, 만일 독일인의 전체적인 계획이 성공적으로 수행되고 그들의 총살형 집행 부대와 유대인 학살 캠프들이 임무를 잘 수행해주었더라면 독일 정치가를 그렇게도 괴롭히던 '동맹의 악몽'은 영원히 사라져버렸을지도 모르는 일이다.

외교정책 목표를 위한 수단으로 대규모 살상을 허용치 않는 국가가 이런 제한을 스스로 부과하는 것은 정치적 편의를 고려해서가 아니다. 반대로 편의성은 오히려 철저하고도 효과적인 행동을 촉구할 수 있다. 이를 제한하는 것은 국가 이익에 상관없이 무조건 복종해야 할 절대적 도덕규범에서 생긴다. 따라서 이런 종류의 외교정책은 국가 이익을 현실적으로 희생시키는 결과를 낳는다. 국가 이익을 고집스럽게 계속 추구하다가는 평시 대규모 살상을 금지하는 것과 같은 도덕 원칙을 부득이 위반하게 될 것이기 때문이다. 이 점은 아무리 강조해도 지나치지 않는다. 왜냐하면 인간 생명에 대한 존경은 "다른 사람에게 불필요한 죽음이나 고통을 주어서는 안 된다"는 의무에서 유래한다는 견해가 자주 제시되기 때문이다.[4] 즉 옳든 그르든 일상적인 의무를 벗어난 타락한 행위를 정당화하기 위해 내세우는 좀 더 고차원적인 목표를 달성하려고 불필요한 죽음과 고통을 주는 것은 나쁘다는 생각에서 인간 생명의 존엄성이 인정되고 있다. 반면에 현실을 살펴보면, 각국은 자국의 행위를 국가 이익과 같은 '더 높은 목적'을 위한 것이라고 정당화할 수 있음에 불구하고 어떤 상황에서는 다른 사람에게 죽음과 고통을 주지 말아야 한다는 도덕적 의무감을 받아들여 행동을 조심하는 경우가 많다.

도덕의 테두리 내에서 작동하는 것과 그 외부에서 작동하는 두 가지 국제정치관 사이의 기본적 갈등은 처칠이 자신의 회고록에서 밝히는 한 가지 일화를 보면 여실히 드러난다. 테헤란 회담에서 스탈린은 2차 세계대전이 끝난 후 독일에 부과할 징계 문제에 대해 이렇게 주장했다.

> 그는 독일군 참모를 모두 사형에 처하자고 주장했다. 히틀러의 대군이 발휘하던 전체적인 힘은 약 5만 명에 달하는 장교와 전문 기술자에 의존하고 있었다. 만일 이들이 전쟁 후에 모조리 검거되어 사형에 처해진다면 독일의 군사력은 근절될 것이다. 이 문제에 대해 나는 이렇게 얘기해주는 것이 옳다고 생각했다. "영국 의회와 국민은 대량

4_ E. H. Carr, *The Twenty Year's Crisis, 1919-1939* (London: Macmillan, 1939), p. 196.

학살을 결코 용납지 않을 것이다. 그들이 설령 전쟁의 열기 때문에 학살을 허락한다 할지라도 첫 번째 학살 행위가 벌어지고 나면 그 책임자에 대해 격렬히 반대할 것이 틀림없다. 소련 측은 이 점에 대해 착각하지 말아야 한다."

하지만 스탈린은 아마도 장난기로 그랬던 것 같은데, 주장을 굽히지 않았다. "5만 명은 처형되어야 한다." 나는 울컥 화가 치밀어 올라 다음과 같이 되받았다. "나라면 내 자신과 조국에 그런 불명예를 끼치면서 오점을 남기기보다는 차라리 여기서 당장 정원으로 끌려 나가 총살당하는 편을 택하겠다."[5]

전시의 인명 보호

전시에도 국제정치에는 이와 비슷한 도덕적 제약이 따른다. 민간인과 전투력을 상실했거나 전투 의지를 잃은 병사에 대한 보호 의무가 그것이다. 인류 역사가 시작된 이래 중세에 이르기까지 교전국은 자기의 윤리와 법에 따라 적국인이면 민간인이건 군인이건 모두 죽일 수 있었고, 또 마음대로 처벌할 수도 있었다. 승자는 패전국의 남녀노소를 가리지 않고 칼로 베어 죽이든 노예로 팔아넘기든 마음대로 할 수 있었으며 그 때문에 도덕적 비난이 가해지지는 않았다. 휘호 흐로티위스Hugo Grotius, 1583~1645는 그의 저서《전쟁과 평화의 법De jure belli ac pacis》 제3권 4장에서 "전쟁에서 적을 살해할 권리와 인간에 대한 기타

5_ Winston S. Churchill, *The Second World War*, Vol. V, *Closing the Ring* (Boston: Houghton Mifflin ., 1951), pp. 373-374. (출판사의 허락을 얻어 전재.)

폭력에 대하여"라는 제목으로 고대 역사상 적을 향해 무차별하게 가해졌던 폭력 행위의 인상적인 사례를 제시하고 있다. 1620년대에 저술 활동을 하던 흐로티위스는 만일 전쟁이 정당한 원인으로 시작된 것이라면 위에 열거한 대부분의 행위가 법적으로도 윤리적으로도 여전히 정당화될 수 있다고 믿고 있었다.[6]

전시의 살인에 아무런 도덕적 제약이 가해지지 않았다는 사실은 전쟁 그 자체의 성격에서 기인한다. 당시의 전쟁은 교전국 영토 내에 사는 모든 거주민 간의 싸움이라고 여겨지고 있었다. 상대해서 싸워야 할 적은 현대적 의미에서 국가라고 불리는 추상적인 법 개념의 군대라기보다는 특정 군주에 충성하거나 특정 영토에 사는 개인의 총체적 집합이었다. 따라서 적국의 개인 한 사람 한 사람은 상대편 국가의 개인 한 사람 한 사람에 대한 적이었다.

전쟁이란 교전국 군대 간의 전투지 국민 사이의 전투가 아니라는 관념이 널리 퍼지게 된 것은 30년 전쟁이 끝난 뒤부터다. 그 결과 전투원이냐 비전투원이냐의 구별이 교전 집단의 행동을 지배하는 주요한 법적·도덕적 원칙의 하나가 되었다. 전쟁이란 교전국 군대 간의 전투 행위라고 인식되었고 따라서 민간인은 전투 행위에 능동적으로 참가하지 않으므로 전쟁의 표적이 되지 않았다. 결국 비전투 민간인을 의도적으로 공격하고, 부상을 입히고, 살해하는 일은 금해야 한다는 것이 법적·도덕적 의무라 간주되었다. 민가에 대한 폭격과 민간인 거주 지역에서 벌어진 전투 행위와 같은 군사 작전으로 민간인이 당하

6_ §Ⅲ을 특히 참고할 것.

는 사망과 부상 등의 재난은 때때로 전쟁의 불가피한 부산물이라고 애도되었다. 그러나 민간인의 피해를 최대한 피해야 한다는 생각이 법적·도덕적 의무로 자리를 잡아갔다. 1899년과 1907년의 헤이그 평화회의에서 체결된 '육전의 법규 및 관례에 관한 조약'과 1949년의 제네바 협약은 그런 원칙을 명확히 규정했고 위반 행위에 대해 거의 보편적인 법적 제재 조치를 마련했다.

전투력과 전투 의지를 잃어버린 군인에 대해서도 이와 비슷한 생각이 발달했다. 고대 시대 그리고 중세 대부분의 시기에 만연하던 전쟁관의 연장선에서 나온 것이 적은 모조리 죽여야 한다는 법적·도덕적 권리에 대해 일정한 범위의 부상병도 예외가 될 수는 없다는 생각이었다. 따라서 흐로티위스는 당시 만연하던 도덕적·법적 확신에 대해 다음과 같이 얘기하고 있다. "신체적 위해를 가할 수 있는 권리는 포로에게도 적용되며 시간적 제한이 있는 것도 아니다. …… 신체적 위해를 가할 수 있는 권리는 심지어 항복 의사를 표시했지만 받아들여지지 않은 사람에게도 적용된다."[7]

군대 간의 전투 행위가 곧 전쟁이라는 전쟁관의 논리적인 귀결은 전투에 실제 적극적으로 참가할 수 있고, 또 참가할 의사가 있는 사람만이 고의적인 무력 행위의 대상이 되어야 한다는 의식을 싹트게 했다. 질병과 부상 때문에, 혹은 투옥과 귀순 등의 사유로 실제 전투에 참가하지 않는 사람은 해치지 말아야 한다는 의식이 생겨난 것이다. 전쟁의 이런 인간화 경향은 16세기의 태동기를 거쳐 19세기 및 20세

7_ Ibid., § X, XI.

기 초의 여러 다자간 조약을 통해 확립되었다. 실제로 모든 문명국이 이들 조약에 참가했다. 1581~1864년에 이르는 기간 동안 부상자와 병자의 생명을 보호하기 위해 체결된 국제 조약은 291건에 달한다. 1864년에 체결되어 1906, 1929, 1949년에 각각 개정된 제네바 협정은 부상병과 병자, 그리고 그들을 돌보는 의료진에 대한 대우와 관련하여 당시의 도덕적 확신을 명확하고도 상세한 법적 의무로 변형해놓았다. 국제적십자사는 이런 도덕적 확신을 나타내는 상징인 동시에 걸출한 제도적 실현 기구다.

전쟁 포로의 운명은 18세기까지도 매우 비참했는데 원칙적으로 사형에 처해지지는 않았지만 범죄인과 같이 취급되어 보석금을 받고 석방해주는 착취의 대상으로 이용되었다. 미국과 프로이센이 1785년에 체결한 우호 조약 제24조에서는 이 문제에 대한 도덕적 확신의 변화가 처음으로 명시되어 있다. 조약은 전쟁 포로를 일반 교도소에 가두는 것과 수갑을 채우지 못하도록 금지하고 군인으로서의 정당한 대우를 규정하고 있다. 1899년과 1907년의 헤이그 평화회의, 1929년과 1949년의 제네바 협약은 전쟁 포로의 인도적 처우에 대한 상세한 법적 규칙체계를 마련해놓고 있다.

19세기 중반 이후의 모든 국제 조약은 전쟁의 파괴적 참화에 노출된 인간의 생명과 고통에 관한 이 같은 인도주의적 관심에서 출발하여 전쟁을 인도적으로 교화하기 위한 목적에서 체결되었다. 이들 조약에서는 몇몇 종류의 무기 사용을 금지하고 다른 몇 가지 무기는 사용을 제한했으며, 또 중립국의 권리와 의무에 대해서도 상세히 규정하고 있다. 간단히 말해서 이들 조약은 전쟁이라는 행위에 품위와 모든 희생자의 공통적 인간성에 대한 존경심을 불어넣고자 하며 폭력의 사용은 전쟁의 목적과 상응하는 최소한의 수준, 즉 적의 반항 의지를 꺾는 수준에서 제한하고자 한다. 1856년의 파리 선언은 해전을 제한했다. 1868년의 상트페테르부르크 선언은 화약이나 가연성 물질을 장전한 경포탄의 사용을 금지했다. 1899년의 헤이그 선언은 확산탄(덤덤탄)의 사용을 금지했다. 또 수많은 국제 협약에 따라 가스전, 화학전, 세균전 등이 금지되었다. 1899년과 1907년의 헤이그 평화회의는 육전 규칙 및 해전 규칙과 중립국의 권리와 의무를 성문화했다. 1936년 조인된 런던 의정서는 잠수함의 상선 공격을 위법화했다. 그리고 오늘날 핵무기 전쟁을 제한하려는 많은 노력이 시도되는 중이다. 이런 모든 노력은 외교정책 수단으로 무제한의 폭력을 행사하는 데 대한 도덕적 저항 의식이 거의 보편적인 것으로 성장했다는 좋은 증거가 된다.

조약이 금지하는 것들을 전면 부정하거나 위반하는 사례를 들면서 이런 국제 조약들의 타당성과 실효성에 대해 법적 측면에서 이견을 주장할 수도 있다. 그러나 어쨌든 국제 무대에서 그런 금지 사항이 위반될 때, 최소한 몇 가지만이라도 위반될 때 이를 불쾌히 여기는 도덕의식이 존재한다는 데에는 이견이 없다. 그런 의식이 존재한다는 것은 각국의 행위를 국제 협정을 통해 도덕원칙과 조화를 이루게 하려는 노력들로 증명된다. 그런 국제 협정을 어겼다고 비난하는 다른 국가의 주장에 대해 각국이 일반적으로 자기 행위를 도덕적 측면에서 정당화하고 변명하려는 경향이 있다는 것을 보더라도 알 수 있는 일이다. 대부분의 국가는 이런 종류의 법적 협정에 찬동하고 최소한 어느 정도만이라도 그것을 좇아 행동하고자 노력한다. 따라서 그런 문제와 관련해서 어떤 국가가 비난의 대상이 되면 예외 없이 그런 원칙이 있는 줄 미처 몰랐다며 변명을 늘어놓거나 자기 행동을 도덕적으로 정당화하려 하는데 이는 국제도덕이 단순한 이데올로기의 차원을 넘어선 원칙임을 의미한다. 그런 행동은 때때로 국가가 완전히 무시해버리거나 위반하기도 하는 어떤 도덕적 제약이 실제로 존재한다는 점을 간접적으로 인정한다. 끝으로, 한 교전국이 전쟁 행위에 대한 도덕적·법적 제약을 무시하고 부인할 수 없는 흉악한 위반 행위를 저질렀을 경우 그 국가의 대규모 집단이 도덕의식을 발휘해 반항할 수도 있다. 전쟁 반대 시위나 위반 행위에 대한 지지를 거부할 수도 있는데 이런 행위는 곧 도덕의식이 실제로 존재한다는 것을 증명한다.

전쟁에 대한 도덕적 비난

마지막으로, 20세기에 접어든 이래 전쟁 그 자체에 대한 태도는 대부분의 정치가가 전쟁을 외교정책의 수단으로 사용해서는 안 된다는 도덕적 제약을 점점 더 의식한다는 사실을 반영한다. 유사 이래 정치가는 전쟁의 참화를 비난해왔고, 자기가 전쟁에 참가한 이유는 자기방어 또는 종교적 의무 때문이었다고 정당화해왔다. 전쟁 그 자체, 즉 모든 전쟁을 피해야 한다는 것이 정치 목적으로 확립된 것은 20세기가 도래한 이후부터였다. 1899년과 1907년의 두 차례에 걸친 헤이그 평화회의, 1920년의 국제연맹, 침략적 전쟁을 불법화한 1928년의 켈로그·브리앙 조약, 그리고 오늘날의 유엔 등은 모두 전쟁 그 자체를 피하는 일을 궁극적 목표로 삼고 있다.

이런 법적 기관과 기구의 근저에는(제8부에서 상세히 다룰 예정이다), 전쟁이란 특히 현대전은 편의주의의 이유로도 피해야 할 무서운 것일 뿐 아니라 도덕적 입장에서도 피해야 할 사악한 것이라는 신념이 존재한다. 여러 외교 문서를 이용해 제1차 세계대전의 기원을 연구하는 사람은 당시 빈(오스트리아)과 상트페테르부르크(러시아)를 제외한 각국의 정치가가 돌이킬 수 없는 전쟁으로 번질 어떤 행동도 취하기를 꺼려했다는 사실을 발견하고 놀라게 된다. 이런 망설임과, 결국 전쟁이 불가피하다는 사실이 드러나자 모든 정치가가 낙담과 낭패의 표정을 지었다는 사실을 보면, 치밀하게 전쟁이 계획되고 또 전쟁을 불가피하게 만드는 동시에 개전의 책임을 상대편에게 씌울 목적으로 우발적인 사건을 날조하던 19세기 후반까지와는 너무나 현격한 차이가 있음을 느낄 수 있다.

제2차 세계대전이 일어나기 이전 수년간 서구 열강의 정책은 정치적·군사적으로 큰 불이익을 감수하더라도 어떤 대가를 치르든 전쟁만은 피해보고자 부산하게 노력을 기울였다. 이런 욕구는 다른 모든 국내정치적 관심사보다 우선시되었다. 비슷한 경우로 한국 전쟁을 한반도에 국한해 제3차 세계대전으로 발전하지 않도록 모든 강대국이 예외 없이 노력했던 일과 제2차 세계대전 이래 발생한 수많은 국제적 위기를 맞아 강대국들이 보여준 절제 등은 전쟁을 보는 관점이 과거에 비해 기본적으로 변모했다는 사실을 단적으로 보여주고 있다. 비록 국가 이익의 견지에서 예방 전쟁이 아무리 타당할지라도 각국이 예방 전쟁의 가능성을 진지하게 고려하기를 거부한다는 사실을 보더라도 최근 서구 세계에서 볼 수 있는 전쟁 그 자체에 대한 도덕적 비난을 쉽게 알 수 있다. 전쟁이 닥쳐왔을 때 발발 이유는 자연 재난이나 다른 국가의 사악한 행위여야 하며 자국의 외교정책이 예견하고 계획해 일으킨 것이어서는 곤란하다. 전쟁을 일으켜서는 안 된다는 도덕규범을 어긴 도덕적 양심의 가책이 진정될 수 있다면 그것은 개전 책임이 자신에게 없을 때라야 가능하다.

국제도덕과 전면전

따라서 고대 및 중세와는 판이하게 오늘날의 세계는 외교정책의 수행이 국민 개개인과 집단의 생활에 영향을 미치는 한 그것을 도덕적으로 제약한다. 그러나 오늘날 인류가 처한 몇 가지 중요한 상황적 조건은 이런 도덕적 제약이 크게 위축되고 있음을 가리킨다. 인명 살상에 대한 도덕적 제약이 없었던 것이 두 교전국의 국민이 서로 적이 되어 치열하게 싸움을 벌이던 전체적 성격의 전쟁관과 일치하는 현상이었음을 상기해보자. 또 전시의 살인을 점차 제한하거나 살인을 하되 일정한 상황에서만 가능하도록 규정했던 것이 전쟁은 군인만의 대결이라는 제한전 개념이 서서히 발달한 것과 시기적으로 일치했던 점도 상기해보자. 그러나 최근 전쟁의 양상이 점점 더, 또 점점 다양한 방법으로 전면전의 형태를 띠면서 살인에 대한 도덕적 제약은 한층 더 줄어들고 있다. 실제로 정치지도자와 군사지도자뿐만 아니라 일반 국민 사이에 도덕적 제약에 대한 의식이 더욱 옅어지고 있으며, 아예 사라져버릴 위험조차 커지고 있다.

오늘날의 전쟁은 다음 네 가지 측면에서 전면전의 성격을 띠고 있다. (1) 전쟁의 수행에 중요한 역할을 하는 국민이 전체 인구에 대하여 차지하는 비율 면에서, (2) 전쟁 때문에 영향을 받는 인구가 전체 국민에 대해 차지하는 비율 면에서, (3) 전쟁의 수행에 대해 확신에 찬 신념과 감정을 일치시키는 국민의 수가 전체 인구에 대해 차지하는 비율 면에서, (4) 전쟁의 목표 면에서.

지난 수백 년 동안 국민 생산의 작은 부분만을 소비하는 비교적 적은 수의 군대가 존재하던 모습은 오늘날 엄청나게 많은 민간인이 생산하는 방대한 군수 물자를 소비하는 대규모 군대로 대체되었다. 민간인이 활발한 생산 활동을 통해 군대에 물자를 원활히 보급해줄 수 있는지 여부는 군대의 작전 활동 그 자체만큼이나 중요할 것이다. 따라서 민간인의 패배(생산 능력과 생산 의지의 파괴)는 군대의 패배(저항 능력과 저항 의지의 상실)와 맞먹는 중요성을 지닐 수 있다. 그러므로 대규모 산업 설비로 무기를 생산함으로써 시작되는 현대전의 성격은 군인과 민간인의 구별을 흐리게 한다. 노동자, 기술자 그리고 과학자는 이제 한쪽에 비켜서서 군대를 응원하는 순수한 방관자일 수가 없다. 그들은 육군, 해군, 공군 병사처럼 군사 조직의 고유하고도 불가결한 구성요소다. 따라서 오늘날 전쟁을 치르는 각국은 적국의 물자 생산 과정을 파괴하고 분쇄해야 승리할 수 있으며, 그 목표를 달성하는 데 현대적 전쟁 기술이 큰 공헌을 하고 있다. 현대전에서 민간 부문 생산의 중요성과 적국의 생산 능력을 파괴함으로써 얻는 이익은 제1차 세계대전에서 이미 입증된 일이다. 하지만 당시에는 민간 부문의 생산 과정에 직접 영향을 줄 수 있는 기술적 수단이 아직 유아기를 벗어나지 못하고 있었다. 교전국들은 봉쇄와 잠수함전 등의 간접 수단에 의지하지 않을 수 없었다. 그들은 가끔씩 폭격과 장거리 포격 등으로 공습하여 민간인의 생명을 직접 위협하려 노력하기도 했지만 별로 큰 성과는 얻을 수가 없었다.

제2차 세계대전은 두 번째 방법, 즉 직접 개입에 의한 민간인 생명의 살상을 상대편 국가의 생산 능력과 저항 능력을 파괴하는 가장 효율적인 수단으로 만들어놓았다. 민간인의 생명과 재산을 대규모로 파괴하여 얻는 이익은 그런 대량 파괴를 수행할 수 있는 능력의 발달과 때를 같이하는데, 이런 연관성은 너무나 밀접했으므로 현대 세계의 도덕적 확신만 가지고서는 도저히 저항할 수가 없었다. 1938년 6월 11일 미국의 코델 헐Cordell Hull, 1871~1955 국무장관은 일본의 광저우 폭격과 관련하여, 미국 정부는 민간인 거주 지역에 폭격을 감행한 국가에 항공기와 항공 무기를 판매하려던 계획을 취소한다고 선언함으로써 20세기 초기의 도덕적 확신을 표명했다. 프랭클린 루스벨트 대통령도 1939년 12월 2일의 연설에서 소련이 핀란드의 민간인을 상대로 군사 작전을 감행한 점을 들어 이와 비슷한 도덕적 제재 조치를 선언했다. 그러나 불과 수년 후 제2차 세계대전에 참전하던 모든 교전국은 미국의 정치가가 도덕적 이유로 비난해 마지않던 행동보다 훨씬 지나친 행동을 서슴지 않고 자행했다. 바르샤바, 로테르담, 런던과 코번트리, 콜론과 뉘른베르크, 히로시마와 나가사키 등은 현대적 전쟁 기술의 발달뿐 아니라 현대적 전쟁 도덕의 발달에서도 중요한 디딤돌이 되었던 곳이다. 인도차이나 전쟁에서는 실질적인 목적 때문에 군인과 민간인의 구별을 없애기도 했다.

현대전의 특성으로 가능해진 것처럼 적국의 생산성과 저항 의지를 꺾음으로써 많은 국가 이익을 얻을 수 있다는 사실과, 현대 기술의 발달로 국가 이익을 만족시킬 수 있는 가능성이 생겼다는 사실 등은 국제도덕의 발달에 부정적인 영향을 끼쳤다. 국제도덕의 이런 쇠퇴는 현대전이 벌어질 경우 국민 대다수가 이에 정서적으로 참여하게 된다는 사실 때문에 더욱 가속되었다. 16세기와 17세기의 종교 전쟁에 뒤이어 17세기 후반과 18세기의 왕조적 전쟁이 생겼고, 이는 다시 19세기와 20세기 초의 국가적 전쟁으로 이어져왔던 것처럼, 오늘날의 전쟁은 이데올로기적인 성격을 띠면서 예전의 종교 전쟁과 비슷한 형태로 되돌아가는 듯한 느낌을 준다. 전쟁을 수행하는 현대 국가들의 시민은 18세기와 19세기의 사람과는 달리, 군주의 영광이나 조국의 통일과 번영을 위해 싸우는 것이 아니라 '이상', 일련의 '원리들', '생활양식' 등을 위해 예전의 십자군 전사처럼 싸우고 있다. 그는 자기의 이상과 원리, 생활양식이 진리와 미덕을 독점한다고 주장한다. 결국 현대 국가의 시민은 반대편에 서서 그릇되고 사악한 '이상'과 '생활양식'을 고수하는 자를 모두 죽이거나 '무조건 항복'시키기 위해 싸우는 것이다. 상대가 누구건 그들이 싸우는 목적은 이런 '이상'과 '생활양식'이기 때문에 민간인과 군인 간의 구별, 싸우는 군인과 부상당한 군인 간의 구별이 중요한 것이 아니고 그들이 모두 제거되지 않는 한 모든 것은 한 가지 근본적으로 중요한 구분에 종속된다. 즉 선한 사상과 생활양식의 대표자인가, 악한 사상과 생활양식의 대표자인가의 구분이다. 부상병과 병자, 항복하는 적군과 무장하지 않은 적군을 해치지 말고 그들이 단지 경계선 저편에 있기 때문에 적군이며 한 인간으로서는 존중해야 한다는 도덕적 의무는, 죄악의 화신으로 나쁜 짓을 일삼는 사람을 이 지구 상에서 모조리 징벌하고 쓸어 없애버려야 한다는 도덕적 의무에 의해 대체되어버렸다.

도덕적 제약에 대한 이런 파괴적인 영향은 현대전의 비인격성으로 인해 더욱 강화되었다. 인류 역사가 시작된 이래 제1차 세계대전에 이르기까지 군인은 전쟁터에서 얼굴을 맞대고 싸웠다. 이처럼 무서운 대결 속에 인간적인 요소가 전혀 없지는 않았다. 즉 서로가 상대방을 눈으로 보면서, 죽이려고 또 죽임을 당하지 않으려고 필사의 노력을 했던 것이다. 이런 싸움에는 인간이 보여주고 또 바라보는, 선과 악이라는 인간적 감정의 여지가 남아 있었다. 아킬레우스가 리카오스에게 치명적인 상처를 입혔을 때, 호메로스Homeros, BC 8세기 경는 아킬레우스가 운이 다한 상대에게 허리를 굽히고 "편히 죽게나, 친구여"라고 말하게 했다.

현대전은 대부분 누름단추식 전쟁push-button war으로 익명의 전사들이 치르기 때문에 그들은 적이 죽었는지 살았는지도 보지 못하고 자기가 누구를 죽였는지도 결코 알 수 없다. 전쟁에서 죽어가는 희생자도 누가 자기를 죽였는지 얼굴을 볼 수 없다. 두 사람 사이를 연결해주는 단 하나의 매개체라면 서로 죽이기 위해 사용하는 무기뿐이다. 이렇게 기술적으로 비인간화된 전쟁은 도덕적으로도 비인간화되게 마련이다. 기계를 조작하는 사람에게 목표물을 명중하는 사격 연습은 진짜 공격이나 별반 다를 게 없으며, 군사 기지 공격과 민간 목표물 공격을 구별하기도 용이하지 않다. 베트남전에 참가해 여러 차례 폭격 작전을 수행한 한 공군 조종사는 "기술자처럼 TV 수리를 연습하는 것 같다"고 술회했다. 이렇게 현대전의 기술은 전시에서 도덕적인 행위와 비도덕적인 행위를 분간하기 위해 반드시 필요한 여러 실제적 구별

능력을 완전히 파괴해버리지는 않더라도 심각하게 약화하고 있다.

전쟁의 개념에 대한 이런 기본적인 변화의 영향으로 위에서 언급한 전시의 살인에 대한 도덕적 제약은 제2차 세계대전 동안 광범위하게 위반되었을 뿐 아니라 교전 당사자는 포로 수용을 거부하거나 포로를 처형하는 행위, 군인이든 민간인이든 구별하지 않고 무차별적으로 감행한 살인 행위 등을 도덕적 근거에서 정당화하고 그로 인한 도덕적인 회한을 모두 떨쳐버리지는 못하더라도 완화해보려는 경향을 보였다. 그러므로 평시의 살인에 대한 도덕적 제약은 효력을 그대로 유지했으나 전시의 살인에 대한 도덕적 제약은 대부분 효력을 잃었음이 판명된다. 이 논의에서 중요한 것은 그것들이 기본적으로 달라진 전쟁관의 영향으로 행위 규범으로서의 영향력을 크게 잃어가고 있으며 심지어 아예 없어져버릴 위기에 처해 있다는 점이다.

50여 년 전 일반적으로 낙관주의가 세상을 지배하던 무렵, 위대한 석학 한 사람이 이런 사태의 발전을 놀랍도록 정확히 예견하면서 그 요인을 분석한 바 있다. 즉 케임브리지 대학교의 국제법학과 교수인 존 웨스트레이크John Westlake, 1828~1913 박사는 1894년, 그의 저서에서 다음과 같이 쓰고 있다.

> 이렇게 얘기하면 너무 빤한 소리가 될지 모르겠다. 즉 자신이 개별 종족이나 국가에 소속되어 있다기보다는 좀 더 큰 개념인 어떤 전체적 단위에 소속되며 적 또한 이 전체에 소속되어 더 큰 전체 시민으로서 의무가 그에게까지 적용된다고 느끼는 사람에게 전쟁의 완화 여부가 달려 있다는 사실은 자명한 이치다. 역사가 시작된 이래 유럽에서

이런 감정이 존재하지 않은 적은 없었지만 커다란 애착의 대상이 되던 그 전체의 성격과 범위에는 많은 변화가 있었다. …… 오늘날 우리 시대를 보면 세계 시민주의적 감정 즉 스토아학파의 그것과 비슷하기는 하지만 그보다 더 강한 인간 전체로 구성되는 공화국에 대한 믿음이 있다. 이런 믿음이 강한 이유는 그리스도교에 의해, 또 어지간히 엇비슷한 국력에 문화적 유산도 비슷한 강대국들이 서로에 대해 느끼지 않을 수 없던 상호 존경심에 의해 기반이 닦여졌기 때문이다. …… 믿음의 수준이 크게 떨어진 시기도 많았고, 또 지금 우리의 연구 대상이 되는 때와 같은 시기도 있었다. 종교 개혁 이후 일어났던 수차례의 종교 전쟁은 인간의 동물적 본능이 속박을 벗어난 가장 무서웠던 경우이긴 했지만, 그래도 그 시대 배경은 비교적 개화기에 접어든 때였다. 대의명분을 찾으려는 열망은 그 대의명분이 아무리 값진 것이라 할지라도 인간의 열정을 종속시키는 가장 강력하고 가장 위험한 자극제다. 또 신교도를 신교도와, 구교도를 구교도와 연결시키는 유대감은, 포괄적인 형태로 국가적 결속력을 강력하게 다지기보다는 오히려 국경을 가로질러 연결되어 있기 때문에 가장 필요한 시기에 인간 열정에 대한 일상적인 규제력을 약하게 만들고 말았다. 만일 사회주의가 일관성을 갖추고 투쟁적 교리의 힘을 획득하여, 현재의 국가관을 지닌 다른 국가들과 전쟁터에서 맞붙을 경우 위와 같은 전쟁의 퇴보는 다시 일어날 수도 있다. 그렇게 되면 평시의 무정부 상태에서나 볼 수 있는 방종을 전시에서도 볼 수 있게 될 것이다![8]

보편적 도덕 대 민족주의적 보편주의

인명 존중과 관련하여 최근에 보이는 국제도덕의 퇴조는, 윤리체계가 일반적으로 그리고 광범위하게 소멸하여 과거에는 일상적 외교정책 수행에 규제력을 발휘할 수 있었으나 지금은 그렇지 못하다는 사실을 나타내주는 한 가지 사례일 뿐이다. 이런 윤리체계의 소멸에는 두 가지 요인이 있다. 즉 국제 문제의 해결에서 과거 귀족주의적 책임이 민주주의적 책임으로 대체된 것과 민족주의적 행동 기준이 보편적 행동 기준으로 대체된 것이 그것이다.

국제적 귀족 사회의 개인 윤리

17세기와 18세기, 그리고 정도가 덜하기는 하지만 제1차 세계대전에 이르는 동안 국제도덕은 군주 개인, 즉 어떤 왕과 그의 후계자 그리고 비교적 소수의 긴밀한 동질적 귀족 지배 계급의 관심사였을 뿐이다. 어떤 국가의 군주와 귀족 지배 계급은 다른 국가의 군주와 귀족 지배 계급과 긴밀하고도 지속적인 유대 관계를 맺고 있었다. 그들은 가족 간 유대 관계, 공통 언어(특히 프랑스어), 공통의 문화적 가치관, 공통의 생활양식 그리고 신사들끼리의 관계에서 어떤 것이 허용되며 또 허용되지 않는가에 관한 공통의 도덕적 확신으로 밀접히 관계를 맺었다. 권력을 장악하기 위해 경쟁을 벌이던 군주들은 스스로를 모든 경

8_ *Chapters on the Principles of International Law* (Cambridge: Cambridge University Press, 1894), p. 267 ff.

쟁자가 규칙에 합의한 게임의 경쟁자로 인식했다. 그들을 위해 종사하는 외교관과 군인은 생의 우연 때문에(언제나 그런 것은 아니지만 종종 군주에 대한 충성심이 탁월하여), 혹은 군주가 제시하는 보수와 권한 그리고 영광에 대한 약속 때문에 스스로를 군주에게 봉사하는 고용인으로 간주했다.

이런 귀족 사회에 공통적 유대 관계를 더 강하게 해주었던 것은 물질적 수입에 대한 욕구였는데 그것은 왕조적·민족적 충성심이라는 유대 관계보다 강했다. 따라서 한 국가 정부가 다른 국가의 외무장관이나 외교관에게 연금, 즉 뇌물을 제공하는 것은 적절하고도 일반적인 풍습이었다. 엘리자베스 1세 여왕 치하에서 외무장관을 지낸 로버트 세실Robert Cecil, 1563~1612은 에스파냐에서 돈을 받고 있었다. 17세기 베네치아 주재 영국 대사였던 헨리 워튼Henry Wotton, 1568~1639은 사부아 왕국에게 뇌물을 받으면서도 에스파냐 정부에 뇌물을 요구했다. 프랑스 혁명 정부가 1793년에 공표한 문서에 의하면 1757~1769년 사이에 프랑스 정부는 오스트리아 정치가들에게 자그마치 8,265만 2,479리브르livre를 뿌린 것으로 되어 있는데 그중에서 10만 리브르를 오스트리아 총리인 카우니츠Wenzel Anton von Kaunitz, 1711~1794가 받았다고 한다. 한 국가 정부가 타국과 조약을 체결할 때 그 국가 정치가들을 매수하여 협력을 얻고 그에 대해 적절히 보상하는 것도 적절하고도 일상적인 일로 받아들여졌다. 1716년에 프랑스의 기욤 뒤부아Guillaume Dubois, 1656~1723 대주교는 프랑스와의 동맹 조약을 무사히 체결하도록 노력해달라고 60만 리브르의 보상금을 영국의 제임스 스탠호프James Stanhope, 1673~1721 장관에게 제의했다. 이에 대해 나중에 뒤부아가 쓴 글에 의하면 스탠호프 장관이 그 자리에서 즉각 뇌물을 수락하지는 않으면서도 "화내는 기색 없이 정중하게 제의를 경청했다"라고 한다. 프로이센이 프랑스와의 전쟁에서 군대를 철수하기로 합의한 바젤 조약이 1795년에 체결된 후 프로이센의 카를 하르덴베르크Karl August von Hardenberg, 1750~1822 장관은 프랑스 정부에서 약 3만 프랑어치의 답례를 받고는 너무 적다고 불평했다. 1801년, 바덴 후작 찰스 프레더릭Charles Frederick, 1728~1811은 '외교적 선물'이란 명목으로 50만 프랑을 각국에 제공했는데, 그중 15만 프랑은 프랑스의 외무장관 탈레랑에게 돌아갔다. 원래는 10만 프랑을 주기로 계획되어 있었지만 그가 프로이센으로부터 6만 6,000프랑어치가 나가는 코담뱃갑 하나와 현금 10만 프랑을 받은 사실이 밝혀져 액수가 인상되었다.

이런 게임의 중요 규칙은 파리 주재 프로이센 대사가 1802년에 본국 정부에 보고한 다음 글에서 잘 나타나고 있다.

"외교 업무로 이곳에 주재하는 사람은 자기의 이상이 거의 실현 단계에 다다르기 전까지는 누구에게든 아무것도 주지 말아야 한다는 점을 경험으로 알고 있습니다. 하지만 후한 보수를 약속하겠다는 감언이설만으로도 놀랄 만한 일이 너무나 쉽게 성사되는 경우도 있습니다."

이런 식의 거래에 맛을 들인 정치가가 자기가 수호해야 할 조국의 대의명분을 위해 정열적으로 헌신하리라고 기대하기는 어려울 것이다. 그들이 자기를 고용한 국가 이외의 국가에 대해서도 비슷하거나 더 충실한 충성을 선언하고 있음은 명백한 사실이다. 더욱이 조약 체결이 마무리 단계에 다다랐을 무렵 물질적 이익을 기대할 수 있도록 유혹하면 거의 틀림없이 조약 체결 협상에 진척이 있었다. 교착 상태,

무기한의 연기 그리고 오랫동안 질질 끄는 전쟁 등은 조약 체결에 개인적 이해관계를 느끼던 정치가에게 결코 반가운 것이 아니었다. 이런 두 가지 면에서 17세기와 18세기 정치의 상업화는 국제적 대립을 무디게 했으며 개별 국가의 권력욕을 비교적 좁은 범위 내로 국한했다.

당시 프랑스 주재 오스트리아 대사는 자신과 같은 귀족이 아닌 동포와 함께 있기보다 차라리 베르사유 궁전에서 지내는 것을 더 마음 편히 생각했다. 즉 그는 비천한 태생의 오스트리아 국민보다는 프랑스의 귀족계급이나 다른 여러 국가의 귀족 외교관과 더 긴밀한 사회적·도덕적 유대 관계를 맺고 있었던 것이다. 1757년, 스탱빌 후작François Joseph de Choiseul, 1700~1770은 파리 주재 오스트리아 공사를 지내고 있었으며 슈아죌 공작Étienne François de Choiseul, 1719~1785이라는 이름으로 나중에 루이 15세 치하의 총리를 지낸 바 있는 그의 아들은 같은 해에 빈 궁전에서 프랑스 대사로 근무했다. 또 같은 시기에 다른 아들 하나는 헝가리의 크로아티아 연대에서 육군 소령으로 근무하고 있었다. 그런 상황에서 외교관과 군인이 한 군주에서 다른 군주로 옮겨 다니며 충성을 맹세했던 일은 그리 놀랄 만한 일이 아니었다. 프랑스의 외교관이나 군 장교가 이기적인 목적을 위해 프로이센 왕의 신하로 들어가 프로이센의 국가적 이익을 증진하고, 혹은 프로이센 군대에 참가해 프랑스에 대항하며 싸우는 것 등은 흔한 일이었다. 루이 14세는 마자랭의 조카의 아들인 사부아 공자 프랑수아 외젠François-Eugéne, 1663~1736에게 신임장을 제정하는 것을 거절했다. 이유는 그가 오스트리아 군대에 입대해 오스트리아 최고 사령관이 되어, 이탈리아를 지배하려는 프랑스의 꿈을 산산이 부숴놓았기 때문이었다. 18세기에는 수많은 독일인이 러시아 정부의 각계각층에서 일하고 있었는데, 나중에 그들 중 많은 수가 숙청되어 고향으로 돌아가야 했다.

7년 전쟁이 발발하기 직전인 1756년에 프리드리히 대왕은 스코틀랜드 출생의 마리샬 백작Earl Marischall을 에스파냐 주재 대사로 임명하여 에스파냐의 의도를 염탐하도록 했다. 프로이센 주재 스코틀랜드 대사가 월Wall이라 불리는 아일랜드 태생의 친구를 에스파냐에 두고 있었는데, 마침 이 친구가 에스파냐의 외무장관을 맡고 있었고 그가 알고 싶어 하는 것을 시원스럽게 대답해주었다. 스코틀랜드인은 이 정보를 영국 총리에게 전했고, 이번에는 그가 이 정보를 프로이센 왕에게 귀띔해주었다. 제1차 대프랑스 동맹 전쟁이 발발하기 직전인 1792년에 프랑스 정부는 프랑스 군대의 통솔권을 브라운슈바이크 공작에게 일임할 것을 제안했는데, 불행하게도 브라운슈바이크 공작은 프로이센 군대의 지휘를 맡아 프랑스를 공격해달라는 프로이센 왕의 제의를 수락하고 말았다. 1815년 빈 회의에 참석한 러시아의 알렉산드르 1세는 외교 문제를 처리해줄 외교 사절 및 고문으로 독일인 두 명, 그리스인 한 명 그리고 코르시카인, 스위스인, 폴란드인, 러시아인 각각 한 명씩을 고용했다. 심지어 19세기 말에 이르러서도 클로드비히 호엔로헤실링스퓌르스트Chlodwig zu Hohenlohe-Schillingsfürst, 1819~1901가 독일 재상에 취임하고 그의 동생 중 하나는 로마 교황청의 대주교에 임명되었으며, 그의 조카 중 하나가 오스트리아의 장관을 지내고 또 하나는 오스트리아의 장군으로 외교관을 겸임하다가 후에 베를린 주재 대사로 임명되는 일이 가능했다.

따라서 19세기 중엽에 프랑수아 기조François Guizot, 1787~1874 전 프랑스 총리는 그의 회고록에서 다음과 같이 쓰고 있다.

> 유럽이라는 공동체 안에서 직업 외교관은 나름의 사회를 이룩하고 있으며 거기에는 독특한 행동 원칙, 관습, 지식 그리고 욕구가 있고, 국가 간에 이견과 심지어 분쟁이 존재하는 가운데서도 그들 나름의 조용하고도 영원한 평화를 이루면서 단결을 유지하고 있다. 외교관 각자의 편견이나 일시적 감정이 아니라 각국의 다양한 이해관계에 따라 움직이면서 이 조그만 외교 세계는 유럽이라는 거대한 공동체의 보편적 이익을 명백히 인식하고 활기를 불어넣어 각국의 이견을 성공적으로 조정할 수 있을 것이다. 서로 다투지 않는 가운데 각기 다른 정책을 취해왔고 거의 언제나 같은 분위기와 공간을 공유했던 사람들을 이제 같은 정책을 성공적으로 수행하기 위해 성실하게 노력하도록 만들 것이다.[9]

비스마르크가 러시아 주재 프로이센 대사로 일하다가 1862년에 소환 명령을 받았던 일은 당시 귀족들의 국제적 결속력이 계속성을 보여주고 있다는 점과 관련하여 시사하는 바가 크다. 그가 상트페테르부르크를 떠나면서 러시아 황제에게 이임 인사로 유감의 뜻을 표시하자, 이 얘기를 오해한 러시아 황제는 비스마르크에게 러시아 외교관으로 일할 의향이 있느냐고 물었다. 비스마르크는 그의 회고록에서 이 제의를 '정중히' 거절했노라고 밝히고 있다.[10] 지금 우리의 논의에

9_ *Mémoires* (Brussels, 1858-1867), Vol. II, pp. 266-227.

서 중요한 사실은 비스마르크가 이 제의를 거절했다는 것이 아니라 (이전에도 그는 비슷한 제안을 숱하게 거절한 적이 있으며 그 이후에도 몇 번 제안을 받았지만 모두 거절했다) 이 제의를 '정중하게' 거절했다는 것과 그 사건이 일어난 지 30여 년이 흐른 뒤에 쓴 글에서조차 도덕적인 수치심을 전혀 보이지 않았다는 사실이다. 약 50여 년 전만 하더라도, 막 총리직에 내정된 어느 대사에게 다른 국가에 충성하지 않겠냐고 제안하는 것이 일종의 사업적인 제안으로 간주되었으며 도덕적인 기준에 위배된다고는 전혀 생각하지 않았다는 것이다.

오늘날 이와 비슷한 제안을 러시아 총리가 미국 대사에게, 혹은 미국 대통령이 워싱턴에 상주하는 다른 국가 외교관에게 제시한다면 제안받은 사람이 느끼게 될 개인적 당혹감과 그로 인해 그 국가의 국민이 느낄 모욕감은 상당할 것이다. 이를 상상해보면 최근 들어 외교정책상의 윤리가 얼마나 심대하게 변했는지를 잘 알 수 있다. 오늘날 그런 제안은 반역, 즉 국제 문제에서의 도덕적 의무 가운데 가장 기본적 의무인 조국에 대한 충성을 어기도록 사주하는 것으로 간주될 터다. 19세기가 막을 내리기 직전까지만 해도 그런 제안을 했을 때, 또 그런 제안이 있었다고 발표될 때에 사람들은 이를 받아들이든지 거절하든지 결정을 내리면 되었을 뿐 거기에 도덕적 적합성 여부는 문제 되지 않았다.

국제적인 귀족주의가 채택하던 도덕적 행동 기준은 초국가적 성질

10_ *Bismarck, the Man and Statesman, Being the Reflections and Reminiscences of Otto, Prince von Bismarck* (New York and London: Harper and Brothers, 1899), Vol. I, p. 341.

의 것일 수밖에 없었다. 그 기준은 모든 프로이센인, 오스트리아인, 또는 프랑스인에게 적용되는 것이 아니라, 다행히 유럽에서 태어나 교육받은 덕분에 그 기준을 이해하고 거기에 따라 행동할 수 있는 모든 사람에게 적용되었다. 이 세계시민주의적 사회가 나름의 도덕규범을 성립시킬 수 있었던 것은 바로 자연법 개념과 그 규범에 의해서였다.

따라서 이 사회의 개별 구성원은 이런 도덕적 행위 규범에 부합하는지 여부를 각자가 책임지고 판단해야 했다. 자연법이라는 도덕률이 객체로 삼는 것이 바로 합리적 인간으로서의 그들 개개인이었기 때문이다. 루이 15세가 영국은행의 지폐를 위조하자는 제안을 받자 그는 이 제안이 '분노의 표적이 될 뿐 아니라 그에 따른 가공할 공포가 두려워' 거절했다. 1792년에 루이 16세Louis XVI, 1754~1793가 처한 곤경을 타개하고자 프랑스 화폐에 대해 비슷한 제안이 나오자 신성로마제국 황제 프란츠 2세Franz II, 1768~1835는 "그런 파렴치한 계획은 승인될 수 없다"라고 선언했다.

외교정책 책임자가 다른 국가 동료와의 관계에서 유지하던 고도로 개인적인 도덕적 의무감은 17세기와 18세기의 여러 저명한 작가가 자기 군주에게 '명예'와 '명성'을 가장 소중한 재산으로 보호하도록 강조했던 사실을 잘 설명해준다. 루이 15세가 국제 무대에서 행한 모든 행동 하나하나에는 개인적인 도덕적 의무감이 깃들고, 따라서 행동 하나하나가 곧 자기의 개인적 명예와 직결되었다. 동료 군주 모두가 인정하는 도덕적 의무를 위반하는 것은 자기 자신의 양심의 가책뿐 아니라 초국가적 귀족주의 사회에 자연 발생적인 반응을 불러일으켜 관습을 어긴 데 대한 위신의 손상, 즉 권력의 손실로 책임져야 하는 것이다.

국제도덕의 붕괴

19세기 동안 민주 선거의 실시, 정부 관리의 책임이 강조되면서 귀족에 의한 정부를 대체하자 국제 사회 구조와 국제도덕은 근본적인 변화를 겪게 되었다. 19세기가 거의 끝날 때까지 각국에서는 귀족 출신 지배층이 외교정책을 책임지고 있었다. 새로운 시대를 맞아 그들의 자리는 계급적 구별과는 무관하게 능력 위주로 선출되거나 임명직 관리로 대체되었다. 이들 공무원은 본인이 행하는 공적 행위에 대해 군주(즉, 특정 개인)가 아니라 집단으로서의 국민 전체(즉, 의회의 다수파 혹은 국민 전체)에게 법적·도덕적 책임을 지고 있었다. 여론의 중대한 변화가 생길 경우 외교정책을 책임진 사람이 쉽사리 교체될 수도 있었다. 그들은 다시 어느 순간 우세한 세력을 규합한 다수파 국민들 중에서 뽑힌 사람에 의해 교체될 수 있다.

정부의 공무원은 이제 더 이상 귀족계급에서 배타적으로 선출되지 않으며 실질적으로 전체 국민이 선출한다. 전체 국민 가운데 소위 '기득권층'은 소수 혜택받은 사람이다. 이런 사실이 물론 미국에서는 전통으로 자리 잡은 현상이지만 영국이나 소련과 같은 국가에서는 전례 없던 일이었다. 영국의 운수일반노동조합을 조직, 서기장을 지낸 어니스트 베빈Ernest Bevin, 1881~1951은 1945년 외무장관에 취임했다. 직업적 혁명가로 명성을 떨치던 뱌체슬라프 몰로토프Vyacheslav Molotov, 1890~1986는 여러 해 소련의 외교정책을 책임지게 되었다.

계속적인 집권을 위해 의회 다수파의 성원과 지지가 필요한 영국, 프랑스 또는 이탈리아 등의 국가에서는 의회 다수파에 변동이 생길 경우 이는 곧 내각 구성의 변화와 연결되었다. 의회가 아니라 총선거만이 행정부의 집권 혹은 퇴진을 결정하는 미국 같은 국가에서조차 국무부의 외교정책 수립자에 대한 인사 이동은 상당히 심하게 일어날 수 있다. 1945년 7월에서부터 1947년 1월에 이르는 약 18개월 동안 미국에서는 세 명의 국무장관이 교체되었다. 또 1945년 10월 임명된 미 국무부의 모든 정책 수립가, 즉 차관과 차관보급 중에서 2년 이후까지 직책을 유지한 사람은 한 사람도 없었다. 레이건 행정부 시절에는 카터 행정부 시절부터 시작된 정치적 임명 추세가 국무부 내 전반으로 확대되어 부차관보급까지 실시되었다. 외교정책결정자가 자주 경질된다는 사실과 그들이 단지 무정형의 집단에 대해서만 책임진다는 사실은 국제도덕 질서의 효율성을 크게 떨어뜨렸으며 나아가 국제도덕 질서의 존립 자체를 위태롭게 했다.

개별 국가 내부에서 생긴 이런 변화는 도덕적 규제 체제로서의 국제도덕을 현실적인 것에서 단순한 공리공담으로 바꾸어놓았다. 영국의 조지 3세George III, 1738~1820가 프랑스 루이 16세나 러시아 예카테리나 여왕과의 거래에서 어떤 도덕적 제약을 받지 않을 수 없었을 것이라고 얘기한다면 이는 어떤 실질적인 것, 즉 특정 개인의 양식이나 행위와 동일시될 수 있는 어떤 것을 일컫는 말이다. 영연방 전체, 혹은 영국 한 국가가 미국이나 프랑스에 대해 어떤 도의적 책임을 진다고 한다면 이는 하나의 가설에 불과하다. 이런 가설이 있기 때문에 국제법은 개별 국가를 마치 사람처럼 다룰 수 있다. 그러나 도의적 의무의 영역에 속하는 어느 것도 이런 법적 개념과 연결되지는 않는다. 영연방과 영국의 헌법적 수장으로서의 군주의 양심이 영연방과 영국의 외교 문제에 대해 무엇을 요구하든 그것은 이들 문제의 실제 집행과는 무관하다. 왜냐하면 그 군주는 이런 일에 책임을 지고 있지 않으며 거기에 대해 아무런 실제적 영향력도 행사할 수 없기 때문이다. 영국과 그 자치령의 총리와 외무장관의 경우는 어떠한가? 그들은 내각의 구성원일 뿐이다. 내각은 집단적 조직체로서 다른 모든 정책은 물론 외교정책을 다수결로 결정한다. 전체로서의 내각은 다수당에 대해 정치적 책임을 지며 다수당의 정치적 의사가 곧 정치적 행동으로 나타난다고 여겨진다. 내각은 의회에 대해 법적 책임을 지는데 헌법적으로 얘기하자면 내각은 의회의 한 위원회일 뿐이다. 하지만 의회는 유권자에 대해 책임을 진다. 의회는 유권자에게서 통치권을 위임받고, 의회의 의원은 유권자의 신임 여부에 따라 차기 선거에서 또 한 번 통치권의 위임을 기대할 수 있다.

마지막으로, 유권자 개개인은 선거일 또는 선거일과 선거일 사이 기간에 자기 행동을 결정할 수 있는 초국가적 성격의 도덕적 확신을 가지고 있지 못하며 설사 그들이 도덕적 확신을 가진다 하더라도 유권자 개개인의 확신은 그 내용 면에서 다양하기 그지없다. 다시 말해 '옳든 그르든 내 조국이면 그만'이라는 생각으로 행동하는 사람도 있을 수 있다. 국제 문제와 정부 활동과 관련된 개인의 행위에 그리스도교의 윤리 기준을 적용하는 사람도 있을 것이다. 유엔의 행동 기준이나 세계 정부의 행동 기준, 또는 인도주의적 행동 기준을 적용하는 사람도 있을 수 있다. 정책 결정 그룹, 혹은 외무부라는 영속적 관료 기구의 구성원이 잦은 인사 이동으로 다양한 여론을 제대로 반영할 수도, 못 할 수도 있다. 어쨌든 도덕적 행위 규범을 논하기 위해서는 개인적 양심이 존재해야 하는데, 이른바 영국의 국제도덕 혹은 다른 국가의 국제도덕을 만들어낼 근거가 되는 개인적 양심은 존재하지 않는다.

어떤 정치가는 외교정책을 수행할 때 자기 양심에 따라 행동할 수 있다. 이 경우 이런 도덕적 신념이 귀속되는 것은 개인으로서의 그 사람이지 그가 속한 국가가 아니고 심지어는 그가 실제로 대변인 역할을 하는 사람도 아니다. 따라서 존 몰리John Morley, 1838~1923와 존 번스John Burns, 1858~1943는 영국의 제1차 세계대전 참전이 자기들의 도덕적 신념과 배치된다고 느끼자 영국 내각에서 사퇴했다. 이는 그들의 개인적인 행위이자 신념이었다. 같은 시기에 독일 총리가 독일 정부의 우두머리로서 독일이 벨기에의 중립을 침범한 사실이 비도덕적이고 비합법적이라고 시인하며 그것은 독일 정부로서 꼭 필요한 행위였을 뿐이라고 정당화했던 것은 단지 개인 자격으로 했던 말이었다. 그의 양심의 소리는 독일이라는 집단의 양심일 수 없었고, 또 그 둘은 서로 같지도 않았다. 제2차 세계대전 당시 프랑스의 친독일 비시 정권의 총리 겸 외무장관을 지낸 피에르 라발Pierre Laval, 1883~1945을 인도한 도덕적 원칙은 프랑스의 도덕규범이 아니라 그의 개인적 도덕규범이었으며, 어느 누구도 프랑스의 도덕규범이 친독일적이라고는 생각하지 않았다.

도덕규범은 개인의 양심 속에서 작동한다. 따라서 효율적인 체제를 갖춘 국제적 윤리가 성립하려면 그 전제 조건으로서 명백히 자기 행위와 국가 행위를 동일시할 수 있는 사람들, 즉 자기 행위에 대해 개인적으로도 책임질 수 있는 사람들이 이끄는 정부가 먼저 수립되어야 한다. 어떤 국가를 책임진 사람들이 국제 문제를 다루며 무엇이 과연 도덕적으로 바람직한지 제각기 다르게 생각하거나, 그런 생각을 아예 하지도 않는다면 국제정치에 대한 효율적 규제체계로서의 국제도덕은 불가능해진다. 1923년에 이미 하버드 대학교 법학부장인 로스코 파운드Roscoe Pound, 1870~1964가 "국가 간의 도덕적 …… 질서는 오늘날보다 오히려 18세기 중엽에 더욱 실현 가능성이 있었을지 모른다"라고 얘기했던 것은 바로 이와 같은 이유 때문이었다.[11]

국제 사회의 붕괴

민주적 선거제도와 정부 각료의 책임 때문에 효율적 규범체계로서의 국제도덕이 붕괴된 한편 민족주의는 국제도덕이 작용하던 국제 사회 자체를 붕괴시켰다. 1789년의 프랑스 혁명은 역사상 신시대의 시작을 알리는 일로서 세계시민주의적 귀족 사회와 외교정책에 대한 그의 도덕적 규제력이 차츰 영향력을 잃어가는 계기가 되었다. 조지 구치George Gooch, 1873~1968 교수는 다음과 같이 얘기했다.

> 애국심은 인간이 사회를 형성하려는 본능만큼이나 오래된 것이지만 논리 정연한 신조로서의 민족주의는 프랑스 혁명에서 화산 폭발처럼 시작되었다. 전세는 발미Valmy에서 뒤집혔다. 그리고 그 전투가 끝나던 날 저녁 의견을 말해달라는 청탁을 받은 괴테는 …… 다음과 같

11_ "Philosophical Theory and International Law," *Bibliotheca Visseriana*, Vol. I (Leyden 1923), p. 74.

은 역사적 명언을 남겼다. "오늘부터 새로운 시대가 시작된다. 그리고 후일 당신들은 그 새로운 탄생을 지켜보았노라고 말할 수 있게 될 것이다."[12]

국제 사회는 옛날의 낡은 질서가 용감하게 대항하는 가운데 서서히 붕괴되어갔다. 신성동맹과, 위에서 언급했던 것처럼 1862년 러시아 황제가 비스마르크에게 러시아를 위해 일해달라고 청탁한 일에서 그런 사례들을 볼 수 있다.[13] 그리스도교계의 군주와 귀족 들을 결속시켜주던 국제도덕과 국제 사회의 붕괴는 19세기 말에 가까워지면서 명백한 현상이 되었다. 이런 퇴조 현상은 국제 사회의 붕괴를 막아보겠노라고 큰소리치던 빌헬름 2세의 과장된 허풍에서 가장 쓰라린 증거를 찾을 수 있다. 그는 1895년 러시아 황제에게 보낸 편지에서 프랑스에 대한 견해를 다음과 같이 말하고 있다.

공화주의자는 원래 혁명론자입니다. 그들의 황제들이 흘린 피가 아직도 그 국가에 흐르고 있습니다. 그 사건 이후 프랑스가 더 행복해졌습니까? 아니면 다시금 예전처럼 조용해지기라도 했습니까? 유혈극으로 갈피를 못 잡고 비틀거린 것밖에 무엇이 더 있습니까? 그대 니키 황제여, 내 말을 믿으시오. 프랑스 국민은 영원히 신의 저주를

12_ *Studies in Diplomacy and Statecraft* (London, New York, Toronto: Longmans, Green, 1942), pp. 300-301.

13_ 1권 pp. 554-556 참고.

받을 것입니다. 우리 그리스도교 왕과 황제 들은 하늘이 내려준 단 하나 성스러운 의무를 지고 있습니다. 신의 은총에 따르는 원칙을 준수하는 것입니다.

아메리카 공화국에 대항하여 에스파냐 왕국을 지지해주도록 모든 유럽 세력을 단결시키고자 빌헬름 2세가 아메리카-에스파냐 전쟁 전야에 수립했던 계획이 결국 전쟁 발발로 무산되자 그 계획의 시대착오성은 그의 조언자들을 당황케 했다.

그러나 제1차 세계대전이 일어나기 직전인 1914년까지만 해도 여러 정치가와 외교관의 연설문 혹은 본국으로 띄우는 급송 문서에는 수많은 공통점을 가진 개개인들이 제각기 분리되어 전선을 사이에 두고 싸우는 사람들과 한편이 되어야 한다는 데 대한 우수 어린 유감의 뜻이 표현되는 경우가 많았다. 심지어 독일의 참모총장조차 위에서 언급한 바 있는 그의 회고록에서 코앞에 닥친 제1차 세계대전에 대해 "유럽의 문명국들이 자행하는 상호 간 살육 행위"라고 언급했다. 그는 근심과 불길한 예감으로 가득 찬 이 책에서 계속해서 다음과 같이 말하고 있다. "이런 분위기가 지나가고 나면 사람들이 흔히 얘기하듯 기적이 일어나 전쟁을 막아주지 않는 한 유럽의 거의 모든 문명을 수십 년간 황폐하게 만들어버릴 전쟁은 필연적으로 일어나고야 말 것이다."[14] 하지만 이것은 인간의 행위에 아무런 영향도 미칠 수 없는 나약한 추억에 지나지 않았다. 이 무렵 이들은 자기들이 권좌에 오르는 데

14_ 1권 pp. 635-636 참고.

바탕이 되어준 국민 개개인과 다른 국가들과의 관계에서 자신들이 의지와 이익을 대변해주는 사람들과의 공통점보다 자신들끼리의 공통점이 훨씬 적은 경우가 많았다. 프랑스 외무장관을 베를린의 외무장관과 구별해주는 것이 그 둘을 연결해주는 것보다 훨씬 중요했다. 반대로 프랑스 외무장관을 프랑스라는 국가와 묶어주는 것은 그들 둘을 분리하는 어떤 힘보다 더 중요했다. 여러 통치 그룹의 모든 구성원을 포함하고 여러 국가 사회를 위한 공통 준거 틀을 제공해주던 국제 사회의 지위를 이제는 국가 사회 자체가 떠맡게 된 것이다. 예전에는 국제 사회가 국제 무대의 각국 대표들에게 부여하던 행위 규범을 이제는 국가 사회가 부여하게 되었다.

이렇게 19세기에 들어와 귀족적 국제 사회가 국가 사회로 분열하여 점점 완성 단계로 접어들자 민족주의의 주창자들은 이런 사태 발전이 국제도덕의 결속력을 약화하지 않고 오히려 강화해주리라 믿었다. 그것은 일단 자유민을 향한 국가적 열망이 충족되고 귀족적 규칙이 국민의 정부에 의해 대체되고 나면 더 이상 이 세상의 국가를 분열할 것은 없으리라고 믿었기 때문이었다. 똑같은 인류의 한 구성원이라는 사실을 의식하고 자유, 절제, 평화와 같은 이상에 의해 고무되어 그들은 국가적 목표를 조화롭게 추구하고자 했다. 실제로 일단 개별 민족국가에서 형성된 민족주의 정신은 보편주의적이고 인도적인 것이 아니라 특수하고 배타적인 것으로 나타났다. 17세기와 18세기의 국제 사회가 파괴되었을 때, 각국을 단결하고 규제하던 요소, 즉 개별 국가 사회 위에 군림하던 진정한 사회를 대신할 만한 것은 없다는 사실이 명백해졌다. 사회주의라는 기치 아래 국제적 단결을 부르짖었던 노동자 계급의 운동도 환상에 불과한 것임이 드러났다. 종교 단체도 일단 조직화되자 민족국가를 초월하여 보편적으로 활동하려 하기보다는 민족국가의 이해관계와 일치시켜 활동하려는 경향이 두드러졌다. 국가는 개인적 충성의 궁극적 대상이 되었으며, 그 결과 각국 국민은 그들 나름의 제각기 다른 충성의 대상을 가지게 되었다.

민족주의라는 새로운 도덕은 클레망소에 대해 존 케인스John Maynard Keynes, 1883~1946가 쓴 다음 글을 보면 명확히 알 수 있다.

> 그가 프랑스에 느끼던 것은 페리클레스가 아테네에게 느끼던 것과 같았다. 즉 국가 자체에 독특한 가치를 부여할 뿐 그 외에 문제되는 것은 아무것도 없었다. …… 그에게는 한 가지 환상 즉 프랑스와, 한 가지 환멸 즉 프랑스인과 최소한 자기 동료들을 포함한 인류라는 것에 대한 환멸이 있었다. …… 국가란 하나의 실체로서 그에 대해서는 애정을 느끼게 되지만 그 이외의 것들에는 무관심하거나 심할 경우 증오를 느끼게 된다. 당신이 사랑하는 국가의 영광은 바람직한 목표이긴 하나 일반적으로 이웃 국가의 희생이 있어야 얻을 수 있다. 어리석은 미국인과 위선적인 영국인을 '다룰' 때에는 어느 정도 입에 발린 소리를 하는 것이 오히려 신중한 행위이긴 하지만, 이 세상에 국제연맹 혹은 민족자결의 원칙(자기 이해관계에 유리하도록 세력 균형을 재조정하는 교묘한 계획으로서의 민족자결 원칙은 제외)과 같은 문제를 해결하는 데 지금처럼 여유가 많다고 생각한다면 어리석은 생각일 것이고 현실적으로 그런 여유는 없다.[15]

과거 긴밀히 결속되었던 국제 사회가 더 이상 공통의 도덕률로 규제되지 않는 도덕적으로 자기 충족적인 민족 공동체들로 분화된 것은 보편적 도덕률과 각국의 특수한 윤리 체제 사이의 관계가 최근 심각히 변화했음을 외형적으로 나타내주는 하나의 징후에 불과하다. 이런 변화는 두 가지 측면에서 진행되어왔다. 먼저, 이런 변화는 민족주의가 발달하기 이전에 개별 국가의 외교정책에 허약하고 어설프기는 하나 어쨌든 규제체계를 마련해주던 보편적이며 초국가적인 도덕적 행위 규범을 거의 무능함에 가깝도록 약화했다. 반대로 이런 변화는 개별 국가의 윤리체계에 보편적 타당성을 부여하는 경향을 매우 강화시켰다.

국제주의에 대한 민족주의의 승리

한 도덕체계의 활력은 국민의 양심과 행동에 대한 그 도덕체계의 통제 능력에 다른 도덕체계가 도전을 해올 때 심각한 시련을 겪게 된다. 따라서 산상수훈에서 볼 수 있던 겸양과 자기 부정의 윤리와 오늘날 서구 사회에서 볼 수 있는 진취적 기상과 힘의 윤리가 상대적으로 어떠한 설득력이 있느냐는 것은 그 두 가지 도덕체계가 인간의 행위나 최소한 양심을 얼마나 지배할 수 있느냐에 달려 있다. 모든 인간은, 윤리적인 호소에 반응을 보일 수 있는 한 언제나 양심의 갈등에 부딪히게 된다. 경합하는 도덕적 명령의 상대적 힘은 그 사람이 결국 어느 도덕규범을 따르느냐로 결정된다. 외교정책 결정과 수행에 서도 초국

15_ *The Economic Consequences of the Peace* (New York: Harcourt, Brace, 1920), pp. 32-33.

가적 윤리와 민족주의 윤리 간의 상대적 힘은 비슷한 과정을 거쳐 결정된다. 오늘날 외교적 용어는 그리스도교적, 세계시민주의적, 인도주의적 요소를 포함하는 초국가적 윤리에 찬사를 아끼지 않고 있으며 수많은 작가도 이를 당연시하고 있다. 하지만 지난 150여 년간을 돌이켜볼 때 민족주의적 윤리가 점점 더 중요성을 인정받아왔다.

민족주의 윤리가 세력을 얻기 이전에도 국가 윤리는, 예를 들어 17세기와 18세기의 국가 이성 사상에서 나타나는 것처럼 위기나 갈등 상황이 생길 때마다 보편적 도덕률보다 우선시되었음이 분명하다. 이런 것들 가운데 가장 기본적이고 중요한 갈등 상황, 즉 '살인하지 마라'는 보편적 윤리체계와 '어떤 상황에서는 적을 죽여야 한다'는 특정 국가의 윤리적 명령 간에 벌어지는 갈등 상황을 고려해보면 보편적 도덕률보다 국가적 도덕률이 우선시되었다는 사실이 명백해진다. 이런 두 가지 도덕적 행위 규범을 지시받은 개인은 국적 혹은 기타 모든 특정 요소에 관계없이 인명을 존중해야 한다는 전체 인류에 대한 충성과, 아니면 국가 이익을 증진시키라는 조국의 명령에 다른 국가 국민의 생명을 희생시켜서라도 따라야 할 것인가 갈등에 부딪히게 된다. 블레즈 파스칼Blaise Pascal, 1623~1662은 다음과 같이 이야기한다.

> 왜 나를 죽이느냐고? 어리석게도 그따위 말을 하다니! 너는 강 저편에 살던 녀석이 아닌가? 친구여! 그대가 이쪽에서 나와 함께 살았더라면 나는 암살자요 이 행위가 온당치 못한 일이지만, 그대가 강 저편에 살고 있었기에 나는 영웅이 되고 또 이 행위도 정당한 것이라네. …… 세 가지 위도에 따라 모든 법률이 바뀌고 한 개의 자오선이 진

리를 결정한다는 사실을 몰랐었나. …… 한 줄기 강을 사이에 두고 결정되는 이상한 정의! 피레네 산맥 이쪽 편의 진리, 그리고 반대편의 허위…….[16]

오늘날과 현대사 대부분 기간의 사람들 대개는 초국가적 윤리와 국가적 윤리 간의 갈등에 부딪힐 때마다 국가에 대한 충성심을 우선시하여 문제를 해결해왔다. 그러나 이 점에 관해 오늘날과 과거가 구별되는 세 가지 요소가 있다.

먼저, 민족국가가 구성원인 국민에 대해 도덕적 강제를 행사하는 능력이 현저하게 증가했다는 사실을 꼽을 수 있다. 이 능력은 부분적으로 오늘날 국가가 거의 신성시되는 권위를 향유한다는 사실에 기인하며, 경제적·기술적 발달 덕분에 여론을 조작할 수 있는 수단을 국가가 장악했다는 데에도 부분적 원인이 있다.

둘째로, 국가에 대한 충성심이 개인들로 하여금 보편적인 도덕적 행위 규칙을 어느 정도 무시하도록 했다는 점을 들 수 있다. 오늘날의 전쟁 기술은 예전에는 듣지도 보지도 못한 대규모 살상 기회를 모든 개인에게 부여하고 있다. 오늘날에는 국가가 한 사람에게 핵탄두를 탑재한 미사일을 발사하도록 명령함으로써 수십만 명의 생명을 앗을 수 있다. 그런 엄청난 결과가 초래될 것을 잘 알면서도 국가 이익을 위해 강력한 수단을 쓰지 않을 수 없다는 것은 핵 시대 이전의 경우

16_ *Pensées*, translated by W. F. Trotter, Modern Library (New York: Random House, 1941), Section V. (출판사의 허락을 얻어 전재.)

보편적 행위 규범을 약간만 위반해도 국가 이익을 얼마든지 달성할 수 있었다는 사실과 비교해볼 때 초국가적 윤리가 너무나 허약해졌다는 사실을 보여주고 있다.

마지막으로, 초국가적·보편적 윤리와 국가적 윤리가 충돌할 때 위의 두 가지 이유로 개인이 초국가적 윤리를 따를 기회가 훨씬 줄었다는 사실을 지적해야겠다. 국가의 이름으로 저지르도록 명령받은 극악한 행위 앞에서, 또한 국가에서부터 오는 심한 도덕적 압력을 의식하는 개인은 실로 엄청난 도덕적 힘이 있어야 이런 요구에 저항할 수 있다. 국가의 이름으로 자행되는 보편적 윤리 위반의 크기와 보편적 윤리를 옹호하는 도덕적 강압의 크기는 두 가지 윤리체계의 질적 관계에 영향을 주고 있다. 이것은 보편적 윤리가 개별 국가의 도덕과 갈등을 빚는 상황에서 결정적 약점을 두드러지게 한다. 그래서 그런 갈등이 실제 일어나기도 전에 이미 국가적 윤리가 우선시되는 방향으로 사태는 결정되고 만다.

민족주의의 변천

보편적 윤리의 무기력성이 초국가적 도덕체계와 국가적 도덕체계 간의 관계에 의미심장하고도 원대한 변화를 가져오는 중요한 요인이 되는 것이 바로 여기에서다. 그것은 양자를 일치시켜주는 몇 가지 요인 중 하나다.[17] 보편적 도덕 기준을 우롱하는 것은 소수의 사악한 인물이 자행하는 것이 아니라 각국이 존립을 유지하고 목표를 추구하는

17_ 다른 요인들에 대해서는 제20장을 참고.

상황에서 불가피하게 발생하는 현상이라는 사실을 사람들은 알게 된 것이다. 그들은 보편적 행위 기준의 허약함과 국가 도덕이 국제 무대에서 사람들의 행위를 규제하는 도덕적 힘을 월등하게 발휘하고 있음을 절실히 경험하게 되었고 그 결과 그들의 양심은 잠시도 편할 날이 없게 되었다.

한편으로 끊임없이 불편하게 하는 양심의 가책을 이겨내기가 힘들기도 했고, 또 한편으로 보편적 윤리라는 개념을 완전히 떨쳐버리기에는 그에 대한 집착이 너무나 강했다. 이런 갈등을 해결하는 방법으로는 두 가지 가능성이 열려 있다. 우선 조국의 도덕적 요구사항을 보편적 윤리를 위해 희생하는 것이다. 오늘날 그런 갈등이 아주 적나라하게 전개되면서 실제로 소수 사람이 고차원의 보편적 도덕의 이름으로 조국의 외교정책에 대한 지지를 거부함으로써 그런 희생을 감수하기도 한다. 하지만 대다수 사람은 그런 갈등 상황을 극복하고자 개별 국가의 도덕을 초국가적 윤리의 요구와 동일시해버린다. 그들은 보편적 윤리라는 거의 텅 빈 병을 개별 국가의 도덕으로 가득 채워 넣음으로써 문제를 해결하려 드는 것이다. 따라서 각국은 자기 국가의 국가적 윤리를 보편적 윤리라고 주장하면서 다른 모든 국가도 이에 따라야 한다고 주장하게 된다. 모든 국가가 애착을 느끼던 보편적 윤리가 보편적 승인을 주장하는 개별 국가의 특수한 윤리에 의해 대체되어버린 것이다. 따라서 정치적으로 활발한 국가들의 숫자만큼이나 많은 윤리 규범이 제각기 보편성을 주장하면서 잠재적으로 각축하고 있는 것이 현실이다.

오늘날 각국은 베스트팔렌 조약에서부터 나폴레옹 전쟁까지, 그리고 나폴레옹 전쟁에서 제1차 세계대전까지처럼 권력 투쟁의 목적과 수단을 효과적으로 규제하던 공통적 신념과 가치관의 테두리 내에서 대립하지 않는다. 오늘날 각국은 서로가 윤리체계의 기준이 되는 국가라고 주장하면서 대립하고 있으며 국가적 기원에 대해서도 서로가 정통성을 주장하고, 다른 모든 국가가 받아들여야 하며, 또한 그 범위 안에서 외교정책을 수행해야 하는 초국가적 도덕 기준체계를 제시하고 있노라고 주장한다. 한 국가가 메시아적 열정으로 자기 도덕률의 보편성을 주장하면서 다른 국가에 도전하면 도전받는 국가도 같은 방법으로 응수한다. 과거의 외교에서 미덕으로 간주되던 타협은 오늘날 반역이 되어버렸다. 대립하는 주장들의 상호 타협이 공통적 도덕 기준의 테두리 내에서는 가능한 일이고 또 합법적인 것이었지만 도덕 기준 자체가 대립적 투쟁의 목표로 되어버린 상황에서는 타협이 곧 항복을 의미하기 때문이다. 이리하여 모든 국가가 받아들이는 정치적·도덕적 체계 내에서 상대적 지위를 놓고 싸우는 경쟁이 아니라, 우세한 영향력을 행사하는 국가의 정치적·도덕적 신념 속에서 재창조된 보편적·도덕적 체계를 다른 경쟁자들에게 강요할 수 있는 능력을 놓고 싸우는 경쟁의 장이 마련된 셈이다.

하나의 진정한 보편적 체계가 제각기 보편성을 주장하면서 경쟁하는 개별적이고 특수한 여러 도덕체계로 변모해가는 역사적 발전의 첫 번째 암시는 나폴레옹과 그에 대항해 단결한 대프랑스 동맹 사이의 투쟁에서 발견할 수 있다. 당시 양측의 투쟁은 제각기 보편적 타당성을 주장하는 특수한 원칙의 이름으로 수행되었는데, 여기서는 프랑스 혁명의 원칙을, 저기서는 정통성의 원칙을 주장했다. 하지만 나폴레옹이 패배하고, 점점 거세지는 민족주의 운동과의 경쟁에서 자기의 원칙을 보편적인 것으로 정립해보려던 신성동맹 측의 노력이 수포로 돌아감에 따라, 특수한 논리 규범을 보편적인 것으로 만들려던 노력은 종말을 고했으며, 결국 역사의 간주곡 정도의 의의를 가지게 되었을 뿐이다.

일반적이며 영원한 것이라 생각되던 보편적인 도덕적 행위 규칙이 보편성을 주장하는 특수한 도덕률에 의해 대체된 현대라는 시기는 우드로 윌슨의 이른바 '민주주의가 안전을 보장받을 수 있는 세계를 건설하기 위한 전쟁'에서부터 시작하고 있다. 윌슨의 생각에 동의하는 사람들이 전쟁을 민주주의를 위한 '성전'으로 생각했던 것은 우연한 일이 아니며 또 중요한 의미를 지니고 있다. 윌슨적인 견해에서 본 제1차 세계대전은 이런 점에서 중세의 십자군 전쟁과 닮은 점이 있다. 한 집단이 신봉하는 도덕규범 체계를 다른 모든 세계로 전파할 목적으로 수행되었다는 점이다. 로버트 빈클리Robert C. Binkley, 1897~1940는 다음과 같이 이야기하고 있다.

> 세계대전은 철학자였던 정치가가 지성의 사다리에서 꼭대기를 차지하도록 만들었을 뿐 아니라, 전문적 철학가를 아래로 떨어뜨렸다. 모든 국가에서 그들은 탁월한 재능을 발휘하여 전쟁이라는 '문제'에 엄청난 중요성을 부여했다. 그들은 적국의 사악함이 언제나 주변을 맴돌아 국가 철학과 문화에 큰 영향을 미치고 있으며, 우주의 윤리적 질서를 위해서는 자기편의 승리가 필요하다는 점을 증명했다. 제1차 세계대전이 발발한 직후 앙리 베르그송Henri Bergson, 1859~1941은 이

전쟁이 '생명'과 '물질' 사이의 분쟁으로 협상국Entente Powers측이 생명 편에, 중앙제국Central Powers이 물질 편에 서 있다고 했다. 막스 셸러Max Scheler, 1874~1928는 영국의 철학과 영국민의 성격이 위선의 발로라고 주장했으며, 조지 산타야나George Santayana, 1863~1952는 '독일 철학의 이기주의'에 대해 글을 썼고, 헤겔 철학의 영향을 깊게 받은 신사 조사이어 로이스Josiah Royce, 1855~1916는 "독일인은 인류에 대한 의지가 강하고 사려 깊은 적이다. 독일을 좋아하는 누구나 이런 적의를 품을 수 있다"는 결론에 도달했다. 철학가는 단순한 정치적 논쟁에서부터 하나의 거대한 분열을 만들고 있었다. 철학적 기술의 타락을 영원히 기록해두려는 듯 전쟁에서 승리한 국가의 정부는 자국 군대의 모든 군인에게 '문명을 위한 위대한 전쟁'이라고 새겨 넣은 동메달을 수여했다.[18]

민주주의의 성전이 시작된 지 몇 달이 지난 1917년 10월, 러시아에는 또 하나의 새로운 도덕적·정치적 관계를 구축하기 위한 기초가 마련되었다. 러시아인은 아직은 인류의 극히 일부분만 수용한 이 새로운 체제가 결국 모든 인류를 위한 공동의 지붕을 마련해주고 그 속에서 다 함께 정의롭고 평화롭게 살 수 있을 것이라고 주장했다. 한편 1920년대에 들어서자 내세운 지 얼마 안 된 이 주장은 호응을 얻지 못했고, 따라서 이론적인 가정에 지나지 않게 되었다. 이로써 민주주의

18_ *Selected Papers of Robert C. Binkley*, edited by Max H. Fish (Cambridge: Harvard University Press, 1948), p. 328.

적 보편주의는 현실 정치에서 후퇴하고 대신 고립주의가 그 자리를 차지하게 되었다. 새로운 마르크스주의적 보편주의를 신봉하는 자가 민주 세계 및 그 민주 세계가 당시 국제정치적으로 문제시하던 두 가지 보편주의 사이의 갈등을 해결하기 위해 사용하던 도덕적·정치적·경제적 외면이라는 수단을 정면 비판했던 것은 단순히 이론적 도전이었을 뿐이다.

1930년대에 들어서자 특별한 한 국가의 토양에서 자라난 국가사회주의라는 철학이 볼셰비즘이라는 사악한 신조와 민주주의라는 퇴폐적인 도덕체계를 대신하고 인류 모두에게 적용될 새로운 도덕규범으로 제창되었다. 지금의 논의를 토대로 볼 때 제2차 세계대전은 국가사회주의의 보편타당성이 무력 투쟁이라는 형태의 시험을 거친 것이라 할 수 있는데 결국 국가사회주의의 실험은 실패로 끝나고 말았다. 하지만 유엔 대서양 헌장과 얄타 비밀협정의 원칙을 지지하는 국가도 제2차 세계대전을 보편적 사상으로서의 민주주의에 대한 시험이라고 생각했고, 민주주의 역시 이 시험을 통과하지는 못했다. 제2차 세계대전 이후 보편적 타당성을 주장하는 두 가지 정치적·도덕적 체계, 즉 민주주의와 공산주의가 남아 세계를 지배하기 위해 활발히 경쟁을 벌였으며, 바로 그런 상황에 우리는 처해 있다.

종교 전쟁 이후 미국의 제1차 세계대전 참전까지 근대 국가 체제의 상황 및 조건과 현재의 상황 사이에 존재하는 깊은 차이점을 간과하거나 얕잡아보는 것은 가장 위험한 환상이 될 것이다. 나폴레옹 전쟁만은 예외로 하고, 그 시기에 일어난 분쟁을 어떤 것이든 하나 선택해 지난 30여 년간 세계를 분열시켰던 분쟁들과 비교해보면 중요한 차이

점을 쉽게 발견할 수 있을 것이다.

16세기 이래 18세기 중엽까지 프랑스와 합스부르크가를 거의 끊임없는 분쟁 상태로 몰았던 쟁점들, 혹은 18세기에 영국과 프로이센 프랑스를 상대로 전쟁하도록 부추긴 쟁점들을 오늘날의 국제 문제와 비교해보자. 이들 문제는 영토 팽창과 왕조 간의 경쟁에 관한 것들이었다. 당시 각국이 추구하던 이해관계의 내용은 영광과 부 그리고 권력이 증가할 것이냐 감소할 것이냐의 문제였다. 오스트리아나 영국, 프랑스나 프로이센식의 '생활 방식', 즉 그들의 신념체계나 윤리적 확신이 문제 된 것은 아니었다. 오늘날에는 바로 이 신념체계가 문제가 된다. 17~18세기에는 국제 무대에서 경쟁하는 어느 국가도 자기의 특수한 윤리체계를 다른 국가에 강제할 수 없었으며, 하물며 자기 나름의 특수한 윤리체계가 없는 국가들은 두말할 필요도 없었다. 그들이 다른 국가에 자기 윤리체계를 강요하고자 마음먹을 가능성은 전혀 없었는데, 그것은 그들이 모두 망설임 없이 받아들이던 단 하나의 보편적 도덕규범만을 알고 있었기 때문이다.

기번이 '그 시대의 일반적 태도' 속에서 간파했고 페늘롱, 루소 그리고 바텔에게는 몸에 배었거나 절실한 현실이기도 했으며 토인비에 의해 일찍이 그 정치적 결과가 지적되기도 했던[19] 공통적 '예술과 법률 및 예절의 체계', '비슷한 수준의 교양과 학식' 그리고 '명예와 정의에 대한 감각'은 오늘날 박식한 논문들, 유토피아적인 여러 책자 그리고 여러 외교 문서에서 자주 인용되기는 하지만 이미 인간 행동을

19_1권 pp. 517-518를 참고.

지도할 수 있는 능력을 잃어버린 역사의 추억거리가 되고 말았다. 국제정치에 규제력을 행사하던 초국가적 윤리체계의 극히 일부 단편과 조각만이 남아 이미 살펴본 것처럼 평시나 예방 전쟁 시의 살인 행위와 같은 극히 개별적이고 부분적인 사례에만 적용되고 있다. 초국가적 윤리체계가 국제 무대에서 활동하는 행위자의 양심에 미치는 영향력을 비유적으로 나타내보자면, 양심이라는 수평선 위에 겨우 보일까 말까 하는 이미 져버린 태양의 희미한 광선과 같다. 제1차 세계대전 이래로 국제 무대에서 상호 경쟁하는 국가들은 자신들의 생활 방식이 도덕적·정치적으로 진리를 독점하고 있노라고 점점 더 강력하게, 점점 더 일반적으로 주장하고 있는데 다른 국가들이 이에 반대할 때에는 언제나 위험을 각오해야 한다. 경쟁하는 각국은 자국의 도덕 개념과 모든 인간이 받아들여야 하고 또 궁극적으로는 그에 따라 살아가게 될 보편적 도덕 개념을 너무나 배타적으로 동일시하고 있다. 이렇게 보면 오늘날의 국제정치적 윤리는 옛날의 종족주의, 십자군 전쟁

20_도덕의 보편주의적 원칙이 철저히 타락한 행위와 어느 정도로 양립할 수 있는가 하는 것은 14세기에 아시아를 정복 및 파괴하고 세계의 정복자가 될 뻔했던 몽골의 황제 티무르(Timur)의 경우에서 잘 볼 수 있다. 수십만 명을 살해한 후(1398년 12월 12일에 그는 10만 명의 힌두교 포로를 델리 신전 앞에서 처형했다) 신의 영광과 회교의 영광을 빌어 그는 정복당한 알레포의 대표에게 다음과 같이 말했다. "나는 냉혈한이 아니다. 내가 치른 모든 전쟁에서 나는 언제나 침략자가 아니었다는 사실을, 또 나의 적들이 그들 스스로 재난을 초래했었다는 사실을 신은 증언해주실 것이다!" 이 말을 역사로 남기고 있는 기번은 다음과 같이 덧붙이고 있다. "평화스러운 이 대화가 진행되는 동안 알레포의 거리는 온통 피바다였다. 아이들과 어머니들의 비명이 메아리치는가 하면 겁탈당한 처녀들의 외침이 울려 퍼졌다. 병사들의 약탈에 맡겨버린 풍부한 재물이 그들의 노략질을 더욱 부채질했다. 그러나 그들의 잔인함은 일정 숫자의 머리를 베어 오라는 단호한 명령에 의해 더욱 추상 같았으며 이는 그들의 관습에 따라 기둥이나 피라미드에 기묘하게 조각되어 있다." *The Decline and Fall of the Roman Empire* (Modern Library Edition), Vol. II, p. 1243.

그리고 종교 전쟁의 정치와 도덕으로 되돌아가고 있다.[20]

오늘날의 민족주의적 보편주의 윤리가 내용과 목적 면에서 원시인이나 30년 전쟁 시대의 그것과 아무리 다르다 하더라도, 국제정치적으로 수행하는 기능이나 풍기는 도덕적 분위기는 다르지 않다. 어떤 집단의 도덕은 국제 무대에서의 권력 투쟁을 규제하기는커녕 오히려 다른 시대에서는 볼 수 없는 잔혹성과 격렬함을 더해주고 있다. 특정 집단의 도덕규범에 대해 보편성을 주장하는 것은 다른 집단의 똑같은 주장과 양립하지 못하기 때문에, 즉 이 세상에는 단 하나의 규범만이 통용될 수 있기에 나머지 규범들은 이에 굴복하든지 파괴되어야 한다. 따라서 오늘날 국제 무대에서 여러 민족주의적 집단이 만날 때 그들은 각기 나름의 우상을 지니고 있으며, 자기들이야말로 역사의 명령을 수행하는 중이고, 자신을 위한 행위처럼 보이는 것도 사실은 인류 전체를 위한 것이며, 또 자기들은 신의 섭리에 의한 신성한 의무를 수행하고 있다고 확신한다. 신이 떠나버린 텅 빈 하늘 아래서 서로 맞닥뜨리고 있다는 사실을 그들은 미처 깨닫지 못하고 있다.

인권과 국제도덕

우리는 위에서 외교정책 수행이 도덕적 중요성과 동떨어진 업무가 아님을 살펴보았다. 그것에는 언제나 판단이 따른다. 행위자가 누구이며, 행위의 대상은 누구인지, 그리고 그 광경을 단순히 구경만 하는 사람은 누구인지에 따라 외교정책이 판단되는 것이다. 외교정책에 도덕적 요소가 편재한다는 사실에서부터 국가가 자신의 도덕원칙을 다른 모든 인류에게 혹은 인류의 어떤 집단에게 적용할 임무를 가진다고 결론짓는 것은 아주 다른 문제다. 왜냐하면 우리 자신과 우리 행동에 우리가 적용하는 판단과 우리의 행동 기준을 다른 사람에게 보편적으로 적용하는 것에는 엄청난 차이가 있기 때문이다. 인명을 존중하고 지극히 예외적이고 무죄가 인정되는 상황을 예외로 하더라도 생명을 빼앗기를 거부하는 것 같은 아주 초보적이고 명백한 행동 원리를 생각해보자. 인명의 존엄성에 대한 훨씬 덜 엄격한 개념을 지니고, 같은 상황에서라면 우리는 그러지 않을 정도로 타인의 생명을 훨씬 험악하게 다루는 문화가 분명 존재하고 심지어 서구문명 내에서도 어떤 집단은 그렇다.

따라서 도덕원칙과 외교정책 간의 관계에서는 어떤 상대주의가 필연적으로 존재하게 된다. 누군가 국제정치의 도덕 원리에 따라 정의로운 일을 하고자 할 때 또 누군가는 이를 묵과하지 못하는 것이다. 상대주의에는 두 가지 면이 있다. 시간적인 상대주의를 보자면 역사의 어느 한 시기에 적용될 수 있는 어떤 원칙이 다른 시기에는 적용되지 못하는 경우다. 문화적인, 동시대 문화의 상대주의도 생각할 수 있는데 어떤 국가에서는 어떤 원칙을 지키는 반면 다른 국가에서는 그것을 지키지 않는 경우다.

최근 외교정책과 국제도덕 간의 관계는 인권을 주제로 논의되는 경우가 많았다. 이 문제에서 핵심은 자유 민주주의적 원칙을 여러 이유로 그리 달가워하지 않는 국가들에 적용하는 것이 얼마만큼 도덕적으로 정당하며 지성적으로도 지지받을 만한 것인가이다. 소위 인권이라는 것을 다른 사람에게 강요하거나 인권을 준수하지 않는다고 처벌하는 것은 분명 인권이 보편적 타당성을 지닌다는, 다시 말해 모든 국가 혹은 어느 국가에 살든 모든 사람이 인권이 존재한다는 것을 아는 한 인권을 존중할 것임을 추정하기 때문이다. 또한 마치 독립 선언이 미국인과 인권이 분리될 수 없다고 선언하는 것처럼 인권은 어떤 경우에도 사람과 분리될 수 없다는 점을 추정하기 때문이다.

여기서 인권에 관한 신학적 혹은 엄밀한 철학적 본성까지 논의하는 것은 불필요하다. 신학적 혹은 철학적 본성을 어떻게 생각하든 사람들이 생각하는 인권은 불가피하게 역사적·사회적 상황에 의해 걸러지므로 시간과 상황이 달라지면 결론도 달라진다고만 말해두자. 미국 정치체제의 독특한 성격과 미국 내에서 시행되는 아주 특별하고 다른 어디에서도 발견할 수 없는 특징적인 인권 보호의 모습을 한 번쯤 살펴볼 필요가 있다. 어쨌든 많은 국가에서, 심지어 대다수 국가에서 인권에 대한 존중이 거의 완전히 결여되고 있음은 사실이다. 예를 들어 아프리카에서 다수 정당제를 실시하는 국가가 얼마 되지 않는다는 사실을 생각해보자. 나머지 국가들은 모두 이런저런 독재 체제하에 있다. 그런 생각은 우리가 세계의 나머지 국가들에 우리의 인권 존중 사상을 강요하는 것이, 특히 그런 권리를 존중하지 않는다는 이유로 다른 국가들을 처벌하는 것이 얼마나 무모한지를, 혹은 무지한 일인 동시에 무모한지를 깨닫는 데 도움이 된다. 우리 눈앞에 있는 것은 우리가 어쩌다 소중히 생각하게 되었고, 어쩌다 상당한 수준으로 실행에 옮겼고, 다른 모든 사람에게 모방해볼 것을 권유하기보다는 의무적으로 받아들일 것을 강제한 모호한 원칙일 뿐이다.

이것이 미국의 오랜 전통이라고 가정하는 것은 옳지 않다. 그것은 미국의 전통이 아니었다. 존 퀸시 애덤스는 미국이 인류의 나머지 사람들에게 미국의 정부 원리를 강제한 것이 아니라 그들에게 미국이라는 사례를 보여줌으로써 호감을 느끼도록 했던 것이라 주장한다. 사실 이것은 미국이 추구해왔던 원리였다. 토머스 페인Thomas Paine, 1737~1809의 얘기를 빌리자면 미국 혁명은 "미국만을 위한 것이 아니라 인류 전체를 위한 것이었다". 어쨌거나 미국의 정책은 미국이 실행해온 보편적 원칙을 총과 칼로 수출하는 것이 아니라 성공적인 사례를 통해 세계의 나머지 인류에 제시되도록 하는 것이었다. 이것은 한편으로 초기의 미국이라는 개념과 나머지 세계와의 관계와, 그리고 다른 한편으로 이른바 윌슨적 개념이라 불리는 것 사이에 존재하던 큰 차이이다.

우드로 윌슨은 이 세계를 민주주의가 안전한 곳으로 만들고자 했다. 그는 이 세계를 미국의 의지를 통해 바꾸고자 했다. 개국 선조는 인간이 이 세계 다른 국가들에게 무엇을 해줄 수 있는지 모범적인 사례를 제시하고자 희망하면서 그들이 미국과 같이 보조를 맞추며 미국처럼 행동할 것을 촉구했다. 그래서 오늘날 보편적 원칙으로서의 인권을 옹호하는 열띤 논의와 이 문제에 관한 미국의 오랜 전통 사이에는 철학적이고도 정치적인 근본적인 차이가 존재한다.

윌슨적 개념에 대해서는 두 가지 반대 견해가 더 제시될 수 있다. 하나는 인권의 보편적 적용을 강요할 수 없다는 점이다. 우리는 소련에 소수 민족을 다루는 그들의 정책이 미국의 인권 개념과 양립하지 않는다고 말할 수 있고 또한 자주 그렇게 해야 한다. 그러나 일단 그렇게 얘기하고 나면 이 문제 해결을 위해 할 수 있는 일이 더 이상 남아 있지 않음을 알게 된다. 소련도 어떤 조건에서 개인적인 압력에 양보하는 경우가 있음을 역사적으로 볼 수 있다. 소련의 고위 관료를 모욕하는 등의 개인적인 압력이 명백한 효과를 낳는 사례가 있는 것이다. 그러나 일반적으로 압력이 공공연히 가해졌을 때 효과가 있으리라고는 생각조차 할 수 없다. 특히 소련 정부의 특성상 (소련 정부는 모든 외부 압력을 국내적 탄압을 정당화하는 수단으로 활용한다) 인권을 촉구하는 미국의 행위가 효력을 발휘하리라고는 기대하기 어렵다. 따라서 인권과 관련한 우리의 이론과 실제 사이에는, 특히 다른 국가들과의 관계에서는 상당한 혼동이 생기게 된다.

윌슨적 접근 방식의 두 번째 약점은 이런 것이다. 미국은 세계 전체에 걸쳐 다양한 이해관계가 얽힌 강대국이다. 인권은 미국의 여러 이해관계 가운데 하나일 뿐이며 가장 중요하지도 않다. 따라서 미국이 인권을 보호하는 길을 일관되게 걸어가고자 노력하다 보면 어쩔 수 없이 돈키호테식 입장에 처하게 된다. 이는 한국, 중국, 소련을 대하는 각기 다른 우리의 입장을 보면 명백히 알 수 있는 일이다. 미국은 데탕트 시기가 있었음에도 불구하고 소련과의 관계가 그다지 우호적이지 않았기 때문에 소련을 비난하고 모욕하기를 서슴지 않는다. 미국은 중국과의 관계를 지속적으로 정상화하는 데 이해관계가 얽혀 있으며 그런 이유로 중국의 심기를 건드리지 않으려 한다. 카터 혹은 레이건 행정부 시절에 중국의 인권에 대해 언급했다는 기록은 찾을 수 없다. 한국은 미국의 동맹국이다. 미국의 정책결정자들은 한국이 이룩한 군사적 성취에 중요성을 부여하고 있다. 따라서 미국의 정책은 한국과의 관계를 해칠 만한 일을 하지 않으려 한다.

다시 말해서 인권 보호는 외교정책에 일관되게 적용될 수가 없다. 그것이 특정 시점에 더 중요할 수 있는 다른 이익과 충돌할 수 있고 또한 그럴 수밖에 없기 때문이다. 인권 보호가 미국 외교정책 속에 반드시 포함되어야 한다고 얘기하는 것은 그런 노력에 뒤따르는 불가피한 모순성을 단순히 감추려는 것에 지나지 않는다.

따라서 순전히 인권 보호만을 위해 수행하는 외교정책에는 두 가지 기본적인 장애가 존재한다. 한 가지는 그런 보호를 일관성 있게 추진하는 것이 불가능하다는 점이다. 왜냐하면 다른 국가와 끊임없는 상호작용을 해야 하는 국가로서는 인권 보호를 최우선의 업무로 삼을 수 없기 때문이다. 또 한편으로는 다른 국가와의 관계에서 인권 관련 업무보다 훨씬 더 중요할 수 있는 다른 측면을 고려하지 않고 인권정책만 추진하는 것이 불가능하다는 점이다.

외교정책에서 인권이 수행하는 또 다른 역할은 타국의 인권 침해에 대한 책임이라는 개념과 관련된다. 1970년대 후반과 1980년대 초반 크메르 루주Khmer Rouge에 의해 자행된 캄보디아 대학살 사건으로 이 문제가 특히 첨예하게 대두된 적이 있었다. 일련의 사건이 연이어 발생하면서 캄보디아 사회의 파괴로 최고조에 달했던 당시의 상황은 미국이 베트남전을 확대해 캄보디아 영토 내에까지 대규모 폭격을 실시한 데서 시작되었다. 미국과 베트민 사이의 무력 분쟁에서부터 캄보디아가 거리를 두도록 한 것은 캄보디아의 지도자 노로동 시아누크Norodom Sihanouk, 1922~의 정책이었다. 베트남전에서의 승리를 촉진하기 위해 캄보디아가 적극적으로 군사 작전에 개입하도록 부추겼던 것은 미국의 정책이었다. 미국의 캄보디아 정책과 캄보디아에 닥친 대재앙은 인과론적으로 연결되어 있었다. 다시 말해 미국이 캄보디아를 베트남전에 활발히 참여하도록 유도하지 않았더라면 캄보디아는 틀림없이 재앙을 면할 수 있었을 것이다. 이것은 미국이 캄보디아에서 벌어진 사태에 직접 도덕적 책임을 져야 한다는 의미가 아니라 그들의 행동으로 인한 예견되지도 못했고 예견할 수도 없었던 결과에 대해 정치가가 처음부터 끝까지 도덕적 책임을 져야 한다는 점을 보여주는 것이다. 이런 인과론적 연계성 때문에 미국에게 캄보디아에서 일어난 일을 방지하고 캄보디아 국민의 고통을 완화하기 위한 도덕적 의무가 있었다고 가정하는 것은 아주 다른 문제가 된다. 오히려 이미 살펴본 것처럼 "도덕적·법적 의무는 그 누구도 능력을 벗어나는 의무를 지지 않는다*ultra vires nemo obligatur*"는 로마의 법 원칙에서 표현된 조건에 따라야 할 것이다. 따라서 캄보디아에서 벌어진 사태에 대한 도덕적 책임이 미국에 있다 하더라도 그런 도덕적 의무를 수행하는 특정 정책을 추진해야 할 책임까지 져야 하는 것은 아니다. 미국이 행동에 나서고자 했더라도 지나친 위험과 손실 때문에 하지 못했을 수도 있는 것이다.

'매파'는 미국이 '밀고 나가기로 한' 결의를 유지하고 동남아시아에서의 전쟁을 승리로 이끌었더라면 캄보디아가 그런 참화와 파괴를 겪지 않을 수 있었을 것이라고 주장했다. 그러나 베트남 전쟁으로 인한 모든 손실을 예측할 수 없었다는 점은 제외하고서라도 예상되는 손실의 총량에 상관없이 어떤 대가를 치르더라도 승리해야 한다고 생각하는 것 역시 외교 및 군사 정책의 기본 원칙을 위반하는 행위였을 것이다. 즉 특정 행동을 위해 감수한 위험과 초래된 손실이 그 행동을 성공시킬 기회와 적절히 균형을 이루어야 한다는 원칙이다.

외교정책과 도덕의 관계를 이렇게 고려하면 우리는 특이하고 예외적인 상황이 아니라 통상의 인간적인 조건이 명확하게 드러난 상황과 마주하게 된다. 우리는 모두 어느 정도 도덕적인 존재다. 우리가 인간이라는 것이 간단한 이유다. 우리는 모두 우리가 공유하는 도덕 원리를 어느 정도 실현하고자 노력한다. 반복적으로 우리는 모순과 곤경에 직면하게 된다. 아마 우리가 할 수 있는 최선은 에이브러햄 링컨이 제시한 정치적 도덕의 기본에 따라 행동하는 일일 것이다.

그는 우리 스스로에게 도덕적 미덕을 너무 과장하지 말도록 경고했고 인간이 도덕적으로 행동할 수 있고 동시에 성공 가능성도 있는 한계를 설정해주었다. 링컨의 연설은 남북 전쟁 당시 노예를 당장 석방하라고 요구하는 장로교회 목사 대표단의 청원에 대한 응답 형식으로 이루어진 것이었다.

심각한 경쟁에 임할 때 당사자들은 자기가 바로 신의 의지에 따라 행동한다고 주장합니다. 양쪽 모두가 틀릴 수도 있고, 한쪽은 분명히 틀렸습니다. 신은 같은 것을 동시에 찬성도 하고 반대도 할 수는 없습니다…….

제 주위에는 저에게 정반대 의견을 들려주시고 조언해주시는 분들이 계십니다. 자신들이야말로 신의 의지를 대변하노라고 똑같이 확신하는 여러 종교인도 계십니다. 제가 확신하기로는 둘 중 어느 한편은 신념에 있어 오해하고 계십니다. 어떻게 보면 양쪽 다 틀릴 수도 있을 것입니다. 만약 신이 그의 의지를, 예를 들어 저의 임무에 대한 그의 의지를 사람들에게 밝힐 수만 있다면 그것을 다른 사람이 아닌 저에게 직접 알려주었으면 하고 바라는 마음이 간절합니다. 왜냐하면 가끔씩 그럴 때가 있듯 제가 제 자신에 대해 허황한 생각을 하지 않는다면 이 문제에서 신의 섭리를 알고자 하는 것은 저의 가장 간절한 소망이기 때문입니다. 그리고 제가 그것을 알 수만 있다면 어떠한 일이 있더라도 실천할 것입니다! 하지만 요즈음 세상은 요술 같은 세상이 아닙니다. 또 저는 신의 의지를 직접 계시받는 것 따위는 꿈꾸지 않는 편이 오히려 더 이로우리라 생각합니다. 평범한 물리적 사실을 좀 더 공부해야겠고, 제가 할 수 있는 일이 무엇인지를 확인하고, 현명하고 올바른 일이 무엇인지 배워야겠습니다.[21]

21_ *The Collected Works of Abraham Lincoln*, edited by Roy p. Basler (New Brunswick, N.J.: Rutgers University Press), Vol. V, p. 403 ff., 419 ff.

제17장

⌘

세계 여론

세계 여론에 대해서는 앞장의 논의에서 은연중 이미 모두 언급되었다. 하지만 국제도덕에 관한 논의를 시작하면서 지적한 경고의 말은 여기서도 다시 한 번 특별히 강조하면서 반복되어야 하겠다. 우리는 세계 여론의 실체에 대해서 얘기해보고자 한다. 세계 여론의 구성요소는 무엇이며, 국제정치에서 그것이 어떻게 나타나며 또 어떤 기능을 하는가 그리고 특히 국제적 권력 투쟁에 어떤 형태로 제약을 가하는지 등을 알아보고자 한다. 하지만 지난 40여 년을 돌이켜보건대 정치가와 저술가 들이 쓴 국제 문제에 관한 책에서 세계 여론이라는 개념만큼이나 자주 다루어졌으면서도 분석적 시각이 부족했던 개념은 아마 없을 것이다.

세계 여론은 국제연맹의 성립에 기초가 되었다고 생각된다. 세계 여론은 켈로그·브리앙 조약, 상설국제사법재판소PCIJ의 결정 사항 그리고 전반적인 국제법의 집행 기관이 될 것으로 기대되기도 했다.

1919년 7월 21일, 하원에서의 연설을 통해 로버트 세실은 다음과 같이 선언했다. "우리가 의지하는 강력한 무기는 여론입니다. …… 여론을 잘 다루지 못한다면 만사가 뒤틀릴 것입니다."[1] 제2차 세계대전이 발발하기까지 다섯 달이 채 남지 않았던 1939년 4월 17일, 코델 헐 미 국무장관은, "평화를 위한 힘으로써 가장 강력하게 작용할 여론이 전 세계적으로 강하게 조성되고 있다"[2]라고 주장했다. 오늘날 흔히 세계 여론은 유엔을 도구로 사용하고 있으며, 유엔은 또 세계 여론을 도구로 사용하고 있다는 얘기를 듣는다. 특히 유엔 총회는 '세계의 솔직한 양심'[3]이라고 선언되었다. 《뉴욕타임스》는 "사실상 유엔은 헌장에 따른 상당한 권력을 보유하고 있는데 최근 분석에 의하면 그 권력은 최소한 국제적 세력 균형에 결정적 영향을 미칠 수 있는 세계 여론도 동원할 수 있다"[4]라고까지 이야기하고 있다.

위와 같은, 그리고 이와 비슷한 헤아릴 수 없이 많은 주장과 호소들의 사실 여부를 알려면 우선 다음과 같은 두 가지 매우 중요한 질문에 대답해야 한다. 우리가 세계 여론이라고 부르는 그것은 과연 무엇을 의미하며, 20세기 중반의 도덕적·사회적 조건하에서 그것은 어떻게 발현되는가?

세계 여론이란 분명 국경을 넘어 최소한 어떤 근본적 국제 문제에 관해 여러 나라 국민의 합의를 형성할 수 있도록 결합해주는 여론이

1_ *The Parliamentary Debates: Official Report*, Fifth Series, Vol. 118, House of Commons, p. 992.

2_ *The New York Times*, April 18, 1939, p. 2.

3_ Leland M. Goodrich and Edward Hambro, *Charter of the United Nations* (Boston: World Peace Foundation, 1949), p. 151.

4_ November 15, 1947, p. 16.

다. 이 합의는 국제정치라는 장기판 위에서 어떤 국가가 취하는 행동에 각국이 만장일치로 거부할 경우 전 세계적인 자발적 반응이라는 형태로 나타나게 된다. 어떤 국가의 정부가 국제 무대에서 인류의 의사에 역행하는 어떤 정책이나 행동을 취할 때 언제나 사람들은 국적에 관계없이 분연히 일어나 그 말썽 많은 정부에 대한 자발적 제재 조치를 통해 자기 의지를 관철하고자 할 것이다. 이 경우 말썽꾸러기 정부는 어떤 개인이나 집단이 국가 사회 또는 그 하부 조직의 관습을 어겼을 때와 비슷한 처지에 있음을 느끼게 된다. 사회는 그 사회의 기준에 맞는 행동을 하도록 강요하든가 기준에 부합하지 않는 행동을 하는 사람들을 추방하든가 둘 중의 한 가지 조치를 내릴 것이다.

지금까지 이야기한 것이 세계 여론의 일반적인 설명이라면, 그런 세계 여론은 오늘날 존재하고 있는가, 또 각국의 외교정책에 규제력을 발휘하는가? 이에 대한 대답은 부정적일 수밖에 없다. 근대 역사를 아무리 살펴보아도 어느 나라의 외교정책이 초국가적 여론의 자발적 반응 때문에 저지되었다는 기록은 찾을 수 없다. 비교적 최근 역사를 살펴보면 어떤 국가의 외교정책에 대항하여 세계 여론을 동원하려던 노력은 여러 번 있었다. 1930년대 일본의 만주 침략, 1935년 이후 독일의 외교정책, 1936년 이탈리아의 에티오피아 침략, 1956년 소련의 헝가리 혁명 진압 등의 경우에 이들을 징벌하기 위해 세계 여론을 환기하려던 노력들이 그 예다. 하지만 이런 노력이 어느 정도까지는 성공적이었으며 세계 여론도 조성되었노라고 논의를 위해 가정할 수야 있겠지만, 세계 여론은 반대하던 정책에 규제력을 전혀 미치지 못했다. 앞으로 더 논의되겠지만 가정 그 자체는 사실에 의해 증명되지 않는다.

그렇다면 세계 여론과 관련한 위의 질문들에 지금까지 긍정적인 대답이 나오곤 했던 이유는 무엇일까? 그것은 세계 여론의 발달 가능성을 보여주는 국제적 상황의 두 가지 요소를 잘못 해석하고 현시점에서 세계 여론이 발달하지 못하도록 하는 세 번째 요소를 무시했기 때문이다. 세계 여론의 존재에 대해 오해를 낳는 두 가지 요인은, 인류를 결합해주는 어떤 심리적 특성과 근본적인 열망의 존재를 공통으로 경험했다는 사실과 세계가 기술적으로 통일되어 있다는 사실을 들 수 있다. 지금까지 무시되어온 부분은 어떤 국제 문제에 관한 세계 도처의 여론이 각국의 정책 기관에 의해 조작된다는 사실이다. 위에서 이미 지적한 이 기관들[5]은 자기 나라의 도덕 개념이 모든 나라에서 초국가적으로, 즉 보편적으로 승인되어야 한다고 주장하는 경향이 있다.

세계의 심리적 일체감

모든 정치적 투쟁과 갈등의 밑바닥에는 모든 인류가 공통으로 소유하는 어쩔 수 없는 최소한의 심리적 특성과 열망이 있다. 모든 인간은 삶에 대한 욕구가 있기에 생존에 필요한 것을 원한다. 인간은 자유롭기를 바라며, 따라서 자기의 독특한 문화가 바람직하다고 여기는 자기표현 및 자아 발전의 기회를 얻고자 한다. 인간은 권력을 추구하기

5_ 1권 p. 566 ff. 참고.

에 문화에 따라 다르긴 하겠지만, 자신을 동료들보다 앞에, 그리고 그들보다 위에 올려놓을 수 있는 사회적 차별을 원한다.

모든 사람에게 공통된 이런 심리적 기초 위에 사상적 확신, 윤리적 가정, 정치적 열망의 체계가 구축된다. 이 체계들 역시 상황에 따라서는 모든 사람이 똑같이 공유할 수 있겠지만 실제적으로는 그렇지 못하다. 사람이 생명, 자유, 권력에 대한 욕구를 충족시킬 수 있는 조건이 전 세계적으로 비슷하다면, 또 그런 만족이 유지되고 추구되는 조건이 모든 곳에서 비슷하다면 모든 사람이 이 체계들을 공유할 수도 있다. 사람들이 무엇을 추구하며 무엇을 획득할 수 있는가, 또 무엇이 거부되었고 무엇을 위해 투쟁해야 하는가에 대한 공통 경험은 확실히 공통적인 신념, 가정, 열망을 창조해내며 이 공통의 것들로 세계 여론은 공통의 평가 기준을 얻게 된다. 세계 여론의 이런 평가 기준을 위반하는 것은 누가 위반했든 인류의 자발적인 반응을 불러일으킨다. 모든 조건이 같다고 가정할 때 모든 사람은 한 집단에 대한 침해가 다른 집단에 대해서도 일어날 수 있으리라는 점을 두려워하기 때문이다.

그러나 전 세계적으로 모든 조건이 비슷하다는 가정은 현실적으로 타당하지 않다. 생활 수준을 기준으로 볼 때에도 기아에서 풍요에 이르기까지 엄청난 차이가 있으며, 자유를 기준으로 보더라도 독재에서 민주 정치에 이르기까지, 또 경제적 노예에서 평등까지, 권력 역시 극단적 불평등과 난폭한 일인 통치에서 헌법의 제한에 따른 광범위한 권력 분산에 이르기까지 차이의 폭은 매우 크다. 이 국가는 자유를 누리지만 기아에 허덕이고, 저 나라는 풍족하게 먹고살기는 하지만 자유를 몹시 그리워하며, 또 다른 나라는 생명의 안전과 개인의 자유를 누리지만 전제 정부의 통치하에 번민하고 있다. 결국 철학적 견지에서 전 세계적으로 상당히 유사한 기준이 공유되고 있다. 공동의 선, 법률, 평화 그리고 질서, 생명, 자유, 행복의 추구 등의 평가에서 대부분의 정치 철학은 의견 일치를 보고 있는 것이다. 그러나 도덕적 판단과 정치적 평가는 매우 다양한 차이를 보인다. 똑같은 정치적, 도덕적 개념이 환경에 따라 의미도 달라지는 것이다. 즉 정의와 민주주의가 의미하는 내용이 여기와 저기서 아주 다를 수 있다. 한 집단에 의해 비도덕적이고 불공평하다고 묘사되는 국제정치적 행위가 경쟁 상대와 같은 다른 집단에서는 찬사받을 수도 있다. 따라서 한편으로 심리적 특성 및 기본적인 열망의 집합과 또 한편으로 공통적 경험, 보편적 도덕에 대한 신념, 그리고 공통의 정치적 열망이 없다는 사실 사이에서 볼 수 있는 대조적인 차이는 세계 여론이 존재한다는 증거를 제시해주기는커녕 오늘날 인류의 단합처럼 세계 여론이 성립될 수 없다는 사실을 입증해주고 있다.

기술적 통일의 모호성

하지만 같은 시기에 목격되는 한 가지 발전상은 세계 여론이 아직 실제로 성립하지는 않았지만 거의 성립할 수 있는 단계에 다다른 듯한 인상을 준다. 세계의 기술적 통일이 그것이다. 우리가 오늘날 '하나의 세계'라고 얘기할 때 이는 현대 통신의 발달로 인류 구성원 사이의 물리적 접촉이나 정보와 이념의 교환에서 지리적 거리가 사실 모두 제거되었다는 의미에만 국한되지는 않는다. 거의 무제한적인 물리적 · 지적 통신의 기회가 인류를 포괄하는 경험 공동체를 창조한다는 의미도 포함된다. 그 경험 공동체에서 세계 여론이 조성될 수 있다. 하지만 이 결론은 사실에 근거한 것이 아니다. 대략 두 가지 점을 살펴보면 도덕적·정치적 분야에서 이루어진 어떤 것도 세계의 기술적 통일에 해당할 만한 것은 없다는 사실을 알 수 있다. 기술적으로 훨씬 뒤떨어져 있던 옛날보다 오늘날의 세계가 도덕적·정치적 통일과 더 멀어져 있는 것이다.

우선, 오늘날의 기술은 한편으로 각 나라 간의 통신을 엄청나게 촉진시키기도 했지만 또 한편으로는 정부와 민간단체에 그런 통신을 불가능하게 만들 수도 있는 막강한 힘을 주었다. 200여 년 전에는 글을 읽을 줄 아는 러시아인이라면 프랑스의 정치사상과 행동에 대해 오늘날보다 훨씬 쉽게 배울 수 있었다. 또 자기 정치 이념을 프랑스인에게 전달하고 싶은 영국인이 있었다면 오늘날보다 훨씬 쉽게 그럴 수 있었다. 에스파냐 사람이 북미 대륙으로 이주하거나, 하다못해 여행이라도 할라치면 역시 오늘날보다는 훨씬 쉽게 실행에 옮길 수 있었다. 현대의 기술이 지리적 거리를 불문하고 개인 간의 통신을 가능하게도 했지만 정부와 민간 통신 기관이 필요하다고 여길 때는 언제나 통신을 두절시킬 수 있는 힘도 갖게 되었기 때문이다. 개인 간의 통신은 대체로 기술적 가능성의 영역에 머물러 있으나 정부와 민간 기관의 통제는 기술적, 정치적 현실이 되어버렸다.

50년 전, 어느 외국을 방문하고자 하는 미국 시민은 그곳까지 갈 수 있는 교통수단만 구하면 충분히 갈 수 있었다. 이에 비해 오늘날에는 자국 정부가 발행한 서류 중 한 장이라도 없으면 국경을 넘을 수 없어, 기술에 의해 이룩된 '하나의 세계'도 아무 소용이 없다. 1914년을 예로 들어보자. 당시 국경을 넘어 입국이나 출국할 때 여권을 제시하도록 요구하는 나라로는 러시아와 터키가 있었는데 이에 대해 각국은 후진의 본보기라느니 야만스럽다느니 하는 오명을 붙였다. 국민을 지적 · 도덕적으로 통제하고 특정 사상과 정보만을 제공할 수 있도록 함으로써 전체주의 국가가 성립할 수 있게 한 것도 바로 현대의 기술임을 잊지 말아야 한다. 뉴스와 이념의 수집 및 보급을 상당한 규모의 자본 축적을 요구하는 거대 기업화한 것도 현대 기술이다.

인쇄 작업이 수동으로 이루어지던 기술상의 원시 시대에는, 어느 정도 재산을 가진 사람은 누구나 자기 돈으로 책과 팸플릿, 또는 신문을 제작하고 배포해서 대중에게 자기 뜻을 알릴 수 있었다. 하지만 오늘날 도처에 산재한 대중은 여론의 대변자에게 아무런 영향도 미칠 수 없다. 거의 예외 없이 상당한 재력을 가진 개인과 기관만이, 또 그들의 마음에 드는 의견을 가진 자만이 대중에 접근하여 자기의 뜻을 전달시킬 수 있다. 이렇게 만들어진 의견은 거의 모든 나라에서 정부가 외국 정부와의 관계에 있어 국가 이익이라 간주하는 것을 압도적으로 지지한다. 국가적 견지에서 이롭지 못하다고 판단되는 정보와 이념은 대중에게 거의 전달되지 않는다. 이런 주장은 깊이 생각해볼 것도 없는 명백한 사실이다. 오늘날의 세계는 확실히 기술적인 면에서 볼 때 '하나의 세계'다. 하지만 그 때문에 이 세계가 도덕적으로나 정치적으로도 하나의 세계라거나 하나의 세계가 될 수 있다고는 얘기할 수 없다. 기술적으로 가능한 기술적 우주에 해당하는 것을 여러 나라 국민 사이에 정보와 이념이 교환되는 실제 조건 속에서는 찾을 수 없다.

하지만 정보와 이념의 전달이 전 세계적으로 자유롭다 하더라도 세계 여론의 존재는 결코 보장되지 않는다. 세계 여론이 뉴스와 사상의 자유로운 흐름에서 생기는 직접적 결과라고 믿는 사람은 그 흐름의 기술적 과정과 전달되는 내용을 구별하지 못한다. 전자만을 생각하고 후자를 무시하는 것이다. 사람들 사이에 전달되는 정보와 이념은 여러 사람의 철학적, 윤리적, 정치적 개념을 형성한 경험의 반영이다. 이 경험과 그로 인한 지적 파생물이 인류 전체에서 동일하다면, 정보와 이념의 자유로운 흐름은 실제 하나의 세계 여론을 형성할 것이다. 하지만 이미 살펴보았듯이 사실 모든 사람에게 공통된 기본 욕구를 뛰어넘어 인류를 하나로 결합해주는 동일한 경험이란 존재할 수 없다. 그렇기 때문에 미국인, 인도인, 소련인이 똑같은 뉴스를 접하더라도 이 뉴스를 자기 나름의 독특한 철학적·도덕적·정치적 관점에서 파악하며, 그들의 관점이 모두 제각각이기 때문에 뉴스의 의미도 각기 다르게 받아들여진다. 베트남 전쟁과 1968년의 혁명에 대한 똑같은 보도 기사라 하더라도 이에 대한 여론의 내용은 차치하고서라도 이들 사건을 보는 자의 관점에 따라 뉴스로서의 가치가 우선 큰 차이를 보인다.

똑같은 정보라 해도 보는 시각에 따라 다르게 받아들여지는 것은 물론, 이런 여러 시각은 전 세계적으로 날마다 일어나는 무수한 사건 중에서 어떤 것이 뉴스로서의 가치가 큰지 구별하는 일에도 영향을 미친다. 《뉴욕타임스》냐, 《프라우다Pravda》냐, 아니면 《힌두스탄타임스Hindustan Times》냐에 따라 '보도하기에 적합한 모든 뉴스'라는 말의 의미는 달라진다. 어느 특정한 날에 발행된 이 신문들을 모아 비교해 보면 이런 주장이 증명될 수 있다. 한 가지 뉴스에 대해 철학적으로, 도덕적으로, 정치적으로 해석해야 할 일이 생길 경우 각국 국민을 서로 구별 짓는 차이점이 뚜렷이 드러나게 된다. 똑같은 정보나 똑같은 이념에 대해서도 미국인, 소련인, 인도인은 제각기 다른 의미를 생각한다. 서로 다른 경험에 의해 규제되고 무엇이 진실이며 무엇이 선하고 무엇이 정치적으로 바람직하며 득책인가에 대해 서로 다르게 생각하는 마음에 의해 그런 정보와 이념이 인식되고 이해되고 걸러졌기 때문이다.

따라서 우리가 현대 기술 덕분에 사실상 통일된 세계에 살며 사람과 뉴스 그리고 이념이 국경에 관계없이 자유롭게 유통되고 있긴 하지만, 세계 여론 같은 것이 형성되지는 못할 것이다. 왜냐하면 사람들의 마음이 정치적으로 방해받지 않고서 서로 의사소통을 잘할 수 있다 치더라도 그들이 만나 의견을 나누기가 쉽지 않기 때문이다. 미국인, 소련인, 인도인이 서로 대화할 때에도 그들은 각기 다른 언어를 사용할 것이며, 같은 단어를 사용할 때에도 서로 다른 목적, 가치, 욕망을 나타낸다. 예를 들어 민주주의, 자유, 안전보장 등의 개념이 바로 그러하다. 제각기 다른 방식으로 형성된 마음이 같은 단어를 사용하여 자기의 가장 확고한 신념과 가장 깊은 감정 그리고 가장 열렬한 희망을 나타내고자 하지만 기대하던 만큼 호의적이고 동정 어린 반응을 받지 못할 때 생기는 환멸은 국적이 다른 국민을 더욱 분열시킬 뿐 단합시키지는 못한다. 이런 환멸 때문에 각 나라의 국가적 여론은 점점 더 경직되며 배타적 주장을 강화해나가는데, 그럴수록 세계 여론이 형성되기란 불가능해질 뿐이다.

민족주의의 장벽

이 마지막 논점의 중요성을 알아보기 위해 우드로 윌슨의 14개 조항을 예로 들어보자. 제1차 세계대전이 막바지에 다다랐을 무렵 제시된 이 14개 조항은 국경과 진영을 초월하여 너무나 많은 사람에 의해 정당하고 지속적인 평화 조약의 기본 원칙으로 받아들여졌기 때문에 확실히 이를 지지하는 세계 여론이 실제 존재한다고 여겨질 정도였다. 하지만 14개 조항을 지지하는 여론을 날카롭게 분석한 월터 리프먼 Walter Lippmann, 1889~1974은 다음과 같이 얘기하고 있다.

> 열렬히 14개 조항을 환영한 만장일치와도 같은 지지를 어떤 구체적 계획에 대한 찬성 표시라고 생각한다면 실수다. 모든 사람은 이 14개 조항에서 자기가 좋아하는 어떤 것을 발견하고 또 나름대로 이면적 측면과 저런 상세한 부분을 강조했던 듯하다. 하지만 누구도 이에 대해 토론함으로써 위험을 자초하려 하지는 않았다. 그 조항들은 문명 세계에 분쟁을 초래할 위험을 가득 안은 채 받아들여졌다. 여러 상반되는 생각을 모두 대변하고 있었지만 사람들에게 공통된 감정을 불러일으켰다. 그런 만큼 14개 조항은 서구 세계 국민이 마지막 10개월간의 필사적 항전을 지속하는 데 일익을 담당했다.

14개 조항이 고통의 순간이 지나가고 난 뒤에 닥쳐올 몽롱하고 행복에 가득 찬 미래를 다루는 한, 그것의 진정한 의미를 해석할 때 생길 마찰은 일어나지 않았다. 14개 조항은 눈에 보이지 않는 세계를 구상하는 해결책이었다. 또 윌슨의 이 계획이 나름의 개인적 희망을 안고 있는 모든 인간 집단을 크게 고무했기 때문에 그들의 희망은 공통 희망인 듯 혼합되었다. …… 더 많은 파벌을 포함하기 위해 한 단계 한 단계씩 올라가면 올라갈수록 지적 유대감은 잃을지 모르지만 감정적 유대감은 일시적으로나마 계속 보존할 수 있을 것이다. 하지만 그 감정적 유대감도 결국은 흐려지고 만다. 경험과 멀어지며 올라갈수록 더욱 일반화하거나 난해해진다. 기구를 타고 하늘 높이 올라갈수록 무거운 것을 하나씩 버려야 하고, 꼭대기에 다다라 '인간의 권리' 혹은 '민주주의의 안전이 보장된 세계'니 하는 이야기를 할 때면 좀 더 멀리 또 좀 더 넓게 볼 수는 있을지언정 구체적인 것을 볼 수는 없게 된다. 하지만 감정이 격해진 사람들은 순순히 바라보고만 있지 않는다. 대중적 요구가 커지면서 모든 사람에게 모든 것을 주어야 하고, 감정이 격해지는 반면 뜻이 모호해지고, 그들의 아주 사사로운 의사가 보편적으로 받아들여질 수 있게 되어버린다. 모든 사람이 간절히 원하는 것은 '인간의 권리'다. 너무나 공허하고 애매한 이 말이 거의 무엇이든 의미할 수도 있기 때문에 결국 거의 모든 것을 의미하게 된다. 윌슨의 조항들은 세계 구석구석에서 무수히 많은 의미로 해석되었으며, …… 따라서 조약을 체결하는 날이 다가오자 모든 사람은 제각기 나름의 결과를 기대했다. 이 조약에 조인한 유럽의 각국은 선택의 여지가 많이 있었으며 국내에서 가장 큰 권력을 장악한 사람

> 들이 기대하던 것을 실현하려 했다.
>
> 그들은 인간의 권리라는 고차원적 목표에서 내려와 프랑스, 영국, 이탈리아의 권리라는 현실적 목표를 주장했다. 그들은 상징의 사용도 포기하지 않았다. 그들은 전쟁 후 자기 유권자들의 상상에 더 이상 영원히 뿌리내리지 않는 것만을 포기했을 뿐이다. 그들은 상징을 이용해 프랑스의 단결을 유지했지만, 유럽의 단결을 위해 어떤 위험도 무릅쓰려고 하지는 않았다. 프랑스의 상징이 깊은 애착의 대상이었던 데 비해 유럽의 상징은 최근에 와서야 만들어진 것이었다.[6]

윌슨의 14개 조항을 지지하는 외형상의 세계 여론에 대한 리프먼의 분석은 당면한 문제, 즉 제각기 그 나름의 지적·도덕적·정치적 사정을 갖는 민족주의가 인류의 신념 및 열망과 도처의 모든 사람에게 닥친 세계적 쟁점 사이에 끼어들면서 만들어내는 문제의 핵심을 잘 보여준다. 도처의 사람들이 14개 조항에 동의하긴 했지만 이 14개 조항에 특별한 의미를 부여하면서 해석하고, 또 그 14개 조항을 자기 나름의 색깔로 채색하고, 결국 자기 나라의 독특한 열망을 지지하는 상징이 되도록 한 것은 그들의 마음을 통제하고 지시하는 각국의 민족주의였다.

하지만 민족주의는 14개 조항, 민주주의, 자유, 그리고 안전과 같은 인류가 만들어낸 공통 구호뿐만 아니라 문제의 본질과 관련해 인류가

6_ Walter Lippmann, *Public Opinion*, p. 214 ff., Copyright 1922, by the Macmillan Company. (출판사의 허락을 얻어 전재.)

이룩한 실제적 합의에도 똑같은 영향을 미쳤다. 오늘날의 국제정치를 보면 전쟁에 대한 공포와 반대 그리고 전쟁을 회피하자는 욕망만큼 모든 사람이 받아들이는 견해도 드물다. 이런 맥락에서 워싱턴, 모스크바, 베이징, 뉴델리, 런던, 파리, 마드리드의 보통 사람이 전쟁을 생각하고 얘기할 때 그들 마음속에는 아주 똑같은 것이 있다. 즉 대규모 파괴를 초래하는 현대적 수단을 동원한 전쟁이다. 전쟁에 관해서는 진정한 세계 여론이 존재하는 듯하다. 하지만 여기서도 사정은 보기와 딴판이다. 인류가 일치단결 전쟁을 반대하지만 이 반대는 철학적 용어로, 도덕적 가정 아래서, 애매한 정치적 열망으로 표현된 전쟁, 즉 추상적인 전쟁에 대한 반대일 뿐이다. 그러나 인류의 이런 단합도 애매모호한 전쟁이 아니라 구체적인 전쟁, 즉 아무 전쟁이 아니라 지금 막 눈앞에 닥친 전쟁일 때에는 무기력해질 뿐이고, 명백해 보이던 세계 여론도 결국 나라마다 제각기 분열되어버린다.

1960년대 초, 베를린 위기가 반복되던 당시처럼 오늘날 전쟁의 실제적 위협이 있을 때 사람들은 전쟁에 대한 공포감으로 그리고 그것을 반대하며 단결된 모습을 유지한다. 하지만 사람들에게는 전쟁에 대한 모호한 반대 의사를 눈앞의 전쟁에 대한 구체적인 행동으로 전환시킬 만한 능력이 없다. 인류라는 집단의 구성원 입장에서 대부분의 사람은 이겨봤자 패자보다 단지 조금 덜 비참할 뿐인 20세기 중반의 상황 조건에서 전쟁을 무조건 죄악시한다. 이에 비해, 다 같은 인류를 구성하는 사람이지만 미국인, 중국인, 영국인, 소련인 등의 자격으로 행동할 때에는 언제나처럼 특정 전쟁을 자기 국가의 구체적 견지에서 바라보게 된다. 일반적으로 각국은 이탈리아의 에티오피아 침공처럼 자기의 국익에 영향을 미치지 않는 전쟁에 대해서는 명백한 반대 의사를 표시하면서도 그 전쟁을 방지하거나 끝낼 수 있는 효과적인 조치를 취하고 그런 조치를 지지하는 데에는 매우 소극적인 경향을 보인다. 그런 조치가 효과적이기 위해서는 그에 따른 행동이 과감해야 하는데 그럴 경우 자국의 국가 이익에 얼마간의 불이익과 위험을 초래하기 때문이다. 심지어 국가적 목표와 무관한 전쟁에 말려들 위험을 무릅써야 할지도 모르는데 그렇게 되면 국가적 목표 자체가 위태로워질 위험도 있다.

1935년 이탈리아가 에티오피아를 침공한 이후 이탈리아에 대해 취해졌던 제재 조치는 전쟁에 대한 세계 여론의 일반적 비난과 국가 이익과 무관하다면 효과적인 행동을 전혀 취하지 않는 각국의 태도를 보여주는 고전적인 사례다. 윈스턴 처칠은 모호하게 전쟁을 비난하는 태도와 구체적 상황에서 효과적으로 행동하기를 꺼려하는 태도 간의 이런 딜레마를 날카롭게 밝히면서 그 세계 여론을 형성하는 영국 쪽 분위기에 대해 다음과 같이 언급했다. "첫째, 총리는 이런 제재 조치들이 전쟁을 의미한다고 선언했다. 둘째로 그는 결코 전쟁이 일어나서는 안 된다고 단언했다. 셋째, 그는 제재 조치를 결정했다. 이 세 가지 조건을 모두 충족시킬 수 없음은 명백했다."[7]

몇몇 나라의 국가 이익에 영향을 미치는 전쟁이 발생할 위험이 있거나 그런 전쟁이 이미 일어났을 때, 세계 여론은 하나의 통일된 힘으로 작용하지 못한다. 그런 상황에서는 전쟁에 대한 보편적인 비난의

7_ *London Evening Standard*, June 26, 1936.

초점이 크게 변해버린다. 전쟁에 대한 반대는 전쟁을 일으키겠다고 위협하거나 전쟁을 이미 일으킨 국가에 대한 구체적인 반대로 변하기 때문에 그 국가는 항상 도발적인 태도로 국가 이익을 위협하는 적과 동일시되며, 따라서 전쟁 도발자로서 저지되어야 한다. 다시 말해, 전쟁에 대한 보편적 비난이라는 토양에서 전쟁을 통해 몇몇 국가의 이익을 위협하는 특정 국가에 대한 구체적 비난 행위가 싹튼다. 국가 여론에 비난받는 전쟁 도발국의 수는 전쟁을 통해 다른 나라의 이익을 위협하는 국가의 수만큼 많아진다.

1938년 이후의 세계정세는 이런 측면에서 교훈적이다. 이 기간 동안 모든 나라는 전쟁을 만장일치로 반대했다. 하지만 전쟁을 방지하거나 반대하기 위해 어떤 구체적인 행동을 취할 수 있도록 대중의 여론을 활발히 동원하는 문제에 이르면, 그때그때의 상황과 결부된 국가 이익에 따라 각국을 나누는 선이 그어졌다. 이리하여 그 시기 영국과 프랑스의 여론은 독일을 잠재적이고 실제적인 전쟁 도발자라고 비난했지만, 소련에 대해서는 1939년에서 1941년까지, 즉 독소 불가침 조약이 효력을 발휘하던 기간 동안만 비난했다. 1945년 이후 이들 양국의 여론은 소련의 외교정책에 대해 세계 평화를 위협하는 국가라고 다시금 비난을 퍼부었다.

반면에 소련의 여론은 소련이 1939년 8월 독일과 불가침 조약을 체결할 때까지 평화에 대한 가장 큰 위협이 되는 존재로 독일을 꼽고 있었다. 그때로부터 1941년 6월 독일이 소련을 침공할 때까지 양국은 서구 민주주의 세계를 전쟁 도발자라고 낙인찍었다. 독일의 공격은 소련의 여론을 반대쪽으로 움직여 1945년이 거의 끝나갈 때까지 소련 사람들 마음속에는 평화를 위협하는 가장 큰 요소로 독일을 꼽고 있었다. 1945년 말 이래 소련 여론은 미국을 평화에 대한 가장 중대한 위협으로 점점 더 강조하게 되었다. 1945년 말까지 미국 여론은 영국과 프랑스와 같은 견해를 가지고 있었지만 그 강도는 매우 큰 차이를 보여주었다. 하지만 그 이후 미국은 소련을 평화에 대한 가장 큰 위협으로 간주함으로써 미국에 대한 소련 측의 여론에 보답했다. 미국 여론이 고조된 것과 마찬가지로 미국에 대한 소련의 여론도 고조되었다.

한국 전쟁에 대한 세계 각국의 태도를 보더라도 이런 분석이 옳다는 것을 알 수 있다. 한국 전쟁은 '세계 여론'에 의해 보편적인 비난을 받았다. 그러나 소련과 그의 추종자들은 미국과 그의 동맹국에게 전쟁의 책임을 돌렸고, 이에 반해 미국과 그 동맹국은 북한과 중국을 소련의 지원을 받는 침략자로 간주했다. 한편 인도와 같은 '중립국'은 양측 진영을 똑같이 비난했다. 각국이 이 전쟁에 참가한 정도는 그들이 생각하는 국가 이익 개념에 따라 결정되었다. 이 전쟁으로 자국의 이익이 직접 영향 받고 그것을 보호할 힘을 보유하고 있던 미국과 중국 같은 국가들은 자연히 이 전쟁에서 가장 큰 짐을 지게 되었다. 이 전쟁에 관련된 국가 이익도 제한되어 있을 뿐 아니라 능력에서도 한계가 있던 프랑스와 같은 국가들은 당연히 자국의 이익과 능력에 알맞은 수준으로 참전했다. 관련된 국가 이익도 전혀 없고 보유한 자원도 없던 덴마크 같은 국가와 전쟁을 회피하는 것이 이익이라 생각하던 인도 같은 국가는 적극적으로 행동하지 않았다.

따라서 평화에 대한 구체적인 위협이 생길 경우, 전쟁은 일반적인 세계 여론 때문에 반대되는 것이 아니고 그 전쟁으로 자국의 이익이 위협받는 국가의 여론에 의해 반대된다. 이렇게 볼 때 오늘날의 사정이 그러하듯 전쟁의 위협을 방지할 수 있는 행동의 근거로서가 아니라 일반적 감정의 차원을 벗어나지 못하는 세계 여론에 근거하여 세계 평화를 보존하려고 한다면 분명히 무언가 잘못된 일이다.

사람들이 겉만 번지르르하게 내세우는 얘기를 들추고 내부의 진실한 면을 살펴보면 각국의 외교정책을 규제하는 세계 여론은 없다는 사실을 알 수 있다. 여론의 본질에 대해 마지막으로 한 번 더 살펴보면 오늘날과 같은 세계에서는 그럴 수밖에 없다는 것이 명백해질 것이다. 이런 특징은 오늘날의 사회 풍습으로 점차 굳어가고 있다. 활발한 여론이 없는 사회를 그려보는 일이 가능하고, 국제정치적으로 강한 영향력을 행사할 수 없는 미약한 여론을 가진 전체주의 국가가 존재해왔고 아직도 존재하고 있다는 점은 의심할 여지가 없지만, 사회가 없이는 여론도 없다. 하지만 사회란 어떤 기본적인 도덕적·사회적 문제에 관한 합의를 의미한다. 사회의 관습이 정치 문제를 다룰 때 이런 일체감은 도덕적 성격을 강하게 띤다. 다시 말해 관습이라는 형태의 여론이 그 사회의 정치적 문제를 해결하고자 할 때 사람들은 일반적으로 자기들의 도덕 기준을 그 문제에 적용하려 하고 그 기준에 맞는 방향으로 해결책을 모색하려는 경향이 있다. 정치적 행동에 규제 효과를 미칠 수 있는 여론은 자기 행동 기준을 끌어올 수 있는 사회와 공통의 도덕률을 전제하며, 이런 세계 여론은 전체 인류가 국제 무대의 정치적 행위를 판단하는 기준이 되는 세계 사회와 도덕률을 요구한다.[8]

이미 살펴보았듯이 그런 세계 사회와 보편적 도덕률 같은 것은 존재하지 않는다. 인류를 결합해주고 세계 사회와 보편적 도덕의 근거를 제공하는 생명, 자유, 권력을 향한 기본적인 열망과 인간이 실제로 품고 있는 정치 철학, 정치 윤리, 정치적 목적 사이에는 국가라는 존재가 끼어든다. 국가는 도처에 산재한 사람의 마음과 가슴을 특별한 경험과 그것으로부터 유래한 특별한 정치적 도덕 기준, 특별한 정치적 행위 목표, 그리고 특별한 정치적 철학 개념으로 채워준다. 그럴 경우 인류 구성원으로서의 개인은 불가피하게 정치적으로 생활하며 행동하게 되는데, 보편적인 윤리 기준을 적용하는 세계 사회의 한 구성원으로서가 아니라 각국의 도덕 기준을 따르는 개별 국가 사회의 구성원으로서 행동하게 된다. 정치에서는 인류가 아니라 국가가 궁극적인 사실이다. 아일랜드의 한 팸플릿 저자는 1779년에 이런 글을 쓰고 있다. "각국은 스스로에 대해서는 애정을 가지지만 서로 간에는 그렇지 않다. 정치 통일체(국가)에 가슴이란 것은 없다. …… 정치적 인류도 존재하지 않는다……."[9] 진짜로 존재하는 것은 각국의 정치 철학, 윤리, 그리고 열망 속에서 만들어지는 국가 여론뿐이다. 각국 정부의 국제정치를 규제하는 세계 여론이란 한낱 가정에 지나지 않는다. 국제 문제의 실상을 살펴보면 세계 여론 같은 것은 아직 그림자도 찾을 길이 없다.

8_ 이전의 식민주의 강대국이 흔히 그러하듯 정부가 유엔 총회에서의 표의 분포에 신경을 쓸 경우 그들이 실제 신경 쓰는 것은 존재하지도 않는 세계 여론이 아니라 자기 나라의 위신이다. 자국의 위신은 지지자가 얼마나 적은지를 보여주는 반대표에 크게 영향 받는다.

9_ Considerations on the Expediency, etc. (Dublin, 1779), Quoted after L.B. Namier, *England in the Age of the American Revolution* (London: Macmillan, 1930), p. 42.

다른 나라는 물론 스스로에게 '세계 여론' 혹은 '인류의 양심'을 내세우며 자국의 외교정책이 모든 사람이 찬성하는 기준에 부합한다고 주장한다 해도 실제로 아무 의미도 없는 말이다. 그런 태도는 앞서 살펴보았듯이 특정 국가의 도덕 개념을 모든 인류를 구속하는 존엄한 보편 법칙으로 승화하려는 일반적인 경향에 굴복한다는 뜻일 뿐이다. 국제적으로 반목하는 모든 국가가 어떤 한 가지 문제에 대해 자기야말로 세계 여론의 지지를 받는다고 확신하는 것은 자기들의 그 주장이 불합리하다는 사실을 강조하는 것에 지나지 않는다. 이미 살펴보았듯이 금세기의 사람들은 자기 국가의 이익뿐만 아니라 인류의 이념도 함께 옹호한다고 믿고 싶어 한다. 여론 조사를 통해 국민이 무엇을 생각하는지 대부분의 정보를 얻는 과학화된 문명에, 세계 여론이란 다른 사람의 열망과 행동뿐 아니라 자기 자신의 그것들도 함께 지지해주도록 의지할 수 있는 신화적인 중재자가 된다. 철학적 분야에 관심이 있는 사람에게는 '역사의 심판'이 이와 비슷한 기능을 수행한다. 종교인에게는 '신의 섭리'가 있어서 그들의 주장을 옹호해주며, 신자는 유일신에 의한 이상하고도 특이한 불경스러운 광경을 보게 되는데, 그 신은 전선을 사이에 두고 양측에서 대치하는 군대를 성직자를 통해 다 같이 축복해주고는 마땅한 승리나 부당한 패배를 가져다주는 것이다.

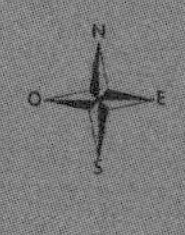

제6부

국가 권력의 제한: 국제법

Politics Among Nations

제18장

⌘

국제법의 주요 문제

국제법의 일반 성격

국제도덕과 세계 여론에 대해 논의하면서 극단적으로 흐르지 말 것을 경고한 적이 있었는데 이는 국제법에 관한 논의에도 그대로 적용된다. 국제법 같은 것은 존재하지 않는다는 견해를 주장하는 학자의 수가 점차 증가하는 추세다. 이에 비해 국제법이 국가 간의 정치적 관계를 규제할 수 있도록 적절히 성문화되고 범위를 넓혀간다면 국제 무대에서의 권력 투쟁을 완전히 대체할 수는 없을지 몰라도 그 내재적인 힘으로 최소한 규제 효과는 미칠 수 있다고 주장하는 사람의 수는 점차 감소하는 추세다. 제임스 브리얼리J. L. Brierly 교수는 다음과 같이 말한다.

국제법의 성격이나 역사에 관해 신중하게 생각해보지도 않고 국제

> 법은 언제나 속임수에 지나지 않는다고 생각하는 사람이 너무나 많다. 그렇지 않은 사람은 국제법이 그 자신의 내재적인 힘을 가지고 있으며 우리가 기지를 발휘해 법률가들이 국가 간의 관계를 위한 포괄적인 법률안을 마련하도록 한다면 평화롭게 잘 살 수 있으리라 생각하는 듯하다. 견유학파와 사이비 학자 중에 어느 편이 더 쓸모없는지 단정적으로 얘기하기는 어렵지만 양쪽 모두 똑같은 실수를 저지르고 있는 것만은 틀림없다. 그들 모두는 국제법이 다른 학문 분야에서와 같이 관련된 사실을 조사해야 하는 수고를 겪지 않고도 누구든지 자기 견해를 직관적으로 밝힐 수 있는 학문 분야라고 생각한다.[1]

오늘날의 국제법 체계는 중세로부터 근대 사회로의 전환을 보여준 정치적 대변혁의 결과다. 그것은 봉건 국가 체제에서 영토 국가 체제로 전환되었다고 요약된다. 후자의 중요한 특징은 전자와 뚜렷이 구별이 되는데 정부가 그 나라 영토 내에서 최고의 권위를 누린다는 가정이 그것이다. 군주는 그전까지만 해도 실질적인 우두머리라기보다는 명목상의 우두머리에 지나지 않던 지위를 벗어나 자기 나라 영토 내에서는 더 이상 봉건 제후들과 권위를 나누어 갖지 않아도 되기에 이르렀다. 또한 군주는 중세의 기독교 세계에서 어떤 의미에서는 최고 권위를 주장하던 교회에 대해서도 우월권을 확보하기에 이르렀다. 이런 변모가 16세기에 접어들면서 절정에 다다르자 개별 영토 내에서

1_ J. L. Brierly, *The Outlook for International Law* (Oxford: Clarendon Press, 1944), pp. 1, 2. (출판사의 허락을 얻어 전재.)

법적으로 상호 완전한 독립성을 유지하던 국가들로 구성된 당시의 정치 세계는 자기들보다 상위에 존재하는 어떤 세속적 권위도 인정하지 않게 되었다. 한마디로 그들은 주권적이었다.

일정 영토 내에서 최고 권위를 가지고 끊임없이 교류하는 실체들 간의 관계에서 평화와 질서를 위한 적어도 어느 정도의 수단만 있었더라도 필연적으로 어떤 법규범이 생겨 이들 관계를 지배했을 것이다. 다시 말해 국가 간의 관계에 대해 사전에 규정된 행위 규범이 있어야 했으며 그것을 어기면 미리 정해둔 성격과 조건, 그리고 적용 양식에 따라 어떤 제재 조치가 취해질 수 있었을 것이다. 예를 들어 국가는 자기 영토가 육지와 바다의 어느 곳에서 타국과 경계를 이루는지를 알아야 한다. 각국은 (예를 들어 발견으로) 임자 없는 땅을 획득한 경우라든지 다른 나라의 영토를 (할양이나 합병으로) 얻은 경우에 어떤 조건하에서 확실한 영토권을 주장할 수 있는지 알아야 한다. 또한 각국은 자국 영토에 살고 있는 타국민과 타국 영토에 살고 있는 자국민에게 어떤 권한을 행사할 수 있는지도 알아야 한다. A국 국기를 단 상선이 B국의 항구에 입항했을 때 B국은 이 배에 어떤 권리를 행사하는가? 또 그 배가 군함일 경우에는 어떠한가? 외국에 파견된 외교 사절의 권리는 무엇이며 국가 원수가 외국 영토에 있을 경우 그가 누리는 특권은 무엇인가? 전시에 한 나라가 전투원, 민간인, 포로, 중립국의 국민에게 육지와 바다에서 행할 수 있는 일은 무엇이며, 또 지켜야 할 의무는 무엇인가? 둘 혹은 그 이상의 국가 사이에서 체결된 조약은 어떤 조건에서 구속력이 있으며 어떤 조건에서 구속력을 잃는가? 만약 어떤 조약이나 국제법 규범을 위반했다는 주장이 제기되었을 경우 그 위반 행위를 확인할 수 있는 권리는 누구에게 있으며, 그에 대해 강제 조치를 취할 권리는 누구에게 있고, 어떤 조건에서 그 권리를 행사할 수 있는가? 이와 비슷한 성격의 여러 문제는 주권 국가들의 상호관계 속에서 불가피하게 생긴다. 무질서와 위반 행위가 일상다반사가 되지 않으려면 그런 상황에서 생기는 상호 권리와 의무를 규제하는 법규범이 있어야 한다.

각국의 상호관계에서 권리와 의무를 제시하는 국제 법규범의 핵심은 15세기와 16세기에 발전되었다. 종교 전쟁의 종말을 고하고 영토 국가를 확립해 근대 국가 체제가 생성되는 계기를 이룩한 1648년의 베스트팔렌 조약 덕분에 이런 국제법 규범은 더욱 확고해졌다. 1628년에 간행된 휘호 흐로티위스의 《전쟁과 평화의 법》은 초기의 국제법 체계를 성문화한 고전적인 예로 꼽힌다. 그것을 토대로 18세기와 특히 19세기, 20세기는 국제법 확립을 위한 인상적인 기념비를 세웠다고 할 수 있겠는데 수천에 달하는 국제 조약, 수백 건에 달하는 국제 재판, 그리고 헤아릴 수도 없이 많은 국내법 판례 등이 한데 모여 그런 업적을 달성했다. 이들 조약과 판결은 다양하고도 복잡한 국제적 접촉에서 생기는 여러 국제관계를 규제하며, 가끔은 아주 상세한 부분에까지 통제력을 미치는데 이는 현대적 통신 기술의 발달, 재화와 용역의 국제적 교류, 대부분의 국가가 상호 협력하여 공통 이익을 증진시키기 위해 수많은 국제기구를 설립한 결과다. 이 같은 국제기구들의 사례로는 국제적십자사IRC, 국제사법재판소ICJ와 국제노동기구ILO, 세계보건기구WHO, 유엔교육과학문화기구UNESCO, 국제우편연합UPU, 국제통화기금IMF 등과 같은 유엔의 특별 기구들이 있다.

세상 사람들 사이에 널리 퍼져 있는 그릇된 인식과 관련하여, 국제법이 성립된 이래 400여 년 동안 국제법은 대부분의 경우 성실히 준수되어왔다는 사실을 언급해둬야겠다. 사실 국제법 규범 중의 하나가 위반되었을 때 강제 조치가 반드시 따르지는 않았고, 강제 조치가 취해졌을 경우에도 언제나 효과적이지는 못했다. 하지만 국제법이 규제력을 가진 법규범 체제로서 존재한다는 사실을 부정하는 것은 모든 증거를 살펴보아도 타당치 않다. 국제법의 존재에 대한 이런 그릇된 인식은 최소한 부분적으로는, 최근 여론이 국제법의 전체적 측면을 무시하면서 지엽적인 일부분에 대해 쏟는 부적절한 관심 때문이다. 여론은 주로 켈로그·브리앙 조약, 국제연맹 규약, 유엔 헌장 등과 같은 특정 국제법 도구에 관심을 두어왔다. 이런 도구들은 분명 그 효력이 의심스러우며(즉 자주 위반되며) 심지어 과연 이것이 유효한지도 의심스러울 때가 많다(즉 위반되었을 경우 강제 조치가 취해지지도 않는다). 하지만 이런 조약과 규약은 예를 들어 영토적 관할권의 한계, 외국 영해에 있는 선박의 권한, 외교 사절의 지위 등에 관한 전통적 국제법 규범의 전형적인 경우가 아니다.

그러나 국제법의 존재를 인정하는 것은 국제법이 국내법 체계만큼 효력 있는 법체계라거나, 좀 더 자세히 얘기해서 국제법이 국제 무대의 권력 투쟁을 규제하고 통제하는 데 매우 유용하다는 주장과는 별개다. 국제법이란 오스트레일리아 원주민이나 북부 캘리포니아의 유로크Yurok족[2]과 같이 문자가 존재하지 않는 사회의 법체계와 비슷한 원시적 형태의 법이다. 국제법이 원시적 형태의 법인 이유는 중앙 집권화가 되지 않고 거의 완전히 분권되어 있기 때문이다.

국제법의 분권적 성격은 국제 사회의 분권적 구조에서 불가피하게 연유된다. 국내법은 조직화된 힘을 독점하는 집단, 즉 공무원에 의해 강제될 수 있다. 자기 영토 안에서 최고의 법적 권위체인 주권 국가로 구성되는 국제 사회의 가장 본질적인 특징은 그런 중앙 집권적 입법 기관과 행정적 권위체가 존재할 수 없다는 사실이다. 국제법이 존재할 수 있고, 기능할 수 있는 것은 분권적 성질을 가진 다음 두 가지 요소에 근거한다. 개별 국가의 동일하거나 상호 보완적인 이해관계와 그들 사이에 권력이 분산되어 있다는 사실이 그것이다. 이익 공동체도 세력 균형도 없는 곳에서는 국제법도 존재할 수 없다. 국내법은 국가 기관의 인위적인 의지로 생겨나고 강제될 수도 있지만 국제법은 객관적인 사회 세력들 간 상호작용의 결과인 경우가 태반이다.

현대 국제법학의 최고 권위자 중 한 사람은 세력 균형이 그런 사회적 힘이라고 인정한다. 오펜하임L. Oppenheim, 1858~1919 교수는 세력 균형을 "국제법이 존재하기 위한 필수 조건"이라고 부르고 있으며, 그의 저서 《국제법International Law》에서 다음과 같이 주장한다.[3]

> 국제법이 발전해온 역사를 살펴보면 대략 다음 여섯 가지 교훈을 연역해낼 수 있을 듯하다.
>
> (1) 첫 번째이자 가장 중요한 교훈은 국제법이 국제 사회 구성국들

2_ A. R. Radcliffe-Brown, "Primitive Law," *Encyclopedia of the Social Sciences*, Vol. IX, pp. 203-204. 특히 p. 262를 참조할 것.

3_ L. Oppenheim, *International Law*, 2nd ed. (London: Longmans, Green, 1912), Vol. I, p. 193. 이 부분과 세력 균형에 관한 뒷부분의 설명이 그 후의 판에서는(3판 이후) 삭제되었다.

> 사이에 평형 상태, 즉 세력 균형이 이루어져야 비로소 존재할 수 있다는 점이다. 강대국이 서로 견제하지 않는다면 어떤 법규범도 힘을 발휘할 수 없을 것이다. 다른 국가들보다 강력한 힘을 가진 국가는 자연히 자기 마음대로 행동하려 들기 때문에 법률을 어기기 쉬운 까닭이다. 주권 국가들 위에 군림하면서 국제법 규범을 강제할 수 있는 중앙집권적 정치체가 현재로서는 존재하지도 않을 뿐 아니라 존재할 수도 없기 때문에, 국제 사회의 어느 구성국이 전능한 권력을 어느 국가가 소유하지 않도록 막아줄 세력 균형이 필요한 것이다.[4]

세력 균형은 국제법 위반에 대한 일반적 억제라는 형태로만, 그리고 그 국제법의 위반이 강제 조치를 요구하는 예외적인 경우에만 분권화된 세력으로서 기능을 발휘한다. 반면에 분권화 요인으로 작용하는 동일하고도 상호 보완적인 이해관계는 늘 작동하고 있다. 그것들은 국제법의 생명선 그 자체다. 그것들은 모든 법체계가 수행해야 하는 다음 세 가지 기능, 즉 입법·사법(판결)·집행 기능에 영향을 미치고 있다.

4_ Ibid., p. 80.

국제법의 입법 기능

분권적 성격

오늘날의 국내 사회에서 가장 중요한 법규범은 모두 국회의원과 재판소가 만든다. 다시 말해 미국의 의회와 대법원 같은 중앙 집권적 기관들이 국가 공동체의 모든 구성원을 위해, 또는 주 의회, 시 위원회, 지역적·지방적 법원들이 어떤 지역 단체를 위해 법률을 제정한다. 국제사회에서 법을 제정하는 것은 필요성과 상호 합의라는 두 가지 요소뿐이다. 국제법은 예를 들어 국가 주권의 제한, 그 자체 법규에 대한 해석 그리고 이와 비슷한 다른 문제와 관련된 소수 법규를 지니는데 이것은 개별 국가의 합의 여부에 관계없이 그들을 구속한다. 이런 법규들이 없다면 법질서 자체가 아예 존재할 수가 없게 되거나 최소한 다국가 체제를 구속하는 법질서가 존재할 수 없게 된다. 공통 혹은 필요 국제법이라 부를 수 있는 이와 같은 소수 법규범을 제외한 다른 대부분의 국제법 규범은 국제법의 개별적 주체, 즉 개별 국가의 상호 합의에 의해 존재하게 된다. 각국은 자기가 동의한 국제법 규범에만 구속될 뿐이다.

국제법을 만드는 가장 중요한 수단은 국제 조약이다. 국제 조약으로 제정되는 국제법은 거기에 참가하는 국가만을 구속한다. 미주 국가들 사이에서 체결된 조약은 그들만을 구속하며 다른 나라에 대해서는 전혀 구속력이 없다. 소련과 이란 간에 성립된 조약은 보통 제3국에 대해서는 하등의 법적 효력이 없다. 따라서 만일 미국 내의 입법 기능이 입법 기관과 선례 구속stare decisis의 원칙을, 즉 판례를 따르는 법원에 의해서가 아니라 개별적 국민의 사적 계약이라는 형태로 운영된다면, 국제법의 입법 기능이 작용될 수 있는 조건은 국내적인 경우와 대동소이해진다. 어떤 지역 안에서의 하수 처리 시설 혹은 구획 정리 문제는 시청의 법규 대신 여러 거리의 주민 간 사적 합의 사항에 의해서도 충분히 처리될 수 있다. 이런 경우 그 지역 안에서는 거리 수만큼 다양한 규제 조치가 생길 수 있다. 이런 식의 입법 체제가 초래하게 될 필연적인 결과는 우선 모든 관계 당사자의 만장일치의 합의가 없을 경우 모두에게 적용할 법적 규제가 존재할 수 없다는 점이다. 다른 한편 어떤 특정 상황에 적용되어야 할 법률이 무엇인지에 불확실성이 존재하며 같은 상황을 규제하는 법률이 여러 개 있을 경우 사람에 따라 거기에 적용하는 법률에 관해 이견이 생길 수 있다. 바로 이런 것이 오늘날 국제법이 처해 있는 상황인데, 국제 조약을 체결함으로써 국제법을 만들어낼 수 있는 주체의 숫자가 비교적 적다는(주권 국가들의 수는 약 160여 개에 달한다) 사실이 조금 위안이 될 뿐이다.

입법 기능의 이런 분권적 성격은 국제법과 관련해서 다음 두 가지 결과를 초래한다. 우선 이민정책과 경제정책의 여러 측면처럼 국제관계에 깊이 연관되는 문제가 국제법에 의해 규제되지 않는다. 이런 문제들에 대한 각국의 이해관계가 너무나 다양하기 때문에 그것을 규제할 법규범에 대해 합의하기가 힘든 것이다. 어떤 합의가 가능한지에 대해서도 불확실성과 혼란 때문에 의견을 집약하기가 곤란해진다. 미국이 어떤 국제법 규범을 구속력이 있다고 생각하는지 알고 싶다면 미국이 여태껏 다른 나라와 체결한 모든 조약을 조사해서 여전히 효력을 발휘하는지를 세밀히 검토해보아야 한다. 그런 후에 미국이 소송 당사자로 참가했던 국제 법정의 판결과 국제법 규범을 적용해서 내린 미국 내의 법정 판결을 잘 조사해야 한다. 마지막으로 미국 측 대표가 국제 협상에서 국제 문제에 대한 미국의 행동을 구속할 수 있는 국제법 규범으로서 어떤 것을 인정했는지 외교 문서를 잘 검토해 알아내야 한다. 이런 모든 규범의 총체가 곧 하이드Charles C. Hyde 교수가 말한 주로 미국식으로 해석되고 적용된 국제법[5]이다.

다른 나라들이 인정한 국제법 규범을 정리할 때에도 위와 비슷한 장황한 과정이 필요하다. 어떤 특정 기간 동안에 세계 전체에 구속력을 행사한 국제법 규범의 총체적 집합을 알아내자면 이론적으로 세계 모든 나라에 대해 이와 비슷한 정리 작업을 해야 한다. 만약 실제로 그런 작업을 시도했을 경우 국제법의 일반 원칙에 관해서건 특정 규범에 관해서건 상당히 큰 편차를 보이는 조사 결과가 나올 것이다. 아주 제한된 분야의 국제법에 대하여 전 세계적 규모로 조사를 실시해 본다면 국가 간의 합의가 진정으로 어렵다는 사실을 쉽게 이해할 수 있다. 많은 저자가 대륙법을 영미 국제법과, 미주 국가들의 국제법과, 그리고 소련의 국제법 개념과 대조적인 것으로 이야기한다.[6]

특수한 예의 하나로 영해의 폭, 즉 인접 국가의 영토적 관할권이 해양의 어느 범위에까지 미칠 수 있는가 하는 문제를 들어보자면, 이 분야에 대해 각국이 인정하는 규제법 규범은 모두 현격한 차이를 보이고 있다. 몇몇 나라들은 영해 3마일설을 고집하고 있는 반면 핀란드

5_ 2 Vols (Boston: Little, Brown, 1946).

6_ 국제법의 다른 개념 및 이에 대한 설명은 다음을 참고. L. Oppenheim and H. Lauterpacht, *International Law*, 8th. ed. (London: Longmans, Green, 1955), Vol. I, p. 48 ff..

와 노르웨이는 다른 국가들의 반대에도 불구하고 4마일의 영해를 주장하고 있다. 또 다른 예로 이탈리아, 에스파냐, 유고슬라비아, 인도, 멕시코, 아이슬란드, 인도네시아, 소련, 이집트, 프랑스, 폴란드 등의 국가는 12마일을 주장한다. 알바니아는 15마일을, 에콰도르는 200마일을 주장한다. 독일, 벨기에, 영국 같은 나라들은 3마일을 주장한다. 하지만 영국의 경우 고유의 영해 너머 이른바 접속 수역을 설치할 것을 주장한다. 다른 국가들은 접속 수역의 설치를 주장하는 국가에 반대하면서도 상황에 따라서는 3마일 폭의 영해를 벗어나 어느 정도까지 관할권을 연장할 수 있는 권리를 가진다고 인정하고 있으며, 이 범위 안에서는 외국 소속의 상선이라 해도 그 나라의 통제를 받아야 한다고 주장한다.

제각기 분출된 일방적인 주장들이 이처럼 혼란만 가중시킨 결과 정확성이 결여되고, 그런 영향이 국제법의 모든 분야에 스며들고 있으며, 입법 기능의 분권적 성격이 이를 더욱 부채질하고 있다. 더욱이 각국 정부는 국제법이 자기 외교정책에 미칠 수 있는 규제력을 떨쳐버리고자 하며, 국가 이익을 증진시키기 위해 국제법을 이용하려 하고, 해가 될지도 모르는 법적 의무를 벗기 위해 언제나 혈안이 되어 있다. 애매모호하고 부정확한 국제법을 마치 간편한 도구처럼 이용하여 자기 목적을 달성하고자 노력해왔다. 그들은 별로 지지받지 못하는 법적 요구를 과감하게 내세우든지 일반적으로 받아들여지는 국제법 규범의 의미를 자기들 나름대로 그릇되게 해석함으로써 교묘히 자기들 목적에 유리한 방향으로 이용했다. 이리하여 국제법의 분권적 성질에 내재하는 부정확성은 더욱 심한 부정확성을 낳고, 그 때문에 생기기 시작한 파괴적인 결합으로 인해 국제법의 기초는 더욱 흔들리고 있다.

일반적인 합의 사항으로 성문화된 기술적·인도적 성격의 국제법 분야만이 위와 같은 피해를 입지 않고 그런대로 발전할 수 있었다.[7] 왜냐하면 국제법의 성문화는 법적 효과 측면에서 모든, 아니면 거의 모든 국제법 행위 주체를 구속하는 국제법 입법 행위 중의 하나이기 때문이다. 국제법의 성문화를 일반적인 입법 행위와 구별해주는 것은 민주적 입법 과정이 요구하는 다수결 원칙과는 달리 그 국제법에 의해 구속받게 될 모든 나라의 동의다.

해석과 구속력

진정한 국제적 입법 행위를 위해 모든 국제법 행위 주체의 동의를 얻어야 한다는 필요성 때문에 국제법은 복잡성이라는 또 하나의 독특한 성격을 가진다. 이것은 국제 조약의 여러 조항이 의미하는 정확한 뜻을 확인하고 그 조약으로 인해 얻는 권리가 무엇인지를 확인하며, 그 조약으로 인해 부담할 의무를 확인하는 등의 문제다. 이런 문제들이 국내적으로 생겨났다면 입법부 자체가 그들이 제정하는 법규범을 가능한 한 정확히 만들도록 노력함으로써, 사법부가 구체적 사건에 법규범을 적용하여 그것의 올바른 의미를 해석하고자 끊임없이 몰두함으로써, 또 그와 같은 기능을 행하는 여러 명령을 발포하고 지시하는

7_여기에 대한 예로서는 통신 분야의 성문법, 즉 1874년의 일반우편협약(General Postal Convention), 1944년의 국제민간항공협정(Convention on International Civil Aviation) 등이 있고 1권 p. 517 ff.에서 설명한 인간화를 모색한 여러 일반적 국제 협정도 그 사례다.

행정 기관에 의해 무난히 해결될 수가 있다. 유엔 헌장과 순수한 기술적 성격을 띠는 다른 것도 마찬가지로 국제법 문서들은 애매하고 모호한데, 이는 우연이 아니라 보편적인 현상이며, 필요에 의해서이거나 미국 헌법처럼 특수하고 예외적인 이유에서 일부러 애매모호하게 만들어놓은 것이다. 그런 국제법 문서들이 법적 효력을 얻는 데 필요한 법률적 행위 주체의 동의를 모두 얻기 위해서는 장차 효력을 발생할 그 법률에 의해 영향 받거나 영향 받을지도 모르는 모든 다양한 국가 이익을 인식해야 하기 때문이다. 각국의 모든 이익이 조화를 이룰 수 있는 공통 기반을 찾기 위해서는 일반적 성격의 여러 조약에 구현된 국제법 규범이 애매하고 모호해서 서명한 모든 국가가 자기가 동의한 법조문에 자국의 이익이 반영되어 있는 것으로 생각할 수 있어야 한다. 이런 일이 국내적으로 일어날 경우 미국 같으면 대법원, 영국 같으면 의회와 같은 어떤 권위 있는 기관의 결정이 애매하고 모호한 법조항에 구체적인 의미를 부여한다. 특히 미국의 연방 헌법에 대해 이런 일이 자주 발생한 적이 있다.

국제적 분야에서는 스스로를 위해 법률을 제정하는 것도, 스스로 제정한 법률을 해석하고 집행을 위해 명확한 의미를 부여하는 최종적이고 최고의 권위를 가지는 것도 모두가 법의 주체인 국가다. 그럴 때 각국은 자연히 국제법의 해석과 적용 및 집행에서 구체적이고도 각기 상이한 자기들 나름의 국가 이익이라는 관점에서 행동한다. 각국은 자연히 자기들의 특정 국제정책을 지지하는 근거로 국제법을 원용할 테고, 이 국제법 규범이 애매하고 모호하기는 하지만 모든 나라에 적용되었을 때 행사했을지도 모를 규제력을 파괴해버린다. 레이Jean Ray,

1884~1943는 이런 상황을 잘 분석하여 국제연맹 규약에 대해 다음과 같이 얘기했다. "그러나 위험은 명백하다. 만일 국제연맹에 참가한 모든 개별 국가가 연맹 규약을 해석할 때에 궁극적인 권한을 가진다면 각 나라마다 다양한 해석을 내세워 모두가 자기 해석이 옳다고 끝까지 버틸 것이다. 애매한 조문 한 가지를 두고 두 나라가 분쟁을 벌일 경우 해결 가능성은 극히 희박해질 것이 틀림없다."[8] 이런 일은 국제연맹이 성립된 이래 숱하게 발생했으며 유엔의 경우에도 비슷한 마찰이 많이 일어났다.[9]

마지막으로 입법적 견지에서 국제법을 허약하게 하는 또 하나의 난점이 있는데, 그것은 정식으로 서명되고 비준된 어떤 국제 조약이 각 체약국에게 구속력을 행사하는 실효적인 국제법적 규칙을 전체적으로나 부분적으로 실제 가지고 있느냐는 문제다. 미국 내의 입법 과정에서라면 이런 문제는 거의 일어날 수 없다. 왜냐하면 미국에서 연방 법률은 헌법이 요구하는 대로 의회에서 통과되고 대통령에 의해 서명되어 성립하고, 그렇지 않았다면 법으로서 성립되지 못했을 것이기 때문에 대법원에 의해 무효 판결을 받지 않는 한 효력을 유지하고 있을 것이기 때문이다. 최고 권위를 가진 대법원이 최종으로 유권적 판

8_ *Commentaire du Pacte de la Société des Nations* (Paris: Sirey, 1930), p. 44.

9_ 이런 상황을 타개하기 위한 노력으로 유엔 총회는 1947년 11월 14일의 제2차 회의에서 유엔 헌장에 대한 해석과 특별 기구의 규약에 대한 해석은 일반적으로 받아들여진 국제법 원칙에 따라 행해져야 한다는 점을 중요하게 부각한 결의안을 채택했다. 이 결의안은 특히 유엔 산하의 여러 기구로 하여금 국제사법재판소의 권고적 의견을 참고하여 그들이 활동하는 과정에서 발생한 법률 문제를 해결해주도록 했다(*United Nations Documents*, A/459). 총회의 요청에 따라 재판소는 헌장의 해석 및 기타 여러 국제 조약의 해석에 관한 권고적 의견을 제시했다.

결을 내릴 때까지는 그 법률의 합헌성이나 해석에 대해 불확실한 부분이 있을 수도 있지만 어쨌든 그 법규가 유효하게 존재한다는 점에서는 의문의 여지가 없다. 국제법의 기초를 흔들어놓는 것은 국제 사회의 거의 모든 구성국이 정당하게 서명하고 비준한 어떤 근본적인 규칙이 존재할 수 있느냐에 대한 불확실성이다.

이런 종류의 국제법에 대한 가장 훌륭한 예로 1928년의 켈로그·브리앙 조약을 들어보자. 당시 세계의 거의 모든 국가는 이 조약의 체결을 계기로 "타국과의 관계에서 국가적 정책 수단으로서의 전쟁을 포기할 것"에 동의했다. 이 합의 사항은 과연 애초부터 모든 체약국을 구속하는 국제법 규범으로서 작용할 수 있었을까, 아니면 법적 효력이 전혀 없는 도덕원칙의 선언에 불과했을까? 전쟁의 준비와 도발을 국제적 범죄로 낙인찍었던 뉘른베르크 전범재판소는 이미 존재하던 켈로그·브리앙 조약을 적용했던가, 아니면 그때까지 없었던 새로운 국제법을 창안해낸 것인가?[10] 또 그 행위는 뉘른베르크에서 판결된 특별한 사건에만 해당되는 것이었던가, 아니면 장차 일어날지도 모르는 사건을 위해 취해진 조치인가? 이런 문제에 대한 대답은 각 학파마다 다르며 그들 사이의 논쟁을 여기서 해결하기는 어렵다. 여기서 중요하게 짚고 넘어가야 할 것은 국제법 체계가 허약하기 때문에 '어떤 목적을 위한 집단적 위법 행위를 국제법이 과연 금지하고 있는가'라는 아주 기본적인 질문에 정확한 답을 제시할 수 없다는 점이다. 따

10_ 다음을 참고. Hans J. Morgenthau, Eric Hula, Moorhouse F.X. Millar, in *America*, Vol. 76, No. 10 (December 7, 1946), pp. 266-268.

라서 1929년 이후 자기 정책을 추구하는 가운데 전쟁을 치르게 된 어느 국가에 국제법 규범 위반의 책임을 물어야 하는지, 혹은 제2차 세계대전을 준비하고 시작한 몇몇 개인만이 이런 책임을 져야 하는지, 아니면 장차 침략적 전쟁을 계획하고 준비하고 시작하는 국가와 개인이 모두 책임져야 하는지에 대해 오늘날 아무도 권위 있는 대답을 내놓을 길이 없다.

1899년과 1907년의 육전 법규 및 관례에 관한 협약이 가지는 법적 타당성은 어떠하며, 이 협약이 제2차 세계대전 당시 각 체약국을 구속하던 힘은 어떠했고, 또 미래에 일어날지 모르는 전쟁에 대해서는 얼마만 한 구속력을 가질 수 있을까? 제1차 세계대전 동안에는 그런대로 잘 지켜졌고 그 위반 행위에 대한 조사가 정기적으로 이루어지던 이 협약은, 이미 살펴보았듯이[11] 제2차 세계대전에 이르자 모든 교전 당사국에 의해 일상적으로, 또 훨씬 대규모로 위반되기 시작했다. 아무 항의나 제재 조치도 받지 않은 이런 위반 행위 때문에 이 협약의 구속력은 종말을 고해버렸을까 아니면 이 협약이 제2차 세계대전 이후에도 계속 법적 도구로 남아 자주 원용되고 집행되며 앞으로의 전쟁에 대한 행위 기준을 설정하고 있는가? 역시 제2차 세계대전 동안 너무나 통상적으로 위반되고도 이렇다 할 만한 강제 조치가 취해지지 못했던 해전 법규에 대해서 위와 같은 질문을 던져본다면 어떤 대답이 나올 수 있을까? 추축국은 사전 경고도 없이 적함에 무차별 공격을 퍼부어 격침했으며 연합국도 똑같이 행동했다. 게다가 양측은 민

11_1권 p. 542 ff. 참고.

간인 포격도 서슴지 않았는데 이런 전쟁 법규 위반에 대해 그들은 군사적 필요성에 따랐다고 해명했다. 국제법 규범이 계속 위반되고 모든 법 주체가 이런 위반 행위를 당연지사로 받아들인다면, 즉 모든 법규범이 그것을 집행해야 할 사람들에 의해 마치 세상에 없는 듯 다루어진다면 이런 질문이 떠오를 것이다. 그것들이 구속력 있는 법규범으로서 여전히 존재하는가? 이런 문제에 대해 당장 정확한 해답을 제시할 수는 없다. 그러나 전쟁 기술과 국제도덕의 발전 가능성을 고려할 때 이런 법규범이 계속 효력을 가지고 살아남을 수는 없을 듯하다.

1936년에 국제연맹이 이탈리아에 취한 제재 조치는 실패로 끝났다. 그 후 수년간 중요한 연맹 규약의 조항 대부분이 전체적으로 위반되었지만 모든 관계국은 이에 무관심으로 일관했을 뿐이다. 그러자 당시 국제연맹 규약의 전체 또는 몇몇 조항에 대해 위와 같은 비슷한 질문이 제기되었다. 각국 정부가 이 조항들이 구속력을 이미 상실해버린 듯 행동하기는 했지만 그 법규의 효력이 당시 이미 사라져버렸던 것일까, 아니면 그 법적 타당성이 1930년대 말과 제2차 세계대전의 위기를 넘기고도 계속 유효하여 1946년에 국제연맹이 공식 해체되고 나서야 구속력을 잃었던 것일까? 이런 질문이 처음 제기되었을 때 아무도 명백하고 분명하게 대답할 수 없었다. 그런 사정은 지금도 마찬가지다. 오늘날 유엔을 예로 들어보더라도, 애초 헌장이 의도하던 바와는 상당히 다른 기관으로 변모하고 발전해오면서 부수적으로 법 규범에 대한 많은 위반 사례가 일어났는데 이에 대해서도 같은 질문이 제기될 수 있고 그에 대한 대답 역시 불확실하고 애매모호하며 잠정적일 수밖에 없음은 분명하다. 매우 중요하고도 기본적인 이런 문제에 대한 대답이 불완전한 특성을 지니는 점은 바로 입법적 견지에서 본 국제법의 불완전성을 나타내는 척도가 된다.

국제법의 사법 기능

입법 기능의 분권적 성격에 기인하는 이런 결함에도 불구하고 국제법의 존재와 의미에 관한 국제적 분쟁이 일어날 경우 이에 대해 명확한 판결을 내릴 수 있는 권위 있는 사법 기관이 존재하기만 한다면 국제법 주체들의 권력 추구를 규제할 수 있는 국제법 체계 역시 존재할 수 있을 것이다. 미국의 경우 헌법이 애매모호하고 일반적인 성격을 띠고 있긴 하지만 헌법의 해석 문제에 대해서는 대법원이 강제 관할권을 가지고 있기 때문에 대부분의 경우 무난히 해결될 수 있었다. 좀 더 자세히 말하자면, 영국의 관습법에 따를 때 법원의 판결이 일차적으로 정확성과 확실성을 인정받고 있으며 이차적으로 비교적 제한된 범위 안에서만 입법부의 형식적 법률 제정 행위도 인정받게 된다. 모든 발달된 법체계에서는 위계질서를 이루는 사법 기관이 법 주체들의 권리와 의무를 최종적 권위를 가지고 결정하는 기능을 수행한다.

만일 어느 미국 시민이 다른 미국 시민에게 연방 법률이 자체의 결함 때문에 혹은 법률 자체의 의미 때문에 자기에게 적용될 수 없다고 주장한다면 양자는 일정한 법적 절차를 밟아 연방 법원에 이 문제를 제소하고 권위 있는 판결을 구할 수 있다. 법원의 관할권은 양쪽 가운데 어느 한쪽에 의해 소송이 제기될 때 성립하며 나머지 한쪽의 동의 여부는 문제되지 않는다. 다시 말해 미국 시민이면 누구나 다른 시민을 법원에 소환하여 그들 사이의 법적 관계를 권위 있게 판정해주도록 요청할 수 있으며, 따라서 자기의 개별적이고 일방적인 행위로 법원의 관할권을 성립시킬 수 있다. 법원의 판결에 대해 불만을 품은 사람은 상급 법원에 상고할 수 있고 최종으로는 대법원이 사건을 해결하게 된다. 대법원의 결정은 선례 구속의 원칙에 의해 입법 행위와도 같은 성격을 띤다. 그것은 대법원의 판결이 재판 당사자들 사이의 구체적인 사건에 적용되는 법률을 제정하는 효과를 가질 뿐 아니라 장차 사람과 모든 상황에 이 판결의 논거가 적용될 것이기 때문이다.

국제법은 효과적 사법 체계에 필요한 세 가지 기본 요소를 모두 결여하고 있다. 강제 관할권, 사법적 결정의 위계, 최소한 최고 법원의 결정에 대해서만이라도 선례 구속의 원칙을 적용하자는 것 등이 바로 그 세 요소다.

강제 관할권

국제 법원이 관할권을 행사하는 유일한 근원은 법원에 분쟁을 판결해주도록 소송을 제기하는 당사국들의 의지다. 어떤 국가도 자기 의사에 반하여 타국과의 분쟁을 국제 법정에 기탁하도록 강요받지 않는다는 것은 국제법상의 공리다. 다시 말해 어떤 국제 재판소도 관련 당사국 모두의 동의 없이 그들 간의 분쟁에 대한 관할권을 행사할 수가 없다. 상설국제사법재판소는 동부 카렐리아 사건Eastern Carelia Case에서 다음과 같은 판결을 내리고 있다. "어떤 나라도 자기 동의 없이 타국과의 분쟁을 중재나 조정, 혹은 어떤 다른 종류의 평화적 해결에 맡기도록 강요받지 않는다는 것은 국제법상 널리 통용되는 관행이다. 어떤 의무를 자유의지에 따라 부담할 경우 그런 동의가 표시된 것으로 간주되며 이를 번복할 수는 없다. 그러나 반대로 특별한 경우에는 기존 의무와 전혀 별개 차원에서 동의가 이루어질 수도 있다."[12]

이른바 개별적 중재 재판[13]의 경우, 즉 어떤 분쟁이 발생한 후 그 문제를 국제 법정에 제소하여 해결할 것을 관련 당사국이 합의하는 경우, 이 원칙은 법원의 관할권을 수립하는 양측 당사국 사이의 계약 의무를 약속하는 것만으로도 충분히 성립될 수 있다. 미국과 영국이 독립 전쟁으로 인해서 발생한 앨라배마 호 손해배상 청구 사건Alabama Claims을 외교적 협상을 통해 해결할 수 없게 되자, 양국은 이 문제를 국제 재판정에서 해결하기로 약속하는 조약을 체결했다. 이 한 가지의 사건에 대해 판결을 내린 후 그 재판정은 해체되었다. 왜냐하면 미국과 영국 사이에 체결된 조약을 근거로 성립된 그 재판정의 관할권이 이 한 가지 사건을 판결함으로써 소멸했기 때문이다. 국제 재판에 의해 해결되어야 할 또 다른 분쟁이 미국과 영국 사이에 발생했다면 또 다른 조약이 체결되어야 했을 테고, 비슷한 절차를 다시 한 번 밟았어야 했을 것이다. 분쟁의 성격을 어떻게 규정하고, 재판정의 구성과 재판 절차는 어떻게 되어야 하는지 그리고 문제 해결 과정에 적용될 법 규범은 과연 무엇인지에 대해 관련 당사국 사이에 합의가 이루

12_ P.C.I.J. Series B, No. 5, p. 27.

13_ 우리는 중재(arbitration)라는 개념과 판결(adjudication)이라는 개념을 구별하지 않고 사용하고 있다. 중재 개념이 상설국제사법재판소가 창설되기 전 쌍방의 합의에 따라 생겨나게 된 사법 기구에서 사용된 용어인 데 비해, 판결 개념은 창설 형태와는 무관하게 오늘날 국제적 성격의 모든 사법 기구에서 널리 사용되는 개념이다.

어지지 않는다면 사법적 해결은 불가능해진다.

이른바 제도적 중재의 경우, 즉 (예를 들어 법적 성격의 분쟁이나, 평화 조약 혹은 상업적 조약으로부터 생기는 분쟁 등) 분쟁이 발생하기 이전 단계에서 모든 종류의 분쟁이 발생할 경우 국제 재판을 통해 해결하자고 미리 합의된 경우, 당사자들은 중재 절차의 두 가지 단계에 합의해야 한다. 첫째, 어떤 종류의 분쟁에 대해서는 국제 법원의 관할권에 위임하겠다는 일반적인 사전 합의가 이루어져야 하며, 둘째, 분쟁 발생 이후 분쟁 당사자들이 이 분쟁이 일반 협정을 통해 합의해둔 종류에 해당하기 때문에 국제적 판결 대상이 된다는 점을 밝히는 별도 협정을 체결해야 한다. 예를 들어, 두 나라 사이에 중재 조약이 체결되어 장차 그들 사이에서 발생하는 모든 법적 분쟁이 국제 재판소에서 해결된다고 규정하고 있다 해도 통상 두 당사국 중 어느 국가도 어떤 법적 분쟁을 국제 법정에 제소하고 판결을 요청함으로써 법원의 관할권을 일방적으로 수립할 수 있는 권리를 갖지는 못한다. 법원의 관할권을 수립하기 위해서는 두 당사국 간에 그 분쟁과 관련한 특별한 합의가 필요한 것이다.

국제 법원의 관할권이 갖는 계약적 성격에 대해 각국이 이를 일반적으로 옹호하고 지지한다는 사실에 대해 라우터파흐트Hersch Lauterpacht, 1897~1960는 다음과 같이 설명하고 있다.

> … 상설국제사법재판소가 선고한 대부분의 판결은 이른바 '관할권 주장'에 관한 것들로서, 즉 분쟁 당사자들 중 어느 한편이 그들 간에 체결된 중재 협정을 자기에게 유리한 방향으로 엄격하게 해석하고는

> 상대방에게 공정한 판결을 받을 수 있는 권리를 부여하지 않으려는 경우였다. 토머스 홉스는 공정한 판결의 권리를 자연 상태에서조차 기본적인 것으로 파악하고 있다. 이런 상황이 발생하는 것은 통상 그 문제를 해결하려는 다른 경쟁적 국제기관이 있어서가 아니라 문제의 국가가 법적 해결에 따라 그것을 처리해야 한다는 어떤 약속에도 구속되지 않기 때문이었다.

라우터파흐트는 이렇게 덧붙이고 있다. "심지어 분쟁을 법원의 중재 판결을 통해 해결해야 한다는 기본적인 의무가 받아들여진다 하더라도(즉 일반적 합의가 이루어질 때에도) 거기에는 교묘한 유보 조항이 포함되어 있기 때문에 사실 법적 의무라고는 전혀 없는 단순한 공문서가 되어버리곤 한다."[14]

◆ 선택조항

그런 상황이라면 각국이 장차 그들 사이에 일어날 분쟁을 사전에 사법적 해결에 맡기는 일반적 의무에 관해서 거론할 수 없음이 명백하다. 특정 분쟁을 중재 재판을 통해 해결하기 위해서는 특별한 합의가 필요하다는 사실과, 유보 조항에 의해 일반적 합의가 크게 제약된다는 사실은 의무적 소송을 사실상 불가능하게 만든다. 유보 조항은 각국으로 하여금 원하기만 하면 예비적 절차의 어느 단계에서든 행동의 자유를 보장받도록 한다. 최소한 어떤 종류의 분쟁을 해결할 때만이

14_ H. Lauterpacht, *The Function of Law in the International Community* (Oxford: The Clarendon Press, 1933), p. 427. (출판사의 허락을 받아 전재.)

라도 국제적 사법 기능을 엄격히 강제적인 국내적 소송 제도와 비슷하게 만들어보려는 목적에서 상설국제사법재판소 정관 제36조에서는 소위 선택 조항optional clause이라는 것을 만들었다. 이 독창적인 장치는 새로이 생겨난 국제사법재판소 정관 제36조에 원래 모습 그대로 계승되어 있다. (1920년 국제연맹이 네덜란드 헤이그에 설립한 상설국제사법재판소Permanent Court of International Justice, PCIJ는 1939년 발생한 제2차 세계대전으로 활동을 중지했다. 1944년 발표된 '일반 국제기구의 설립에 관한 제안'에 국제사법재판소International Court of Justice 창설안이 포함되었고, 곧이어 개최된 44개국 법률가위원회가 상설국제사법재판소 정관에 기초한 국제사법재판소 정관 초안을 준비했다. 이로써 국제사법재판소는 1946년 최초 재판관을 선출했으며 상설국제사법재판소의 관할권을 승계하며 헤이그에서 발족했다.－옮긴이) 이 조항은 정관에 서명한 모든 국가에게 '이 의무 사항을 승인한 다른 모든 국가와의 관계에서 법적 분쟁 전체에 대한 법원의 관할권을 특별한 합의가 없이도 의무로 받아들이게 하는' 기회를 주고 있다.

옛날의 재판소 체제하에서 이 조항의 구속력은 거의 50여 개국에 미쳤다. 새로운 정관의 서명국 수는 45개국에 달하고 있다. 하지만 그 중에서 정관을 무조건 수락한 국가는 몇 나라 되지 않는다.

국제사법재판소의 강제 관할권을 수락하면서 미국이 1946년 8월 14일에 선언한 내용은 너무나 광범위한 유보조항이 엄격한 법적 의무를 거의 사라지게 한 대표적인 사례다. 그 조항 가운데 몇 가지만 살펴보면 다음과 같다.

…이 선언은 다음과 같은 내용에 대해서는 적용되지 않는다.

a. 관련 당사국이 기존 합의 혹은 장차 체결될 합의에 의해 다른 법정에 그 해결을 의뢰하기로 한 분쟁들, 또는

b. 미국의 판단에 따라 본질적으로 미국의 국내적 관할권에 속한다고 인정되는 분쟁들, 혹은

c. 다자간 조약하에서 발생하는 분쟁들, 단 이 경우에 (1) 결정 사항에 의해 영향을 받게 될 모든 조약 당사자가 동시에 법원에 기소된 사건의 당사자일 경우, 또는 (2) 그 관할권에 대해 미국이 특별히 동의한 경우는 제외된다. ……[15]

유보조항 a는 그다지 중요하지 않지만 b항과 c항에 의해서도 도피처를 마련하지 못할 국제 분쟁은 실제로 생각하기 어렵다. 관련 당사국들의 국내적 관할권이 전혀 배제되고 그 결과 국제적 분쟁의 진정한 대상이 될 수 있는 사건이란 실제로 존재할 수가 없다. 미국과 어느 외국 사이에 체결된 무역 협정이 '본질적으로 미국의 국내적 관할권에 속하는' 문제들은 제외하고 다른 문제점만 다룰 수 있을까? 이민이나 외자 도입, 그리고 군비 축소에 관한 국제 조약은 어떨까? 국제법으로 해결되는 모든 문제가 분명 미국의 국내적 관할권에만 '배타적으로' 속할 수는 없다. 그렇다면 국제 분쟁이 본질적으로 미국의 관할권을 벗어나는 때는 언제인가? 그것은 분명 미국이 그런 문제에 대

15_ Document United States/International Court of Justice/5, *Department of State Bulletin*, Vol. 15, No. 375 (September 8, 1946), p. 452.

해 사법적 규제로부터 행동의 자유를 더 이상 확보하려 들지 않을 때다. 따라서 어떤 사건이 '본질적으로' 미국의 국내적 관할권에 속하느냐 아니냐를 구별하는 것은 정치적 문제이기 때문에, 그리고 유보 조항 b에 따를 때 이 문제를 상고 없이 최종 결정하는 것은 미국의 의사이기 때문에, 미국은 원하기만 하면 국제 법원의 관할하에 들어갈 수도 있는 분쟁 사건을 유보조항 b를 원용해 국내 문제로 만들 수 있다. 여기에 대한 미국의 견해가 분명히 독단에 치우쳐 있고 아무런 사실적 근거가 없다 해도 선언서의 조항에 따라 문제에 대한 최종 판결은 미국이 내리는 셈이다. 1984년 4월 레이건 행정부는 향후 2년간 중미 지역 관련 모든 문제에 대한 국제 법원의 관할권을 인정하지 않겠다고 발표했다. 미국의 이 발표로 국내적 관할권 문제를 둘러싼 논쟁이 뜨거워졌고, 미국은 남쪽으로 인접한 지역으로 이 조치를 연장하기도 했다.

유보조항 b에 해당되지 않아 국제 법원의 강제 관할권에 승복해야 하는 문제가 생겼을 때에는 유보조항 c가 관할권을 피할 수 있게 해준다. 오늘날 중요하다고 여겨지는 국제 조약 가운데 대부분은, 특히 그것들이 갖는 국제정치적 의미를 생각해보면, 다자 조약들이다. 대표적인 것들로는 범미 조약Pan-American Treaties, 유엔 헌장 그리고 제2차 세계대전 이후의 평화 조약 등이 있다. 선택 조항을 고집하는 국가의 수가 제한되어 있다는 사실과, 유보조항의 도움을 받아 국제 법원의 관할권을 피해나갈 수 있다는 사실을 감안하면, 위와 같은 조약 아래서 분쟁 사건이 일어났을 경우 때로는 수십 개에 달하는 모든 조약 서명국이 한꺼번에 국제 법원의 분쟁 당사자가 되기는 어려울 것이다. 따라서 다자 조약과 관련한 국제 법원의 강제 관할권을 받아들였을 경우에도 미국은 대다수 사건에서 행동의 자유를 누리게 된다.

결국 선택 조항하에서 강제 관할권의 발전은 애초의 출발점으로 되돌아오고 만다. 대부분의 중요한 분쟁에서 각국은 국제 법원의 관할권을 배제하고 행동의 자유를 유보하기 때문이다. 행동의 자유를 확보하기 위해 고안된 여러 법적 수단은 선택 조항으로 인해 더욱 세련되었다. 중요한 분쟁사건에 대한 국제 법원의 판결을 솔직하게 회피하는 대신 입으로는 강제 관할권을 고집하면서도 실제로는 그것을 받아들이기를 꺼려하는 각국의 모순된 행동을 어느 정도 감싸주고 은폐해주는 수단으로 위와 같은 여러 법적 수단이 사용되고 있는 것이다. 이렇게 본다면 상설국제사법재판소의 주요 관심사가 국제 무대에서의 권력 투쟁을 규제하는 데 있다기보다는 당사국이 사건을 재판소의 관할권에 부탁해야 할 의무가 있느냐 하는 기본 문제에 있다는 사실은 그리 놀랄 만한 일이 못 된다. 상설국제사법재판소가 한 국가의 권력욕을 제한하는 문제에 당당히 맞서야 했던 적이 단 한 번 있었다. 그것은 1931년의 독일-오스트리아 관세 동맹 사건[16]이었는데 거기서 재판소의 관할권은 당사국들의 자유로운 동의가 아니라 국제연맹 규약 제14조에 근거해 인정되고 있었다. 연맹 규약 제14조에 따르면 국제연맹 이사회가 재판소로부터 권고적 의견을 요청할 수 있는 권한을 갖도록 되어 있다. 또한 제2차 세계대전 이후의 세계적 국가 공동체가 여러 종류의 수많은 분쟁 사건으로 분열되어왔음에도 국제사법재

16_ P.C.I.J. Series A/B, No. 41.

판소가 설립된 이래 35년 동안 해결한 사건의 수가 29개에 불과하다는 사실도 한 번쯤 눈여겨볼 만하다.

이론적-실제적 모든 측면을 고려해보더라도, 결론은 선택 조항으로 인해 강제 관할권 문제의 본질이 제자리걸음을 한 채 조금도 개선되지 않고 있다는 것이다. 판결 분야의 경우 입법 분야보다는 좀 덜하지만 분쟁을 해결해나가는 모든 과정에서 결정적 중요성을 갖는 것은 어디까지나 개별 국가의 의지다. 그렇기 때문에 국제적 판결은 국제 무대의 권력 투쟁에 효과적인 규제력을 강제할 수 없다. 분쟁을 국제 재판을 통해 해결해야 한다는 일반적 의무를 규정한 모호하고도 막연한 법 규범과, 헤아릴 수 없이 많은 불명료하면서도 포괄적인 유보 조항은 타국과의 분쟁을 자국의 의사에 반하여 국제 재판에 회부해야 하는 위험 부담에서 모든 국가를 보호하고 있다. 따라서 중요한 분쟁 사건에 대한 강제 관할권만을 생각해볼 때에도 사법적 기능의 분권적 특성은 완전하다. 유보 조항에 의해 거의 무의미해져버린 법 조항들도 이런 사실을 거의 숨길 수 없다. 1957년에 다그 함마르셸드Dag Hammarskjöld, 1905~1961 유엔 사무총장은 다음과 같이 보고하고 있다. "…… 이런 추세가 중단되지 않고 계속된다면 강제 관할권의 모든 체계가 조만간 거의 환상이 되어버리리라는 개인적 견해를 반드시 밝혀두어야겠다."

국제 법원

분쟁에 대한 강제 관할권이 없이는 어떤 법체계도 대상 국가의 행동에 규제력을 행사할 수 없기 때문에 판결에 대한 두 가지 근본적인 문제점, 즉 사법 기관의 구성과 판결의 효력은 부차적 중요성만 가질 뿐이다. 상설국제사법재판소와 그 뒤를 이은 국제사법재판소의 설립은 국제법 분야에서 기능의 집중화를 향한 중요한, 아마도 가장 중요한 진전일 것이다. 1920년에 상설국제사법재판소가 설립될 때까지 국제적 규모의 사법 기관은 완전히 분권적으로 존재했다. 두 나라가 특정 분쟁을 양자 간 합의에 의해 법적으로 해결하기로 했다면 예를 들어 교황, 황제, 유명한 국제법 학자와 같은 특정 인물, 혹은 어떤 사람들의 단체가 그 사건을 해결해줄 법정 역할을 한다는 사실에 대해서도 합의했다는 의미다. 또 이 분쟁이 해결됨과 동시에 그것을 담당했던 법정도 자동으로 해산되는 것이 보통이었다. 다른 분쟁을 해결하기 위해서는 또 다른 법정이 새로이 구성되어야 했던 것이다. 위에서 언급한 앨라배마 호 사건[17]을 해결한 1871년의 제네바 법정은 이런 상황을 잘 보여주고 있다.

1899년과 1907년의 국제 분쟁의 평화적 해결에 관한 헤이그 협정은 이른바 상설중재재판소를 설치함으로써 국제 무대에서의 사법적 기관의 이런 분권화 현상을 극복해보고자 했다. 이 상설중재재판소는 각각의 서명국이 네 명 이하로 임명한 도합 약 120명 정도의 중재 재판관의 명부만으로 구성되어 있다. 분쟁 당사국은 이 명부에서 해당 사건을 처리해줄 중재 재판관을 선임하여 법정을 구성할 수 있다. 따라서 이 기관은 상설적이지도 않고 진정한 법정도 아니다. 법원이 조직체로 존재하지 않으므로 사법적 혹은 어떤 다른 기능을 제대로 수행하지도 못하는 것이다. 사실상 그것은 '국제법 문제에 능하며, 도

17_ 1권 p. 626 참고.

덕적으로도 높은 명성을 누리는'[18] 몇몇 사람의 리스트에 불과하다. 그것은 특정 분쟁에 대한 판결을 내리고자 구성될 특정 재판정을 위해 재판관을 선임하는 문제를 용이하게 해준다. 소위 상설중재재판소는 단 한 건도 사건을 판결한 적이 없다. 명부에 속한 개별 재판관만이 판결했을 뿐이다. 그것은 상설중재재판소라는 미명하에 중앙 집권적 사법 기관이 필요하다는 사실을 인정하면서도 동시에 국제 분야에서 사법 기관의 분권적 성격을 영구화하고 있다.

그동안 진정한 의미의 영속적인 국제 법원을 창설하는 데 장애가 되었던 것은 법원의 구성 문제였다. 사건이 발생했을 때 각국은 각각의 사건을 국제 법원에 의뢰하여 해결할 것이냐에 대해 행동의 자유를 누리려 했던 것만큼이나 재판관의 선임 문제를 놓고서도 행동의 자유를 누리려 했다. 더 자세히 말하자면, 각국은 자국 재판관이 한 명도 포함되지 않거나 자국의 이해관계와 견해를 대변해줄 재판관이 한 명도 없는 국제 법정에 분쟁을 맡기려 하지 않았다. 여러 국가에 관할권을 행사하는 어떤 상설 국제 재판소도 후자와 같은 요구 조건을 충족시킬 수는 없다. 왜냐하면 세계 법원의 관할권에 복종해야 하는 국가의 수는 필연적으로 재판관 수보다 많기 때문이다. 특히 약소국은 그런 국제 재판소에서는 자국의 이익을 대변할 기회를 영원히 박탈당하게 되었다고 불만을 느끼면서 결국 그와 같은 법원은 강대국의 수단에 지나지 않는다고 믿고 있다.

상설국제사법재판소와 그 후계자의 정관은 바로 이런 문제점을 해

18_ 국제 분쟁의 평화적 처리를 위한 헤이그 협정 제44조.

결하고 있다. 재판소는 15명의 재판관으로 구성되며 같은 나라에서 2인 이상이 선출될 수 없다(제3조). 반면에 "선거인들은 …… 재판관들로 구성된 전체 조직 내에서도 세계의 주요 문명 형태 및 주요 법체계가 보장되어야 함에 유의해야 한다"(제9조). 재판소의 재판관은 고도의 전문성과 정관 제9조의 요구사항을 만족시킬 수 있는 정교한 기구에 의해 지명되고 선출되어야 한다. 재판관의 지명은 상설중재재판소의 국가별 재판관단에 의해 혹은 각국 정부가 임명하는 국가별 재판관단에 의해 이루어진다(제4~6조). 총회와 안전보장이사회는 각각 독립하여 재판관을 선출하며 절대 다수를 얻은 후보자를 당선된 것으로 한다(제8~12조). 정관 제31조에서는 재판소의 재판관 중 당사국의 국적 재판관이 없는 경우 각 당사국은 특정 국적의 재판관을 선임할 수 있도록 추가 규정을 두고 있다.

진정한 의미에서 중앙 집권적 사법 기관인 이 재판소는 존재하고 있다는 사실만으로도 국제 사회에 대해 다음과 같은 두 가지 중요한 역할을 수행한다. 첫째, 이 재판소는 영구히 설립되었고 판결을 기다리는 분쟁이 무엇인지와 관계없이 존재하므로 판결을 통해 견해 차이를 해결하고자 하는 모든 국가가 수시로 활용할 수 있다는 점이다. 사법적 절차를 통해 분쟁을 해결하고자 하는 과정에서 어떤 다른 장애가 있을지는 모르지만, 국제 법정의 구성이나 재판관의 선임 문제 그리고 해결 절차와 적용 법률에 대한 합의 등 여러 문제점이 국제사법재판소의 정관과 함께 한꺼번에 해결된 것이다. 분쟁에 대한 판결이 이루어질 때마다 매번 이런 문제가 제기되어 1920년 이전에는 많은 어려움이 있었지만 이제는 효율적인 국제 사법 기능에 더 이상 장애가 없게 되었다.

국제사법재판소는 9년 임기로 재판관을 선임하며 연임도 가능하도록 해서 사법적 임무의 계속성을 유지하고 있다. 이런 특징은 특별 분쟁의 해결을 위해 소집되었다가 그 사건의 해결과 함께 해산되는 국제 법정에서는 찾아볼 수 없는 것이다. 9년 임기로 재판관이 선출되는 국제사법재판소처럼 어떤 재판소의 재판관단이 수년 동안 거의 같은 인원으로 유지될 수 있다면 나름의 전통이 생겨 후임 재판관들로 계속 이어지면서 미래 분쟁 당사국들은 재판소의 그런 계속성을 신뢰할 수 있게 될 것이다. 국제 법정의 활동에 점진적으로 녹아들어간 이와 같은 예측 가능성과 안정성은 제1차 세계대전 이전까지의 중재 재판에서 전형적으로 볼 수 있던 주먹구구식의 엉터리 소송 절차와는 놀라운 대조를 이루고 있다.

사법적 판결의 효력

안정성과 예측 가능성은 재판소의 사법적 활동이 낳은 법적 결과라기보다는 상설 기구라는 존재가 주는 심리적 결과다. 사실 재판소의 사법적 판결의 법적 효력과 관련하여 정관은 "재판소의 판결은 당사국 간 및 그 특정 사건에 관하여서만 구속력을 갖는다"라는 제59조를 삽입함으로써 분권주의 원칙을 택하고 있다. 비록 한 기구 내에서 같은 구성원들이 지속적으로 활동할 수 있게 하는 사교적인 사실 때문에 재판소 법제의 통일성과 전통이 발전될 수는 있다 하더라도, 영미법의 전통에서처럼 선례 구속의 원칙에 따르고 과거 판례를 고려해 자기 판결을 정당화하는 것이 법적 의무는 아니다. 그렇다고는 하나 앞서 언급한 통일성을 요구하는 사회적 압력 때문에, 초기의 약 30여 년 동안 재판소가 선례 구속의 원칙에 실제로 얽매어 있었다 하더라도 국제사법재판소 제도에는 별다른 변화가 없었을 것이다. 그럼에도 재판소는 마음만 먹는다면 선례적 판결을 얼마든지 무시할 수 있었고 지금도 그 자유는 마찬가지다. 선례 구속의 원칙에 묶인 재판소가 과거 판결을 무시하는 데 주저하는 상황은 있을 수 있지만 국제사법재판소는 경우가 다르다.

하지만 국제사법재판소 제도 자체가 지니는 이 같은 불확실성 요소는 국제사법재판소 정관 제59조에 의해 국제사법재판소와 국제적으로 활동하는 수많은 사법 기관 사이의 관계에 영향을 미치는 불확실성에 비한다면 대수롭지 않다. 국민 개개인의 활동을 규제하는 수단으로서 국가 사법 제도가 지니는 힘은 대부분 그 제도의 위계적 질서에서 생기고 있다. 국민이 어떤 행위를 하건 법원에서는 그 행위가 법률적 요구와 합치하는지 위반되는지를 언제든지 판단할 수 있다. 법원의 판결이 내려진 이후에는 상위 법원에 호소함으로써 판결의 옳고 그름을 판정받을 수도 있다. 그리고 끝으로 대법원은 최종적인 권위를 가지고 사건에 적용된 법률에 대해 결론을 내린다. 이들 모든 법원이 선례 구속의 원칙에 따라 행동하기 때문에 그들의 판결은 한 법원 내에서뿐만 아니라 전체적 법원 제도 안에서도 논리적 일관성을 가지게 된다. 그들이 위계질서를 이루고 있으므로 사법 제도 전반에 걸쳐 판결의 통일성이 보장된다.[19] 위계질서를 이룬 기구와 선례 구속의 원칙이 조화를 이루어 사법 제도 전반을 통틀어 하나의 체계를 이룬 법제가 생기게 된다. 법의 보호를 요청하는 사람이 있을 경우 언제라도 즉각 행동을 개시할 수 있는 하나의 일관된 법체계가 생기는 것이다.

국제 무대에서 이와 조금이라도 비슷한 상황을 찾아보기란 어렵다. 국제사법재판소는 전 세계적 관할권을 잠재적으로 행사할 수 있는 유일한 국제 법원이다. 하지만 특정 당사국 간에 특정 형태의 분쟁들 혹은 어느 한 가지 유형의 분쟁을 해결하기 위해 특별 조약에 의해 설립된 여타의 많은 재판소와 상호 간 아무런 법적 연결성이 없을 뿐 아니라 국제사법재판소와의 관계도 수립되어 있지 못하다. 국제사법재판소는 다른 국제 재판소의 판결에 대한 항소 사건을 최종적 권위를 가지고 판결할 수 있는 세계의 대법원이 결코 아니다. 그것은 수많은 국제 재판소 가운데 하나일 뿐이며 조직의 영구성, 관할권의 잠재적 범위 그리고 일반적으로 수준 높은 판결을 내린다는 점에서 기타의 국제 재판소와 구별될 뿐이다. 그렇다고 해서 국제사법재판소가 위계적으로 다른 국제 재판소와 완전히 동일한 위치에 있다는 뜻은 결코 아니다. 국제사법재판소의 판결은 그 특출한 전문성으로 인해 다른 국제 재판소의 판결에 영향을 미친다. 그렇지만 이들 재판소는 선례 구속의 원칙을 따라야 할 의무가 없기 때문에 자신들 간에 판결의 일관성을 추구할 의무가 없듯이 국제사법재판소의 판례에 따라 일관된 판

19_ 이것은 이상적으로만 진실일 뿐이다. 국내적 사법 제도의 실제적 기능에는 수많은 예외 상황이 존재한다. 예를 들어 연방 사법 제도의 경우 각 법원의 판례가 논리적 일관성을 갖느냐 하는 것은 대법원이 최고위 공소심 재판소로서의 관할권을 가질 경우에만 보장될 수 있다. 법에 의해 혹은 대법원 측이 스스로 공소를 기각할 경우에는 몇몇 순회 재판소가 이런 종류의 사건을 맡아 상부 재판소에 의뢰하지 않고 판결을 내릴 수 있는데 이들이 비슷한 사건에 대해 적용하는 법 규범이 사건마다 달라질 수가 있으며, 사실 그런 경우는 자주 발생한다. 따라서 연방 사법 제도 안에서 존재하는 이런 예외 경우만 보더라도 국제적 판결에서의 예외 경우는 오히려 자연스러운 현상이다.

결을 내려야 할 법적 의무를 부담하지 않는다. 여기서 또 한 번 분권주의는 사법 기능의 뚜렷한 특징이 되고 있다.

국제법의 집행

분권적 성격

입법 기능과 사법 기능에 대해 논의하면서 애써서 증명해야 했던 내용은 집행 기능에서도 마찬가지다. 국제법의 집행 기능 역시 완전히, 또 절대적으로 분권화되어 있다. 국제 사회에는 심지어 개별 국가의 정부기관과 정치 수단을 떠나서 따로 국제법의 집행을 위해 존재하는 기관이나 수단도 없다. 브리얼리 교수는 이런 상황을 다음과 같이 설명하고 있다.

> 국제체제에서는 국제법적 권한을 강제하기 위한 중앙기구 같은 것은 없으며 위반에 대한 제재 조치를 취할 수 있는 일반적 제도를 창설한다는 것도 현재로서는 그리 전망이 밝지 못하다. …… 이렇게 집행권이 결여되어 있다는 사실은 각국이 행동의 자유를 가진다는, 즉 각국이 자기 권리를 주장하기에 적합하다고 생각하는 어떤 행동이든 취할 수 있다는 말과 같다. 그렇지만 이 말은 (법의 준수를 확보하기 위한 수단이라는 뜻으로 적절히 쓰였을 경우) 국제법이 아무 제재 조치도 갖추고 있지 못하다는 얘기는 아니다. 단지 국제법의 제재 조치가 제도적이지 못하며, 중앙 집권적으로 통제되지도 않고, 실제 그런 조치가 취

해졌을 경우에도 매우 효과가 불확실하다는 뜻일 뿐이다. 제도화되지 못했다는 사실이 만족스럽지 못한 것은 분명한 일이다. 특히 자신의 권리를 남들만큼 효과적으로 주장하지 못하는 국가에게는 더욱 그러하다.[20]

개별 국가가 모두 법의 제정자이며 법정과 관할권의 창설자라는 말과 같은 의미에서, 각국은 모두 보안관이요 경찰이기도 하다. 국가 공동체 안에서 A라는 개인이 B라는 개인의 권리를 침해했을 경우 그 국가의 법 집행 기관은 이 문제에 개입하여 B의 권리를 보호해주고, 법률에 따라 B에게 만족할 만한 보상을 하도록 A를 강요할 수 있다. 국제 사회에서는 이와 비슷한 제도가 전혀 없다. A국이 B국의 권리를 침해했을 경우 B국의 편에 서서 국제법을 집행해주는 기관이 없는 것이다. B국만이 자신이 가진 힘의 범위 안에서, 다시 말해서 A국과 비교한 B국의 상대적인 힘이 자신의 권리를 지킬 만큼 강력한 경우에, 자신을 도울 수 있다. 국내법은 아주 예외적이고 한정적인 조건에서만 위법 행위의 피해자가 자력 구제自力救濟나 자위自衛라는 형태로 스스로 법을 행사하여 범법자를 벌줄 수 있도록 하고 있다. 국내법에서 아주 엄격하게 한정된 예외 사항으로 간주되는 것이 국제법에서는 법 집행의 원칙으로 통한다. 이 원칙에 따르자면 법의 위반으로 인한 피해자만이, 그 어느 누구도 아닌 피해자만이 범법자에 대해 법을 집행할 수 있는 권리를 가진다. 어느 누구도 법을 집행할 의무를 지지는

20_ *The Law of Nations*, pp. 92-93.(출판사의 허락을 받아 전재.)

않는다.

이것보다 더 원시적이며 허약한 법 집행 제도는 없을 것이다. 왜냐하면 범법자와 피해자 사이의 힘의 배분 상태라는 우여곡절에 따라 법이 집행되기 때문이다. 이런 제도하에서는 법을 위반하는 것도 법을 집행하는 것도 강자에게 유리하며 결국 약자의 권리는 크게 위협받고 만다. 강대국은 효율적인 제재를 두려워할 필요 없이 약소국의 권리를 침해할 수 있다. 강대국은 권리를 침해당했다는 명목으로 약소국을 상대로 국제법을 집행할 수 있는데, 위법 행위라고 주장된 그 내용이 사실이든 아니든, 또 그 위법 행위의 정도와 제재 조치의 정도가 일치하는지에 상관없이 가능하다.

약소국은 강한 우방국으로부터의 지원을 받아야 자신의 권리를 지킬 수 있다. 그렇게 함으로써만이 약소국은 자기 권리를 침해하려는 시도에 그나마 어느 정도 성공을 기대하며 저항해볼 수 있다. 그런 지원을 얻을 수 있느냐 없느냐 하는 것은 국제법의 문제가 아니라 개별 국가들이 파악하는 국가 이익의 문제다. 국제 공동체에서 약소국을 도와야 할지 말아야 할지를 궁극적으로 결정하는 것은 국가 이익인 것이다. 다시 말해 국제법을 집행하기 위한 어떤 조치를 취해야 하냐 말아야 하냐, 또 그 조치가 성공할 수 있냐 실패할 것이냐 하는 것은 법적 측면에서 주로 고려될 문제가 아니며, 법 집행 기관이 있다 해도 관심이 없을 경우에는 무의미할 뿐이다. 제재 조치의 실시 여부와 성공 가능성은 정치적 고려와 사건이 일어난 순간에 존재하는 힘의 실제적 배분 상황에 달려 있다. 결국 강대국에 의해 위협받는 약소국의 권리가 보호되느냐 여부는 바로 그 상황에서 실제 작용하는 세력 균형에 따라 결정된다. 그러므로 1914년 벨기에의 권리가 독일에게 침해되려는 위기에서 보호받을 수 있었던 것은 그렇게 하는 것이 이로우리라는 판단을 주변의 강대국들이 내린 덕분이었다. 비슷한 경우로 1950년 한국이 북한의 침략을 받았을 때 미국과 그의 동맹국, 예를 들어 영국과 프랑스는 극동에서의 세력 균형과 아시아 전체의 영토적 안정을 유지하는 것이 그들의 이익과 합치한다고 판단하고서 한국을 원조했다. 반면 1903년 파나마 공화국의 건설로 이어진 파나마 지방의 독립 혁명을 미국이 지원했을 때 콜롬비아의 권리는 속수무책으로 침해당했으며, 1939년 핀란드를 침공한 소련의 행위에 대해서도 아무 처벌이 이루어지지 않아 핀란드의 권리는 효과적 제재 조치에 의한 개입이 없이 침해당하고 말았다. 당시 이들 국가의 권리를 보호해줄 만한 세력 균형이 없었던 것이다.

하지만 지금까지의 논의에서보다 실제 상황은 훨씬 덜 심각하다는 점을 지적해야겠다. 일반적으로 모든 국가는 국제법 규범의 대다수를 강제 조치 없이도 잘 준수한다. 그것은 모든 관련 국가가 국제법 의무를 성실히 이행하는 편이 대체로 이롭다는 점을 잘 알고 있기 때문이다. 어떤 국가가 자국 수도에 거주하는 타국 외교관의 권리를 침해하려 하지 않는다면 그것은 국제법 규범을 보편적으로 준수하는 것이 자국의 이익과도 합치할 뿐만 아니라 타국의 이익에도 합치하며, 결국 그것이 자국 수도에 거주하는 외국 외교관의 권리는 물론 타국 수도에 거주하는 자국 외교관의 권리를 보호하는 길이라는 점을 알기 때문이다. 각국은 또 상업적 조약에 따른 의무 사항을 게을리하려고도 않는데, 상대방 체약국이 조약을 준수함으로써 자국이 기대할 수 있는 이익이 자국이 조약을 잘 지킴으로써 상대방 국가에게 돌아갈 이익과 상호 보완적 관계에 있음을 잘 알기 때문이다. 따라서 자기 의무를 제대로 이행하지 않았을 경우, 얻을 수 있는 이익보다는 오히려 감당해야 할 손해가 훨씬 클 수가 있다. 이는 장기적으로 볼 때 더욱 분명한 사실이다. 일단 조약상의 의무를 제대로 이행하지 않는 국가라는 평판을 얻게 되면, 자국에게 이로운 조약을 체결하기가 매우 어려워지기 때문이다.

대부분의 국제법 규범은 국가 간의 일치하거나 보완적인 이해관계를 법적으로 규정하고 있다. 그런 이유로 국제법 규범은 스스로 잘 집행되고 있으며, 대개 특별한 집행력이나 조치가 필요 없다. 배후에 존재하는 공통의 이해관계에도 불구하고 국제법 규범이 실제로 위반되는 대부분의 상황을 보면 위반 행위를 한 측에서 자발적으로든 사법적 판결에 의해서든 만족할 만한 배상을 한다. 또한 지난 약 150여 년간에 내려진 수천 건의 사법적 판결 가운데 거기에 불복한 경우는 채 열 건이 되지 않는다는 점도 주목할 만하다.

따라서 대부분의 국제법 규범은 일반적으로 집행 측면에서 제도가 허술하기는 하지만 그것 때문에 큰 영향을 받지는 않는다. 각국이 자발적으로 잘 지켜주기 때문에 집행상의 문제가 사전에 예방되기 때문이다. 하지만 국제법의 준수와 집행 문제가 관련된 각국의 상대적 국력에 직접 영향을 미치는 흔하지 않으면서도 극적인 몇몇 경우에는 바로 이 집행 문제가 민감해질 수 있다. 이는 지금 우리가 논의 중인 내용의 맥락에서 상당히 중요한 의미가 있다. 앞서 살펴보았듯이 그런 경우 법보다는 국력이 그 법의 준수 여부와 강제 집행 여부를 결정하게 된다. 이런 상황을 개선하고 국제법의 집행 기능에 최소한이나마 객관성과 중앙 집권적 성격을 부여할 수 있도록 두 가지의 노력이 시도되었다. 하지만 그 두 가지 노력은 모두 똑같은 원인 때문에 실패했다. '보장 조약'의 형태로 이루어진 첫 번째 노력은 근대 국가 체제가 성립되던 무렵에까지 거슬러 그 기원을 살펴볼 수 있으며, 두 번째 노력인 '집단 안전 보장'은 국제연맹 규약에서 처음으로 채택되었다.

보장 조약

> 조약에 대한 신성불가침의 충성 의무가 그 조약을 반드시 준수하겠다는 확실한 보장이 되지는 못한다는 슬픈 경험에서 교훈을 얻은 인간들은 체약국들의 선의와 별개로 체약국이 조약을 위반하지 못하게 함으로써 안전을 도모하는 수단을 강구하게 되었다. 그런 수단 중 하나가 바로 보장이다. 평화 조약 혹은 기타 조약을 체결한 체약국들이 그 조약의 준수 여부를 확신할 수 없을 때 강력한 국가에 의한 보장책을 구하게 된다. 이때 보장국은 조약의 규정을 확인하고 그것이 준수되도록 힘쓸 것을 약속한다. 체약국 중의 일방이 조약상의 의무 이행을 회피하면 보장국이 부득이 무력을 행사하게 되는데, 보장국이라는 지위는 아무 국가나 가볍게 혹은 명백한 근거 없이 쉽사리 맡을 수 있는 것이 아니다. 조약 준수에 간접적 이해관계를 가지거나 어느 한쪽의 체약국과 우호관계를 맺고 있지 않다면 어느 군주도 그런 역할을 맡으려 하지 않는다.[21]

18세기 국제법의 권위자인 에머리히 바텔의 이 얘기는 보장 조약의 동기와 법적 성격을 잘 설명해주고 있으며, 진정한 중앙 집권적 국제법 집행 기구를 대체하는 수단으로서 보장 조약이 지니는 많은 문제점을 아울러 잘 나타내고 있다.

보장 조약의 가장 간단한 형태는 1505년에 영국을 보장국으로 체결된 프랑스와 아라곤 사이의 블루와Blois 조약으로서 이는 근대사 최초의 조약이라고 간주된다. 당시 영국은 두 체약국이 성실히 조약을 준수하도록 노력할 것임을 약속하면서 경찰 임무를 수행할 법적 책임을 부담했다.

좀 더 발전된 형태의 국제적 보장은 예를 들어 1856년 파리 조약과 1878년 베를린 조약의 체약국들이 터키의 영토적 통일성을 보장했던 데서 찾아볼 수 있다. 또 1831년과 1839년 그리고 1876년에 각각 체결되어 벨기에와 룩셈부르크의 중립을 보장했던 조약도 같은 사례다. 이른바 로카르노 조약Locarno Pact의 일부를 구성하는 1925년 10월 16일의 상호 보장 조약을 통해 영국, 벨기에, 프랑스, 독일과 이탈리아는 "독일과 벨기에의 국경, 독일과 프랑스의 국경 그리고 이들 국경의 불가침성에서 유래하는 현상Status guo을 …… 집단적·개별적으로 보장"하고 있다. 이런 형태의 보장 조약에서는 한 국가가 아니라 한 그룹의 국가, 즉 강대국 전체는 아니더라도 대부분의 강대국이 개별적으로 혹은 집단적으로 모든 위반 국가를 대상으로 법 조항을 집행할 것을

21_ Emmerich de Vattel, *The Law of Nations* (Washington, D.C.: Carnegie Institution, 1916), Book II, § 235, p. 193.

약속하고 있다.

위에서 살펴본 두 가지 형태의 조약이 중앙 집권적 집행 기관을 대신하는 기능을 제대로 수행하기 위해서는 다음 두 가지 전제 조건을 충족시켜야 한다. 효율적인 집행력을 가져야 하는 동시에 그 집행력이 자동으로 발휘되어야 한다. 하지만 집행력의 효율성은 세력 균형의 산물임을 다시 한 번 지적해두어야겠다. 즉 보장 국가들과 위반 국가들 사이에 존재하는 힘의 배분 상황에 달려 있는 것이다. 이때 힘의 배분 상황은 특히 집단적 보장일 경우 보장국 측에 유리한 경우가 많지만 반드시 그렇지는 않다. 더욱이 오늘날과 같은 전쟁의 조건에서는 어느 강대국이 조약을 위반하고서도 수많은 보장국의 단합된 견제력을 눌러버리는 상황이 쉽게 연출될 수 있다.

보장 조약의 효율성을 망쳐버리는 것은 보장이 이루어지는 과정에서 생기는 불확실성이다. 이를 이용해서 보장국은 조약을 위반하지 않고서도 교묘히 조약 이행의 보장 책임을 회피할 수 있는데, 국제법의 한 권위 있는 교과서가 바로 이런 허점을 잘 지적하고 있다. 오펜하임-라우터파흐트의 책을 읽어보자.

> 그렇지만 보장국들이 피보장국에 …… 약속한 원조를 제공할 의무는 여러 조건과 상황에 달려 있다. 따라서 첫째로 피보장국은 보장국에 원조 요청을 해야 한다. 두 번째로 보장국은 요청받은 원조를 결정적인 순간에 해줄 수 있어야 한다. 하지만 예를 들어 보장국이 제3국과의 전쟁으로 손이 묶여 있다거나, 국내적인 골칫거리나 기타 요인 때문에 대외 개입으로 심각한 위험이 초래될 우려가 있을 경우에는

> 이 원조 요청을 완수하지 않아도 좋다. 마찬가지로 피보장국이 보장국의 조언에 따라 행동하지 않았을 경우에는 보장국도 반드시 원조 의무를 지킬 필요가 없어진다.[22]

다시 말해 집행 조치를 통해 국제법 준수를 보장할 의무는 분쟁을 국제 법정에 이양하고 판결을 요청해야 하는 의무보다 더 이상 절박하지 않다. 설사 긴급하다 할지라도 그다지 심하지 않다. 두 경우 모두 여러 가지 전제 조건, 유보 사항, 예외 사항 등이 거의 모든 사건에 적용될 수 있기 때문에 법적 의무는 사실상 아무 가치를 가지지 못하고 만다. 결국 보장 조약의 국제적 집행 기능은 실제적인 여러 이유로 인해 분권적 성격을 띠는데 결과적으로 조약이 없는 것이나 마찬가지 상황이 되어버린다.

집단 안전 보장

집단 안전 보장은 완전히 분권적인 국제법 집행 제도의 결함을 보완하기 위해 시도된 노력 가운데 가장 포괄적이다. 전통 국제법이 법 집행을 피해를 받은 국가에 맡겨버린 데 비해 집단 안전 보장은 특정 사건이 발생했을 때 피해를 입었건 입지 않았건 공동체의 모든 구성국에 의해 법 집행이 이루어지도록 하고 있다. 따라서 국제법을 위반하려는 국가는 언제나 국제법을 옹호하기 위해 자동으로 집단 행동을 취하는 모든 국가의 공동 전선과 맞설 각오를 해야 한다. 이상으로서

22_ *International Law*, Vol. I, p. 966. (Longmans, Green & Co., Inc사의 허락을 받아 전재.)

의 집단 안전 보장은 완벽하다. 그것은 주권 국가들로 구성된 공동체에서 생길 수 있는 모든 법 집행 문제에 대한 이상적인 해결책을 제시하고 있다. 그러나 집단 안전 보장 개념을 실천에 옮기고자 했던 두 번의 시도, 즉 국제연맹 규약 제16조와 유엔 헌장 제7장은 위와 같은 이상에는 훨씬 못 미치고 있다. 두 국제기구의 가맹국들이 실제 보여 준 행동은 조약 문서에서 권한을 위임받은 집단적 조치에 훨씬 못 미치는 것이었다.

◆ 국제연맹 규약 제16조

오늘날 국제연맹 규약은 역사적 흥밋거리 이상이 되지 못하지만 규약 제16조[23]의 처음 3항은 집단 안전 보장 체제를 실현하려던 선구자적 노력으로 남아 있다. 이 세 개 단락에 서술된 집단 안전 보장 체제는 애초부터 한 가지 형태의 국제법 위반 행위에 한정되고 있다. 즉 규약

23_ 국제연맹 규약 제16조의 내용은 다음과 같다.

제16조 ① 제12조, 제13조 또는 제15조에 의한 약속을 무시하고 전쟁에 호소한 연맹국은 당연히 다른 모든 연맹국에 대하여 전쟁 행위를 한 것으로 간주한다. 기타 모든 연맹국은 규약을 위반한 국가에 대하여 즉시로 모든 통상상 또는 재정상의 관계를 단절하고 자국민과 규약을 위반한 국가의 국민 간의 모든 교통을 금지하고 또 규약을 위반한 국가의 국민과 연맹국이든 아니든 기타 모든 국가의 국민 사이의 모든 재정상·통상상 또는 개인적 교통을 방지할 것을 약속한다.

② 연맹 이사회는 전항의 경우에 있어서 연맹의 약속을 옹호하기 위하여 사용할 병력에 대하여 연맹 각국이 제공할 육·해 및 공군의 분담 정도를 관계 정부에 제안할 의무를 진다.

③ 연맹국은 본조에 의하여 취하여지는 재정적 및 경제적 조치에서 야기되는 손실과 불편을 최소한도로 하기 위하여 상호 간에 원조할 것, 연맹의 1국에 대한 위약국의 특수한 조치에 대항하기 위하여 상호 간 원조할 것과 연맹의 약속을 옹호하기 위하여 협력하는 연맹국 군대의 영역 통과에 관하여 필요한 조치를 취할 것을 약속한다.

④ 연맹의 약속을 위반한 연맹국에 대하여서는 연맹 이사회에 대표를 내는 모든 기타 연맹국 대표자의 연맹 이사회에 있어서의 일치된 투표로써 연맹으로부터 이를 제명할 것을 성명할 수 있다.

제12조, 제13조, 또 제 15조에 의한 국제적 분쟁의 평화적 해결 의무를 어기고 전쟁에 호소하는 경우가 그것이다.[24]

여타의 모든 국제법 위반 행위에 대해서는 일반 국제법상의 분권적이고 개별적인 집행 체제가 적용될 뿐이다.

규약 제16조의 처음 3개 항을 작동케 하는 국제법 위반 행위는 다음과 같은 네 가지 법적 효과를 수반한다. (1) 위약국은 다른 모든 연맹국에 대하여 전쟁 행위를 한 것으로 간주된다. (2) 후자는 위약국에

24_ 제12, 13, 15조의 내용은 다음과 같다.

제12조 ① 연맹국은 그들 사이에 국교 단절에 이를 우려가 있는 분쟁이 발생한 경우에는 그 사건을 중재 재판, 사법적 해결 또는 연맹 이사회의 사실 심사에 부탁할 것과 또한 중재 재판관의 판결, 사법 재판의 판결 또는 연맹 이사회의 보고 후 3개월을 경과할 때까지는 어떠한 경우에 있어서도 전쟁에 호소하지 않을 것을 약속한다.

본조에 의한 모든 경우에 있어서 중재 재판관의 판결 또는 사법 재판의 판결은 상당한 기간 내에, 그리고 연맹 이사회의 보고는 분쟁 사건의 부탁 후 6개월 이내에 행하여야 한다.

제13조 ① 연맹국은 그들 사이에 중재 재판 또는 사법적 해결에 부탁할 수 있다고 인정되는 분쟁이 발생하여 그 분쟁이 외교적 수단에 의하여 만족할 만한 해결을 얻지 못한 경우에는 이 사건 전부를 중재 재판 또는 사법적 해결에 부탁할 것을 약속한다.

② 조약의 해석, 국제법상의 문제, 국제 의무의 위반으로 되는 사실의 존부 및 이 위반에 대한 배상의 범위 및 성질에 관한 분쟁은 일반적으로 중재 재판 또는 사법적 해결에 부탁할 수 있는 사항에 속한다는 것을 성명한다.

③ 심리를 위하여 분쟁 사건을 부탁할 재판소는 제14조의 규정에 의하여 설립된 상설국제사법재판소 또는 당사국 간의 합의로서 정하여진 혹은 당사국 내에 현존하는 조약의 규정에서 정하여진 재판소로 한다.

④ 연맹국은 일체의 판결을 성실히 이행하여야 하며 또한 판결에 복종하는 당사국에 대하여서는 전쟁에 호소하지 않을 것을 약속한다. 판결을 이행하지 않을 경우에는 연맹 이사회는 그 이행을 기하기 위하여 필요한 조치를 제의하여야 한다.

제15조 ① 연맹국 간에 국교 단절에 이를 우려가 있는 분쟁이 발생하여 제13조에 의한 중재 재판 또는 사법적 해결에 부탁되지 아니하는 경우에는 연맹국은 이 사건을 연맹 이사회에 부탁할 것을 약속한다. 분쟁의 어떠한 당사국이나 분쟁의 존재를 사무총장에게 통고함으로써 전기의 부탁을 할 수 있다. 사무총장은 이에 관한 충분한 조사 및 심리에 필요한 모든 조치를 취한다.

② 이 목적을 위하여 분쟁 당사국은 가능한 한 속히 이 사건에 관한 진술서를 모든 관계 사실 및 서류와 함께 사무총장에게 제출하여야 하며 연맹 이사회는 즉시로 그 공표를 명할 수 있다.

대해 모든 관계를 단절하고 기타 모든 국가 공동체 구성국들과의 일체 접촉으로부터 고립시킬 법적 의무를 진다. (3) 연맹 이사회는 훼손된 규약 조항을 방어하기 위해 연맹국에게 군사적으로 기여할 것을 권고할 법적 의무를 진다. (4) 연맹국은 집단 조치를 행할 때에 상호간에 경제적·군사적 원조를 제공할 법적 의무를 진다.

이 조항들을 문자 그대로 살펴보면 (1), (2), 그리고 (4)의 내용에 대해서는 집단적 성격의 의무가 자동으로 발생되는 듯하다. 그러나 가

---

③ 연맹 이사회는 분쟁의 해결에 노력하여야 하며 그 노력이 성공한 경우는 적당하다고 인정하는 바에 따라서 이 분쟁에 관한 사실과 설명 및 그 해결 조건을 기재한 조서를 공표한다.

④분쟁이 해결되지 아니한 경우에는 연맹 이사회는 전원 일치 또는 과반수의 투표에 의하여 이 분쟁 사실의 진술과 그 분쟁에 관하여 공정하며 적당하다고 인정되는 권고를 기재한 보고서를 작성해 공표한다.

⑤ 연맹 이사회에 대표를 낸 어떠한 연맹국이나 이 분쟁의 사실 및 이에 관한 자국의 결정에 대하여 진술서를 공표할 수 있다.

⑥ 연맹 이사회의 보고서가 분쟁 당사국의 대표자를 제외한 타 연맹 이사회원의 전부의 동의를 얻은 경우에는 연맹국은 이 보고서의 권고에 따르는 분쟁 당사국에 대하여 전쟁에 호소하지 않을 것을 약속한다.

⑦ 연맹 이사회에 있어서 분쟁 당사국의 대표자를 제외한 타연맹 이사회원 전부의 동의 있는 보고서를 얻지 못할 경우에는 연맹국은 권리와 정의를 유지하기 위하여 필요하다고 인정되는 조치를 취할 권리를 유보한다.

⑧분쟁 당사국의 일방이 그들 사이의 분쟁이 국제법상 오로지 그 당사국의 국내 관할권에 속한 사항에 관하여 발생한 것이라고 주장하고 연맹 이사회가 그렇게 인정한 경우에는 연맹 이사회는 그 취를 보고하고 또한 그 분쟁의 해결에 관한 아무런 권고도 하지 않을 것으로 한다.

⑨ 연맹 이사회는 본조에 의한 모든 경우에 있어서 분쟁을 연맹 총회에 이양할 수 있다. 분쟁 당사국의 일방의 요청이 있는 경우에 또한 이를 연맹 총회에 이양한다. 단, 전기한 요청은 분쟁을 연맹 이사회에 부탁한 후 14일 이내에 행함을 요한다.

⑩ 연맹 이사회의 행동 및 권한에 속하는 본조 및 제12조의 규정은 연맹 총회에 이양시킨 사건에 관하여 이를 전부 연맹 총회의 행동 및 권한에 적용한다. 단, 각 경우에 분쟁 당사국의 대표자를 제외한 연맹 이사국에 대표자를 낸 연맹국 및 기타 연맹국 과반수의 대표자에 의하여 동의를 얻은 연맹 총회의 보고서는 분쟁 당사국의 대표자를 제외한 타 연맹 이사회원 전부의 동의를 얻은 연맹 이사회의 보고서와 동일한 효력을 가진다.

장 중요한 (3)에서는 권고에 그치고 있어 연맹국들이 이를 수락할지 거부할지를 마음대로 결정할 수 있다. 게다가 (1), (2), (4)의 내용도 기만적으로 보인다. 1921년 연맹 총회가 채택한 뒤 법적으로는 아니더라도 일반적으로 효력을 인정받고 있는 해석적 결의안은 제16조의 의무적·자동적 요소를 제거하여, 규정의 명백한 의무를 연맹 이사회의 도덕적 권위에 의해 지지되는 권고에 불과한 것으로 만들어버렸다.[25]

무엇보다도 이 결의안은 제16조의 명백한 목표와는 정반대로 국제법의 위반 행위가 발생했는지의 여부와 따라서 제16조의 적용 여부를 각각 개별 국가의 결정 사항이라고 선언함으로써 연맹의 제재 조치를 개별적이고도 분권적인 것으로 만들어버렸다. 뿐만 아니라 결의안에서 해석되었듯이 (1)의 내용은 연맹국이 위약국에 대해 전쟁을 개시할 수 있도록 하고 있으나 문자 그대로 법적 의무를 지우지는 않는다. (2)와 (4)에 대해서 결의안은 위약국에 대해 취할 조치와 상호 간의 협조

25_ 관련 결의안의 내용은 다음과 같다.

3. 한 국가의 일방적인 의무 불이행이 전쟁을 발생시키지는 않는다. 연맹의 다른 가맹국들로 하여금 규약을 위반하는 국가에 대해 전쟁 행위를 개시할 수 있도록 또 전쟁을 선포할 수 있게 하는 권한을 제공할 뿐이다. 그러나 연맹 규약의 정신에 입각하여 연맹은 전쟁을 회피하고 경제적 제재 조치로 평화를 회복하여야 한다.

4. 규약의 위반이 발생했는지 여부를 결정하는 것은 연맹 가맹국의 의무다. 16조의 설명 조항에 따라 연맹 가맹국은 자기의 임무를 다하여야 한다. 또한 이 의무를 게을리하는 것은 조약의 의무 불이행으로 간주된다.

9. 모든 국가는 경제적 제재 조치를 적용함에 있어 동등하게 취급되어야 한다. 다음과 같은 유보 조항을 둔다.

(a) 어떤 국가로 하여금 특별한 조치를 취하게 권고할 수 있다.

(b) 어떤 국가에 대해서는 제16조에 의한 경제적 제재 조치의 적용을 전체적 내지 부분적으로 연기하도록 할 수 있다. 그러나 이런 연기 조치가 공동의 행동을 위한 계획을 성공시키기 위해서 요구되거나, 그 제재 조치를 취함으로써 어떤 연맹 가맹국이 당하게 될 손실과 혼란을 극소

내용을 개별 국가의 결정 사항으로 남기고 있다. 이사회는 언제, 어느 국가가, 어떤 조치를 취해야 할지 권고하되 개별 국가를 구속할 권위가 없는 단순한 협조 기구로서 행동할 뿐이다.

간단히 얘기해서, 제16조에 의해 조치를 취할 의무는 분권화되어 있는 반면 개별 국가가 결정한 조치는 연맹 이사회의 중앙 집권적 관리하에 집행된다. 이 결의안은 여러 국가가 결정한 집행 조치를 중앙 집권적으로 수행할 수 있도록 기술상의 진보를 이룩한 것으로 평가할 수 있다. 하지만 이 집행 조치의 의무적이며 자동적인 성격과 관련해 볼 때 그것들은 강제적 판결에 대해 유보 조항이, 그리고 보장 조약에 대해 예외 사항과 전제 조건이 행하는 것과 같은 기능을 수행한다. 법적 의무가 노리는 강제적 성격이 결국은 무의미해지고 마는 것이다.

총회의 결의안에 의한 제16조의 조정은 집행력의 분권적 성격을 다시 한 번 확인한 수준이다. 국제연맹의 관행을 보더라도 연맹국들은

화시키지 않을 경우에는 허락될 수 없다.

10. 경제적 제재 조치가 취해지게 될 각각의 경우에 어떠한 경제적, 상업적, 재정적 수단을 동원할 것인지를 사전에 상세히 정하는 일은 불가능하다. 사건이 발생할 때에는 이사회에서 가맹국에 공동의 행동 계획을 권고한다.

11. 외교관계의 단절은 초기에는 대표 수뇌의 철수에 국한시키도록 한다.

12. 영사관계는 계속 유지할 수 있다.

13. 규약을 위반하는 국가의 국민과 기타 연맹 가맹국 국민의 관계를 단절하려 할 때 그 기준은 국적이 아니라 주거지가 되어야 한다.

14. 경제적 제재 조치가 장기간 계속될 경우 조치의 강도를 높일 수 있다. 위약국 국민의 식량 공급을 중단하는 것은 다른 모든 수단이 효과가 없다고 판단될 때에 한해서 최후로 취해지는 극단적인 방법이 될 것이다.

15. 우편 및 모든 통신 수단은 특별한 감독을 받게 된다.

16. 인적 관계는 계속되어야 한다.

원문은 다음 자료를 참고할 것. League of Nations, *Official Journal*, Special Supplement No. 6 (October 1921), p. 24 ff.

재조정된 제16조가 제한된 형태로나마 제공하는 중앙 집권적 제재 조치를 이용하기를 꺼려하고 있다. 연맹국이 규약을 명백히 어기고 전쟁을 일으켰던 다섯 번의 사건 중에 제16조에 의한 집단적 강제 조치가 실제로 적용된 사례는 단 한 번뿐이다. 1931년에 시작된 중일 전쟁에 대해 연맹 총회는 "전쟁 개시의 선포도 없이 중국 영토의 일부가 일본군에 의해 강점되었으며"[26] 일본에 의해 시작된 대규모 교전 행위가 중국과 일본의 군대 사이에 벌어졌다고 만장일치로 발표했다. 하지만 총회는 일본이 연맹 규약에 위반하여 전쟁에 호소한 것이 아니므로 제16조는 적용될 수 없다고 발표했다.

1932~1935년의 차코 전쟁 중, 파라과이가 연맹 규약을 위반한 채 볼리비아에 대해 교전 행위를 계속하고 있던 1934년에 많은 연맹국은 애초에 두 교전국 모두에게 적용하기로 했던 무기 수출 금지 조치를 파라과이에 한정해 적용했다. 이는 제16조 1항의 정신과 규정에 명백히 어긋나는 차별적 조치였다. 국제연맹을 탈퇴한 일본이 1937년 중국을 침략하자 총회는 일본이 1922년의 9개국 조약과 켈로그·브리앙 조약을 위배했고, 따라서 제16조가 적용되어야 하며, 연맹국은 이 규정에 의한 제재 조치를 취할 권리를 개별적으로 가진다고 발표했다. 하지만 그런 조치는 단 한 건도 취해지지 않았다. 소련이 1939년에 핀란드를 침공하자 국제연맹은 제16조 4항의 규정을 원용하여 소련을 축출했지만 이에 대한 집단적 강제 조치는 취하지 않았다.

26_ "League of Nations Assembly Report on the Sino-Japanese Dispute," *American Journal of International Law*, Vol. 27 (1933), Supplement, p. 146.

이런 경우들과는 반대로, 연맹 총회는 1935년 이탈리아의 에티오피아 침공이 규약의 내용에 위배되는 전쟁 행위를 구성하므로 제16조 1항이 당연히 적용되어야 한다고 주장했다. 그 결과 이탈리아에 대한 집단적 경제 제재 조치가 결정되고 실시되었다. 그러나 연맹 규약 제16조 1항을 원용해 취할 수 있던 두 가지 조치, 즉 당시의 상황에서 국제법이 가장 잘 준수되게 할 수 있던 최적의 기회이자 이탈리아로 하여금 에티오피아 공격을 중단하게 압박할 수 있는 가장 가능성 높은 조치였던 이탈리아에 대한 원유 수출 금지와 수에즈 운하 봉쇄는 실행에 옮기지 못했다. 라우터파흐트는 다음과 같이 이야기하고 있다. "그러나 제16조 1항의 제재 조치가 외형상 실시되고, 지속적이고도 점진적인 집행을 위해 정교한 제도적 장치가 마련되기는 했지만, 이렇게 취해진 조치들의 성격은 실효적인 강제 조치라기보다는 도덕적 비난을 나타내기 위한 형식적인 압박 수단이었을 뿐이다."[27]

따라서 규약 제16조에 중앙 집권적 법 집행 제도를 수립하고자 했던 노력을 요약해보자면 그것들은 대부분 제재 조치의 적용을 정당화하는 수단이었을 뿐 실제로 제재 조치가 시행된 적은 없었다. 실제로 시행되었던 유일한 제재 조치 역시 실효성이 너무나 떨어지는 것이어서 제재 조치가 결국 실패하고 말았다는 점과 막무가내로 고집부리는 쪽이 이긴다는 사실을 다시 한 번 증명해주었을 뿐이다.

27_ Oppenheim-Lauterpacht, *International Law* (6th ed., 1944), Vol. II, pp. 139-140. (Longmans, Green & Co., Inc사의 허락을 받아 전재.)

◆ 유엔 헌장 제7장

유엔 헌장 제7장은 제39~51조로 구성되며, 국제연맹 규약 제16조처럼 국제법의 중앙 집권적 집행 제도가 지니는 결함을 보완하기 위한 노력이었다. 그 자체는 중앙 집권적 법 집행 기구를 창설하려는 기나긴 여정을 시작한다는 의미를 지닌다. 유엔의 법 집행 제도에서 핵심이라 할 수 있는 제39, 41, 42조는 국제연맹 규약이나 다른 형태의 국제법에서는 볼 수 없는 발전된 변모를 보여준다. 하지만 이 조항들에는 세 가지 중요한 전제 조건과 예외 사항이 붙어 있어 이들 조항에 의한 중앙 집권적 법 집행을 제한하고 심지어 어떤 상황에서는 무용지물로 만들어버린다. 이에 대해서는 나중에 다시 살펴보자.

국제연맹 규약은 규약을 위반한 행위가 발생했는지를 개별 국가들이 결정할 사항으로 돌리고 있다. 규약 제16조의 해석에 대한 결의안 4호는 "규약의 위반 행위가 발생했는지를 판정하는 것은 각 연맹국의 의무"라고 규정하고 있다. 연맹 이사회 결의안 6호에 의하면 연맹 이사회는 이 문제와 관련하여 아무런 결정도 내리지 않은 채 도덕적 권위에 지나지 않는 권고를 제시하고 있을 뿐이다. 이와 대조적으로 유엔 헌장 제39조는 다음과 같이 규정하고 있다. "안전보장이사회는 평화에 대한 위협, 평화의 파괴, 또는 침략 행위의 존재를 결정하고 아울러 …… 제41조 및 제42조에 따라 국제 평화와 안전의 유지와 회복을 위해 어떤 조치를 취할 것인가를 결정한다." 어떤 상황에서 강제 조치를 취할 것인지를 권위적으로 결정하는 것은 개별 국가가 아니라 안전보장이사회인 것이다. 또 이 결정은 개별 가맹국의 의사에 따라 집행력이 발휘되는 권고가 아니라, 헌장 제25조에 언급된 것처럼 "안전보장이사회의 결정을 본 헌장에 따라 수락하고 또 이행하는 데 동의한" 개별 가맹국을 구속한다.

안전보장이사회의 구속력 있고 권위 있는 판단은 특정 사건에 대해 취해질 강제 조치까지도 결정하기 때문에, 다시 한 번 개별 가맹국의 자유재량이 개입될 소지는 줄어들게 된다. 안전보장이사회는 제41조에 규정된 경제적 제재 조치도 '결정'할 수 있고, 이 조치를 따르도록 가맹국에게 '요청'할 수 있다. 제42조에 규정된 군사적 제재 조치와 관련하여 안전보장이사회는 "……와 같은 행동을 취할 수 있다." 안전보장이사회의 군사적 행동이 가능하도록 제43조는 가맹국에게 "국제 평화와 안전의 유지에 필요한 병력, 원조 및 편의를 안전보장이사회에 제공할 것을" 의무화하고 있고, 제45조에서는 "합동의 국제적 강제 행동을 위하여" 공군 파견 부대를 제공할 의무를 특히 강조하고 있다. 이런 의무는 개별 가맹국과 안전보장이사회 간의 협정에 의해 면제될 수도 있다. 이들 협정은 "병력의 수와 유형, 준비 태세의 정도와 대략의 위치, 제공될 편의 및 원조의 성격"을 규정한다.

이들 협정은 헌장 제7장의 집행 제도에서 볼 수 있는 유일한 분권적 요소라 할 수 있다. 그 까닭은 안전보장이사회의 군사적 행동에 대해 지나친 부담을 지지 않으려는 국가는 결국 안전보장이사회의 결정에 따른 의무를 제한할 수 있는 입장에 서기 때문이다. 혹은 아예 협정 자체를 보류함으로써 안전보장이사회의 결정에 따른 군사적 행동에 참가할 의무를 완전히 회피할 수도 있다. 다시 말해서 헌장 제7장에서 규정한 집행 제도의 군사적 요소는 개별 가맹국이 그것의 존재와 기능을 승인한다는 조건하에서 존재하고 기능할 수 있다. 일단 개별 협정에 의해 파견 부대가 창설되고 나면 안전보장이사회가 그에 대한 모든 권한을 행사하게 되며 협정을 체결한 개별 국가의 재량권은 최소한 헌장의 규칙이 정하는 범위 안에서 종결된다.

실제로 가맹국은 협정을 체결한 이후에도 제43조에 규정된 안전보장이사회의 '요청'에 응해야 할 의무를 무시하고 협정에 의한 파견 부대와 군사 시설을 제공하기를 거부할 수 있다. 그들은 이런 식으로 안전보장이사회를 무력하게 만들어 활동하지 못하게 할 수 있다. 하지만 이는 일종의 '항명'에 해당하는 불법 행위로서 모든 군사 조직은 그런 일이 발생할 가능성을 염두에 두어야 한다. 다른 군사 조직과는 달리 유엔의 군사 조직은 법 주체들이 그것을 만들자고 자발적 동의를 통해 자처하지 않는 한 애초부터 존재하지도 못할 가능성에 직면하고 있는 것이다.

따라서 법 집행을 위한 군사적 조치와 관련된 헌장 규정은 사문에 불과하다. 제43조에 의한 협정이 아직 체결되지 않았기 때문이다. 그 결과 제106조가 적용된다. 이 규정은 그런 협정이 부재할 경우 미국, 영국, 소련, 중국, 프랑스의 5개국이 "서로 상의하고 또한 필요에 따라서는 유엔의 다른 가맹국과 협의하여 국제 평화와 안전의 유지를 위하여 필요하다고 생각되는 공동 행동을 이 기구에 갈음하여 취하도록" 하고 있다. 바로 이 조항으로 인해 유엔 헌장은 국제연맹 규약 제16조와 여타 일반 국제법에서 볼 수 있는 강제력 사용의 분권화로 되돌아가고 있다. 따라서 유엔의 군사 조직의 존재와 그것이 없을 경우 헌장을 방어하기 위한 무력의 사용에 관한 한 국제법의 입법적·사법적 토대에서 우리가 볼 수 있었던 개별 국가의 의지, 즉 분권적 성격이 여기서 다시 한 번 법 집행의 핵심이 되고 있다.

유엔 헌장 제7장에 규정된 이런 집행 체제의 조건은 반드시 본질적인 성격의 것은 아니다. 왜냐하면 제43조가 말하는 협정이 체결될 경우 그것이 자동으로 힘을 잃기 때문이다. 하지만 헌장은 두 가지 서로 다른 성격의 규정을 포함하고 있다. 그런 규정이 효력을 발휘하느냐 여부는 제106조에서 볼 수 있는 것과 같은 우연에 달려 있지는 않다. 이들은 제7장의 집행 체제가 기능을 발휘하는 데 필연적이고도 영구적인 제약을 가하고 있다. 하나는 제51조요, 다른 하나는 제27조 3항이다.

제51조는 "이 헌장의 여하한 규정도 유엔 가맹국에 대하여 무력 공격이 발생한 경우에는 안전보장이사회가 국제 평화와 안전의 유지에 필요한 조치를 취할 때까지 개별적 또는 집단적 자위의 고유한 권리를 저해하는 것은 아니다"라고 규정하고 있다. 국가의 법 집행 기구가 없을 경우 적절한 무력으로 공격에 대처할 수 있는 권리로서의 개별적 자위自衛는 국내적·국제적 모든 법체계에서 볼 수 있는 중앙 집권적 법 집행에 대한 예외다. 제51조에 특별히 명시되지 않았다 하더라도 그것은 어차피 유엔의 법 집행 체제를 제약했을 것이다. 반면에 집단적 자위는 생소한 법 개념으로 모순 논리처럼 생각될 수도 있다. 제51조가 명백히 추구하는 것은 어떤 국가가 직접 공격을 받았든 받지 않았든 그렇게 공격받은 국가를 위해 원조할 권리를 가진다는 점을 인정해야 한다는 것이다. 하지만 이것은 일반 국제법의 전통적 원칙을 재확인하는 것에 지나지 않는다. 즉 법규를 위반한 국가를 상대로 국제법을 집행할 수 있는 것은 피해를 받은 국가이며, 국제법이 준수

되도록 하기 위해 그 국가가 기댈 수 있는 것은 다른 국가의 자발적인 도움뿐이라는 점이다. 국제법 위반 행위가 무력 공격이라는 형태를 취하는 한, 유엔 헌장 제51조는 직접 공격을 받은 국가뿐 아니라 다른 모든 국가에 대해서도 법 집행의 분권적 성격을 재확인해주고 있다.

제51조에 의한 재확인이 세 가지를 전제 조건으로 한다는 점은 사실이다. 하지만 그것들은 실제적 성격이라기보다는 명목상의 조건이다. 첫째, 집단적 자위권은 '안전보장이사회가 국제 평화와 안전의 유지에 필요한 조치를 취할 때까지만' 보장된다. 둘째, 이 가맹국이 취한 자위권 행사 조치는 즉시 안전보장이사회에 보고되어야 한다. 셋째, 이 조치는 안전보장이사회가 헌장에 따라 필요한 행동을 취하는 권능과 책임에는 아무런 영향도 미치지 않는다.

안전보장이사회가 신문, 라디오, 정규 외교 통로를 통해 이미 알고 있는 내용을 되풀이하기 때문에 두 번째의 조건은 명백히 군더더기에 지나지 않는다. 다른 두 조건은 실제 발생할 수 있는 상황을 가정해볼 때 그다지 중요하지 않다. A국이 B국에 무력 도발을 감행하고 C, D, E국이 B국에게 육·해·공군으로 원조하는 상황은 특히 현대전의 조건에서 안전보장이사회로 하여금 이미 취해진 집행 조치를 기정사실로 받아들이지 않을 수 없게 한다. 이미 폭격이 감행되었을지도 모르고, 전투가 개시되었을지도 모르며, 영토 점령이 실시되었을 수도 있다. 즉 집단적 자위권이라는 이름으로 전면적 교전이 시작된 상황일 수 있는 것이다. 안전보장이사회는 이 전쟁을 즉각 중단시키고 강제 조치를 취할 수 있기는커녕 오히려 전쟁에 말려들어 이미 전면전에 몰입하고 있는 개별 교전국의 전략보다 영향력을 발휘하지 못하게 된다. 일단 집단적 자위의 조치로서 시작되기만 하면 연합 전쟁은 법적·정치적 격려와 유엔의 적극적 지지를 받게 될 수도 있다. 그러나 안전보장이사회의 실제적인 지도하에 들어간다고 해서 이 전쟁의 애초 성격을 벗어날 수는 없을 것이며 강제 조치로 전환되기도 어려울 것이다.

◆ 거부권

유엔의 집행 체제에서 가장 어려운 문제는 헌장 제27조 3항인데, 이는 제7장의 규정에 따라 안전보장이사회가 취하는 모든 행동에 영향을 미친다. 제27조 3항은 "안전보장이사회의 결정은 …… 상임 이사국의 동의 투표를 포함하는 9개 이사국의 찬성 투표로써 성립된다"라고 규정하고 있다. 제23조에 따르면 상임 이사국은 중국, 프랑스, 영국, 소련, 미국이다. 제27조 3항은 5개 상임 이사국 모두의 동의가 있어야 비로소 제7장의 집행 기능이 발휘된다는 뜻이다. 안전보장이사회의 14개 이사국 모두의 찬성이 있다 하더라도 상임 이사국 가운데 어느 한 국가라도 반대하면 모든 강제 조치를 불가능하게 만들어버릴 수 있다. 다시 말해서 5개 상임 이사국은 각각 헌장 제7장에 따른 강제 조치에 대해 거부권Veto을 가진다.

따라서 이 거부권은 유엔 체제의 기능을 상임 이사국의 의사에 의존시킴으로써 유엔 법 집행 체제의 분권화 원칙을 다시 한 번 확인하고 있다. 이미 살펴보았듯이, 법 집행 체제의 중앙 집권화에 커다란 진보를 가져다주었던 제7장의 규정은 그 중앙 집권화 효과의 대부분을 감소시키는 제27조 3항을 감안해서 원용되어야 한다. 좀 더 자세히 말해서 제27조 3항은 제7장이 여기서 우리의 가장 큰 관심사가 되고 있는 기능을 수행하지 못하도록, 즉 국제적 무대의 권력 투쟁에 효과적인 규제력을 행사하지 못하도록 막고 있다. 이와 관련하여 거부권의 세 가지 효과가 특히 주의를 끌고 있다.

첫째로, 거부권은 상임 이사국을 대상으로 한 모든 중앙 집권적 법 집행 조치의 가능성을 배제하고 있다. 그런 조치의 대상이 되는 상임 이사국은 "평화에 대한 위협, 평화의 파괴 또는 침략 행위"가 존재하는지, 따라서 강제 조치를 취할 수 있는 법적 근거가 존재하는지를 결정해야 하는 제39조에 의한 안전보장이사회의 의무를 거부함으로써 간단히 책임을 회피할 수 있다. 결국 그런 조치를 취하느냐 마느냐의 문제가 애당초 배제되는 것이다.

둘째로, 제27조 3항에 따라 안전보장이사회가 헌장에 의한 강제 조치를 실시할 수 있다면, 그것은 중소 규모 국가에 대해서, 즉 상임 이사국이 아닌 까닭에 거부권을 발동해 중앙 집권적 강제 조치를 무력화할 수 없는 국가에 대해서일 뿐이다. 그러나 강대국의 거부권을 감안한다면 중소 국가에 대해서일지라도 그런 조치는 아주 드물고 예외적인 상황에서만 실시될 수 있다. 오늘날의 국제정치에서 많은 중소 규모 국가는 국제 무대를 주름잡는 강대국 중 어느 한 국가나 여러 국가와 긴밀히 동맹관계를 맺고 있다. 그런 국가들이 자기와 동맹관계를 맺고 있는 강대국의 사주, 혹은 최소한 승인을 받지 않고 헌장 제7장에 의한 강제 조치를 초래할지도 모를 국제법 위반 행위를 감행하리라고 보기는 어렵다. 그런 동맹관계가 없다고 하더라도, 세계 어느 곳의 두 약소국 사이에 존재하던 현상이 변화하면 이는 안전보장이사회의 상임 이사국인 강대국의 상대적 세력에 즉각 영향을 미칠 수 있다. 오늘날의 세계적 정치·군사 전략으로 인해 이는 불가피하다.

따라서 상임 이사국이 중소 규모 국가에 대한 강제 조치를 만장일치로 찬성하느냐 아니냐 하는 문제는 국제법의 문제에 달려 있다기보다 상임 이사국 간의 권력관계에 달려 있다. 상임 이사국들이 실제의 권력 경쟁에서 대결하는 상황이 아니라면 중앙 집권적 강제 조치에 합의하는 상황이 벌어질 수도 있다. 왜냐하면 의견이 대립되는 두 국가 사이의 권력관계에 앞으로 어떤 변화가 일어날지를 그들은 비교적 냉정하게 적시할 수 있을 것이기 때문이다. 반대로 둘 이상의 상임 이사국 사이에서 실제 세력 다툼이 벌어지는 경우여서 그런 강제 조치가 그들의 상대적 세력에 직접 영향을 미칠 경우에는 상임 이사국 간의 만장일치 합의는 불가능해진다. 강제 조치에 찬성표를 던짐으로써 우방 및 동맹국, 즉 강제 조치의 대상으로 지목되는 국가의 힘을 약화해 결국 자신의 지위를 위태롭게 할 수 있다. 이 경우 그 상임 이사국은 자기 국가 이익에 반하는 행동을 취해야 할 입장에 서게 된다. 물론 그런 일이 실제 일어나리라고는 기대할 수 없다. 어쨌든 제7장에 의한 중앙 집권적 강제 조치를 실행에 옮기는 것은 개별적으로 행동하는 안전보장이사회 상임 이사국의 재량에 달려 있다. 결국, 제7장에서 대체로 달성되고 있는 법 집행의 중앙 집권화는 제27조 3항 때문에 거의 무의미해지고 만다.

마지막으로, 거부권은 집단적 자위권을 제7장의 중앙 집권적 강제 집행 체제 아래 종속시키고자 제51조에서 제시하는 세 가지 전제 조건을 여러 가지 실질적인 이유에서 무효화하고 있다. 왜냐하면 여러 나라에 의한 집단적 군사 행동을 가정했을 때 적어도 하나 이상의 안전보장이사회 상임 이사국이 어느 한쪽에 개입되지 않는 경우는 거의 없기 때문이다. 제51조의 조건이 모두 갖춰진 경우라 하더라도 제27조 3항에 의한 다섯 개 상임 이사국 전체의 만장일치라는 요구 조건은 안전보장이사회로 하여금 아무런 행동도 취할 수 없도록 해버리든지, (그렇게 되면 마치 유엔이 아예 존재하지도 않는 것처럼 분권적 자위 조치가 난무할 것이다) 이미 취해진 분권적 조치에 대해 안전보장이사회가 사후 승인하도록 할 것이다. 어느 경우든 거부권을 행사하겠다는 위협이나 실제적인 거부권 행사는 이미 취해진 분권적 자위 조치와는 별도로 안전보장이사회가 중앙 집권적 강제 조치를 취하지 못하게 할 것이다.

결과적으로 유엔 헌장이 일반 국제법과 다른 점은 현재의 국제 상황에서 실현될 가능성이 희박한 법적 잠재력일 뿐, 법 집행의 실제적 기능 측면에서는 차이가 없다. 모든 그런 체제의 가장 중요한 임무는 권력 투쟁을 효과적으로 규제하는 일이다. 유엔이 이런 임무를 수행해주어야 할 필요성이 가장 큰 곳에서, 즉 강대국에 대해서 실제로 유엔은 그런 기능을 전혀 수행하지 못하고 있다. 왜냐하면 헌장을 근거로 취해지는 강제 조치의 영향력을 벗어나는 엄청난 힘을 헌장 제27조 3항이 그들에게 부여하고 있기 때문이다. 그 이외의 국가들은 제51조와 제106조를 원용하여 제39, 41, 42조에 의한 일반적 의무를 회피하고 있다. 안전보장이사회 상임 이사국들 사이의 관계에 영향을 미치는 일반적 정치 상황은 제27조 3항과의 관련하에서 안전보장이사회의 효과적인 법 집행을 방해하고 있다.

◆ '평화를 위한 단결' 결의

유엔의 집단 안전 보장 체제는 1950년 6월 북한이 남한을 침략한 사건에 적용되어 그 허약성을 명백히 드러내 보였다. 당시 안전보장이사회가 북한에 대해 헌장의 집단 안전 보장 규정을 적용할 수 있긴 했지만, 그것은 소련이 이사회에 참석하지 못해 결의안에 거부권을 행사할 수 없었기 때문에 가능했다. 소련이 안전보장이사회에 돌아오자 총회가 유엔의 집단행동을 조직화하는 짐을 지게 되었다. 집단 안전 보장 조치와 관련한 총회의 기능은 3분의 2의 의결로 가맹국에게 권고할 것을 규정한 헌장 제10조와 제18조에 의해 제한되고 있다. 권고의 성격상 그 권고 사항에 따르느냐 마느냐는 권고를 받는 국가의 재량에 따른다. 따라서 그런 권고에 의해 취해지는 집단적 안전보장 조치는 철저히 분권적이다.

한국 전쟁에서의 그런 경험은 대다수 유엔 가맹국에게 오늘날의 국제 상황에서는 안전보장이사회가 집단적 안전 보장 기능을 수행하는데 무기력할 수밖에 없다는 깨달음을 주었다. 장차 유엔이 취할 수 있는 집단 안전 보장 조치는 총회에 의해 취해질 수밖에 없다. 그 결과 1950년 11월 총회는 이른바 평화를 위한 단결 결의를 채택했는데, 이는 총회를 집단적 안전 보장을 조직화하기 위한 중요 기구로서 좀 더 강화하자는 것이었다. 이 결의의 다섯 가지 중요 사항은 다음과 같다.

(1) 거부권 행사로 안전보장이사회가 국제 평화와 안전에 대한 1차적 책임을 다할 수 없을 경우 총회가 24시간 이내에 회합할 수 있다는 조항.

(2) 그런 경우 총회는 무력 사용을 포함하는 집단적 조치를 가맹국에게 권고할 수 있다는 조항.

(3) 유엔 부대로서의 근무를 위해 신속하게 이용될 수 있도록 훈련된 부대를 각 가맹국이 자국 군대 내에 유지하도록 하는 권고.

(4) 국제적 긴장이 존재하는 모든 지역에서 사태를 관찰하고 보고할 수 있는 평화 감시 위원회의 설치.

(5) 헌장에 따라 국제 평화와 안전을 유지하고 강화할 수 있는 방법과 수단에 대해 연구하고 보고할 집단조치위원회의 설립.

집단조치위원회는 지금까지 정기적으로 총회에 보고해왔으며, 총회는 다시 이 위원회의 활동을 인정하고 각 가맹국의 관심을 여기에 집중시키는 결의안을 채택해왔다.

총회가 권고할 수 있는 권리만 가질 뿐 가맹국들의 행동을 명령할 수 있는 권리는 없다는 사실을 감안할 때, '평화를 위한 단결' 결의와 집단조치위원회의 활동은 총회가 어떤 행동을 권고했을 때 각 가맹국이 신속하고 효과적으로 행동을 취할 수 있는 태세와 능력을 강화하자는 목표를 제시한 데 지나지 않는다. 따라서 집단조치위원회가 개별 가맹국의 조치를 부추기면서, 그런 조치들 사이에 상호 협조가 이루어지도록 하고 유엔 전문 기구들의 권고적·보충적 조치와 일치되도록 하는 데 주로 관심을 기울이는 것은 당연하다.

결국 '평화를 위한 단결' 결의와 집단조치위원회는 헌장의 구조적 제약을 감안할 때 총회가 가맹국에게 권고하는 분권적 성격의 여러 가지 법 집행 조치를 수정할 수 없다. 이 권고에 따르느냐 마느냐는 전적으로 개별 국가의 자유재량에 달려 있다. 바로 이 분권적 성격이 '평화를 위한 단결' 결의가 존재하는 토대가 되고 있으며 집단조치위원회가 활동하는 근거가 되고 있다.[28] 이들 결의와 위원회는 그런 분권적 특성을 승인하고 있으며 분권적 강제 조치들을 각국의 분권적 행동만큼 효율적인 것으로 만들고자 노력하고 있다.

따라서 국제법의 집행은 사실상 유엔 헌장 아래서도 국제연맹 규약이나 일반 국제법 아래서와 마찬가지로 분권적 성격을 유지하고 있다. 국제법에 중앙 집권적 법체제의 효율성을 부여하려는 노력이 시행될 때는 언제나 유보 사항, 전제 조건, 현대 국가 체제의 일반적 정치 상황 등이 중앙 집권적 기능을 수립하기 위해 부과되는 법적 의무를 무효로 만들 것이다.

국제법의 입법 기능을 개혁하기 위한 일치된 노력은 행해진 적이 없다. 그러나 사법적·집행적 기능을 개혁하려는 노력은 여러 번 있었다. 그런 노력이 있을 때마다 국제법의 분권적 성격이 강하게 주장되곤 했다. 따라서 분권화는 국제법 그 자체의 본질처럼 보인다. 또한 국제법의 분권적 성격을 불가피하게 만드는 기본 원칙은 주권의 원칙에서도 발견할 수 있다.

28_ 분권화를 경감하기 위한 정치적 변경에 대해서는 2권 p. 305 ff. 참고.

제19장

⌘

주권

주권의 일반적 성격

분권적인 국제법 체제의 원칙과 그 취약성 사이에 밀접한 관련성이 있다는 사실을 아는 사람은 현대 국가 체제에서의 주권 원칙의 기능과 성격을 이해하고자 진지한 노력을 하기보다는 그것을 더 자주 비난한다. 그 결과 몇몇 뛰어난 학자의 눈부신 노력에도 불구하고, 주권이라는 개념의 의미, 또 특정 국가의 주권과 양립할 수 있는 것과 없는 것에 대한 많은 혼란이 있다.

근대적 의미의 주권 개념은 영토 국가라고 하는 새로운 현상과 관련하여 16세기 말엽에 처음으로 생겼다. 법적인 의미에서 그것은 일정한 영토 내에서 입법권과 행정권을 행사하는 중앙 집권적 권력의 등장이라는 당시의 가장 기초적인 정치적 사실을 나타내는 것이었다. 당시 반드시 그렇다고 볼 수는 없으나 주로 절대 군주에게 부여되었던 이 권력은, 그 영토 안에서 인정되고 있던 다른 어떤 권력보다도 우월했다. 100여 년이 지나면서 이 권력은 그 영토 안은 물론 바깥에서도 가장 강력한 힘으로 자리를 굳혀갔다. 절대 권력이 된 것이다.

30년 전쟁이 끝나갈 무렵, 특정 영토에 대한 절대 권력으로서의 주권은 정치적으로 엄연한 사실이 되었고, 이는 영토 국가의 군주가 한편으로는 황제나 교황과 같은 보편적 권위에 대해, 다른 한편으로는 봉건 귀족의 지방적 권력욕에 대해 승리했다는 뜻이었다. 프랑스 국민은 오로지 왕의 권력만이 그들을 명령하고 강제할 수 있음을 알게 되었다. 프랑스 국민 개개인의 이런 경험은 영국 국왕이나 에스파냐 국왕도 경험하게 되었다. 프랑스 국왕의 허락을 얻든지 전쟁을 통해 그를 패배시키지 않고서는 프랑스 영토 안에서 프랑스 국왕의 절대 권력을 대신해서 아무런 권력도 행사할 수가 없게 된 것이다. 영국 국왕과 에스파냐 국왕은 프랑스 영토 안에서 아무 권력도 행사하지 못했지만 자기 국가 영토 안에서는 배타적 권력을 가지고 있었다.

그 시대의 사람들이 경험한 바로 이와 같은 정치적 사실은 중세적 국가 이론으로는 도저히 설명할 수가 없었다. 주권주의doctrine of sovereignty는 이런 정치적 사실을 법 이론으로 승화해 도덕적 승인과 함께 법적 필요성도 부여했다. 이제 군주는 자기 영토 안에서 정치적 사실로서도, 법적으로도 최고의 지위를 차지하게 되었다. 그는 인정법人定法, 즉 모든 실정법의 유일한 근거였으면서도 그 자신은 거기에 종속되지 않았다. 그는 법을 초월한 상위의 존재, 즉 무소불위의 권력*legibus solutus*이었다. 그렇지만 그의 권력이 무한정하지는 않았다. 왜냐하면 그는 자연법과 같은 인간 이성과 자신의 양심 등으로 나타나는 신법神法의 지배를 여전히 받고 있었기 때문이다.

주권주의는 근대사 내내 중요했으며, 국민 주권이라는 개념이 생기면서 민주주의적 민족국가가 정치적으로도 강력한 힘을 발휘하게 했다. 그러나 이것 역시 재해석, 수정, 특히 국제법에 의한 공격을 받지 않을 수 없었다. 이런 회의와 난관은 근대 국제법의 본질을 형성하는 두 가지 가정이 논리적으로 명백한 모순을 내포하기 때문에 생긴다. 첫 번째는 국제법이 개별 국가에 대해 법적 규제력을 발휘한다는 가정이고, 두 번째는 이들 국가가 주권국, 즉 최고의 입법적·행정적 권위체로서 그 자신은 법적 규제에 종속되지 않는다는 가정이다. 하지만 사실상 주권은 중앙 집권화되어 강력하고 효율적인 국제법 체제에 대해서만 모순될 뿐이다. 분권화되어 허약하고 비효율적인 국제법 질서와는 전혀 모순되지 않는다. 국가 주권이란 국제법의 분권화, 허약성, 비효율성의 근원이기 때문이다.

국제법은 두 가지 측면에서 분권적 법질서다. 첫째, 국제법 규범은 원칙적으로 그것에 동의를 표시한 국가에 대해서만 구속력이 있다. 둘째로, 동의에 의해 구속력을 발휘하는 많은 규범조차 매우 모호하고 막연하며, 여러 전제 조건과 유보 사항에 의해 제한되고 있기 때문에, 각국은 국제법 규범에 따라줄 것을 요청받은 경우에도 상당한 행동의 자유를 누릴 수 있다. 두 번째 유형의 분권화는 국제법의 사법적·행정적 기능에 영향을 미치는 한편, 첫 번째 것은 입법 분야에 대해 커다란 중요성을 지닌다.

국제 공동체를 구성하는 국가의 동의에 근거하지 않는 국제법 규범은 비교적 소수에 지나지 않는다. 그것들은 해석 규범rules of interpretation

과 제재를 정한 규범처럼 어떤 법체계가 존립할 수 있는 논리적 전제 조건이거나, 개별 국가의 관할권 범위를 정하는 규범과 같이 다원적 국가 체제가 존립하는 데 대한 논리적 전제 조건이다. 이런 종류의 규범은 동의 여부에 상관없이 모든 국가에게 규제력을 미치며 공통 국제법 혹은 필요 국제법, 즉 근대 국가 체제의 필연법必然法, jus necessarium이라 부를 수 있다. 그것의 규제력은 개별 국가의 주권에는 아무런 영향을 미치지 않는다. 사실 그것이 법적 개념으로서의 주권을 가능하게 만들고 있다. 왜냐하면 개별 국가의 영토적 관할권에 대한 상호 존중이 없이는, 또 그런 존중이 제대로 지켜지게 해주는 법적 조치가 없이는 그것에 기초한 국제법과 국가 체제도 분명 존재할 수 없기 때문이다.

이와 같이 소수에 지나지 않는 공통 국제법과 필요 국제법 규범을 제외하면 실제로 규제력을 발휘할 수 있는 국제법 규범을 만들 수 있는 것은 개별 국가뿐이다. 국제법 규범은 자기 스스로 만든 그 규범에 따를 것을 동의한 국가에 대해서만 규제력을 가진다. 개별 국가보다 상위에 존재하는 입법 기관은 없다. 따라서 국제법의 입법 기능이 가지는 분권적 성격은 주권 원칙이 입법 문제에 적용된 것에 지나지 않는다.

방금 언급한 경우처럼 유일한 예외 상황이 있긴 하지만 입법 기능에 적용된 사실은 사법·행정 기능에서도 적용된다. 분쟁 사건을 국제 법정에 기탁할 것인가, 혹은 어떤 상황에서 기탁할 것이냐를 결정할 수 있는 것은 여전히 개별 국가들의 주권적 권한 사항이며, 그 국가의 동의 없이는 어떤 국가도 그 문제를 국제 법정에 기탁할 수 없다. 그런 동의가 일반적인 형태로 주어진 경우라 하더라도, 유보 조항이 있기 때문에 어떤 특정 사건에서 국제법을 위반하지 않고도 국제 법정의 관할권을 피할 수 있다. 결국 국제적 재판권의 분권적 성격은 사법기능에서 국가 주권의 다른 표현임이 또다시 입증된 셈이다.

법률의 집행 측면에서 주권을 논의할 때에는 두 가지 상황이 구별되어야 한다. 법률 집행 대리인으로서의 국가 주권은 사법적 분야에서의 주권과 같은 의미다. 즉 법률 집행 행위를 취해야 하는가 아닌가, 또 한다면 어떻게 해야 하는가를 궁극적으로 결정하는 것은 개별 국가의 손에 달려 있다. 반대로, 법률 집행 행위의 목표로서 지목된 국가의 주권은 그 국가의 소위 '불가침성'을 보여주고 있다. 이것은 일정 영토 내에서는 한 국가만이 주권, 즉 최고 권위를 가질 수 있으며 그 국가의 동의 없이는 다른 어떤 국가도 그 영토에서 정부 기능을 행할 권리를 갖지 못한다는 이야기와 같다. 결국 전쟁을 제외하고 국제법에 의해 취해지는 모든 법률 집행 행위는 그 대상이 완강한 정부일 경우 외교적 항의, 개입, 비난, 봉쇄 등과 같은 압력을 행사할 수 있을 뿐이며, 위반국의 영토적 주권에는 아무런 영향을 미치지 못한다. 국제법이 규정하는 극단적 법률 집행 조치로서의 전쟁은 그런 원칙에 대한 유일한 예외다. 왜냐하면 자국의 영토적 '불가침성'을 보호하는 동시에 적국의 영토를 침범하는 것이 전쟁의 본질이며 국제법도 점령국이 그 점령지에 대해 주권적 권한을 행사하는 것을 인정하고 있기 때문이다.

입법, 사법, 행정 기능의 완전한 분권이 주권의 여러 형태를 표현한 것에 지나지 않듯이, 국제법의 세 가지 다른 원칙도 주권 개념과 동의어이며, 실제로는 주권 개념의 연장선에 있다. 그 원칙들은 독립, 평등, 만장일치다.

주권 개념의 동의어 : 독립, 평등, 만장일치

독립이란 한 국가가 가지는 최고 권위의 특별한 측면을 나타내는 것으로 다른 모든 국가의 권위가 배제됨으로써 성립한다. 어떤 국가가 최고의 권위체, 즉 일정 영토 내에서 주권적이라 함은 논리적으로 그 국가가 독립적이며 그보다 상위에 존재하는 다른 권위체가 없다는 얘기다. 그 결과 각국은 조약이나 앞서 언급한 공통 국제법 혹은 필요 국제법에 의해 제한되지 않는 한, 자기의 독자적 의사에 따라 국내외 문제를 자유롭게 처리할 수 있다. 각국은 자기 마음에 드는 헌법을 채택하고, 국민에게 미칠 영향에 상관없이 원하는 법률을 제정하며, 원하는 정체政體를 택할 수 있는 권리를 가진다. 추구하는 외교정책 목적에 합당한 어떤 형태의 군대도 자유롭게 보유할 수 있으며, 결과적으로 적절하다고 생각되는 어떤 것이든 자유롭게 결정할 수 있다.

조약에 의해 특별히 규제되지 않는 한 독립은 모든 국가가 반드시 누려야 할 지위이듯이, 그 독립을 존중해주어야 할 의무 역시 국제법 규칙이다. 간섭을 금지하는 이 국제법 규칙은 조약에 의해 특별히 폐기되지 않는 한 모든 국가에 대해 선언된 것으로 인식되어야 한다. 1931년 국제연맹은 관세 동맹을 설립하는 독일과 오스트리아 간의 조약에 개입한 적이 있었다. 국제연맹의 이 개입은, 오스트리아가 자기의 독립을 해칠 행위를 하지 않으리라 서약한 조약 규정이 있었기에 정당화될 수 있었다. 오스트리아가 스스로 행동의 자유를 제약하는 특별한 의무를 부담하지 않았던들 어떤 대상국과 어떤 조약을 체결할지는 전적으로 오스트리아의 자유 선택 사항이었을 것이다. 지금 우리의 논의 주제와 관련해볼 때 모든 국가는 자기의 외교정책에 대해 공통 국제법에 의한 아무런 제약도 받지 않을 뿐만 아니라, 다른 국가가 취하는 외교정책의 모든 행동에 개입하지 말아야 할 명백한 의무를 지고 있음을 깨닫는 것이 중요하다. 타국 행동에 개입하지 말아야 할 이 의무는 공통 국제법에 의해 모든 국가가 짊어진 의무다.

평등 역시 주권 개념과 동의어로서 주권의 특별한 측면을 가리키는 것에 불과하다. 각국이 모두 자기 영토 내에서 최고의 권위를 가지고 있다면 그 권위를 행사할 때에 어떤 국가도 다른 국가에 종속될 수가 없을 것이다. 정반대 의무를 규정한 조약이 없다면 어느 국가도 다른 국가 영토 내에서 어떤 법률을 제정하고 집행할 수 없음은 물론, 그 국가에게 어떤 법률을 제정하고 집행하라는 얘기를 할 수도 없다. 각국은 주권적이기에 자기 영토에 직접적으로 영향을 미치려는 외부의 입법 및 행정권에 굴복해서는 안 된다. 국제법이란 종속적인 정치체들이 아니라 협조적인 정치체들 사이의 법률이다. 각국은 국제법에 복종하는 것이지 상호 간에 복종하는 것이 아니다. 즉 모든 국가는 평등하다. 따라서 유엔 헌장 제2조가 "이 기구는 모든 가맹국의 주권 평등의 원칙에 기초하고 있다"라고 장황하게 선언했을 때, 이는 주권 원칙과 아울러 그로 인한 논리적 귀결이라 할 수 있는 평등 원칙의 중요성을 강조한 사족이었을 뿐이다.

평등 원칙에서 국제법의 기본 원칙인 만장일치의 원칙이 도출되는 데 이는 국제법의 집행 기능과 또 어느 정도까지는 입법 기능의 분권적 성격에 대한 원인이 된다. 만장일치 원칙은 입법 기능과 관련하여 영토의 크기나 인구, 국력에 상관없이 모든 국가가 평등하다는 뜻이다. 새로운 국제 공동체를 수립하기 위한 국제회의가 개최되어 법률을 제정하고 있을 경우 파나마의 한 표나 미국의 한 표는 비중이 같으며 새로이 탄생한 국제법 규범이 양국을 구속하기 위해서는 양국 모두의 찬성이 필요하다. 그렇지 않을 경우 강대국은 자기의 우세한 힘을 이용하여 약소국에 대해 법적 의무를 강제로 부과할 수도 있다. 따라서 강대국은 약소국의 영토 안에서 최고 권위를 행사하게 되며, 이는 후자의 주권을 침해하는 행위다. 어떤 상황에서든 회의에 참가하는 모든 국가는 만장일치의 원칙에 따라 결정 사항에 의해 구속받느냐 아니냐를 스스로 결정할 권리가 있다. 결정 사항에 법적 효력을 부여하기 위해 모든 참가국의 동의가 필요할 경우에는 언제나 각국은 그 결정 사항에 반대표를 던지거나 동의를 유보함으로써 거부권을 행사할 수 있다.

한편 엄격한 만장일치 원칙과는 달리 거부권은 반대 의견을 가진 국가가 그 결정으로 인한 모든 법적 의무에서 벗어날 수 있게 해주는 효과가 있을 뿐 아니라 입법·집행 과정 자체를 정지시키는 효력을 가진다. 만장일치 원칙은 주권에서 유래하는 논리적 귀결이라 할 수 있으나 거부권의 경우는 그렇지 않다. 만장일치 원칙은 "나의 동의 없이는 당신의 결정이 나를 구속할 수 없다"라는 말과 같고, 거부권은 "나의 동의 없이는 아무런 결정도 내려질 수 없다"라는 말과 같다. 다시 말해 거부권은 입법 회의에 참가한 국가들로 하여금 모든 국가가 주장하는 집단적 결정에 대해 찬성할지, 아니면 아무런 결정도 못 내리게 할지 두 가지 대안에 직면케 한다. 파괴적인 동시에 창조적이기도 한 이런 두 가지 기능을 고려할 때 거부권은 주권을 그저 다르게 표현한 것이라고는 보기 어렵다. 이에 대해서는 후에 상술하겠다.[1]

주권이 아닌 것들

주권이 무엇인지 살펴보았으니 이제 종종 주권 개념과 같은 것으로 오해되는 몇 가지를 논의해본다.

1. 주권은 법적 제약에서의 자유와는 구별되어야 한다. 어떤 국가가 행동의 자유를 제약하는 법적 의무를 아무리 많이 진다고 하더라도 그 국가의 주권에는 아무런 영향을 미치지 않는다. 따라서 어떤 국가가 너무 부담스러운 조약상 의무로 인해 주권을 침해당하게 되었다는 얘기가 자주 있지만 이는 무의미하다. 주권에 영향을 주는 것은 의무의 양보다는 질이다. 아무리 많은 법적 제약을 안고 있다 해도 그것이 그 국가가 소유한 입법 및 법 집행 권위체로서의 특성에 영향을 미치지 않으면 주권은 전혀 침해받지 않을 수 있다. 그러나 그런 권위에 영향을 주는 규정이 단 하나만 있더라도 그 국가의 주권을 침해하기에 충분하다.

2. 주권은 개별 국가의 전통적인 전권 사항, 혹은 국제연맹 규약 제

1_ 제27장, 제30장 참고.

15조 8항과 유엔 헌장 제2조 7항에서 규정하고 있는[2] 당사국의 관할권에 속하는 모든 사항에 대한 국제법 규제로부터의 자유를 의미하는 것이 아니다. 국제법이 규제할 수 있는 문제들과 국제법이 관심을 가질 수 없는 문제들 간의 관계는 유동적이다. 그것은 개별 국가가 추구하는 정책 목표와 국제법의 발달 정도에 따라 달라질 수 있다. 따라서 가령 개별 국가의 이민정책을 규제하는 국제법이 그 국가의 주권과 모순된다고 주장한다면 이는 잘못된 말이다. 주권과 모순되는 경우는 사전에 당사국의 동의를 얻지 않은 국제법 규범에 한정될 뿐이다. 이민 문제에 관련된 국제 조약 체결은 체약국의 주권에 아무런 영향을 미치지 않는다.

3. 주권은 국제법에 의한 권리와 의무의 평등을 의미하지 않는다. 양자 사이에 아무리 불평등이 심각하다 해도 주권과는 아무 상관이 없다. 평화 조약에는 흔히 패전국에 대하여 병력의 규모와 질, 무기, 요새, 배상금, 경제정책 및 외교정책의 수행 등 제반 문제와 관련하여 심한 제약 규정을 삽입하게 마련이다. 그렇다고 해서 패전국의 주권이 박탈당하는 것은 아니다. 1919년의 평화 조약이 독일, 오스트리아, 헝가리, 불가리아에 일방적으로 불리한 법적 의무를 규정했는데도 이들 국가가 주권 국가라는 사실에는 아무런 변동이 없었다. 그 평화 조약은 체코, 폴란드, 루마니아와 같은 다른 국가들에 자국 영토 내에 거주하는 인종적·종교적 소수 민족의 대우에 대한 특별 의무를 부과하고 있다. 불가리아, 몬테네그로, 세르비아와 함께 루마니아는 자국

2_ 내용에 대해서는 2권 pp. 618-624, 각주 24 참고.

을 주권 국가로 승인해주었던 1878년의 조약에 의해 이미 이와 같은 국제적 의무를 짊어지고 있었다. 다른 국가는 부담하지 않는 국제법적 의무를 수행해야 하는 몇몇 국가는 종종 주권 원칙과 평등 원칙을 이용하여 이런 법적 부담에서 벗어나려는 그들의 요구를 정당화해왔다. 그러나 이런 문제의 핵심은 언제나 조약의 개정이었지 주권 그 자체와는 무관했다.

4. 주권은 정치적, 군사적, 경제적, 기술적 문제에서의 실제적 독립을 의미하는 것이 아니다. 그런 문제에서 각국이 실질적으로 상호 의존 상태에 있고, 또 어떤 국가들이 정치적·군사적·경제적으로 다른 국가들에 실제로 의존하고 있다는 사실은 그 국가들로 하여금 국내외 정책을 독자적으로 수행하는 데 어려움을 주거나 불가능하게 할 수도 있다. 그러나 그 의존으로 인해 자기 영토 내에서 절대적으로 보유하는 그들의 입법 및 행정권, 즉 주권이 침해되는 것은 아니다.[3] 그 국가들은 현실적 조건의 영향이 몹시 압도적인 나머지 자기가 원하거나 좀 더 강한 국가들은 제정하고 집행할 수 있는 법률을 제정하거나 집행하지 못할 수도 있다. 그렇다고 해서 국제법에 의한 의무를 이행하는 범위 내에서 자기가 원하는 법률을 제정하고 집행할 수 있는 권위까지 소멸되지는 않는다. 국가 간의 실제적인 불평등과 상호 의존성은 주권이라 불리는 법적 지위와는 아무런 관련이 없다. 미국에 비해 파나마의 정책적·법률적 선택의 범위가 매우 제한되어 있기는 하나 파나마도 미국처럼 주권국임에는 틀림없다.

3_ 의존성 때문에 주권이 침해된 극단적인 상황에 대해서는 2권 p. 650 ff. 참고.

주권의 상실

그렇다면 주권이 상실되는 경우는 어떤 때문인가? 국제법의 어떤 규칙과 그것들에 의해 창설된 어떤 국제기구가 개별 국가의 주권과 모순되는가? 주권에 손상을 주지 않는 법적·실제적 불평등과 그 국가의 독립을 파괴하는 국가 권위의 손상 사이의 어디에 줄을 그어 양자를 구분해야 하는가?

이론적인 용어를 사용할 경우 이런 문제에 대한 대답은 어렵지 않다. 주권이란 한 국가가 특정 영토 내에서 법률을 제정하고 집행할 수 있는 최고의 법적 권위이며, 그 결과 다른 어떤 국가의 권위에서도 독립되어 있을 뿐 아니라 국제법적으로도 평등이 인정된다. 따라서 한 국가가 다른 국가의 권위에 종속될 경우 그 국가는 주권을 상실하게 되므로 전자의 영토에서 법률을 제정하고 집행하는 최고 권위를 후자가 행사하게 된다. 그래서 주권은 다음 두 가지 방식으로 상실될 수 있다.

어떤 국가가 자기 영토 내에서의 입법·행정 행위에 대한 최종 권위를 다른 국가에 양도하는 법적 의무를 짊어질 수 있다. A국은 자기의 헌법적 권위에 따른 입법 사항에 대해 혹은 자기의 행정 기관에 의해 수행되는 법 집행 활동에 대해 거부권을 행사할 수 있는 권리를 B국에 부여함으로써 주권을 상실하게 된다. 이 경우 A국 정부는 A국의 영토 내에서 입법 및 행정 기능을 수행하는 유일한 권위체이기는 하지만 B국 정부의 지배에 종속되어 있으므로 더 이상 최고 권위체는 아니다. 그런 통제력을 행사함으로써 B국 정부는 최고의 권위를 지니게 되고, A국 영토 내에서 주권을 행사하게 된다.

주권이 상실되는 다른 방식은 이른바 국가 영토의 '불가침성'이 상실되는 때다. B국의 대리인이 A국의 영토 내에서 입법 및 행정 기능을 수행할 경우 B국은 A국을 대신하는 입법 및 행정 권위체로서의 자격을 가진다. 자기 영토 내에서 권위를 상실한 A국 정부는 명목상으로 또 외형적으로 존재하고는 있으나 실제적인 정부 기능은 B국의 대리인이 수행하는 것이다.

그러나 이처럼 추상적 기준을 실제 상황과 구체적인 문제에 적용하는 데는 커다란 어려움이 따른다. 주권 상실 문제에 따르는 혼란의 바닥에는 주권 개념이 오늘날의 법적·정치적 이론에서 볼 때, 정치적 현실로부터 분리되는 현상을 볼 수 있다. 주권 개념은 정치적 현실의 법적 표현이라 할 수 있다.

오늘날 주권은 16세기에 처음 그 개념이 생겨났을 때와 마찬가지로 정치적 사실을 나타낸다. 그 사실은 어떤 주어진 영토 내에서 어떤 사람, 또는 집단이 경쟁 상태의 다른 사람이나 집단보다 훨씬 강력한 권력을 소유하고 있고, 제도화되어 계속적으로 유지되는 그들의 권력은 그 영토 내에서 법률을 제정하고 시행하는 최고 권위로 자리매김해 있다는 것이다. 이리하여 16세기와 그 이후 수백 년 동안 절대군주는 자기 영토 내에서 최고의 권위자, 즉 주권자였다. 이는 이론적 성찰이나 법적 해석의 문제라기보다는 하나의 정치적 사실이었다. 그의 권력은 한편으로는 교황이나 황제보다 또 한편으로는 봉건 영주보다 강력했기 때문에 어느 쪽의 방해도 받지 않고 법률을 제정하고 집행할 수 있었다.

비슷한 경우로 미국 연방 정부는 오늘날 미국 영토 내에서 주권을 행사하고 있다. 이는 연방 정부의 권력에 도전할 만한 초국가적 권위체가 없기 때문이기도 하려니와 그런 마음을 품을 수 있는 지방적·기능적 권위체가 미국 영토 내에 없기 때문이기도 하다. 이런 주권은 16세기 프랑스 황제의 주권처럼 국가 내에서의 실제 권력 분포의 결과다. 그리고 이것은 주로 독립 전쟁 당시 북부 연방주의자들이 남부 동맹에 대해 승리를 거둔 결과다. 만약 미국 영토 내에서 연방 정부의 효과적인 감독에서 벗어나서 입법·행정 능력을 잘 발휘하는 정치적 혹은 경제적 기구에 의해 연방 정부의 최고 권위가 약화된다면, 중세 말기 영토 국가들이 신성 로마 제국의 황제를 대신하여 최고 권위를 차지함으로써 신성 로마 제국 황제가 당면했던 것과 비슷한 상황이 발생할지도 모른다. 그런 경우 미국은 신성 로마 제국의 황제처럼 비록 연방 정부가 당분간 주권이라는 법적 상징성과 명성을 여전히 소유하고는 있지만 여러 개로 분리된 지역적·기능적 단위들이 실제로 주권을 행사하게 될 것이다.

위와 같은 논의를 토대로 다음의 네 가지 결론을 이끌어낼 수 있다.

> 1. 주권의 소재는 다음의 두 가지 검증을 받아야 한다. (1) 국가 정부는 어떤 점에서 다른 정부의 법적 지배를 받고 있는가? (2) 그 국가의 영토 내에서 어느 정부가 실제로 정부 기능을 수행하고 있는가?
>
> 2. 주권의 소재는 법적 해석의 문제이기도 하며, 그에 못지않게 정치적 판단의 문제이기도 하다.[4]
>
> 3. 주권의 소재는 영토 내의 권력의 실제적 분포가 불확실한 경우

잠정적으로나마 불안정해질 수 있다.

4. 같은 영토의 주권이 두 개의 상이한 권위체에 동시에 존재할 수는 없다. 주권은 분리될 수 없는 것이다.

이런 네 가지 결론으로 미루어볼 때 어떤 국제적 의무가 주권과 양립 가능하며, 어떤 것들이 그렇지 못한가 하는 중요한 문제와 관련해서 위에서 상술한 주권 개념의 유용성을 검증하기 위해서는 여러 가지 역사적 사실을 분석해봐야 한다.

1. 1947년 인도가 독립을 선포하기 전 영국과 인도 제국 사이의 관계는 여러 개의 조약으로 규제되고 있었다. 이 조약들은 한편으로 이들 국가의 국내적 독립을 보장하면서도 침략으로부터 보호하고 외교문제를 처리해주며, 국내 정책에 대한 일반적 감독을 행할 수 있는 권리를 영국에게 부여하고 있었다. 인도 제국의 거의 모든 정부가 각자의 영토 내에서는 거의 완전한 지배력을 행사하고 있었지만 이들 정부는 다시 전적으로 영국 정부의 통제를 받았기 때문에 그들을 주권국가라고는 보기 어렵다. 영국과 인도 법원의 결정도 그 사실을 인정했다.

2. 이 경우를 1901년 미국과 쿠바 사이에 체결된 아바나 조약에 첨부되었던 소위 플랫 수정안Platt Amendment과 비교해봐도 유익할 것이다. 이 수정안은 쿠바 정부로 하여금 그의 독립을 해치는 어떤 국제

4_ *American Banana Co. vs. United Fruit Co.* 사건(213 U.S. 347 at 358, 1909)에서 홈스(Mr. Justice Holmes)는 "……주권이란 단순한 사실이다"라고 했으며, *The Western Maid* (257 U.S. 419 at 432, 1921) 사건에서는 "주권이란 권력의 문제다. 개인의 어떠한 권력도 무제한적이지 않다"라고 했다.

조약에도 가입하지 못하며 쿠바 영토의 어떤 부분도 외국 정권의 지배하에 둘 수 없도록 했다. 또 쿠바는 정규 조세로는 감당할 수 없는 어떤 공채도 발행할 수 없게 되었다. 유행성·전염성 질병의 재발을 방지하기 위해 도시에는 하수도 시설을 정비해야만 했다. 미국 대통령과의 합의에 따라 미국이 탄광 개발이나 해군 기지로 필요하다고 요구하는 지역은 미국에 매각하거나 조차해야만 했다. 이들 조항은 쿠바 정부의 대내외 정책적 재량 사항에 대한 비정상적인 규제권을 미국에게 부여하고 있으며, 심지어 쿠바 영토의 어떤 부분에 대해서는 주권을 포기하는 의무마저 지우고 있다. 그러나 쿠바 영토의 나머지 부분에 대해서는 최고의 입법 및 행정권을 쿠바 정부에 그대로 유지해줌으로써 이 조항들이 쿠바의 주권을 해쳤다고는 볼 수 없다. "……쿠바 정부는 미국 정부가 쿠바의 독립을 보호하고 쿠바 정부로 하여금 개인의 자유, 생명, 재산을 보호할 수 있도록 하기 위해 개입권을 행사할 수 있도록 찬성한다"라고 규정한 아바나 조약 제3조는 사정이 그리 간단하지 않다. 이 조항은 미국 정부에게 쿠바 정부를 접수하여 경우에 따라서는 미국 정부가 거의 아무런 제약도 없이 마음대로 행동할 수 있도록 함으로써 쿠바의 주권을 파괴할 수도 있는 권한을 주었다. 미국이 이 조항을 최대한 이용하여 쿠바 정부를 영구히 지배하고자 마음먹었더라면 쿠바는 영국 지배하의 인도 제국처럼 주권 국가로서의 면모를 잃어버렸을 것이다. 반대로 미국이 아바나 조약 제3조를 전혀 이용하지 않았더라면 실제적인 입법·행정 기능 면에서 쿠바 정부가 외국의 지배로부터 영원히 자유로울 수 있었을 것이므로 쿠바의 주권이 조금도 손상되지 않았을 터다. 즉 외국의 지배가 법적으로는 가능할 수 있었겠지만, 쿠바 정부가 자기 영토 안에서 최고의 권위를 유지할 수 있었을 것이다.

그러나 실제로 미국은 아바나 조약 제3조를 원용하여 쿠바 영토를 1906년부터 1909년까지 군사적으로 점령했다. 이 기간 동안 쿠바 영토 안에서의 최고 권위는 쿠바 정부가 아닌 미국 군부가 행사했다. 따라서 쿠바 정부는 더 이상 주권적일 수 없었다. 1909년 미국 군대의 철수와 더불어 즉시 쿠바 정부의 주권이 회복되었는지 여부는 쿠바에 대한 미국의 정치적 의도가 장차 무엇이었느냐에 따라 대답이 달라질 수 있는 문제다. 1909년, 미국 정부가 장차 아바나 조약 제3조를 더 이상 원용치 않겠다고 명백히 선언하는 경우라야 비로소 그 문제가 완전히 긍정적으로 해결될 수 있었을 것이다. 앞으로의 의도에 대한 명백한 언급이 없을 경우, 그 문제에 대한 대답은 1909년 당시 미국의 정책이 앞으로 어떻게 변모하느냐에 대한 예측에서 추출해낼 수밖에 없었다. 미국이 쿠바와의 조약에 의해 쿠바 내정에 개입할 수 있는 권한이 있는데도 불구하고 자제하는 정책으로 일관할 것인가? 그럴 경우 주권은 쿠바 정부에 다시 귀속될 것이다. 반면에 미국이 최소한 쿠바와 견해 차이를 보이는 중요한 문제만이라도 자국에 유리한 결정을 내릴 수 있도록 아바나 조약 제3조를 원용할 것인가? 그럴 경우에는 쿠바 영토 내에서의 최고 권한은 여전히 미국에 귀속될 것이다. 이 문제는 아바나 조약 제3조를 폐기하면서 쿠바 정부의 주권을 명백히 재정립한 1934년 5월 31일의 조약으로 해결되었다.

이렇게 볼 때 주권의 행사란 법적인 용어로 정의되고 제약받는 정치적 사실이다. 그것은 정치적 권력의 행사가 한 정부에서 다른 정부로 옮아 감에 따라 변화하게 된다. 즉 법조문의 해석보다는 정치적 상황의 평가에 따라 결정되는 것이다.[5]

3. 우리는 이미 위에서 한 국가가 다른 국가와의 관련하에 부담한 법적 의무의 양 때문에 그 국가의 주권이 영향을 받지는 않는다는 점을 살펴보았다. 앞으로의 논의를 위해서라도 이에 대해 좀 더 상세히 설명할 필요가 있다. 한 국가가 수많은 국제 조약을 체결하여 스스로 행동의 자유를 제한한다 하더라도 주권까지 상실되지는 않지만, 기본적인 입법 및 행정 기능에 대해서도 행동의 자유를 갖지 못할 때 그 국가의 주권은 상실되었다고 볼 수 있다. 현재의 상황에서 입법 및 행정 기능이 없이는 어떤 정부도 자기 영토 내에서 완전한 권위를 보유한다고 할 수 없기 때문이다. 다시 말해서 주권 문제에서 가장 중요한 것은 법적 구속을 얼마나 많이 받는가보다 그것이 그 정부의 정치적 지배권에 어떤 영향을 미치느냐다.

원자력이 실제로 가지는 군사적 중요성과 잠재적으로 가지는 경제적·사회적 중요성을 감안할 때 원자력에 대한 효율적인 국제 감독은 그 감독권을 행사하는 기구의 권한을 감독 활동이 전개되는 영역 안에서 최고의 것으로 만들 수 있다. 실제로 정치적으로도 그런 기구는 그 기구와 관련된 영토 내에서 최고의 권한을 행사하게 된다. 그 기구의 지배권은 국제적이라기보다는 초국가적이다. 원자력 이외의 분야에서 각국의 독자성이 아무리 강하다 해도 각국 정부는 주권을 상실

5_ 본문에서 개발한 이런 기준의 가치는 영연방의 자치령, 이집트, 필리핀 등의 국가들이 역사적으로 어떤 지위의 변화를 겪었는지 분석해봄으로써 평가할 수 있다.

한 셈이 될 것이다.

두 가지 역사적인 예를 들어 문제를 좀 더 분명히 해보자. 유엔 안전보장이사회의 상임 이사국과 기타 회원국 간의 관계, 그리고 안전보장이사회 이외 국제기구에서의 만장일치 원칙과 유사한 제도와 관련된 개별 국가의 지위를 살펴보자.

국제기구의 다수결 원칙

유엔 헌장 제27조 3항을 두고서 안전보장이사회의 상임 이사국들은 주권을 그대로 보유한 반면 기타 회원국들은 주권을 상실했다고 보는 견해가 자주 언급된 적이 있다. 안전보장이사회의 상임 이사국과 비상임 이사국 간의 관계, 그리고 안전보장이사회의 이사국과 기타 유엔 회원국 간의 관계에 관한 한 유엔 헌장 제27조 3항의 해석이 만장일치의 원칙을 대신해 다수결 원칙을 지배적인 원리로 부각하는 모습이기 때문이다. 다시 말해 안전보장이사회 '상임 이사국의 동의 투표를 포함하는 9개 이사국의 찬성 투표'는 안전보장이사회의 모든 이사국뿐만 아니라 유엔의 모든 가맹국을 구속하고 있다. 그런 다수결 투표에 따라 개별 국가들의 법 집행 수단을 유엔에 집행권으로 몰아주고 그 사안에 대해 탐탁지 않게 생각하는 국가를 강제로 구속할 경우 안전보장이사회는 상임 이사국이 아닌 모든 가맹국에 대해 최고의 권한이 있다고 볼 수 있다. 그런 국가들을 대신해 안전보장이사회가 주권을 행사하는 것이다. 이런 결과가 헌장 제27조 3항으로 인해 법적으로는 가능하다 해도 실제로 그런 일이 일어날 수 있는 것은 헌장 제39조, 41조, 42조와 관련하여[6] 다음의 세 가지 정치적 조건에 달려 있다. 현재로서는 세 가지 중 그 무엇도 없으며 조만간 이 세 가지 조건이 동시에 충족될 가능성도 없다.

첫째로 안전보장이사회가 실제 작동하는 법 집행 기구로서 존재할 수 있기 위해서는 안전보장이사회의 5개 상임 이사국 사이의 정치적 합의를 법적으로 나타내는 만장일치가 있어야 한다. 둘째로 헌장 제43조 이후의 몇 개 항에 따라 가맹국의 합의에 의해 안전보장이사회가 이용할 수 있도록 조직된 유엔군은 언제나 불법 집단에 대해 명백한 우월성을 발휘할 수 있도록 유지되어야 한다. 다시 말해 세계의 군사력 분포 상황은 유엔군의 힘이 어느 한 국가 군대나 예상 가능한 동맹 세력의 군사력을 능가할 수 있어야 한다. 셋째로 모든 가맹국은 유엔 헌장에 의한 의무, 특히 군사 협정을 성실히 이행해야 한다. 안전보장이사회가 규정한 유엔의 공통 이익을 위해 가맹국은 개별적인 국가 이익을 희생해야 한다. 이 세 가지 조건이 오늘날 실현될 수 있거나 가까운 장래에 실현될 가능성이 있다면 유엔 헌장이 안전보장이사회의 상임 이사국이 아닌 모든 가맹국의 국가 주권을 소멸했다고, 아니면 적어도 소멸하는 과정에 있다고 충분히 얘기할 수 있다.

비슷한 경우로, 국제기구의 불평등 대표권과 다수결 제도가 각국의 주권과 양립하지 않는다는 주장이 종종 제기되곤 한다. 두 번의 헤이그 평화회의에서 진정한 의미의 국제 법원을 설립하자는 모든 제안이 부결되었던 것은 바로 그와 같은 논거 때문이었다. 미국이 국제연맹과 상설국제사법재판소에 가입하는 문제에서도 그런 주장은 광범위

6_ 조문은 2권 pp. 629-633 참고.

하게 이용되었다. 여기서 다시 한 번, 아무리 설득력 있는 주장이라 해도 정치적 판단을 거쳐야 할 필요가 있음을 알 수 있다. 불평등 대표권과 다수결 제도가 주권과 양립할 수 있는지 아닌지는 이런 정치적 판단에 비추어 결정되어야 한다. 그 대답은 만장일치의 원칙에 대한 이런 변형이 영토 내적인 최고의 권위를 개별 국가 정부에서 국제기구로 이동시키느냐에 달려 있을 것이다.

이미 살펴보았듯이, 만장일치 원칙이 실현될 수 없는 국제사법재판소 외에도 입법·사법·행정적 기능을 담당하는 상당히 많은 국제기구가 평등 대표권과 만장일치의 원칙에서 벗어나고 있다. 유럽공동체에서도 불평등 대표권을 인정하는가 하면 다양한 형태의 다수결 제도를 채택하고 있다. 많은 국제기구가 회원국의 투표권을 재정적 공헌도에 따라 정하고 있다. 그런 기준에 따라 국제농업기구IIA의 정관은 영국에 22표, 미국에 21표, 프랑스에 19표 등을 할당하고 있다. 국제통화기금IMF과 국제부흥개발은행IBRD을 창설할 당시에도 국제 협정에 따라 투표권의 수와 재정적 공헌도를 연결하고 있다. 그 결과 이 두 기구에서 미국은 가장 적은 투표권을 가진 국가에 비해 무려 100배나 많은 투표권 수를 행사하고 있다. 노골적으로 다수결 원칙을 규정하는 국제기구로는 국제우편연합UPU, 국제다뉴브위원회IDC, 식량농업기구FAO, 국제민간항공기구ICAO, 경제사회이사회ESC와 신탁통치이사회TC 등이 있다. 유엔 헌장 제18조에 의하면 총회의 각 구성국은 한 개의 투표권이 있으며 결정은 출석하고 투표한 회원국의 다수결로 정한다. 제18조 2항에 규정되어 있는 '중요한 문제'에 대한 결정은 3분의 2의 다수로 정한다.

안전보장이사회는 그 구성이나 표결 절차에서 평등 대표권의 원칙과는 많은 차이점을 보이고 있다. 제27조에 의할 때 안전보장이사회의 각 이사국은 한 개의 투표권을 가지며 절차 사항에 관한 안전보장이사회의 결정은 15개 이사국 가운데 9개국의 찬성 투표로 성립된다. 그러나 제23조에 의하면 중국, 프랑스, 소련, 미국, 영국은 안전보장이사회의 결정 과정에서 상임 이사국의 지위에 따라 총회에서 정기적으로 선출되는 10개 비상임 이사국에 비해 자동으로 우월한 권리를 행사하고 있다. 상임 이사국들의 이 우월한 권한은 제27조 3항에 따라 안전보장이사회의 절차적 문제 이외의 기타 문제들에 대한 거부권을 통해 더욱 심화되고 있다.

평등 대표권 원칙으로부터의 이런 일탈이 관련국의 주권에 대해 갖는 의미는 일탈 결과 이들 국가의 영토 내에서 입법 및 행정상의 최고 권위가 어디에 속하느냐에 따라 평가되어야 한다. 여기서 결정적으로 중요한 것은 어떻게, 얼마나 많은 문제에서, 또 얼마나 여러 기구에서 한 국가가 다른 국가들에 의해 투표로 압도당하느냐가 아니라 어떤 문제에서 투표에 지는가다. 여기서 다시 한 번 양적인 검증이 아니라 질적 검증이 문제 된다. 한 국가가 국제적 통신을 위해 편지에 우표를 붙여야 한다는 등의 국제기구의 다수결에 의한 결정 사항을 이행하기 위한 법적 의무를 지고 있다는 사실은 자국 영토 내에서의 최고 입법 권한을 보유하고 있다는 사실에는 아무 영향을 미치지 않는다. 그 국가는 행동의 자유를 제한하는 데 동의하긴 했으나 주권을 소유한 덕택에 동의하지 않은 모든 부분에 대해 행동의 자유를 그대로 보유한다. 그러나 동의한 경우에도 주권을 포기한 것은 아니다.

헌법의 개정, 전쟁의 선포나 평화 조약의 체결, 군대의 규모와 구성, 그리고 활동에 관한 사항, 정부의 구성과 재정정책 등에 관한 문제에 국제기구의 다수결 투표에 굴복할 때 그 국가는 주권을 포기했다고 볼 수 있다. 그런 경우 다수결 원칙을 채택한 국제 협정에 의해 결정적인 정치권력이 그 국가의 정부에서 국제기구로 옮겨 갔다고 할 수 있다. 최고의 권위를 행사하는 주권은 그 국가의 정부가 아니라 국제기구이므로 그 국가의 영토에서 최고의 입법 및 행정권을 행사하게 된다.

지금까지의 논의를 토대로 볼 때 오늘날 국제 사회의 어느 곳에서도 만장일치 원칙에서 일탈된 어떤 원칙이 개별 국가의 주권에 영향을 미치지는 못한다는 점이 명백하다. 정치적으로 중요한 문제가 국제 법정에서의 다수결 투표로 결정되지 않도록 하는 많은 정교한 안전장치가 국제적 판결을 에워싸고 있다. 행정적 성격의 국제기구들에서 다수결 투표는 기술적 문제, 즉 각국 정부 간에 혹은 정부와 국제기구 간의 권력의 배분에 대해 중요하지 않은 문제들만 마음대로 처리할 수 있을 뿐이다. 유엔 총회의 다수결 투표는 권고적 성격을 띠므로 회원국에게 구속력을 발휘하지 못한다. 헌장 제27조 2항에 따르는 안전보장이사회의 엄격한 다수결 투표도 각 회원국의 영토 내에서 최고 권위를 해치지 않는 수준으로 진행되는 절차에 대해서만 구속력을 발휘할 뿐이다. 안전보장이사회의 주권이 국가 주권을 대신하도록 하는 일은 헌장 제27조 3항에 의해 법적으로는 가능하지만 실제로는 실현 가능성이 희박하며 가까운 장래에도 마찬가지다.

주권은 분할될 수 있는가?

이제 마지막으로, 또 가장 중요한 문제로서 현대 세계의 주권 문제를 흐리게 해왔던 오해, 즉 주권이 분할될 수 있다는 믿음을 이야기해보기로 하자. 이런 오해를 해명함으로써 우리는 오늘날의 국제정치에서 주권과 일반 국제법의 역할에 대해 올바르게 평가할 수 있을지도 모른다. 우리는 종종 세계 평화를 위해 국제기구에 '우리 주권의 일부를 양보'해야 한다든가, 그런 기구와 함께 우리의 주권을 공유해야 한다든가, 또는 우리가 주권의 실질적인 부분을 소유하고 있는 반면 국제기구가 '제한된 주권'을 가지고 있거나 그 반대의 경우가 있는 말을 듣는다. 심지어 '준準주권적' 국가나 '반半주권적' 국가가 있다고도 한다. 여기서는 분할 가능한 주권이란 개념이 논리적으로 맞지 않고 정치적으로도 가능하지 않으며, 현대 국가 체제에서의 국제법과 국제정치 사이에 존재하는 현실적·가상적 관계 사이의 모순을 나타내는 중요한 징후라는 점을 밝히려 한다.

주권이란 개념이 최고 권위를 의미한다면 둘이나 그 이상의 실체, 즉 사람들, 사람들의 집단 혹은 기구들이 같은 시간, 같은 장소에서 동시에 주권적일 수 없다는 것은 자명하다. 최고 권위를 가진 자는 논리적으로 다른 모든 사람의 우위에 있다. 자기보다 더 크거나 동등한 권위를 지닌 자가 없다는 말이다. 미국 대통령이 군대의 최고 사령관이라면 국방장관과 같은 어떤 사람이 군대의 최고 통수권을 공유하고 있다는 주장은 논리에 맞지 않는다. 최고 권위를 황제와 교황에게 나누어 분배했던 중세적 원칙처럼, 헌법이 국가의 최고 권위를 기능적으로 두 개의 관직에 공평히 분담할 수도 있었을 것이다. 그럴 경우 대통령이 군대의 조직과 충원에 대해, 국방장관이 군사 작전에 대해 각각 최고 권위를 가졌을 것이다. 만일 실제 그런 식으로 권위가 분배되고 기능적 분리가 이루어졌다면 군대에 최고 지위를 누리는 자가 없으므로 어느 누구도 총사령관이 될 수 없었을 테고, 총사령관이라는 직위 자체가 논리적으로 존재할 수도 없었을 것이다. 대통령이 최고 권위를 가지고 군대를 통솔하거나, 다른 사람이 통솔하거나, 혹은 어느 누구도 통솔할 수 없는 경우도 있다. 앞으로의 논의에서 드러나겠지만 이 세 가지 대안은 모두가 정치적으로 가능하지는 않을지라도 논리적으로는 가능하다. 그러나 대통령과 다른 어떤 사람이 동시에 군대의 최고 통수권을 행사한다는 얘기는 논리적으로도 맞지 않을뿐더러 정치적으로도 불가능하다.

국가 내의 주권적 권위체가 수행하는 실제의 정치적 기능을 고려해 보면 현실 정치에서 주권이란 분리될 수 없다는 점이 명백해진다. 주권은 최고의 입법 및 행정권을 의미한다. 다시 말해서 여러 입법 기관 사이의 분쟁이 있을 경우 최종으로 구속력 있는 결정을 내릴 책임을 지며 혁명이나 내전과 같은 법 집행의 위기 시에 법을 집행하는 최종 책임을 지는 국가적 권위가 바로 주권이다. 그런 책임은 어딘가 존재하며, 어디에도 존재하지 않을 수 있다. 하지만 여기에도 저기에도 동시에 존재할 수는 없다. 서덜랜드George Sutherland, 1862~1942 판사가 '미국 정부 대 커티스 라이트 수출 상사' 사건에서 말했듯이 "정치적 주권이란 최고 의지가 어디엔가 존재하지 않고서는 존재할 수 없다. 주권이 정처 없이 떠돌아다닐 수는 없다."[7] 주권이 아무 데도 존재하지 않는다면 (프랑스 제4공화국 헌법처럼 주권의 소재를 밝히지 않은 헌법이 있기는 하다) 헌법이 위기에 처할 경우 헌법상의 여러 권위체 가운데 하나가 1958년의 프랑스 군대처럼 강탈하듯 스스로 책임을 자처하거나, 그렇지 않을 경우엔 혁명이 일어나 나폴레옹이나 인민위원회와 같은 누구에겐가 최고의 권위가 귀속되면서 혼란에 종지부를 찍고 평화와 질서를 회복하게 된다. 주권의 소재가 헌법상 여러 가지 해석이 가능한 탓에 모호한 상태에 놓여 있을 경우에는 최고 권위를 주장하는 사람들 사이에 정치적·군사적 투쟁이 일어나 어떤 형태로든 문제를 해결할 것이다. 남북 전쟁 당시 미국의 연방 정부와 주 정부 사이의 투쟁이 연방 정부의 승리로 끝나면서 문제를 해결했던 경우가 고전적 사례다.

주권의 분할 가능성이 논리적 모순이며 정치적으로도 불가능하다는 간단한 진리는 1787년의 제헌 의회 의원 가운데 한 사람을 제외한 모두에게 받아들여졌다.[8] 주권은 국가에 귀속되어야 마땅하다고 믿은 사람들과 주권이 중앙 정부에 귀속되기를 바랐던 사람들은 주권이 이곳 아니면 저곳 어느 한 곳에 속해야지 두 곳에 분리되어 존재해서는 안 된다는 점을 확신했다. 1787년 4월 8일, 제임스 매디슨은 에드먼드 랜돌프Edmund Randolph, 1753~1813에게 이렇게 썼다. "국가의 개별적 독립은 총체적 주권 개념과 전혀 양립할 수 없다는 것이 나의 기본적

7_ 299 U.S. 304 at 316, 317 (1936).

8_ 그 예외적 존재는 윌리엄 존슨(William S. Johnson)이었다. 다음을 참고. *Debates on the Adoption of the Federal Constitution*, Vol. V of Elliot' s *Debates* (Washington, 1845), p. 221.

인 입장입니다."[9] 전당대회 석상에서 제임스 윌슨James Wilson, 1742~1798은 이렇게 선언했다. "우린 모든 국가가 주권을 가지며 평등하다는 말을 자주 듣습니다. 따라서 모든 사람은 실제로 자기 자신에 대해 주권적이며 그 결과 모든 사람은 평등합니다. 시민 정부의 한 구성원이 되었을 때 그의 평등은 유지될 수 있을까요? 그렇지 못합니다. 그것은 주권 국가가 연방 정부의 한 구성원이 되었을 때와 마찬가지입니다. 뉴저지 주가 주권과 분리되지 않겠다면 정부에 대해 말해봤자 허사입니다."[10] 알렉산더 해밀턴은 "두 개의 주권체가 같은 영역 안에 공존할 수는 없다"라고 한다.[11] 국가 주권을 옹호하여 존 캘훈도 나중에 같은 논지를 펼치고 있다. "하지만 어떻게 주권 그 자체가, 최고의 권력이 분할될 수 있단 말인가? 어떻게 여러 국가의 국민이 부분적으로는 주권적이고 부분적으로는 주권적이지 못한, 즉 부분적으로는 최고이고 부분적으로는 최고이지 못할 수가 있단 말인가? 상상할 수도 없는 일이다. 주권이란 전체적인 것으로서 그것을 분할한다는 것은 파괴를 뜻한다."[12] "지금까지의 모든 논의에도 불구하고 나는 주권이란 본질적으로 분할될 수 없다는 입장을 견지하고 싶다. 주권은 국가 내의 최고 권위이므로, 반쪽짜리 주권이라는 말은 반쪽짜리 정사각형이나 반쪽짜리 삼각형이라는 말과 같을 것이다. 주권의 행사와 주권 그 자

9_ Ibid., p. 107.

10_ Ibid., p. 177.

11_ Ibid., p. 202; Cf. p. 199. 한편 존슨(Dr. Johnson)은 위의 각주 8에서의 이야기와는 달리 주권이란 "하나의 공동체 안에서는 하나일 수밖에 없다"라면서 같은 취지를 밝히고 있다.

체를 혼동하거나 주권의 위임과 주권의 포기를 혼동하는 것은 큰 실수다."[13]

하지만 조약상의 '약간의' 의무와 비교하여 정치적 권위의 질적인 요소가 정부 주권의 독특한 특징임을 지적하고 그것은 그 조약의 이행을 약속한 국가의 주권과 양립하지 않는다는 것을 처음으로 밝힌 사람은 매디슨이었다. 1787년 6월 28일 전당 대회 석상에서 매디슨은 다음과 같이 주장했다.

> 계약의 체결에 있어 국가 주권의 평등에서 이끌어낸 그런 생각의 오류는, 양 당사자가 따라야 할 어떤 특정 의무와 당사자가 상호 규제를 받아야 할 어떤 규칙이 제시된 단순한 조약을 당사자보다 상위의 권위체를 창조하는 계약과 혼동하고서 자기를 규제하는 법률을 제정하는 데 있다. 만일 프랑스, 영국, 에스파냐가 상업 등의 규제를 위해 모나코 국왕이나 기타 유럽의 약소국 몇몇 국가와 조약을 체결하려 한다면 모든 당사국을 평등하게 대우하고 완전한 상호주의에 입각한 법칙을 제정하는 데 주저하지 않을 것이다. 그렇다고 해서 기금을 모으고 징병 및 환율을 결정할 수 있는 권한을 가진 각국 대표자들의 위원회를 구성할 경우에도 그런 기대가 가능할 것인가?[14]

민주적 헌법, 특히 견제와 균형 체제를 잘 구비한 헌법은 의도적으

12_ *The Works*, Vol. I (The General Assembly of the State of South Carolina, 1851), p. 146.
13_ *The Works*, Vol. II (The General Assembly of the State of South Carolina, 1853), p. 233.

로 주권 문제를 명백히 규정하지 않고 주권 소재에 대한 명확한 표현을 교묘하게 피해왔다. 그 이유는 개인적 권력을 제한하고 조정할 수 있는 도구를 만들어내는 것이 이들 헌법의 주요 관심사인 반면, 주권의 소재가 가장 명백했던 경우가 홉스의 《리바이어던》에서 볼 수 있는 구속되지 않은 권력으로서 법률뿐만 아니라 도덕과 윤리의 원천이기 때문이다. 따라서 절대 군주의 무제한적인 권력과 개인 정부의 위험성을 올바로 인식한 일상의 헌법 원칙은 법 규범과 정치적 제약에 대한 주권적 권위의 복종을 그것의 배제와 혼동했다. 민주주의를 '인간이 아닌 법률에 의한 정부'로 만들기 위해 노력하는 과정에서 그들은 민주적이건 비민주적이건 모든 국가에는 정치적 권위의 행사에 대해 궁극적 책임을 지는 한 사람이나 집단이 반드시 있어야 한다는 점을 망각했다. 평상시에는 그 책임이 여러 헌법적 장치나 법 규범의 망을 통해 거의 보이지 않아 휴면 상태처럼 존재하므로 다음과 같은 생각이 널리 퍼지게 되었다. 즉 "책임이란 존재하지 않으며, 과거에는 한 사람, 즉 군주의 권한 사항이었던 최고의 입법 및 행정권이 이제는 정부의 여러 대등한 기관 사이에 분산되어 있으며, 그 결과 그들 중 어느 누구도 최고 권위를 가지고 있지 않다"라는 생각이다. 혹은 그런 권위가 전체 국민에게 속하고 있다는 생각도 확산되었는데, 물론 전체로서의 국민은 행위의 주체가 되지 못한다. 하지만 링컨, 윌슨, 두 명의 루스벨트 대통령 시기처럼 위기나 전쟁이 닥칠 때에는 그런 궁극적 책임 문제가 대두되며 사건이 끝난 뒤 논의를 마무리하는 고달

14_ Ibid., p. 250; Cf. Patterson, ibid., p. 194.

픈 작업은 헌법 이론들 쪽으로 돌려진다.

군주제건 민주제건 연방 국가에서는, 한때 주권을 소유했으나 더 이상 그렇지 못하면서도 그 사실을 쉽사리 인정하려 들지 않는 각각의 주 정부에게 이념적 만족이 주어져야 한다. 그런 목적을 위해 헌법상의 감언이설을 개발하는 것이 정치적 관행이다. 즉 주권 국가의 관리나 상징에 돌아가야 마땅한 명예를 개별 주 정부의 관리나 상징에게 돌리고, 주권 국가들과의 관련하에서만 의미가 있는 개념과 헌법적 도구를 사용한다.[15] 연방 정부가 주권적이라는 사실을 부인하기란 헌법적·정치적으로 불가능하며, 개별 주 정부가 더 이상 주권적이지 못하다는 것을 인정한다는 것은 심리적으로 불가능하므로, 헌법 이론은 주권을 간단히 분할하여 연방 정부와 주 정부에 귀속하고는 정치적 현실과 정치적 선호 사이의 타협을 모색한다. 따라서 1787년의 전당 대회 석상에서 주권의 불가분을 열성적으로 주장했던 해밀턴과 매디슨은 그 이듬해 잡지 《연방주의자》를 통해 개별 주 정부가 새 헌법으로 인해 주권적 권한을 연방 정부에게 양도하더라도 주권을 그대로 보유하는 것이라고 설득하면서 똑같이 열성적으로 주권의 분할 가능성을 강조했다.[16]

정치적 현실과 정치적 선호를 이념적으로 연결해야 할 비슷한 필요성 때문에 주권 분할 원칙은 국제관계 분야에서 폭넓게 인정되었다. 한편으로 국가는 어느 때보다도 더욱 개인의 도덕·법적 가치관에 대한 주요한 근원이 되고 있고 그들의 세속적 충성의 궁극적 대상이 되

15_ 미국, 소련, 1871년의 독일 헌법에서 이런 관행을 볼 수 있다.

고 있다. 그 결과 다른 국가와의 관계에서 갖는 그 국가 권력과 주권의 보존은 국제 문제에서 개인이 가장 중요하게 여기는 정치적 관심사다. 다른 한편으로, 현대 문명이라는 조건하에서 그 문명과 국가 자체를 파멸로 이끄는 것도 다른 국가의 권력, 주권과 충돌하는 바로 국가 권력과 주권이다.

따라서 나폴레옹 전쟁이 끝난 이래로 인도주의자와 정치가 들은 점점 더 자주 그리고 점점 더 열심히 현대 국가들 사이의 권력 투쟁이 초래하는 자기 파괴적 전쟁을 피할 수 있는 방안을 모색해왔다. 그러나 특히 최근 들어 국제 사회의 권력 투쟁을 억제하려는 지금까지의 모든 노력을 좌절시킨 주요한 장애물은 국가 주권 그 자체임이 점점 더 명백해지고 있다. 최고의 입법 및 행정권이 국가 정부에 귀속해 있는 한, 특히 오늘날과 같은 도덕적·정치적·기술적 조건하에서 전쟁의 위협은 피할 수 없다. 따라서 자기 파괴적 전쟁의 가능성이라는 정치적 현실은 국가 주권의 보존이라는 정치적 선호와 대치하게 된다. 모든 사람이 전쟁의 위협에서 벗어나고자 열망하면서 조국의 주권을 보존하고자 열망하고 있기도 하다. 하지만 주권의 전부가 아니라 극히 일부를 떼어줌으로써 평화가 가능하다면, 국제기구에 주권을 모두 양보하는 것이 아니라 국제기구와 주권을 공유함으로써 전쟁을 줄일 수

16_ C.E. Merriam, *History of the Theory of Sovereignty Since Rousseau* (New York, Columbia University Press, 1900), p. 161 참고. "따라서 헌법은 지방 정부와 중앙 정부 사이에 권력을 분산하고 주권의 궁극적 근원을 명백히 규정하지 못함으로써 당시의 독특한 정치적 사실과 정치이론을 보여주었다." 주권 이론과 주권의 정치적 현실 사이의 일반적인 불일치 현상에 대해서는 Ernest Barker, *Essays on Government* (Oxford: Oxford University Press, 1945), pp. 88-89 참고.

만 있다면, 주권과 평화를 동시에 소유하는 일은 가능할는지 모른다.

1947년 봄에 실시된 여론 조사에서 75퍼센트의 국민이 다음 질문에 찬성하고 있다. "세계 평화를 위해 미국이 국제경찰군을 창설하려는 움직임에 참가하는 것을 어떻게 생각하십니까?" 하지만 국제경찰군보다 미국 군대가 더 작아야 한다는 의견에 찬성한 사람은 전체 국민의 15퍼센트, 국제경찰군의 창설에 찬성했던 사람들 가운데 17퍼센트에 불과했다. "미국이 국제경찰군에 참가해야 하며 국제경찰군이 미국 군대의 수를 능가해야 한다고 생각한 사람은 전체 인구의 13퍼센트뿐이었다."[17] 다시 말해서 전쟁을 방지할 수 있는 국제기구의 창설을 찬성한 미국 국민이 상당수였지만 그 찬성자 가운데(물론 전체 국민 가운데도) 극히 소수만이 최고의 행정권을 미국에서 그 국제기구로 옮기는 데 찬성했을 뿐이었다. 대부분의 사람들은 양자 모두를 원했다. 즉 주권 '분할'을 원했던 것이다. 이렇게 볼 때 국제경찰군을 찬성한 사람 가운데 32퍼센트가 미국 군대의 규모가 국제경찰군보다 우월해야 한다고 보았고, 이 문제에 의견을 표시한 사람 가운데 가장 많은 그룹인 41퍼센트의 사람이 양자의 동등한 규모를 원했다는 사실은 의미심장하다. 그들은 주권이 미국 정부와 국제기구에 50퍼센트씩 돌아가도록 공정하고 공평하게 '분할'되기를 바랐던 것이다.

주권의 분할에 대한 믿음은 정치적 현실과 정치적 선호 사이에 존

17_ *UNESCO and Public Opinion Today* (Chicago: National Opinion Research Center, 1947), Report No. 35, pp. 12 ff. 미국과 영국에서 제2차 세계대전 이후 실시된 여러 여론 조사에서도 비슷한 모순적인 결과가 나오고 있다. 특히 다음을 참조. *Peace and the Public: A Study by Mass-Observation* (London, New York, Toronto: Longmans, Green, 1947).

재하는 모순을 이념적으로 나타내고 있다. 주권 분할 원칙은 논리적으로 양립할 수 없는 일, 즉 주권을 포기하면서 한편으로는 그것을 그대로 보유하는 것뿐만 아니라 현대 문명의 조건하에서 경험적으로도 불가능한 일, 즉 국가 주권과 국제 질서의 조화가 가능하다는 것을 지적으로 그럴듯하게 꾸며준다. 평화 보존을 위해 '국가 주권의 일부'를 포기하라는 권고는 이론적인 진실을 나타내거나 정치적 경험의 실체를 반영하는 것과는 아주 딴판으로 마치 눈을 감은 채 케이크를 먹으면서 동시에 그것을 그대로 보존할 수 있다고 생각해보라는 권고나 마찬가지다.

참고 문헌

이 참고 문헌은 독자에게 국제 정치의 일반적 문제점에 대한 중요하면서도 쉽게 찾아볼 수 있는 참고서를 알려주기 위해 정리된 것이다. 이러한 목적 때문에 다음 세 가지 한계가 있음을 밝혀 둔다. 첫째, 이 참고 문헌에 수록된 자료는 부득이하게 선택적으로 뽑았다. 둘째, 특정 주제를 다룬 책은, 특히 특정 국가나 지역을 다룬 책은 선정에서 제외했다. 셋째, 영어로 쓰인 책을 우선적으로 골랐다.

제1부

정치적 현실주의 관련 자료

Berlin, Isaiah. "Realism in Politics." *The Spectator* 193 (December, 17, 1954), pp. 774-776.

Bozeman, Adda B. *Politics and Culture in International History*. Princetion, NJ: Princeton University Press, 1960.

Butterfield, Herbert. *Christianity and History*. New York: Charle Scribner's Sons, 1950.

______. *History and Human Relations*. London: Collins Press, 1951, Scribner Library, 1961.

______. "The Scientific vs. the Moralistic Approach in International Affairs." *International Affairs*, Vol. 27, No. 4 (October 1951), pp. 411-422.

______. *Christianity, Diplomacy and War*. London: Epworth Press, 1953.

Butterfield, Herbert, and Wight, Martin, eds. *Diplomatic Investigations*. Cambridge, MA: Harvard University Press, 1966.

Carleton, William G. "Wanted: Wiser Power Politics." *The Yale Review*, Vol. 41, No. 2 (Winter 1952), pp. 194-206.

Carr, Edward Hallett. *The Twenty Years' Crisis*, 1919-1939. London: Macmillan, 1946;

New York: Harper Torchbooks, 1946.

Cook, Thomas I., and Moos, Malcolm, *Power Through Turpose: The Realism of Idealism as a Basis for Foreign Policy*. Baltimore, MD: Johns Hopkins University Press, 1954.

Frankel, Joseph. *National Interest*. New York: Praeger, 1970.

Greenstein, Fred I. *Personality and Politics*. New York: W. W. Norton, 1969.

Greenstein, Fred I., and Polsby, Nelson, eds. *Handbook of Political Science*, Vol. 8, International Politics. Reading, MA: Addison-Wesley, 1975.

Halle, Louis. *Men and Nations*. Princeton, NJ: Princeton University Press, 1962.

Halperin, Morton H. *Bureaucratic Politics and Foreign Policy*. Washington, DC: The Brookings Institution, 1974.

Herz, John H. *Political Realism and Political Idealism*. Chicago: University of Chicago Press, 1951.

Hinsley, F. H. *Power and the Pursuit of Peace: Theory and Practice in the History of Relations Between States*. Cambridge, UK: Cambridge University Press, 1963.

Hoffman, Stanley H., ed. *Contemporary Theory in International Relations*. Englewood Cliffs, NJ: Prentice Hall, 1960.

______. "An American Social Science: International Relations." *Daedalus*, Vol. I (Summer 1977): pp. 41-60.

Kissinger, Henry. *White House Years*. Boston and Toronto: Little, Brown, 1979.

Leurdijk, J. Henk. "From International to Transnational Politics: A Change of Paradigms?" *International Social Science Journal*, Vol. XXVI, No. 1 (1974), p. 53 ff.

Manning, C.A.W. *The Nature of International Society*. London: G. Bell and Sons, 1962.

Morgenthau, Hans J. *Scientific Man vs. Power Politics*. Chicago: University of Chicago Press, 1946; Phoenix, 1965.

______. *In Defense of the National Interest*. New York: Alfred A. Knopf, 1951; Washington, DC: University Press of America, 1982.

______. *Politics in the Twentieth Century*, 3 vols. Chicago: University of Chicago Press, 1962.

Morgenthau, Hans J., and Thompson, Kenneth W. *Principles and Problems of International Politics: Selected Readings*. New York: Alfred A. Knopf, 1951; Washington, DC: University Press of America, 1982.

Niebuhr, Reinhold. *The Children of Light and the Children of Darkness*. New York: Charles Scribner's Sons, 1944; reprint, Scribner Library.

______. *Christian Realism and Political Problems*. New York: Charles Scribner's Sons, 1953.

______. *Beyond Tragedy*. New York: Charles Scribner's Sons, 1955; reprint, Scribner Library.

Rommen, Hans. "Realism and Utopianism in World Affairs." *Review of Politics*, Vol. 6, No. 2 (April 1944), pp. 193-215.

Rosenau, James. *The Scientific Study of Foreign Policy*. New York: Free Press, 1971.

Said, Abdul, ed. *Theory of International Relations: The Crisis of Relevance*. Englewood Cliffs, NJ: Prentice Hall, 1968.

Schuman, Frederick L. "International Ideals and the National Interest." *The Annals of the American Academy of Political and Social Science*, Vol. 280 (March 1952), pp. 27-36.

Smith, Michael J. *Realism as an Approach to International Relations*. Ph.D. diss., Harvard University, 1982.

Thompson, Kenneth W. *Political Realism and the Crises of World Politics*. Princeton, NJ: Princeton University Press, 1960; Washington, DC: University Press of America, 1982.

______. *American Diplomacy and Emergent Patterns*. New York: New York University Press, 1962; Washington, DC: University Press of America, 1983.

______. *Ethics, Functionalism and Power in International Politics*. Baton Rouge, LA, and London: Louisiana State University Press, 1979.

______. *Cold War Theories: World Polarization*, 1943-1953, Vol. I. Baton Rouge, LA, and London: Louisiana State University Press, 1981.

______. *Winston Churchill's "Worldview"*: Statesmanship and Power. Baton Rouge, LA, and London: Louisiana State University Press, 1983.

Wolfers, Arnold. *Discord and Collaboration: Essays on International Politics*.

Baltimore, MD: Johns Hopkins Press, 1962.

국제 정치 관련 자료

Beitz, Charles. *Political Theory and International Relations*. Princeton, NJ: Princeton University Press, 1979.

Best Geoffrey. *Humanity in Warfare*. New York: Columbia University Press, 1980.

Booth, Ken, and Wright, Moorhead. *American Thinking About War and Peace*. New York: Barnes and Noble, 1978.

Bull, Hedley. *The Anarchical Society*. New York: Columbia University Press, 1977.

Corbett, Percy E. "Objectivity in the Study of International Affairs." *World Affairs*, Vol. 4, No. 3 (July 1950), pp. 257–263.

Deutsch, Karl. *The Analysis of International Relations*. Englewood Cliffs, NJ: Prentice Hall, 1967.

Dougherty, James, E., and Pfalzgraff, Robert L., Jr. *Contending Theories of International Relations*. Philadelphia: J. B. Lippincott & Co., 1971.

Dunn, Frederick S. "The Present Course of International Relations Research." *World Politics*, Vol. 2, No. 1 (October 1949), pp. 80–95.

Ferrell, Robert H. *American Diplomacy: A History*. New York: W. W. Norton, 1975.

Finnegan, Richard B. "International Relations: The Disputed Search for Method", *The Review of Politics*, Vol. 34, No. 1 (January 1972), pp.40–66.

Fitzsimons, M. A. *The Foreign Policy of the British Labour Government*. Notre Dame, IN: University of Notre Dame Press, 1953.

Fox, W. T. R. *The American Study of International Relations*. New York: Columbia Institute of International Studies, 1968.

Frankel, Joseph. *Contemporary International Theory and the Behavior of States*. New York: Oxford University Press, 1973.

George, Alexander L. *Presidential Decisionmaking in Foreign Policy: The Effective Use of Information and Advice*. Boulder, CO: Westview Press, 1980.

Gurian, Waldemar. "The Study of International Relations." *Review of Politics*, Vol. 8, No. 3 (July 1946), pp. 275–282.

Harrison, Horace V., ed. *The Role of Theory in International Relations*. Princeton, Toronto, New York: D. Van Nostrand, 1964.

Herz, John H. "Relevancies and Irrelevancies in the Study of International Relations." *Polity*, Vol. 4, No. 1 (Fall 1971), pp. 25–47.

Jervis, Robert. *Perception and Misperception in International Politics*. Princeton, NJ: Princeton University Press, 1976.

Joynt, Carey B., and Corbett, Percy E. *Theory and Reality in World Politics*. Pittsburgh, PA: University of Pittsburgh Press, 1978.

Kirk, Grayson. *The Study of International Relations*. New York: Council on Foreign Relations, 1947.

Knorr, Klaus, and Rosenau, James N., eds. *Contending Approaches to International Politics*. Princeton: Princeton University Press, 1969.

Manning, C. A. W. "The Pretensions of International Relations." *Universities Quarterly*, Vol. 7, No. 4 (August 1953), pp. 361–371.

Mansback, Richard, Ferguson, Yale H., and Lampert, Donald. *The Web of World Politics: Nonstate Actors in the Global System*. Englewood Cliffs, NJ: Prentice Hall, 1976.

Marchand, P. D. "Theory and Practice in the Study of International Relations." International Relations, Vol. 1, No. 3 (April, 1955), pp. 95–102.

May, Ernest R. *The "Lesson" of the Past: The Use and Misuse of History in American Foreign Policy*. New York: Oxford University Press, 1973.

Platig, E. Raymond. *International Relations Research: Problems of Evaluation and Advancement*. Santa Barbara, CA: Clio Press, 1967.

Rosenau, James N. *International Studies and the Social Sciences*. Beverly Hills and London: Sage, 1973.

Singer, J. David. "Theorizing About Theory in International Politics." *Journal of Conflict Resolution*, Vol. IV, No. 4 (December 1960), pp. 431–442.

Thompson, Kenneth W. "The Study of International Politics: A Survey of Trends and Developments." *Review of Politics*, Vol. 14, No. 4 (October 1952), pp. 433–467.

______. "The Empirical, Normative, and Theoretical Foundations of International Studies", *Review of Politics*, Vol. 29, No. 2 (April 1967), pp. 147–159.

______. "Neibuhr's Conception of Politics." *Interpretation*, Vol. 6, No. 2 (May 1977), pp. 124-131.

______. *Masters of International Thought: Major Twentieth Century Theorists and the World Crisis*. Baton Rouge, LA, and London: Louisiana State University Press, 1980.

______. "Power, Force and Diplomacy." *Review of Politics*, Vol. 43, No. 3 (July 1981), pp. 410-435.

______. "The Cold War Legacy of Morgenthau's Approach." *Social Research*, Vol. 48, No. 4 (Winter 1981): pp. 660-667.

______. "Foreign Policy Books from Theory to Practice." *Book Forum*, Vol. 6. No. 4 (1984): pp. 409-415.

Thompson, Kenneth, and Myers, Robert J. *Truth and Tragedy: A Tribute to Hans J. Morgenthau*, Washington, DC: New Republic, 1977; Rutgers: Transaction Books, 1984.

Waltz, Kenneth N. *Man, the State and War*. New York: Columbia University Press, 1954.

______. *Theory of International Politics*. Reading, MA: Addison-Wesley, 1979.

Webster, C. K. *The Study of International Politics*. Cardiff, UK: University of Wales Press Board, 1923.

Woodward, E. L. *The Study of International Relations at a University*. Oxford: Clarendon Press, 1945.

Wright, Quincy. *The Study of International Relations*. New York: Appleton-Century-Crofts, 1955.

Zimmerman, William. *Soviet Perspectives on International Relations*. Princeton, NJ: Princeton University Press, 1969.

제2부

정치적 권력의 정의 관련 자료

Bryson, Lyman, Finkelstein, Louis, and MacIver, R. M., eds. *Conflicts of Power in Modern Culture*. New York: Harper & Brothers, 1947.

Clausewitz, Karl von. *War, Politics and Power: Selections*. Chicago: Henry Regnery, 1962.

Dunn, Frederick S. *Peaceful Change*. New York: Council on Foreign Relations, 1937.

Gerth, H. H., and Mills, C. Wright, eds. *From Max Weber: Essays in Sociology*. New York: Oxford University Press, 1946; San Francisco: Harbinger Books, 1958.

Hersh, Seymour M. *The Price of Power: Kissinger in the Nixon White House*. New York: Summit Books, 1983.

Katznelson, Ira, and Kesselman, Mark. *The Politics of Power*. New York: Harcourt Brace Jovanovich, 1975.

Keohane, Robert O., and Nye, Joseph S. *Power and Interdependence: World Politics in Transition*. Boston: Little, Brown, 1977.

Lasswell, Harold D. *Politics: Who Gets What, How*. New York: Whittlesey House, 1936; Silver Spring: Meridian Books, 1958.

Lorenz, Konrad, *On Aggression*. New York: Harcourt, Brace and World, 1966.

Mannheim, Karl. *Man and Society in an Age of Reconstruction*. New York: Harcourt, Brace and Company, 1941.

Merriam, Charles E. *Political Power: Its Composition and Incidence*. New York: Whittlesey House, 1934; New York: Collier Books, 1964.

Miroff, Bruce. *Pragmatic Illusions: The Presidential Politics of John F. Kennedy*. New York: David McKay, 1976.

Parsons, Elsie Clouse. *Social Rule: A Study of the Will to Power*. New York: G.P. Putnam's Sons, 1915.

Parsons, Talcott. *The Structure of Social Action*. New York: McGraw-Hill, 1937.

Parsons, Talcott, ed. *Max Weber: The Theory of Social and Economic Organization*. New York: Oxford University Press, 1947.

Plamenatz, John. "Interests." *Political Studies*, Vol. 2, No. 1 (February 1954), pp. 1-8.

Russell, Bertrand. *Power*. New York: W.W. Norton & Co., 1938, Barnes and Noble, 1962.

Stillman, Edmund, and Pfaff, William. *Power and Impotence*. New York: Random House, 1966.

정치적 권력의 경시에 관해서는 제1부의 정치적 현실주의에서 제시된 자료와 다음 자료를 참고

Ash, Maurice A. "An Analysis of Power, with Special Reference to International Politics." *World Politics*, Vol. 3, No. 2 (January 1951), pp. 218-237.

Beard, Charles A. *A Foreign Policy for America*. New York: Alfred A. Knopf, 1940.

______. *The American Spirit: A Study of the Idea of Civilization in the United States*. New York: Macmillan, 1942.

Beard, Charles A., and Beard, Mary R. *The Rise of American Civilization*, Vol. II. New York: Macmillan, 1927.

Becker, Carl L. *How New Will the Better World Be?* New York: Alfred A. Knopf, Inc., 1944.

Becker, Carl L. *How New Will the Betler World Be?* New York: Alfred A. Knopf, 1944.

Curti, Merle. *The Growth of American Thought*. New York: Harper & Brothers, 1943.

Niebuhr, Reinhold. *The Irony of American History*. New York: Charles Scribner's Sons, 1952; New York: Scribner Library, 1962.

Osgood, Robert E. *Ideals and Self-Interest in America's Foreign Relations*. Chicago: University of Chicago Press, 1953; Canada: Phoenix Books 1964.

Silberner, Edward. *The Problem of War in Nineteenth Century Economic Thought*. New York: Oxford University Press, 1946.

Temperley, Harold. *The Victorian Age in Politics, War and Diplomacy*. Cambridge, UK: Cambridge University Press, 1928.

Thompson, Kenneth W. "The Uses and Limits of Two Theories of International Relations." In *Isolation and Security*, Alexander De Conde, ed. Durham, NC: Duke University Press, 1957.

Vagts, Alfred. "The United States and the Balance of Power." *The Journal of Politics*, Vol. 3, No. 4 (November 1941), pp. 401-449.

국제 정치의 일반적 성격 관련 자료는 제1부의 자료에 더해 다음을 참고

Ferrero, Guglielmo. *The Principles of Power: The Great Political Crisis of History*. New York: G. P. Putnam's Sons, 1942.

Hammond, Paul Y. *Cold War and Detente*. New York: Harcourt Brace Jovanovich,

1975.

Lasswell, Harold D. *World Politics and Personal Insecurity*. New York: McGraw-Hill, 1953.

Morgenthau, Hans J. *Truth and Power*. New York: Praeger, 1970.

Niebuhr, Reinhold. *The Structure of Nations and Empires*. New York: Charles Scribner's Sons, 1949; London: Faber and Faber, 1960.

Spykman, Nicholas. *America's Strategy in World Politics: The United States and the Balance of Power*. New York: Harcourt, Brace, 1942.

Stoessinger, John. *Nations in Darkness*. New York: Random House, 1971.

Thompson, Kenneth W. "Toynbee and World Politics." *Diogena* (January 1956).

______. "Toynbee and World Politics: War and National Security." *World Politics*, Vol. VIII (April 1956), pp. 374-391.

______. "Theory and Practice in International Relations." *The Review of Politics*, Vol. 44, No. 3 (July 1982): pp. 328-341.

Wight, Martin. *Power Politics*. London: Royal Institute of International Affairs, 1946.

제국주의의 여러 측면 관련 자료

Aron, Raymond. "The Leninist Myth of Imperialism." *Partisan Review*, Vol. 18, No. 6 (November-December, 1951), pp. 646-662.

Beard, Charles A. *The Devil Theory of War*. New York: The Vanguard Press, 1936.

Bryness, Asher. "Business and War." *Fortune* (July 1950), p. 63.

Bukharin, Nikolai I. *Imperialism and World Economy*. New York: International Publishers, 1929.

Cohen, Benjamin J. *The Question of Imperialism: The Political Economy of Dominance and Dependence*. New York: Basic Books, 1973.

Delaisi, Francis. *Political Myths and Economic Realities*. New York: The Viking Press, 1927.

Einzig, Paul. *Bloodless Invasion*. London: Duckworth, 1938.

______. *Appeasement Before, During and After the War*. London: Macmillan, 1941.

Feis, Herbert. *The Diplomacy of the Dollar*. Baltimore, MD: Johns Hopkins University Press, 1950.

Hallgarten, George W. F. *Imperialismus vor 1914*, 2 vols. Munich: C. H. Beck, 1951.

Handman, Max. "War, Economic Motives, and Economic Symbols." *The American Journal of Sociology*, Vol. 44, No. 5 (March 1939), pp. 629-648.

______. "Der Imperialismus als Begriff." *Weltwirtschaftliches Archiv*, Vol. 15, No. 2 (1919-20), pp. 157-191.

Hashagen, Justus. "Zur Deutung des Imperialismus." *Weltwirtschaftliches Archiv*, Vol. 15, No. 2 (1919-20), pp. 134-151.

Heinmann, Eduard. "Schumpeter and the Problems of Imperialism." *Social Research*, Vol. 19, No. 2 (June 1952), pp. 177-197.

Hobson, John A. *Imperialism*. London: G. Allen and Unwin, 1938.

Hovde, Brynjolf J. "Socialist Theories of Imperialism Prior to the Great War." *Journal of Political Economy*, Vol. 36, No. 5 (October 1928), pp. 569-591.

Koebner, Richard, and Schmidt, Helmat Dan, *Imperialism: The Story and Significance of a Political Word, 1840-1960*. Cambridge, UK: Cambridge University Press, 1964.

Langer, William L. *The Diplomacy of Imperialism*. New York: Alfred A. Knopf, Inc., 1935.

Lichtheim, George. *Imperialism*. New York: Praeger, 1971.

Marck, Siegfried. *Imperialismus und Paxifismus als Weltanschauungen*. Tubingen: J. C. B. Mohr, 1918.

Moon, Parker Thomas. *Imperialism and World Politics*. New York: Macmillan, 1926.

Nearing, Scott. *The Tragedy of Empire*. New York: Island Press, 1945.

Petras, James. *Critical Perspectives on Imperialism and Social Class in the Third World*. New York: Monthly Review Press, 1979.

Robbins, Lionel. *The Economic Causes of War: Some Reflections on Objectives and Mechanisms*. New York: Macmillan, 1948.

Rosen, Steven J., and Kurth, James R. *Testing Theories of Economic Imperialism. Lexington*, MA: Lexington Books, 1974.

Schumpeter, Joseph. *Imperialism and Social Classes*. New York: Augustus M. Kelley,

1951; Silver Spring: Meridian Books, 1960.

Seillière, Ernest. *Introduction à la philosophie de l' impérialisme*. Paris: Félix Alcan, 1911.

Staley, Eugene. *War and the Private Investor: A Study in the Relations of International Private Investment*. New York: Doubleday, Doran and Company, Inc., 1935.

Sulzbach, Walter. *"Capitalist Warmongers"- A Modern Superstitution*. Chicago: University of Chicago Press, 1942.

Viner, Jacob. *International Economics*. Glencoe, IL: Free Press, 1951, pp. 49-8 and 216-231.

Winslow, E. M. *The Pattern of Imperialism*. New York: Columbia University Press, 1948.

권위 정책에 관해서는 제10부의 자료와 다음 자료 참고

Nicolson, Harold. *The Meaning of Prestige*. Cambridge, UK: Cambridge University Press, 1947.

정치적 이데올로기 관련 기본 자료 두 권

Mannheim, Karl. *Ideology and Utopia: An Introduction to the Sociology of Knowledge*, with a Preface by Louis Wirth. New York: Harcourt, Brace and Company, 1936, New York: Harvest Books, 1955.

Ulam, Adam. *Ideologies and Illusions: Revolutionary Thought from Herzen to Solzhenitsyn*. Cambridge, MA: Harvard University Press, 1976.

또한 다음 자료도 참고

Burks, Richard V. "A Conception of Ideology for Historians." *Journal of the History of Ideas*, Vol. 10, No. 2 (April 1949), pp. 183-198.

Roucek, Joseph S. "A History of the Concept of Ideology." *Journal of the History of Ideas*, Vol. 5, No. 4 (October 1944), pp. 479-488.

Thompson, Kenneth W. "Liberalism and Conservatism in American Statecraft." *Orbis*, Vol. 2 (Winter 1959), pp. 457-477.

제3부

국력 관련 기본 자료

Baldwin, Hanson W. *The Price of Power*. New York: Harper and Brothers, 1948.

Beard, Charles A. *The Idea of National Interest*. New York: Macmillan, 1934.

Emeny, Brooks. *Mainsprings of World Politics*. New York: Foreign Policy Association Headline Series, No. 42, 1943.

Franeel, Joseph. *The Making of Foreign Policy*. London: Oxford University Press, 1963.

Frankel, Joseph. *The Making of Foreign Policy*. London: Oxford University Press, 1963.

Hirschman, Nau. *National Power and the Structure of Foreign Trade*. Berkeley: University of California Press, 1981.

Strausz-Hupe, Robert. *The Balance of Tomorrow*. New York: G. P. Putnam's Sons, 1945.

Thompson, Kenneth W. "National Security in a Nuclear Age." *Social Research*, Vol. 25 (Winter 1958), p. 439-448.

민족주의 관련 자료

Barker, Ernest. *Christianity and Nationality*. London: Oxford University Press, 1927.

Baron, Salo Wittmayer. *Modern Nationalism and Religion*. New York: Harper and Brothers, 1947.

Carr, Edward Hallett. *Nationalism and After*. New York: Macmillan, 1945.

Chadwick, H. Munro. *The Nationalities of Europe and the Growth of National Ideologies*. New York: Macmillan, 1946.

Coban, Alfred. *National Self-Determination*. rev. ed. Chicago: University of Chicago Press, 1948.

Deutsch, Karl W. *Nationalism and Socialism Communication*. New York: John Wiley and Sons, Inc., 1953.

______. *Nationalism and its Alternatives*. New York: Alfred A. Knopf, 1969.

Friedmann, W. *The Crisis of the National State*. London: Macmillan, 1943.

Gooch, George P. *Nationalism*. New York: Harcourt, Brace, 1920.

Grodzins, Morton. *The Loyal and the Disloyal*. Chicago: University of Chicago Press, 1956.

Hayes, Carleton J. *The Historical Evolution of Modern Nationalism*. New York: R. R. Smith, 1931.

Hertz, Frederick. *Nationality in History and Politics*. New York: Oxford University Press, 1944.

Herz, John. *The Nation-State and the Crisis of World Politics*. New York: David McKay, 1976.

Hula, Erich. "National Self-Determination Reconsidered." *Social Research*, Vol. 10, No. 1 (Febuary 1943), pp. 1-21.

______. *Nationalism and Internationalism*. Washington, DC: University Press of America, 1984.

Janowsky, Oscar I, *Nationalities and National Minorities*. New York: Macmillan, 1945.

Kohn, Hans, *The Idea of Nationalism*. New York: Macmillan, 1944, Macmillan, 1961.

Royal Institute of International Affairs. *Nationalism*. New York: Oxford University Press, 1946.

Shafer, Boyd C. *Faces of Nationalism: New Realities and Old Myths*. New York: Harcourt Brace Jovanovich, 1972.

______. *Nationalism: Myth and Reality*. New York: Harcourt, Barce and Co., 1955, Harbinger Books, 1962.

Smith, Anthony D. *Theories of Nationalism*. New York: Harper and Row, 1971.

Sulzbach, Walter. *National Consciousness*. Washington, DC: American Council on Public Affairs, 1943.

West, Rebecca. *The Meaning of Treason*. New York: The Viking Press, 1947.

Wirth, Louis. "Types of Nationalism." *The American Journal of Sociology*, Vol. 41, No. 6 (May 1936), pp. 723-737.

국력의 요소 관련 자료

Allison, Graham, and Szanton, Peter. *Remaking Foreign Policy: The Organizational Connection*. New York: Basic Books, 1976.

Barker, Ernst. *National Character and the Factors of Its Formation*. London: Methuen, 1927.

Benedict, Ruth. *The Chrysanthemum and the Sword*. Boston: Houghton Mifflin, 1946.

Brogan, D. W. *The American Character*. New York: Alfred A. Knopf, Inc., 1944, Vintage Books, 1956.

Carr-Saunders, A. M. *World Population*. New York: Oxford University Press, 1936.

Colby, C. C., ed. *Geographic Aspects of International Relations*. Chicago: University of Chicago Press, 1938.

Emeny, Brooks. *The Strategy of Raw Materials*. New York: Macmillan, 1934.

Fairgrieve, James. *Geography and World Power*. 8th. London: University of London Press, 1941.

Friedensburg, Ferdinand. *Die Mineralischen Bodenschätze als weltpolitische und militäische Machtfaktoren*. Stuttgart: Ferdinand Enke, 1936.

Ginsberg, Morris. *Reason and Unreason in Society*. Cambridge, MA: Harvard University Press, 1948, pp. 131-176.

Hartshorne, Richard. *The Nature of Geography*. Ann Arbor, MI: Edwards Brothers, 1946.

Hirschman, Albert O. *National Power and the Structure of Foreign Trade*. Berkeley: University of California Press, 1945.

Hume, David. "Of National Characters." *Essays, Moral, Political, and Literary*, Vol. I. New edition. London: Longmans, Green, 1889.

Knorr, Klaus. *The Power of Nations*. New York: Basic Books, 1975.

Leith, C. K., Furness, J. W., and Lewis, Cleona. *World Minerals and World Peace*. Washington, DC: The Brookings Institution, 1943.

Madariaga, Salvador. *Englishmen, Frenchmen, Spaniards*. 4th ed. London: Oxford University Press, 1937.

Mead, Margaret. "National Character." *Anthropology Today*. A. L. Kroeber, ed.

Chicago: University of Chicago Press, 1953.

Ratzel, Friedrich. *Politische Geographie*. 2th ed. Munich: Oldenburg, 1903.

Sprout, Harold, and Sprout, Margret. *The Ecological Perspective on Human Affairs: with Special Reference to International Politics*. Princeton: Princeton University Press, 1965.

Staley, Eugene. *Raw Materials in Peace and War*. New York: Council on Foreign Relations, 1937.

Thompson, Warren S. and Lewis, David T. *Population Problems*. 5th ed. New York: McGraw-Hill, 1965.

Weigert, Hans W., Stefansson, Vilhjalmur, and Harrison, Richard Edes. *New Compass of the World*. New York: Macmillan, 1949.

Whittlesey, Derwent. *The Earth and the State: A Study of Political Geography*. New York: Henry Holt, 1944.

Wriggins, W. Howard, and Guyot, James F. *Population, Politics, and the Future of Southern Asia*. New York and London: Columbia University Press, 1973.

지정학 관련 자료

Conant, Melvin, and Gold, Fern. *The Geopolitics of Energy*. Boulder, CO: Westview Press, 1978.

Gyorgy, Andrew. *Geopolitics*. Berkeley: University of California Press, 1944.

Mackinder, Sir Halford J. "The Geographical Pivot of History." *Geographical Journal*, Vol. 23 (1904), pp. 421-44.

Mackinder, Sir Halford J. *Democratic Ideals and Reality*. New York: Henry Holt and Company, 1942.

______. *Democratic Ideals and Reality*. New York: Henry Holt, 1942.

Mattern, Johannes. *Geopolitik: Doctrine of National Self-Sufficiency and Empire*. Baltimore, MD: Johns Hopkins University Press, 1942.

Spykman, Nicholas J. *The Geography of the Peace*. New York: Harcourt, Brace, 1944.

Strausz-Hupé, Robert. *Geopolitics*. New York: G. P. Putman's Sons, 1942.

Weigert, Hans W. *German Geopolitics*. New York: Oxford University Press, 1941.

______. *Generals and Geographers*. New York: Oxford University Press, 1942.

제4부

세력 균형 이론 관련 자료

Carleton, William G. "Ideology or Balance of Power?" *Yale Review*, Vol. 36, No. 4 (June 1947), pp. 590-602.

Dehio, Ludwig. *The Precarious Balance*. New York: Alfred A. Knopf, 1962.

Donnadieu, Léonce. *Essai sur la théorie d' equilibre*. Paris: A. Rousseau, 1900.

Dupuis, Charles. *Le Principe d' équilibre et le Concert Européen*. Paris: Perrin et Cie, 1909.

Eltzbacher, O. "The Balance of Power in Europe." *The Nineteenth Gentury and After*, Vol. 57 (May 1905), pp. 787-804.

Friedrich, Carl Joachim. *Foreign Policy in the Making*. New York: W. W. Norton & Company, 1938.

Gulick, Edward Vose. *Europe's Classical Balance of Power*. Ithaca, NY: Cornell University Press, 1955.

Haas, Ernest B., "The Balance of Power: Prescription, Concepth or Propaganda?" *World Politics*, Vol. 5, No. 4 (July 1953), pp. 442-477.

Hoijer, Olaf. *La Theoie d' équilibre*. Paris: A. Pedone, 1917.

Hume, David. "Of the Balance of Power." *Essays, Moral, Political, and Literary*, Vol. 1. New edition. London: Longmans, Green, 1889.

Kaeber, E. *Die Idee des europäischen Gleichgewichts in der publizistischen Literatur vom 16. bis zur Mitte des 18. Jahrhunderts*. Berlin: A. Duncker, 1907.

Liska, George. *Nations in Alliance: The Limits of Interdependence*. Baltimore, MD: Johns Hopkins University Press, 1962.

Newman, William J. *The Balance of Power in the Interwar Years, 1919-1939*. New York: Random House, 1968.

Nys, Ernest. "La Théorie d' équilibre Européen." *Revue de droit international et de legislation comparée*, Vol. 25 (1893), pp. 34-57.

Phillimore, Sir Robert. *Commentaries upon International Law*, Vol I, Second edition. London: Butterworths, 1871.

Pribram, Karl. "Die Idee des Gleichgewichtes in der älteren nationalökonomischen Theorie." *Zeitschrift für Volkswirtschaft*, Vol. 17, Part I (1908), pp. 1-28.

Réal de Curban, Gasparde. *La Science du gouvernement*, Vol. 6. Aix-la-Chapelle, 1765.

Riker, William H. *The Theory of Political Coalitions*. New Haven, CT: Yale University Press, 1962.

Spykman, Nicholas. *America's Strategy in World Politics*. New York: Harcourt, Brace, 1942.

StieGlitz, Alexandre de. *De l'Équilibre politique, du légitimisme et du principe des nationalités*, Vol. 3. Paris: Pédone-Lauriel, 1893.

Tannenbaum, Frank. "The Balance of Power in Society." *Political Science Quarterly*, Vol. 61, No. 4 (December 1946), pp. 481-504.

Thompson, Kenneth W. "The Morality of Checks and Balances." In *The Search for Justice*, W. Lawson Taitte, ed. Dallas: University of Texas, 1983.

Toynbee, Arnold J. *A Study of History*, Vol. 3. New York: Oxford University Press, 1934, Galaxy Books, 1962.

인도의 고전적 권력 정치 및 세력 균형 이론

Kautilya. *Arthásátra*. Translated by R. Shamasastry. Mysore: Wesleyan Mission Press, 1929.

Law, Narendra Nath. *Interstate Relatios in Ancient India*. London: Luzac, 1920.

세력 균형의 역사 관련 자료

Ganshof, François L. *Histoire des Relations Internationales*. Vol. 1, Le Moyen Âge. Paris: Livrairie Hachette, 1953.

Grant, A. J., and Temperley, Harold. *Europe in the Nineteenth and Twentieth Centuries (1789-1939)*. New York: Longmans, Green, 1940.

Hudson, G. F. *The Hard and Bitter Peace*. London: Pall Mall, 1966.

Langer, William L. *The Diplomacy of Imperialism*. New York: Alfred A. Knopf, 1935.

______. *European Alliances and Alignment, 1871-1890*. 2nd ed. New York: Alfred A. Knopf, 1950.

Petrie, Sir Charles. *Diplomatic History, 1713-1933*. London: Hollis and Carter, 1946.

Potiemkine, Vladimir. *Histoire de la diplomatie*, Vol. 3. Paris: Librairie de Médicis, 1946-1947.

Schmitt, Bernadotte E. *Triple Alliance and Triple Entente*. New York: Henry Holt, Company, 1934.

Seton-Watson, Robert W. *Britain in Europe, 1789-1914*. New York: The Macmilian, 1937.

Sontag, Raymond J. *European Diplomatic History, 1871-1932*. New York: The Century, 1933.

Sorel, Albert. *Europe under the Old Regime*. Los Angeles: Ward Ritchie Press, 1947; New York: Harper Torchbooks, 1964.

Temperley, Harold. *The Foreign Policy of Canning, 1822-1827: England, the Neo-Holy Alliance, and the New World*. London: G. Bell and Sons, 1925.

Vagts, Alfred. "The Balance of Power: Growth of an Idea." *World Politics*, Vol. I, No. 1. (October 1948), pp. 82-101.

Webster, Charles K. *The Foreign Policy of Castlereagh, 1812-1815*. London: G. Bell and Sons, 1931.

Windelband, Wolfgang. *Die auswärtige Politik der Grossmächte in der Neuzeit (1949-1919)*. Stuttgart: Deutsche Verlagsanstalt, 1922.

Wolfers, Arnold. *Britain and France between Two Wars*. New York: Harcourt, Brace, 1940.

제5부

행위 규범의 일반적 문제 관련 자료

Morgenthau, Hans J. *La Realité des normes*. Paris: Librairie Félix Alean, 1934.

Timasheff, N. S. *An Introduction to the Sociology of Law*. Cambridge: Harvard University Committee on Research in the Social Sciences, 1939.

국제도덕 문제 관련 자료

Bennett, John C., ed. *Nuclear Weapons and the Conflict of Conscience*. New York: Charles Scribner's Sons, 1962.

Berger, Peter. *Pyramids of Sacrifice: Political Ethics and Social Change*. Garden City, NJ: Anchor Books, 1974.

Bosanquet, Bernard. *The Philosophical Theory of the State*. New York: Macmillan, 1899.

Cahn, Edmond. *The Moral Decision*. Bloomington, IN, and London: Indiana University Press, 1955.

______. *The Sense of Injustice*. Bloomington, IN, and London: Indiana University Press, 1975.

Canavan, Francis, ed. *The Ethical Dimension of Political Life*. Durham, NC: Duke University Press, 1983.

Carr, Edward Hallett. *Conditions of Peace*. New York: Macmillan, 1944.

Falk, Richard A. *Law, Morality and War in the Contemporary World*. New York: Praeger, 1963.

______. *Legal Order in a Violent World*. Princeton, NJ: Princeton University Press, 1968.

Freund, Paul A. *On Law and Justice*. Cambridge, MA: Harvard University Press, 1968.

Goulet, Denis, *A New Moral Order*. Ossining, NY: Orbis Books, 1974.

Hare, J. E., and Joynt, Carey B. *Ethics and International Affairs*. New York: St. Martin's Press, 1982.

Huizinga, J. H. "On the High Cost of International Moralizing." *The Fortnightly*

Review, Vol. 156, New Series (November 1944), pp. 295–300.

Kennan, George F. "Morality, Politics and Foreign Policy." In *The Virginia Papers on the Presidency*, Kenneth W. Thompson, ed. Washington, DC: University Press of America, 1979, pp. 3–30.

Kraus, Herbert. "La Morale Internationale." *Hague Academy of International Law. Recueil des cours*, Vol. 16 (1927), pp. 389–539.

Lindsay, A. D. *The Modern Democratic State*. New York: Oxford University Press, 1947; Galaxy Books, 1962.

MacIntyre, Alasdair. *After Virtue*. Notre Dame, IN: University of Notre Dame Press, 1981.

May, Henry F. *The End of American innocence*. Oxford and New York: Oxford University Press, 1959.

Morgenthau, Hans J., and Hein, David. *Essays on Lincoln's Faith and Politics*. Washington, DC: University Press of America, 1983.

Niebuhr, Reinhold. *Christianity and Power Politics*. New York: Charles Scribner's Sons, 1940.

______. "Democracy as a Religion." *Christianity and Crisis*, Vol. 7, No. 14 (August 1947), pp. 1–2.

______. *Moral Man and Immoral Society: A Study in Ethics and Politics*. New York: Charles. Scribner's Sons, 1932, Scribner Library, 1960.

______. *Leaves from the Notebook of a Tamed Cynic*. Reprint. New York: Harper and Row, 1980.

Osgood, Robert E. and Tucker, Robert W. *Force: Order and Justice*. Baltimore, MD: Johns Hopkins Press, 1967.

Petro, Nicolai N. *The Predicament of Human Rights*. Washington, DC: University Press of America, 1983.

Rajaee, Farhang. *Islamic Values and World View*. Washington, DC: University Press of America, 1983.

Ramsey, Paul. *War and the Christian Conscience*. Durham, NC: Duke University Press, 1961.

Rawls, John. *A Theory of Justice*. Cambridge, MA: Harvard University Press, 1971.

Thompson, J. W., and Padover, S. K. *Secret Diplomacy: A Record of Espionage and Double Dealings, 1500–1815*. London: Jarrolds, 1937.

Thompson, Kenneth W. *Christian Ethics and the Dilemmas of Foreign Policy*. Durham, NC: Duke University Press, 1959; Washington, DC: University Press of America, 1983.

______. *The Moral Issue in Statecraft*. Baton Rouge, CA: Louisiana State University Press, 1966.

______. "New Reflections on Ethics and Foreign Policy." *The Journal of Politics*, Vol. 40, No. 4 (November 1978): pp. 984–1010.

______. *The Moral Imperatives of Human Rights*. Washington, DC: University Press of America, 1980.

______. *Morality and Foreign Policy*. Baton Rouge, CA, and London: Louisiana State University Press, 1980.

______. *Political Traditions and Contemporary Problems*. Washington, DC: University Press of America, 1982.

______. *Diplomacy and Values*. Washington, DC: University Press of America, 1984.

______. *Ethics in Foreign Policy*. Rutgers, NJ: Transaction Books, 1984.

______. *Moralism and Morality*. Washington, DC: University Press of America, 1984.

______. *Traditions and Values*. Washington, DC: University Press of America, 1984.

Weldon, T. D. *States and Morals*. New York: McGraw-Hill, 1947.

West, Ranyard. *Conscience and Society*. New York: Emerson Books, 1945.

기타 제1부에서 제시된 카(Carr), 모겐소(Morgenthau), 톰슨(Thompson)의 저서 참고.

민족주의적 보편주의에 관해서는 제3부 민족주의에 제시된 자료 참고.

세계 여론 관련 자료

Dicey, A. V. *Lectures on the Relation Between Law and Public Opinion in England During the Nineteenth Century*. London: Macmillan, 1914.

Ferrero, Guglielmo. *The Unity of the World*. London: Jonathan Cape, 1931.

Lasswell, Harold D. *World Politics and Personal Insecurity*. New York: Whittlesey House, 1935.

Lippmann, Walter. *Public Opinion*. New York: Macmillan, 1922, 1960.

Lowell, A. Lawrence. *Public Opionion and Public Government*. New York: Longmans, Green, 1914.

______. *Public Opionion in War and Peace*. Cambridge, MA: Harvard University Press, 1926.

Schindler, Dietrich. "Contribution *á l'é*tude des facteurs sociologiques et psychologiques du droit international." *Hague Academy of International Law. Recueil des cours*, Vol. 46 (1933), pp. 231–322.

Smith, Charles W. *Public Opinion in a Democracy*. New York: Prentice Hall, 1939.

Stratton, George Malcomb. *Social Psychology of International Conduct*. New York: D. Appleton, 1929.

제6부

국제법의 일반적 문제 관련 자료

Bailey, Sydney D. *Prohibitions and Restraints in War*. London and New York: Oxford University Press, 1972.

Bentwich, Norman. *International Law*. London: Royal Institute of International Affairs, 1945.

Brierly, J. L. *The Outlook for International Law*. Oxford: The Clarendon Press, 1944.

______. *The Law of Nations*. 4th ed. Oxford: Clarendon Press, 1949.

______. *The Basis of Obligation in International Law*. London: Oxford University Press, 1958.

Coll, Alberto R. *The Western Heritage and American Values*. Washington, DC: University Press of America, 1982.

Corbett, Percy E. *Law and Society in the Relations of States*. New York: Harcourt, Brace, 1951.

______. *Law in Diplomacy*. Princeton, NJ: Princeton University Press, 1959.

Dickinson, Edwin D. *What is Wrong with International Law?* Berkeley: James J. Gillick, 1947.

Franck, Thomas M. *The Structure of Impartiality*. New York: Macmillan, 1968.

Friedmann, Wolfgang. *The Changing Structure of International Law*. New York: Columbia University Press, 1964.

Henkin, Louis. *How Nations Behave*. New York: Praeger, 1968.

Higham, Robin, ed. *Intervention or Abstention*. Lexington, KY: University Press of Kentucky, 1975.

Huber, Max. *Die soziologischen Grundlagen des Völkerrechts*. Berlin: Dr. Walter Rothschild, 1928.

Jessup, Philip C. *A Modern Law of Nations*. New York: Macmillan, 1948.

Kaplan, Morton A. and Katzenbach, Nicholas de B. *The Political Foundation of International Law*. New York: John Wiley and Sons, 1961.

Keenton, George W., and Schwarzenberger, Georg. *Making International Law Work*, 2nd ed. London: Stevens and Sons, 1946.

Kelsen, Hans. *Principles of International Law*. New York: Rinehart, 1952.

Lauterpacht, H. *The Function of Law in the International Community*. Oxford: Clarendon Press, 1933.

Levi, Werner. *Law and Politics in the International Society*. Beverly Hills, CA: Sage, 1976.

Moore, John Bassett. *International Law and Some Current Illusions*. New York: Macmillan, 1924.

Morgenthau, Hans J. "Positivism, Functionalism, and International Law." *American Journal of International Law*, Vol. 34 (April 1940), pp. 260-284.

O' Brien, William V. *The Conduct of Just and Limited War*. New York: Praeger, 1981.

Royal Institute of International Affairs. *International Sanctions*. London, New York, Toronto: Oxford University Press, 1938.

Schwarzenberger, Georg. *International Law and Order*. New York: Praeger, 1971.

Starke, J. G. *Introduction to International Law*. London: Butterworths, 1947.

Stone, Julius. *Legal Controls of International Conflict*. New York: Rinehart, 1954.

______. *Aggression and World Order*. Berkeley and Los Angeles: University of California Press, 1958.

Visscher, Charles de. *Theory and Reality in Public International Law*. Princeton, NJ: Princeton University Press, 1957.

Walzer, Michael, *Just and Unjust Wars*. New York: Basic Books, 1977.

Williams, Sir John Fischer. *Chapters on Current International Law and the League of Nations*. New York: Longmans, Green, 1929.

______. *Aspects of Modern International Law*. New York: Oxford University Press, 1939.

국제연맹 규약과 국제연합 헌장에 관련된 문제에 대해서는 제8부의 참고 자료 이용.

주권 관련 자료

Chace, James. *Solvency: The Price of Survival*. New York: Random House, 1981.

Corwin, Edward S. *The President: Office and Powers*. 2nd ed. New York University Press, 1941.

______. *Total War and the Constitution*. New York: Alfred A. Knopf, 1947.

Dickinson, Edwin D. *The Equality of States in International Law*. Cambridge, MA: Harvard University Press, 1920.

______. "A Working Theory of Sovereignty." *Political Science Quarterly*, Vol. 42, No. 4 (December 1927), pp. 524-548; Vol. 43, No. 1 (March 1928), pp. 1-31.

Duguit, Léon. *Law in the Modern State*. New York: B. W. Huebsch, 1919.

Fromkin, David. *The Independence of Nations*. New York: Praeger, 1981.

Keeton, George W. *National Sovereignty and International Order*. London: Peace Book, 1939.

Kelsen, Hans. *Das Problem der Souveranität und die Theorie des Völkerrechts*. Tübingen: J. C. B. Mohr, 1920.

_____. *General Theory of Law and State*. Cambridge, MA: Harvard University Press, 1945.

Koo, Wellington, Jr. *Voting Procedures in International Organizations*. New York: Columbia University Press, 1947.

Krabbe, H. *The Modern Idea of the State*. New York: D. Appleton, 1922.

Laski, Harold J. *Studies in the Problem of Sovereignty*. New Haven, CT: Yale University Press, 1917.

_____. *Authority in the Modern State*. New Haven, CT: Yale University press, 1919.

_____. *The Foundations of Sovereignty and Other Essays*. London: G. Allen and Unwin, 1921.

Mattern, Johannes. *Concepts of State, Sovereignty and International Law*. Baltimore, MD: Johns Hopkins University Press, 1928.

Merriam, Charles E. *History of the Theory of Sovereignty Since Rousseau*. New York: Columbia University Press, 1900.

Riches, Cromwell A. *Majority Rule in International Organizations*. Baltimore, MD: Johns Hopkins University Press, 1940.

Vernon, Raymond. *Sovereignty at Bay*. New York: Basic Books, 1971.

Watkins, Frederick M. *The State as a Concept of a Political Science*. New York and London: Harper and Brothers, 1934.

찾아보기

ㄷ

ㄹ

ㅁ

ㅂ

ㅈ

ㅊ

ㅋ

ㅌ

ㅍ

ㅎ